北京朝阳年鉴

BEIJING CHAOYANG NIANJIAN

2005

北京市朝阳区地方志编纂委员会

方 志 出 版 社

图书在版编目（CIP）数据

北京朝阳年鉴．2005/北京市朝阳区志编委会办公室编．—北京：方志出版社，2006．3

ISBN 7－80192－737－0

Ⅰ．北…　Ⅱ．北…　Ⅲ．区（城市）－北京市－2005－年鉴　Ⅳ．Z521.3

中国版本图书馆 CIP 数据核字（2006）第 020731 号

北京朝阳年鉴（2005）

著　　者：北京市朝阳区志编委会办公室
责任编辑：徐　宏

出 版 者：方志出版社
（北京市建国门内大街 5 号中国社会科学院科研大楼 12 层）
邮编　100732
网址　http：//www．fzph．org
发　　行：方志出版社出版发行部
（010）　85195814　85196281
经　　销：新华书店总店北京发行所
法律顾问：北京市京诚律师事务所
设计制作：北京宽风图文制作有限公司
印　　刷：中国人民解放军第 4210 工厂

开　　本：787×1092　　1/16
印　　张：31
字　　数：891 千
版　　次：2006 年 3 月第 1 版　　2006 年 3 月第 1 次印刷
印　　数：0001—3000 册

ISBN 7－80192－737－0/K·544　　**定价**：100．00 元

序 言

北京市朝阳区人民政府区长 陈 刚

2005年3月，经中共北京市朝阳区委、朝阳区人民政府研究决定，从2005年起逐年编辑出版《北京朝阳年鉴》。

《北京朝阳年鉴》是连续出版的年度性的资料性的工具书，当年记述上一年度全区政治、经济、文化和社会生活诸方面的全面情况。年鉴和地方志一样，具有资治、存史、教化、致用的功能。朝阳区是北京市面积最大、人口最多的城区，由于特殊的地理位置和良好的发展基础，近年来各项事业发展迅猛。同时，北京筹办2008年奥运会各项工作的全面展开，北京商务中心区和绿化隔离地区建设的全面加快，使朝阳区在推进农村城市化、城市现代化、区域国际化进程中，如何实现更快更好地发展，面临着空前的机遇与挑战。因此，朝阳区特别需要有一部准确地全面地客观地记述每一年成长历程的年鉴，以丰富的资料及时向社会提供新信息。它对于今后发扬成绩、克服不足、科学规划远期任务都有着重要的借鉴意义。同时，也为将来编修地方志积累资料，打好基础。

生机勃勃的朝阳区的各项建设事业赋予《北京朝阳年鉴》以生命力。年鉴编辑工作是一项光荣而艰巨的任务。年鉴编辑工作者一定要本着实事求是的精神，在编辑工作中力求准确、全面、深刻、生动，要注意突出区域定位、突出区域优势，同时注意突出主体兼顾全貌，不但要记述区属各机关各单位的情况，对辖域内中央、市属有关单位的情况也要适当记述。

《北京朝阳年鉴》的编辑出版是集体智慧的结晶，离不开全区各级领导重视、支持，离不开全体撰稿人员和编辑人员的辛勤劳动。在此，我代表区委、区政府向同志们表示衷心的感谢。希望全区各方面能继续关心年鉴、阅读年鉴、运用年鉴，共同努力把编辑年鉴这项工作搞好，办好这块代表先进文化发展方向的园地。

编 辑 说 明

一、《北京朝阳年鉴》是在中共北京市朝阳区委和朝阳区人民政府领导下，由朝阳区地方志编纂委员会主持编纂的综合性、资料性工具书。

二、本年鉴以马列主义、毛泽东思想、邓小平理论和“三个代表”重要思想为指导，坚持党的基本路线，实事求是，科学地反映客观情况。

三、本年鉴从2005年开始逐年编纂出版。当年出版的年鉴，全面系统地记述上一年度朝阳区在政治、经济、文化、社会各个领域各项事业发展变化的基本情况，所发生的大事、要事、新事，以及有影响的新建设、新成就、新进展、新经验。为各级领导决策提供可资参考的依据，为各行各业提供有价值的资料，为各方面人士了解朝阳、研究朝阳提供最新信息。

四、本年鉴以记述朝阳区属各系统各单位情况为主，适当记述辖域内中央、市属单位情况，突出主体又概括全貌。

五、本年鉴文字内容设区情概述、大事记、特载、专文、政党团体、政权政协、政法军事、工商贸易旅游、农业水利气象、园区建设、综合经济管理、财政税务金融、城市建设、城市管理、科技教育、文化体育卫生、社会生活、地域、人物、统计资料、附录共21个一级栏目。除区情概述、大事记、特载、专文、人物、统计资料、附录外，其余均为条目体，下设二级栏目，二级栏目下设分目，分目下设条目。

六、本年鉴反映2004年1月1日至12月31日情况，文内一般直书月、日、年内，不再书写年份。因此卷为首卷，2004年为区领导机构换届之年，本年鉴在特载中除按惯例收入编辑年鉴当年朝阳区的8个主要工作报告，同时收入2004年区领导机构的4个主要工作报告。

七、本年鉴所用文稿，均由区属各部门各单位和驻区有关单位专人撰写或提供，并经主管负责人审核。统计数字由朝阳区统计局提供。地图和照片由各有关单位提供。

八、本年鉴由《北京朝阳年鉴》编辑部负责编辑，编辑部设在朝阳区地方志编纂委员会办公室。在编辑出版工作中得到市与各兄弟区地方志编纂委员会办公室和全区各部门各单位的大力支持、指导和热情帮助，在此一并表示衷心感谢。年鉴中存在的不足或欠妥之处，恳请各位读者批评指正。

1月6日,国务院副总理曾培炎到金地国际花园工地考察。

7月6日,市委书记刘淇到建外街道调研建外地区和社区党建工作。

11月13日,市长王岐山视察朝阳区城管大队。

1月15日，市人大常委会主任于均波到亚运村地区慰问伤残军人。

7月10日，市委副书记龙新民参加市民日活动开幕式。

10月26日，市委副书记强卫到朝阳区法院调研。

1月5日至8日，中共朝阳区第九次代表大会召开。

1月11日至15日，朝阳区第十三届人民代表大会第一次会议召开。

1月10日至13日，政协朝阳区第十届委员会第一次会议召开。

新当选的区委书记李士祥、区人大常委会主任朱家麒、区长陈刚、区政协主席李明。

国庆游园活动。

9月15日，第五届北京朝阳国际商务节开幕。

第六届东岳庙春节文化庙会开幕。

常营地区组织干部赴井冈山接受革命传统教育。

曾与总书记座谈的高碑店村党总支书记支芬。

劲松街道中社区党员义务接待来访群众。

平房乡入党积极分子培训班。

朝阳区职工英语情景模拟大赛。

区地税局团员参加
行政许可法知识竞赛。

区妇联举办回娘家联谊活动。

区工商联召开纪念邓小平
诞辰100周年座谈会。

区档案馆举办毛主席像章个人收藏展。

原朝阳区副区长白汉平将珍藏的88幅中央领导同志视察京广大厦的图片无偿捐献给区档案馆。

史志专家评议《北京市朝阳区志》（送审稿）。

区党史办党史资料征集成果。

10月14日，联合国秘书长安南在我国考察期间接见秀水园社区红丝带志愿者。

5月28日，马来西亚总理阿卜杜拉·巴达维到南下坡清真寺做礼拜。

12月19日，印尼前总统瓦希德率团访问常营清真寺。

2月24日，美国哥伦比亚特区高等法院法官诺尔·克莱默访问区法院。

东岳庙门前举办的法制宣传活动。

区法院开通网上庭审直播系统。

区法院执行庭向申请人律师发出第一张委托调查令。

左家庄街道组织服刑人员家属到茶西监狱与服刑人员一起过除夕。

建设中的财富中心。

获中国建筑工程鲁班奖的望京花园西区AB组团。

燕莎商圈。

城市化的十八里店农村一角。

农民新居姚家园小区。

星河湾小区绿色池塘。

柳芳南里社区新貌。

整治后的大柳树沟。

朝阳公园新开放的北部园区景点滨水之舟。

红领巾公园远眺。

三环路外东北角湿地。

元大都遗址公园酒吧街。

东风乡万米绿化广场。

工体北路路南绿化。

坝河将台段绿化。

朝来森林公园。

调研蔬菜安全问题。

重点工程质量大检查。

检查车辆运营。

工地施工用水调查。

税法宣传月千家商户签名活动。

税务干部在东苇路市场向商户宣传税法知识。

办税人员认真接待纳税人。

办税大厅设咨询台，税务干部耐心解答纳税人涉税问题。

工商行政人员防控禽流感。

严查秀水东街市场售假问题。

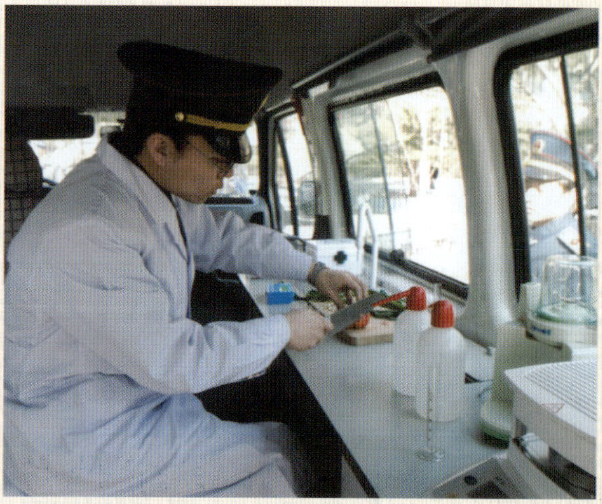

食品安全检测。

查获非法出版物。

12月27日，全国政协委员视察劲松职高。

师魂礼赞文艺汇演。

清华大学少儿英语香河园社区活动。

少年儿童观看皇室收藏品展览。

朝阳国际流行音乐周。

农民艺术节大型演出。

麦子店街道百姓书场进工地慰问演出，姜昆、戴志诚在说相声。

红领巾公园双胞胎文化节文艺演出

亚运村街道举办
学习型家庭成果展。

平房乡村级万册图书馆。

香河园街道组织青少年参加以建设生态社区为主题的绘画活动。

常营地区金秋艺术节画展。

本区承办2006年世界青年田径锦标赛，在意大利格罗塞托体育场接受会旗。

朝阳体育馆承接全国排球联赛北京男女排主场比赛。

蟹岛杯农村时尚体育极限挑战赛。

黑庄户乡农民拔河比赛。

街头健身活动。

望京街道文化艺术体育周活动。

橡皮筋操表演。

南郎社区文体队表演木兰扇。

10月12日，联合国秘书长考察艾滋病防治工作。

三里屯酒吧街“关注妇女抗击艾滋”宣传活动。

朝外科普文化节上为群众测血压。

朝阳糖尿病医院开业。

北京建工集团六建中科院微生物研究所工地农民工按月领取工资。

工地民工影院启动。

酒仙桥街道为农民工签订三险合同。

孙河地区劳动力招聘洽谈会。

1月1日，在朝阳区产生的全国第一对领取新结婚证的新人。

奥运村地区73岁老人那忠与乒乓球运动员邓亚萍传递奥运火种。

呼家楼街道奥运徽章收藏者张万金展示他的藏品。

八旬老人参加村委会换届选举。

香河园街道与地区幼儿园为听力智障儿童集体过生日。

六里屯城管监察分队队员认真学习手语，开展执法无障碍活动。

呼家楼街道残疾人运动会。

团结湖街道中路北社区劳动部宿舍门前改造后的无障碍道路。

经济普查清查阶段，普查员入户清查。

建外街道为民服务办公室窗口服务。

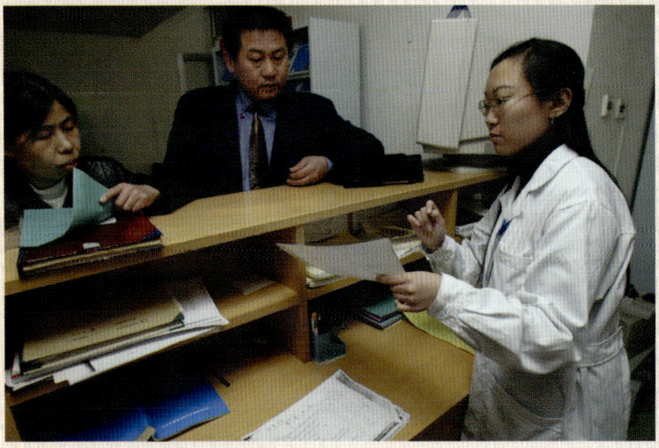

区档案馆工作人员热情解答查档顾客询问。

劲松街道为民服务大厅。

麦子店街道构建和谐国际化社区。

居住在天福园社区的外国朋友听取民警述职后填写评议表。

团结湖街道中路北社区英语班班长杨景秀老人在北京市民外语游园会上发言。

京城各媒体报道麦子店街道建设国际化社区举措。

六里屯街道为本地区百岁老人庆贺生日。

香河园街道与煤炭总医院联合举办健康进社区活动。

三里屯街道白西社区文化节。

亚运村街道少年儿童为西部缺水地区捐款。

酒仙桥街道一星级小红帽志愿者。

双井街道社区服务志愿者活动启动。

高家园社区治安巡逻岗誓师大会。

三里屯街道组织志愿者慰问武警官兵。

东风乡为外来务工人员育龄妇女定期体检。

孙河乡组织农村富余劳动力参加英语口语培训。

石各庄村宣传橱窗。

来广营乡足球活动中心

目　　录

政权　政协

政法　军事

工商　贸易　旅游

农业　水利　气象

园区建设

综合经济管理

城市建设

城市管理

科技　教育

文化 体育 卫生

社会生活

地　域

人　物

统计资料

附　录

区情概述

朝阳区位于北京市市区东部，北纬39°49′至40°5′，东经116°21′至116°38′。面积470.8平方公里。辖域东与通州区相接，南与大兴区大致以凉水河为界相邻，西与丰台、崇文、东城、西城、海淀五区接壤，北与昌平、顺义两区大致以清河、温榆河为界相望。年末常住人口275万人，区辖21个街道、21个乡。2004年，朝阳区经济增长17.7%，实现地区生产总值805.1亿元；实现社会消费品零售总额369.3亿元，同比增长23.6%；实现固定资产投资330.2亿元，同比增长15.9%。完成区级财政收入68.5亿元，同比增长21.1%。城镇居民人均可支配收入15757元，同比增长13.4%；农民人均纯收入10261元，同比增长8.1%。城镇登记失业率0.84%，城镇登记失业人员就业率73.47%。人口自然增长率为0.07‰。城市绿化覆盖率42%。

经济建设 北京商务中心区（CBD）以国际金融为龙头的现代服务业快速发展，区域内从事现代服务业的企业达六成以上。成功举办第五届北京朝阳国际商务节。北京向外资银行开放人民币业务、银企高层论坛等活动，促进了CBD跨国公司和国际金融服务产业聚集效应。普华永道等国际知名中介服务企业入驻，中央电视台新址开工建设。电子城西区引进爱立信、索尼爱立信、三星、宝马汽车电子等跨国公司地区总部和研发中心，全年新增高新技术企业120余家。以完善管理服务体系、明确功能定位、制定产业规划、实施全程办事代理为重点，加快健翔科技园发展。重点功能区的快速发展，巩固了现代服务业和高新技术产业的主导地位，促进了产业内部结构优化升级。与此同时，积极扩大消费市场，繁荣特色经济。文化体育、旅游休闲、教育培训以及汽车、住房、通讯器材等消费领域持续升温，居民消费结构不断升级。东方基业汽车城、百安居建材、易初莲花超市等一批重点三产项目建成开业，特色品牌街区、连锁经营快速发展，社区商业便民服务体系不断完善。新增外资企业537家，17家世界500强企业投资朝阳，实际利用外资13.2亿美元，同比增长37.5%，CBD成为全市利用外资核心区域。实现区级外贸出口交货额23.8亿元，同比增长40.8%。非公经济在地区生产总值中比重达39%，同比增加2.2个百分点。组建区国资委，确定了第一批监管的28家国有企事业单位，将全区非经营性国有资产纳入监管范围。京客隆股份有限公司在香港H股上市筹备工作进展顺利，朝开公司、昆泰集团等区属国有重点企业产权制度改革稳步推进。在市政道路建设、水系治理、生态环境保护等领域，采取土地整理储备、实施特许经营、项目包装融资、世行贷款等多种方式推进重点工程建设。区域水环境治理项目获得世行贷款，北京商务中心区NW07—1地块、朝阳公园蓝色港湾等项目用地挂牌出让，对朝阳北路沿线资源试行特许经营，开展东坝医院病房楼扩建工程等3个非经营性政府投资项目“代建制”试点，首次引入社会资金参与基础设施建设的亮马河北路项目进展顺利。

城市建设和管理 配合北京市修编城市总体规划，开展“组团式规划建设，板块式经济发展”研究工作。编制了国家级生态示范区和生态区建设总体规划、温榆河绿色生态走廊总体规划、泛CBD交通规划、水系总体规划、三年环境建设规划。启动“十一五”规划的编制工作。新改建和维修城乡道路107条，总长度173.8公里。建成3条城市主干路、4条城市次干路和52条农村道路，对48条区管道路进行维修，为29条道路安装路灯。东北城角联络线、通惠河北路、西大望路一期、华威南路、望京西路等城市主次干路开工建设。配合市政府建设奥运公园及周边22条道路，顺利推进拆迁工作。采取加快道路建设、强化交通管理、完善交通设施等措施，望京地区出行难状况明显改观。加大交通秩序整顿和交通堵点治理力度，努力提高交通组织水平。全年新增绿化面积956公顷，其中第一、第二道绿化隔离地区实现绿化864公顷。建成4块1万平方米以上大绿地、18处500平方米以上城市小绿地，完成13处新建居住区绿化和29处老旧小区绿化改造。高标准实施一批道路绿化工程。朝阳区被全国绿化委员会授予“全国绿化模范城市”称号。以创建国家卫生区为契机,动员全区人民积极参与环境综合整治,顺利通过国家爱卫会检查验收。对环境脏乱点实行集中曝光、限期整改,对四环路至五环路之间10处垃圾堆放点和区域内废品回收市场彻底清理,新改建城市公厕50座、农村公厕68座。加快"清水朝阳"建设,完成温榆河生态治污工程、萧太后河出口水环境建设工程,实施坝河、亮马河中游截污工程,利用中水还清了坝河、北小河等局部河段。认真落实控制大气污染各项措施,改造燃煤锅炉451台,关停并转和搬迁污染企业51家,奥体中心和农展馆两处国控监测子站二级和好于二级的天数分别达66.6%和62.8%。启动创建国家级生态示范区工作。奥运森林公园征地手续获批复,园内社会单位、集体企业拆迁和转居转工安置工作基本完成。建成朝阳公园北部园区,实现全园开放。整体推进高安屯环卫基础设施建设,医疗废弃物处理厂和渗沥液处理厂开工。和平一二三村、东八里庄、京棉地区、金蝉庵、南三里屯等重点危改项目继续推进,整治了和平西街等8处"城中村"。1.37万户居民住房条件得到改善。绿化隔离地区农民新村建设进展顺利,8050户、1.7万人搬迁上楼。适应城市化进程需要,对8乡1街行政区划进行调整,在全区21个乡全部设立地区办事处,强化城市管理职能。圆满完成137个村委会换届选举工作。编制朝阳区突发公共事件总体应急预案,建立城管执法信息指挥中心,强化快速反应机制。积极推进街道管理体制改革,开展街道层面政府职能转变和社区层面体制机制创新试点工作,积极探索社区党建、城市管理、居民服务、居民自治四位一体社区建设模式,实施卫生、城管、警务进社区。在望京等4个地区启动"安全社区"创建工作。加大社区设施建设投入,有78个社区集中办公和服务用房达到300平方米以上。

农业和农村工作 按照分步实施、梯次推进、逐步过渡思路,采取就业促保障、农村新型社会养老保险积累资金、城乡一步对接三种方式,通过政府扶持、集体出资、个人缴费相结合,多渠道筹集资金,解决农民社会保障问题。按照市政府统一部署,区财政投入资金2亿元,为1.69万名农转居自谋职业人员补缴社会保险资金。区、乡两级财政大幅度增加投入,将农村最低生活保障水平由每月180元调整为290元,实现城乡低保一体化管理。全年农村地区建成33个重点产业项目,安排2300余名农村劳动力就业。坚持城乡统筹,以物业管理、园林绿化、家政服务、社区保洁保安等岗位开发为重点,大力挖掘城市服务型岗位,促进农村富余劳动力跨地区就业。加大培训力度,建成3个培训基地,区财政投入500万元专项用于培训补贴。全年累计培训农村劳动力1.79万人,实现转移就业7700余人。采取确权确利、确权确股两种方式,完成1.12万公顷农用地确权工作。完善绿化用地收益补偿政策,使农民土地收益权得到有效保护。开展农村集体资产清产核资工作,启动洼里、东风、南磨房等8个乡集体经济产权制度改革。

教育科技 依法保证教育经费(教育事业费投入高于财政经常性收入、生均教育事业费、生均公用经费)三个增长,以均衡化发展和扩大优质教育资源为重点,加快教育事业发展。进一步整合教育资源,撤并20所办学条件较差学校,扩大18所学校优质教育资源。加大对农村教育倾斜力度,投入3540万元改善农村学校办学条件,投入920万元提高农村学校教师津贴标准。工大附中成为市级示范校。启动教育信息网二期工程,完成130多所中小学建网工作。国际教育、职业教育、成人教育、社区教育不断发展。科技进步对经济社会发展促进作用进一步增强,编制全国科技进步示范区建设总体规划,启动温榆河生态走廊可持续发展、CBD智能交通等一批科技示范项目。2004年,本区先后被评为全国首批科技进步示范区和北京市教育工作先进区。

文化体育卫生 不断加强基层文化工作,广泛开展"五月的鲜花"、"社区一家亲"、"夏日文化广场"等群众文化活动,成功举办"朝阳流行音乐周"、"朝阳一日游"和首届群众体育大会等文化旅游活动。完善区图书馆服务功能,实现图书馆资源共享。新建10个社区万册图书馆和10个社区便民书店。区文化馆文化体制改革试点经验被中宣部在全国推广。立足整合区域内文学艺术界资源优势,成立区文联。开展文化行政执法试点工作。新建70处全民健身"居家工程",承办全国排球联赛北京赛区比赛,启动2006年世界青年田径锦标赛筹备工作。加强公共卫生建设,成立街乡公共卫生工作委员会,推进卫生监督重心下移。健全卫生防病三级网络,加强疾病预防控制中心建设,成功应对"非典"、禽流感袭击。全面实施新型农村合作医疗制度,参保率达82.29%。进一步完善以预防、保健、健康教育、医疗、康复、计划生育指导为重点的社区卫生服务功能。深化卫生体制改革,积极推进垂杨柳医院、妇幼保健院的体制机制创新。有序开放医疗市场,吸引社会投资3亿元,新建医疗机构78家,朝阳糖尿病医院、惠兰医院、五洲女子医院等民营医院相继开业。

民主法制建设 始终依法将政府工作置于区人大监督之下,主动接受区政协民主监督,在具体工作中建立代表、委员监督机制。区政府一名副区长和两名部门负责人按照人大常委会要求述职。全年办复全国、市、区人大代表建议、政协委员提案884件。认真贯彻实施《中华人民共和国行政许可法》，对全体公务员进行培训考核，全面清理行政审批事项和主体，向社会公布本区实施的行政许可事项。制定完善行政强制拆迁等工作规程，依法规范政府行为。实施“目标管理，双百考核”制度，将优化发展环境工作纳入政府部门绩效考核重点内容，对重大项目加大跟踪服务和协调推进力度。加快电子政务建设，开通便民呼叫热线“96105”，实行政府信息公开制度，完善网上审批功能。深入开展整顿规范市场经济秩序工作。

精神文明建设和社会事业 巩固全国文明城区创建成果，继续推进学习型城区建设向纵深发展，群众性文明创建活动内容、形式不断创新，未成年人思想道德建设进一步加强。深入开展“爱心助残工程”，残疾人最现实、最关心、最直接的利益得到进一步维护。理顺区红十字会关系，广泛开展为印度洋海啸灾难赈灾捐款活动。依法加强对涉外宗教事务的管理。与纽约曼哈顿等国际CBD城区建立友好关系，在文化、卫生、教育等领域加强对外交流与合作，朝阳区对外影响进一步扩大。在双拥共建、国防教育、人民武装、妇女儿童、人防、档案、老龄等各项工作中，努力争创一流，推进全区社会文明进步。狠抓群众日常生活中停车、绿化、早点、买菜、保洁、治安、看病、就业等八难问题解决，取得明显成效。围绕人大代表、政协委员和群众关注的热点、难点问题，结合政府工作安排，确定实施50件实事。改造维修居民小区道路、为机场地区接入有线电视、解决垡头地区饮用水问题等各项任务圆满完成。积极构建、完善为民服务体系，推行全程事务代办，在劲松等地区建立了18个服务大厅和171个社区居民事务代办站，累计在143个社区实现居民基本生活需求不出社区。对农村地区饮用水水质进行普查，更新23眼水质超标的饮用水井。全年开发就业岗位6万个，实现3.16万人就业。全面推进社会保险征缴工作，城镇各项社会保障基金收缴率均达到97%以上。切实维护弱势群体利益，建立了特殊困难人员临时救助制度，支出资金78万元救助城乡特困家庭。建成区社会福利中心。完成区救助站由收容遣送到救助管理的过渡，使近千名生活无着的流浪人员得到妥善安置。总结推广东风地区流动人口管理模式。在流动人口中广泛开展安全、法制、文明、区情、技能5大培训。切实保障来京务工就业农民子女接受义务教育的权利，区财政投入1400万元，扩大公办学校接收规模，4.3万名来京务工就业农民子女进入公办学校就读。加强对全区101所来京务工就业农民子女学校的规范管理。举办来京务工人员“第二故乡运动会”，开设全市第一家“民工影院”。加大清欠工程款、为农民工追缴工资力度，累计清欠工程款4.7亿元，为农民工追缴工资3400万元，有效维护了农民工合法权益。抓安全生产基础工作，深入开展危险化学品、地下空间、建筑行业等8大类专项整治，全区安全生产形势保持稳定。强化人民内部矛盾排查调处工作，做到预防、排查、措施和责任到位，以建立责任制、完善部门和街乡安全工作职责为切入点，建立联席会议和区级领导联系街乡等制度，促进信访工作法制化、制度化和规范化。深入开展“严打”专项斗争，将重点整治和双向督战相结合。强化社会治安综合治理基础工作，推进社区警务和群防群治队伍建设，完善打防控一体化网络。坚决打击“法轮功”邪教组织。

大 事 记

1月

1日 奔向2008——迎新年2004朝阳区系列体育健身活动启动。

5日至8日 中共朝阳区第九次代表大会召开。九届一次会议选举李士祥为区委书记,陈刚、朱家麒、王力军、韩子荣、张洋为副书记。

7日 国务院副总理曾培炎视察北京商务中心区(CBD)建设情况并检查建筑工地拖欠农民工工资解决情况。

9日 在全国拥军优属、拥政爱民工作会议上,朝阳区第三次获"全国双拥模范城"称号。

10日至13日 政协朝阳区十届一次会议召开。会议选举李明为区政协主席,张和平、谢郁、刘乃晨、高春锦、马万昌、杨文良为副主席。

11日至15日 朝阳区第十三届人民代表大会第一次会议召开。会议选举朱家麒为区人大常委会主任,任强、阎学锋、于五一、孔德琴、谢正观为副主任。选举陈刚为区长,戴继楼、孙世超、宋连娣、李国、关三多、佟克克、束为为副区长。

21日 国家安全部部长许永跃一行到朝阳安全分局慰问。

21日至28日 北京民俗博物馆举办第三届北京民俗文化节暨第六届东岳庙文化庙会。

28日至29日 区委理论学习中心组(扩大)、区四套班子领导赴井冈山学习参观。

29日 是日始,全区各单位迅速贯彻紧急会议精神开展预防禽流感工作。

2月

5日 朝阳公园北京新春自贡艺术灯会开幕。

7日 市委书记刘淇等到北京热力集团左家庄供热厂检查安全生产工作。

☆ 市长王岐山等到朝阳公园检查自贡艺术灯会安全情况。

7日至8日 区四套班子领导分7路检查安全生产工作。

13日 拉萨市党政代表团领导与朝阳区领导座谈。

25日 区领导先后对十八里店地区安徽寿县希望小学、外来人口居住地和洼里地区仰山村外来人口居住地进行实地调研。

27日 全区46个街乡的127个社区和106个乡村、550个社会单位5万余人清洁城市整治环境。

28日 区老政协委员联谊会成立。

3月

1日 区加快农村城市化工作会议召开。

3日 纪念"三八"国际妇女节94周年暨表彰大会召开。

4日 李士祥、陈刚等分别会见美国汉斯公司一行。

5日 区委召开九届二次全体(扩大)会议。

☆ 左家庄街道社区体制机制改革启动。

☆ 北京世奥森林公园开发经营有限公司与香港招商局蛇口控股股份有限公司合作签约。

18日 朝阳区党建工作会召开,区四套班子领导出席。

25日 中央军委、解放军四总部、北京市和驻京部队各大单位领导到朝阳公园义务植树。

27日 市长王岐山到朝阳区调查研究。

4月

3日 胡锦涛、江泽民等中央领导到朝阳公园义务植树。

5日 区四套班子领导分两路参加植树活动,并视察绿化工作。

7日 出租房屋和流动人口管理现场观摩交流会召开,推广东风乡出租房屋和流动人口管理模式。

13日 34家世界500强企业的200名外资代表

在奥林匹克森林公园植下龙腾友谊树。

15 日 朝阳区被授予首批“全国绿化模范城市”称号。

26 日 庆祝“五一”国际劳动节暨表彰大会召开，区四套班子领导与800多名职工代表、历届劳模欢聚一堂。

☆ 麦子店街道和刘兰芳合作开办“百姓书场”首演。

5 月

1 日至 7 日 朝阳区各大公园接待游人超过44万人。

8 日 朝阳有线《朝阳新闻》开始日播。

10 日 区委、区政府召开动员会，调整部分街乡行政区划。

12 日 国际田联考察组到朝阳体育中心考察2006年世界青年田径锦标赛赛事筹备工作。

17 日 刘淇到朝阳区就非公有制企业党建工作进行调研。

18 日 区人大常委会第三次会议任命街道人大街工委主任、委员。

19 日 由区政协承办的全国十二城区（市）第九次政协工作（朝阳）研讨会开幕。

21 日 “中华妇女网上行推进活动”启动。全国妇联主席顾秀莲、副主席黄晴宜出席。

23 日 第七届中国北京国际科技产业博览会国际商务旅游产业峰会召开。

24 日 以陈刚为团长的区政府代表团结束对美国、加拿大部分城市和我国香港的成功访问。

26 日 区委召开“用科学发展观指导城市发展”理论中心组学习报告会，区四套班子领导出席。

31 日 北电网络中心在望京中关村电子城科技园西区破土动工。

6 月

9 日 全区130支文体队伍近万人参加奥运火炬传递活动。

10 日 王岐山到朝阳区慰问退休劳模。

☆ 区党史工作会议部署社会主义建设史征编工作。

12 日 朝阳区首批二级班子新闻发言人向媒体记者集体亮相。

16 日 区委组织部开会欢送3名援藏干部。

28 日 市人大常委会主任于均波到八里庄街道十里堡社区慰问老党员。

30 日 中共朝阳区委表彰63名优秀共产党员。

7 月

1 日 区纪念建党83周年暨表彰大会召开。

2 日 区老干部活动中心改扩建工程落成。

2 日、6 日、10 日 刘淇三次到朝阳区调研社会建设和基层党建工作。

16 日 奥地利国民议会代表团暨西美林区赠送约翰·施特劳斯雕塑在朝阳公园揭幕。

20 日 国务院副总理回良玉在刘淇、王岐山陪同下在元大都遗址公园观摩地震应急救援演习。

22 日 街道系统社区党委书记联谊会成立并进行首次观摩活动。

23 日 区纪委第二次全体会议召开。

25 日 朝阳区第六届村委会换届选举正式投票。

26 日 呼和浩特、吉安两市27名干部到朝阳区挂职。

30 日 区委召开全区党政干部会传达贯彻市委九届七次全会精神。

8 月

5 日 李士祥、陈刚会见索尼爱立信移动通信产品（中国）有限公司总裁。

15 日 由中国作协主办，诗刊社、朝阳区文化馆承办的纪念邓小平百年诞辰诗歌朗诵会在区文化馆举行。

18 日 区投资促进局在京广中心商务楼挂牌成立。

21 日 刘淇到视察奥运场馆建设进展情况。

24 日 朝阳区首届职业技能大赛结束。累计竞赛2000多场，46个工种900多家单位4万人参与，280人获奖。

9 月

9 日 朝阳有线电视新栏目《朝阳经济周刊》开播。

15 日 第五届北京朝阳国际商务节开幕式、CBD国际金融服务暨产业发展项目展开展仪式在国际贸易中心展览馆1号馆举行。

☆ 朝阳公园全园开放。

16 日 朝阳区文联成立，李光羲当选区文联主席。

17 日 200多名身着节日盛装的中外妇女共度第5个使节夫人活动日。

☆ 本区与长春市朝阳区结为友好城区。

19 日 朝阳国际商务节闭幕。

☆ “金色朝阳”一日游活动启动。

22 日 中央电视台新台址建设工程奠基仪式暨开工典礼举行。刘淇、刘云山、王岐山等出席。

29 日 朝阳区举办庆祝新中国成立 55 周年大型文艺汇演。

10 月

2 日 中共中央总书记胡锦涛视察劲松街道中社区。

4 日 本区召开会议,李士祥就全区贯彻落实胡锦涛重要讲话精神和市委工作部署进行全面安排。

17 日 朝阳区历时两个多月的农村土地确权工作通过市检查验收。

22 日 朝阳区第 23 届学生科技节开幕。

☆ 朝阳区募集的 60 万件衣被用 20 节车皮发至内蒙古巴彦淖尔盟和江西省宜春市等灾区。

26 日 朝阳交通支队和北京和众运输集团策划推出的话剧《出事了,有人扛》在首都剧场首演。

11 月

2 日 刘淇在朝阳区调研时强调,要以基层党建为龙头扎扎实实抓落实。

☆ 数字化社区签约仪式在香河园街道举行。

7 日 国务院总理温家宝在刘淇、王岐山陪同下视察左家庄供热厂。

11 日 区政府聘任第二届法律顾问团仪式举行。

13 日 王岐山在朝阳区城管执法系统调研时强调,要统筹发展与管理。

26 日 区国资委挂牌成立。

12 月

3 日 区委九届三次全体(扩大)会议在华润饭店召开。

9 日 朝阳区举行新兵入伍欢送大会,428 名优秀青年光荣入伍。

14 日 于均波、索连生等率市人大代表视察朝阳区文化教育工作。

16 日 朝阳区召开双拥工作表彰大会。武警北京总队政委李清印、北京卫戍区政治部主任石宝华等出席。

17 日 中共朝阳区委发布《关于进一步深化党政干部制度改革加强干部队伍建设的意见》和《关于强化党组织服务功能深化“聚合力工程”的意见》。

21 日 中共朝阳区委,朝阳区人民政府发布《关于推进基层文化建设的实施意见》。

☆ 普华永道与香江国际集团签订合作协议入驻 CBD。

28 日 朝阳区“十一五”规划编制工作启动。

特 载

创造新优势 奥运促发展 建设现代化新朝阳

——2004年1月5日在中国共产党北京市朝阳区第九次代表大会上的报告

中共朝阳区委书记 李士祥

同志们：

中国共产党北京市朝阳区第九次代表大会是我们进入新世纪后召开的第一次党的代表大会，是一次承前启后、继往开来的重要会议。大会的主要任务是：总结过去五年工作，确定未来五年的奋斗目标和主要任务，选举产生新一届区委领导集体，动员全区广大党员和人民群众，高举邓小平理论和“三个代表”重要思想伟大旗帜，进一步解放思想，紧抓机遇，创造新优势，奥运促发展，加快“三化四区”步伐，建设现代化新朝阳。

现在，我代表中共北京市朝阳区第八届委员会向大会作工作报告。

五年工作回顾

中共北京市朝阳区第八次代表大会以来的五年是变化巨大、成就辉煌的五年。在市委的领导下，我们坚持以邓小平理论和“三个代表”重要思想为指导，以经济建设为中心，始终从朝阳区实际出发，坚持物质文明、政治文明和精神文明协调发展，紧抓机遇，开拓创新，圆满完成“九五”计划，加速推进“十五”计划，实现了第八次党代会提出的奋斗目标。2003年国内生产总值预计达到675亿元，比1998年翻一番；区域税收预计达到233亿元；区级财政收入预计达到56.5亿元，增长2.3倍，居全市首位。农村城市化、城市现代化、区域国际化加快推进，各项社会事业繁荣发展，人民生活质量全面提高，“三化四区”建设进入一个新阶段。

一、抓住三大机遇，全面加快发展

发展是解决所有问题的关键。以经济建设为中心，一心一意谋发展，是过去五年工作的鲜明特点。面对北京商务中心区（CBD）、绿化隔离地区和奥运建设等发展机遇，全区上下解放思想，转变观念，以规划为龙头，积极把朝阳融入首都发展大局，把发展机遇转化为发展优势，开创了朝阳区经济社会发展的新局面。

建设北京商务中心区，区域国际化进程不断加快。成功举办四届北京朝阳国际商务节，推出CBD概念，面向国际招标编制发展规划，确定建设国际金融区的功能定位。大力改善市政基础设施，启动核心区建设，国贸三期、中央电视台新址、北京电视中心、北京财富中心、银泰中心等一批重点项目相继开工，开工面积近330万平方米。环绕东三环国贸桥，2007年将有460万平方米建筑拔地而起，国际化大都市的窗口形象将在此充分展现。

北京商务中心区建设加快了区域国际化进程，区域开放度不断扩大。130家世界500强企业落户朝阳,“总部经济”逐步壮大。150多家外资金融机构、近200家中介服务机构进驻CBD。五年累计新批外资企业1100余家,实际利用外资31.7亿美元。国际化、市场化程度的提高,推进了改革的深化,促进了政府职能转变。区属国有企业改制面达到92%,投融资体制改革稳步推进,基础设施、社会事业等领域不断开放。非公经济快速发展,增加了税收,促进了就业,活跃了市场,对经济增长的贡献率达到61.2%。现代服务业主导地位进一步确立,现代商业、仓储物流企业纷纷落户朝阳。全区经济结构不断优化,三次产业比例由1998年的1.2:44.2:54.6发展到0.4:28.1:71.5。北京商务中心区成为首都三大重点功能区之一,在首都发展中占有重要地位。

*大力推进绿化隔离地区建设,农村城市化跨越式发展。*北京市启动绿化隔离地区建设,朝阳区任务占全市54.8%。按照“心中有规划,手中有土地,发展有政策”的指导思想,我们坚持“绿化—规划—开发—产业”的发展思路,调整、拆迁企业1870家,腾退土地1.37万亩。17个乡启动新村建设,开复工943万平方米,竣工465万平方米,7万农民喜迁新居。建成朝来森林公园、东坝千亩观光果园、将台将府花园、王四营古塔公园等一批绿化精品工程和超万亩绿色板块。完成区域内四环路、五环路及京沈、京张、京津塘路和长安街延长线两侧绿化带建设,绿化面积达56平方公里。连续三年被评为北京市绿化隔离地区建设先进区。

绿化隔离地区建设加快了农村城市化进程。已有14个乡完成乡改地区办事处工作,大屯乡集体资产处置为农村集体资产改革积累了有益经验。现代都市农业发展进入新阶段,一产加快向二、三产业转移,形成了以电子信息、汽车、生物医药等行业为重点的现代制造业发展格局。农村地区生态环境大大改善,群众思想观念、生活方式发生了深刻变化,发展势头更加强劲。

*以奥运建设为契机,全力提升城市现代化建设和管理水平。*申奥成功全面推进了我区城市现代化建设。加快城乡路网建设,修建改造姚家园路、朝阳北路等240条道路,全区路网密度达到每平方公里2.77公里,交通状况进一步改善。实施景观亮丽工程,累计拆除各类违建、临建561万平方米,建设亮丽街131条、精品小区87个。朝阳公园、元大都城垣遗址公园、香河园西坝河街区公园、郡王府广场、城铁和平街街区公园等绿化精品成为朝阳城市现代化建设的新亮点。全力推进奥运森林公园建设,完成了拆迁和规划设计国际招标。加大治污、兴水力度,实施垃圾处理的无害化、减量化和资源化,对温榆河、坝河、北小河等河道进行综合治理。大力加强环境保护,连续五年被评为全市环境综合整治定量考核先进区。

认真落实北京市第三次、第四次城市管理工作会议精神,积极探索城市现代化管理新体制。推进城市管理重心下移,强化属地管理,制定公共卫生、外来人口、地下空间、施工工地和垃圾管理等措施,健全城市长效管理机制和应急管理机制。建立社区新体制,将792个居(家)委会合理划分为183个社区,农村新建35个社区全部纳入城市管理,社区管理体制和运行机制不断完善。拓展社区服务内容,学习型、生态型、服务型等社区品牌不断涌现,被评为全国社区建设示范城区。与此同时,“数字朝阳”建设步伐加快,区域信息化水平进一步提升。

二、精神文明建设成果丰硕,社会事业全面进步

始终坚持协调发展的方针,突出重点、统筹兼顾,在大力推进经济持续快速增长的同时,加快精神文明建设和社会各项事业的发展。

我们把精神文明建设放在重要位置,投入大量的人力、物力和财力,“建首善、创一流”,为经济发展提供了强大的精神动力和智力支持。宣传思想工作不断加强,营造了健康向上、团结奋进的社会氛围。贯彻落实《公民道德建设实施纲要》,以“百万市民齐参与,共建文明朝阳区”为主线,大力开展群众性的精神文明创建和双拥共建活动,涌现出一批省市级、国家级先进典型,获得首都文明区和全国文明城区殊荣,实现了北京市双拥模范区四连冠和全国双拥模范城三连冠。建设学习型城区,广泛开展各类学习型组织创建活动,市民思想道德素质和科学文化素质明显提高,朝阳区正在向现代文明城区大步迈进。

大力实施科教兴区战略。拓展电子城科技园区发展空间,启动健翔科技园建设,入园企业600余家,形成了以电子城东区、西区和健翔科技园为基地的高新技术产业发展格局。广泛开展科教进社区、科技下乡科普活动,积极争创全国科技进步示范区。确立了教育整体水平创一流的目标,以布局调整为重点,推进资源整合,创建7所市级示范校,投入6.9亿元发展农村教育,教育优质、均衡发展取得明显成效。大力加强文化、体育、卫生基础设施建设,群众性文化体育活动蓬勃开展,人民精神文化生活丰富多彩。朝阳区文化馆成为全国文化体制改革试点。代表北京市参加第五届全国城市运动会并夺得7枚金牌。成功申办2006年第九届世界青年田径锦标赛。公共卫生控制指标处于全市领先地位。计划生育工作连续被评为北京市红旗单位,2002年被评为市人口和计划生育示范区。制定了2003—2008年教育、科技、文化、卫生、体育发展纲要，努力推进经济社会协调发展。

坚持立党为公、执政为民，切实维护群众利益。面对突如其来的“非典”疫情，全区各级党组织和广大党员干部把人民群众的生命安全放在首位，临危不惧、冲锋在前，赢得了抗击“非典”斗争的阶段性重大胜利。大力实施民心工程，每年为群众办一批实事，新建社区文体广场185个，22个街道全部建成1000平方米以上的社区服务中心，便民设施不断完善。全面加快危改步伐，4万多户居民住房条件得到改善。设立“特殊困难人员扶助金”，落实了残疾人基本生活保障，在全市率先实行农村最低生活保障制度，城乡低保基本实现应保尽保。成立社会保障事务所，促进下岗失业人员再就业。2003年城镇居民人均可支配收入和农民人均纯收入预计达到13887元和9300元，比1998年分别增长68.4%和66.7%，人民生活品质显著提高。

三、民主法制建设步伐加快，政治稳定社会安定

始终把维护政治稳定和社会安定作为全区的大事来抓，正确处理改革、发展、稳定的关系，坚持把改革的力度、发展的速度和社会可承受的程度统一起来，推进依法治区，维护群众利益，加强民主政治建设。

积极支持人大、政协依法履行职责。区人大创造性提出“三个致力于”的工作目标，开展对人大任命的国家工作人员述职测评、评议公安派出所、评选人民满意公安民警等活动，服务大局，监督水平不断提高。区政协紧紧围绕中心，充分发挥政治协商、民主监督和参政议政作用，提出了优化发展软环境等关系全局工作的重大建议，开展了政协委员进社区活动，参政议政能力不断增强。爱国统一战线进一步巩固和发展，民主党派和无党派人士参政议政的渠道不断拓宽，民族、宗教和侨务工作取得新进展。工会、共青团、妇联等工作成绩显著。实行村委会直选，强化社区自治功能，基层民主政治建设扎实推进，荣获全国村民自治模范区称号。依法治区水平不断提高，广大干部群众尤其是各级领导干部的法律素质明显提高。

坚持把维护稳定工作放在首位，形成了党委领导、部门齐抓共管、专群结合的保稳定工作格局。依法严厉打击各种犯罪活动，切实加强社会治安综合治理，积极探索长效机制，保持了治安形势的总体平稳，群众安全感有所提高，连续六年被评为北京市社会治安综合治理先进区，成为全国“严打”整治斗争先进单位。同“法轮功”邪教组织的斗争始终走在全市前列，监控防范实现了各项“零”指标。狠抓安全生产，杜绝重大事故发生。加大人民内部矛盾排查调处力度，切实解决了一批影响社会稳定的历史遗留问题和群众关心的热点、难点问题，为确保全区稳定奠定了基础。圆满完成了国家各项重大活动的安全保卫工作，维护了安定团结的政治局面。

四、切实加强党的领导，党的建设全面推进

坚持用改革的精神、创新的思路，积极探索党建工作的新途径，不断改进党的领导方式和工作方法，增强党的创造力、凝聚力和战斗力，以党的工作全面统领朝阳区改革开放和现代化建设。

区委总揽全局、协调各方。加强理论学习，健全理论中心组学习制度和各级各类学习培训体系，认真开展“三讲”党性党风教育和“回头看”活动，深入学习实践邓小平理论和“三个代表”重要思想，区级班子的理论素养明显提高。坚持和完善民主集中制，健全党委议事规则和决策机制，决策科学化、民主化水平不断提高，驾驭全局的能力不断增强，形成以区委为核心、四套班子团结和谐默契的工作局面。

深化干部人事制度改革，着力推进处级领导班子和干部队伍建设。认真贯彻执行《党政领导干部选拔任用工作条例》，创新选人用人方式，先后7次公开选拔处级干部148名，一大批优秀年轻干部走上了领导岗位，处级班子的年龄结构、知识结构和专业结构逐步优化，大专以上文化程度达93%，整体素质不断提高。强化教育培训，健全育人机制，培训干部近2万人次。推行试用期、考察预告、差额考察、任前公示和票决制等改革措施，制定不胜任现职领导干部的认定标准，疏通干部出口，努力构建科学的干部培养、选拔任用和管理监督机制。制定实施人才队伍建设规划，不断优化人才发展环境，拓宽引才渠道，加大引智力度，人才队伍建设迈出新步伐。

适应经济和社会结构的变化，建立健全基层党组织工作机制。“一个党员一面旗，党的宗旨进社区”的社区党建工作经验得到中央和市委的肯定。农村“三级联创”成效显著。机关、学校、企业和社团等党建工作不断加强。成立非公经济党工委，在144家非公企业中建立党组织，党的工作覆盖面和影响力日益扩大。认真做好党员发展工作，加强党员教育管理。实施“聚合力工程”，党建工作领域不断拓展，区域党建新格局逐步形成。

深入开展“立党为公、执政为民”教育活动，建立和完善领导干部联系基层制度，党群关系进一步密切。党风廉政建设责任制全面落实，源头治理工作逐步深化，领导干部廉洁自律、查办违纪违法案件、纠正部门和行业不正之风三项工作成效显著。

同志们，过去的五年，是我们全面贯彻中央路线方针政策，认真落实市委各项工作部署，开拓创新，各项事业全面发展的五年；是全区人民同心同德、共谋发

展,各条战线捷报频传的五年;是聚精会神加强党的建设,党的领导核心作用不断增强的五年。五年来的成绩,为今后的发展奠定了坚实的基础。

在充分肯定成绩的同时,我们清醒地看到,朝阳区发展中还面临不少挑战,工作中还存在亟待解决的问题。许多方面的改革,特别是国有和集体企业改革、国有和集体资产管理体制改革、行政管理体制和投融资体制的改革还不适应加快发展的要求,市场化、开放度还需进一步加大,城市公用事业和一些具有资源优势的领域市场开放还不够充分,阻碍了外资和民间资本的进入;树立科学的发展观,特别是统筹经济社会协调发展、事业发展与群众利益保护,解决好农村征地过程中保护农民利益、城区危旧房改造拆迁过程中保护居民利益、企业改革过程中保护职工利益等问题需要深层次研究;党的各级组织建设,特别是围绕率先基本实现现代化和举办一届历史上最出色奥运会目标,有些党员、干部的责任意识、机遇意识、忧患意识、创新意识亟待加强。这些问题,我们必须高度重视,采取切实有效措施,认真加以解决。

五年来的工作,积累了许多宝贵的经验,也给我们留下了很多思考。

*必须坚持以经济建设为中心,加快发展不动摇。*发展是执政兴国的第一要务。朝阳在首都发展大局中的位置决定了我们必须聚精会神搞建设,一心一意谋发展。必须以改革的精神、创新的意识、开放的思维,按照建设国际化大都市和率先基本实现现代化的要求有所作为。坚持不求所有、但求所在,加快发展区域经济,不断夯实经济基础,推动社会全面发展,让全区人民过上幸福美好的生活。

必须坚持紧抓机遇,积极探索朝阳发展的特色之路。“三化四区”是全区人民共同追求的目标,也是朝阳区经济社会发展的内在要求。农村城市化创造了发展空间,城市现代化丰富了发展内涵,区域国际化提升了发展的整体水平。我们必须坚持以规划引导发展、以改革推动发展、以环境促进发展、以科技引领发展,加快建设功能区,形成以功能区带动发展的新格局,为组团式规划、板块式发展奠定坚实基础。

*必须坚持统筹兼顾,推动经济社会协调发展。*协调发展是战胜“非典”疫情给我们的重要启示,是全面建设小康社会的必然要求。我们必须在保持经济快速发展的同时,加快发展社会各项事业,大力推进精神文明建设,建设现代文明城区。必须正确处理改革发展稳定的关系,始终保持欢乐祥和、健康向上的社会氛围。

*必须坚持立党为公、执政为民,努力实现人民群众的根本利益。*实现最广大人民的根本利益,是实践“三个代表”的根本要求。我们在思考问题、制定决策、推进工作的过程中,务必把人民的根本利益放在首位,把群众的安危冷暖放在心上。凡是与人民群众利益密切相关的事,都要当作大事、要事,尽心竭力去办好,全心全意、群策群力,切实维护好、实现好、发展好人民群众的根本利益。

*必须坚持加强和改进党的领导,为经济社会发展提供坚强保证。*朝阳区现代化建设关键在党。我们必须坚持党要管党,树公仆意识,当称职干部,争勤政楷模,做合格党员。把各级领导班子建设放在突出位置,不断增强驾驭全局和领导发展的能力,使各级领导班子始终成为加快发展的坚强核心和中流砥柱。

同志们,五年的成就来之不易,五年的思考催人奋进,这一切凝聚着方方面面的智慧和心血。在此,我代表中共北京市朝阳区第八届委员会,向全区广大党员和人民群众,向各民主党派、工商联和无党派人士,表示崇高的敬意!向驻区中央、市属单位、人民解放军和武警部队以及所有关心、支持朝阳工作的同志们、朋友们,表示衷心的感谢!

面临的形势和主要任务

党的十六大提出了全面建设小康社会的奋斗目标,鼓励有条件的地区率先基本实现现代化。十六届三中全会对完善社会主义市场经济体制进行了全面规划和部署,提出了“五个统筹”、“五个坚持”,实现全面、协调、可持续发展的新思路。北京市按照第九次党代会的部署,加快推进“新北京、新奥运”的战略构想,努力建设世界一流的现代化国际大都市,正在向率先基本实现现代化的宏伟目标大步迈进。

改革开放以来,特别是近几年的持续快速发展,朝阳区新一轮跨越式发展的基础已经具备,全区上下人心齐、抓机遇、谋发展。今后五年是北京市筹办2008年奥运会的关键时期,CBD、奥林匹克公园、电子城等首都功能区为我区加快发展提供了难得契机,我区现代化建设面临着形势发展快、改革任务重、群众要求高等新挑战。我们必须牢牢把握未来五年这一重要战略机遇期,创造新优势,奥运促发展。**要牢固树立科学的发展观。**坚持以人为本,进一步优化发展环境、优化空间布局、优化产业结构,统筹城乡发展;统筹经济社会协调发展,促进社会进步和人的全面发展;统筹人与自然和谐发展,促进经济社会与资源环境相互协调;统筹区域发展和对外开放,更好地利用国内外两个市场、两种资源,实现全面、协调、可持续发展。**要牢固树立正确的政绩观。**全心全意为人民服务,是各级领导干部的神圣使命。在新的历史时期,实践“三个代表”重要思想，坚持党的根本宗旨，就要深怀爱民之心、恪守为民之责、善谋富民之策、多办利民之事，以最广大人民群众的根本利益为根本出发点和落脚点，讲真话、办实事、求实效，使广大群众在改革与发展中得到更多的实惠，使一切工作经得起历史的检验。**要加快完善社会主义市场经济体系。**要按照十六届三中全会的部署，积极推进政府职能转变，强化公共管理和服务职能，深化产权制度改革，大力发展混合所有制经济，使股份制成为公有制的主要实现形式，提高市场化程度，提升国际化水平，放手让一切劳动、知识、技术、管理和资本的活力竞相迸发，让一切创造社会财富的源泉充分涌流。

今后五年，我们的指导思想是：**高举邓小平理论和"三个代表"重要思想伟大旗帜，坚持以人为本，树立全面、协调、可持续的发展观，深化改革，扩大开放，优化发展环境、优化空间布局、优化产业结构，创造新优势，奥运促发展，建设现代化新朝阳，为举办历史上最出色的一届奥运会、率先基本实现现代化做出重要贡献。**

奋斗目标是：**到2008年，生产总值预期达到1200亿元，年均增长12%；区级财政收入预期达到100亿元，年均增长12%；城镇居民人均可支配收入和农民人均纯收入年均增长8%。区域综合实力继续保持全市领先，社会事业同步发展，全区人民过上宽裕的小康生活，全面加快"三化四区"建设，率先基本实现现代化。**

今后五年朝阳区现代化建设的主要任务是：

一、优化发展环境，全面提高经济社会协调发展承载力

环境是资源、是资本，也是生产力。环境是吸引和聚集生产要素的主要条件，直接影响区域经济社会发展的速度、质量和效益，我们必须加快体制、机制创新步伐，全力优化发展环境，以环境的大提升，促进朝阳的大发展。

优化政务环境是优化发展环境的关键，优化政务环境的关键是加快完善社会主义市场经济体系。要认真贯彻《中华人民共和国行政许可法》，继续深化行政管理体制改革，切实转变政府职能。按照行为规范、运转协调、公正透明、廉洁高效的要求，正确履行政府的经济调节、市场监管、社会管理和公共服务职能。组建国有资产监督管理委员会，依法履行出资人职责，推进国有企业产权制度改革，盘活存量，引进增量，调整结构，扩大总量，实现国有资产保值增值。组建投资促进局，引导投资，促进发展，实现资源与市场有机结合，大力发展非公经济和外向型经济，提高市场化水平。改革行政审批制度和投融资体制，增强政务透明度。健全公共财政体制，提高财政资金使用效率。改革集体资产管理体制，完善集体经济市场运行机制。以道德为支撑、产权为基础、法律为保障，建设"信用朝阳"。要在提高干部队伍特别是直接面对群众、面对企业的公务员队伍素质上下功夫，不断改善服务质量，不断增强敬业精神，促使优化发展环境各项工作落实在一线。

稳定的社会环境是经济发展的重要保障。认真落实《朝阳区依法治区工作目标纲要》，完善司法保障，强化司法监督，维护司法公正，不断提高依法治区水平。依法严厉打击境内外暴力恐怖势力、宗教极端势力、民族分裂势力和"法轮功"等邪教组织的各种破坏活动，维护首都安全。加强社会治安综合治理基层组织建设和基层基础工作，进一步加强外来人口的服务和管理，不断完善社会治安防控体系，继续改善治安环境，让人民群众安居乐业。努力从源头减少漠视、侵犯群众利益而产生的人民内部矛盾，善于协调和处理不同群众之间的利益关系，积极防范和妥善处置群体性突发事件，力争把矛盾解决在基层，化解在萌芽状态，逐步把维护群众切身利益的工作纳入规范化、制度化、法制化轨道。以对人民高度负责的精神，严格落实安全生产责任制，杜绝重大事故发生。要高度重视、切实抓好民兵和预备役部队建设，广泛开展国防教育，增强全民国防观念，关心、支持国防和军队建设，巩固和发展军政、军民团结，形成维护稳定的强大合力。努力实现政治稳定和社会安定，为改革发展奠定良好的社会环境和法治环境。

人文环境是发展环境的重要组成部分。宣传思想工作要坚持贴近实际、贴近生活、贴近群众的原则，唱响主旋律，打好主动仗，为现代化建设提供科学理论指导和强大舆论支持。继续推进学习型城区建设，树立全民学习理念，构筑终身教育体系，不断提高精神文明创建水平，促进经济发展提速、城市形象提升、干部群众素质提高。全面落实2003—2008年教育、科技、文化、卫生、体育发展纲要，深化社会事业管理体制改革，建立投资主体多元化、事业产业相互促进发展的新机制。以教育整体水平创一流为目标，争创北京市教育改革创新综合实验区，大力发展基础教育、职成教育和国际教育，促进各级各类教育均衡发展，基本满足群众对优质教育的需求。以集成资源、服务发展为原则，构建科技创新体系，大力发展科普事业，形成大科技发展格局。繁荣文化事业，加快重点文化园区建设，提高公共文化建设、管理与服务水平，打造文化品牌，成为北京文化创新的基地和国际文化交流的舞台。强化公共卫生管理职能，建立健全疾病信息网络、疾病预防控制和疾病救治体系，提高公共卫生服务水平、突发性公共卫生事件应急能力和居民健康水平，建设健康城区。

推进群众体育生活化、竞技体育精英化、体育设施现代化和体育产业国际化,建设体育大区。通过社会事业的繁荣进步促进人的全面发展,为人文奥运做出贡献。

二、优化空间布局,着力增强可持续发展能力

土地是不可再生的稀缺资源,我们必须倍加珍惜。要坚持城乡一体,统筹规划,优化空间布局,明确功能定位,大力提高资源利用率,实现全面、协调、可持续发展。

按照“以人为本、板块支撑、功能完善、持续发展”的原则,推进组团式城市布局,着力构建北京商务中心区、奥运体育会展区、电子城高新技术产业区、温榆河绿色生态区、定福庄城市边缘集团、现代仓储物流等组团。按照“依托组团、主业突出、产业集聚、规模发展”的原则,在北京商务中心区组团培育发展CBD国际商务、朝外商圈、燕莎商圈、潘家园文化等板块;在奥运体育会展区组团培育发展奥运商务、亚运商圈、健翔科技等板块;在电子城高新技术产业区组团培育发展电子城东区、电子城西区、丽都商圈、望京新城商圈等板块;在温榆河绿色生态区组团培育发展东坝边缘集团、温榆河生态居住、金盏现代制造业、机场航空服务等板块;在定福庄城市边缘集团组团培育发展生物医药、新材料、传媒文化等板块;在现代仓储物流组团培育发展现代物流、垡头边缘集团、南磨房旅游购物等板块。以组团式规划建设带动板块式经济发展,促进产业升级,完善城市功能。

大力实施“畅通朝阳”工程,到2008年底,建成朝阳路、通惠河北路、西大望路、望京西路等253条道路,积极参与地铁十号线建设,加快CBD等重点地区的地下空间建设,统筹建设城乡道路,完善现代化交通网络。坚持市政基础设施、配套服务设施与城市建设同步推进,提升城市承载能力和服务功能。加强生态建设和环境保护,制定并实施环境保护、环卫建设产业发展和景观环境建设等规划,加大水系治理、污水处理、垃圾处理和城市景观建设力度,2005年建成区生活垃圾全部实现无害化处理,2006年基本完成区域内各水系的综合整治工作,2008年污水处理率达到90%、绿化覆盖率达到45%,创建全国生态示范区、全国环保模范区和国家卫生区,建设“生态朝阳”,全面提升城市形象。

积极推进城市管理体制改革。按照“条专到底、块统到位”的要求,进一步理顺街乡(地区办事处)、职能部门、社区的城市管理体制。明确街乡(地区办事处)在辖区负总责的地位,充分发挥其在城市管理中的组织、协调、监督和指导作用,明确职能部门对各街乡(地区办事处)辖区内的专业管理与服务负全责的地位,建立专业管理服务体系。按照“财随事走”的原则,改革基层公共事业资金拨付方式和使用方法,解决事权、财权分离问题。坚持政社分开、政事分开、政企分开,大力培育社会中介服务组织,完善社区服务体系。引入市场机制,探索城市基础设施和城市公用事业的社会化、市场化建设新途径。进一步加强对社区建设的领导,不断培育社区自治功能。建立和完善城市管理信息化平台,建设智能化交通管理与控制系统、城市防灾减灾预警和应急救援系统以及城管监察网络系统等城市管理应急体系,切实提高城市的现代化管理水平。

三、优化产业结构,大力提升区域核心竞争力

产业是一个城市发展的核心支撑。产业结构决定区域经济的核心竞争力,我们必须以优化产业结构为核心,大力发展现代服务业、高新技术产业和现代制造业,力争在做大经济总量和提升产业层级方面有所突破,巩固和完善“三二一”的产业格局,全面提升区域发展的综合竞争力。

全力提升第三产业的发展水平。第三产业是影响朝阳经济总量和增长速度的关键因素,对于扩大就业、拉动经济增长、优化产业结构、提高人民生活质量都具有决定性的作用。因此,必须进一步理清思路,抓住重点,放开搞活传统服务业,发展壮大现代服务业。要重点发展国际金融和现代商务,积极发展文化传媒、体育、会展、旅游、物流等新兴产业,加快流通现代化步伐。增强高新技术产业的先导地位,充分发挥电子城、望京高新技术产业园、健翔科技园等聚集和辐射效应,带动电子信息、应用软件等高新技术产业发展。强化现代制造业的支撑作用,坚持资本密集、技术密集、劳动密集并重,运用先进技术改造提升传统制造业,加快发展生物医药、新材料、汽车、服装等现代制造业,大力引进国内外知名的现代制造业龙头企业。依托城市组团,推进经济板块发展,促进产业集聚,培育特色鲜明的现代服务业、高新技术产业和现代制造业产业群。

扩大对内对外开放,提高区域国际化水平。以扩大就业、提高收入、增加税收、加快发展为原则,营造全方位、宽领域的开放格局。充分发挥朝阳的比较优势,大力发展“总部经济”,研究制定切实有效的政策措施,广泛吸引著名跨国公司、国内外金融机构、大企业、大集团来朝阳设立地区总部、研发中心、营运中心,凝聚更多的国内外优秀人才来朝阳工作、创业和投资。要充分利用世贸组织规则,加强与国际组织的联系,积极参与京港、京台经济技术合作,增强国际合作和竞争的能力。凡是法律没有禁止的领域和行业都允许外资和民营资本进入。毫不动摇地鼓励、支持和引导非公经济发展，重点扶持一批大型民营企业和企业集团，切实帮助非公企业解决阻碍发展的难题，引导外资、民营资本参与国有、集体企业改制改组，引导参与经济结构调整，不断优化所有制结构和产业结构。

加强和改进党的领导，提高党的建设水平

蓝图已经绘就，定位业已明确。朝阳区实施“三个优化”、加快“三化四区”进程必须与时俱进，开拓创新，全面加强和改进党的领导。

一、加强领导班子建设，不断提高执政能力和领导水平

加强党的建设，核心在于建设高素质的领导班子。首先要把区级班子建设好，形成政治坚定、团结务实、锐意创新、勤政廉洁的领导集体。坚持用邓小平理论和“三个代表”重要思想武装头脑，以提高领导水平和执政能力为重点，以理论中心组学习带动理论学习的深化，把自觉学习当作一种神圣职责、一种精神境界、一种终生追求，在学习中解放思想、更新观念，不断提高解决实际问题的能力，始终做到立党为公、执政为民。坚持民主集中制，建立健全议事决策机制，提高决策民主化、科学化水平。坚持抓班子、带队伍、谋发展，切实发挥总揽全局、协调各方的作用。

切实加强处级班子建设，形成务实清廉、开拓进取、精干高效、奋发有为的中坚力量。要进一步增强责任意识、机遇意识、忧患意识和创新意识，不断适应新形势，发挥主观能动性，以发展的眼光、开放的胸怀，按照现代化、国际化的标准，把本地区、本部门的工作置于全区大局中，整合资源，凝聚力量，提高驾驭全局的能力，大力推进各项工作，在朝阳区蓬勃发展的事业中充分施展才能。

事业造就人才。要按照“靠得住、有本事”的要求，坚持“赛马场上选良驹”，及时把政治素质好、学有专长、求真务实、群众公认的优秀中青年干部选拔到领导岗位。加强对优秀年轻干部和后备力量的培养和选拔，有针对性地组织学习和锻炼，放到复杂环境和重要岗位，积累经验，增长才干。进一步做好培养选拔妇女干部、少数民族干部和党外干部的工作，有计划、有步骤地充实到各级党政领导班子中去。

二、大力实施人才强区战略，建设高素质人才队伍

历览古今中外事，兴衰成败在于人。我们要树立强烈的人才意识，树立现代人才观念，增加人才总量，优化人才结构，为事业发展提供强有力的支撑。

要深化干部人事制度改革。进一步改善党管干部的方式方法，以科学化、民主化和制度化为目标，促使干部管理由职务管理为主向职务管理与职责管理有机统一、以职责管理为中心的管理模式转变。进一步健全干部分类管理，建立和完善考评、监督、激励等各项制度和机制，用制度保证把干部选准用好，努力形成广纳群贤、人尽其才、能上能下、充满活力的用人机制。

坚持党管人才原则，认真贯彻全国人才工作会议精神，全面实施《2003—2008 年朝阳区人才队伍建设规划》，落实“111”人才培养工程，加快形成掌握现代管理知识、具有较高专业水平的复合型党政领导人才队伍；学术技术带头人和专业技术骨干队伍；懂经营、善管理、熟悉国际惯例的外向型高层经营、管理人才队伍。建立健全科学的育人、引人、用人、留人机制，营造有利于人才辈出、人尽其才的良好环境。切实加大人力资源开发利用的投入，充分利用各种教育资源，加大紧缺人才、适用人才特别是高层次人才的培养力度，有计划地实施对各类人才的继续教育。要建立健全竞争择优的人才选拔机制，拓宽知人渠道，开阔选人视野，广开进贤之路，开展多形式的智力引进活动，广泛吸纳优秀的高校毕业生，大力引进高层次人才和急需人才。要坚持市场配置人才资源的改革取向，确立“不求所有、但求所用”的观念，实行更加积极、更加开放的人才政策，努力做到用事业造就人才、用环境凝聚人才、用机制激励人才、用法制保障人才，切实利用和开发好人才这个第一资源，为建设现代化新朝阳提供坚强的人才保证和智力支持。

三、全面推进“聚合力工程”，加强和改进基层党组织建设

构建区域党建工作新格局，凝聚和整合各种资源，调动一切可以调动的力量，增强基层党建工作的渗透力、影响力和有效性，不断巩固党的群众基础。社区党组织要按照城市现代化的要求，以社区党建为龙头，以社区民主自治建设为核心，以服务群众为落脚点，全面推进社区建设。农村基层党组织要适应农村经济组织和经济制度的变化，按照农村城市化的要求，全面提高农村基层干部和党员队伍的整体素质，提高“三级联创”水平，推进农村经济组织、经济制度和基层党组织创新，促进农村经济社会全面进步。加强农村新建社区党组织的建设，防止出现党建“空白点”。研究探索国有企业党建工作新思路，找准党建工作与企业发展的结合点，充分发挥企业党组织的政治核心作用。大力加强非公企业党建工作，探索党组织活动的有效方式，扩大党的工作覆盖面。进一步加强机关、学校、社会团体和社会中介组织党的建设。深入开展“学习实践‘三个代表’重要思想保持先进性”主题教育活动，

探索激励党员发挥先锋模范作用的有效途径。积极探索党的代表大会闭会期间发挥代表作用的有效途径和形式,逐步建立党代表活动制度。认真做好党员发展工作,创新党员管理工作机制和方法。充分尊重党员权利,把蕴藏在广大党员中的政治热情和潜能充分发挥出来,使全区广大党员成为推动改革发展稳定的中坚,成为联系广大人民群众的纽带,成为爱岗敬业、锐意进取的模范,成为勇于实践、率先垂范的先锋。

四、加强民主政治建设,开创政治文明新局面

切实加强党委对人大、政府、政协工作的领导。坚持和完善人民代表大会制度,支持人大按照"三个致力于"的工作目标,依法履行职能,积极开展工作监督和法律监督。坚持和完善中国共产党领导的多党合作和政治协商制度,不断推进政治协商、民主监督、参政议政的规范化、制度化建设。进一步加强和改善各级党组织对统一战线工作的领导,加强与民主党派、工商联和各界人士的团结合作,充分发挥他们共建朝阳的积极性和创造性。加强对工会、共青团、妇联等人民团体的领导,充分发挥其桥梁纽带作用和社会调节作用,为我区现代化建设凝聚力量。进一步加强基层政权建设,扩大公民有序的政治参与,依法推进村民自治,促进企事业单位事务公开,不断完善社区自治功能,建设管理有序、文明祥和的新型社区。各级党组织要通过自身的不懈努力,团结各方朋友,凝聚各方力量,继续巩固团结奋进的良好政治局面。

五、立党为公、执政为民,加强党的作风建设

始终坚持把实现最广大群众的根本利益放在首位是我们一切工作的出发点、落脚点。要在深化改革和加快发展中让群众得到实惠,在维护群众利益中树立为民、务实、清廉的新形象。努力做好就业和再就业工作,统筹考虑体制改革、结构调整与扩大就业的关系,注重发展就业容量大、劳动密集型的产业、第三产业和中小企业,增强技能培训的针对性、实用性和有效性,千方百计促进下岗失业人员和农村富余劳动力就业。加强农村社会保障制度建设,以最低生活保障、养老保险、新型合作医疗为主要内容,逐步建立和完善农村社会保障体系,实现农村与城市社保体系对接。继续做好"两个确保"和六条保障线的合理衔接,切实解决好城乡困难群众的基本生活保障问题。继续做好老干部工作是各级党委、政府的政治责任,各级领导干部要从政治上关心、生活上照顾好老干部;要把老干部工作落到实处,积极创造条件让老干部老有所养、老有所医、老有所教、老有所学、老有所为、老有所乐,积极探索老年社区建设,在全区形成关心老干部、老同志生活和健康的浓厚氛围。着力保护好征地拆迁、危旧房改造、企业改革过程中的群众利益。解决好特困人员在医疗救助、子女就学和住房等方面存在的困难,努力提高低收入群体的收入水平。发展残疾人事业,进一步加大对贫困残疾人的救助工作。各级政府要把每年帮助群众办实事的工作逐步制度化,各级领导干部要切实深入农村、街道、企业,通过多种形式了解群众需求,使办实事的计划更加符合群众的意愿,把关心群众利益落到实处。

大力加强党风廉政建设,坚持标本兼治、综合治理,建立健全教育、制度和监督并重的反腐倡廉体系。巩固和完善党委统一领导、党政齐抓共管、纪委组织协调、部门各负其责、群众支持参与的领导体制和工作机制,形成反腐合力。突出为优化发展环境服务,强化对重点领域、重点环节和重点工程的监督。深化党风廉政建设责任制,进一步抓好领导干部廉洁自律、查办违纪违法案件、纠正部门和行业不正之风三项工作。

同志们,今后五年,是朝阳区现代化进程中十分关键的五年。宏伟的目标鼓舞着我们,崇高的使命激励着我们,人民的期待鞭策着我们。全区各级党组织和全体共产党员要高举邓小平理论和"三个代表"重要思想伟大旗帜,在市委的领导下,团结带领全区人民,创造新优势,奥运促发展,全面开创朝阳区改革开放和现代化建设的新局面,为首都举办历史上最出色的一届奥运会和率先基本实现现代化,为全区人民的幸福生活和美好未来而努力奋斗!

政府工作报告

——2004年1月11日在北京市朝阳区第十三届人民代表大会第一次会议上

朝阳区人民政府代区长　陈　刚

各位代表：

现在，我代表朝阳区人民政府，向大会作工作报告，请予审议，并请各位政协委员提出意见。

五年工作回顾

区十二届人大一次会议以来，本届政府在市委、市政府和区委的领导下，在区人大和区政协的监督支持下，坚持以邓小平理论和"三个代表"重要思想为指导，抢抓机遇，加快发展，全面完成了十二届人大历次会议审议通过的各项任务，全区经济实力明显增强，城乡面貌日新月异，社会事业蓬勃发展，人民生活不断改善。在圆满完成"九五"计划的基础上，全面实施"十五"计划，加快推进"三化四区"进程，开创了世纪之初现代化建设的新局面。

一、区域经济快速发展，改革调整步伐明显加快

实现了区属经济向区域经济发展的战略转变，经济总量位居全市前列。2003年，预计实现国内生产总值675亿元，年均增长17.5%；区级财政收入56.56亿元，年均增长26.7%；固定资产投资总额273.7亿元，年均增长31%；社会消费品零售总额298亿元，年均增长10.2%。

产业结构不断优化。一、二、三产业在国内生产总值中的比例由1998年的1.2：44.2：54.6调整为2003年的0.4：28.1：71.5。第三产业在经济发展中的主导地位进一步加强，金融、信息咨询、中介服务、连锁商业、仓储物流等现代服务业和房地产、文化体育、旅游休闲等新兴第三产业快速发展。第二产业在全市工业调整中不断优化，电子信息、生物医药、汽车等高新技术产业和现代制造业保持良好发展态势，成为拉动第二产业增长的主要力量。第一产业全部退出商品粮生产，实现了由传统农业向现代都市农业和绿色产业发展的大跨越。

各项改革成效显著。成立了国朝和金朝阳国有资本运营公司、教育国有资产管理中心、宝嘉恒基础设施投资公司，建立了国有资产监管运营体系。以产权制度改革为重点，加快了国有企业改革步伐，组建了昆泰、京客隆两大企业集团，区属企业改制面达到92%。积极推进了投融资体制改革、财政管理体制改革和农村税费改革。适应农村城市化进程，撤销了全区农村生产队的队级核算，在全市率先完成了大屯乡级集体资产处置和体制改革的试点工作。非公经济快速发展，2003年预计实现增加值251.6亿元，对经济增长的贡献率达到61.2%。

二、重点工程建设取得阶段性成果，功能区带动经济发展的格局全面形成

北京商务中心区建设快速推进，区域国际化进程不断加快。成功推出了北京商务中心区（CBD）概念，面向国际招标高标准编制了CBD总体规划和交通、环境等专项规划。建立了北京商务中心区管理委员会及投资服务中心，积极探索符合国际惯例的管理服务模式。确定了CBD发展国际金融业为龙头的现代服务业的产业功能定位，制定实施了促进金融业发展的若干措施。开展了核心区国际规划设计招标和土地一级开发工作。国贸三期、中央电视台新址、北京电视中心、财富中心、银泰中心等一批重点项目建设全面展开，开工面积近330万平方米。自2000年8月市政府决定全面加快CBD建设以来，各项工作进展顺利，CBD已成为全市三大重点功能区之一，入驻企业达3000余家，形成了国际金融、信息咨询、中介服务等优势产业，国际影响不断扩大。与此同时，成功举办了4届北京朝阳国际商务节，在经济和社会各个领域加强与国际间的交流与合作，提高了朝阳区的对外开放度，促进了开放型经济的快速发展。五年累计新批外资企业1100余家，实际利用外资31.7亿美元，130家世界500强企业落户我区。

绿化隔离地区建设成绩显著,农村城市化进程明显加快。根据2000年北京市关于加快绿化隔离地区建设的工作部署,我区绿化隔离地区绿化任务占全市的54.8%。我们紧抓机遇,按照"绿化——规划——开发——产业"的发展思路,全面加快了绿化建设、企业搬迁、新村建设和产业调整步伐,连续三年被评为市绿化隔离地区建设先进区。调整、搬迁企业1870家,腾退土地1.37万亩。绿化隔离地区绿化面积已达56平方公里,形成了三个超1.5万亩的绿色板块。朝来森林公园、东坝观光果园等一大批旅游观光、体育休闲的绿色产业项目相继建成。17个乡启动农民新村建设,总开复工面积943万平方米,竣工465万平方米,3万户、7万农民喜迁新居。农村地区投资环境和人居环境得到改善,吸引了燕莎、华侨城、百安居、欧倍德、正大易初莲花等一批知名企业相继投资,促进了产业结构调整,农村经济繁荣发展。2003年,预计实现农村经济总收入282.4亿元,年均增速达到15.1%。

高科技园区建设取得突破,各项重点工程建设进展顺利。望京3平方公里产业用地(电子城西区)被纳入中关村政策区,中国北京(望京)留学人员创业园投入使用,以科技商务为特色的中关村健翔科技园正式开园。电子城投资服务中心、健翔科技园服务中心相继建成。电子城现代制造业发展迅速,松下部品、双鹤药业等一批项目投产,摩托罗拉、北电网络等重大项目落户。电子城东区(酒仙桥)、电子城西区和健翔科技园累计入园企业已达600余家,成为我区高新技术产业和现代制造业发展的主要基地。朝外大街二期改造工程竣工,朝阳公园园内居民拆迁全部完成,金盏现代制造业园区、温榆河绿色生态走廊、东坝边缘集团的规划建设进入了实质性运作阶段。

三、紧抓申办和筹办奥运机遇,城市现代化建设步入新阶段

以推进投融资体制改革为突破口,市政基础设施建设全面提速。五年共修建改造城乡道路240条,极大地改善了区域交通条件。朝阳北路、姚家园路等区重点道路建成通车,四环路、五环路、京沈路、京承路、地铁八通线、城铁13号线等市重点工程朝阳段先后竣工。高安屯垃圾填埋场投入使用,垃圾焚烧发电厂开工建设。认真落实锅炉改造、污染企业搬迁等控制大气污染的各项措施,空气质量明显好转,2003年奥体中心、农展馆国控监测子站空气质量二级和好于二级的天数分别达到65.7%和60.3%。开展了温榆河、坝河、北小河等河道的水环境综合治理。积极探索多种危改模式,4.5万户居民住房条件得到改善。大力推进信息化建设,制定实施了"数字朝阳"规划,经济与社会发展各领域信息化水平明显提高。

以拆违建绿为重点,环境建设全面展开。五年累计拆除违法建筑、临时建筑561万平方米,18个街道达到市级"无违法建设街道"标准。高水平实施"进京第一印象"工程,完成了辖区内新迎宾线、京津塘和京沈高速路等进京重点道路的百米绿化任务。郡王府广场、太阳宫公园、元大都城垣遗址公园等一大批绿化精品成为城市现代化新景观。城市道路、居民小区绿化水平不断提高,城区绿化覆盖率达到41%。在全市率先开展了亮丽街、精品小区建设和建筑物外立面粉刷工作,建成亮丽街131条、精品小区87个。奥运公园建设顺利推进,2.91平方公里的奥运场馆区拆迁任务全部完成,国家体育场、国家游泳中心开工建设;由我区承建的6.8平方公里的奥运森林公园,已完成园内2745户农(居)民的拆迁,并开展了国际规划设计招标工作。

以完善体制机制为核心,城乡管理水平全面提升。建立了社区管理新体制,将792个居(家)委会划分为183个社区。圆满完成了第五次社区居委会换届选举工作。围绕群众需求开展特色服务,培育了一批社区品牌。累计已有14个乡改为地区办事处,农村35个新建社区全部纳入城市管理。荣获了"全国社区建设示范城区"称号。按照城市管理重心下移的要求,不断完善属地管理的长效机制和应急机制,建立了覆盖各街乡的城管综合执法体系,制定了外来人口、地下空间、施工工地、垃圾管理等长效措施,在元大都城垣遗址公园建成了全国首家应急避难场所。

四、社会事业蓬勃发展,人民生活实现新改善

医疗卫生工作不断加强,抗击"非典"斗争取得重大胜利。建成了区预防保健中心、六里屯医院,改扩建了区第二医院、安华医院、和平老年病医院,完成了十八里店医院等农村医院的改造。建立了27个社区卫生服务中心和89个社区卫生服务站,农村全部实现了合作医疗。2003年,面对突如其来的"非典"疫情,在市委、市政府的正确领导下,按照"属地管理、行业监督、业主负责"的原则,全区上下与驻区医疗机构紧密配合,创造性地开展工作,在短期内有效控制了疫情。随后,以建立健全突发公共卫生事件应急机制为重点,加大人力、财力投入,全面加强了公共卫生建设。

教科文体等各项社会事业全面发展。通过整合教育资源、优化结构布局,促进了教育均衡发展,扩大了优质教育资源。全区已有7所学校通过市级示范校初审,2所学校被评为市级示范校。依法保证了教育经费的"三个增长"。加大农村教育投入,五年累计投资6.9亿元发展农村教育。开展了教师队伍"十五"继续教育培训，建成了柳芳里等教工宿舍。在全市率先开展社区教育改革试点，成立了首家社区学院。建成了8所国际学校。学前教育、职业教育、成人教育不断发展，构建终身教育体系工作全面推进。制定实施《加强技术创新，发展高科技，实现产业化的意见》，大力推进了科技成果的转化。争创全国科技进步示范区工作通过了科技部专家组验收。加快了社区图书馆等文化设施建设步伐，开展了夏日文化广场、北京民俗文化节、国际风情节等系列群众性文化活动。竞技体育位居全市前列，朝阳体育中心、郡王府体育中心、677个全民健身居家工程投入使用，成功申办了2006年第九届世界青年田径锦标赛。计划生育工作连续15年保持全市先进，人口自然增长始终稳定在低生育水平。与此同时，人事、人防、交管、民族、宗教、残疾人、档案、保密等各部门，在工作中努力争创一流，保持了良好的工作态势。

就业和社会保障工作全面推进，人民生活更加富裕。积极推进城乡一体化的劳动力市场建设，以发展社区服务业和公益性就业组织为重点，广开就业渠道，为失业人员和农村富余劳动力提供就业服务。完成了全区所有街乡社保所和29个街乡的社区社保平台搭建工作，建立了较为完善的社保工作体系。城镇登记失业率、失业人员再就业率均完成了市下达指标。养老、失业、工伤、医疗保险金确保了按时足额发放。在全市率先实行了农村最低生活保障制度，建立了特殊困难人员扶助金。全面实施了配套帮困措施和社会救助工作。1.1万名城乡困难群众被纳入低保范围，特困群体基本实现应保尽保。2003年，城镇居民人均可支配收入和农民人均纯收入预计达到13887元和9300元，年均增长11%和10.8%。居民消费结构逐步从温饱型向享受型转变，住房、汽车、通讯等成为消费新热点。

五、精神文明建设迈上新台阶，依法治区工作不断加强

文明城区创建工作步入全国先进行列。认真贯彻落实《公民道德建设实施纲要》，广泛开展群众性精神文明创建活动，荣获了“创建全国文明城市先进工作城区”称号和“全国双拥模范城”三连冠。在此基础上，以建设学习型城区为目标，全面开展学习型组织创建活动，提高市民思想道德素质和科学文化素质，巩固和延伸了精神文明创建成果。

民主法制建设和安全稳定工作稳步推进。坚决执行人大决议，坚持向人大及其常委会报告重大事项制度，自觉接受人大及其常委会的法律监督、工作监督和人民政协的民主监督，五年共办复全国、市、区三级人大代表建议和政协委员提案4800余件，有力地推动了政府工作。坚持依法行政，行政执法队伍建设进一步加强。广泛开展普法教育，增强了干部群众的法制观念。与“法轮功”邪教组织的斗争走在全市前列。深入开展“严打整治”专项斗争，对高发案地区、治安乱点实行了双向挂牌督战。切实加强基层创安工作，完善基层群防群治组织，提高了人民群众的安全感。高度重视安全生产工作，有效预防和减少了重大安全事故的发生。牢固树立群众利益无小事观念，认真对待和妥善处理人民内部矛盾，建立了上下联动的信访排查机制，集中精力对370件重点矛盾开展了排查调处，依法维护了人民群众的利益。

刚刚过去的2003年，是极不平凡的一年。我们紧紧围绕区委确定的优化发展环境、建设学习型城区、深化改革开放三项重点工作和区人代会审议通过的各项任务，沉着应对“非典”疫情，始终坚持“两手抓、两促进”，积极消除“非典”疫情对我区经济影响大的不利因素，保持了经济快速健康增长和社会事业全面发展的良好势头。全年预计实现国内生产总值同上年相比增长14%，区级财政收入增长14%，固定资产投资总额增长31.1%，社会消费品零售总额增长11.2%，城镇登记失业率为1.2%，失业人员再就业率达到66.5%，均超额完成了既定目标。

各位代表，过去的五年，是朝阳区经济社会发展取得突出成就的五年，是城市面貌日新月异的五年，是人民群众得到更多实惠的五年。今天的朝阳区，朝气蓬勃，世人瞩目，正成为展示首都现代化国际大都市形象的窗口。成绩的取得，是市委、市政府和区委坚强领导的结果，是全区人民辛勤劳动的结果。在此，我代表区政府，向各位人大代表、政协委员、各民主党派和无党派人士、各人民团体、社会各界人士，向大力支持我们工作的驻区中央、市属单位和人民解放军、武警部队，向所有关心、帮助朝阳区建设和发展的国内外朋友，表示衷心的感谢，并致以崇高的敬意！

五年来，我们在加快发展上积累了许多宝贵经验。主要是：

*第一，必须始终坚持抓大事促进发展。*朝阳区正处在加快发展的关键时期，必须集中力量抓大事，集中民智谋大事，才能实现加快发展。五年来，我们围绕申办筹办奥运、CBD建设、绿化隔离地区建设三件事关全局的大事，不失时机地开展工作，加速推进了农村城市化、城市现代化、区域国际化进程。我们以办理区人大、区政协关于区域经济、社会治安、教育发展、农村城市化、优化发展软环境等议案和建议案为契机，群策群力，共谋发展，实现了经济社会全面进步。把握机遇、突出重点、带动全局，是我们在发展中始终能够领先一

步的关键。

*第二,必须始终坚持以规划引导发展。*科学的规划是引导城乡发展的龙头。我们着眼于可持续发展,编制了全区控制性详细规划和土地利用总体规划,完善了17个乡的乡域规划,并创造性地开展了CBD、奥运森林公园等重点功能区、重大建设项目的规划国际招标工作。通过几年的实践,"心中有规划、手中有土地、发展有政策"的观念在全区干部中形成共识,全区上下抓规划的主动性明显增强,为推动经济社会发展提供了重要支撑。

*第三,必须始终坚持以环境带动发展。*优化环境是加快发展的基础。我们牢固树立"保护投资者、服务纳税人"的意识,着力改善投资环境,在全市率先建成了"一站式"服务大厅,精简和规范了行政审批程序,推行了网上审批和网上评议政府工作,开通了"区长信箱"和投资服务热线,大力整顿和规范了市场经济秩序。与此同时,不断强化城市建设和管理,加大环境建设投入,大力实施便民、建绿、兴水、治污、修路、危改六项"民心"工程,改善人居环境。这一系列措施,使区域发展环境不断优化,吸引力大大增强,投资到朝阳、发展在朝阳成为众多有识之士的共同选择。

*第四,必须始终坚持经济社会协调发展。*建设小康社会,必须高度重视社会事业的发展。为此,我们根据"新北京、新奥运"的要求和我区"三化四区"的奋斗目标,编制实施了教、科、文、卫、体五大社会发展纲要,明确了到2008年的发展目标,并从政策、投入等方面提出了保障措施。五大纲要的实施,带动了社会事业全面发展,为社会现代化奠定了基础。着力于提高市民素质和改善人文环境,我们在创建全国文明城市先进工作城区后,广泛开展了学习型城区建设,丰富了精神文明建设的内容。实践表明,坚持以经济建设为中心,必须以经济社会协调发展为前提,只有坚持科学的发展观,才能实现区域可持续发展。

回顾五年的工作,我们也清醒地看到,在工作中还存在很多困难和问题:国有和集体资产管理体制改革、产权制度改革、所有制结构调整工作还不适应加快发展的要求,开放度不高,阻碍了外资和民间资本的进入;农村城市化快速推进过程中,城乡统筹发展的配套政策措施还不完善,农民的就业和社会保障还没有得到根本解决;基础设施承载能力不足,交通拥堵现象突出,污水治理、垃圾处理工作任务艰巨;区域特色的产业支柱体系还需加大力度培育,整合资源适应板块经济发展的工作亟待推进;一些政府工作人员为群众、为纳税人服务的意识有待加强,办事效率有待提高。对此,我们必须高度重视,认真加以解决。

今后五年的主要任务

从现在起到2008年,是全面建设小康社会、率先基本实现现代化的关键时期,是实现"新北京、新奥运"战略构想的关键时期。朝阳区作为奥运工程建设的主战场和首都经济发展的大区,基础好、机遇好、氛围好,为加快发展提供了难得的条件。在科学分析和判断形势的基础上,区第九次党代会提出,今后五年,全区工作的指导思想是:高举邓小平理论和"三个代表"重要思想伟大旗帜,坚持以人为本,树立全面、协调、可持续的发展观,深化改革,扩大开放,优化发展环境、优化空间布局、优化产业结构,创造新优势、奥运促发展,建设现代化新朝阳,为举办历史上最出色的一届奥运会、率先基本实现现代化做出重要贡献。奋斗目标是:到2008年,生产总值预期达到1200亿元,年均增长12%;区级财政收入预期达到100亿元,年均增长12%;城镇居民人均可支配收入和农民人均纯收入年均增速达8%。区域综合实力继续保持全市领先,社会事业同步发展,全区人民过上宽裕的小康生活,全面加快"三化四区"建设。

形势催人奋进,目标鼓舞人心。我们必须紧紧抓住未来五年这一重要战略机遇期,认真贯彻党的十六届三中全会和市委关于《贯彻〈中共中央关于完善社会主义市场经济体制若干问题的决定〉的意见》精神,牢固树立责任意识、机遇意识、忧患意识、创新意识,坚持科学的发展观和正确的政绩观,保护好、引导好、发挥好各方面加快发展的积极性,求真务实、奋发有为,使朝阳区的各项工作、各个方面都走在全市前列。

今后五年,要突出抓好以下三方面的工作:

一、优化发展环境,全力迎接奥运,建设首都现代化新城区

优化环境是加快发展的基础。要始终坚持"高标准规划城市、高质量建设城市、高效能管理城市、高水平经营城市"的方针,不断提高城市现代化水平,营造良好的区域发展环境,迎接2008年奥运会成功举办。

以交通和环境建设为重点,提升城市形象。实施"畅通朝阳"工程,加快路网和交通枢纽建设,到2008年完成253条道路建设,基本形成布局合理、结构紧凑、衔接贯通、管理科学的现代化交通体系。实施"生态朝阳"工程,加强生态建设和环境保护,争创"全国环保模范城区",2008年城市绿化覆盖率达到45%,污水处理率达到90%,生活垃圾无害化处理率达到100%。实施奥运场馆建设工程,高水平建成奥运森林公园和网球中心、曲棍球馆、沙滩排球赛场等我区承建

的重点项目。实施危改工程,加大力度推进重点危改项目,整治"都市村庄"。实施市民奥运素质工程,加强人文环境建设,从关系首都形象的重点地区、行业、窗口、人群入手,从小事、实事做起,提高全民文明素质。

以体制改革为突破口,提高城市管理水平。按照"条专到底、块统到位"的要求,进一步理顺街乡、职能部门、社区的管理体制。明确街乡在辖区负总责的地位,充分发挥其在城市管理中的组织、协调、监督和指导作用;明确职能部门对各街乡辖区内的专业管理与服务负全责的地位,建立专业管理体系。按照"财随事走"的原则,改革基层公共事业资金拨付方式和使用方法,解决事权、财权分离问题。加强社区建设,完善社区功能,为广大群众创造良好的生活环境。大力引入市场机制,拓宽和规范卫生保洁、基础设施建设、绿化养护等领域的市场准入,通过增量改革、存量试点、项目招标,提高市场化程度。坚持以信息化提升城市管理现代化水平,以建设智能化交通管理、城市防灾减灾和应急救援、城管监察网络等体系为重点,建立完善城市管理信息化平台。

以转变职能为手段,提高行政效能。深化行政管理体制改革,完善政府的经济调节、市场监管、社会管理和公共服务职能,切实将工作重点转到制定规则和标准、强化管理、加强监督和为市场主体提供优质服务上来。认真贯彻《中华人民共和国行政许可法》,严格按照法定程序和权限行使权力,履行职责,规范行政执法行为。深化行政审批制度改革,完善投资服务体系。加强政策整合集成,完善市场体系,促进生产要素自由流动,降低商务成本。按照权利、义务和责任相统一,管资产、管事和管人相统一的要求,完善国有资产管理体制。健全公共财政管理体制,提高公共支出使用效率。建立完善信用服务体系,建设信用朝阳。

二、优化空间布局,统筹协调发展,增强可持续发展能力

树立全面、协调、可持续的科学发展观,把工作重点真正转到促进区域、城乡、经济社会协调发展上来,是实现经济快速健康发展和社会全面进步的基础,是增强区域可持续发展能力的关键。

统筹区域发展,实施组团式城市规划建设。按照"以人为本、板块支撑、功能完善、持续发展"的原则,着力构建北京商务中心区、奥运体育会展区、电子城高新技术产业区、温榆河绿色生态区、定福庄城市边缘集团、现代仓储物流等组团。按照"依托组团、主业突出、产业聚集、规模发展"的原则,在北京商务中心区组团培育发展 CBD 国际商务、朝外商圈、燕莎商圈等板块,在奥运体育会展区组团培育发展奥运商务、亚运商圈、健翔科技等板块,在电子城高新技术产业区组团培育发展电子城东区、电子城西区、丽都商圈、望京新城商圈等板块,在温榆河绿色生态区组团培育发展东坝边缘集团、温榆河生态居住、金盏现代制造业园、机场航空服务等板块,在定福庄城市边缘集团组团培育发展生物医药、新材料、传媒文化等板块,在现代仓储物流组团培育发展现代物流、垡头边缘集团、南磨房休闲购物等板块。在城市发展中,要通过组团式规划建设带动板块式经济发展,促进产业升级;要以规划为龙头,改变经济发展主要依靠城市扩张、土地投入带动增量增长的模式,适度控制房地产开发,为产业发展留出空间;要通过完善城市功能,着力解决农村地区间的发展差别,实现更高水平的区域均衡发展。

统筹城乡发展,加快城市化进程。农村城市化是城市现代化、区域国际化的基础,要通过体制和机制创新,打破城乡二元结构,实现城乡一体化建设。因地制宜、积极稳妥地推进农村产权制度改革。加大财政投入和政策支持力度,加强农村社区建设,提高市政基础设施和社会服务设施建设水准,实现农村地区生产生活方式的转变和社会文明程度的提高。在农村城市化进程中,要切实维护和保护好农民利益,完善征地拆迁办法、补偿标准和补偿机制,建立征地与农民转工转居挂钩的制度,把失地农民转为城市居民,转工农民享有与城市居民同等社会保障权利。

统筹经济社会发展,促进社会文明进步。着眼人文奥运,以实施五大社会发展纲要为重点,全面加强人文环境建设,促进经济社会协调发展和人的全面发展。以教育整体创一流为目标,大力发展各级各类教育,构建终身教育体系。积极创建北京市教育改革创新综合实验区,全面实施素质教育,在示范校建设、教育均衡化发展、多元办学和教育国际化等方面实现突破,提高教育整体水平。到 2008 年,所有义务教育中小学校全部达到市颁新标准,70% 的初中生、90% 的高中生进入示范校学习,小学全部实行小班化教学。以奥运对科技的需求为出发点,集成全国科技资源,构建以企业为创新主体的科技创新体系,提升科技创新能力和科技服务于经济社会发展的水平。加快公共文化设施建设,广泛开展丰富多采的群众文化活动,提升城市整体文化含量。以北京举办 2008 年奥运会和我区承办第九届世界青年田径锦标赛为契机,全面推动群众体育生活化、竞技体育精英化、体育设施现代化和体育产业国际化。深化公共卫生体制改革,完善突发公共卫生事件应急机制、疾病预防控制体系、公共卫生信息系统、卫生监督执法体系。积极推进医疗卫生体制改革,积极探索社会卫生医疗产业和健康产业的发展。

三、优化产业结构,扩大改革开放,巩固首都经济强区地位

今后五年,是发展和培育我区优势产业、支柱产业的关键时期。要把深化改革、扩大开放作为加快发展的重要手段,用开放的视野、改革的思维研究推进工作,推动产业结构优化升级,培育优势产业体系,扩大经济总量,改善增长质量,实现区域经济的可持续发展。

以经济板块为支撑,培育优势产业体系。依托城市组团,加快板块经济发展,培育区域特色鲜明的现代服务业、高新技术产业和现代制造业,形成产业支柱。强化现代服务业的主体地位,在CBD板块重点发展国际金融、国际商务、传媒业;在奥运商务、现代物流、机场航空服务等板块,重点发展信息咨询、中介服务、旅游会展、现代物流业;在朝外商圈、燕莎商圈、亚运商圈、丽都商圈、望京新城商圈、南磨房休闲购物等板块,重点发展现代商业商务、文化、旅游产业;在东坝边缘集团、温榆河生态居住、垡头边缘集团等板块,重点发展旅游休闲、房地产和社区服务业;在全区积极推进教育、体育、卫生等其它服务产业的发展。强化高新技术产业的先导地位,在电子城东区、电子城西区、健翔科技园等板块,重点发展以电子信息、应用软件、光机电一体化为主导的高新技术产业群。强化现代制造业的支撑作用,在金盏现代制造业园、生物医药、新材料等板块,重点发展资本密集、技术密集、劳动密集的规模制造业。同时,通过组团辐射和板块带动,引进先进制造技术提升传统工业,积极发展增加税收和承载就业等社会功能的都市型工业。到2008年,形成朝阳特色鲜明,产业创新能力和抗风险能力强,布局合理、效益明显的产业发展格局,全面增强区域经济的整体素质和综合竞争力。

以国际化为取向,推动开放型经济发展。适应市场经济和WTO规则的要求,构建稳定、透明的涉外经济管理体制,增强区域吸引力,将朝阳区建设成国际人才、国际资金、国际企业首选之地、集聚之区。实施总部经济战略,着力吸引世界500强和跨国公司、国内外金融机构、大企业、大集团到我区设立总部、研发中心、营运中心。抓住新一轮全球生产要素优化重组和产业转移的重大机遇,以国际金融、电子信息、生物医药等为重点,开展定向招商引资,扩大利用外资规模,提高利用外资水平。积极吸引外资参与基础设施和教育、医疗等社会服务设施建设。加强对优势企业的服务和引导,扩大外贸出口规模。鼓励多种所有制经济开拓国际市场,建立海外基地,更多地参与国际竞争。

以民营化为重点,推动非公经济发展。按照“规划——准入——支持——服务”的思路,切实改善非公经济发展环境,积极引进知名民营企业,扶持培育中小企业,全面促进非公经济发展。创造公平的市场准入环境,除国家禁止的行业外,对不同所有制企业采取统一的市场准入标准,使个体、私营等非公经济在投融资、税收、土地使用权和对外贸易等方面,与其它企业享受同等待遇。对高新技术、环保、劳动密集型等符合产业发展方向的非公经济,给予政策扶持。坚持行业协会自主办会和政府依法管理相结合,积极试点,逐步推进,基本形成行业协会市场化的发展机制和分布合理、覆盖广泛的布局结构。广泛启动和吸引社会资本,大力发展混合所有制经济。鼓励、支持民营资本参与国有企业改革,参与道路、垃圾污水处理、绿化美化等市政基础设施建设。建立有利于社会资本进入教育、卫生、文化、体育等领域的机制。

2004年工作建议

2004年是新一届政府的届首之年,也是全面实施“十五”计划、全力推进奥运工程建设的关键之年。做好今年的工作,对建设“新北京、新奥运”、加快推进“三化四区”进程至关重要。根据我区“十五”计划执行情况,考虑当前有利于发展的积极因素,建议2004年经济和社会发展的主要预期目标为:生产总值增长12%,区级财政收入增长12%,固定资产投资增长20%,社会消费品零售总额增长10%,区级外贸出口额增长15%,城镇居民人均可支配收入和农民人均纯收入增长8%,城镇登记失业率控制在2%以内,失业人员再就业率达到60%以上。

重点抓好以下六个方面工作:

一、加快区域特色经济发展,提高经济增长的质量和效益

从规划入手,深化可持续发展研究。按照“组团式规划建设,板块式经济发展”的要求,编制城市组团发展规划、经济板块产业规划,修订全区产业专项规划。对温榆河绿色生态走廊等重点组团和板块,要坚持面向国际,采取方案征集、招投标等方式,高水平制定规划。

着力培育现代服务业、高新技术产业和现代制造业三大产业支柱。实施总部经济战略,制定跨国公司、世界500强企业在我区设立地区总部和研发中心的鼓励政策。发挥CBD的集聚效应,吸引国内外各类金融机构和会计、法律、评估等中介服务机构投资发展,建设CBD国际金融功能区。加快与印尼三林集团在东坝边缘集团开发建设上的合作。开工建设物流园区会展区。加快南磨房华侨城旅游主题社区、平房青年路汽车商贸城、来广营百安居建材、东风欧倍德家居、望京宜家家居等项目建设，规划孙河大型综合性购物中心、常营世界服装之窗等项目。加强奥运经济研究，培育和发展文化体育、旅游休闲、商务会展产业。加强引导和规范，促进房地产业健康发展。积极推进电子城西区北扩和将台IT产业园建设，抓好摩托罗拉、北电网络、国创北京尖端信息中心等项目建设，促进电子信息、软件为主导的高新技术产业发展。加快生物医药产业基地改造升级步伐。加快推进金盏现代制造业园区基础设施建设，完善政策体系，吸引光机电一体化等现代制造业发展。扶持印刷、服装、食品、家具等优势行业，形成拳头产品、规模企业。整合园区资源，提升科技含量，形成都市农业产业区。

积极实施消费拉动。结合CEPA的实施，在重点商业网点开展香港零关税店商品专卖。继续完善朝外商圈、燕莎商圈、亚运商圈、望京新城商圈的商业功能，提升潘家园旧货市场、三里屯酒吧街、莱太花街、大洋路建材街、雅宝路和秀水服装街等特色品牌街区。大力培育亚运村、霄云路、华汇美食街和高碑店古典家具街，向特色经营方向发展。加快发展京客隆等现代连锁商业，积极引进国外知名的连锁企业。完善社区商业服务体系，开拓农村消费市场。做好假日市场促进工作，积极吸引外来消费。把握消费结构升级趋势，引导、鼓励居民扩大住宅、汽车、建材家居、数字商品消费，培育信息服务、文化教育、休闲健身等新消费热点。

突出重点，提高招商引资的针对性。制定鼓励外资进入相关领域的意见。整合招商资源，创新招商方式，将经济板块作为招商引资的主要内容，充分利用境内外招商活动和互联网等平台，做好项目推介，提高信息透明度。鼓励社会资本投资建设基础设施。继续办好国际商务节，抓好重大项目的跟踪与服务工作。实施定向招商，积极吸引日资等外资企业到朝阳投资发展。

二、突出抓好重大改革，推进体制机制创新

坚持不懈地优化发展环境。结合政府机构改革，进一步明确政府职能定位，深化行政审批制度改革，全面清理实施行政许可的主体、事项及其相关规定，开展固定资产投资审批备案制和并联审批等改革试点，实现政府网上审批。完善“一站式”服务功能，推行专项审批告知承诺制，试行“一口受理、一卡流转、告知承诺、限时办结、责任追究”的审批服务模式，在CBD区域试行重大项目代办制。及时向社会公布城市规划、经济社会发展的信息，提高政务信息透明度。继续完善税源建设长效机制，强化为税源户服务的各项措施。在有条件的行业和企业，逐步推广网络税控系统，提高税收监管服务水平。重点抓好食品、药品、建材产品的专项整治，严厉打击制假售假行为，整顿和规范市场经济秩序。开展首次经济普查工作。

深化投融资体制改革，推进市场化步伐。进一步完善国有资产监管运营体系，组建国有资产监督管理委员会，推进政府社会公共管理职能与国有资产出资人职能分离、国有资产所有权与经营权分离。政府投资项目全部纳入招标范围，与政府采购对接。积极探索基建项目的代建制。打通社会资金进入渠道，加快绿化养护、垃圾清运、基础设施建设和教育、文化、卫生、体育等领域的投资主体多元化进程。改革土地使用制度，推进土地储备工作，实现土地资源的优化配置。加快CBD核心区、东坝边缘集团、温榆河绿色生态走廊的土地一级开发。

深化国有企业改革，加快发展非公经济。推进昆泰、京客隆、朝开等优势企业的股份制改革和上市工作，全面完成区属建筑开发企业、校办企业、商贸企业改制工作。加强对非公经济发展的研究和服务，制定鼓励非公经济发展的措施。凡是鼓励外资进入的领域，向非公经济同等开放；凡是国有经济退出的竞争领域，鼓励非公经济进入。加快培育民间组织和行业协会。

深化城市管理体制综合改革，构建规范高效的城市管理框架。理顺街乡、职能部门、社区的管理体制，建立起职能部门“条专到底”、街乡“块统到位”的工作新机制，把城市管理的各项基础工作落到实处。继续加强社区建设，健全社区民主自治机制，培育社会中介服务组织，完善社区服务功能。

推进农村城市化进程中的配套改革，切实保护农民利益。在做好清产核资工作的基础上，加快农村产权制度改革，继续推进农村集体资产处置工作，搞好洼里乡集体经济的乡级股份制改造试点。进一步深化农村税费改革。按照服从总体规划、维护农民利益、促进地区发展的要求，强化农村土地管理工作，完善土地制度。

三、全力做好就业和社会保障工作，切实改善人民生活

加快城乡一体化的就业服务体系建设。推行农村富余劳动力就业登记制度，为农村富余劳动力提供免费就业服务，对农转居人员实行就业优惠政策。建立适应市场需求的劳动职业技能培训体系，推行定向培训，提高培训针对性。建立公益性就业岗位定向分配制度，凡财政支出的社会公共项目所开发的公益性就业岗位，优先安置“4050”失业人员，并对就业特困人

员实行“托底”安置。全年为失业人员提供就业岗位不少于2万个。

切实抓好社会保障工作。健全街乡社保所及社区社保工作平台。按照全市统一要求,积极做好农转居人员参加社会保险、农村养老保险制度改革、城乡社会保险制度衔接、公务员参加基本医疗保险等相关工作。全面推行农村新型合作医疗制度。充分保障困难群众的基本生活,实现应保尽保。完善城乡一体的社会救助体系,建立农村特困人员医疗救助制度,逐步实现城乡低保制度并轨。

贴近百姓需求办实事。在所有社区建立居民事务代办点,为居民提供无偿代办服务。新建10个社区达标图书馆、70个全民健身居家工程。建成5个便民菜市场和一批便民蔬菜站。继续落实“星光计划”,增强社区为老年人服务功能。有效利用社区服务信息网络,开展互动式服务,基本实现社区服务的网络化、社会化。彻底解决垡头地区吃自来水问题。为首都机场地区接入有线电视网。建设18处500平方米以上的城市小绿地,改造41个居民小区环境,改扩建37条小区道路。

四、充分发挥奥运带动作用,提高城市现代化建设水平

加快奥运工程建设。完成奥运森林公园内的企业拆迁,认真做好劳动力安置工作,落实国际招标规划方案,启动公园建设。抓紧做好网球中心、曲棍球馆、沙滩排球赛场建设的前期工作。加快北苑路、安立路等22条奥运中心区及周边市政道路的拆迁建设。

加大交通拥堵治理力度。推进通惠河北路、朝阳路、西大望路、望京西路等11条城市主干路和华威南路、垡头西路、松榆路等27条城市次干路建设。加快解决望京地区出行难问题。对大望桥、朝阳公园桥等11处交通堵点实施交通改造整治,为爽秋路等25条区属道路安装路灯。提高道路交通管理的科技含量,强化公众交通宣传教育,改善交通秩序。落实CBD及周边地区交通规划调整工作。做好地铁5号线、10号线拆迁和第二条机场高速路、四惠综合客运枢纽等市重点工程建设的协调服务工作。

加大垃圾、污水、大气治理和绿化美化力度。强化垃圾管理长效机制,严格奖惩制度,清理四环到五环路之间的垃圾堆放点。加快高安屯垃圾焚烧发电厂建设。新改建二类以上城市公厕50座、农村公厕50座。推进区域内4座污水处理厂及污水管网建设,实施坝河、亮马河、二道沟等污水截流工程,对坝河中下游、萧太后河上游、北小河下游、平房干渠等河道进行治理。严格落实控制大气污染的各项措施,完成第十阶段的各项任务,继续办好10件环保实事。新增城区绿化面积46.5公顷,完成绿化隔离地区、第二道绿化带绿化2.3万亩。加快朝阳公园建设,实现全园开放。全面开展全国卫生区和生态示范区创建工作。

加快危旧房改造和农民新村建设步伐。城区危改重点推进京棉地区、和平一二三村、垂杨柳、东八里庄、永安里、金蝉庵、白家庄西里、酒仙桥等项目,全年改善1万户居民的住房条件。农民新村建设年内实现8000户、1.7万人上楼。

五、强化社会管理和公共服务职能,加快发展社会事业

高度重视公共卫生建设。严格落实朝阳区防治非典型肺炎实施方案,进一步完善疾病预防控制和卫生监督执法体系,提高应对突发公共卫生事件的管理能力。继续完善医疗、预防、保健、康复、健康教育、计划生育“六位一体”的社区卫生服务功能,提高医疗技术服务水平。逐步将乡卫生院、村卫生室转制为社区卫生服务中心和社区卫生服务站。以垂杨柳医院易地改扩建为契机,优化区域医疗机构布局。深化医院产权制度改革,整合医疗资源,探索多元投入机制,加快卫生事业发展。

推进教育科技事业的改革与发展。加快CBD、太阳宫、双井、高碑店等地区的示范校建设,大力推进集团办学。加快教育信息化建设步伐,基本实现“班班通”目标。推进适应城市化进程的农村教育管理体制改革。继续实施“名校、名长、名师”工程,促进教育质量提高。积极发展职业教育、成人教育和学前教育和国际教育。完善科技兴区委员会工作机制,加强与科研院所和高校的合作,充分发挥驻区科技人才作用。加快生产力促进中心建设,搭建科技创新服务平台、技术平台和资金平台,促进科技企业成长。认真落实人才强区战略,建立健全科学的育人、引人、用人、留人机制,为现代化建设提供人才保证和智力支持。

大力发展文化体育等各项社会事业。加快文化馆、图书馆、博物馆、档案馆等公益事业发展,积极推进影剧院向产业化、市场化方向发展。加强基层文化设施建设,不断提高基层文化队伍素质。完成东岳庙西路修缮工程。组建文化执法队,规范文化市场管理。加快潘家园文化园区、大环文化产业基地规划建设。认真做好第九届世界青年田径锦标赛的前期工作。继续加强人民武装、人口与计划生育、民族、宗教、残疾人、外事、档案、对口支援等工作,促进社会事业全面发展。

加强精神文明建设。以“建设新北京、办好新奥运”为主题,深入开展“热爱首都、热爱北京”的群众性教育活动，强化市民的首都意识、首善意识和公德意识，切实提高市民的文明素质。继续推进学习型城区创建活动，加强学习型组织建设。巩固军民共建成果，继续争创“全国双拥模范区”和“首都双拥模范区”。

坚决维护社会安全稳定。加强社会治安综合治理基层组织建设和基层基础工作，推动社会治安综合治理各项措施的落实。加快科技创安步伐，建立覆盖全区的报警网络系统。严厉惩治邪教组织的犯罪活动。认真做好信访排查和人民调解工作，依法维护人民群众利益。高度重视安全生产、消防、交通等工作，加强安全监察，确保全区社会稳定。

六、坚持从严治政，切实转变工作作风

自觉接受区人大及其常委会的监督，坚决贯彻区人大及其常委会的决议。主动加强与区政协的联系，认真听取区政协、民主党派和人民团体的意见。严肃认真地办理人大、政协的建议和提案，安排专项办案资金，提高办案效率和质量。向国内外先进地区学习，建立健全社会公示和专家咨询制度，推进决策科学化、民主化。按照为民、务实、清廉的要求，全面提高公务员队伍素质，加强廉政勤政建设。坚持依法行政，加强审计监督，强化责任追究，提高政府部门依法管理的水平和能力。改革政府绩效考核制度，把政府部门的工作作风、服务态度、服务质量和服务效率纳入督查考核的重要内容。牢固树立正确的政绩观，把人民群众的需求作为政府工作的第一信号，贴近百姓办实事。深入开展调查研究，密切联系群众，服务基层，服务百姓。

各位代表，展望2008奥运会和朝阳区“三化四区”建设的未来，我们豪情满怀；面对新一年改革与发展的艰巨任务，我们深感责任重大。让我们高举邓小平理论和“三个代表”重要思想伟大旗帜，认真贯彻党的十六大和十六届三中全会精神，在市委、市政府和区委的领导下，团结和依靠全区人民，不辱使命，不负众望，忠于职守，开拓创新，创造新优势、奥运促发展，为全面建设现代化新朝阳而努力奋斗！

朝阳区人民代表大会常务委员会工作报告

——2004年1月14日在北京市朝阳区第十三届人民代表大会第一次会议上

朝阳区人大常委会主任　安训生

各位代表：

我受北京市朝阳区第十二届人大常委会的委托，向大会报告工作，请予审议。

2003年的工作概述

2003年是令人难忘、催人奋进的一年。在这一年里，区人大常委会高举邓小平理论的伟大旗帜，认真学习和贯彻党的十六大精神，努力实践“三个代表”重要思想，紧紧围绕中共朝阳区委工作中心，继续推进届首之年确定的“三个致力于”工作目标，在依法监督、代表工作及人事任免等方面都取得了新的进展。区人大及其常委会为坚持和完善人民代表大会制度，推动朝阳区的社会主义物质文明、政治文明和精神文明协调发展，努力实现好、维护好、发展好人民群众的根本利益，有效地发挥了地方国家权力机关的作用。

全力投入抗击“非典”的斗争。去年春天，全市发生了突如其来的“非典”疫情。全区人大代表和常委会机关全体工作人员在市委、区委的领导下，团结一心、努力奉献，全力投入了抗击“非典”的斗争。常委会认真贯彻中央、市委、区委的重要决策和部署，从依法监督的角度，专门听取了区政府关于防治“非典”和保持全区经济持续发展的工作报告，及时向区政府提出“加大对《中华人民共和国传染病防治法》和《实施办法》的宣传力度，依法做好防治‘非典’工作，以及培植税源、增收节支”等建议。同时，常委会向全区人大代表发出“坚守岗位、奉献为民”的号召。抗击“非典”期间，人大代表不畏困难，坚守岗位，始终战斗在第一线。常委会组成人员深入抗击"非典"第一线,慰问了市、区人大代表和医务工作者。针对人民群众对食品卫生和食品安全普遍关注的新情况,常委会按照市人大的统一部署,组织部分市、区人大代表开展了食品卫生和食品安全法律法规的执法检查,对农产品生产、食品制售、生猪屠宰等行业的企业和市场进行了视察,对政府提出多项建设性意见,促进了全区的食品卫生状况的进一步好转。常委会的各项工作,为我区最终夺取抗击"非典"和经济建设的胜利作出了积极的贡献。

*围绕区委中心任务,确定监督工作重点。*2003年,常委会按照区委提出的"优化发展环境、创建学习型城区、深化改革开放"三大工作任务,确定监督工作的重点。就业和困难群体生活保障是人民群众高度关注和改革发展中的焦点问题。常委会第36次会议听取并审议了《区政府关于做好朝阳区扩大就业和困难群体社会保障工作的报告》。为了提高审议质量,相关工作委员会认真抓好交办、调研、督办、初审等工作环节,先后深入到街、乡和企业,召开代表、企业领导、职工和社区干部等各方面人员的座谈会,到政府有关部门进行专题调研。常委会提出了"继续提高认识、加大宣传力度、加强总体协调、完善制度保证和开展就业培训"的审议意见。区政府认真落实,切实加大了对困难群体,尤其是重残人员的救助力度,并加快社区劳动保障工作平台建设,多方位开发就业岗位,努力完善社会保障体系,进一步推动了我区扩大就业和困难群体社会保障工作。

优化全区发展环境,广大代表高度关注,积极参与调研,提出许多高质量的意见和建议。常委会第39次会议听取并审议了《区政府关于优化发展环境,推进全区经济建设和社会发展情况报告》。内务司法、财政经济、城建环保、教科文卫四个工作委员会分别从法制环境、政策环境、投资环境、人文环境等四个方面加强初审,提出了"加强对政策的研究、制定、落实,做好统筹协调工作,切实提高公务员队伍素质和提高环境总体水平"等建议,对推进全区优化发展环境工作发挥了积极作用。

*加强跟踪督办,确保议案落实。*在届末之年——2003年,常委会为了切实提高本届人大监督工作的实效,对五年来已审议通过的议案加强了跟踪督办。重点对"合理规划,用足政策,加快危旧房改造的步伐"、"加快社区建设,着力提高市民素质"、"加快推进农村城市化"等一些事关全局发展和人民群众切身利益的议案办理情况进行了跟踪检查,并专门听取区政府研究落实常委会审议意见的工作汇报,针对存在的问题和不足,督促政府制定方案,采取措施,改进工作,加快落实。

*组织开展大规模、全方位的代表视察活动。*2003年下半年,常委会围绕区委三大工作重点,为使人大代表深入了解我区经济社会发展情况,更好地依法履行代表职责,积极改进视察形式。常委会确定了经济发展、城建城管、农村城市化、司法和教科文卫体工作等专题,组织全体代表视察了"一府两院"13个单位的20余个项目。代表们本着对全区人民高度负责的态度,结合视察情况,认真填写评价意见,对政府工作提出了450余条意见和建议。区政府高度重视,主要领导多次主持会议,认真研究,督促有关部门积极办理落实。全体代表对视察活动的组织工作和政府落实建议、意见的做法,给予了高度评价和肯定。

*认真做好本届人大的总结工作。*五年来,常委会积极探索地方人大的工作规律和特点,结合朝阳区的实际,创新工作思路和方法,进行了大胆的尝试和总结,取得了突出的成效。对此,常委会组织委员、代表和机关工作人员以坚持党的领导、人民当家作主和依法治国有机结合为主线,围绕人大工作的职能,对常委会五年来的工作实践,进行了深入的研究、总结和理性思考,编撰出版了《地方人大工作的实践与探索》一书,近50万字,对我区人大工作和民主法制建设提供有益的借鉴。

*圆满完成区人大代表换届选举工作。*区人大换届选举是2003年工作的重中之重。常委会为做好这项工作,年初由四位常委会专职委员组成调研小组,对新形势下换届选举面临的新情况、新问题展开深入的调研。我们针对选民人户分离严重等问题提出了对策建议,调研报告为市人大和区委的正确决策,提供了科学依据。按照市委、市人大和区委的部署,我区的换届选举工作,坚持党的领导、充分发扬民主、严格依法办事的方针,努力克服我区人口多、人户分离情况突出,社会单位变化大和居住情况复杂等困难,依法规范和完善选举程序,认真细致地抓好宣传、登记、提名推荐、投票等各个环节,切实保障选民的民主权利。经过各方共同努力,换届选举工作获得圆满成功。全区共登记选民125万人,参加投票选举的120万人,选出区人大代表412名,其中选民依法联名推荐的占88.4%,党派团体推荐的占11.6%。代表结构比较合理,整体素质明显提高,为新一届人大开展工作打下良好的基础。

过去五年的工作回顾和体会

各位代表,朝阳区第十二届人大及其常委会在换届之初,面对新形势、新任务、新要求,根据《中华人民共和国地方各级人民代表大会和地方各级人民政府组织法》的规定,围绕"地方人大的监督权、人事任免权、重大事项决定权”三项职责，结合人大工作实际，提出并确定了“三个致力于”的工作目标，即：致力于对“一府两院”监督水平的提高，致力于人大代表所提议案、建议实际效果的落实，致力于人大机关整体形象的塑造。五年来，在市人大常委会的指导和区委的领导下，区人大常委会坚持以邓小平理论和“三个代表”重要思想为指导，坚持“四个紧紧围绕”（紧紧围绕区委的中心工作，紧紧围绕政府的工作重点，紧紧围绕人大代表和人民群众关注的热点问题，紧紧围绕法律法规的执行情况）的工作方针，按照“三个致力于”工作目标的要求，依靠广大代表，依法行使宪法和法律赋予的职责，不断加强社会主义民主和法制建设，保障和推进了我区经济建设和社会发展。

五年来，常委会召开人民代表大会会议6次，举行常委会会议41次，主任会议96次。常委会共审议议题50项，开展执法检查活动78次，735人次参加，对44部法律法规的执行情况进行了检查，并组织代表视察102次，2817人次参加。常委会听取区人民政府、区人民法院、区人民检察院工作报告102项，作出决议、决定66项，依法任免国家机关工作人员403人次。我们圆满地完成了第十二届人民代表大会各次会议确定的任务，较好地发挥了地方国家权力机关的作用，为促进“一府两院”依法行政、公正司法，推动朝阳区“三化四区”建设，作出了积极的贡献。

（一）严格依法履职，致力于对“一府两院”监督水平的提高。依法监督是宪法和法律赋予地方人大及其常委会的重要职权。行使监督权是区人大常委会最经常、最主要的工作。提高监督水平是依法履职的重要前提和必然要求。常委会不断探索监督工作规律，创新监督手段，依法行使监督职权，切实提高监督实效。

改进监督方式，提高监督质量。常委会从加强自身建设入手，坚持每年举办委员读书班，学习邓小平理论和“三个代表”重要思想，深入研究和探索地方人大工作的新途径、新方法。通过多种形式，提高代表的法律素质和履职能力。常委会着力做好五个方面的工作：一是从全面推进朝阳区经济、社会各项事业发展的实际出发，坚持从“四个紧紧围绕”的角度确定议案和监督重点。二是针对审议议题组织视察，开展深入细致的调研，摸清情况、找准问题。三是规范常委会各工作委员会的初审工作，强调从人大的角度发现问题，实事求是、有针对性地提出建议和意见，把好初审关。四是营造宽松和谐、畅所欲言的民主氛围，客观议事、中肯建言，切实提高常委会会议的审议质量。五是及时将审议意见向政府反馈，并不断跟踪检查审议意见的落实情况。

五年来，常委会不断地创新监督方式，根据不同的监督对象、监督内容，开展代表持证式视察和小规模、多批量、事前不通知与大规模、全方位相结合等灵活多样的视察或执法检查。先后对“社会治安综合治理”、“街乡财税体制改革”、“拆除违法建设，加强城市管理”、“争创一流教育”和“推进农村城市化”等11个议案的办理情况进行了重点审议，并针对人民群众关注的热点问题组织代表视察。在监督工作中，常委会逐步规范了调研方法、审议方式、审议语言和审议程序。审议水平和审议质量不断提高，得到了区委的肯定、代表们的赞许，有效地行使了监督职权，推动了政府工作。2000年，部分地区拆违后垃圾长期积存，严重影响居民生活，群众反映强烈。对此，常委会组织了事前不通知视察，督促政府有关部门采纳代表意见，集中清除了垃圾，群众生活环境得到改善。在督办“大力加强朝阳区社会治安综合治理刻不容缓”议案时，区委、区政府高度重视。主管副区长亲自抓落实，制定了加强我区社会治安综合治理方案。确定以管庄地区作为整治突破口，由点到面推动全区的治安整治，拆违治乱，综合整治，取得明显效果，促进了该地区社会治安的好转。为审议区政府办理《瞄准一流教育，采取有力措施，提高教育质量，为“三化四区”发展服务》议案的情况报告，常委会召开调研会15次，组织视察2次，有329人次参加，涉及20个部门和单位，提出了确立一流教育思想、建立四个机制、实现均衡发展的建议。区政府及主管部门高度重视常委会的审议意见，立即采取措施，制定并完善了“围绕一个目标、抓好两个重点、建立四个机制、实现六项突破”的教育工作思路，并积极付诸实施。

拓展领域，深化监督。地方人大及其常委会对于“一府两院”的监督主要涉及法律监督和工作监督两个方面。常委会努力研究探索新形势下监督的特点、要求、方式和渠道，不断深化和加强对“一府两院”的监督。

在法律监督工作中，不断拓宽监督范围。常委会将监督重点向人民群众关注的基层执法部门延伸，将监督的领域向专业性较强的司法机关扩展，依法开展了常委会任命人员的法律知识考试。依据《监督司法工作办法》，定期听取“两院”民事审判和行政检察工作的汇报；加强对重大案件、久拖未决案件和久拖未执案件的监督。先后组织代表和工作委员会开展了对《食品卫生法》、《国防教育法》、《预算监督管理条例》、《义务教育法》、《少数民族权益保障条例》等近二十部法律法规的执法检查。常委会第6次会议审议区政府贯彻实施《中华人民共和国体育法》的报告时，常委会组成人员明确指出，朝阳区实施“九五”计划已经进入最后一年，但是列入计划的标准田径体育场尚未建设,要求区政府应认真对待,给全区人民一个满意的答复。对此,区政府认真研究、积极落实,第二年便开工建设,现已投入使用,成为朝阳区一道亮丽的风景线。

在工作监督中,逐步拓展监督领域。2001年为促进严打整治斗争的深入开展,常委会将监督向基层延伸,充分依靠代表和广大群众,围绕群众关心和反映比较强烈的社会治安、依法行政、廉洁自律、警务公开、服务态度、办事效率和联系群众等八个方面工作,对朝阳公安分局所属46个派出所进行了工作评议。2002年,依据地方组织法的有关规定,常委会又组织开展了评选和授予"人民满意公安民警"地方荣誉称号的活动,评选出张硕等九名人民满意公安民警。评议和评选授予工作,增强了公安干警自觉接受人大代表和人民群众监督的意识,促进了公安队伍建设和全区社会治安的进一步好转,引起了社会各界的强烈反响。面对我区城市建设不断加快,政府投资逐年扩大的新情况,重大资金的使用和管理也是区人大监督的重点。常委会首次将政府重大投资项目作为监督重点,对东大桥广场工程进行了全程监督。多次检查财政、审计、监察等部门和项目实施单位的工作,对工程的项目决策、建设管理、后期运作等方面都提出了相应的意见和建议。通过监督,提高了区政府建设项目的管理水平,也为区人大加强对政府重大投资项目的监督积累了经验。

积极开展述职评议,推动政府部门工作人员依法履行职责。对依法选举和任命的国家机关工作人员进行述职评议,是地方人大在实际工作中创造的一种行之有效的监督形式。常委会认真组织开展了对由区人大及其常委会选举和任命的"一府两院"工作人员的述职评议工作。采取在常委会述职和书面述职两种形式,先后对23位选举和任命人员进行了述职评议和测评,推动述职者及其所属部门边评边改,集中整改,把整改贯穿于述职评议全过程,做到了形式和效果的统一。述职评议强化了被任命人员的法律意识、公仆意识和执政为民的责任意识,促使他们更好地认真履职,依法行政,全心全意为人民服务。

(二)紧紧依靠代表,致力于代表所提议案、建议实际效果的落实。代表是人大的主体,代表工作是人大工作的基础。代表依法履职的主要形式是通过议案、建议、批评和意见来实现。因此,代表所提议案、建议实际效果的落实,是发挥代表作用,实现人民当家作主的重要体现。常委会注意把握"为代表履职服务,加强代表小组建设,提高代表议案、建议的办理实效,代表向选民述职"这四个重要环节,着眼于发挥代表作用、创新活动形式、深化活动内涵,切实加强联系。

建立服务保障机制,为代表知情知政创造条件。根据《代表法》关于为代表执行职务提供服务的规定,常委会采取半年工作通报会,专题座谈会,组织代表视察,旁听案件审判,聘请监督员以及为代表订阅有关法律或人大工作书籍、报刊等方法,拓展代表知情、知政的渠道,努力为代表在闭会期间履行职务,充分发挥作用创造条件。

建立活动激励机制,加强代表小组建设。代表小组是闭会期间代表履职开展活动的有效组织形式。根据《代表法》的规定,常委会坚持开展代表"四好"达标小组活动,即"制定计划和坚持制度好、代表活动出勤好、代表小组活动效果好、代表联系选民发挥作用好"。代表小组活动进行了规范,促进代表小组活动制度化,创新活动形式、深化活动内涵,保障闭会期间代表作用的发挥,提高了代表的履职水平。

建立考核机制,加强对代表建议的督促办理。常委会把办理代表的批评建议作为重点,完善了督办制度和办理标准,提出了提高办结率的具体要求和办法,明确代表批评建议办理结果的评价标准。五年来,代表共提出建议3218件,基本做到件件有落实,条条有答复,办结率达到99.6%,代表满意和基本满意率达到88.6%。这些建议的办理,解决了群众工作和生活中的一些具体困难,密切了党和政府与人民群众之间的血肉联系,对推动改革发展,维护社会稳定,促进全区各方面工作起到了重要作用。

建立述职监督机制,加强代表与选民的联系。常委会加强和完善了选民固定联系网、代表接待日、公示栏、联系箱等一系列代表联系选民制度,并制定了《关于区人大代表向选民述职工作的办法》,对述职方式、述职内容等提出明确要求,强化了对代表述职工作的组织指导。各代表小组、人大代表坚持每年向选民进行述职,区级领导中的人大代表带头参加述职活动。五年来,共有395名代表依法向选民述职。代表述职,密切了代表与选民的联系,增强了代表的使命感和责任感,树立了人大代表的良好形象。

(三)发挥服务职能,致力于人大机关整体形象的塑造。人大常委会机关担负着为人大及其常委会依法履职服务的重要职能,加强人大机关干部队伍建设,致力于人大机关整体形象的塑造是人大及其常委会履职的客观要求和重要保证。区人大机关按照"保障有力、优质高效、服务热情、不断创新"的要求,加强和改进思想政治工作,紧密结合人大工作的性质、特点和任务,联系机关干部的思想实际,自1999年开始,每年确定一个教育主题,有针对性地开展思想大讨论活动。它坚定了机关干部做好人大工作的信心,增强了政治意识、大局意识、创新意识、服务意识,从事人大工作的光荣感、使命感。在区委的支持下，区人大加大了机关工作人员的交流力度。先后调入22人，调出12人。其中，调入提拔15人，调出提拔7人；人大机关内部提拔12人。人员结构不断优化，整体素质明显提高。塑造人大机关整体形象的活动，取得了明显的成效。

回顾五年来的工作，常委会努力实践“三个致力于”工作目标，积极探索，不断创新，在实践中逐步总结、归纳出比较系统和行之有效的制度、措施及做法。如：在制定工作计划时，坚持“四个紧紧围绕”的工作方针。在审议议题中，提高常委会审议水平的“六个环节”，即：对议题的确定要有的放矢，具有针对性，做到围绕中心，服务大局，突出重点，审议大事；对议题的问题，要深入调研，具有准确性；对议题的初审，要实事求是，敢于提出问题，具有独创性；对议题的审议，要集思广益，具有监督性；对审议的意见，要及时反馈，具有时效性；对审议的结果，要限期督办，具有完整性。常委会总结出了工作委员会初审报告应具备的“四个要素”，即：必须具有人大特点，而不是“一府两院”报告的翻版和重复；必须在调查的基础上，发现问题，提出问题，用事实说话；必须把握重点，抓住实质，提出深层次的见解和较高质量的建议；必须把落脚点放在法律法规的规定上，有法可依，以法为据。实践证明，工作委员会高质量的初审报告，为常委会提供了较为详实、准确的审议材料和参考建议，体现了人大所做的工作和高质量的初审过程，体现了人大的监督水平，为提高常委会审议质量发挥了积极作用。在监督工作中，常委会归纳出了要正确处理和把握好的“八个关系”，即：要正确处理和把握好充分发扬民主与依法行使职权的关系。要营造团结、和谐的民主氛围尊重代表和常委会组成人员的发言权，保护好他们发表意见的积极性，真正保证人大及其常委会行权到位。要正确处理和把握好常委会委员本职工作与兼职工作的关系。要维护常委会的严肃性，要求常委会委员参加常委会不能随意请假，同时考虑委员的实际情况，支持他们做好工作。加强与委员所在单位的联系和沟通，向所在单位定期通报委员工作情况，取得他们的支持和理解，并为委员开展工作提供便利创造条件。要正确处理和把握好常委会党内委员与党外委员的关系。对中共党员严格要求，发挥模范带头作用；对党外委员，重视和尊重他们，保护他们发表意见的积极性。还要正确处理和把握好常委会审议议题重点与非重点的关系；常委会工作计划与临时调整的关系；向人大报告工作汇报人层次高与低的关系；常委会提高监督水平与监督力度的关系以及尊重代表民主权利与严格要求的关系。此外，常委会完善了人民代表大会议事规则、重大事项报告制度、机关建设制度以及代表工作必须把握的“四个环节”、代表建议督办标准等近30项制度。

五年来，常委会配合全国人大、市人大做好立法规划项目征集和有关法律法规文稿的修改工作，指导乡人大做好换届选举和日常工作。常委会做好群众来信来访工作，共受理来信来访2794件（次）。其中很多信访件是由常委会主任、副主任亲自批阅和接待，妥善处理和解决了一些矛盾突出、久拖不决的问题。

各位代表，本届常委会任期的五年，是积极探索、锐意创新，不断坚持和完善人民代表大会制度取得较大成绩的五年；是发扬民主、健全法制、民主法制建设进展较快的五年；是体察民情、集中民智，代表发挥作用较好的五年；是围绕中心、服务大局，人大在朝阳区“三化四区”建设中作用越来越明显的五年。回顾五年来的工作，常委会全体人员目标明确、思想统一、努力工作，取得了一些新成绩。所有这些成绩的取得，靠的是党的基本路线和人民代表大会制度理论的正确指引，靠的是区委的正确领导，靠的是全体人大代表和机关工作人员的团结奋斗。在此，我代表区第十二届人大常委会，向所有关心、支持、帮助人大工作的全体代表和全区人民，表示衷心的感谢！

在充分肯定成绩的同时，我们也要清醒地看到，区人大的工作同党的要求、人民的期望相比，还有不少差距。主要是坚持党的领导、人民当家作主、依法治国与朝阳区的实践如何有机结合还需要进一步探索；区人大常委会的自身建设与朝阳区日新月异的发展、变化还不完全适应。

各位代表，五年来的实践，我们收获很多、感受颇深，对“党的领导、人民当家作主、依法治国”方针的理解更加深刻，对坚持和完善我国的人民代表大会制度的理解更加深刻，对“三个致力于”工作目标的理解更加深刻。实践证明，要做好人大工作，一定要做到：

（一）必须坚持党的领导。中国共产党是我们事业的领导核心，党的领导是完成新时期各项任务的重要前提。五年来，人大工作不断开创新局面，地方国家权力机关的作用显著增强，是坚持和依靠党的领导的结果。区委召开人大工作会议，作出《关于加强人大工作的决定》，极大地鼓舞了全区人大代表，为推进我区民主法制进程提供了新的动力。区人大及其常委会在坚持和完善人民代表大会制度、推进民主法制建设进程中，发挥出越来越重要的作用。

（二）必须坚持人民当家作主。我国人民代表大会制度的本质是一切权力属于人民，核心是人民当家作主。做好人大工作必须真心实意地尊重、依靠全体人大代表和广大人民群众，认真地听取他们的意见和呼声，充分发挥他们的聪明才智，以实现人民的利益和要求为出发点，这既是我们发扬民主，依法监督的客观需要,也是不断坚持和完善人民代表大会制度、建设政治文明的必然要求。

(三)必须坚持严格依法办事。依法办事是做好人大工作必须始终坚持的重要原则和工作标准。人大代表和人大工作者要知法、懂法、依法办事,加强对法律法规的学习和研究,增强法制观念,才能不断提高工作水平。人大的每一项工作都必须做到言之有法,于法有据。

(四)必须坚持实践探索和理论创新。要做好人大工作,必须认真学习邓小平理论和"三个代表"重要思想。这是坚持和完善人民代表大会制度的重要理论基础,是地方人大工作能够始终坚持正确方向的指导思想。常委会坚持这一指导思想,根据宪法和地方组织法对地方人大常委会工作的要求,联系区人大工作的实际,不断进行理性思考,不断总结深化"三个致力于"工作目标,坚持和完善人民代表大会制度,在推进民主法制建设进程中,凝聚智慧和力量,进行开创性工作,发挥了越来越重要的作用,同时也促进人大工作不断规范化、制度化、科学化。

(五)必须坚持监督与支持的有机结合。人大与"一府两院"各司其职,各负其责,目标一致,都是为了保证宪法和法律的正确实施,都是为了促进朝阳区的经济繁荣和社会进步。人大监督本身就是对"一府两院"有力支持。坚持目标、宗旨、任务相统一的原则,将监督与支持有机地结合起来,才能取得监督到位,支持有力的实际效果。

对新一届人大工作的建议

各位代表,未来五年是朝阳区加快现代化建设的重要战略机遇期,是首都全力以赴确保成功举办2008年奥运会的关键期。这对人大工作提出了更高的要求。新一届人大代表肩负着更为重大的历史使命。希望第十三届人民代表大会及其常委会,紧密团结在以胡锦涛为总书记的党中央周围,继续高举邓小平理论和"三个代表"重要思想伟大旗帜,在中共朝阳区委的领导下,紧紧依靠全体代表的共同努力,实现党的十六大提出的发展社会主义民主政治,建设社会主义政治文明的神圣历史使命。

在新的形势下,人大及其常委会要把发展社会主义民主政治,建设社会主义政治文明作为根本任务,把坚持党的领导、人民当家作主和依法治国有机统一起来,不断改进和完善各项工作。围绕完善社会主义市场经济及"三化四区"建设目标,继续加强对"一府两院"的工作监督和法律监督,努力提高监督水平,促进我区各项事业快速、健康发展;继续做好代表工作,围绕强化代表主体作用这一核心,做好服务,促进代表依法履职;继续认真督办代表议案、建议、批评和意见,提高办理质量和效率;继续加强人大机关建设,提高机关工作人员的政治理论水平、法律水平、政策水平、议事水平,努力开创我区人大工作的新局面,为我区"三化四区"目标的早日实现做出贡献。

各位代表,新世纪、新阶段,给我们带来了新机遇、新挑战,摆在我们面前的任务光荣而艰巨,任重而道远。让我们紧密团结在党中央周围,认真贯彻党的十六届三中全会精神和"三个代表"重要思想,落实中共朝阳区第九次代表大会提出的各项目标和要求,以高度的责任感和强烈的使命感,认真履行人大及其常委会的各项职能,尽职尽责、扎实工作、与时俱进、继往开来,为全面推进我区的社会主义民主法制进程,促进经济发展和社会全面进步做出新的贡献。

朝阳区政协第九届委员会常务委员会工作报告

——2004年1月10日在政协北京市朝阳区第十届委员会第一次会议上

朝阳区政协副主席　谢　郁

各位委员：

我受九届政协常务委员会委托，向大会做工作报告，请予审议。

五年工作回顾

九届区政协任期五年，是跨世纪的五年，是我区改革开放和现代化建设取得巨大成就的五年。五年来，我区面临难得的历史机遇，经济社会快速发展，区政协常委会在中共朝阳区委的领导和市政协的指导下，坚持以邓小平理论和“三个代表”重要思想为指导，紧紧围绕我区“三化四区”建设，就改革发展稳定中面临的优化发展环境、商业企业改革等重大问题开展政治协商，积极推进委员进社区和深入展开专项调研，进一步深化民主监督和参政议政工作，对推进我区的物质文明、精神文明和社会主义民主政治建设作出积极努力和重要贡献。

一、围绕中心，服务大局，政治协商水平不断提高

政治协商是人民政协的首要职能。五年来，九届区政协注重多层次、多形式履行政治协商职能，坚持和完善全委会集中协商、常委会专题协商、专委会对口协商，政治协商水平不断提高。

全委会围绕中心开展协商。每年一次的全体会议是政协最重要、层次最高的政治协商形式。在九届区政协召开的历次全体会议上，委员们以高度负责的精神，对各年度区政府工作报告、国民经济和社会发展计划报告，认真进行协商讨论，提出意见建议。为使委员们更深入地了解区政府中心工作，九届三次全会上，时任区长李士祥就政府工作报告和区政府中心工作做了详细说明，使委员们加深了对政府工作报告的了解，加强了与政府主要领导的沟通，受到全体委员的欢迎。以后的历次全体会议，区政协都邀请区政府主要领导就政府工作报告和政府所承担的重点工作做详细说明。九届四次全体会议上，时任区长李士祥还率区政府分管工业、农业、商业等工作的副区长，到会向全体委员通报政府工作，并参加小组讨论，听取委员的意见和建议，使协商富有成效。

协商的目的是促进决策的科学化、民主化。五年来，区政协注重协商成果的转化，对全委会上委员提出的意见和建议进行综合整理，使之条理化和系统化，更具针对性和可操作性，送交区有关部门后适时进行跟踪督办，力求协商意见有去向、有着落、有结果。制定朝阳区国民经济和社会发展第十个五年计划，是关系新世纪之初我区发展的全局性问题，对此在九届三次会议上，委员们为我区“十五”计划的制定和实施提出了许多很有价值的意见和建议，经整理后送交区委、区政府领导和有关部门，区委书记做出重要批示，各分管区长结合自己工作，加以研究落实。

常委会就重要问题专题协商。区政协每年根据区委、区政府确定的工作中心和重点议题，召开常委会议进行专题协商，邀请区委、区政府领导和区有关部门负责人出席，通过专题协商推进重点工作的开展。2003年，第26次常委会上，区委书记李士祥、副书记陈刚到会，就本年度工作思路和重点工作同区政协专题协商，听取常委意见。会后，区政协常委会围绕区委确定的优化发展环境、建设学习型城区、深化改革开放三项重点工作，由各位主席牵头组织调研组深入调研，并就有关问题进行协商讨论，形成共识，为完成区委确定的重点工作献计出力。

专委会和有关部门对口协商。对口协商是专委会开展工作的重要形式，在政协政治协商中具有基础性作用。区政协各专委会形成了比较规范、有效的对口协商工作程序，每年根据实际情况与区有关部门就工作计划、重点工作进行协商，有利于委员们了解区里各方面情况，提出意见和建议，取得良好效果。如2002年，为使我区科技、教育、文化、卫生、体育五大纲要更加完善，促进经济和社会的协调发展，经济科技委员会和教文卫体委员会先后召开5次会议,分别对五大纲要(征求意见稿)进行专题协商,邀请政府有关部门负责人通报情况,组织相关界别的委员参与研究,提出意见,为进一步修改和完善五大纲要,促进我区科教文卫体事业的发展发挥了积极作用。

五年来,区政协共召开6次全委会议,30次常委会议,30次主席会议,80多次对口协商和专题协商会议,通过政治协商促进了我区党政部门决策的科学化、民主化,促进了我区各项重大方针政策的贯彻实施。

二、加大力度,务求实效,民主监督工作不断深化

民主监督是政协的主要职能之一,也是人民监督的重要组成部分。九届区政协积极探索和不断完善民主监督的有效途径和方法,加大民主监督力度,取得民主监督工作新进展。

*积极做好反映社情民意工作。*反映社情民意是政协一项实际效果突出、富有政协特色的重要工作,是发挥政协优势履行民主监督职能的重要内容。九届区政协把这一工作摆到十分重要的位置,强调政协各项工作都应当含有了解和反映社情民意的意义,要求把反映社情民意寓于各项工作之中。为此,区政协制定了《关于加强区政协信息工作的意见》,建立健全了政协信息网络,开辟《政协专报》,注意运用会议、视察、调研、走访等方式收集社情民意。并于2002年4月,和区委统战部整合资源,成立区政协统战信息工作领导小组,聘请特约信息员131名,创办内部刊物《社情民意》。一年来,区政协通过《社情民意》向区委区政府上报信息51条,先后有11位区领导就20条信息做出34条批示,直接促进了相关问题的解决。

*加强建议案追踪落实和提案督办工作。*本届区政协加强了对建议案的落实情况和提案办理情况的追踪和督办。五年来,区政协常委会和各专委会通过视察、调研、座谈等形式,对常委会提交的商业体制改革、优化我区发展软环境等建议案进行追踪,并就发现的问题进一步提出意见和建议。2002年,经济科技委员会组织力量就九届四次常委会通过的"关于进一步改善投资和经营环境加快发展我区个体私营经济的建议案"办理情况进行追踪落实,在深入了解情况和认真研讨的基础上,形成"关于进一步改善投资和经营环境加快发展我区个体私营经济的建议案"的追踪调研报告,就加快发展我区非公经济建言献策。为加强对提案办理工作的监督力度,提案委员会采取专题视察、现场检查等多种形式进行检查督办,促使了一些问题的解决。如樱花西街西侧道路堵塞问题、劲松中西街道路环境卫生问题等,受到委员和群众好评。

*围绕重点、热点问题开展专项视察。*视察是政协履行民主监督职能的重要形式。五年来,区政协各专委会根据常委会各年度工作部署,积极组织委员就我区经济和社会发展中的重要问题以及人民群众关心的热点问题开展了300多次视察活动,有力推动了我区的各项工作,取得了明显效果。如城市管理和社会法制委员会围绕"清水朝阳"工程开展系列视察,并提出根治臭河、治污还清的意见和建议,经济科技委员会围绕加快我区生物医药园区建设、教文卫体委员会围绕我区五大纲要的制定开展视察并提出建议等,对我区相应工作的开展起到积极的推动作用。

*进一步发挥特约监督员的作用。*五年中,区政协共有近百位委员、民主党派成员被推荐担任区政府和一些职能部门的特约监督员,还有100多名委员先后被区监察局聘请为行风评议员。监督评议范围不断扩大、监督内容更加广泛,担任监督员、评议员的委员不仅对依法行政进行监督,还参与全区党风廉政责任制落实、行风评议及教育收费等情况的检查监督,在全区政治、经济和社会发展各方面都发挥了重要的监督作用。

三、开阔思路,发挥优势,参政议政渠道不断拓展

参政议政是政治协商、民主监督的拓展和延伸,也是人民政协的主要职能之一。九届区政协常委会注重发挥政协优势和委员专长,运用多种形式,不断拓展参政议政领域,取得明显成效。

*围绕中心,深入开展专题调研。*区政协注重调动委员积极性,专题调研工作开展得有声有色,富有成效。2001年,区政协常委会将优化我区软环境作为常委会调研课题,责成城市管理和社会法制委员会、经济科技委员、教文卫体委员会分别组成调研组,就制约我区经济和社会发展的软环境所涉及的行政行为、投资环境、人员素质等问题展开调研。该调研历时三个月,发放调查问卷2000多份,召开相关专题座谈会17次,最后形成的常委会调研报告分析了我区发展软环境在政务环境、市场环境、法制环境、人文环境、社会环境方面存在的19个问题,提出了建立健全政府服务机制和优化公务员队伍等8条建议。该调研报告作为常委会建议案递交区委区政府,区委、区政府几位主要领导都在建议案上做了重要批示;区委书记会、区委常委会、区政府常务会专门听取有关情况汇报并就落实建议案做出具体部署;区政府向全区各委、办、局,各街乡转发了该建议案,要求认真组织学习并结合本单位实际进行整改。对此,《人民政协报》和《中国政协》期刊都作了报道。五年来,区政协分别就全区经济和社会发展中的重大问题开展专题调研27项,形成常委会建议案24份。如1999年的商业体制改革、2000年的我区少

数民族乡(村)经济发展、2002年的帮扶我区城市困难群体和农村劳动力就业安置、2003年的学习型城区建设和国有资产管理改革等专项调研都对推进我区经济建设、社会发展和解决社会问题提供了智力支持。特别是2003年抗击非典时期,区政协领导身体力行,深入抗击非典一线的医院、社区、企业,就进一步加强公共卫生建设和规划建设双桥生物医药园区等进行调研,撰写的调研报告报区委、区政府后受到重视,对我区公共卫生体系建设和生物医药产业发展起了促进作用。

*加大力度,进一步做好提案工作。*提案是各界委员履行参政议政职能最便捷、直接、有效的方式。在区委的高度重视和区政府的大力支持下,九届区政协以全面提高提案质量、办案质量、服务质量为目标,在制度建设和工作方法上有所创新、有所突破,取得了新的进展。五年共审查立案1756件,内容涉及我区政治、经济和社会发展的各个方面。为进一步加强提案工作,推进提案工作的规范化、制度化,区政协制定了《提案工作条例》,确立了主席、副主席、秘书长督办重点提案制度。为加强对提案办理工作的监督力度,采取专题视察、现场督察等多种形式加强对提案办理情况的检查,同时向提案委员发放和回收《提案办理情况征求意见表》,对反馈意见进行综合分析,向有关部门领导、委员进行通报。为调动各民主党派和广大委员参政议政的积极性,区政协每年对优秀提案进行表彰,至今受到表彰的党派、委员提案已达116件。

*拓展领域,积极推进委员进社区工作。*社区是社会发展和活动的基础细胞,也是委员发挥优势、参政议政的平台。九届区政协积极构建委员进社区活动网络,探索委员在社区建设中的作用。为方便委员参与社区活动,将委员按照居住或单位所在地及个人意愿划分到各街道,以街道为单位组成委员联络组,由参政议政和协调能力强并热心于此项工作的委员担任组长,积极开展各项活动。目前,委员进社区工作已经全面展开并取得良好效果,拓展了政协参政议政领域,使委员作用得到充分发挥,也使党的统一战线工作进一步向基层延伸。

*建言立论,创办《委员论坛》。*1999年9月,值纪念人民政协成立50周年之际,区政协创办了《委员论坛》,为委员参政议政提供了新的载体。五年来,共征集稿件106篇,发刊68期,出版合订本3辑,其中《推进农村城市化进程需注意的几个问题》、《对我区商业改革与发展的若干建议》、《加强小区物业管理》等文章得到区委区政府领导的重视,有的建议被采纳写入区“十五”计划中。《委员论坛》的创办是九届区政协的一个创新,拓展了委员履行职责的空间,激发了委员参政议政的热情,得到了委员的大力支持,产生了积极的影响。

四、增进共识,凝聚力量,维护安定团结的良好局面

人民政协是最广泛的爱国统一战线组织。五年来,区政协高举爱国主义、社会主义旗帜,牢牢把握民主、团结两大主题,依托各种载体,利用多种形式,增进各族各界人民的大团结大联合,为我区快速发展凝聚人心,增添力量。

*和衷共济,共抗非典。*2003年3月,非典疫情突如其来,抗击非典,保障人民生命健康成为当时压倒一切的政治任务。在这非常时期,区政协成立防控非典领导小组,及时传达中央和市区有关精神,发挥政协“人才库”“智囊团”和协调各方联系广泛的优势,周密部署抗击非典工作。并以区政协名义向全体委员印发公开信,号召委员服从大局,发挥优势,献计出力,维护稳定,与党和政府和衷共济,共抗非典。在短短两个月的时间内,区政协领导深入二十多个街道、医院了解疫情,研究防控措施;许多委员慷慨解囊,捐款捐物价值500多万元;有二十多名委员坚持战斗在抗击非典一线;更有大量的委员通过建言献策、报送信息、做好政策宣传等方式为抗击非典做出自己的贡献。

*积极做好民族宗教工作。*民族宗教无小事。九届区政协高度重视民族宗教工作,从民族团结、政治安定、社会稳定的大局出发,积极协助党和政府做好民族宗教工作。为推进我区少数民族地区经济和社会全面发展,1999年,区政协深入调研,就我区少数民族乡村经济发展提出建议,得到区委区政府重视,促进了有关政策出台。根据形势发展,区政协积极举行有关民族宗教内容的专题讲座,组织民族宗教界委员座谈揭批邪教“法轮功”,揭露其反社会、反人民、反科学的本质。为推进民族团结和维护信教群众权益,区政协还就民族教育、宗教房产落实和宗教场所周边环境治理等问题建言献策,为促进少数民族地区经济发展和社会发展,维护民族团结和地区稳定贡献力量。

加强和统战人士的联谊沟通。“和平统一、一国两制”是我国政府推动祖国统一的基本方针,区政协积极利用国庆节、元宵节、元旦等节日,加强和三胞及其亲属的联系和沟通,宣传我国政府统一祖国的方针政策。区政协每年都根据形势,邀请专家举办台情报告会,让台胞了解台湾情况,并积极参与对区台属、侨属企业的调研工作,热心为他们解难释疑,维护“三胞”的合法权益,促进“三资”企业健康发展。五年来,区政协三胞工作成效显著,为推进祖国统一做出努力。

*广泛开展对外交流活动。*广泛交流,增进友谊是

政协发挥优势开展工作的一大特点。区政协从自身实际出发，把联谊工作放在重要位置，通过各种形式，创造条件，加强与外区县、外省市政协的联系，增进友谊，互相学习，促进工作。五年中，区政协先后接待来自全国十多个省市(区)的100多家政协来访，并到二十多个地区政协学习交流。区政协还五次出席全国十一城区(市)政协工作研讨会，通过交流，加强了学习，联络了感情，增进了和各地政协的友谊，推动了政协工作。

五、加强学习，推进"两化"，政协自身建设不断加强

政协自身建设是履行职能、发挥作用的基础。五年来，九届区政协重视推进工作的制度化、规范化建设，自身建设不断加强。

始终把加强学习放在首位。**九届区政协注重加强委员的学习，始终把学习作为一项首要的基础工作。五年来，区政协建立健全了一整套行之有效的学习制度，通过主席会议、常委会议、专题会议，举办委员学习班、报告会等，多层次多形式地动员和组织委员学习邓小平理论、"三个代表"重要思想、党的十五大和十六大、十六届三中全会精神、党的统一战线和人民政协理论。同时，坚持向全体委员赠订《人民政协报》，丰富委员学习内容，进一步提高委员的政治敏锐力和理论水平。**

区政协注意根据不同时期的形势特点和政协工作的实际情况，有针对性地选择课题，邀请专家学者做报告或进行讲座，以提高学习效果。2002年，中共十六大召开后，区政协常委会专门召开会议，做出学习贯彻十六大精神的决议并进行了部署，同时邀请中央宣讲团成员王天玺为全体委员和各民主党派、无党派人士等作报告，深入学习党的十六大精神。还先后邀请国家宗教局局长叶小文、北大经济学院院长刘伟、中科院院士曾毅等，分别为委员就宗教和邪教的区别、我国宏观经济运行分析、非典的传播和预防等进行讲座。区政协还采取多种形式组织委员外出学习考察，2002年，值邓小平同志南巡讲话发表十周年，区政协组织常委赴沿海地区学习考察，深圳等地的快速发展，使大家受到鼓舞和启发，开阔了眼界和思路，对我区的改革和发展提出了很多宝贵意见。

努力推进政协工作制度化、规范化。政协工作的规范化、制度化建设是政协履行职能，提高工作水平的重要保证。2000年，根据市、区领导指示精神，区政协结合工作实际，制定了《政协北京市朝阳区委员会关于政治协商的意见》，进一步规范了政治协商的内容、形式、程序和要求，对更好地履行政治协商职能起到了推动作用。并经主席会议审议通过，印发了《政协北京市朝阳区委员会提案工作条例》等四份文件，对提案的办理、优秀提案的评选、提案的重点督办、提案的审查等做出了明确具体的规定。此外，还就做好反映社情民意工作等制定了规章制度，并积极参与区委区政府有关提案办理文件的制定。

不断加强机关自身建设。在区政协党组和机关处级党员干部中开展了以"讲学习、讲政治、讲正气"为主要内容的党性党风教育，增强了党组成员和机关党员干部的政治意识、大局意识和责任意识，促进了机关思想政治建设。在机关开展"立党为公、执政为民"教育活动，开展"树崭新形象、创文明机关"和以提高整体素质为目的的创建学习型机关活动，使机关作风出现新的变化，服务意识不断增强，整体工作效率不断提高。2001年，区政协根据区委的统一部署，积极稳妥地做好机关机构改革工作，从考核、选拔任用、轮岗交流、业务培训等方面入手，加强机关干部队伍建设，为政协履行职能提供组织保障。

在过去的五年里，广大九届政协委员无私奉献、认真履行职责，为人民群众做了许多有益的工作，为我区的改革和发展做出了积极的贡献，为人民政协事业付出了辛勤的汗水和心血，在此，我代表区政协向他们表示诚挚的感谢和由衷的敬意。

五年工作体会

九届区政协工作在历届政协工作的基础上取得新的进展，是中共朝阳区委正确领导、区政府及社会各界大力支持的结果，是参加政协的各党派团体、各族各界人士团结协作，共同努力的结果。回顾五年的工作实践，有以下几点体会。

一、牢牢把握正确的政治方向

邓小平理论和"三个代表"重要思想，是新时期人民政协工作的指南，是人民政协开拓前进的强大思想武器。五年来，区政协始终把认真组织和推动委员深入学习邓小平理论和"三个代表"重要思想放在首要位置，通过开展学习使委员进一步理解新时期人民政协的地位和作用，明确人民政协工作的根本任务和主要职能，认真研究新形势下政协工作的新情况、新问题，为本届政协在工作中把握正确的政治方向奠定了坚实的思想基础。实践证明，只有坚持用邓小平理论和"三个代表"重要思想武装头脑和指导政协工作，才能增强做好政协工作的自觉性和坚定性。

二、自觉接受党对政协工作的领导

中国共产党领导下的多党合作和政治协商是我国

的一项基本政治制度，区政协作为最广泛的全区人民爱国统一战线组织，在我区社会主义民主政治建设中具有重要意义，必须自觉地、始终不渝地坚持和接受中共朝阳区委的领导。九届区政协常委会牢固树立党的领导的观念，自觉地接受区委在政治原则、政治方向和方针政策上的领导，主动向区委请示、汇报工作。2001年，区委召开全区统战工作会议，做出《中共北京市朝阳区委关于进一步加强政协工作的决定》，区政协认真学习贯彻决定精神，紧紧依靠区委领导，充分发挥区政协党组政治核心作用和政协委员中共产党员的先锋模范作用，进一步推进了新时期区政协工作。

三、始终遵循围绕中心、服务大局的原则

围绕中心，服务大局，是人民政协履行职能必须遵循的原则，只有自觉围绕中心、主动服务大局，政协才能充分体现自身价值，才能富有成效地开展工作。在过去的五年里，区政协紧紧围绕我区经济建设这个中心，服从和服务于改革发展稳定的大局，抓住涉及全局性的重大问题和群众关注的热点难点问题，如制定我区“十五”计划和科技教育文化卫生体育五大纲要、优化发展软环境、国有企业改革、完善最低生活保障制度、完善公共卫生体系等，组织委员开展协商讨论，专题调研，建言立论，献计出力。

四、充分发挥委员的主体作用

政协委员是政协组织的主体，政协工作的成效与发挥委员的主体作用密切相关。区政协始终把调动委员履行职责的积极性作为一项重要工作，通过举办报告会、协商会、议政会等形式提高委员参政议政能力；通过健全主席、委员联络沟通体系，征求委员意见，交流看法；通过尊重和保护委员的各项权利，鼓励委员在协商中畅所欲言，认真履行委员职责；通过视察考察、区情通报等，便于委员知情出力；通过加强委员进社区工作，增强委员的责任感和归属感，推动委员参政议政；通过不断加强和改进机关服务工作，努力为委员履行职责营造民主、宽松的氛围。

五、坚持与时俱进、开拓创新的工作思路

人民政协事业是一项在实践中发展，在发展中探索的事业。创新是人民政协永葆活力的源泉，是推动政协工作不断进步的动力。本届区政协坚持将与时俱进、开拓创新的工作思路贯穿、体现在各项工作中，创造性地履行职能，在一些方面做出了积极的探索。为充分发挥委员主体作用，区政协积极开展和推进委员进社区工作，为委员履行职责搭建新的平台；为推进信息工作，区政协打破界限和区委统战部联合，成立区政协统战信息领导小组，整合队伍，共享资源，创刊《社情民意》，收到良好效果；在参政议政方面，则创刊了《委员论坛》，为委员参政议政、建言立论提供了新舞台。

今后工作建议

各位委员，区政协第九届委员会已完成了本届的历史使命。新一届区政协恰逢我区全面建设小康社会、全力筹办2008年奥运会，加快完成“十五”发展目标，制定实施“十一五”规划的战略机遇期，新时期新任务，新一届区政协要继续高举邓小平理论伟大旗帜，认真学习“三个代表”重要思想、十六大和十六届三中全会精神，贯彻落实区委九次党代会精神，广泛团结全区各民主党派、各族各界人士，围绕“三个优化”和“创造新优势、奥运促发展”，与时俱进，开拓创新，卓有成效地履行政协职能，为顺利实现“三化四区”目标、率先基本实现现代化和承办历史上最出色的一届奥运会作出新的贡献。为此提出以下建议：

一、抓好政治理论学习，奠定政协工作的思想基础

邓小平理论和“三个代表”重要思想是指导新时期人民政协工作的准则，十六届三中全会对完善社会主义市场经济体制做出全面规划和部署，提出了“五个统筹”和“五个坚持”，希望十届区政协认真组织学习邓小平理论、“三个代表”重要思想和十六届三中全会精神，围绕全面建设小康社会的奋斗目标，坚持解放思想，与时俱进，围绕我区全面发展、协调发展、健康发展，在实践中积极探索履行政协职能的新途径、新方法，在继承中发展，在开拓中前进，不断推进区政协工作。

二、围绕“三个优化”，认真履行三项职能

中共朝阳区委九届一次会议就创造新优势、奥运促发展，建设现代化新朝阳做出总体部署，区政协第十届委员会要自觉服从和服务于这一大局，就我区优化发展环境、优化空间布局、优化产业结构和其他重大问题搞好协商活动；多形式多途径开展民主监督，积极参政议政；树立“以人为本”理念，充分反映各族各界和广大人民群众的意愿和要求；为我区经济和社会全面快速发展做出应有的努力和贡献。

三、突出团结民主主题，积极维护团结稳定的政治局面

团结和民主是政协的两大主题，应把团结各族各界人士、广泛凝聚人心摆在政协工作的突出位置。应高举爱国主义和社会主义旗帜，充分发挥政协大团结大联合的优势，充分发挥政协联系群众、团结各界、协商问题、协调关系的重要作用，团结各方面人士，凝聚各方力量，推动我区经济和社会进步；应积极宣传，加强联系与沟通，把党和政府的决策主张变成社会各界的共识和自觉行动，增进共识、理顺情绪、化解矛盾，维护安定团结的政治局面。

四、发挥委员主体作用，不断提高参政议政水平

委员是政协开展工作和发挥作用的主体，希望新一届区政协充分发挥委员的主体作用，切实加强委员统战理论的学习和培训工作，形式多样、方式灵活地组织委员认真学习统一战线和人民政协的基本理论和基本知识；努力增强委员的使命感、责任感、荣誉感，不断提高委员参政议政水平；积极为委员知情议政、参加活动创造条件，营造民主和谐、畅所欲言的环境；十届政协委员要积极参加政协活动，认真履行委员的义务和职责。

五、加强自身建设，努力开创政协工作新局面

适应新形势新任务对政协工作的要求，努力加强政协自身建设，需要不断推进政协工作规范化制度化建设，进一步建立和健全各项规章制度，完善有关工作运行机制；需要不断加强思想建设，提高全体政协委员及机关工作人员的理论水平和业务素质；需要进一步加强机关作风建设，切实改进工作作风，提高服务意识和服务质量；需要继续加强政协工作理论研究，不断总结工作经验，探索做好新时期政协工作的新思路，推出新举措。

各位委员，区政协第十届委员会肩负着光荣而神圣的历史使命，任重道远，大有可为。我们深信，新一届区政协在中共北京市朝阳区委的领导下，高举邓小平理论伟大旗帜，认真实践“三个代表”重要思想，依靠全体政协委员，团结各方面力量，解放思想，扎实工作，锐意进取，一定能够开创新的局面，再上新的台阶，为推进我区改革开放和现代化建设做出新的更大的贡献！

夯实基层基础　提高执政能力
加快推进朝阳区“三化四区”建设

——2004年12月3日在区委九届三次全体(扩大)会议上的报告

中共朝阳区委书记　李士祥

同志们：

这次全会的主要任务是：贯彻落实十六届四中全会、胡锦涛总书记视察北京重要讲话和市委九届八次全会精神，研究部署夯实基层基础、提高执政能力工作，进一步统一思想，凝聚力量，加快推进朝阳区“三化四区”建设。下面，我受区委常委会委托，向大会报告工作。

一、今年工作的主要特点

在市委的领导下，我们坚持以邓小平理论和“三个代表”重要思想为指导，牢固树立并落实科学发展观、正确政绩观和群众利益观，紧紧围绕“三化四区”建设，优化发展环境、优化空间布局、优化产业结构，创造新优势、奥运促发展，各项工作蓬勃开展，执政能力不断提高。

(一)抓班子、带队伍、谋发展

以提高领导水平和执政能力为重点，大力加强班子和干部队伍建设。一个好班子、一支好队伍对一个地区的发展至关重要。区委把加强领导班子建设放在首位，出台关于加强思想政治建设的意见，组织区处两级班子赴井冈山，学习井冈山精神，坚定理想信念。开展解放思想大讨论，坚持理论中心组学习，提高理论水平。完善民主集中制，凝聚班子集体智慧，发挥专家、学者的作用，注意听取各民主党派、无党派人士等社会各界的意见和建议，全力支持人大、政府、政协、人民团体依法履职，提高决策的民主化、科学化水平。精简会议文件，深入调查研究，改进工作作风。落实党风廉政建设责任制，努力构建教育、制度、监督并重的机制，推进“五廉”管理，实施“目标管理、双百考核”办法，党风廉政建设进一步加强。配齐配强二级班子，调整充实200多名干部，实现整体优化。各部门、各街乡把抓班子、带队伍放在首位，着力提高班子成员分析问题、解决问题的能力。积极稳妥推进干部人事制度改革，继续推行并不断完善公开选拔、竞争上岗、任前公示、票决制、任期制，研究制定职位说明书和干部素质测评体系，推进职务管理向职责管理转变。继续推行年轻干部上挂下派“双百工程”，丰富阅历，增长才干。加强后备干部队伍动态管理。构建大教育、大培训体系，先后组织了10类14期培训班，培训处级以上干部545名，干部素质进一步提高。落实人才强区战略，坚持党管人才原则，全面实施《2003—2008年朝阳区人才队伍建设规划》，重点建设复合型党政人才、专业技术人才和企业高级经营管理人才三支队伍。

坚持总揽全局抓大事，以科学态度谋划发展。坚持全面、协调、可持续的发展观，结合首都功能定位，按照组团式规划建设、板块式经济发展的思路，大力发展现代服务业、高新技术产业和现代制造业。结合北京市城市总体规划修编，研究朝阳区空间布局规划，实施奥运森林公园、温榆河绿色生态走廊规划国际招标，深化CBD交通等专项规划，启动“十一五”规划编制工作。按照“畅通朝阳”、“生态朝阳”、“清水朝阳”的发展目标，修建城乡和重点功能区道路107条，新增绿化面积820公顷，积极开展国家卫生区和北京市卫生村创建工作，全面规划并启动了区域水环境治理工作。推进重点工程建设，奥运森林公园完成拆迁，朝阳公园实现全园开放，普华永道、美国第五大道等一批世界500强和跨国公司入驻CBD，德国宝马汽车电子技术研发中心、索爱亚洲研发中心等一批知名企业入驻望京科技园区。以改革促发展，组建国资委、投资促进局，推进京客隆、朝开、昆泰等国有企业改革，加快教育、文化、卫生等社会事业多元投资促发展的步伐，区域发展活力进一步增强。地区生产总值预计同比增长17%，财政收入预计同比增长20%。我区被评为“全国科技进步示范区”、“全国绿化模范城市”、“北京市教育先进区”，实现了“全国双拥模范城”三连冠。

（二）想问题、抓落实、找规律

以富民、便民为重点，加快农村城市化、城市现代化，促进城乡统筹发展。调整八乡一街行政区划，把21个乡全部纳入城市管理范畴。落实中央宏观调控政策，巩固绿化隔离地区建设成果，加快推进土地确权、产权制度改革、农村社会保障、农村劳动力培训就业等工作，农村产业结构进一步优化，涌现出十里河市级商业街、平房乡青年路汽车商贸城、来广营百安居、高碑店易初莲花等一批新的经济增长点。大力解决城市居民“停车、绿化、早点、买菜、保洁、治安、看病、就业”等八难问题，完善为民服务体系，推行全程代办服务制度；开展“安全社区”创建工作；探索建立社区党建、居民服务、城市管理、社区自治“四位一体”的社区建设模式，促进政府职能到位、市场作用入位和社区功能归位，努力健全党委领导、政府负责、社会协同、公众参与的社会管理格局。

在加快经济发展的同时，更加注重发展社会事业，促进经济社会统筹发展。召开社会事业发展大会，实施“折子工程”，统筹科教文卫体全面发展。积极落实北京市教育工作会精神，制定并实施教师队伍建设、教育体制改革、民办教育发展等八个政策文件，进一步坚定了教育均衡发展和发展一流教育的目标。积极实施“科技奥运、科技商务、科技园区”三大战略，进一步完善大科技发展格局。大力开展群众性体育活动，把体育延伸到家庭、延伸到大众，增强群众身心健康，积极筹备2006年世青赛。深化卫生事业改革，大力加强公共卫生体系建设，多元融资，发展健康产业，惠兰医院、五洲女子医院、英智眼科医院等一批民营医疗机构聚集朝阳，提高了社区、农村基本医疗服务能力，垂杨柳医院股份制改造积极推进。深化文化体制改革，整合文化资源，繁荣群众文化，朝阳文化馆改革试点工作顺利推进，“社区一家亲”活动如火如荼，成立朝阳区文联，朝阳区时尚文化、民俗文化、群众文化三大文化特色日益凸现。

坚持发展是硬道理，稳定是硬任务，统筹改革、发展、稳定工作。加强社会治安综合治理，保持“严打”态势，突出抓好流动人口管理和人民内部矛盾排查调处工作。明确产业定位，注重从源头上消除安全稳定隐患，加强出租房屋管理、取缔无证市场、整顿废品收购站、清理地下人防、拆除违法建设，推广东风乡流动人口管理经验，建立乡、派出所、村（居）委会、户主四级管理服务网络。立足“发现得早、化解得了、控制得住、处置得好”，加大人民内部矛盾排查调处工作。坚持区级领导联系街乡和信访接待日制度，提出9、10月份越级集体访“0”指标，变上访为下访、走访和约访，努力控制越级集体访，全力维护地区稳定。

（三）重基层、打基础、强基石

把加强党的基层组织建设、推进“聚合力工程”作为重中之重。完善社区党建工作协调委员会机制，深入开展“一个党员一面旗，党的宗旨进社区”活动，动员、组织辖区内各级党组织参与社区共建，提高党组织的凝聚力和社会单位的责任感,涌现出劲松中社区、酒仙桥高家园社区等先进典型。农村党组织围绕加快农村城市化,不断深化以“两个创新”为重点的“三级联创”,通过“两推一选”产生了134个村党支部班子,按照“两法一章程”顺利完成了137个村委会换届选举工作,基层组织依法执政能力进一步增强,基层民主政治建设进一步加强,党群关系进一步改善,涌现出高碑店地区高碑店村党总支、十八里店地区十里河村党总支等先进典型。机关、事业单位党组织发挥政治保证和协助监督作用。国有企业党组织探索新时期进一步发挥政治核心作用的实现形式。新经济组织、新社会组织等领域的党建工作进一步加强,形成了以党建带团建、党建带工会、党建带文明建设的格局。7月份市委书记刘淇同志连续3次到我区调研社区党建工作,10月份胡锦涛总书记在劲松中社区发表了重要讲话,这是对我们基层党建工作的极大鼓舞。

积极推进重心下移,强化基层基础工作。深化街道管理体制改革,推进政府职能下沉,完善社区居民代表大会、社区议事委员会制度,成立社区行政事务协管办公室,实施卫生、城管、警务进社区。建立健全民意沟通机制,组建人大街道工作委员会,建立政协委员进社区联络组,设立社区人大代表、政协委员接待窗口,了解民情,反映民意。加大投入,整合资源,推进基层公安派出所建设,加强社区居委会办公服务用房建设,78个社区已达到300平方米以上,基层工作环境进一步优化。加强基层干部队伍建设,建立社区党务工作者人才库和培训基地,成立社区党委书记联谊会,健全社区党委工作绩效考核办法。完善社区工作者选拔、培养、考评、使用机制,探索社会化招聘、专业化培训、职业化运作,充实队伍,改善结构。农村地区结合村党支部换届和村委会选举,一批年富力强的党员、干部充实到基层队伍。广大基层干部奋战在第一线,兢兢业业工作,默默无闻奉献,涌现出了齐文、支芬、刘汉卿等一大批优秀基层工作者。

我们在推动全区全面发展上,执政能力有了一定的提高。但是,面对新形势新任务,执政能力建设还存在亟待解决的问题。一是思想方法需要进一步转变。按照十六届四中全会的要求,执政能力不能单纯看发展的速度,更不能单纯看经济增长的指标,必须从推进地区经济社会全面协调可持续发展中来体现,从确保地区改革发展稳定大局中来检验。在这方面我们还需要进一步解放思想、统一思想。二是工作方法需要进一步调整。有些干部还比较习惯于自上而下的工作方式,对基层基础工作的重视还不够,党的工作的覆盖面有待进一步扩大。有些干部群众意识、法治意识需要进一步增强,以人为本,依法决策,依法行政的自觉性需要进一步提高。三是工作作风需要进一步改进。有些干部深入基层、研究问题还不深,给基层做主、帮基层解难、为基层出招还不完全到位。这些问题我们要认真研究,采取有效措施,切实加以解决。

二、增强提高执政能力的自觉性和紧迫感,强化四个意识

加强执政能力建设,是由我们肩负的历史使命决定的。2008年奥运会主会场在朝阳,北京商务中心区在朝阳,朝阳区面临率先基本实现现代化的重要战略机遇期,优化发展环境,优化空间布局,优化产业结构,推进“三化四区”建设,对我们的执政能力提出了新的考验。我们必须认真学习、全面贯彻十六届四中全会、胡锦涛总书记视察北京重要讲话和市委九届八次全会精神,继续深入开展“创造新优势,奥运促发展,建设现代化新朝阳”解放思想大讨论,转变思想方法,调整工作方法,改进工作作风,把提高执政能力落到实处。

(一)强化执政意识

回顾发展历程,我们曾经是首都的“菜篮子”、“米袋子”,为首都的发展提供农业供给;我们抓住首都五大工业基地汇集朝阳的契机,加快工业化,推动城市化;改革开放后,我们依托涉外资源优势,大力发展服务业,优化产业结构,朝阳区逐步成为首都的综合经济强区;进入新世纪,我们始终以经济建设为中心,加快实施“三化四区”建设,2003年区域经济总量684.2亿元,财政收入56.6亿元。我们发展经济、管理经济的能力得到了长足的提高。科学发展观告诉我们,一个地区经济发展或财富积累到一定阶段后,可持续发展必须以全面发展、协调发展为基础,这就要求经济增长与城市建设、城市管理、城市文明统筹、协调推进。我们领导发展的能力必须从过去更多的强调经济发展、经济管理向全面发展、全面管理、统筹协调转变,这就是实现科学发展所需要的“执政能力”,这也是我们实力增强、竞争力增强之后的当务之急。要提高执政能力,就必须强化执政意识,不断想问题、抓落实、找规律,在提高经济管理能力的同时,提高管理城市和管理社会的能力;在促进财富增长的同时,加强基层基础工作,改进干部工作作风,提高群众精神境界,增强城市文化底蕴,促进经济增长提速、城市形象提升、干部素质提高、群众生活改善。

(二)强化法治意识

经过近五十年的发展积累,朝阳区发展活力不断增强。群众的思想更加活跃,对政治文明的关注程度明显提升。农村土地征用、城市改造拆迁、国有集体企业改革进程加速,社会对依法办事、保护权益的要求日益强烈。民营经济、外资企业纷纷聚集,经济主体对依法行政、按国际规则办事的要求越来越强。这些对我们各级党委依法执政能力提出了全新的考验。驾驭发展,首先要规范发展、引导发展;科学执政,首先要依法执政、民主执政,这是确保地区长治久安的基本要求,也是提高执政能力的重要方面。要增强依法治区的紧迫感,加强法制宣传教育,全面提高党政干部、执法人员、各种社会成员的法律素质。要增强依法决策的自觉性,坚决杜绝用人一言堂、大权一把抓,使各项决策不因领导人的改变而改变,不因领导人的看法和注意力的改变而改变,真正是源于班子的共识并且成为群众的共同主张。要增强依法行政的主动性,认真按照法律、法规和行政规章办事,正确行使手中权力,始终保持浩然正气。要增强依法监督的积极性,自觉执行"两法"、"两条例",接受法律监督、党内监督、社会监督和群众监督,使各项工作经得起历史的检验。

(三)强化基层意识

历史经验表明,在人均GDP突破1000美元之后,经济社会发展进入一个关键阶段。朝阳区正处在"高发展、高风险"并存的关键阶段。农村城市化、城市现代化、区域国际化进程加快,区域经济成分多样,社会结构复杂多元,利益关系错综复杂,竞争深刻广泛;群众生活由温饱型向更高水平的小康迈进,对物质文明、政治文明、精神文明的追求形式多样、程度强烈。一方面经济社会快速发展,一方面不稳定、不确定因素的冲击越来越多、越来越直接,这些矛盾不但更多地反映在基层,要解决好这些挑战也更多地需要依靠基层。我们必须强化基层意识,更加深入细致地做好基层基础工作。要转变自上而下的思维习惯,深入基层,倾听基层的呼声,体谅基层的难处,加强对基层工作的指导。要转变社会管理的观念,大力加强基层组织建设,消除组织建设和社会管理的"空白点",推进管理重心下移,强化基层管理职能。要改进基层队伍建设的现状,提高基层干部的思想政治素质和理论政策水平,提高为基层群众办好事、办实事的能力。要丰富群众路线的内涵,深入群众,认真总结群众的实践经验,集中群众的智慧,把群众组织起来,实现自我管理、自我教育、自我服务、自我监督。不断夯实执政的阶级基础、群众基础和社会基础。

(四)强化服务意识

研究朝阳区的工作,首先要树立首都意识,坚持服务首都、服务发展、服务群众。按照"新北京、新奥运"的战略构想和率先基本实现现代化的要求,朝阳区承担着许多北京市重点功能区的重任,这对我们既是机遇更是责任,我们必须增强政治责任感和历史使命感,协调自身发展与首都发展的关系,服务首都发展大局,确保这些功能区按照市委的要求如期实现。在服务首都的基础上,抓住重点功能区给朝阳带来的机遇,积极服务发展,不断优化发展环境、优化空间布局、优化产业结构,在促进经济发展的同时,促进社会发展、人与自然和谐发展和人自身全面发展。在做好发展、壮大实力的同时,要让发展的成果惠及全区人民,要让群众得到更多的实惠。要进一步做好富民这篇大文章,落实产业、岗位、培训、就业"四位一体"的发展思路,促进农民就业增收;要进一步提高为民服务水平,把解"八难"引向深入,完善为民服务体系,畅通自下而上的群众需求渠道,使为民服务更加贴近群众生活;要进一步做好维护群众利益工作,切实解决下岗职工、城乡贫困户等困难群体遇到的实际问题,在城市拆迁、土地征用、企业改制等各项工作中维护好群众利益,高度重视和关心困难群众,努力使人人各尽其能、各得其所而又和谐相处,把立党为公、执政为民的本质要求落到实处,切实践行"三个代表"。

三、推进"三化四区"建设,切实提高执政能力

朝阳区"三化四区"建设不断加快,新经济组织、新社会组织大量涌现,越来越多的"单位人"转为"社会人",党的工作领域不断扩大,夯实基层基础是摆在我们面前的一项重要而紧迫的任务。区委研究制定了加强基层党建、加强基层文化、加强基层稳定、深化党政干部制度改革四个意见,提交全会审议。这四个方面是朝阳区加强执政能力建设的重点,全区各级党组织务必认真研究落实。

(一)加强基层党的建设,夯实执政基础

基层党的建设是党的全部工作和战斗力的基础。各级党委必须把基层党的建设切实抓紧抓好。

深化党政干部制度改革。坚持和完善党政干部选拔任用制度,大力选拔德才兼备、实绩突出、群众公认的党政领导干部。加快建立岗位职责管理体系和干部考核评价指标体系,引导干部落实科学发展观和正确政绩观。健全干部监督管理和激励制度,促进干部有效履行职责。建立和完善干部能上能下制度,坚持和完善领导干部试用期、待岗制、辞职制和谈话诫勉制,继续推行任期制,加强目标管理,增强干部队伍的活力。大规模教育培训干部,实行干部述职述学、群众评议评学、组织考察考学的督学制度,确保处级以上党政领导干部5年内接受不少于3个月的集中脱产培训。加大基层实践锻炼力度,用3年左右时间,使全区40岁以下、缺乏基层工作经历的机关干部,普遍接受不少于1年的基层锻炼。坚持党管人才,落实人才强区战略,不求所有、但求所用,抓好党政人才、专业技术人才和企业经营管理人才三支队伍建设。

推进"聚合力工程"。进一步明确基层党组织的职责,尤其要明确街道工委、地区工委在各种组织和各项工作中的领导核心地位,不断提高领导水平和执政能力。切实落实"基层日"制度,进一步推广劲松中社区党员联系群众的做法,不断完善党员联系群众制度。农村党组织要按照加快农村城市化的要求,围绕改革发展、地区稳定、群众素质提高等迫切问题,继续深化以"两个创新"为重点的"三级联创",研究推进农村社区建设。社区党建要按照"五个好"的目标要求,紧密结合社区建设的实际,以服务群众为重点,进一步建立和完善党建工作协调机制,发挥资源优势,完善工作格局。机关党建工作要积极教育和引导党员、干部改进工作作风,提高工作效率,更好地为基层服务、为群众服务。国企党建要围绕改革和发展的实践,积极探索企业党组织发挥政治核心作用的实现形式,把发挥党的政治优势和运用市场机制结合起来,对出资人负责,搞好资源配置,把维护出资人利益、企业利益、职工群众合法权益统一起来,实现国有资产保值增值,为促进国有资产管理体制改革和区属企业改革发展稳定提供政治保证和组织保证。大力加强事业单位和非公经济党组织建设,加大在新建社区、新经济组织、新社会组织中建立党组织的工作力度,增强党的渗透力和社会影响力。

构建大党建工作格局。突出区域性、系统性和针对性,有效整合区域内各级党组织和全体党员的力量。区委按照总揽全局、协调各方的原则,继续抓班子、带队伍、谋发展,调动一切积极因素,健全组织,凝聚人心,汇聚力量,保证和促进发展。加强社团、行业组织和社会中介组织建设,引导各类群众组织健康发展,形成社会管理的合力。加强对群团组织的领导,各级党组织要为群团组织开展活动积极创造条件,充分发挥群团组织在构建和谐社会、维护稳定、促进发展中的作用。按照市委的统一部署,深入开展保持党员先进性教育。坚持领导干部带头,坚持大教育、广覆盖,坚持典型示范,切实解决党员和党组织在思想、组织、作风和工作方面存在的突出问题。加强党风廉政建设,始终保持清醒头脑,居安思危,艰苦奋斗,勤俭办事,爱护干部,保持良好的发展态势。积极探索党员管理的新机制、新方法,加强党员的分类管理,建立在职党员协管机制、流动党员动态管理机制、新经济和新社会组织党员的联管机制、对无职党员的岗位管理机制,推行党建联络员制度,关心党员、服务党员,保障党员权利,充分发挥党员先锋模范作用。探索党代会闭会期间党代表发挥作用的有效途径和形式。加强基层干部队伍建设,特别是加强对社区、农村、机关、企事业单位以及新经济组织党员干部的培训,解决基层干部工作和生活中遇到的困难,加强基层党员干部跨地区、跨领域、跨部门的轮岗交流,提高基层干部的业务素质和执政能力。

(二)坚持第一要务,夯实强区富民的基础

强区富民是我们永恒的追求。提高执政能力首要的是提高领导发展的能力,我们要以科学发展观为指导,坚持发展,加快发展。

坚持以经济建设为中心。切实为经济发展优化环境。各级党委都要认真学习和贯彻十六届四中全会精神,集中精力研究和解决关系地区发展的全局性、战略性和前瞻性重大问题。深化行政管理体制改革,推动依法行政,促进职能转变,切实强化政府经济调节、市场监管、社会管理和公共服务的职能。推进"畅通朝阳"、"清水朝阳"、"生态朝阳"建设,不断提高区域经济发展的综合竞争力。切实推进组团式规划建设、板块式经济发展。结合北京城市规划修编,按照"以人为本、板块支撑、功能完善、持续发展"的原则,突破区划束缚,高起点编制各个组团、板块的发展规划,高水平完善全区功能布局。加快 CBD、奥运森林公园、电子城高科技园区、温榆河生态走廊等重点功能区建设,充分发挥功能区在组团式规划建设、板块式经济发展中的辐射带动作用,促进产业集聚,培育板块特色。切实培育城市产业支撑。继续推动现代服务业、高新技术产业和现代制造业发展,加快京客隆企业上市、朝开股份制改造、昆泰企业改革,深化大屯华汇等集体经济体制改革,推进投融资体制改革,大力发展混合所有制经济,实现投资主体多元化,构筑充满活力的经济基础。

推进全面、协调、可持续发展。举全区之力,集各方之智,高水平编制"十一五"发展规划,实现政府公共服务、社会投资创业、群众根本利益的有机结合。继续推进农村城市化,切实做好农村党的建设、农村产业发展、产权制度改革、农村社会保障、农民培训就业、农村文化文明、农村社会发展和农村安全稳定工作。积极推进城市现代化,深化城市管理体制改革,增强城市建设为管理服务的意识,提高城市管理水平;继续加强社区建设,认真总结解"八难"工作经验,切实提高为民服务水平。要特别关注困难群体,健全社会保障体系,创新困难救助机制,整合区域资源,切实解决困难群体的生产生活问题。加快社会事业发展。深化教育体制改革,抓好教育资源整合,促进教育发展优质化、均衡化,办人民满意的教育。发展科技事业,研究并启动全国可持续发展试验区创建工作,以科技发展全方位促进科学发展。健全突发公共卫生事件应急机制、疾病预防控制体系、卫生监督执法体系、医疗救治体系、公共卫生信息网络体系,提高公共卫生服务能力。做好世界青年田径锦标赛筹备工作,发展群众体育,提高群众的健康素质。要更加注重社会事业的协调发展,不盲目扩张,着力盘活存量、引进增量、扩大总量,处理好存量和增量的关系,走内涵式发展道路。在建设经济强区的基础上,努力成为经济社会协调发展和现代化、国际化水平全市领先之区。

(三)活跃基层文化,实践"人文奥运"

文化是增强区域吸引力和竞争力的核心要素。各级党委要从战略的高度认识文化建设的重要性和紧迫性,从加强基层文化入手,大力发展社会主义先进文化,推进学习型城区建设,不断提高区民综合素质、提升区域文明程度,为"三化四区"建设提供源源不断的精神动力。

夯实文化基础。坚持规划先行,把基层文化设施纳入全区城乡建设整体规划,2006年前完成对全区文化设施以及文化环境建设的统一规划。加大财政投入,设立基层文化建设专项经费,年均增长幅度要高于同期财政增幅,主要用于建设街乡文化设施、开展基层文化活动和支持全区大型文化活动;改革财政投资方式,实行政府采购制度,积极推广代建制。到2005年底,各街乡至少要建成一个800平方米—1000平方米的文化中心、一个5000平方米以上的文化广场、一个百米万册图书馆。加强对文化设施的管理和利用,制定各类文化设施的管理办法,探索多种共建共享形式,整合驻区单位的文化资源,鼓励和支持社会资本以多种方式投入文化建设,提高资源利用率。加强基层文化队伍建设,在各街乡建立文化工作委员会,鼓励吸引优秀专业人才投身到基层文化工作中来,发挥其引导和骨干作用,建立稳定的基层文化指导员和志愿者队伍。

打造文化品牌。培育群众文化品牌,坚持开展"社区一家亲"、"全民健身体育节"、"五月的鲜花"等群众喜闻乐见的活动,丰富群众文化生活,提升群众文化活动品味。发展民俗文化品牌,精心策划中华民族的传统节日,以符合时代特点的形式,将全年的文化活动串联起来,借助朝阳特殊的区位优势,向世界充分展示中国传统文化;扶植民办文艺团体发展,发挥民间艺人作用,发扬光大民间艺术。提升时尚文化品牌,培育奥林匹克、现代先锋、时尚文化、商务文化、传统文化、旅游休闲文化六个特色文化板块,扩大朝阳国际商务节、朝阳国际风情节、国际流行音乐周等活动的影响力和知名度,强化朝阳的文化展示、交易和交流功能。

提升城市文明。加强宣传思想工作,坚持党管媒体的原则,增强引导舆论的本领,重视对社会热点问题的引导,弘扬科学,反对迷信,唱响主旋律。进一步把学习型城区建设引向深入,围绕"人文奥运",广泛开展精神文明创建,实施《人文奥运行动计划》,推进"人文奥运进社区",实施流动人口素质培训工程,构筑全民教育、终身教育体系,提高区民文明素质。加强未成年人思想道德建设,充分调动各方优势,努力构建学校、家庭、社会联动的工作格局,促进未成年人健康成长。全区上下都要把基层文化建设当作基层政权建设的重要内容来抓。区委常委会每年至少两次专题研究基层文化建设,区政府要把文化建设纳入目标管理责任制;相关部门要转变职能,重心下移,做好协调服务、科学决策和依法监管;各街乡要加强领导,保障经费,落实配套。在全区形成党建统领、政府主导、社会共建、全民参与的工作格局。

(四)维护基层稳定,建设和谐社会

发展是第一要务,稳定是第一责任。首都对朝阳区的功能定位,决定了朝阳区必须加快发展,而且具备了加快发展的条件。越是发展越要看到稳定工作的长期性、复杂性、艰巨性。只有稳定,才能更好地巩固发展成果,推动发展进程。各级党委要高度重视安全稳定工作,特别是要重视基层、服务基层,夯实基层稳定工作的人力基础、物质基础,构建大稳定工作格局,建设和谐社会。

充实维护基层稳定力量。最大限度地将警力配置在一线,根据社区规模和地区特点,确保每个社区有1至3名民警专司社区警务,逐步实行全天候工作制,其中一名民警参加社区党委工作,负责社区治安防范的组织工作。整合社区治安力量,建立由民警、保安员、治安员等组成的社区统一防范队伍和以党员干部、离退休人员为主的社区巡逻队伍,抽调一批工作经验丰富的派出所所长充实到街乡综治办,吸收复员军人进入群防群治队伍,增强整体防范水平。职能部门进社区,推进"安全社区"工程,提高社区安全管理水平。加强信访、610系统、社区矫正基层队伍建设,提高正确处理人民内部矛盾和对敌斗争的能力。组建处理突发性群体性事件专业队伍及处置各类恐怖和突发性灾害事件的快速反应队伍,全力维护全区安全稳定。

加大维护基层稳定投入。区政府、各街乡要加大对安全稳定工作的投入力度,属于区级管理、建设的任务,在部门预算外,由区财政按当年财政收入1%的标准,安排下年度的维护稳定经费预算。支持以科技手段提高全区打防控水平,继续实施科技创安,建设电视监控系统,对重点区域、案件多发场所进行实时监控;构筑全区电子防范网,实现全区中小学校、党政机关的全覆盖;建立公安分局指挥中心区级中枢平台,完善公安分局电子智能系统,为全区打防控提供科学依据。加强消防、交通、生产和公共卫生安全管理,防止重大事故发生。到2008年居民楼技防覆盖率达到80%,新建小区技防设施到位率达到100%,平安社区(村)

达到80%以上,安全单位达标率在95%以上,不断提升区域安全稳定环境。

构建大稳定工作格局。认真落实《朝阳区依法治区工作目标纲要(2004—2008)》,提高依法治区水平。区委常委会每季度专题研究全区安全稳定形势,街乡党政正职每月与派出所共同分析地区安全稳定形势,区维护安全稳定办公室每月向全区通报工作情况,形成全区“一盘棋”、齐抓共管的局面。坚持打防结合,加强公安工作,实施精确打击战略,提高依法惩治各种犯罪、保障人民生命财产安全的能力;创新社区警务,完善社区防范体系;推广东风乡流动人口管理经验,重点整治城乡结合部和重点开发地区;开展安全创建活动,整治校园周边环境,加强重点人员管控,提高基层整体防范水平,进一步提升群众的安全感。以反恐防暴为重点,严厉打击境内外敌对势力的破坏活动,深化同“法轮功”邪教组织的斗争,全力维护政治稳定。做好消防、交通、生产、公共卫生等安全管理工作,防止重大事故发生。加大信访工作力度,成立区土地征占纠纷处理和区房地产开发及物业纠纷协调服务领导小组,集中解决征而未用土地和物业纠纷等突出问题;建立健全以“早发现、早报告、早控制、早解决”为核心内容的社会利益协调机制和社会稳定的预警机制,完善处理信访突出问题和群体性事件联席会制度,全力将矛盾化解在基层。继续按照市、区、街乡三级挂账方式,坚持精确打击与综合治理相结合,集中整治与严格管理相结合,重点整治全区治安秩序混乱地区和突出问题,全力维护社会良好秩序。切实抓好民兵和预备役部队建设,广泛开展国防教育,推进共驻共建,巩固和发展军政、军民团结,形成维护稳定的强大合力。

(五)做好春节前的几项重点工作

认真筹备九届四次全会和人大、政协会议。在中央经济工作会之后,区委将召开九届四次全会,就加快经济社会发展进行专题研究。区人大、区政协要认真筹备人大十三届二次会议和政协十届二次会议。各单位要认真学习中央经济工作会精神,按照想问题、抓落实、找规律的要求,认真总结今年工作,分析发展中存在的问题,确定加快经济社会发展的重点。

及早安排明年各项工作。2005年是“十五”规划实施的最后一年,各单位要按照规划的要求和九次党代会确定的工作目标,结合部门实际,围绕推进“三个优化”、加快“三化四区”建设、提高执政能力,抓紧研究制定明年工作计划。

加快推进“十一五”规划编制。2006—2010年是朝阳区的一个重要发展时期,制定“十一五”规划非常重要。新的五年规划必须贯彻落实科学发展观,促进实现“五个统筹”,对规划工作提出了更新更高的要求。要认真落实《朝阳区“十一五”规划研究编制工作方案》,整合人力资源,汇集各方智慧,做好重大问题的研究,推进规划编制工作创新,高水平编制总体规划、专项规划、功能区规划,形成完善的规划体系,实现规划引导发展。

做好两节前的走访慰问工作。做好对困难群体、特殊群体和部分困难党员的送温暖活动,走访离退休老干部、调离朝阳区的老领导和党外人士,慰问驻区部队,慰问突出贡献专家和高级知识分子,慰问节日期间坚守一线的干部职工。各级党委要多做一些雪中送炭的工作,要把党的温暖送给千家万户。

全力维护安全稳定。安全稳定一刻也不能放松,特别是两节期间的安全稳定工作要及早研究、及早部署。要加强防范和安全检查,制定重点地区、重点部位及大型活动场所防范、处置重大事件和突发事件的工作预案;加强社会治安综合治理,重点打击节日期间多发的侵财性犯罪,维护良好的社会秩序;认真做好信访排查工作,确保企业离退休人员基本养老金和下岗职工基本生活费按时足额发放,严厉查处恶意拖欠、克扣农民工工资等违法行为,切实维护群众利益,防止节日期间群体性上访事件。切实营造欢乐、祥和的节日氛围。

同志们,加强党的执政能力建设,需要全体党员的共同努力。根据修编之后的北京城市总体规划,朝阳区的发展确定为国际交往的重要窗口、中国与世界经济联系的重要节点、对外服务业发达地区、现代体育文化中心和高新技术产业基地。这些目标鼓舞人心,催人奋进,这是全区人民的共同期盼,也是对我们执政能力的全新考验。全区各级党组织、全体共产党员务必精诚团结,艰苦奋斗,拼搏实干,在市委的领导下,为建设现代化新朝阳,为全区人民的幸福生活而努力奋斗!

政府工作报告

——2005年1月11日在北京市朝阳区第十三届人民代表大会第二次会议上

朝阳区人民政府区长　陈　刚

各位代表：

现在，我代表朝阳区人民政府，向大会报告工作，请予审议，并请各位政协委员提出意见。

一、2004年工作回顾

2004年，我们以邓小平理论和“三个代表”重要思想为指导，认真贯彻落实党的十六届三中、四中全会精神和区九次党代会工作部署，在市委、市政府和区委的领导下，在区人大、区政协的监督和支持下，牢固树立科学发展观，坚持以人为本，强化统筹发展，优化发展环境、优化空间布局、优化产业结构，较好地完成了全年各项工作任务，经济社会保持良好发展态势，“三化四区”进程进一步加快。

全年预计经济增长幅度达到17.4%，实现地区生产总值803.4亿元；实现社会消费品零售总额369亿元，同比增长23.5%；实现固定资产投资327.3亿元，同比增长14.8%。完成区级财政收入68.5亿元，同比增长21.1%。城镇居民人均可支配收入达到15757元，同比增长13.4%；农民人均纯收入达到10261元，同比增长8.1%。城镇登记失业率0.84%，城镇登记失业人员就业率73.47%。人口自然增长率为0.07‰。城市绿化覆盖率达到42%。

2004年，我们根据中央和北京市部署的一系列宏观调控措施，认真开展了固定资产投资项目和土地市场清理整顿，在控制固定资产投资过快增长的同时，围绕全区经济社会协调发展，重点做了以下几方面工作：

（一）大力培育经济增长点，区域经济活力持续增强

功能区聚集效应显著增强，产业内部结构进一步优化。北京商务中心区（CBD）以国际金融为龙头的现代服务业快速发展，区域内从事现代服务业的企业达六成以上。全市24家外资银行分行中，法国东方汇理等17家落户CBD及周边地区。普华永道等国际知名的中介服务企业入驻，中央电视台新址开工建设，北京电视中心、财富中心等重点项目进展顺利。电子城西区招商引资工作取得重大进展，继摩托罗拉、北电网络之后，又引进了爱立信、索尼爱立信、三星、宝马汽车电子等跨国公司的地区总部和研发中心，全年新增高新技术企业120余家。电子城东区高新技术产业和现代制造业保持良好发展势头，预计全年上缴税费15.2亿元，出口创汇8亿美元。以完善管理服务体系、明确功能定位、制定产业规划、实施全程办事代理为重点，加快了健翔科技园发展，园区影响不断扩大。重点功能区的快速发展，巩固了现代服务业、高新技术产业和现代制造业的主导地位，促进了产业内部结构优化升级。与此同时，积极扩大消费市场，繁荣特色经济。文化体育、旅游休闲、教育培训以及汽车、住房、通讯器材等消费领域持续升温，居民消费结构不断升级。东方基业汽车城、百安居建材、易初莲花超市等一批重点三产项目建成开业，特色品牌街区、连锁经营快速发展，社区商业便民服务体系不断完善，商业获利能力显著增强。

开放型经济快速发展，市场化水平进一步提高。新增外资企业469家，17家世界500强企业投资朝阳，实际利用外资13.2亿美元，同比增长37.5%，CBD成为全市利用外资的核心区域。积极扶持企业开拓国际市场，扩大出口规模，预计实现区级外贸出口交货额21.9亿元，同比增长29.6%。内资企业发展迅猛，全年新增企业1.7万户，同比增长34.4%。非公经济在地区生产总值中的比重达39%，同比增加2.2个百分点。推进国有资产监管体制改革，组建了区国资委，确定了第一批监管的28家国有企事业单位，将全区非经营性国有资产纳入了监管范围。京客隆股份有限公司在香港H股上市的筹备工作进展顺利，朝开公司、昆泰集团等区属国有重点企业的产权制度改革稳步推进。

投融资改革不断深化，融资渠道进一步拓宽。在市政道路建设、水系治理、生态环境保护等领域，采取

土地整理储备、实施特许经营、项目包装融资、世行贷款等多种方式,推进重点工程建设。区域水环境治理项目获得了世行贷款,北京商务中心区 NW07——1 地块、朝阳公园蓝色港湾等项目用地完成挂牌出让,对朝阳北路沿线资源试行了特许经营,开展了东坝医院病房楼扩建工程等 3 个非经营性政府投资项目的"代建制"试点,首次引入社会资金参与基础设施建设的亮马河北路项目进展顺利。

发展环境继续优化,区域形象进一步提升。围绕"政府创造环境、社会创造财富"的工作思路,转变政府职能,强化为纳税人服务意识。实施"目标管理,双百考核"制度,将优化发展环境工作纳入了政府部门绩效考核的重点内容,对重大项目加大了跟踪服务和协调推进力度。加快电子政务建设,开通了便民呼叫热线"96105",实行了政府信息公开制度,完善了网上审批功能。深入开展了整顿规范市场经济秩序工作。成功举办第五届北京朝阳国际商务节、北京向外资银行开放人民币业务银企高层论坛等活动,促进了 CBD 跨国公司和国际金融服务产业的聚集效应,全方位展示了我区发展环境和投资形象。在文化、卫生、教育等领域,加强了对外交流与合作,朝阳区的对外影响进一步扩大。

(二)统筹规划建设管理,城市现代化有序推进

规划研究工作不断深化。配合北京市修编城市总体规划,开展了"组团式规划建设,板块式经济发展"的研究工作。编制了国家级生态示范区和生态区建设总体规划、温榆河绿色生态走廊总体规划、泛 CBD 交通规划、水系总体规划、三年环境建设规划。启动了"十一五"规划的编制工作。

道路建设全面推进。新改建和维修城乡道路 107 条,总长度达 173.8 公里。建成了北辰西路一期等 3 条城市主干路、万红路等 4 条城市次干路和 52 条农村道路,对 48 条区管道路进行了维修,为 29 条道路安装了路灯。东北城角联络线、通惠河北路、西大望路一期、华威南路、望京西路等城市主、次干路开工建设。配合市政府建设奥运公园及周边 22 条道路,顺利推进了拆迁工作。采取加快道路建设、强化交通管理、完善交通设施等措施,使望京地区出行难状况有了明显改观。在加快道路建设的同时,加大了交通秩序整顿和交通堵点治理力度,努力提高交通组织水平。

环境建设水平进一步提高。全年新增绿化面积 956 公顷,其中第一、第二道绿化隔离地区实现绿化 864 公顷。建成了中华民族园东侧等 4 块 1 万平方米以上大绿地、18 处 500 平方米以上城市小绿地,完成了 13 处新建居住区绿化和 29 处老旧小区绿化改造。高标准实施了一批道路绿化工程。经过多年的不懈努力,我区被全国绿化委员会授予"全国绿化模范城市"称号。以创建国家卫生区为契机,动员全区人民积极参与环境综合整治,顺利通过了国家爱卫会对 10 个方面 62 项指标的检查验收。对环境脏乱点实行了集中曝光、限期整改,对四环至五环路之间的 10 处垃圾堆放点和区域内废品回收市场进行了彻底清理,新改建城市公厕 50 座、农村公厕 68 座。加快"清水朝阳"建设,完成了温榆河生态治污工程、萧太后河出口水环境建设工程,实施了坝河、亮马河中游截污工程,利用中水还清了坝河、北小河等局部河段。认真落实控制大气污染的各项措施,改造燃煤锅炉 451 台,关停并转和搬迁污染企业 51 家,奥体中心和农展馆 2 处国控监测子站二级和好于二级的天数分别达 66.6% 和 62.8%。启动了创建国家级生态示范区工作。

重点项目建设稳步推进。奥运森林公园征地手续获批复,规划设计方案已报市政府审批,园内社会单位、集体企业拆迁和转居转工安置工作基本完成。建成了朝阳公园北部园区,实现了全园开放。整体推进了高安屯环卫基础设施建设,医疗废弃物处理厂和渗沥液处理厂开工。和平一二三村、东八里庄、京棉地区、金蝉庵、南三里屯等重点危改项目继续推进,整治了和平西街等 8 处"城中村"。通过各种方式,使 1.37 万户居民住房条件得到改善。绿化隔离地区农民新村建设进展顺利,实现 8050 户、1.7 万人搬迁上楼。

城市管理和社区建设进一步加强。适应城市化进程需要,对"八乡一街"行政区划进行了调整,在全区 21 个乡全部设立了地区办事处,强化了城市管理职能。圆满完成了 137 个村委会的换届选举工作。编制了朝阳区突发公共事件总体应急预案,建立了城管执法信息指挥中心,强化了快速反应机制。落实市第五次城管会精神,积极推进街道管理体制改革,开展了街道层面政府职能转变和社区层面体制机制创新试点工作,积极探索社区党建、城市管理、居民服务、居民自治"四位一体"的社区建设模式,实施了卫生、城管、警务进社区。在望京等 4 个地区启动了"安全社区"创建工作。加大了社区设施建设的投人,目前已有 78 个社区集中办公和服务用房达到 300 平方米以上。

(三)系统推进农村各项改革,切实解决"三农"问题

农村社会保障体系建设取得突破。认真办理区人大议案,按照"分步实施、梯次推进、逐步过渡"的思路,采取"就业促保障、农村新型社会养老保险积累资金、城乡一步对接"三种方式,通过政府扶持、集体出资、个人缴费相结合,多渠道筹集资金,解决农民社会保障问题。按照市政府统一部署,区财政投入资金 2 亿元,为 1.69 万名农转居自谋职业人员补缴了社会保

险资金。此外,区、乡两级财政大幅度增加投入,将农村最低生活保障水平由每月180元调整为290元,实现了城乡低保一体化管理。

农村劳动力转移就业工作全面加强。统筹农村产业发展与岗位开发,拓宽了就业空间,全年农村地区建成33个重点产业项目,安排2300余名农村劳动力就业。坚持城乡统筹,以物业管理、园林绿化、家政服务、社区保洁保安等岗位开发为重点,大力挖掘城市服务型岗位,促进了农村富余劳动力跨地区就业。加大培训力度,建成了孙河、小红门及区农村劳动力教育培训服务中心三个培训基地,区财政还投入500万元,专项用于培训补贴。全年累计培训农村劳动力1.79万人,实现转移就业7700余人。

农村土地确权圆满完成,产权制度改革稳步推进。根据我区实际,采取确权确利、确权确股两种方式,圆满完成了16.8万亩农用地的确权工作。完善了绿化用地的收益补偿政策,使农民土地收益权得到了有效保护。开展了农村集体资产清产核资工作,启动了洼里、东风、南磨房等8个乡的集体经济产权制度改革。

2004年,区政府围绕城乡统筹,全面推进"土地确权、产权改革、就业培训、社会保障"四项重点工作,在建立农村社会保障体系、做好劳动力教育培训、开展土地确权和流转、集体资产清产核资等方面,出台了一系列配套政策措施,加快农村改革步伐,为推进农村城市化、系统解决"三农"问题奠定了基础。

(四)以人为本、改革创新,社会事业发展迈出新步伐

教育科技发展取得新成绩。坚持办"一流教育"的指导思想,依法保证教育经费的"三个增长",以均衡化发展和扩大优质教育资源为重点,加快了教育事业发展。进一步整合教育资源,撤并了20所办学条件较差的学校,扩大了18所学校的优质教育资源。加大对农村教育的倾斜力度,投入3540万元改善农村学校办学条件,投入920万元提高农村学校教师津贴标准。加快了市、区级示范校建设步伐,工大附中成为市级示范校。启动了教育信息网二期工程,完成了130多所中小学建网工作。国际教育、职业教育、成人教育、社区教育不断发展。科技进步对经济社会发展的促进作用进一步增强,编制了全国科技进步示范区建设总体规划,启动了温榆河生态走廊可持续发展、CBD智能交通等一批科技示范项目。2004年,我区先后被评为全国首批科技进步示范区和北京市教育工作先进区。

医疗卫生事业迈出新步伐。大力加强公共卫生建设,成立了街乡公共卫生工作委员会,推进了卫生监督重心下移。健全卫生防病三级网络,加强了疾病预防控制中心建设,成功应对了"非典"、禽流感的袭击。全面实施新型农村合作医疗制度,参保率达82.29%。进一步完善了以预防、保健、健康教育、医疗、康复、计划生育指导为重点的社区卫生服务功能。深化卫生体制改革,积极推进了垂杨柳医院、妇幼保健院的体制机制创新。有序开放医疗市场,吸引社会投资3亿元,新建医疗机构78家,惠兰医院、五洲女子医院等民营医院相继开业。

文化体育事业繁荣活跃。不断加强基层文化工作,广泛开展"五月的鲜花"、"社区一家亲"、"夏日文化广场"等群众文化活动,成功举办了"朝阳流行音乐周"、"朝阳一日游"和首届群众体育大会等文化旅游活动。完善了区图书馆的服务功能,实现了图书馆资源共享。新建10个社区万册图书馆和10个社区便民书店。区文化馆文化体制改革试点经验被中宣部在全国推广。立足整合区域内文学艺术界的资源优势,成立了区文联。开展了文化行政执法试点工作。新建70处全民健身"居家工程",承办了全国排球联赛北京赛区比赛,启动了2006年世界青年田径锦标赛筹备工作。

精神文明建设和其他社会事业蓬勃开展。巩固全国文明城区创建成果,继续推进学习型城区建设向纵深发展,群众性文明创建活动的内容、形式不断创新,未成年人思想道德建设进一步加强。深入开展"爱心助残工程",残疾人最现实、最关心、最直接的利益得到进一步维护。理顺了区红十字会的关系,广泛开展了为印度洋海啸灾难的赈灾捐款活动。依法加强了对涉外宗教事务的管理。与纽约曼哈顿等国际CBD城区建立了友好关系,外事工作迈出新步伐。在双拥共建、国防教育、人民武装、妇女儿童、人防、档案、老龄等各项工作中,努力争创一流,推进了全区社会文明进步。

(五)坚持依法行政,强化制度保障,推动了社会和谐发展

民主法制建设进一步加强。始终依法将政府工作置于区人大监督之下,主动接受区政协的民主监督,在具体工作中建立了代表、委员监督机制。区政府1名副区长和2名部门负责人按照人大常委会要求认真进行了述职。全年办复全国、市、区人大代表建议、政协委员提案884件。认真贯彻实施《中华人民共和国行政许可法》,对全体公务员进行了培训考核,全面清理了行政审批事项和主体,向社会公布了我区实施的行政许可事项。制定完善了行政强制拆迁等工作规程,依法规范了政府行为。

贴近百姓需求办实事。狠抓群众日常生活中停车、绿化、早点、买菜、保洁、治安、看病、就业等"八难"问题的解决,取得了明显成效。围绕人大代表、政协委

员和群众关注的热点、难点问题,结合政府工作安排,确定实施了“50件实事”。改造维修居民小区道路、为机场地区接入有线电视、解决垡头地区饮用水问题等各项任务圆满完成。积极构建、完善为民服务体系,推行全程事务代办,在劲松等地区建立了18个服务大厅和171个社区居民事务代办站,累计已在143个社区实现居民基本生活需求不出社区。对农村地区饮用水水质进行了普查,更新了23眼水质超标的饮用水井。

劳动保障和社会救助工作扎实开展。全年开发就业岗位6万个,实现3.16万人就业。全面推进社会保险征缴工作,城镇各项社会保障基金收缴率均达到97%以上。切实维护弱势群体利益,建立了特殊困难人员临时救助制度,支出资金78万元救助城乡特困家庭。建成了区社会福利中心。完成了区救助站由收容遣送到救助管理的过渡,使近千名生活无着的流浪人员得到妥善安置。

加大了流动人口的管理和服务力度。总结推广东风地区流动人口管理模式。在流动人口中广泛开展了安全、法制、文明、区情、技能五大培训。切实保障来京务工就业农民子女接受义务教育的权利,区财政投入1400万元,扩大公办学校接收规模,使4.3万名来京务工就业农民子女进入公办学校就读。加强了对全区101所来京务工就业农民子女学校的规范管理。举办了来京务工人员“第二故乡运动会”,开设了全市第一家“民工影院”。加大清欠工程款、为农民工追缴工资力度,累计清欠工程款4.7亿元,为农民工追缴工资3400万元,有效维护了农民工合法权益。

狠抓制度建设和责任落实,安全稳定工作不断加强。以建立责任制、完善部门和街乡安全工作职责为切入点,狠抓安全生产基础工作,深入开展了危险化学品、地下空间、建筑行业等八大类专项整治,全区安全生产形势保持稳定。强化人民内部矛盾排查调处工作,做到预防、排查、措施和责任到位,建立了联席会议和区级领导联系街乡等制度,促进信访工作的法制化、制度化和规范化。深入开展“严打”专项斗争,将重点整治和双向督战相结合。强化社会治安综合治理基础工作,推进了社区警务和群防群治队伍建设,完善了打防控一体化网络。坚决打击“法轮功”邪教组织,实现了“零指标”。

各位代表,2004年,区政府按照区委的统一部署,创造新优势,奥运促发展,使各项工作蓬勃开展;坚持“抓班子、带队伍、谋发展,想问题、抓落实、找规律,重基层、打基础、强基石”,在落实科学发展观和提高执政能力等方面取得了新的成绩。这些成绩,是在区委领导和区人大、区政协关心支持下,全区上下务实创新、真抓实干的结果,是广大中央、市属单位和驻区部队支持地方、共建朝阳的结果,是广大群众奋发有为、辛勤工作的结果。在此,我代表区政府,向各位人大代表、政协委员、各民主党派和无党派人士、各人民团体、社会各界人士,向大力支持我们工作的驻区中央、市属单位和人民解放军、武警部队,表示衷心地感谢!

当前,政府工作中还存在着一些困难和不足,主要是:第一,在城市化快速推进的过程中,市政基础设施的承载力、城市管理水平还不能适应城市规模、人口规模迅速扩大的形势,交通拥堵、环境污染、流动人口管理服务薄弱、城市化地区建设管理脱节、个别地区环境脏乱等问题仍然比较突出。第二,深化改革的任务十分艰巨,区属大型国有企业改革比较缓慢,解决“三农”问题、推进城乡社会保障体系对接和集体资产产权制度改革压力大、任务重,社会资本参与基础设施建设和社会事业发展的有效渠道还不多。第三,高发展带来高风险,安全稳定工作形势不容乐观,城市开发建设中存在很多不稳定因素,一些历史遗留问题亟待解决。第四,公务员队伍服务发展的能力和水平与发展的要求还有很大差距,工作中深入基层不够、掌握的基础数据不够,有的政府工作人员在工作中推诿扯皮、效率低下,服务态度不好、服务水平不高。上述问题,我们正在深入研究,努力采取有效措施认真加以解决。

二、2005年工作安排

2005年,是全面完成“十五”计划任务、衔接“十一五”规划的关键一年,是加快奥运工程和环境建设、以奥运促发展的重要一年。朝阳区是奥运主会场、北京商务中心区所在地,面临率先基本实现现代化的重要战略机遇期,机遇难得、任务艰巨。根据区委九届三次、四次全会的部署,我们要按照树立和落实科学发展观的要求,优化发展环境、优化空间布局、优化产业结构,统筹推进各项工作;要按照加强执政能力建设的要求,完善发展思路、调整工作方法、改进工作作风,提高政府工作的预见性和对宏观政策的把握能力,全力以赴推进“三化四区”建设。

(一)全力迎接奥运,加快城市建设管理,提高城市现代化水平

按照奥运对城市环境和城市功能的要求,全面开展道路建设、水环境治理、绿化美化、环境综合整治,是今年政府工作的重中之重。要将城市建设管理的各项工作与2008年奥运会要求全面对接,倒排工期、加强统筹,层层落实责任制,充分发挥奥运带动作用,加快城市现代化建设步伐。

以疏堵、便民为重点,加快“畅通朝阳”工程建设,改善交通环境。协调推进通惠河北路、东北城角联络线、西大望路一期、广渠路一期等21条城市主次干路

续建工程，启动安立路北段、劲松东延线、定福庄路等10条城市主次干路以及高安屯卫生填埋场和中国电影博物馆等项目的配套道路建设。建设、改造农村道路40条，做好农村道路路灯安装工作。改造一批影响群众出行的社区路、胡同路、断头路，改善交通微循环，方便群众出行。强化交通管理，提高交通组织水平，改善CBD、亚运村、城乡结合部等地区的交通状况。制定实施CBD智能交通管理方案，提高交通管理的科技含量。加强停车规划和管理，加大交通秩序治理力度。深入开展交通法规宣传，提高市民交通文明素质。

以治污、节水为重点，加快"清水朝阳"工程建设，改善区域水环境。实现坝河、亮马河以及四环路内的8条河道和排水沟全线截污。改善北小河下游和温榆河水质。优化朝阳公园水环境，实施朝阳公园、红领巾公园水系连通工程。配合市政府实施凉水河朝阳段4公里河道整治和截污工程，做好定福庄等4个污水处理厂配套管线、铁路环线污水管线、南四环污水管线拆迁工作。强化水资源管理，编制《朝阳区建设节水型城市规划》，严格执行行业用水标准，加强地下水开采管理，推进中水在河湖补水、环卫等领域的利用。新建、更新水井和水处理设施129处，建设豆各庄和楼梓庄集中供水厂，解决农村地区饮用水安全问题。理顺水资源管理体制，组建水务管理部门。

以绿化美化、环境综合整治为重点，改善生态环境，争创全国生态示范区。全年新增绿化面积220公顷，城市绿化覆盖率达到43%。完成第一、二道绿化隔离地区绿化200公顷，建设南磨房欢乐森林主题公园、清河营千亩绿地等重点工程。建成4处1万平方米以上大绿地和10处500平方米以上城市小绿地，绿化新居住区和农民新村20处，改造旧小区绿化14处，继续推进拆墙透绿和立体绿化。加大奥运村周边、CBD周边以及长安街延长线等重点地区的环境整治和综合执法力度，大力整治非法小广告和垃圾暴露等问题。加快环卫基础设施建设，建成高安屯医疗废弃物处理厂、餐厨垃圾处理厂、渗沥液处理厂，以及垃圾焚烧发电厂主体工程。改善城乡环卫基础设施条件，新改建27座城市公厕、30座农村公厕和5座密闭式垃圾中转站。坚持不懈地抓好控制大气污染工作，完成市政府下达任务，实现空气质量二级和好于二级的天数达到63%以上。

以危旧房改造、绿化隔离地区农民新村建设为重点，改善群众住房条件。加大危改工作协调力度，调整工作方式，规范拆迁程序，继续推进和平一二三村、三里屯、京棉地区、雅宝里等重点危改项目，整治11片"城中村"。在危改拆迁中，要高度关注困难群体利益，探索建立有效的利益协调机制。加快绿化隔离地区农民新村建设，完善配套基础设施，实现6000户、1.3万人搬迁上楼。

加快奥运森林公园和奥运场馆周边环境建设。按照"阳光奥运"、"节俭奥运"的要求，积极探索公园建设市场化运作模式，做好山形、水系建设的招投标工作。配合市相关部门，做好奥运场馆及中心区道路建设的协调工作，推进北工大奥运羽毛球馆的征地拆迁。以拆除违法建设、整治广告牌匾、整治河道、规范环境秩序、清洁建筑物外立面、完善市政基础设施、美化城市景观为重点，全面开展19座奥运会竞赛和训练场馆周边环境整治工作。大力推进奥运场馆及其周边、CBD等地区的无障碍设施建设。

加强城市管理基础，提高为民服务水平。落实市第五次城管会精神，理顺政府专业管理部门与街道办事处的条块关系，逐步剥离街道办事处专业管理职能，健全街道办事处的统筹和监督机制，强化综合管理和服务职能；理顺政府管理与社区民主自治的关系，减轻社区居委会的行政性负担，逐步实现政府职能到位、市场作用入位、社区功能归位。完善社区硬件设施，使全区剩余的93个社区办公和服务用房全部达到300平方米以上。加强居民小区物业的行业、资质管理和对企业的指导，强化物业管理企业的责任和作用。继续推进望京等地区的"安全社区"创建活动和麦子店地区的国际化社区建设，提高社区建设水平。围绕完善为民服务体系、改善出行和住房条件、提高居住环境质量、满足群众文化需求等方面，多办实事、多办好事。

（二）落实科学发展观，加快推进"三个优化"，提高区域经济社会发展竞争力

认真落实中央宏观调控措施，进一步提高经济增长的质量和效益。要以规划为龙头，大力实施"三个优化"发展战略，加快调整经济结构、转变经济增长方式，夯实强区富民的基础。全区经济增长预期目标为12%，区级财政收入增长12%。

深化规划研究工作，发挥规划统筹作用，优化空间布局。根据北京城市功能区域划分，朝阳区定位为城市功能拓展区。要以修编后的北京城市总体规划为指导，充分调动社会各方面的积极性，精心编制"十一五"发展规划及其相关专项规划，完善经济社会发展的规划体系，明确各个重点领域的发展方向。进一步深化"组团式规划建设、板块式经济发展"研究，编制组团发展规划和产业发展规划，做好全区控制性详细规划调整，力争完成黑庄户、金盏、崔各庄、孙河等4个乡的乡域规划编制工作，完善城市发展规划体系。

依托功能区建设，培育产业优势，优化产业结构。加快CBD以国际金融为龙头的现代服务业发展，着力培育金融保险、信息咨询、中介服务、文化传媒等高端产业。推进中央电视台新址、北京电视中心、CBD核心区一期等重点项目建设,积极引导文化产业快速发展。做好重大项目的跟踪服务,协调推进在建项目建设。继续办好商务节,扩大与国际的交往,保持CBD吸引外资的优势。完善科技园区软、硬环境建设,加快高新技术产业和现代制造业发展。继续抓好电子城西区摩托罗拉、北电网络、爱立信等重大项目建设,大力吸引归国留学人员创办高新技术企业。加快健翔科技园科技商务发展,建设生产力促进中心。抓好电子城西区、健翔科技园的道路等市政基础设施建设,完善园区功能。落实温榆河绿色生态走廊总体规划,启动基础设施建设。抓好农村产业发展,推进将台IT产业园的项目建设,力争实现来广营尖端信息产业中心等24个项目开工。加快绿化隔离地区72家保留企业的改造升级。引导农村中小企业发展劳动密集型、无污染的都市型工业。

建立健全投资服务体系,优化发展环境。建立产业筛选机制,完善产业指导目录,研究编制区域招商引导规划,优化投资结构。充分利用商务节等平台,加大产业项目推介力度,提高利用外资的质量和水平。实施"走出去"战略,组织和鼓励企业参与国际竞争。继续强化税源建设,加大对企业的服务力度。加强电子政务建设,完善全程办事服务系统,强化政府网上审批功能,用信息化手段提高为企业、为百姓服务的质量和水平。完善对公务员损害发展环境的责任追究制度。

发展奥运经济,培育特色产业。着眼奥运消费市场,挖掘区域文化、旅游、会展资源,大力发展文化产业,形成新的经济增长点。积极发展连锁、物流、电子商务等新型商业业态,建设好朝外、建外、三里屯、潘家园、亚运村、大洋路等商业、文化特色街区。培育和扩大区域商务会展、旅游休闲、体育健身、教育培训等消费市场,增强消费对经济增长的拉动作用。推进东坝世纪艺术城、常赢绿洲体育运动休闲中心等"农游合一"的绿色产业项目建设。坚持走科技含量高、资源消耗低、环境污染少、经济效益好、人力资源得到充分发挥的发展道路,深入研究资源有效利用方式,促进循环经济的发展。

(三)深化体制改革,加快机制创新,增强经济社会发展活力

充分发挥市场在资源配置中的基础性作用,力争在关系经济社会发展的重大改革上取得新的突破,从体制机制上解决制约发展的深层次矛盾和问题,推动经济社会全面协调可持续发展。

进一步完善公共融资平台,加快投融资体制改革步伐。按照"增量改革、存量试点"的原则,整合资源,盘活存量,增强政府投资的引导和放大作用,鼓励更多的社会资本进入基础设施、公用事业等领域,解决政府建设资金短缺问题。着力抓好土地一级开发、土地储备和土地"招拍挂"工作,做好政策和审批的衔接。建立土地资源集约利用机制,以整合土地资源、提高土地利用效率、盘活存量为重点,编制实施好土地利用总体规划和土地供应计划。进一步规范政府融资管理程序,强化融资风险控制,提高资金使用效率。深化投资项目审批制度改革,严格执行《政府核准投资目录》,对目录以外的非政府投资项目,实行备案制管理。提高政府投资的管理水平和投资效益,强化政府投资效益评估制度,将政府投资项目全部纳入招标范围,实现与政府采购的对接。

推进国有资产管理体制和国有企业改革,加快非公经济发展。构建范围明确、权责到位、框架清晰、符合区情的国有资产监管体制,实现管资产和管人、管事相结合。按照"有进有退、进而有为、退而有序"的原则,做好国有资产清产核资工作,研究制定国有资产战略性调整规划,优化国有资产布局,积极引进社会资本参与国企改制,提高运行质量和效益。加快国企改革步伐,建立现代企业制度,规范企业法人治理结构。建立企业经营业绩考核体系、企业负责人薪酬管理制度、国有资产重大事项报告制度,落实国有资产经营责任,确保国有资产保值增值。力争实现京客隆股份有限公司在香港H股上市,加快推进朝开公司、昆泰集团产权制度改革。积极探索非经营性国有资产集中统一管理体制,确保非经营性国有资产安全有效。加强城镇集体资产的监管,稳妥推进乡级集体经济组织改革,解决乡级集体资产出资主体缺位的问题。认真执行"非禁即入"政策,鼓励非公经济进入基础设施、公用事业等领域,逐步实现内资外资、国有民有平等待遇,实现非公经济在朝阳区更快更好地发展。

扩大市场化和开放度,推进社会事业改革发展。科学界定政府职责和市场作用,对社会事业实行分类管理。坚持政府投入和产业化并重,构建政府对社会事业投入持续稳步增长的公共财政制度,积极吸引社会资本进入文化、卫生、教育、体育等领域,盘活存量资源,以产业化发展促进社会事业的全面繁荣。坚持政事分开、管办分离,改革社会事业管理体制。积极推进文化事业单位改革,大力发展各类医疗服务机构。以垂杨柳医院新院建设为试点,推进国有医院产权制度改革。

深化财政管理体制改革,健全公共财政体系。探索和完善公共财政构架,调整政府资金投向,将财政资金重点向"三农"、社会保障、安全稳定以及公共卫生、科教、文化等方面倾斜。按照"财随事走"原则,完善街乡财政体制,促进地区协调发展。坚持勤俭办事,加

强财政资金管理，强化财政资金使用的跟踪问效。严格控制和压缩政府消费性支出，逐步降低政府运行成本，提高财政资金使用效益。深入推进预算管理改革，严格执行部门预算，加强预算约束。完善政府采购制度，扩大政府采购规模和范围，凡能够纳入政府采购的项目，全部实行政府采购，扩大财政直接支付资金比重。

（四）坚持以人为本，维护群众利益，努力构建社会主义和谐社会

健全社会保障体系，提高人民生活水平。深化城镇保障“三险合一”工作，扩大流动人口劳动力医疗保险、工伤保险覆盖面。建立以市场为导向的就业服务机制，力争年内开发就业岗位10万个。对流动人员实行统一登记、分类管理，促进劳动力有序流动。完善城乡救助体系，认真落实医疗救助、最低生活保障等政策措施，做好社会帮扶工作，改善困难群众基本生活。全年城镇登记失业率控制在2%以内，城镇登记失业人员就业率达到60%以上，城镇居民人均可支配收入和农民人均纯收入分别增长8%以上。

城乡统筹，继续大力解决“三农”问题。进一步增强农村劳动力教育培训的针对性和实效性，努力促进劳动力跨区域转移就业。全年区财政安排1000万元专项培训资金，培训农村劳动力1.3万人，实现6000人就业。建立完善区、乡、村三级就业服务体系，制定促进农村劳动力转移就业的优惠政策，抓好平等就业试点工作。高度重视产业培育，通过产业发展促进农民就业增收。今年要突出抓好26个重点产业项目的规划建设，提高二、三产业和民营经济吸纳劳动力就业的能力。全力推进城乡社会保障体系接轨，重点解决东风乡、洼里乡农民整建制转居后的社会保障问题，加快南磨房、将台、太阳宫等乡的城乡社会保障体系对接步伐。加大力度解决历史遗留问题，继续做好农转居自谋职业人员补缴社会保险工作。以推进洼里、东风、南磨房等8个乡的集体经济产权制度改革为重点，切实做好农村集体经济产权制度改革工作。在农村城市化进程中，要从政策调控、财政资金投向等方面，不断加大对农村地区的劳动和社会保障、基础设施建设、社会管理以及教育、文化、卫生等社会事业的保障力度，切实加强农村工作。

坚持科教兴区，优先发展教育科技事业。围绕“一流教育”目标，促进教育均衡发展，扩大优质教育资源。加快日坛中学等市级示范校建设，创建区级示范初中3所、示范小学20所。高度重视农村学校的建设和发展，在投入、师资等方面加大支持力度，积极引进名校办学，设立农村学校建设专项奖励资金，提高农村学校教师工资待遇，不断改善办学条件和质量。整合首都机场地区教育资源，建设一所高标准的九年制义务学校。实施“名校长工程”、“名师工程”，提高干部教师队伍整体素质。继续推进职业教育、民办教育、国际教育、社区教育等各级各类教育全面发展。采取公立学校扩招、多元办学、规范民办校等方式，妥善解决来京务工就业农民子女接受义务教育问题。深化国家科技进步示范区建设，创建全国科普示范城区。实施科技奥运示范行动计划，建立完善科技资源整合机制和科技进步发展激励机制。依托驻区单位科技教育资源，推进优势互补，促进科技成果的转化运用。

强化政府公共卫生管理职能，加快公共卫生事业发展。完善突发公共卫生事件应急机制，强化对严重影响人民群众健康的各种传染性疾病的防范和控制。建立区公共卫生应急指挥中心，推进急救呼叫系统进社区、进家庭。制定医疗机构设置规划，调整卫生资源结构。建立医疗救助体系，筹建1所公益性惠民医院，改扩建1所医疗救助医院，加大现有5所定点医院的建设力度，形成覆盖全区的医疗救助绿色通道。继续完善社区卫生服务功能，创建全国社区卫生服务示范区。加大医疗市场的监管力度，严厉打击非法行医，规范社会办医。巩固新型农村合作医疗制度，建立乡村卫生服务管理一体化工作机制。加大艾滋病防治知识宣传教育力度，深入开展综合防治工作。加强医护人员队伍建设，提高医疗服务水平。

加强基层文化建设，努力营造健康和谐、科学文明的人文环境。认真落实区委关于推进基层文化建设的实施意见，加大基层文化投入和队伍建设力度。新建全民健身居家工程20个、社区体育中心1个，力争实现每个街乡都有1个800平方米以上的文化中心、5000平方米以上的文化广场和100平方米以上的万册图书馆。做好2006年世界青年田径锦标赛的场馆改造和筹备工作。围绕“人文奥运”，深化学习型城区创建活动。大力开展群众喜闻乐见的文体活动，丰富群众文化生活。深化“三礼”教育，切实加强未成年人思想道德建设。在全社会开展文明礼仪以及各种文化知识教育，提高市民整体素质。进一步做好民族宗教工作。广泛开展国防教育和双拥工作，巩固军政军民团结。加强人口与计划生育工作，人口自然增长率控制在1‰以内。

坚持不懈地做好安全工作，维护社会安全稳定。坚持打防结合，最大限度地将警力下沉充实到一线，增强社区整体防范能力。按照市、区、街乡三级挂账方式，重点整治治安秩序混乱地区和突出问题。继续实施科技创安，建设电视监控系统，对重点区域、案件多发场所进行实时监控。建立公安分局指挥中心区级中枢平台。加大对安全稳定的投入力度。不断强化安全

生产责任制,加强日常监管,从源头上防范各类安全事故发生。在中小学生中广泛开展安全教育和消防演习活动。高度重视信访工作,建立社会利益协调机制和社会稳定预警机制,引导群众以理性合法的形式表达要求,集中解决征而未用土地和物业纠纷等突出问题,有效化解矛盾。

(五)坚持依法行政,提高执政能力,建设务实高效的法治政府

加强民主法制建设,全面推进依法行政。贯彻落实北京市全面推进依法行政的实施意见,制定依法行政工作规划。重点解决政府管理中的越位、缺位和错位问题,在抓好经济调节、市场监管的同时,要更加重视社会管理和公共服务,切实履行好政府职责。进一步规范决策程序,健全决策制度,强化决策责任,形成有利于广泛集中民智的决策机制,拓宽广大人民群众参与决策的渠道。对涉及经济社会发展全局的重大决策,要广泛征询各方面意见;对涉及公共利益的重大事项,要实行公示、听证等制度,主动接受群众监督,促进政府决策科学化、民主化。自觉接受区人大的法律监督和工作监督,主动为区政协创造民主监督和参政议政的条件。坚决贯彻执行区人大及其常委会决议,坚持重大事项报告制度,认真接受述职评议。高度重视并认真办好人大议案、建议和政协提案,通过举一反三推动政府工作开展。

强化基层基础工作,提高行政效能。高度重视和切实加强基层基础工作,把2005年作为区政府的“基础工作年”,按照吃透上情、把握区情、了解民情的要求,全面开展调查研究,切实做到“政策清、资源清、定位清、需求清”,使政府基础工作得到明显加强,决策水平和工作效能得到新的提高。继续做好经济普查工作,注重普查成果的研究分析和转化应用,服务决策、引导发展。坚持实事求是,狠抓工作落实,强化一级抓一级、层层抓落实的工作机制。制定政府工作“折子工程”,完善“目标管理,双百考核”制度,对确定的工作任务实行定期督查,真正把各项工作落实到位、抓出成效。

狠抓制度保障和监督,进一步加强政风建设。坚持把广大人民群众的根本利益作为制定政策、开展工作的出发点和落脚点,深化和完善为民办实事制度。在提前听取人大代表意见的基础上,围绕城乡社会保障体系接轨、劳动力培训就业、救助困难群体、城市管理服务等重点方面,继续办好“50件实事”。各级政府部门要高度重视队伍建设,加强公务员的教育管理,加大引才、引智工作力度,提高公务员队伍整体素质,切实承担起强区富民的使命。进一步畅通监督渠道,成立行政投诉中心,接受社会对政府工作的监督。继续加强对重点项目的全程监察和审计监督工作。坚持勤政廉政,健全和完善反腐倡廉的监督制约机制,坚决纠正行业不正之风和以权谋私,深入开展反腐败斗争,建设一支人民信赖的公务员队伍。

各位代表,新的一年,政府工作任务相当繁重。创造新优势、奥运促发展,建设现代化新朝阳,使我们深感责任重大而光荣。让我们在市委、市政府和区委的坚强领导下,举全区之力,强区富民,不断开创朝阳区现代化建设的新局面!

朝阳区人民代表大会常务委员会工作报告

——2005年1月12日在北京市朝阳区第十三届人民代表大会第二次会议上

朝阳区人大常委会主任委　朱家麒

各位代表:

我受北京市朝阳区第十三届人民代表大会常务委员会的委托,向大会报告工作,请予审议。

2004年的主要工作

2004年是朝阳区第十三届人民代表大会的届首

之年，区人大常委会在中共朝阳区委的领导下，以邓小平理论和“三个代表”重要思想为指导，深入贯彻党的十六大、十六届三中、四中全会和中共朝阳区第九次党代会精神，全面执行区十三届人大一次会议决议，切实履行宪法和法律赋予的职责，在坚持“三个致力于”目标的基础上，与时俱进、丰富内涵、开拓创新。按照“五心”（围绕核心、服务中心、突出重心、顺应民心、坚定信心）的工作思路和以人为本（了解民情、体察民愿、反映民意、关注民生、保护民利、顺应民心、维护民权、集中民智、调动民力、推进民主）的工作方针，努力实现监督工作的“五个有所建树”，即：在监督促进政府职能和作风转变方面有所建树；在监督促进依法行政和公正司法方面有所建树；在监督促进我区经济和社会协调发展方面有所建树；在监督促进农村发展与城市建设管理方面有所建树；在化解和调处人民内部矛盾方面有所建树。

一、加强监督工作，认真依法履职

监督权是法律赋予地方人大及其常委会的重要职权之一，随着依法治国、建设社会主义法治国家基本方略的深入贯彻实施，常委会依法对“一府两院”实施监督的职能和作用日益突出。一年来，常委会坚持把监督工作摆在重要位置，努力围绕区委的中心工作、法律法规的执行情况和人民群众关注的热点、难点问题，对区政府的重点工作依法实施监督，取得了明显成效。

在工作监督方面。常委会把本届人大一次会议确立的“关注农村农民问题，加强城乡统筹协调，努力解决农民就业和社会保障”议案作为监督重点，加大督办力度。责成专门工作委员会组织委员和代表深入到15个乡和9个政府部门进行专题调研。全面了解我区农民就业和社会保障情况，通过与提议案代表、有关领导、乡村干部和农民座谈，掌握了大量的第一手材料。同时，主任会议增设专题听取区政府议案办理情况的汇报。常委会本着对人民群众高度负责的精神，提出了要加大宣传力度，加快完善和落实相关政策，加强全区统筹，强化公共服务职能健全社会保障体系的建议。

区政府认真落实常委会的审议意见，制定出台了《关于在农村城市化进程中建立农村社会保障体系的实施意见》等文件。提出了“分步实施、梯次推进、逐步过渡”的总体思路，并明确了解决农民社会保障问题的具体措施和所需资金筹集的比例。将农村低保标准由180元提高到290元，实现了城乡低保一步并轨；市、区、乡（村）、个人共同筹资，为农转工自谋职业人员补缴保障金，解决了1.69万余名农转居自谋职业人员的社会保障问题；同时高度重视农村劳动力教育培训转移就业工作，坚持“谋求发展、抓紧培训、促进就业、建立保障”的指导思想，当年完成培训1.79万余人，实现转移就业7700余人。

去年，围绕区委确定的19件改革重点工作和区政府确定的50件实事，常委会加大监督力度，将督查工作分解到各工作委员会，深入有关部门调研视察针对存在的问题，提出意见和建议，政府职能部门采取相应措施，加快了工作进度。

常委会还进行了以工作效率和便民设施为重点的行风建设监督检查，开展了对区卫生局、文化委的行风评议工作，通过人大街道工委、地区代表小组或直接向委员、人大代表印发“行风建设情况测评表”，广泛征求意见，代表通过持证视察、走访群众和暗访，积极参与行风评议。对区卫生局、文化委在依法行政、政务公开、行为规范、服务态度、办事效率和便民措施等方面提出了许多有益的批评、意见和建议。并将这些意见和建议与被评议单位的自查报告相对照，及时进行反馈、督促整改，收到了较好的效果。

朝阳公园的发展建设是我区为民办实事的重点工程，受到人大代表和社会各界的广泛关注。针对公园建设中存在的问题，常委会责成专门工作委员会进行专题督办，通过听取汇报，现场视察，对该园“三个门区、五个景点”的建设和“中水利用、雨水收集”等问题提出了意见和建议，督促政府加快朝阳公园建设，提前实现了全园开放。围绕迎奥运工作，组织代表对奥运森林公园地区市政道路建设情况进行视察，提出了道路建设要与奥运场馆规划相结合、与适应全区发展相结合的建议，对促进我区公共基础设施建设，加强城建城管工作发挥了积极作用。

为维护社会稳定，努力化解和调处人民内部矛盾，常委会把做好信访工作作为联系人民群众、了解社情民意、为民排忧解难的重要渠道，作为地方国家权力机关的重大责任和人大加强监督工作的重要内容，予以高度重视。热情接待来访群众，加强人民群众来信来访工作的督办与协调，采取即时办理、当场联系、限时解决等举措，解决了一批人民群众反映强烈的难点问题。全年共处理群众来信206件，联名信访47件次1775人，来访100人次，集体访7批次295人。办结率达96%，满意率达90%以上。来信、来访、联名信访和集体访同比分别下降12%、48%、20%和50%，有效地维护了社会稳定。

针对广大人民群众关注教育和对优质教育的迫切需求，常委会继续对教育议案进行跟踪监督，抓住落实《朝阳区2003—2008年教育发展纲要》的基础和关键问题，提出了“细化教育系统干部、教师队伍建设的目标、措施、评价标准”、“加强和改进师德建设”等多项建议。区政府及有关部门高度重视,制定了“名师”、“名校长”工程实施意见等文件,举办了“齐国民校长办学思想研讨会”,启动了名校长培养工程。同时对农村学校加大政策倾斜和资金投入力度,推动了教育事业的发展。

在法律监督方面。围绕贯彻落实预算法和《北京市预算监督条例》,常委会着重从四个方面强化预算监督:一是探索完善财政监督体系的新路子。研究制定我区预算监督办法,规范和加强预算监督工作。二是把握经济运行动态。结合全区经济运行情况和税收形势,提出严格按照预算安排支出,实行刚性预算的建议,增强监督的针对性。三是拓宽预算监督范围。听取重点单位预算编制情况的汇报和财政部门编制预计超收资金使用方案的报告,将监督工作延伸到基层单位,深化了预算审查监督。四是聘请专家、学者任财经工作顾问,指导、帮助预算监督工作,提高预算监督的专业水平。

为促进我区司法机关公正司法,常委会根据高法、高检、公安部关于坚决纠正超期羁押问题的通知精神,就我区公、检、法机关对刑事案件犯罪嫌疑人、被告人羁押期限问题进行检查,督促三机关启动内部自查机制和互相监督的制约机制,完善管理制度,认真依法履职,防止了超期羁押问题的发生维护了当事人的合法权益。

以优化发展环境为重点,常委会加大执法检查力度,全年共检查了21项法律法规的实施情况。为维护市场经济秩序,规范政府行为,检查了政府采购法执行情况;为加强环境建设提高城市管理水平,检查了北京市养犬管理规定、北京市市容环境卫生条例、大气污染防治法的执行情况;为促进教育、卫生事业发展,检查了教育法、义务教育法、传染病防治法和食品卫生法的实施情况;为促进档案工作,检查了档案法的落实情况;为推动新交通法和北京市社会治安综合治理条例的贯彻实施,对我区畅通工程建设和社区治安综合治理、科技创安工作进行视察;为切实保护归侨、侨眷的自身合法权益,对归侨、侨眷权益保护法执行情况进行了检查。针对群众关注的禽流感防控工作和群众反映较为强烈的食品卫生、食品安全问题,采取集中与分散、定点与随机、明查与暗访相结合的方式,对各类集贸、批发市场、民工食堂、大型超市和食品生产企业、农副产品加工企业等疫情敏感区和食品生产源头、市场准入流通环节进行了监督检查,累计有1000余人次的市、区、乡三级人大代表参加。区政府根据代表建议和常委会审议意见,进行了认真整改,使我区的禽流感防控措施得到全面落实,食品卫生与食品安全的总体状况得到进一步改善。

围绕行政许可法的颁布与实施,常委会对任命的170余名“一府两院”工作人员和区政府主要执法部门负责人进行了以行政许可法为主要内容的考试;组织人大代表对实施行政许可法准备情况进行视察;听取并审议了区政府“关于贯彻实施行政许可法各项准备工作情况的报告”,提出加强依法行政规范政府行为,转变政府职能,建设法治政府的建议。促进了我区贯彻实施行政许可法工作,进一步优化了发展环境和政务环境。

一年来,常委会认真做好各项议题的审议工作。先后召开常委会会议8次、主任会议15次,分别听取并审议了区政府关于加强公共卫生体系建设、创建国家卫生区、国家级生态示范区和2003年度财政预算执行情况、基层司法所履职情况等15项工作报告;依法作出了关于建立“朝阳区人大常委会街道工作委员会的决定”等7项决议、决定,对任命的4名区政府、区法院人员进行了述职评议。认真行使任免权,共任免国家机关工作人员356人次。

常委会依法履行监督职能,促进“一府两院”在转变职能和作风、依法行政和公正司法、经济和社会协调发展、农村发展和城市管理、化解和调处人民内部矛盾等方面取得了一定的成绩,也使本届区人大常委会监督工作要实现“五个有所建树”的目标取得了初步成效。同时,常委会还在以下四个方面进行了深入探索和改进。

一是改进代表建议提出的方式。为推动政府工作,提高建议的办理质量和实效,针对年初人代会上一些代表所提建议,涉及政府年度工作安排或需要财政投入,又因时间关系难以在本年度落实的情况,常委会印发了《关于提前收集代表意见、建议,反馈群众需求,促进为民办实事的通知》,改革代表建议提出的方式,将政府要办的事与群众想办的事统一起来。实行此办法后,代表通过深入选区,广泛听取群众意见,共收集整理各类建议165件,及时转交政府在安排年度工作计划和财政预算时一并考虑。

二是改进人事任免监督工作。常委会拓宽人事任免监督渠道,加强对拟任命人员的考核监督,对区人民法院提请任命的审判委员会委员、庭长、副庭长、审判员共18名,区人民检察院任命的检察员共14名进行任前考察。并在人大常委会、“一府两院”机关及“朝阳政务网站”进行任前公示。改进了常委会人事任免的监督工作,为常委会制定任命国家机关工作人员考核考察办法进行了有益的探索。

三是改进代表联系选民的方式。在基层建立人大代表接待日制度,定时走访、定期接访、定点约访和定题回访的“四访”制度,积极落实在第一时间知晓人民群众的困难和呼声，第一时间反映人民群众的希望和需求，第一时间掌握人民群众关心的难点、热点问题及其成因和变化，第一时间向人民群众反馈政府落实的意见和办法等“四个到位”。这些制度有效地加强了代表与人民群众的沟通联系，促进了政府工作。

四是改进代表会前视察方式。为方便代表全面了解我区经济和社会各项事业的发展情况，去年底，常委会集中两天时间组织全体代表进行了本届人大二次会议会前视察活动。通过精心组织，周密安排，将综合视察与专题视察相结合，由代表自主选择专题，增强了针对性，改进了会前视察方式，受到代表的普遍认同。这次视察既突出了“点”，又照顾了“面”，视察内容充实、全面，为代表知情知政、依法监督提供了较好的服务。

二、拓宽联系渠道，努力发挥代表主体作用

代表是人大工作的主体，做好代表工作是坚持和完善人民代表大会制度的重要保证。新形势为做好代表工作提出了新要求、充实了新内容。一年来，常委会抓住一个重点，围绕“四个环节”，努力做好代表工作。

建立人大街道工委，加强基层基础建设。常委会按照市委、市人大的要求，在区委的领导和支持下，相继在21个街道建立常委会的派出机构——人大街道工作委员会。任命了人大街道工委主任和组成人员，健全工作体系，明确工作职责，完善工作制度。人大街道工委的建立，进一步促进了基层民主政权建设，有效地发挥了代表的主体作用，强化了基层基础工作。

加强服务工作，为代表履职创造条件。常委会通过举办代表培训班、专家辅导、小组研讨等方式，学习宪法、地方组织法、代表法等法律法规，学习执行代表职务的有关知识，请连任代表交流依法履职经验，提高代表履职水平。采取通报工作、专题座谈、组织视察等方式帮助代表了解区情、政情。还为代表订阅报刊及有关法律和人大工作书籍，定期印发信息资料，为代表履职提供方便、创造条件。

严格规章制度，积极开展闭会期间代表活动。按照《朝阳区人民代表大会代表小组工作暂行办法》及代表小组“四好”达标活动的规定，规范闭会期间的代表活动。去年人大街道工委、地区代表小组共组织活动260余次，代表活动坚持把监督政府工作与为人民群众办实事相结合，把关注本地区工作与全区发展相结合，重点围绕人民群众关注的“八难”问题（停车、绿化、早点、买菜、保洁、治安、看病、就业）开展调研，了解社情民意，为民排忧解难，发挥代表小组的集体作用和代表的监督主体作用，为朝阳区“三化四区”建设献计献策。

加大督办力度，积极落实代表建议。常委会重点加大了提高代表建议、意见办结率的工作力度。针对堡头地区居民饮用水水质差、和平一二三村危房改造等代表多次提出意见一直未能彻底解决的问题，加大督办力度。责成专门工作委员会实地调研、协调各方，督促政府认真办理，从根本上解决了堡头地区饮用水问题，和平一二三村危改也已启动。三间房南里4号院居民提出加油站的安全和污染问题，地区办事处接到代表的建议后，积极协调，采取措施，使问题得到圆满解决。一年来，代表共提出建议609件。其中，一次会议期间432件、闭会期间（截止到2004年10月11日）177件，经过督办，代表满意、基本满意的607件，占总数的99.67%。

改进联系方式，加强代表联系选民工作。常委会坚持代表联系选民制度，及时总结基层代表小组的经验，推广代表联系卡制度，全区共制发联系卡2.2万张，密切了代表与选民的联系。代表通过走访选民，了解民情、体察民愿、反映民意，为选民办实事。和平街地区代表在走访选民时了解到，小黄庄前街3号、4号简易楼年久失修、设备老化，居民生活十分困难的情况后，及时反映，办事处积极协调和落实，使问题很快得到解决。常委会还加强了代表向选民述职工作，已有近90%的代表进行了述职，得到了选民的肯定。

去年圆满完成了代表小组的调整、补选代表和撤并乡乡人大选举工作。为适应全区区划调整工作，相应调整了地区代表小组，对代表出缺的选区进行了补选，对金盏等三个区划调整乡依法进行了乡人大代表选举，分别选举产生了乡人大和乡政府组成人员。

三、加强自身建设，努力提高工作水平

加强自身建设是常委会依法履职、提高监督水平的重要前提。届首之年，常委会以纪念人民代表大会成立50周年为契机，通过召开座谈会、开展宣传咨询活动，回顾人大工作历程，总结人大工作经验，增强坚持和完善人民代表大会制度的责任感和使命感。

继续坚持读书班制度和主任与常委会组成人员中的民主党派、无党派委员联系制度，针对新一届人大面临的新形势、新任务、新课题，多次召开专题研讨会，统一思想、提高认识、明确任务、理清思路、改进方法，努力提高思想理论素养和工作水平。

在常委会机关建设上认真贯彻“抓班子、带队伍、谋发展”，“想问题、抓落实、找规律”和“重基层、打基础、强基石”的要求，努力做到服务高水平、办事高效率，工作有创新。积极开展了“发扬民主、依法办事，事业为重、求真务实，深入实际、艰苦奋斗，讲求效率、创新工作”的思想教育活动，组织机关工作人员到革命圣地和外区县人大学习考察，有效地推动了常委会机关的工作。

各位代表,一年来,在中共朝阳区委领导下,常委会工作取得了一定的成绩,这是全体代表和常委会组成人员共同努力的结果。在此,我代表区人大常委会向所有关心、支持、帮助人大工作的同志们表示衷心的感谢!

在肯定成绩的同时,我们也深深地感到,常委会工作在届首之年所取得的成绩是初步的,有些工作正处在探索的过程中,许多工作有待进一步改进和加强,还存在一些不足。主要是:在监督工作中,调研的深度和广度还不够,针对性有待加强,监督的实效有待进一步提高;在执法检查过程中,方式方法还需要改进,力度还不够;如何更好地发挥人大街道工委的作用,需要进一步深入探索;常委会审议议题的质量还需要进一步提高。这些问题和不足都有待于我们在今后的工作中进行深入的研究和探索,不断的加以改进和完善。

2005 年的工作

各位代表,2005 年是朝阳区"三化四区"建设不断加快的一年、也是实现"十五"计划目标的最后一年。扎扎实实地做好今年区人大及其常委会的工作,意义十分重大。在新的一年里,常委会要以邓小平理论和"三个代表"重要思想为指导,全面贯彻落实党的十六届四中全会和中共朝阳区委九届三次、四次全会精神,认真履行宪法和法律赋予的各项职责,更充分地发挥人大在民主法制建设中的主导作用。常委会各项工作要适应新时期、新形势、新任务的要求,法律监督要加大力度、工作监督要拓宽广度、调研和审议工作要挖掘深度,不断创新监督工作的方式方法,求科学发展之真、务提高执政能力之实,通过不断丰富"三个致力于"工作目标的内涵,继续努力实现"五个有所建树"。

继续加强人大常委会基础性工作。今年,常委会要继续完善各项工作制度,力求在制定和实施财政预算监督办法、重大事项决策办法、任前和任后考核监督办法和干部述职评议考核办法等工作领域有所突破。加强对"依法行政,建设法治政府"、"人大街道工委考核办法"和"加强乡人大基层政权建设"等专题的深入研究,制定加强区人大信息工作的意见。充分运用宪法和法律所赋予的职权,不断建立和完善各项规章制度,进一步促进人大工作的规范化、制度化、法制化。

继续提高监督水平,增强监督实效。在改进调研、检查、视察方式的同时,继续探索和创新监督方法。以对议案、议题审议的实际效果,推进整体监督工作;改进人大代表建议、意见督办方式;加强对质询、问责、罢免监督职责和监督机制的进一步研究和探索;督促政府强化执法责任,树立法律权威,力求做到议案要办实,个案促指导、督办有创新、效果出影响,全面提高监督实效。

继续在行使决定权上有所突破。对"重大事项"进行深入的研究和分析,明确界定重大事项的标准、内容和范围,不断探索行使重大事项决定权的有效途径和方法,并对重大事项实施同步监督,努力实现党的领导、人民当家作主和依法治国的有机统一。

继续探索和完善人事任免的机制和途径。坚持党管干部的原则,努力探索行使人事任免权的有效机制和途径。从人大的角度参与和探索选拔、考核、任免的环节和方法以及述职评议的办法,加大对常委会任命人员任前和任后的监督力度。

继续提高人大代表和常委会组成人员的素质。积极探索提高代表素质、加强常委会和机关建设,进一步规范工作制度,提高工作效率和工作水平;加大培训力度,创新培训方法,丰富培训内容;加强信息工作,为代表知情、知政、知法创造良好的信息环境;努力提高人大代表和常委会组成人员的理论水平、法律水平、政策水平和议事水平,推进执政能力建设。

继续在维护社会稳定工作中发挥积极作用。整合代表资源,进一步畅通代表与选民联系渠道,加强对公检法机关依法行政、公正司法情况的监督检查;继续探索对法院、检察院的监督;强化对安全生产的监督,全面促进和谐社会的建立,努力在调处和化解人民内部矛盾、维护稳定、建立和谐社会中发挥作用。

通过上述六个方面工作,使区人大及其常委会在依法行权和充分发挥人大代表作用方面有所突破、有所建树,从而加强我区民主政治建设,开创我区人大及其常委会工作新局面,让人民当家作主、治理国家的权力得到充分体现。

各位代表,党的十六大提出了全面建设小康社会的宏伟目标,十六届四中全会做出了加强党的执政能力建设的决定,对人大工作提出了新的更高的要求。形势催人奋进,使命光荣神圣。让我们在中共朝阳区委的领导下,团结奋进,开拓创新,以更加昂扬的斗志,更加扎实的工作,加强民主法制建设,推进依法治区,为实现我区"三化四区"的目标而努力奋斗!

朝阳区政协第十届委员会常务委员会工作报告

——2005年1月10日在政协北京市朝阳区第十届委员会第二次会议上

朝阳区政协副主席　张和平

各位委员、同志们：

我受区政协第十届委员会常务委员会委托，向大会作工作报告，请予审议。

2004年工作回顾

2004年是十届区政协开局之年。一年来，区政协常委会在中共朝阳区委的领导和市政协指导下，坚持以邓小平理论和“三个代表”重要思想为指导，围绕区委区政府中心工作，切实履行政治协商、民主监督、参政议政职能，为加快我区“三化四区”建设，推动社会主义物质文明、政治文明、精神文明协调发展作出了积极贡献。

一、加强学习，增进共识，不断增强委员使命感责任感

加强学习，增进共识，是人民政协团结各民主党派、人民团体、各族各界人士履行职能、发挥作用的基础。换届后，区政协注重抓班子、带队伍，坚持把思想政治建设放在首要位置。

领导班子学习形成制度。换届后，区政协新一届领导班子采取常委会、主席会和报告会、座谈会以及组织参观等多种形式，逐步将学习引向深入。领导班子积极参加区委理论中心组学习活动；党组制定《工作规则》，对学习作出安排和部署，主席会议专题安排重点学习；常委会制定《关于加强思想作风建设的意见》，对常委会组成人员的理论学习作出明确要求。每次常委会议安排专题讲座，先后请专家、教授就政协章程、行政许可法、侨法、《中共中央关于加强党的执政能力建设的决定》作辅导报告。此外，组织常委赴井冈山、宁夏参观考察，弘扬井冈山革命精神，了解西部地区发展情况，增强围绕中心履行职能的政治责任感。

委员学习培训列入议事日程。区政协运用委员自学、座谈交流和寄发学习资料等多种形式，组织委员认真学习邓小平理论和“三个代表”重要思想，学习党的十六大和十六届三中、四中全会以及区第九次党代会精神。举办委员学习培训班，学习人民政协理论，了解掌握提案工作和反映社情民意知识，提高委员参政议政能力；组织委员参观、视察、调研，使委员进一步知情知政，增强委员意识和履行职责的自觉性；按照市政协工作部署，成立文史资料编委会，编辑《北京市文史资料精选·朝阳卷》；创办并编印《学习文选》5期，刊发《委员论坛》9期，为委员履行职能提供理论支持和舆论阵地。

二、围绕中心，服务大局，有效履行政协职能

围绕中心、服务大局，是人民政协开展工作必须遵循的原则。一年来，常委会注重理解和把握政治协商、民主监督、参政议政内涵，提高履行职能的水平，取得明显实效。

积极开展协商议政。常委会紧紧围绕区委区政府中心工作，积极开展各个层面的协商议政。每年一次全体委员会议是区政协协商议政的最高形式。十届一次会议期间，新一届政协委员集中精力，紧紧围绕我区的重大问题开展协商，建言献策。区委区政府领导及各职能部门负责人到会通报情况，与委员座谈，听取意见，交换看法，共商我区发展大计。各专委会和区委区政府20多个相关职能部门对口协商，召开各类情况通报会25次，为委员知情议政创造了条件，促进了双方工作。如城市建设与管理委员会多次视察我区城市基础设施建设，积极建言献策，并参与我区绿化方案的协商。经济科技委员会和文卫体委员会分别视察奥运森林公园、大山子文化园区建设情况，提出一些针对性的意见和建议。社会和法制委员会听取区法制办、劳动和社会保障局、民政局年度工作计划通报，就我区劳动力就业和农民社会保障问题进行专题研讨，发挥了专委会的基础作用。

不断推进民主监督工作。2004年,区政协对民主监督工作进行研究和探讨,稳步推进民主监督工作。一是与调研视察活动相结合,推动民主监督工作。围绕全区经济、社会发展中的重要问题、重点工程组织委员视察,使民主监督工作有的放矢。二是与建议案追踪相结合,促进民主监督工作。十届三次常委会议专门听取区政府关于落实2003年区政协常委会提交的四份建议案情况通报,加大对建议案办理的追踪力度。三是与特邀监督工作相结合,强化民主监督力度。全年向区政府以及区政法委、区纪委、监察局、法制办、民政局、城管监察大队等部门推荐了58名委员担任监督员,分别对区重大工程、政府采购、目标管理双百考核、执法检查、党风廉政责任制检查、行风评议、文明窗口检查评比和区级后备干部推荐评议工作进行监督。四是与委员进社区工作相结合,拓展民主监督渠道。如劲松、麦子店街道充分发挥委员社区联络组作用,对社区工作进行评议、咨询、监督,收到良好的社会效果,促进了社区建设。

认真搞好专题调研。一年来,常委会按照区第九次党代会精神和区委总体工作部署,把促进发展作为履行职能的第一要务,围绕全区中心工作和群众关心的热点、难点问题,确定了维护农民利益、治理交通拥堵、优化科技资源配置、发展农村教育卫生事业以及推进社区侨联工作和奥运经济等9个重点课题进行调研。全年共开展86次专题调研活动,参加委员达800多人次,完成9个调研报告,提出意见和建议112条。这些调研报告分别经常委会议、主席会议审议,先后形成治理交通拥堵、维护农民利益、优化科技资源配置、加强农村基础教育、推进农村卫生工作等5个常委会建议案,以及以奥运经济促进区域经济发展和推进我区侨务工作2个主席会建议案。同时,区老政协委员联谊会发挥老委员作用,围绕我区经济和社会发展,开展系列调研活动,分别形成加强民主监督工作、关注“夕阳红工程”等6个调研报告。

三、拓展领域,突出特色,积极发挥委员主体作用

政协委员是政协工作的主体。一年来,区政协利用委员人才荟萃、智力密集的优势,不断拓展委员履行职能渠道,充分发挥委员在政协工作中的主体作用。

深入做好提案工作。**2004年,区政协进一步完善提案的征集、审查、办理、反馈、监督等工作机制,加大提案工作力度。一是坚持把提案质量摆在首位。加强培训,引导委员注意选择党和政府高度重视、人民群众普遍关注、事关全区经济社会发展的课题提出提案。全年共审查立案265件,使重要意见得到及时反映。二是区分层次、重点办理。区委区政府领导对38件党派提案分别做出了55条批示,部分提案被列入区委区政府重点研究题目。区政协建立主席、副主席、秘书长分工负责制,重点督办30件提案。三是区别情况、分类办理。在提高提案办理质量方面,采取重点提案领导促办、复杂提案联合商办等方式,增进提案人同承办单位之间的沟通和理解,促进提案落实。去年提案办复率达100%,满意率达83.4%。四是对优秀提案进行表彰,激励委员积极参与提案工作。2004年共有29件党派、委员提案受到表彰。**

积极反映社情民意。区政协重视社情民意信息工作,制定《关于进一步加强反映社情民意信息工作的规定》,成立社情民意信息工作领导小组,特邀46名委员担任区政协信息员,并召开信息员培训会,加大社情民意信息工作力度。利用《政协信息》、《社情民意》等刊物,及时刊用委员上报的社情民意信息,并择优上报区委和市政协信息部门。一年来,区政协共刊发《政协信息》44期,《社情民意》24期(特刊4期)42条,其中,被区委信息部门录用20余条,市政协信息处录用6条。

深化委员进社区工作。**一是组建了36个委员社区活动联络小组,参加委员280余人,占委员总数91.5%。各街乡均由一位副书记主管委员进社区工作。二是定期召开委员进社区工作专题会、街乡领导与政协委员见面会,及时通报街乡情况,并制定《关于深化政协委员进社区工作的意见(试行)》,规范委员进社区工作。三是制定小组活动计划,为委员活动搭建平台,如小关街道邀请委员参加居民常驻代表会,潘家园街道制定委员联席会制度,麦子店街道邀请委员担任建设国际化社区顾问,劲松、呼家楼等街道建立委员接待日制度,三间房地区办事处建立委员活动、视察和联系社区制度,使委员履行职能的领域在社区得到拓展。**

开展专题视察活动。一年来,区政协就我区交通管理、CBD建设、发展新兴产业、食品安全、土地确权和流转、经济审计、外来人口管理、劳动就业和城乡统筹发展等进行调研、视察达36次,对存在的问题提出意见和建议,得到政府和有关部门的重视和采纳。去年11月底,区政协组织全体委员,围绕我区重要工作,视察了劲松街道一站式服务大厅、城管大队监察网络建设、东风地区来京务工人员教育管理、麦子店国际化社区建设、区疾病预防控制中心、朝阳实验小学、蟹岛绿色生态度假村、东方基业国际汽车城和温榆河生态走廊建设等情况。委员们对我区在城市管理、社区建设、绿化隔离地区建设、公共卫生和基础教育等方面所取得的显著成绩给予充分肯定,并就功能区带动区域发展、提升城市管理水平、加速基础设施建设、加快农

村城市化进程、实现区域经济健康发展、促进现代服务业制造业和高新产业发展、深化各项社会事业改革等积极建言献策，提出意见和建议80余条。

四、扩大交流，加强联谊，营造团结民主的良好氛围

常委会注重发挥政协优势，积极开展联谊活动，促进交流与沟通。

*庆祝建国五十五周年和人民政协成立五十五周年。*区政协成功举办庆祝建国55周年暨人民政协成立55周年联谊会。全国政协副主席张思卿、周铁农，九届全国政协副主席孙孚凌、万国权，市政协副主席黄以云、韩汝琦在区四套班子领导陪同下，和我区全体政协委员共庆佳节。委员中的书画家举办书画笔会，文艺界人士和专业团体同台演出文艺节目。联谊会增进了同全国政协、市政协的联系与交流，增强了参加政协的各民主党派、人民团体和各族各界人士间的团结与友谊。

*加强沟通，做好港澳台侨和民族宗教工作。*区政协与区委统战部就“台湾地区领导人选举”召开座谈会，对新时期做好对台工作进行研讨。举办“台情报告会”，使委员了解台湾政治走势、两岸关系，坚定反对台独、反对分裂、促进祖国完全统一的信念；对侨法落实情况进行调研，了解掌握我区侨务工作和港澳台侨资企业的发展情况，为维护“三胞”的合法权益积极建言献策；围绕宗教场所周围环境综合整治问题开展系列视察，举办民族和宗教政策知识讲座，组织委员参观本市重点宗教场所，并就我区民族学校建设和民族教育问题进行调研。

*加强联谊，扩大对外交流。*承办了全国十二城区（市）第九次政协工作研讨会，与会代表围绕“在新形势下如何进一步加强人民政协的民主监督工作”进行研究和探讨，沟通了信息、交流了经验，同时展示了我区经济社会发展所取得的成就。此外，接待全国政协城建环保委员会、民族宗教委员会、社会和法制委员会及市政协领导来我区的考察和调研活动。市有关区（县）政协和兄弟省（市）政协来我区交流考察，也受到区政协热情接待。各专委会还组织委员赴外地、外区县政协学习考察，进一步扩大了联谊，交流了工作。

五、建章立制，求真务实，提高自身建设水平

加强政协自身建设，关系到政协履行职能的水平和效果。一年来，区政协注重加强自身建设，提高自身建设水平。

*加强政协“三化”建设。*为推进履行职能的规范化、制度化、程序化建设，常委会把建章建制作为开局之年的一项重要工作，成立了规章制度修订小组，根据政协章程，结合区政协工作实际，对区政协《关于政治协商、民主监督、参政议政的规定》、《关于加强政治协商的意见》、《常委会议工作规则》、《全体委员会议工作规则》、《专门委员会通则》、《提案工作条例》等13个规章制度进行修订，并新制定《党组工作规则》、《关于加强思想作风建设的意见》、《关于深化政协委员进社区工作的意见（试行）》以及《关于加强和委员联系的意见》等4个制度规则，分别经常委会议和主席会议审议，以文件形式印发全体委员，为政协履行职能提供制度保障。

重视发挥专委会基础作用。**专门委员会是政协开展工作的重要基础，是组织委员履行职能的重要载体，也是联系委员的重要桥梁。区政协换届后，根据形势任务需要和区政协工作实际，组建了九个专门委员会，并按照“精干、务实、高效”的原则，配备专门委员会负责人，委员按界别和专长安排到各专门委员会，让委员有更多的机会参加政协活动。修订了《专门委员会通则》，规范工作程序，拓展活动形式，增强工作活力。常委会和主席会注意加强对专委会工作的领导，建立副主席分工负责制。各专委会认真制定工作计划，积极组织委员开展调查研究，进行对口协商，保证委员主体作用的发挥。**

*注重提高机关自身建设水平。*抓组织建设，对机关党总支和支部进行换届选举，开展评选先进、“迎七一、促党建”党课系列主题活动，充分发挥党支部的战斗堡垒作用和党员先锋模范作用，强化党员干部的党性认识和党性观念；抓理论学习，坚持学习日制度，采取自学、专题讲座、座谈讨论等形式，认真学习党的十六大和十六届四中全会精神，学习人民政协理论和有关方面知识，不断提高机关干部的理论水平和素养；抓制度建设，制定《朝阳区政协机关关于开展创建文明机关活动的实施意见》和《关于加强机关思想作风建设意见》，加强机关文明创建工作和干部思想作风建设；抓信息化建设，开通“朝阳政协”网站，搭建区政协与委员、委员与委员之间的互动平台。

各位委员，一年来，新一届区政协的工作成绩是区委领导、区政府支持、广大委员共同努力和全区各界积极配合的结果。在此，我代表区政协常委会向大家表示衷心的感谢！当前，十届区政协工作刚刚起步，离形势的要求还有一定的差距，存在的主要不足是：在充分发挥委员主体作用、进一步活跃政协工作方面有待加强；履行民主监督职能的方式方法有待拓展；委员参加活动的出勤率和覆盖率有待提高。这些问题都需要在今后工作中加以解决。

2005 年主要任务

2005 年是深入贯彻中共十六届四中全会精神,加强基层基础工作的重要一年,也是全力迎接奥运,加快城市建设与管理的关键一年。根据区委的工作部署,区政协常委会要按照树立和落实科学发展观的要求,围绕"十一五"规划的编制以及全区工作大局,紧紧把握团结、民主两大主题,认真履行政协职能,同心同德,求真务实,为构建和谐社会、加快推进"三化四区"建设做出新的贡献。今年主要任务是:

一、学习十六届四中全会精神,全面提高区政协工作水平

学习和贯彻中共十六届四中全会精神和胡锦涛总书记在庆祝人民政协成立 55 周年大会上的重要讲话是今后一个时期的首要任务。区政协要结合工作实际,通过举办座谈会、辅导报告会等形式,把学习活动引向深入。常委要带头学习,深刻领会,武装头脑,指导工作。各专门委员会和政协机关,要组织好各个层面的学习活动,认清使命,增添动力,推动工作。要组织多种形式的理论研讨活动,继续办好《学习文选》和《委员论坛》,不断研究新情况、学习新知识、创造新方法,努力提高委员履行职责的水平。

二、围绕"十一五"规划编制和全区工作大局,积极开展政治协商

2005 年是全面落实"十五"计划的最后一年,也是编制朝阳区经济和社会发展第十一个五年规划的重要一年。区政协要根据区委区政府总体部署,开好议政会,积极参与区"十一五"规划的编制。常委会要做出全面部署,开展专题协商,各专委会要同区职能部门对口协商。要结合"十一五"规划的编制,围绕我区经济发展、和谐社会建设、城乡统筹和"人文奥运"等重要问题开展协商和调研,积极向区委区政府提出切实可行的意见和建议。

三、积极探索民主监督的有效途径,加大民主监督力度

民主监督是政协履行职能的重要形式。今年民主监督工作要运用载体、开拓领域、加大力度、注重实效。通过提案、建议案和反映社情民意信息进行动态监督;通过视察、调研活动,进行现场监督;通过特邀监督员和行风评议员,与行政监察、纪检部门配合,进行行风评议监督;与新闻媒体协作,进行舆论监督。要继续加强民主监督的理论研究和实践探讨,力求在民主监督理论研究和实践探索的结合上有所建树,进一步推进政协民主监督工作。

四、充分发挥委员主体作用,进一步提高参政议政实效

要加强专委会建设,充分发挥政协委员主体作用,进一步提高提案和反映社情民意工作的实效。要认真落实全国政协第五次提案工作座谈会精神,落实《提案工作条例》和《关于进一步加强社情民意信息工作的意见》,充分利用多种形式,扩大委员的知情面和参与面,把各界人士的意见和建议及时反映上来。要继续推进委员进社区工作,利用委员社区活动网络,把委员在社区的作用扎实有效地发挥出来。要通过常委会协商活动、情况通报会、各专委会座谈会等形式,就我区经济和社会发展中重大事项、重要问题,进行协商、座谈和通报,使参政议政成为党和政府科学决策的重要环节。

五、牢牢把握两大主题,努力营造民主和谐的社会环境

团结、民主是政协永恒的主题。在中国共产党领导下实行大团结、大联合,是人民政协性质和作用的集中体现。区政协要发挥委员界别作用,联系社会各个方面,了解情况,发现问题,为党和政府科学决策提供来自社会不同阶层、不同利益群体的意见、建议;要发挥政协联系广泛、包容性强的优势,广交朋友、增进友谊,多做协调关系,理顺情绪,化解矛盾,维护和谐社会的工作;要加强同各民主党派、民族宗教界人士以及港澳台侨界人士的联系与交流,广泛宣传"和平统一,一国两制"的基本方针和党的民族宗教政策,反对任何形式的"台独"分裂活动,为建设和谐社会,推进祖国统一大业做出新贡献。

六、不断加强自身建设,夯实政协工作的基础

搞好自身建设是政协工作有所作为的重要基础。要坚持抓班子、带队伍、谋发展。加强常委会建设,认真落实常委会议、主席会议制定的各项制度、规则,进一步推进政协履行职能的制度化、规范化和程序化建设,不断提高常委会组成人员的整体水平。加强委员队伍建设,组织委员学习统一战线和人民政协理论,学习政协章程,研究探索新时期政协工作的新方式,提高活动质量和出勤率,增强委员使命感和责任心,切实提高履行职能的水平。加强政协机关建设,通过学习和培训,不断提高机关干部的综合素质,提高服务效率和办事效率,以适应新形势新任务对政协机关工作的新要求。

各位委员,胡锦涛总书记指出:“人民政协只有围绕国家发展的大目标,立足整个国家建设的大格局,才能有所作为、多作贡献。”十六届四中全会和胡锦涛总书记在庆祝人民政协成立55周年大会上的讲话,为人民政协赋予新的使命;区委区政府提出的2005年奋斗目标给区政协赋予新的任务。让我们继续以邓小平理论和“三个代表”重要思想为指导,紧密团结在以胡锦涛同志为总书记的中共中央周围,在中共朝阳区委的领导下,同心同德、求真务实、开拓创新,为推动我区社会主义物质文明、政治文明、精神文明协调发展,为建设现代化新朝阳做出新的更大的贡献!

朝阳区人民检察院工作报告(摘要)

——2005年1月11日在北京市朝阳区第十三届人民代表大会第二次会议上

朝阳区人民检察院检察长 王一俊

各位代表:

我代表朝阳区人民检察院向大会报告2004年的检察工作和对今年工作的设想,请予审议。

2004年的主要工作

2004年我院在区委、市检察院的领导下,在区人大的监督和社会各界的支持下,坚持以邓小平理论和“三个代表”重要思想为指导,紧紧围绕党和国家工作大局,努力实践“强化法律监督,维护公平正义”的检察工作主题以及“加大工作力度,提高执法水平和办案质量”的总体要求,全面履行法律监督职责,检察业务、检察改革和队伍建设健康发展,为维护社会安宁和谐,为服务我区“三化四区”建设做出了积极的努力。

一、以服务发展、稳定大局为根本要求,加大工作力度,全面履行检察职责

(一)认真抓好批捕、起诉工作,全力维护社会稳定

共批准逮捕各类刑事犯罪嫌疑人3508人,比上年上升了10.3%,提起公诉2979件4032人,比上年上升了13.4%和13.9%。主要做了以下工作:

突出重点,依法从重从快打击严重刑事犯罪和利用“法轮功”邪教组织破坏法律实施的犯罪。批准逮捕暴力犯罪、多发性犯罪等严重刑事犯罪嫌疑人2168人,审查起诉1796件2378人,其中盗窃案733件1007人,抢劫案205件333人,团伙犯罪101件356人。审查起诉利用“法轮功”破坏法律实施的犯罪案件12件15。

积极参与各项专项打击活动。查办了利用互联网制作、复制、传播淫秽电子信息的犯罪。参与了严厉打击惩治制售假冒伪劣商品、侵犯知识产权等破坏市场经济秩序犯罪的专项活动,全年共批准逮捕经济犯罪嫌疑人101人,提起公诉146件191人。办理了发生在京民大厦的重大责任事故案,依法批准逮捕了张某等4名犯罪嫌疑人。

结合检察职能,落实检察环节上的社会治安综合治理措施。一是积极排处矛盾纠纷,维护社会稳定,共受理来信660件,来访530人次。处理涉法上访案件14件14人,办理集体访、缠诉缠访案件6件。二是提高检察建议质量,增强检察建议效果,共发出检察建议64条。三是做好未成年人的犯罪预防和教育工作,开通了检察系统首条未成年人维权法律咨询热线;实施了包括编好一本预防犯罪教材、讲好一堂法制课、在外部网站上开设一个专栏等内容的“六个一”工程。

(二)加大查办和预防职务犯罪工作力度,促进反腐败斗争的持续深入

共受理贪污贿赂等职务犯罪案件109件,立案侦查32件,其中涉案金额在百万元以上的案件6件;县处级以上领导干部犯罪要案6件9人,其中局级干部1人,处级干部8人。受理渎职侵权职务犯罪案件39件,立案4件。通过办案为国家和集体挽回经济损失

1300 万元,并在以下三方面取得了进展:

查办重点领域贪污贿赂职务犯罪案件取得进展。突出工作重点,立案侦查了发生在司法领域、金融领域的职务犯罪案件。查办了国有企业转制过程中私分、侵吞国有资产的犯罪案件 7 件 8 人。对发生在土地开发等热点领域、群众反映强烈的职务犯罪案件加大打击力度。

查办渎职侵权职务犯罪案件取得进展。加强法制宣传,完善线索移送,并在发现犯罪,突破案件上狠下功夫,全年所立案件均为处级以上领导干部犯罪要案,其中 2 件为大案。

预防职务犯罪工作取得进展。对奥运场馆等重大工程建设进行同步监督,为建奥运"阳光工程"发挥了职能作用。在行业预防方面,确定金融、税务、农村土地开发、国有企业改制等领域的预防项目,提高了预防工作的针对性。个案预防变事后预防为直接预防,案后分析为随案分析,对职务犯罪案件实行动态跟踪。

(三)强化诉讼监督工作,力求诉讼监督取得实效

依法开展刑事立案监督。要求公安机关说明不立案理由 18 件,公安机关接到《说明不立案理由通知书》后主动立案 2 件。

依法开展侦查监督。发出纠正违法通知书 5 件,提出纠正违法意见 30 件。不批准逮捕 144 人,不起诉 38 件59 人。追捕 5 人,追诉4 人。改变侦查机关移送审查起诉意见 53 件。

依法开展刑事审判监督。提出刑事抗诉案件 5 件,审判机关已改判 2 件。

依法开展监所检察监督。对 2002 年以来服刑人员减刑、假释、暂予监外执行案件逐案进行复查。继续开展清理和纠正超期羁押工作,全年未出现超期羁押现象。积极参与社区矫正,在全市率先对社区服刑人员监管改造情况进行检察监督。

依法开展民事行政检察监督。共受理申请抗诉案件 114 件,经审查,提请和建议上级检察院抗诉 6 件。还积极主动地做了大量服判息诉工作,全年息诉 86 件,维护了正确裁判的法律权威。

二、以提升执法水平为目标,坚持改革创新机制

(一)完善案件质量管理机制,规范执法行为

一是强化办案责任制度。起诉部门全面实行了主诉检察官办案责任制,并在自侦部门任命了首批 7 名主侦检察官,负责重大案件的审理工作。还设立妇女犯罪审控组等 10 余个专门办案组。二是实行检察业务工作流程管理制度,制定了检察业务工作规则 25 章 432 条,使办案工作处于制度监管之下。三是完善内部执法监督制度,采取办案部门、案件评查部门、检察委员会、检察长四级监督模式,加大对自行侦查案件、建议公安机关撤案和作不起诉决定案件的监督力度。四是建立重点案件复查制度和疑难案件分析研究制度,从调研程序上保证办案质量的提高。

(二)完善执法为民机制,维护诉讼参与人合法权益

一是充分发挥检察机关法律监督职能作用,加大对侦查机关维权工作的监督力度。二是完善告知制度,对民事行政申诉案件当事人实行案件受理之初和案件审查过程中的两次告知。三是建立方便弱势群体申诉制度,对残疾人、病人实行上门接受申诉的做法。四是对于认定事实没有争议的民事行政申诉案件,在确保案件质量的前提下,减少部分审查环节,缩短办案时间。五是对维权工作进行动态监督,对违反规定的人员加大处罚力度。

(三)完善接受人大监督工作机制,改进检察工作

聘请 20 位人大代表做特约监督员。在日常工作中,坚持重大事项和大要案报告制度。还邀请人大代表来我院座谈,听取他们的意见。高度重视人大代表督办案件和建议的办理工作,去年共办理人大代表督办案件 5 件,其中 3 件已有结果;办理人大代表建议 1 件,已落实并答复代表。

三、以增强队伍公正执法能力为核心,抓班子、带队伍

一是围绕提高执政能力,加强领导班子建设。坚持讲学习,落实每周的党组中心组学习制度。在工作中坚决执行民主集中制。重视廉政建设,班子成员严格遵守最高人民检察院"六个严禁"的要求。还坚持调查研究的工作方法,在调查研究中提高决策水平。

二是围绕树立公正执法观念,开展多项主题教育活动。把深化"强化法律监督,维护公平正义"和"执法为民、服务发展"主题教育活动作为推进队伍建设的载体,突出加强队伍的作风建设。还通过建立廉政信用评价制度,促进干警勤政廉政以及正确履行职责。

三是围绕增强检察人员执法能力,开展素质和能力建设。广泛开展岗位练兵和专业技能竞赛,队伍的业务素质得到增强,已有 6 人进入最高人民检察院侦查人才库,5 人进入公诉人才库。加强高层次人才培养,具有本科以上学历的人员比例为 93%。完善目标量化考核体系,实行"逢晋必考",去年共有 54 人参加了晋升检察职务、职级的考核,34 人得到晋升。

此外,还注意做好检察后勤保障工作。去年在区委、区人大以及区政府的关怀支持下,我院的业务大楼已竣工投入使用,信息化建设也取得了较大进展,在推动检察业务发展,带动队伍建设上发挥了积极的作用。

一年来，广大干警认真履行检察职责，积极参与各项教育活动，队伍的整体素质、执法水平从中得到了进一步的提高，涌现出一批工作业绩突出的先进集体和个人，有2个集体荣获国家级荣誉4项，20余人获市区级先进个人称号。

检察工作取得了新的进展，但同时还存在着不足：在诉讼监督方面，还需加大监督力度；在对检察业务骨干人才的培养方面，还需探索更有效的方法和途径；在检察宣传工作上，仍需进一步加强。

2005年工作设想

我院要在区委和市检察院的领导下，以邓小平理论和"三个代表"重要思想为指导，全面贯彻十六大和十六届三中、四中全会精神，牢固树立科学发展观和正确执法观，紧紧围绕改革发展稳定大局和"强化法律监督，维护公平正义"的工作主题，全面履行检察职责。今年的检察工作，突出抓三个能力的提高：

一、加大工作力度，不断提高法律监督能力。以"强化法律监督，维护公平正义"为工作主题，树立以业务工作为中心的意识，全面履行法律监督职责。要依法打击各类刑事犯罪案件，确保社会稳定和群众人身、财产安全。要努力提高发现犯罪和突破犯罪的能力，集中力量查办职务犯罪大案要案。要深入开展职务犯罪预防工作，努力减少和消除导致职务犯罪发生的诱因。要全面强化诉讼监督，提高监督水平。要高度负责地做好控告申诉检察工作，依法妥善处理群众性事件，最大限度地预防和化解社会矛盾。在实际工作中，还需处理好办案力度与执法效果的关系，处理好公正与效率的关系，处理好打击犯罪与保障人权的关系。

二、加大改革创新力度，不断提高科学管理能力。以提高案件质量为核心，继续完善检察业务管理机制，深化主诉、主侦检察官办案责任制；建立案件质量指标体系，对检察业务工作实行定性、定量分析；建立自侦案件接受外部监督的工作机制，主动接受人大代表及社会各界的监督。突出信息化管理，探索建立业务建设、队伍建设和信息化建设相结合的检察工作管理模式。制定科学的共性评价和个性评价标准，完善对检察人员的绩效考核。

三、加大队伍建设力度，不断提高队伍的专业能力。坚持用"三个代表"重要思想和科学发展观武装干警头脑，认真抓好保持党员先进性教育活动，强化"立检为公，执法为民"观念的树立。突出抓好班子建设，提高领导水平和执政能力。以提高执法能力为重点，紧扣业务，深入开展各项检察业务的培训工作。

各位代表，面对新的形势，检察工作任务艰巨，责任重大，我们要进一步统一认识，以邓小平理论和"三个代表"重要思想为指导，认真贯彻党的十六届四中会精神，全面落实区委九届三次、四次全会提出的目标和要求，凝聚力量，奋发进取，为构建我区大稳定工作格局，维护首都稳定，建设和谐的社会做出新的更大的贡献。

朝阳区人民法院工作报告(摘要)

——2005年1月11日在北京市朝阳区第十三届人民代表大会第二次会议上

朝阳区人民法院代院长　李新生

2004年的工作回顾

一、着眼于社会稳定和经济发展，审判职能进一步强化

全年共审理刑事、民事、行政和执行等各类案件47101件，办结43456件，约占全市法院的1/7强，同比分别上升23.7%和17.1%，连续4年位居全市法院系统首位，并已成为全国基层法院中收、结案最多的法院。

(一)围绕营造稳定和谐的社会环境,继续做好维护稳定的各项工作

全面加强刑事审判工作,依法惩处各类犯罪。全年共审结刑事案件2850件,判处犯罪分子3813人,比上年分别上升9.7%和8.2%。一是依法严惩严重危害社会治安,特别是爆炸、放火、杀人、绑架等恶性犯罪和涉毒品犯罪,全年共审结此类案件718件,判处犯罪分子1056人。二是依法惩处侵犯国有资产犯罪、金融犯罪、涉税犯罪、职务犯罪等在完善社会主义市场经济体制过程中发生的各类犯罪,共审结此类案件139件,判处犯罪分子188人。三是坚决惩处利用邪教组织破坏法律实施的犯罪活动,共审结此类案件11件,判处犯罪分子16人。四是采取建立超期羁押预警机制、完善延审审批手续、规范内部请示等措施,严防对被告人超期羁押现象的发生。

积极参与社会治安综合治理,及时化解各种矛盾。一是在诉讼过程中尽量通过调解方式解决矛盾,全年案件调撤率达51.3%。同时,加强对人民调解工作的指导,促进了人民调解工作水平的提高。二是高度重视群体性纠纷,进一步加强信访工作,全年化解群体性纠纷140余起,涉及群众达7500余人。三是积极开展司法建议工作,全年向有关单位发出司法建议83条,对消除治安隐患和堵塞管理漏洞发挥了有效作用。四是加大法制宣传力度,增强群众的法治意识。

(二)围绕创造公正、高效的法治环境,全面加强民商、行政审判和执行工作

认真审理民商事案件,促进我区经济和社会全面进步。全年共受理民商事案件31533件,审结29570件,比上年分别上升22.2%和16.6%。一是积极稳妥审理我区社会发展中出现的民事纠纷。全年审结婚姻家庭案件4276件;审结劳动争议案件611件,同比上升161.1%;审结涉及农民工权益案件260件;审结房地产案件1250件,同比上升80.1%;审结财产及人身损害赔偿案件2460件,同比上升30.2%。二是依法审理我区经济发展中出现的商事纠纷。全年审结深化国有企业改革中出现的企业兼并、破产重组、产权转让等案件4件;审结涉及金融领域的金融债权、期货、保险、证券等案件218件;审结绿化隔离带建设引发的农村土地承包合同案件21件;审结涉外和涉港澳台案件19件。三是加强知识产权案件的审判,全年审结商标、著作权、不正当竞争等传统的知识产权案件和审判领域内新出现的涉及计算机软件著作权等知识产权案件182件,同比上升23%。

高度重视行政案件,促进依法治区。全年共受理行政案件257件,审结248件,比上年分别上升16.8%和12.2%。

加强和改进执行工作,努力解决“执行难”。一是定期召开由主管院、庭长和执行员参加的执行例会,对当事人经常催办、长期难以执行的案件进行研究,使一批疑难复杂案件得以执行。二是创新执行方法,积极探索委托调查、公布拒执人名单等制度,发出全市法院第一份委托调查令,并率先利用网络发布执行公告限期执行,迫使部分被执行人主动履行了义务。三是按照最高法院的要求,认真开展执行“三清理”工作,在为期3个月的时间里,案件基本清理完毕,78.6%的案款发还了当事人,查封扣押物全部得到了处理,卷宗归档率达到98.8%。全年共执结案件10593件,执行标的额16.5亿元,比上年分别上升20.8%和13%。

二、着眼于“公正与效率”,不断巩固和深化法院改革

去年,我院在坚持已有的改革举措的基础上,积极探索庭前调解工作,由1名法官、3名法官助理、1名书记员和1名辅助人员组成庭前调解组,在自愿、平等、合法、高效原则的指导下,将可能调解解决的纠纷全部纳入庭前调解范围,在开庭前由法官助理主持调解,促使双方当事人达成协议。如果调解不成,则由法官助理将双方无争议的事实和诉争的焦点进行总结,向法官提交书面报告,为开庭审理做好庭前准备。庭前调解工作试行5个月来,取得了预期的效果:一是初步实现了合议庭人员的分类管理。二是案件调撤率达91.1%,比试点前上升了21个百分点。三是缩短了结案周期,88%的案件均在30天内结案。四是开庭率明显降低,只有8.2%。五是庭审时间从过去的1个小时至1个半小时,缩短到平均半个小时,且当庭宣判率达78%,比过去上升58个百分点。六是案件上诉率明显下降,目前为止没有一起案件当事人上诉。七是庭前达成调解协议的案件,目前没有出现当事人拒领调解书的现象,60%的当事人自觉履行了义务。八是有利于加强廉政建设。九是符合“两个效果统一”和“司法为民”的要求。

三、着眼于人才资源建设,造就一支合格的法院队伍

(一)着力培养青年干警,推动法院整体人才建设

一是注重加强政治思想教育,通过深入开展“司法公正树形象”和“执法为民、服务发展”主题教育活动、深入学习全国模范法官宋鱼水、蒋庆的先进事迹,促进青年干警树立正确的世界观、人生观和价值观。二是将青年干警放到重要的工作岗位上锤炼,在实践中加强培养,以丰富其阅历,磨砺其意志,增长其才干。三是完善法院人才库建设,注重能力和业绩,坚持能力

导向和业绩导向。

（二）着力完善教育培训，促进干警业务素质的提高

一是按照分类培训、专业化培训的要求，分期分批组织审判长、法官参加市高院的业务培训班，加强对新知识和实践能力的培训，以切实提高审判工作水平。二是坚持举办法官讲坛和专家研讨会，对新颁布的法律和司法解释以及审判实践中遇到的疑难复杂问题进行研讨，确保裁判公正。三是丰富培训方式，通过组织法官外出学习、考察，拓宽法官的法律视野，增强法官的职业意识。

（三）着力加强党风廉政建设，切实实现防线前移

一是严格落实党风廉政建设责任制，认真执行廉政谈话、述职述廉制度，重点抓好党风廉政建设责任制的检查、考核和追究工作。二是认真开展党风廉政建设宣传教育月活动，由“一把手”给干警上党课、组织“两个《条例》”的学习和测试，进一步增强干警的廉洁自律意识。三是切实落实市高院“六条禁令”，确保公正履行职责。

四、着眼于司法为民，切实保障人民群众合法权益

（一）为困难群众开辟诉讼“绿色通道”

对于涉及困难群众的案件，我们在减、缓、免收诉讼费的同时，要求快立、快审、快执，使困难群众的合法权益及时得到实现。

（二）为方便群众开辟法院“网络视窗”

充分利用计算机网络资源优势，在全国法院系统率先推出了网上庭审直播，极大地方便了人民群众旁听案件审判，此举对于促进审判工作水平的提高、对于开展法制宣传教育也具有重要意义。为了使执行工作进一步公开和规范，还在全市法院系统率先开发了执行工作查询软件，当事人通过法院内的触摸屏可以查询到案件信息，对案件的执行情况一目了然。

五、着眼于全面提高工作水平，主动接受人大监督

一是坚持重大事项报告制度，认真向区人大内务司法委员会汇报了刑事案件审限和被告人羁押情况，1名副院长还向区大人常委会述职，接受评议。二是认真办理人大代表的建议，全年共收到全国和市、区人大常委会转来的建议8件，全部在规定的期限内办复。三是邀请人大代表视察、检查工作和旁听案件审判，拓宽联络渠道。此外，全体审判员参加了区人大组织的行政许可法考试，我院还聘请了新一届特邀监督员。

在总结成绩的同时，我们也清醒地认识到，工作中仍然存着在不足：少数案件审判质量不高、诉讼时间过长，引起当事人不满；法院改革需要进一步深化；个别法官的宗旨意识、群众观念尚未牢固树立，存在工作作风问题；由于受到有些社会因素的影响，“执行难”问题依然比较突出。对这些困难和问题，我们将进一步采取有力措施，在各方面的监督和支持下，下大力气努力加以解决。

2005年的工作思路

第一，为我区全面建设小康社会营造长期稳定的社会环境。构建“严打”长效工作机制，依法严惩严重刑事犯罪，维护国家安全、社会稳定和人民群众生命财产安全。依法惩处国家工作人员职务犯罪，维护国家机关的廉洁性。严防发生超期羁押现象，尊重和保障人权。高度重视、妥善审理因城市房屋拆迁和农村土地征收、征用、企业重组中职工利益受损、拖欠职工工资福利、环境污染等引发的诉讼案件，防止因审理不当引起涉诉上访。加强对人民调解工作的支持与指导，积极参与社会治安综合治理，维护和谐稳定的社会秩序。

第二，为我区经济持续、快速、健康发展提供司法保障。强化调解工作，在坚持自愿、合法原则的基础上，努力提高调解结案率。依法制裁金融领域非法行为，保障金融安全。依法惩处侵害投资者、消费者、知识产权人合法权益的行为，维护公平、竞争、有序的市场经济秩序。坚持支持和监督行政机关依法行政，妥善审理好行政案件。依法审理涉港澳台和涉外案件，营造良好的投资法制环境。创新执行方法，进一步加大执行力度，促进社会信用制度的建立。

第三，积极稳妥推进法院改革，确保司法公正与高效。认真贯彻落实最高人民法院第二个五年改革纲要，重点在完善诉讼调解制度、法院人员的分类管理和审判管理机制上下功夫，并在区委、区政府和上级法院的支持下，积极探索能够适合我院审判工作实际需要的用人机制，努力缓解审判力量与审判任务不适应的矛盾，不断提高审判质量和效率。

第四，大力加强法院队伍建设。加强人才的吸引、培养和使用工作，下大力气培养年轻法官，造就一批审判业务专家，树立、宣传一批先进典型，同时继续狠抓各项廉政制度的落实，进一步加大查处违纪违法行为的力度。深入落实司法为民的要求，进一步转变审判作风，继续在方便当事人诉讼、减轻当事人负担、方便群众旁听案件审判、方便查阅裁判文书等方面提供更加便利的条件。同时认真探索新情况下，法院内部的考核管理机制，确保各项工作正常开展。

第五，夯实基层基础，提高司法能力。加强基层党的建设，深化干部制度改革，推进“聚合力工程”，提高

党组织的创造力、凝聚力和战斗力。加强法院文化建设,夯实文化基础、打造文化品牌、实践“人文奥运”。加强基层稳定工作,充分发挥人民法庭的职能作用,确保一方平安。

朝阳区2004年国民经济和社会发展计划执行情况与2005年国民经济和社会发展计划草案的报告(摘要)

——2005年1月12日在北京市朝阳区第十三届人民代表大会第二次会议上

朝阳区发展和改革委员会主任 张春秀

一、2004年国民经济和社会发展计划执行情况

2004年预计实现地区生产总值803.4亿元,同比增长17.4%,完成年计划的104.8%;区级财政收入完成68.5亿元,同比增长21.1%,完成年初预算的108.1%,收入总量居北京市首位;社会消费品零售总额完成369亿元,同比增长23.5%,完成年计划的112.3%;全社会固定资产投资额完成327.3亿元,同比增长14.8%,完成年计划的95.7%;城镇居民人均可支配收入达到15757元,同比增长13.4%,完成年计划的105%;农民人均纯收入达到10261元,同比增长8.1%,完成年计划的100.1%。全区城镇登记失业率为0.84%,比去年同期下降0.2个百分点;城镇登记失业人员就业率达到73.47%,比去年同期增长2.39个百分点。计划执行的主要特点是:

(一)结构调整成效明显,区域经济保持较快增长。三个产业的比重分别为0.3%、24%和75.7%。在金融保险等现代服务业带动下,第三产业继续保持快速增长的良好势头,对经济增长的贡献率达到84%。第二产业增势平稳,产业内部结构进一步优化,汽车制造、电子信息等支柱产业增长较快。在33个重点产业项目建成开业的带动下,农村地区产业结构实现优化升级,经济实力明显增强。重点功能区的产业支撑作用日趋增强,空间布局进一步优化,一批国际知名企业入驻CBD,中央电视台新址开工建设,CBD初步形成了现代服务业主导的产业发展格局。电子城地区引进了摩托罗拉等120家地区总部、研发中心和高新技术企业,促进了我区高新技术产业的发展。

(二)宏观调控政策落实到位,基础设施承载力不断提高。落实国家宏观调控政策。对固定资产投资项目进行了梳理,全区共有项目1275个,为实现今后一段时间内经济的持续增长创造了条件。全区全年修建、改扩建重点功能区和城乡道路107条,提高了区域交通效率。全面启动“清水朝阳”工程,在全市率先编制了水系总体规划,完成了坝河下段等水环境治理项目。加大了绿化美化和环境整治工作力度,全区新增绿化面积956公顷。控制大气污染第十阶段各项任务顺利完成。危改工程和农民新村建设稳步推进,1.37万户居民的住房条件得到改善,8050户农民搬迁上楼。重点项目建设进展顺利,奥运森林公园企业拆迁基本完成,IT产业园ABB项目已开工建设,朝阳公园实现全园开放。

(三)各项改革有序推进,外向型经济快速发展。坚持“政府创造环境,社会创造财富”的发展思路,通过认真贯彻实施《行政许可法》、严格执行《政府核准目录》、成立投资促进局、举办第五届朝阳国际商务节等工作,进一步增强了区域投资吸引力。每月工商新登记企业居全市首位。新增外资企业469家,其中世界500强企业17家,实际利用外资额预计达到13.2亿美元,同比增长37.5%,呈现了投资规模大、独资企业多、投资领域宽等新特点。在开放程度不断提高的同时,改革的力度进一步加大。组建了国资委,对全区国有资产进行全面监管。国有资产管理体制改革继续深入。投融资体制改革取得新进展。积极推行招投标、代建制,规范了政府投资行为。争取到世行水利贷款4024万美元,首条引入社会资金参与建设的亮马河

北路进展顺利。农村各项改革加快推进,开展了区划调整、农村土地确权、集体资产清产核资、城乡就业和社会保障一体化等体制机制创新工作,努力解决农村城市化进程中的一些深层次矛盾。严格土地管理,建立了土地储备数据库,实行土地一级开、“招拍挂”,提高了土地资源管理利用水平。

(四)各项社会事业全面发展,人民生活质量稳步提高。召开了全区社会发展大会,明确了社会事业改革的思路和发展的重点。对20所办学条件和办学水平相对较差的学校进行了调整,新接收3所铁路系统学校;加大了对农村教育的倾斜力度。举办了各种时尚性、民俗性和群众性文化活动,提升了我区文化品牌;积极推进了文化体制改革,朝阳文化馆被确定为全国文化体制改革试点单位。加快了公共卫生体系建设,社区预防保健、康复、健康教育等服务功能不断完善;卫生体制改革试点取得突破。第九届世青赛各项准备工作进展顺利,公共体育服务设施继续改善。高度重视就业和社会保障工作,制定出台了推进城乡社会保障接轨的实施办法,历史遗留的农转居自谋职业人员的社会保障问题得到基本解决。对1.79万名农村富余劳动力开展了专业技能培训,7700余人得以就业。

总的看,2004年国民经济和社会发展计划执行情况良好,但仍然存在一些突出的问题需要加以重视:一是与奥运会的举办和区域经济社会发展的要求相比,道路等基础设施尚有较大欠缺。二是国有企业、市政基础设施、公用事业投资体制改革仍需深化。三是社会事业发展步伐急需加快。今后我们将按照科学发展观的要求,更加注重从体制、机制入手,更加注重远近结合,更加注重薄弱环节的改善,不断提升政府执政能力,以更有效的工作手段和措施,在发展中加以解决。

二、2005年经济社会发展计划总体考虑和初步安排

2005年安排全年计划时,我们具体把握了以下几点:一是牢固树立和认真实践科学发展观。二是将“三个优化”作为我区落实科学发展观的具体措施进一步深入推进。三是紧抓奥运经济这根主线,实现奥运促发展。四是坚持改革促发展、开放促发展。五是坚持以人为本,促进城乡统筹发展。

预计2005年我区经济增长速度为12%;全社会固定资产投资额增长16%;社会消费品零售额增长12%;财政收入同口径增长12%;实际利用外资12亿美元;城镇居民人均收入和农民人均纯收入增长8%以上;城镇登记失业率控制在2%以内,失业人员再就业率达到60%以上;人口自然增长率控制在1‰以内;建成区生活垃圾无害化处理率达到100%;城市绿化覆盖率达到43%。

三、实现2005年经济和社会发展调控目标的主要措施

(一)保持投资适度增长,加强和改善城乡基础设施薄弱环节,拉动区域经济持续增长

明确政府投资重点,增强引导、带动作用。从群众最需要的方面入手,加大城乡基础设施薄弱环节建设力度。2005年政府投资的重点:一是加快奥运及奥运相关项目建设。二是以提高交通效率为目标,续建东北城角联络线等21条主次干路,新建劲松东延线等10条主次干路。三是推进“奥运承载区水环境治理项目”的实施,继续实施朝阳公园、红领巾公园水系连通和坝河水环境治理工程。四是围绕“绿色奥运”,加大绿化美化和环境综合整治投入力度。五是加快危旧房改造和农民新村建设步伐,进一步改善居民住房条件,实现6000户农民、1.3万人搬迁上楼。六是继续加大对农村地区基础设施建设的倾斜力度,45%的修路资金、86%以上的治污资金和40%以上的兴水资金将投向农村地区。同时,优化投资结构,严格土地管理,严把项目审批,逐步引导社会投资从主要集中在房地产领域向高新技术产业、现代制造业和现代服务业等有潜力、有后劲的产业领域转移,增强经济持续发展能力。

规范政府投资管理,提高资金使用效率。建立并完善项目储备制度,合理安排年度投资计划。今后所有政府投资项目,要求前期手续必须齐备,依法必须招标的全部纳入公开招投标范围,非经营性公益项目积极推行“代建制”,努力确保政府资金到位率达到100%。继续完善投资决策责任制,切实提高政府资金的使用效率。

创新融资机制,确保建设资金需求。进一步发挥政府投资的引导放大作用,多渠道、多方式吸引社会资金参与基础设施建设。一是探索政府投融资平台与风险投资机构的合作途径,以特许经营转让、股份合作等方式吸引社会资金。二是在亮马河北路引入民间资金参与建设的试点基础上,加快研究投资补偿机制,组织更多的基础设施项目在完成前期手续后,向社会公开发布信息,吸引更多的社会资本参与建设。三是进一步拓宽融资渠道,认真总结“奥运承载区水环境治理项目”世行贷款经验,按照国际惯例的要求包装项目,争取更多国际援助性资源。四是进一步提升政府融资工作的规范性和科学性,健全和规范政府融资管理程序,严格控制贷款规模,强化审计、严格评估,实现对资金的统一管理;制定土地出让金、特许经营权收益等资

金的管理办法,确定使用计划和工作方案,落实还款资金来源。

(二)加强规划引导和投资服务,转变政府对经济的调控方式,促进结构优化升级

明确发展重点,改进调控引导手段。今年结构调整的重点:一是加快国际金融等高端现代服务业发展,提升现代服务业在经济总量中的比重。挖掘区域文化、旅游、会展等资源潜力,促进旅游、文化等产业的相互融合,努力将文化培育成我区新的支柱产业。二是抓住技术研发、核心制造等关键环节,发挥龙头企业的带动和辐射作用,加快高新技术产业和现代制造业的发展。三是牢固树立发展循环经济的观念,积极发展土地资源占用少、能耗低、产出高、收益大的行业,促进经济增长方式的转变。四是加快农村地区重点产业项目建设,培育新的经济增长点。

制定完善规划体系,明确未来发展目标。以"十一五"规划编制为重点,完善规划体系,引导区域经济发展。一是全面总结"十五"规划执行情况,为衔接"十一五"规划打好基础。二是启动"十一五"相关专项规划的研究,完善规划体系,明确各个重点领域的发展方向,高质量完成"十一五"规划的编制工作。三是在做好产业调整规划、城市总体规划和土地利用规划相衔接的基础上,高编制各组团、板块的发展规划。四是认真研究规划的配套政策措施。

推进重点功能区建设,优化空间布局。一是进一步加快 CBD 区域建设,不断改善区域内及其周边的道路交通环境,加大重点项目的协调服务力度,加快金融、保险、中介等现代服务业的聚集和发展。二是改善电子城区域基础设施条件,积极发挥健翔科技园高新技术研究力量集中的优势,通过摩托罗拉等重点项目的带动,全面加快高新技术产业和现代制造业的发展。三是继续深化奥运经济研究,加快制定奥运周边地区产业发展规划和奥运场馆利用规划,着力培育奥运地区体育文化、旅游休闲等新兴产业。四是推进大环文化产业区建设,研究区域文化产业发展规划,以 798、潘家园等特色服务品牌为基础,全面加快文化产业发展。五是制定朝阳区迎奥运提升商业服务业质量实施意见,改造传统商业,优化商业区域布局。

建立产业筛选机制,规划引资重点。通过有针对性的招商引资,促进区域循环经济的发展。一是根据区域资源优势和实际情况,制定并发布土地投资强度、产出效率、产业能耗和水耗等相关标准,作为产业项目筛选的重要依据。二是结合项目储备库,建立产业项目综合评价制度,加强政策引导,逐步形成资源集约利用的长效机制。三是完善产业指导目录,启动区域招商引导规划的研究制定工作,明确招商引资重点,在加快资源密集型产业发展的同时,推进适合区域特点的劳动密集型产业发展,为解决就业问题提供岗位支撑。四是利用北京朝阳国际商务节、"投资北京"服务平台,加大产业项目推介力度,促进产业与民间资本、国外资本的双向对接。

(三)以制度创新为手段,增强区域经济发展活力,努力构建和谐社会

深化国有资产管理体制改革,提高国有资产管理水平。一是理清国资委职能,完善管人、管事、管资产相结合的管理体制。二是开展全区国有资产调查摸底工作。三是加快昆泰、朝开等区属国有重点企业建立现代企业制度和股份制改造,完成京客隆香港上市工作。四是制定引进社会资本参与国有企业改革的具体办法,积极引进外资和国内民间资本参与国有企业改组改造。

认真落实土地管理体制改革要求,有效利用土地资源。一是编制实施好土地利用总体规划和年度供应计划。二是加强土地储备工作,抓好土地一级开发,落实土地招拍挂制度的相关配套措施。三是建立产业项目和基础设施项目用地储备机制,保证产业发展和基础设施建设用地需求。

推进城市管理改革,实现城市公共服务资源的市场化运作。按照"稳定存量,放开增量"的思路,建立固定收益回报激励机制,将园林绿化、垃圾清运等城市管理服务的增量部分,向社会单位进行公开招投标,吸引价格低、服务质量好、管理水平先进的社会企业参与城市管理作业。

加快各项社会事业改革步伐,增强公共服务能力。以市场化为取向,鼓励社会资金进入经营性社会事业领域。一是促进教育体制改革。推进公办学校进行多种办学体制改革;加大投入和资源倾斜力度;采取多种形式,努力解决好外来务工人员子女入学问题。二是深化科技体制改革。充分发挥摩托罗拉科技发展资金和科技型中小企业融资担保资金的引导作用,支持企业加强技术创新和技术改造。三是加快文化体制改革在朝阳文化馆试点的基础上,探索经营性文化事业单位市场化改革的新途径。四是推进医疗卫生体制改革。加快垂杨柳医院的产权制度改革步伐;以管庄医院及双桥医院为核心,组建地区性医疗集团。完成东坝医院扩建工程,提高农村地区医疗服务能力。五是完善体育中心相关功能,为 2006 年世青赛的如期举行提供保障。

加大就业和社会保障改革力度,切实维护社会公平稳定。坚持城乡统筹,完善就业和社会保障体系。一是加大对农村富余劳动力和失业人员的定岗培训、专业技能培训,提高就业能力。二是全方位加大劳务

输出服务力度,实现劳务的区域性转移。三是继续实施社区就业岗位开发计划,解决“4050”人员就业困难。四是加强就业信息发布工作。五是逐步形成低保、大病统筹、失业保险为主要内容的农村社会保障体系。六是规范新型农村合作医疗管理制度。

朝阳区2004年财政预算执行情况和2005年财政预算草案的报告(摘要)

——2005年1月12日在北京市朝阳区第十三届人民代表大会第二次会议上

朝阳区财政局局长 尚 焰

各位代表:

我受朝阳区人民政府委托,向大会提出我区2004年财政预算执行情况和2005年财政预算草案的报告,请予审议。

一、2004年财政预算执行情况

2004年,区级财政收入预计684894万元,比上年增长21.1%,完成预算的108.1%。其中:固定收入96242万元,增长4.4%;共享收入574363万元,增长26%;非税收入14289万元,下降19.7%。

2004年我区财力预计471099万元,比上年增长12.4%。其中:区级财政收入684894万元,扣除体制上解298225万元,加上体制补助42987万元,体制财力429656万元,比上年增长19.4%,完成预算的105%;市下达专款及结算补助41443万元。

2004年财政支出预计470753万元,比上年增长13.7%。主要支出项目完成情况:基本建设支出13817万元;企业挖潜改造资金1313万元;科技三项费用及科学支出6259万元;农业、林业、水利和气象支出15293万元;教育支出78459万元;医疗卫生支出25274万元;抚恤社救、行政事业单位离退休及社会保障补助支出94951万元;行政管理费和公检法司支出91647万元;城市维护费48869万元。

2004年财政收支呈现以下特点:一是财政收入增幅较高,年增加额首次超过10个亿。二是稳定的地方财源体系形成。营业税、企业所得税、房产税和增值税四大税种占财政收入比重为89%。服务、金融保险等第三产业对收入的拉动作用增强,涉外经济成为增收亮点。三是随着优化发展环境的深入开展,部分收费项目取消,收费标准下调,非税收入出现较大幅度下降。四是公共财政投入力度加大。教育支出依法实现了“三个增长”。科技投入增加。社会保障、公检法司支出分别达到94951万元和40617万元,维护了社会稳定和政治安定。文化支出7904万元,推动了先进文化的发展。基础设施和环境建设投入预算内资金50384万元,预算外资金49940万元。五是多渠道增收节支,保证新增大项支出。下半年市政府出台一系列政策,其中规范公务员收入、土地确权、建设用地农转非人员社会保障,新增资金缺口近5亿元。财政部门积极采取措施,通过多种途径,力保全年收支平衡。

2004年,财税部门认真履行职责,为完成预算任务做了大量工作。一是深入研究收入和体制问题,促进财政收入和财力稳步增长。二是深化预算管理改革。实施了公用经费“低标准＊系数”改革方案。扩大政府采购实施范围,加强监督管理,全年完成采购额3.56亿元。全面推进工资统发工作,除教委下属单位外,行政和全额事业单位全部实行工资统一发放。三是加大财政性资金的管理力度。建立中介评审制度,全年审减基建资金1.4亿元;对教育、支农资金实施了专户管理;深入开展财政专项检查。四是积极探索公共财政和市场化改革创新机制。围绕农民就业和社会保障问题,制定了一系列措施;调整卫生支出结构,加大公共卫生投入;在19个乡启动垃圾清运消纳改革试点;在5个街道社保所实施了会计委托代理记账试点。

2004年财政工作中还存在一些问题:一是财政支出的范围和结构仍然不尽合理,调整支出结构、建立公共财政的任务十分繁重。二是预算改革还处于探索完善阶段,预算管理的科学性和预算约束力有待进一步提高。三是在资金管理方面,少数单位勤俭节约意识较为淡漠,财经纪律松弛、铺张浪费现象时有发生。这些问题已引起我们高度重视,将通过严格管理、深化改革、创新机制等措施逐步加以解决。

二、2005 年财政预算草案和主要工作

2005 年我区财政预算安排的指导思想是:以"三个代表"重要思想和十六届三中、四中全会精神为指导,按照贯彻科学发展观、加强执政能力建设、落实"三个优化"的要求,加快建立公共财政体制;完善财政增收机制,努力增加区级财力;进一步调整和优化支出结构,支持经济和社会全面协调可持续发展;完善预算决策和管理制度,硬化预算约束,强化政府采购,深化国库支付。

按照上述指导思想,区政府编制了 2005 年财政收支预算草案,提请大会审议:

——区级财政收入 755600 万元,比上年同口径增长 12%。

——当年体制财力 482600 万元,比上年增长 17.9%。

——财政支出安排 482600 万元,比上年增长 17.9%。

2005 年支出预算安排的总体情况:基本支出 241139 万元(其中人员支出 125935 万元,对个人和家庭补助支出 81660 万元,公用支出 33544 万元);项目支出 233461 万元;预备费 8000 万元。

主要支出项目安排情况:基本建设支出 20000 万元;科技三项费用及科学支出 7237 万元;农业、林业、水利和气象支出 14484 万元;教育支出 88387 万元;医疗卫生支出 26354 万元;抚恤社救、行政事业单位离退休及社会保障补助支出 91179 万元;行政管理费及公检法司支出 97351 万元;城市维护费 68700 万元。

2005 年财政工作的重点是:

(一)重基础、强基石,促进财政收入持续稳定增长

一是深入调研,分析财政收入增长中存在的深层次问题,提出中长期预测和规划。二是理清辖区税源基础情况,协调市财政完善市区体制,确保财力稳定增长。三是对街乡体制展开调研,按照"财随事走"原则,出台新的街乡财政体制。四是完善税源建设子系统,促进街乡基层加强税源监控,实现全区税源建设的齐抓共管。

(二)深化改革,创新机制,进一步提高预算管理水平

一是深化部门预算改革。严格执行 2005 年部门预算。完善改革措施,解决定额标准、项目论证等方面存在的问题。二是强化政府采购管理,透明采购程序,增强采购诚信。凡能纳入政府采购的资金和项目,全部实行政府采购,并以招标方式为主。重点抓好政府投资基本建设工程、会议培训实施政府采购工作。配合人大、政协加强对政府采购工作的监督。三是完善财政统一发放工资改革工作。通过加强政府采购和工资统发,扩大直接支付资金占财政支出的比重,为 2006 年实施国库集中收付制度改革做好准备。

(三)树立科学的理财观,优化支出结构,严格财政资金管理

科学理财原则是:集中财力办大事,投入资金讲效益,勤俭节约干事业。按照"压缩一般,保障重点"的原则,公用定额和部门专项分别压缩 10%,坚决制止铺张浪费。财力增量部分要加大公共投入,重点向"三农"、社会保障、社会稳定、公共卫生以及基础设施等领域倾斜。

资金管理重点:一是抓好基本建设项目投资评审的管理和引导,力争 2005 年财政性资金投入的项目评审率达 90% 以上。二是完善财政资金专户管理,重点抓好教育资金、支农资金、社保资金和科技资金专户管理。三是狠抓财政检查和专项资金使用的追踪问效,增强资金安排的合理性。继续严格结存资金管理,研究整合结存资金使用的办法。

(四)调整支出方向,加大试点力度,稳步推进公共财政和市场化改革

调整支农资金使用方向和重点,加大劳务派遣组织运作等力度。明确公共卫生体制改革思路,将减少的人员支出增加到公共卫生、农村卫生等方面,建立资金使用的考核机制。推进环卫作业市场化改革,扩大试点范围。完善街乡社保所会计委托代理记账试点,在 42 个街乡社保所全部推开;配合街乡政府选择部分村(居)委会,扩大代理记账试点范围。

当前,朝阳区正处于经济社会高速发展的关键时期,各方面对资金的需求大幅度增加。财政部门必须牢记"两个务必",积极想问题、抓落实、找规律、谋发展。在大力节俭财政资金的同时,时时、事事从人民群众的根本利益出发,把事关基层百姓利益的各项工作抓实、抓好。

各位代表:2005 年的工作蓝图已经绘就。我们将按照加强执政能力建设的要求,坚决贯彻落实科学发展观和正确的政绩观,立足区域特点,立足以人为本,抢抓机遇、狠抓落实,用扎实的工作作风和切实的工作成绩为经济和社会事业发展做出更大的贡献!

专 文

积极推进人才资源整体开发 为建设现代化新朝阳提供人才保证

2004 年 3 月 30 日

李士祥

近年来,在市委市政府的领导下,朝阳区解放思想,求真务实,不断创新人才工作方式,优化人才发展环境,人才队伍建设有力地促进了全区各项事业的发展,加快了"三化四区"进程。总结几年来的人才工作,我们主要有三点体会。

一、坚持把人才工作放在发展的首位

按照"新北京、新奥运"的发展规划,CBD、奥林匹克森林公园、电子城、朝阳口岸、健翔科技园、望京科技园等一批首都重大功能区建在朝阳。这为朝阳发展提供了难得的历史机遇,也提出了严峻的挑战。面对机遇与挑战,区委认为要把机遇转化为发展的优势,就必须把人才工作放在优先发展的地位,以人才的兴旺推动事业的发展。为此,我们坚持党管人才的原则,不断加强和改进区委对人才工作的领导。成立人才工作领导小组,充分整合力量,构建区委统一领导、组织部门牵头抓总、各部门各司其职、社会各界广泛参与的"大人才"工作机制,形成人才工作合力。

立足以规划引导人才发展。结合制定"九五"期间经济社会发展计划,开展了朝阳区整体性人才资源开发战略研究。特别是市九次党代会之后,按照首都举办历史上最出色的一届奥运会、率先基本实现现代化的发展要求,结合我区"三化四区"建设的实际需要,提出"人才强区"战略,制定了《2003—2008 年朝阳区人才队伍建设规划》,明确了人才队伍建设的指导思想、战略目标、工作重点和保障措施。配套制定了教育、科技、文化、卫生、体育等社会事业人才发展规划,以及朝阳区产业结构调整人才规划,形成了较为完整的区域人才发展规划体系。出台了《关于优化人才发展环境的实施意见》和《关于加强干部教育培训工作的实施意见》等配套措施,为人才发展努力完善政策支撑。以紧缺人才建设为重点,以高素质人才建设为核心,提高市场化和开放度,推进人才资源开发。投资近 1 亿元建成 3100 多平方米的人才市场,形成了集人事咨询、人才交流、人事代理、社会保险为一体的人才市场服务体系。

二、坚持在机制创新中广泛汇聚优秀人才

为不断满足事业快速发展对各类人才的需求,借助于首都的人才资源优势,创新方式,筑巢引凤,广纳贤才。

一是竞争择优选良才。坚决摒弃"引才不愁"和"坐等人才上门"的观念,放开视野"抢人才"。1998 年以来,我区先后 8 次面向区内外公开选拔 157 名党政领导人才,引进了一批文化程度高、专业能力强的优秀干部。与 1998 年相比,处级干部平均年龄降低了 3.6 岁,大学以上文化程度所占比例提高了 36 个百分点。拓宽引才渠道,运用市场机制,从外省市引进了

58名急需的“双高”人才。去年，在团中央的支持下，从全国高校选拔了100名品学兼优、学有专长的优秀毕业生，充实到街、乡和有关职能部门。通过竞争发现人才、选拔人才，不仅改善了处级干部队伍结构，实现了领导班子的梯次配备、知识互补和专业配套，还为我区人才队伍注入了新的活力，积蓄了后备力量。

二是院地合作引人才。强化区域人才观念，充分用好首都科研院所的人才资源优势，推进实施科教兴区战略。从1997年开始，我区与中科院等科研院所开展院地合作，积极引进科技副职。去年，与中科院签署了《科技人才长期合作协议》，变“分散式”引进为“团队式”引进，集中引进了16名科技副职，充实到经济综合部门和重点功能区。他们在各自的岗位上，依托中科院雄厚的科技实力，充分发挥专业优势，参与决策论证、课题攻关、科技咨询，在搭建经济信息网络平台、建设生态农业园区、加快制造业技术改造等方面做出了积极贡献，有力推动了科技创新和科技成果转化，在创建全国科技进步示范区中发挥了重要作用。

三是柔性流动引智力。按照“不求所有、不求所在、但求所用”的思路，积极探索引才引智的有效方式。针对一些专业性较强的岗位，采取聘任制，选拔一批政治素质好、业务精通的高级专业人才，充实到建委、劳动、统计等单位担任“三总师”。变人才引进为智力引进，以项目引智力，为决策引智力，以课题引智力。在CBD、朝阳公园、温榆河生态走廊、大环文化产业园区等重大项目的规划中，公开向国际著名的专业设计公司征集方案，借助国际先进理念，提升朝阳区域国际化建设水平；组建了城市规划建设、金融、法律等方面的政府专家顾问团，为重大决策提供咨询服务；围绕农村城市化、城市现代化、区域国际化、优化产业结构、优化空间布局等课题，聘请了一批专家学者，共同参与研究。2002年以来，我区各部门聘请各类专家学者376名。专家群体通过咨询、论证、调研等方式，参与到经济社会发展的各个领域，成为推进我区现代化建设的一支重要力量。

四是搭建平台聚人才。栽好梧桐树，引来金凤凰。我们以商务中心区、电子城、健翔科技园等为依托，大力发展现代服务业、现代制造业、高新技术产业，以产业聚集人才。四次举办国际商务节，扩大了CBD的影响，吸引了大批国际国内商务精英。经国家人事部批准，创建了中国北京(望京)留学人员创业园，截至去年底，园区累计吸引博士167名、硕士1000余名，其中归国留学人员105名。各方人才的汇聚，带来了资金、项目、信息、技术的聚集，日本松下电子品部、韩国LG中国研发中心、双鹤药业等一大批中外著名企业落户园区，三年来，望京产业区实现了技工贸收入51.7亿元，上缴税金3.45亿元。优势产业和良好的创业平台成为是吸引、聚集人才的有效载体，有力促进了区域经济社会发展。

三、坚持为人才成长、创业营造优良的环境

人才推动事业，事业造就人才。要实现事业发展、人才成长的目标，就必须全方位优化人才发展环境。

一是优化用人环境。以中组部党政干部制度综合改革试点为契机，按照市委提出的构建“两个系统、四个机制”的要求，积极推进干部人事制度改革，坚持用好的制度选人，坚持用好的作风选作风好的人。围绕干部的选、任、监、管，全方位创新机制。坚持扩大民主，先后推行了试用期、考察预告、差额考察、任前公示、票决制等一系列改革措施，依靠群众选准用好干部。制定了不胜任现职干部的认定标准和调整办法，出台了辞职制、任期制，推行了以任期制为核心的综合改革，增强了干部的责任感、紧迫感，初步形成了干部能上能下、能进能出的机制和局面。建立以实绩为核心的干部综合素质考核指标体系，完善考核方法体系，健全考核组织体系，在各项事业的推进中考察了解干部，严格依据考核结果决定干部升降去留，为优秀人才脱颖而出、健康成长营造良好的环境，使想干事的人能干事，能干事的人干成事，干成事的人有机会。

二是优化成长环境。采取实践锻炼、在职学习、境外培训等多种培养方式，加速人才成长。强化岗位职责的“基础性”锻炼，组织上挂下派的“补课性”锻炼，开展交流轮岗的“提高性”锻炼。1999年、2000年两次选拔84名35岁以下、大学以上文化程度的优秀年轻干部，充实到街乡担任助理，目前已有45名走上处级领导岗位；从去年开始并将每年选调100名30岁左右的年轻干部上挂下派，促使干部在实践中丰富阅历，提高能力。坚持放开视野看教育，集中力量抓培训，整合资源，健全机制，与建设学习型城区相结合，着力构建大教育、大培训工作格局。建成了党校、高等院校和革命根据地为依托的教育培训基地，与市委党校、北京大学、北京经济干部管理学院等联合举办培训班，有计划、有重点地培训干部。充分利用涉外资源，鼓励干部走出去，组织了7期以世贸规则、城市规划、社区建设、公共管理为主题的境外培训。三年来，全区处级干部普遍轮训一遍，累计培训处级干部3000多人次，培训各级各类人才15000人次，有效地促进了人才素质的整体提高。

三是优化创业环境。通过设立投资服务大厅、开通投资服务热线、建立企业绿色通道、简化行政审批程序等一系列举措，转变政府职能，提高办事效率，为企业发展、人才创业提供优质高效的服务。积极营造良好的政策环境，制定了扶持非公经济发展的若干意见，出台了望京留学人员创业园扶持办法，每年为创业园提供扶持资金额度1000万元。制定了吸引留住人才的具体办法，建立人才公寓，解决高级人才家属户口及子女入学等问题，积极从生活、待遇上解决优秀人才创业的后顾之忧。

四是优化舆论环境。发挥舆论宣传的导向作用，在全区努力形成尊才、爱才、留才、护才、珍惜人才的良好氛围。以《朝阳报》、朝阳有线电视以及社区专栏、板报为阵地，大力宣传"人才是社会经济和科技进步第一资源"、"科技是发展的动力、人才是发展的关键"等新人才观。在全区选拔表彰拔尖人才、学科技术带头人、优秀中青年知识分子和重视人才工作先进单位，重奖纳税大户和有突出贡献的优秀人才，组织"百名博士朝阳行"，大力宣传人才创业的成功典范，让人才真正体会到全社会的关心和重视，在激发各类人才的积极性和创造性的同时，在全区着力营造"尊重劳动、尊重知识、尊重人才、尊重创造"的社会氛围。

几年来，我们坚持把人才工作放在发展的首位，坚持在创新机制中广泛汇聚人才，坚持为人才成长、创业创造优良的环境，人才工作取得了一定的成绩。但与"新北京、新奥运"发展形势的要求相比，与朝阳区以"优化发展环境、优化空间布局、优化产业结构"加快实现"三化四区"的战略任务相比，还存在不小的差距。在下一步的工作中，我们一定要深入贯彻中央和市委关于人才工作的重要精神，坚持党管人才，以人为本，求真务实，创新机制，扎实有效地开展人才工作，为建设现代化新朝阳提供坚强的人才保证。

（在北京市人才工作会议上的发言）

朝阳区为民办实事工作机制研究

2004年12月21日

陈 刚

"三个代表"重要思想是我们党的指导思想，而实现最广大人民的根本利益是实践"三个代表"的根本要求。为民办实事工作已成为保持党和政府与群众血肉联系的重要纽带，成为党和政府维护、发展群众利益的重要手段。为落实科学的发展观、进一步增强党的执政能力和更好地建设我区和谐社会，使我区为民办实事工作更加系统化、规范化、制度化，构建一个适合我区区情、切实满足群众需求的工作机制尤为重要。为此，我们着重分析了我区为民办实事工作现状，围绕建立机构健全、制度完善、资源整合、运转高效的工作机制展开了调查研究，以期进一步提高工作水平，推进服务型政府的建设，更好地实现我们党和政府全心全意为人民服务的根本宗旨。

一、我区为民办实事工作现状

长期以来，区委、区政府高度重视为民办实事工作，将其作为践行"三个代表"重要思想的具体举措来落实，努力树立服务意识、切实转变工作作风，贴近百姓需求、扎扎实实做事，积极探索、实践为民办实事的新途径、新方法。人民的生活环境不断得到改善、生活质量不断得到提高，广大群众真正在我区经济社会的快速发展中得到了实惠。

我区为民办实事工作，按照党委领导、政府主抓、辖区负责、群众参与的原则开展，主要包括三个内容，将关系群众生活的重大事项列入年度为民办理的重要实事；对群众反映的各种热点、紧急问题，有畅通的沟通渠道及时加以处理；针对某一阶段的突出难点问题，开展专项活动加以解决。

（一）高水平完成年度为民办理的重要实事

年度为民办理若干件重要实事工作，依托区政府职能部门形成了一套完整的工作程序，每年的工作项目由区政府根据人大代表建议、政协委员提案和群众需求提出，面向社会广泛征求意见后确定，分解到职能部门执行，区政府督办落实，完成情况列入对各单位的效能监察。

为民办理的重要实事围绕便民、治污、兴水、建绿、修路、危改等解决事关群众生活的"大"问题，使城市乡村环境进一步改观，基础设施逐渐完善，人民生活更加便利。在大的环境改善的基础上,办实事项目力求贴近百姓需求,2003年、2004年办实事的重点集中在完善社区功能、建设便民服务网络等项目上,目前21个街道全部建立了“为民服务办公室”,171个社区全部建立了“居民事务代办站”,同时完善了为民服务办公室政务、便民、事务代办与社区居委会网络体系,143个社区已实现社区居民日常基本需求不出社区。服务突出人性化理念,设置一站式服务大厅,提供坐椅、饮水,甚至布置鱼缸来美化服务环境、调节办事群众情绪。对涉及隐私问题的,还设置了封闭的民愿接待室。

(二)建立畅通的日常处理渠道

群众日常生活遇到困难,可以随时向政府部门反映,由有关单位进行解答、处理或转办,在规定的时限内将结果反馈群众。处理结果、被服务人的满意程度列入对该单位的效能监察范围。

目前,我区群众与区委、区政府联系渠道十分畅通,形式多样。除日常接待信访、来访外,自1999年起实行区领导接待日制度,每周三,来访群众可直接向区领导反映有关情况,群众信访接待对处理结果的满意率达到了80%以上。我区向社会公布了区政府便民服务热线65012345,投资环境服务热线65099999,工作人员24小时值班接听处理,承诺对群众反映的问题7日内给予答复。在政府网站首页上设置了区长信箱、政务投诉、政民互动、政策解答等项目,实现了群众在线咨询办理,区领导在线批阅,各委办局、街乡在线答复办理,大大提高了工作效率。2004年10月29日,北京首个政府热线——朝阳区政府呼叫热线中心已投入试运行,集成有线电话、手机短信、电子邮件等多种方式,承担查询、咨询、建议、投诉等多项功能于一体,使群众与政府沟通的渠道更加畅通。

(三)集中开展专项整治活动

针对我区为民服务阶段性的突出问题,采取组织专项活动、领导现场办公等形式,集中加以解决。

2003年我区开展了“深入群众办实事,优化环境促发展”主题活动,由区领导分片包干,集中解决排查出的300多件群众反映强烈的热点、难点问题。2004年,街道系统通过完善治安防控网络、建立治安立体监控体系等措施解决治安问题,通过与“金三元”早餐公司共同实施阳光早餐工程、动员餐饮企业及事业单位食堂加入便民早餐网络等措施解决早点难问题,通过完善再就业管理工作管理体系、开拓渠道挖掘岗位等措施解决就业难问题,通过探索“医疗看门人”机制、整合辖区医疗资源等措施解决看病难问题,通过引入专业化社会化管理、落实“门前三包”、提高群众参与意识等措施解决保洁问题,通过加快网点建设、开办早市、协调区域内商店扩大经营范围等措施解决买菜难问题,通过整合社会资源、建临时停车场、加快地下停车场建设、加强管理挖掘潜力等措施解决停车难问题,通过拆违建绿、拆墙透绿、垂直绿化、庭院绿化、建花园式单位、建集中绿地等措施解决绿化问题,“八难”问题的缓解,极大地方便了群众的生活,提高了群众的生活质量。

(四)完善监督考核体系

我区对为民办实事工作有了较为完整的考核体系,包括政府督查、纪检监察部门效能监察、人大代表监督、社会舆论监督等形式。

为民办理的重要实事工作由政府办负责督办,季度汇报进展情况,对重大项目做到随时掌握进展情况,年底考查完成效果,监察部门对其进行效能监察。为民拟办实事每年都是政府工作报告的重点,接受人大代表的监督。办实事项目和完成情况向社会公布,争取群众的监督。我区推出了对政府职能部门工作网上打分的活动,打分内容为依法行政、廉洁自律、政务公开、行为规范、服务态度、办事效率等六项,打分结果作为监察部门测评政府职能部门的重要依据。基层也形成了很多很有特色的监督评议制度,如劲松街道为民服务大厅创造了投球评议的方式,在大厅服务监督台有12个孔,代表12个服务窗口;用白色球代表不满意,黄色球代表满意,前来办事的群众可根据工作人员的服务态度、质量和办理情况,将球投入评议箱中。评议方式一目了然,方便了群众参与。

通过调研,发现我区为民办实事工作存在以下主要问题,一是长效性问题,需要对现代化城市管理规律进行进一步研究和探索,适应办实事工作内容动态变化的实际,制定规划、整体推进,保证工作的实效性、连续性;二是均衡化问题,存在工作力度城区较大、城乡结合部不足,便民设施老社区完善、新社区不足,资金投入建设项目大、配套管理不足等现象;三是工作体系问题,缺乏对全区为民办实事工作进行统筹协调的部门,工作力量需要整合,工作体系需要健全;四是群众参与问题,群众的参与是为民办实事工作能够长久有效开展的主要动力,如何引导群众参与、拓宽群众参与渠道是急需解决的一个问题。

存在以上问题,最根本的原因是我区还没有形成一个统一的工作机制,为把为民办实事工作提高到新的水平,建立健全完善的工作机制是当务之急。

二、建立健全我区为民办实事工作机制的建议

构建我区为民办实事工作机制要按照党委领导、政府主抓、辖区负责、群众参与的原则调配工作力量,按照机构健全、制度完善、资源整合、运转高效的原则构建工作体系,按照以人为本、市场运作、因地制宜的

原则做好方便群众生活的各项工作,实现行政行为规范、对问题反应及时、工作推动有力、沟通渠道畅通、部门配合协调、监督考核完善的目标,使我区为民办实事能力进一步增强,为创建我区服务型政府打下更坚实基础。

我区完善的为民办实事工作机制,要健全五个工作系统和规范三项工作程序。

(一)健全五大工作系统

1. 决策系统

工作职能:掌握信息,通过分析研究,做出决策。

工作机构:区政府成立为民办实事工作领导小组,区领导担任组长,成员为有关职能部门和街道(地区)负责领导。领导小组下设办公室,负责领导小组日常工作,协调各部门工作,统筹办实事信息,承担年度为民办实事工作的组织落实等任务。

工作方式:实行领导小组联席会议制度,联席会议负责制定工作规则和作出重大决策,组织协调有关部门,解决工作中存在的各种问题,保证全区为民办实事工作机制的正常运转。整合工作力量和资源,不断提高我区为民办实事工作机制的效能。

2. 咨询参谋系统

工作职能:发挥专家和群众的作用,在深入调查研究的基础上,提出决策建议和工作方案。根据工作执行情况提出评价意见。负责进行科学预测、提出战略规划的建议。

工作机构:建立专家顾问团,聘请市政府、研究机构、有关院校专家为成员。建立为民办实事工作群众联络小组,小组成员由人大代表,社区(村)群众代表组成。

工作方式:制定为民办实事工作专家顾问团和群众联络小组工作制度,定期开展研讨活动,论证工作方案,使参谋意见在理论和实际上实现最佳的结合,保证决策的科学性。组织专家针对我区为民办实事工作存在的突出问题开展调查研究,为更好地解决问题出谋划策。发挥群众联络小组与群众联系紧密、对问题感受深刻、在群众中有影响力的优势,负责收集反映群众生活中的热点难点问题,参与项目方案的制定,协助工作的落实,评估为民办实事工作效果,向群众宣讲有关政策措施等,群众联络小组要参与为民办实事工作的全过程。

3. 信息收集反馈系统

工作职能:做好与群众的沟通工作,倾听群众的呼声、处理群众遇到的热点难点问题,整理、分析为民办实事工作进展情况,供决策机关参考。将党和政府为民办实事工作的情况反馈群众,并做好宣传工作。

工作机构:朝阳区热线呼叫中心、信访部门、专家顾问团、群众联络小组以及各单位与群众的沟通渠道。

工作方式:坚持和完善群众来访工作制度,加大信访案件的督办力度,继续执行和完善领导接待日制度;推广地区、部门新闻发言人制度;加快社区民愿接待机构的建设;要尽快完善朝阳热线呼叫中心功能,拓展沟通方式,整合更多职能部门热线电话,真正实现"一号通"。要在该呼叫中心的基础上逐步建成我区为民办实事的信息处理中心。处理中心通过信息化整合全区为民办实事信息资源,实现联动反映、统一协调、快速解决。

4. 工作执行系统

工作职能:落实决策机构的各项决定,并将执行情况及时反馈。

工作机构:区政府各职能部门,各街道(地区)。各街道(地区)办事处建立为民服务办公室,负责本街道(地区)为民服务工作,开办居(村)民政务、事务代办大厅。有条件的社区(村)建立居(村)民政务、事务代办站,建立社区服务中心。

工作方式:对年度办理的重要实事,承办单位要在调查研究的基础上制定工作方案,明确责任和时间进度,按步骤稳步推进,定期汇报工作的进展情况;对群众反映的问题,各单位要有专门的机构负责处理,要在工作的第一时间主动与反映情况的群众取得联系,了解详细情况并在规定的时限内将工作结果反馈;街道(地区)要针对本地区群众的需求,整合地区资源,通过共建、沟通、交流、协商等方式共同研究和解决本地区群众的主要问题,推动各项服务工作的落实,同时要将服务向社区延伸,社区服务中心牵头组织对群众的服务工作。在工作落实中要注意理顺条块关系,要明确条和块各自的工作责任,保证条与块的紧密协作。职能部门要根据职责,以健全公共管理与社会服务体系为工作的重点,街道(地区)要根据群众的需求,通过多种方式研究和解决本街道(地区)群众的主要问题,统筹、组织、监督政府各个专业管理部门推动各项为民办实事工作的落实。

5. 监督考核系统

工作职能:对执行系统实行监督,以保证决策、指令执行到位。

工作机构:区人大、政府办、监察局、群众联络小组。

工作方式:人大开展监督,政府办进行督办,由监察部门进行效能监察,群众联络小组对工作效果进行评价,工作的进展和完成情况要向社会媒体公开,接受社会监督。要制定完善的制度,落实监督手段和奖惩、激励措施。考核内容要全,包括工作作风、服务态度、服务质量和服务效率等;考核方式要全,包括上级督查、绩效监察、群众评议、社会监督,要鼓励群众参与,推进监督手段的创新。

工作机制示意图如下:(略)

(二)规范运行程序

1. 年度为民办理的重要实事。根据对群众反映问题的分析和人大代表的意见,拟定出工作项目表,向社会公布征集意见,经过补充修改予以确定,交与执行机关落实。办实事项目进展情况每个季度向社会公布,年底进行考核。

2. 对群众反映问题的处理。群众生活存在的热点问题由信息收集反馈机构掌握,整理分析,进行分类处理,个别的、一般性的问题,直接转给执行机构答复、落实,事关全局性的问题上报决策机构。决策机构通过分析研究,综合咨询参谋机构的意见,作出决策;工作执行机构落实决策机构的决定和处理中心通报的需解决的问题,并将工作进展报监督考核机构和信息收集反馈机构;监督考核机构督查工作执行机构工作落实情况,评估工作效果,将结果通报信息收集反馈机构;信息收集反馈机构将工作落实情况和督查评估结果整理报决策机构,并向群众反馈、向社会公布。

3. 做好基层的便民服务工作。街道是城市管理和服务工作的落脚点,社区是城市社会运行的基本单元,街道(地区)、社区(村)是落实各项便民服务的主要阵地。在街道(地区办事处)建立完善的居(村)民政务、事务服务代办网络。要引导群众以理性合法的形式表达利益要求、解决利益矛盾,把问题解决在基层、解决在萌芽状态。坚持便民、利民的原则,以社区服务中心为龙头,从抓好居民最关心最需要的事情入手,完善服务设施,拓宽服务领域,创新服务形式,提高服务质量。对适合市场化运作的服务项目,放手鼓励社会组织、企业承接。要不断满足群众多层次、多样化的要求,为群众营造一个安全、舒适、整洁、方便的生活环境。

工作系统遇到问题要及时上报决策系统予以修正。工作需要多个部门共同推进时,由为民办实事工作领导小组联席会议进行协调,确定牵头单位、明确各单位责任,保证各单位密切配合、步调一致。

三、构建我区为民办实事工作机制的保障措施

(一)树立服务理念

践行"三个代表"重要思想,树立创建服务型政府理念,为构建为民办实事工作机制打下良好基础。要进一步转变政府职能,政府工作定位要真正转变到宏观调控、市场监管、社会管理和公共服务上来。全面清理实施行政许可的主体、事项及其相关规定,整合、简化审批事项和环节,规范行政审批。加强对公务员的思想教育,使为民服务的理念成为指导公务员工作的指南。加强对公务员素质的教育,提高为民服务的能力,为高效完成工作任务提供保障。

(二)发动群众参与

为民办实事工作能够长久有效的开展,群众的参与是最大的推动力。要建设阳光政府,落实好政务公开的各项措施。积极扩大群众参与的途径,确保群众参与我区为民办实事工作的全过程。对那些同群众利益密切相关的重大事项,要实行社会公示制度和听证制度,保证群众的知情权和参与权。

(三)工作重心前移

为民办实事工作是涉及面很广的系统工程,只有做到工作重心前移,才能掌握为民办实事工作的主动权。首先,要规范政府行政行为,对涉及群众利益的工作,在开展前要进行科学论证,实施时要做好宣传教育、注意工作方法,要制定妥善的安置和补偿办法,争取群众的谅解和支持,不激化矛盾;其次,要以规划为龙头,将为民办实事工作落到实处。制定区域发展规划要充分考虑群众不断提高的物质文化需求,加快关系群众切身利益的重点项目的建设。审核制定具体的项目规划,要树立便民、利民的思想,保证为民服务配套设施完善。要充分认识我区处在高速发展阶段的实际情况,要考虑群众需求的变化,做到超前规划。

(四)制定指导标准

我区是奥运会主会场所在地,率先实现现代化和实现"三化四区"宏伟蓝图是我们的目标,与此相对接,我区为民办实事工作必须是高质量高标准的。随着我区城市化进程的加快和最终完成,我区为民办实事工作要实现标准的统一。制定一个指导性的标准不是要全区一刀切,而是为了促进全区工作的均衡化发展,加大对基础薄弱地区和薄弱环节的支持改造力度。各地区、各部门要在确保标准的情况下,根据本地区的实际情况,制定有针对性、有特色的工作措施,不断把为民办实事工作提高到新的水平。

(五)落实资金保障

研究和推进公共财政体制建设,按照"费随事走、事随责走、责随权变"的原则,调整财政资金分配,探索和实行新的部门预算管理,依据各部门承担的具体工作,逐项核定预算,按项目划拨经费。放开市场准入,对法律法规未禁止的公共服务项目,要更好地发挥市场作用,更多地交给社会组织和企业承担。对于准经营性项目,探索建立政府投资和社会投资有机结合的投资运作机制,在政府资金引导下,吸引社会资本进入。积极鼓励社会力量兴办社会事业,形成多元化主体、多种形式参与社会事业发展的局面。

政党　团体

中国共产党北京市朝阳区委员会

概　述

年内，中共朝阳区委把加强领导班子建设放在首位，出台关于加强思想政治建设的意见，组织区处两级班子赴井冈山学习。开展解放思想大讨论，坚持理论中心组学习。完善民主集中制，注意听取各民主党派、无党派人士等社会各界意见和建议，全力支持人大、政府、政协、人民团体依法履行职责。落实党风廉政建设责任制，实施目标管理、双百考核办法。配齐配强二级班子，调整充实200多名干部。继续推行并不断完善公开选拔、竞争上岗、任前公示、票决制、任期制，研究制定职位说明书和干部素质测评体系。继续推行年轻干部上挂下派，加强后备干部队伍动态管理。先后组织10类14期培训班，培训处级以上干部545名。全面实施《2003—2008年朝阳区人才队伍建设规划》，重点建设复合型党政人才、专业技术人才和企业高级经营管理人才三支队伍。坚持总揽全局抓大事，以科学态度谋划发展。大力发展现代服务业、高新技术产业和现代制造业，实施奥运森林公园、温榆河绿色生态走廊规划国际招标，深化CBD交通等专项规划，启动“十一五”规划编制工作。组建国资委、投资促进局，推进京客隆、朝开、昆泰等国有企业改革，加快教育、文化、卫生等社会事业多元投资促发展步伐。统筹城乡发展，调整8乡1街行政区划，把21个乡全部纳入城市管理范畴。加快推进土地确权、产权制度改革、农村社会保障、农村劳动力培训就业等工作，农村产业结构进一步优化，涌现出十里河市级商业街、平房乡青年路汽车商贸城、来广营百安居、高碑店易初莲花等一批新的经济增长点。大力解决城市居民停车、绿化、早点、买菜、保洁、治安、看病、就业等八难问题，推行全程代办服务制度；开展“安全社区”创建工作；探索建立社区党建、居民服务、城市管理、社区自治四位一体的社区建设模式，促进政府职能到位、市场作用入位和社区功能归位，努力健全党委领导、政府负责、社会协同、公众参与的社会管理格局。统筹经济社会发展，召开社会事业发展大会。实施“折子工程”，统筹科教文卫体全面发展。制定并实施教师队伍建设、教育体制改革、民办教育发展等8个政策文件，坚定教育均衡发展和发展一流教育目标。实施科技奥运、科技商务、科技园区三大战略。把体育延伸到家庭、延伸到大众，增强群众身心健康，积极筹备2006年世青赛。深化卫生事业改革，加强公共卫生体系建设，惠兰医院、五洲女子医院、英智眼科医院等一批民营医疗机构聚集朝阳，垂杨柳医院股份制改造积极推进。深化文化体制改革，朝阳文化馆改革试点工作顺利推进，“社区一家亲”活动如火如荼，成立区文联，时尚文化、民俗文化、群众文化特色日益凸现。加强社会治安综合治理，突出抓好流动人口管理和人民内部矛盾排查调处工作。明确产业定位，注重从源头上消除安全稳定隐患，加强出租房屋管理、取缔无证市场、整顿废品收购站、清理地下人防、拆除违法建设，推广东风乡流动人口管理经验，建立乡、派出所、村（居）委会、户主四级管理服务网络。加大人民内部矛盾排查调处工作。坚持区级领导联系街乡和信访接待日制度，提出9、10月份越级集体访零指标，变上访为下访、走访和约访，控制越级集体访。完善社区党建工作协调委员会机制，深入开展“一个党员一面旗，党的宗旨进社区”活动，涌现出劲松中社区、酒仙桥高家园社区等先进典型。党群关系进一步改善，涌现出高碑店地区高碑店村党总支、十八里店地区十里河村党总支等先进典型。机关、事业单位党组织发挥政治保证和协助监督作用。国有企业党组织探索新时期进一步发挥政治核心作用的实现形式。新经济组织、新社会组织等领域的党建工作进一步加强,形成以党建带团建、党建带工会、党建带文明建设的格局。深化街道管理体制改革,推进政府职能下沉,完善社区居民代表大会、社区议事委员会制度,成立社区行政事务协管办公室,实施卫生、城管、警务进社区。建立健全民意沟通机制,组建人大街道工作委员会,建立政协委员进社区联络组,设立社区人大代表、政协委员接待窗口。推进基层公安派出所建设,加强社区居委会办公服务用房建设,建立社区党务工作者人才库和培训基地,成立社区党委书记联谊会,健全社区党委工作绩效考核办法。完善社区工作者选拔、培养、考评、使用机制,探索社会化招聘、专业化培训、职业化运作。农村地区结合村党支部换届和村委会选举,一批年富力强的党员、干部充实到基层队伍,涌现出齐文、支芬、刘汉卿等一大批优秀基层工作者。

地址:日坛北街33号
电话:65094217
邮编:100020

(杨立亭)

主要工作和重大活动

【区第九次党代会】 1月5日至8日,召开区第九次党代会。大会选举产生新一届区委委员和纪委委员,审议并批准李士祥代表八届区委所作的《创造新优势,奥运促发展,建设现代化新朝阳》工作报告和王力军所作的区纪律检查委员会工作报告。李士祥的报告全面总结过去五年工作,提出今后五年朝阳区现代化建设的指导思想、奋斗目标和主要任务,提出要坚持以人为本,树立全面、协调、可持续的发展观,深化改革,扩大开放,优化发展环境、优化空间布局、优化产业结构,创造新优势,奥运促发展,建设现代化新朝阳,率先基本实现现代化。

(田晓丹)

【区委九届一次全会】 1月8日,召开区委九届一次全会,选举产生区委常委13人,李士祥当选为书记,陈刚、朱家麒、王力军、韩子荣、张洋为副书记。

(田晓丹)

【赴井冈山学习参观】 1月27日至30日,区委理论学习中心组(扩大)、区四套班子领导赴井冈山学习参观。1月29日,举行加强领导班子思想政治建设会议,李士祥以“弘扬井冈山精神,加强领导班子思想政治建设”为题讲话。

(田晓丹)

【解放思想大讨论经验交流会】 2月13日,召开创造新优势、奥运促发展解放思想大讨论经验交流会。区委街工委、区委农工委、奥运森林公园建设管委会、区劳动保障局、垡头街道介绍经验;王力军对全区开展解放思想大讨论活动前一阶段情况进行总结;陈刚作工作报告,部署2004年政府重点工作和为群众拟办的50件实事。

(田晓丹)

【加快农村城市化工作会】 3月1日,召开加快农村城市化工作会。大会对本区农村经济发展和优化环境先进单位进行表彰。宋连娣作工作报告;陈刚在讲话中重点分析农村就业和社会保障现状,并就解决农村就业和社会保障问题提出四点意见。李士祥讲话指出,在农村城市化进程中,要尽快学会管理城市,认真抓好五项重点工作:一是更新思想观念,二是以规划引导发展,三是加强基础投入,四是优化产业结构,五是完善激励机制。

(田晓丹)

【区委九届二次全体(扩大)会议】 3月5日,召开区委九届二次全体(扩大)会议。会议主要任务是审议2004年朝阳区党建工作会有关材料。王力军作关于2004年朝阳区党建工作会会议材料起草工作说明。

(田晓丹)

【党建工作会】 3月18日召开党建工作会,区四套班子领导出席,区委副书记、区长陈刚主持会议。张洋、辛燕琴、沈乃宏、王少峰分别对2004年纪检监察、组织、统战、宣传思想工作进行部署。区委书记李士祥就树立科学发展观,求真务实推进党的建设强调:一、科学发展观是朝阳区率先基本实现现代化的根本指针。科学发展观的核心是以人为本,根本要求是“五个统筹”,最终实现全面、协调、可持续发展。二、切实抓好班子带好队伍,不断提高科学发展的领导水平和执政能力。抓班子带队伍,以党的建设统领全局工作。三、构建大党建工作格局,形成科学发展的强大合力。要突出区域性、系统性和针对性,坚持属地原则,有效整合区域内各级各类党组织和全体党员力量,切实以“大党建”工作推进科学发展。

(田晓丹)

【安全稳定暨一季度形势分析会】 4月12日,召开区安全稳定暨一季度形势分析会。大会对2003年度朝阳区社会治安综合治理先进单位和同“法轮功”邪教组织斗争先进集体、个人进行表彰;朱家麒部署区2004年安全稳定工作;陈刚总结一季度全区经济社会发展情况,部署二季度重点工作。李士祥就进一步贯彻落实科学发展观，扎实推进各项工作提出意见。

（田晓丹）

【人才工作会议】 5月28日召开人才工作会议。市委组织部副部长、市人事局局长辛铁樑和区四套班子领导出席。区委书记李士祥在会上讲话，区领导陈刚、张洋、辛燕琴分别宣读有关表彰决定。李士祥、陈刚为获得“朝阳区突出贡献人才奖”的朝阳实验小学校长马芯兰、北京天利深冷设备股份有限公司董事长聂启明颁发荣誉证书和10万元奖金。会上表彰9家朝阳区重视人才先进单位、20名专业技术管理工作拔尖人才、24名学术带头人、54名优秀青年知识分子、35名朝阳区人民满意公务员及15个人民满意公务员集体。受表彰的重视人才先进单位和个人代表聂启明和垂杨柳医院副院长李瑞杰、区委教工委书记吴金龙在会上发言。

（田晓丹）

【社会事业发展大会】 6月11日召开社会事业发展大会。会议下发教科文卫体2004—2005发展折子工程。区教委、区科委、区卫生局、区文化委、区体育局发言；陈刚做工作报告。李士祥指出要进一步明确整体推进、整合力量、集成资源的社会事业发展思路，全面发挥朝阳区社会事业发展整体优势，实现到2008年成为产业大区、社会事业发展大区和市场化机制、作用充分显现之区的目标，实现到2013年经济社会协调发展，现代化、国际化保持全市领先的目标。

（田晓丹）

【区纪念建党83周年暨表彰大会】 7月1日，召开区纪念建党83周年暨表彰大会。会议表彰全区63名优秀共产党员。李士祥强调三点意见：一、党的建设的基本经验，即坚持第一要务，总揽全局抓大事，协调各方促发展；保持党的先进性，抓班子、带队伍、谋发展；坚持立党为公、执政为民，一切为了群众、一切相信群众、一切依靠群众。二、党的建设面临的形势和挑战。三、全面加强党的建设，落实科学发展观。

（田晓丹）

【贯彻市委九届七次全会精神】 7月30日，召开贯彻市委九届七次全会精神，落实科学发展观会议。陈刚传达市委九届七次全会精神，并对全区下半年经济社会发展重点任务进行部署。李士祥在讲话中强调：一、正确认识当前我们面临的形势，落实科学发展观进入深化阶段，执行宏观调控的各项措施进入关键阶段，奥运筹备工作进入攻坚阶段。二、落实科学发展观，要把握和处理好六个关系，确保全面、协调、可持续发展。三、落实科学发展观，要重点突破，全面推进，提高领导水平和执政能力。

（田晓丹）

【贯彻胡锦涛重要讲话精神】 10月4日，中共中央总书记胡锦涛视察劲松街道两天后，区委召开大会贯彻落实胡锦涛重要讲话精神和市委工作部署。李士祥强调三点意见：一、认真学习，深刻体会。二、联系实际，贯彻落实。三、狠抓基础，突出重点。

（田晓丹）

【第四季度工作安排及2005年重点工作专题会】 10月11日，召开第四季度工作安排及2005年重点工作专题会。会议对照年初工作计划，分析一至三季度工作，研究第四季度工作安排及2005年重点工作。

（田晓丹）

【区委九届三次全会】 12月3日至4日召开区委九届三次全会。会议审议通过《关于进一步深化党政干部制度改革，加强干部队伍建设的意见》、《关于强化党组织服务功能，深化“聚合力工程”的意见》、《关于推进基层文化建设的实施意见》、《朝阳区维护基层安全稳定工作措施》。李士祥代表区委常委会作《夯实基层基础，提高执政能力，加快推进朝阳区“三化四区”建设》报告。

（田晓丹）

【“十一五”规划编制工作动员】 12月28日召开“十一五”规划编制工作动员大会。区委书记李士祥在讲话中强调：“十一五”规划的编制是一项战略性、全局性的政治任务。要站在落实科学发展观，加强执政能力建设，建设“新北京”，迎接“新奥运”，率先基本实现现代化的政治高度认识并做好“十一五”规划的编制工作。编制“十一五”规划必须着力把握好三个关键，即把握好朝阳发展功能定位，把握好产业发展特色定位，把握好经济增长方式的定位。

（田晓丹）

组织工作

【概况】 中共朝阳区委组织部是区委主管党的组织建设、干部队伍建设和人才队伍建设的职能部门。行政事业编31名，工勤人员事业编制3名，设干部科、组织科、综合科、人才科、研究室、办公室。年内，深入学习“三个代表”重要思想，采取有效措施加强领导班子思想政治建设。加大干部培训力度，落实培训规划，切实提高领导干部能力素质。合理调整干部、科学配备班子，进一步加强处级领导班子和干部队伍建设。按照“突出重点、务求突破、配套改革、整体推进”思路，不断加大对干部制度改革探索推进力度。坚持党管人才原则,推进人才队伍建设。加强基层党组织建设,深化聚合力工程。加快干部信息管理系统建设,加强组工信息、调研工作。把深化和拓展"树组工干部形象"教育活动作为重点,切实加强组织部门自身建设。截至年底,全区有基层党委276个、党工委48个、党总支252个、党支部3137个。党员总数109982名。其中:女党员45439名,占41%;大学、专科以上学历的占32.21%;中专、高中学历的占26.17%;初中及以下学历的占41.62%。年内,发展党员1298名,其中35岁以下党员710名,占54.70%。入党积极分子总数9570名,其中35岁以下的占60.95%。

地址:日坛北街33号

邮编:100020

电话:65094313

(卓晓奕　战福国)

【慰问老党员困难党员】 1月,落实市委组织部《关于下拨慰问建国前入党的老党员困难补助款的通知》精神,按照市委、区委要求和部署,下拨慰问款9.1万元,对全区79名建国前入党的老党员和6名困难党员进行形式多样慰问活动。

(战福国)

【三级联创两个创新工作】 2月,区委组织部与区委农工委联合下发《关于深入开展农村基层组织建设"三级联创"活动的意见》,明确提出要把推进"两个创新"(经济组织、经济制度创新和基层党组织建设创新)作为深入开展农村基层组织建设"三级联创"活动的重要内容。随后,市委组织部在对本区"三级联创"工作进行全面检查验收过程中,充分肯定农村城市化快速发展新形势下抓党建的思路和举措。3月,召开各乡党委副书记会议,对农村党建特别是"两个创新"进行专题研究。与区委农工委一起,总结大屯乡集体资产处置和产权制度改革和黑庄户乡金鱼协会、原楼梓庄乡玉雪阿魏菇公司等公司加农户的农村经济合作组织的经验与做法。

(战福国)

【政工职称评定工作】 2至12月,完成常年政工职称评审工作,1人获高级政工师资格,9人获助理政工师资格,1人获政工员资格。开展第一批机关单位政工职称评定工作,7名局级领导干部参加评审,全部取得高级政工师任职资格。

(丁　珂)

【干部监督管理】 3月24日,组织召开经济责任审计联席会。审批机构改革过程中提前退休12人和局处级正常退休30人。4至12月,根据中央、市委要求,对本区处级以上党政领导干部在企业兼职情况进行全面调查摸底,开展清理工作,27名处级干部不再兼任企业职务。8月,研究制定《关于严肃处级领导干部工作调动期间有关纪律的规定》,对工作交接、经济责任审计、干部调动提拔、国家和集体资产监管、公配物品移交等方面做出严格规定。年内,组织完成33名局级、944名处级领导干部收入申报和重大事项报告工作。全年报告重大事项的59名。年底,采取个人述职、民主测评等方式,对区属二级班子进行年度考核。

(刘　欣)

【农村党支部和村委会换届选举】 3月,区委组织部与区委农工委联合下发《关于做好2004年村党支部换届选举工作的实施意见》,对村党支部换届选举工作进行统一部署。此次村党支部换届选举工作首次采取"两推一选"方式,即新一届党支部成员人选由党员和群众分别推荐,然后,在党内进行选举,把群众意见和推荐结果作为确定候选人的重要参考依据。新当选的124名村党支部书记中:50岁以下97人,占78%,比上届提高10个百分点;高中或中专以上文化的112人,占90.3%,比上届提高20个百分点。随后,组织村党支部书记培训班,对新当选的124名村党支部书记和乡党委副书记进行政治思想、区情形势教育和业务培训。3至6月,进行第六届村委会选举工作。区委、区政府机关下派134名科级干部到各村学习、实践、参与换届全过程,参加选举的15个乡的134个村全部平稳、顺利地依法选举产生新一届村委会班子。选举产生村委会主任134名,副主任62名,委员354名。

(战福国)

【干部培训】 3至7月,选送党政机关处级干部12人到北京大学进修学习3个月。6至10月,举办清华大学城市建设与管理高级研修班,培训局处级干部60人。10月,与区委农工委、区民政局共同举办农村社区党委书记、社区居委会主任培训班,大屯等10个乡的副乡长和110名农村社区干部参加。年内,举办两期副处级干部进修班,培训79人。举办中国人民大学人力资源管理高级研修班、街乡系统北京航空航天大学人力资源管理高级研修班、委办局系统北京航空航天大学人力资源管理高级研修班、中青年干部培训班、组织部人事局干部高级研修班、干部英语提高班、企业高层经营管理者高级研修班各一期,培训222人次。与宣传部联合举办新闻发言人培训班二期,培训58人。与相关部门合作,举办《中华人民共和国行政许可法》培训班、村级党支部书记培训班、村委会主任培训班、纪委书记培训班、基层纪检干部培训班等各一期,共261

人次参加培训。举办双休日讲座3次，2000人次参加。

（刘星川）

【挂职、援藏和团职军转干部工作】 4月，召开选派援藏干部工作动员会。6月，选派3名第4批援藏干部赴藏工作，接回3名第3批援藏干部并进行妥善安排。为帮助团职军转干部尽快了解区情、适应地方，经区委常委会研究决定，改变分配方式，将当年接收的49名团职军转干部先安排到街乡挂职锻炼半年，挂职期满后，统筹考虑军转干部德才表现、考察考核等情况，再确定工作安排。12月，召开团职军转干部见面暨安置工作动员会进行具体部署。年内，接收中央两部委、市直机关、内蒙古呼和浩特市和江西吉安市6批挂职干部68人，选调9名年轻干部到市直机关挂职，引进7名科技副职到经济综合部门和重点功能区挂职锻炼。

（刘 欣）

【国企党建】 4月，到区供销社就企业党建进行专题调研，探索企业党组织发挥政治核心作用的有效途径。年内，与区国资委一起指导改制企业同步调整党组织设置，调整粮食局三个下属企业以及朝开恒安物业公司组织隶属问题。

（战福国）

【知识分子和人才工作】 5月，召开本区人才工作会议，下发《朝阳区人才工作会议材料汇编》，内容主要包括：《2003—2008年朝阳区人才队伍建设规划》、《朝阳区人才工作领导小组成员名单》、《关于设立朝阳区人才队伍建设资金的意见》、《关于设立朝阳区“突出贡献人才奖”和“突出贡献人才提名奖”的决定》、《朝阳区重视人才先进单位评选表彰管理办法（试行）》、《朝阳区“专业技术、管理拔尖人才”、“学科技术带头人”和“优秀青年知识分子”评选表彰管理办法（试行）》等系列文件以及经验交流材料。会上，奖励朝阳区专业技术、管理拔尖人才20人，朝阳区学术技术带头人24人，朝阳区优秀青年知识分子54人，重视人才先进单位9家。对获得首届朝阳区“突出贡献人才奖”的马芯兰、聂启明进行表彰，并分别给予10万元重奖。7至8月，15人参加本区2004年度优秀知识分子健康疗养。6至11月，开展北京市优秀青年知识分子年项目资助工作，完成2001年以来3个市批准项目跟踪调查，向市里推荐25个项目，7个个人项目和1个集体项目获资助。

（丁 珂）

【处级班子思想政治建设】 5月31日，下发《关于开好2004年各级领导班子党员领导干部民主生活会的通知》，组织本区处级班子召开民主生活会。年内，坚持把领导班子思想政治建设放在首位，制定并实施《中共北京市朝阳区委关于加强领导班子思想政治建设的意见》，提出进一步加强思想理论建设、能力建设、制度建设、作风建设和党风廉政建设的具体措施，并认真组织好落实。继续开展“创造新优势，奥运促发展，建设现代化新朝阳”解放思想大讨论活动，教育、引导广大干部进一步树立立党为公、执政为民的执政观，全面、协调、可持续的发展观，办实事、务实效、求实绩的政绩观。围绕重大决策、重要干部任免、重大项目安排、大额度资金使用问题，加强对以民主集中制为核心的各项制度执行情况的监督检查，促进领导干部决策科学化和民主化。

（刘 欣）

【流动党员摸底调查】 6月，下发《中共北京市朝阳区委组织部关于做好我区流动人员中的党员调查摸底工作的通知》，动员全区党组织对流动人员中的党员进行调查摸底。摸找到流动党员3327名，采集、录入流动党员信息，建立流动党员服务站点340个。

（战福国）

【纪念建党83周年】 6月，制定下发《中共北京市朝阳区委组织部关于开展纪念中国共产党成立83周年活动的通知》，全区开展以“让党放心，让群众满意”为主题的多种形式教育活动。发放致全区共产党员的一封信，召开基层党组织书记、优秀共产党员、老干部老党员、非公经济组织中党员、外来务工人员中党员等不同层面人员参加的座谈会。

（战福国）

【配合市委巡视组巡视】 6月28日至9月17日，市委巡视组对本区区级领导班子及成员进行巡视。按照巡视组要求，组织对区级领导班子民主测评，区级领导班子成员、基层党政正职、企业正职及部分党代会代表、人大代表、政协委员等参加测评；安排个别谈话276人，包括局级干部42人、处级干部218人、人大代表5人、政协委员5人、民主党派（无党派）6人；组织召开市区人大代表、政协委员、党代表、政府特约监督员座谈会和地区办事处主要领导座谈会；组织参观7次，涉及6个地区、3个街道以及CBD、奥运森林公园、望京产业区、温榆河生态走廊、八十中学、文化馆、蟹岛度假村16个单位。

（刘 欣）

【年轻干部和后备干部工作】 6至10月，从各委办局抽调202名科级干部，分别参加村委会换届选举和农村土地确权等全区重点工作。8月，总结第一批上挂下派工作，选派

101 名年轻干部参加第二批上挂下派,其中:54 人从机关下派到街乡,47 人从街乡上挂到机关。9 月,制定《关于加强处级党政领导班子后备干部工作的意见》,确定后备干部工作的指导思想、基本原则,明确选拔程序、培养、使用和管理要求。根据该意见,按照双推、双考、双训选拔培养模式(即组织推荐和民主推荐,考试和考察,理论培训和实践锻炼),确定 312 名副处级后备干部,对后备干部库进行补充调整。

(刘　欣)

【非公经济组织党建工作】 7 至 8 月,指导区卫生局党委对全区民营医疗机构党的建设状况进行摸底调查,基本摸清底数。在此基础上,区卫生局党委制定《关于加强民营医疗机构党建工作的意见》,提出加强民营医疗机构党建工作的指导思想和具体举措。加大在新经济组织和新社会组织中建立党组织力度,先后成立洛娃集团有限公司党委、永拓会计师事务所党委、爱家投资管理有限公司党总支、均豪物业管理公司党总支。高碑店乡党委在北京华都聚氨酯公司等 11 个单位建立党支部,呼家楼街道在中复电讯东大桥营业厅等 9 个单位建立党支部,北京京港集团、均豪物业管理公司等 4 家企业在下属单位建立党支部。

(战福国)

【公开选拔处级领导干部】 9 至 12 月,面向全市公开选拔处级领导干部,经过宣传动员、公开报名、资格审查、笔试面试、考察任用等程序,确定 21 名同志任职,其中引进区外干部 6 名。此次公开选拔增加心理测试和英语考试,针对职位要求增加深度面试,同时加大监督力度,首次邀请区人大代表、政协委员和纪委干部全程参与面试监督工作。

(刘　欣)

【处级干部调整】 年内,调整处级领导班子 114 个,涉及干部 372 人次,其中,新提拔 112 人次,交流和转任 143 人次,退二线 30 人次,其他 87 人次。经过调整,干部年龄、性别、专业、能力等整体结构进一步改善。截至年底,本区处级干部平均年龄 45.43 岁,比年初下降 1 岁;大学以上文化程度的占 69.1%,比年初提高 2.2 个百分点。

(刘　欣)

【网络信息化建设】 年内,在区级四套班子换届选举中,首次采用自主研发的投票自动计数系统;研发办公事务管理系统,通过指示汇报、网络邮件、自由论坛等功能模块,使信息沟通更加及时,资源共享更加充分;干部信息管理系统中增设班子情况介绍、工作总结计划和考核材料等项目,完善干部多维信息系统;整体优化干部考核信息处理分析系统,使系统功能更加完善,实现该系统与干部信息管理系统衔接,应用该系统完成对 517 名副处级后备人选和 669 名处级干部年度考核测评信息处理。10 月 29 日,在全市组织系统信息化建设经验交流会上作经验介绍。

(刘　欣)

【职位说明书编制和实绩考核制度研究】 年内,成立职位说明书编制、实绩考核评价调研小组,并聘请有关专家参与调研和改革方案制定。经过分析论证、试点先行、系统培训几个阶段,初步形成本区处级党政领导干部职位说明书 550 份。在深入调研基础上,初步制定考核办法征求意见稿,并先后与有关部门联合召开 8 个座谈会,邀请 100 多名处、科级干部论证考核开展办法,结合各方面意见对考核办法进行修改完善。

(刘　欣)

【调研信息工作】 年内,完成市委组织部关于领导班子绩效考核调研课题,形成《关于领导干部绩效管理若干问题的研究》调研报告;与区委研究室、区委办、区纪委、区委宣传部共同参与区领导主持关于领导班子三项制度的调研课题,形成《以制度为保障　加强领导班子建设》调研报告;调研报告《发挥社会整合功能,构建社区党建工作新格局》在《组织人事报》发表;完成《与时俱进、永葆先进—加强党员队伍建设深化聚合力工程》、《关于领导班子科学决策》调研;《朝阳区党员队伍状况》等调研报告;完成由部领导主持的关于领导干部培训需求、关于农村社区党建及领导干部考核体系研究的调研任务。上报市委组织部信息 172 篇,被采用 49 篇,其中,市委组织部的《组工动态》采用标题信息 22 篇、简讯 19 条,《北京组工通讯》采用标题简讯 9 篇。报送区委办信息 182 条,《朝阳信息》采用 64 条,被《北京信息》采用 5 条。编发《朝阳组工动态》普刊 55 期,其中采用基层上报信息 90 多篇。编发《组工信息摘编》21 期。

(卓晓奕)

【树组工干部形象集中教育】 年内,全区组织系统继续开展以公道正派为主要内容的"树组工干部形象"集中学习教育活动,制定《深化和拓展"树组工干部形象"集中学习教育活动实施方案》。响应市委组织部号召,在全区组织人事系统开展"树组工干部形象"演讲比赛初赛,并选出两名选手参加北京市复赛、决赛。在学习教育活动期间,区委组织部通过召开座谈会、发放调查问卷等形式广泛征求干部群众意见,深入查摆问题,制定整改措施,建章建制,探索建立组织系统工作长效机制,并将相关文件汇编成册。

(郑　晶)

宣传工作

【概况】　中共朝阳区委宣传部是区委主管意识形态、对外宣传的工作部门。内设办公室（基层工作科）、宣传科、理论科、研究室、区委对外宣传领导小组办公室（区政府新闻办公室），人员编制17人。年末，进行机构调整，区精神文明建设委员会办公室设在区委宣传部。年内，以区委理论中心组为龙头，先后采取专家讲座、考察参观等不同形式组织12次理论学习；下发学习计划，编发《学习参阅》，举办辅导报告会，开展调研月和党风廉政宣传教育月等活动，加强对全区干部群众理论教育；加大对望京街道、三礼教育等典型挖掘、培育和宣传力度，充分发挥典型引导示范作用；围绕建党83周年、邓小平诞辰100周年、建国55周年以及党的十六届四中全会等重大事项，加强舆情信息上报，为领导决策提供科学依据；围绕"三化四区"目标和优化发展环境、优化空间布局、优化产业结构三大战略策划宣传主题，在中央、市属媒体发表文章近万篇，其中在《北京日报》发表头版新闻30余条；邀请美国《新闻周刊》、德国德新社等境外媒体对朝阳国际流行音乐周、奥运火炬接力仪式、朝阳国际商务节、金色朝阳一日游、庆祝建国55周年大型游园等活动进行报道；以"人文奥运"为主题，深入开展精神文明创建工作；以农民知识更新培训工程和流动人口教育培训工程为重点建设学习型城区；以爱国主义教育基地为载体，全面启动未成年人思想道德建设；以活跃丰富群众精神文化生活为出发点，不断繁荣群众文化；以提高素质、改进作风为目标，加强宣传思想工作队伍建设。
地址：日坛北街33号
电话：65099315
邮编：100020

（张维维）

【建立重点课题立项制度】　年初，面向全区提出"如何针对薄弱环节，扩大基层理论宣传覆盖面"、"如何利用区级网络媒体开展宣传思想工作"、"如何做好城市危改拆迁中的思想政治工作"等30个选题，收到来自八里庄、高碑店、工商局等委办局、街乡36份课题申报书，经过专家评审，14个调研课题获准立项。各课题单位以问卷调查、座谈调研、专家访谈、互联网调查等形式，按时保质完成调研工作形成理论成果。经过申报、立项、实施、修改完善和成果评审五个阶段，最后评出两个一等奖、3个二等奖和5个三等奖。

（张维维）

【基层宣传干部培训】　3月30日至4月1日，举办全区基层培训班，143人参加培训。特别邀请专家、学者对如何开展新闻宣传工作等内容进行具体指导，各个系统分别以如何深化"创造新优势，奥运促发展，建设现代化新朝阳"解放思想大讨论等题目为主题，积极开展研讨。

（张维维）

【区内媒体改版】　5月始，朝阳广播电视新闻中心对下设《朝阳报》和有线电视进行改版、改栏。《朝阳报》改版后开设的《朝阳风物》、《特色市场》、《朝阳新看点》等栏目，突出朝阳区文化特点、经济特点和人文特点；开设的《百姓故事》、《生态朝阳》、《读者来信》、《家住朝阳》等栏目，更多地关注百姓，关注生活，关注身边变化；增开文艺、生活服务副刊，丰富报纸内容，增强可读性。朝阳有线电视节目，在体例上对会议报道、工作信息报道提出新要求，增强新闻内容的故事性、新闻画面的可视性；在新闻报道覆盖面上有明显扩展。推出有线电视朝阳时段整体设计包装，增加节目预告、栏目介绍等环节。5月8日，《朝阳新闻》开始实行日播，周末设立"一周新闻综述"；6月26日，新专题栏目《我的社区》开播；6月28日，新专题栏目《有事说事》开播；6月30日，新专题栏目《你说我说》开播；7月2日，新专题栏目《与法同行》开播；9月9日，新专题栏目《朝阳经济周刊》开播。

（张维维）

【广电中心人事制度改革】　5月，广电中心根据年初制定的三定方案设办公室、总编室、人事科、财务科、新闻科、《朝阳报》采访科、《朝阳报》编辑科、要闻内参科、有线电视社会新闻科、有线电视专题科、有线电视技术部、有线电视播音编辑科、资料室等13个科室。年内，广播电视新闻中心在原有41名在编人员基础上，对原有104名聘用人员进行严格考核筛选，最后65名人员签订劳动合同，统一办理养老保险、医疗保险、失业保险、住房公积金等。对未聘用人员按照劳动法相关规定给予经济补助。中心针对聘用人员确定弹性工资制度，规定聘用的行政管理和业务管理人员、技术人员的工资由基础工资、岗位津贴和其它补贴、中心统一福利组成，聘用的记者摄像等专业人员工资由岗位津贴和其它补贴、稿费、中心统一福利组成。

（孙凤琴）

【制作电视内参】　5月，广电中心承担制作的《电视内参》节目在区长常务会上播出。该节目专门对各地区存在的突出问题进行曝光，通过反映问题推动政府各部门工作。《电视内参》播出后，受到区领导和各部门重视，许多困扰百姓多年的问题得到解决。

（张维维）

【建立新闻发言人制度】 5月25日,制定《关于在全区各委办局、各街乡(地区)办事处设立新闻发言人规范新闻发布的意见》,要求区政府各委办局、各街乡(地区)办事处设立新闻发言人。区委各部委办、工青妇等群众团体、大型区属企业,可根据工作需要,参照设立新闻发言人。同时制定新闻发布原则及规范。

(张维维)

【新闻发言人培训】 6月7日至11日,10月25日至29日,与北京广播学院联合,先后举办两期新闻发言人培训班,全区120余名新闻发言人参加培训。通过学习、参观、模拟实战训练等方式,学员们初步掌握新闻发布基本知识、技能和技巧,提高了新闻发布实战能力。6月12日举办第一期新闻发言人培训班模拟新闻发布会及朝阳区首批新闻发言人媒体见面会,国务院新闻办、市新闻办有关领导到会,《北京日报》、《北京青年报》等多家媒体进行专题报道,千龙网进行现场直播。

(张维维)

【新闻内部通气会】 7月,广电中心建立内部新闻通气会制度,每月月末定期召开由区委办等11个部门参加的全区新闻内部通气会。通气会使从等新闻的被动局面转变为主动去找问题、发现问题、解决问题,杜绝漏采、漏报重要新闻,保证及时、全面地报道各系统重点工作及百姓关注的热点、难点问题。

(张维维)

【跨国公司在朝阳活动】 9月10日组织"跨国公司在朝阳"境外记者采访北京CBD活动。50名左右境外记者,以"境外记者采访北京CBD建设与发展"主题为采访内容,通过参观采访摩托罗拉公司、爱特优科信息技术有限公司及艾普斯顿公司,展示部分世界500强企业在北京、朝阳的良好发展态势和前景,展现朝阳区优化投资环境成果。

(张维维)

【两出版物获宇虹奖】 年内,画册《今日朝阳》和光盘《朝阳印象》,从商务朝阳、窗口朝阳、科教朝阳、奥运朝阳、活力朝阳、家在朝阳等板块全面介绍朝阳区发展最新概况,在北京市第二届外宣工作"宇虹奖"评选中,《今日朝阳》获外宣出版物三等奖,《朝阳印象》获外宣音像优秀奖。

(张维维)

精神文明工作

【概况】 朝阳区精神文明建设委员会办公室(简称区文明办)是区精神文明建设委员会(简称区文明委)办事机构,负责全区精神文明建设、学习型城区建设、军民共建工作。内设综合科、宣教科、学习科、创建科,编制16人。年内,以邓小平理论和"三个代表"重要思想为指导,以加强公民道德建设和弘扬民族精神为重点,开展群众性精神文明创建工作、学习型城区创建工作和未成年人思想道德建设工作。

地址:日坛北街33号

电话:65094403

邮编:100020

(姚文洁)

【文明礼仪伴我行活动启动仪式】 5月31日,首都文明办、市教委在本区花家地实验小学联合召开首都中小学生"文明礼仪伴我行"主题教育实践活动启动仪式暨朝阳区"三礼"教育经验交流会。花家地实验小学市级优秀班集体代表本区全体中小学生向全市中小学生发出"在中小学生文明礼仪实践活动中树立十个文明形象"的倡议。仪式结束后,市、区有关领导来到新源里中学参加"德育为首、与时俱进、整体构建"学校育人模式现场会,观摩学校"诚实守信从我做起"、"让'三礼'伴我走向文明"等主题班会。

(张茂平)

【奥林匹克文化节市民日活动】 7月10日至11日,开展以"活力北京、青春奥运"为主题的市民日宣传活动。活动开幕式在朝阳公园举行,健身体育表演、文艺演出、健康咨询、学奥运外语、体育明星与游客体育互动等项活动,吸引众多游客驻足观看和参与。全区各街乡结合庆祝申奥成功三周年,组织开展多种形式的奥林匹克文化节市民活动。42个街乡设立100多个宣传点,组织60多支较大型文艺表演队和近200支体育健身表演队,悬挂300余条横幅,展出各种宣传画、展板、黑板报500块,直接参与5万人次。

(张茂平)

【流动人口教育培训启动】 8月26日,在财富中心建筑工地举行朝阳区流动人口教育培训工程启动暨财富中心工地流动人口夜校揭牌仪式。仪式上,宣读了《关于表彰流动人口教育培训工程示范点的决定》,并向流动人口教育培训工程示范点授牌,部署朝阳区实施流动人口教育培训工程总体方案,进京务工创业者代表宣读"务工创业在首都,争做文明朝阳人"倡议书,为财富中心工地流动人口夜校揭牌。

(张茂平)

【未成年人思想道德建设成果展】 9月19日,朝阳区未成年人思想道德建设成果展望京文化体育广场举办,中央文明办、首都文明办和区有关领导以及望京地区中小学生和社区居民1000余人参加开幕式。

这次活动以“文明朝阳，现代望京”为主题，通过丰富多彩的社区文化、艺术、体育活动，展示朝阳区加强未成年人思想道德建设一年来的成果。

（张茂平）

【成立讲师团】 10月22日，在朝阳宾馆多功能厅举办朝阳区市民文明礼仪讲师团启动仪式暨文明市民学校基层校校长培训班。区各系统、街乡文明办主任暨文明市民学校基层校校长300余人参加。讲师团由区文明市民总校、北京礼仪学院和具有一定文明礼仪教学和实践经验，热心公益事业的专家、学者和社会知名人士组成。现有成员20名。讲师团职责：指导基层开展文明礼仪教育实践，开展文明礼仪教育培训活动，协助制定文明礼仪行为规范，参与评选文明礼仪单位、文明礼仪标兵、文明礼仪最佳活动和优秀组织奖。11月1日，召开成立流动人口教育培训工程讲师团暨示范讲座会议，宣布流动人口教育培训工程百人讲师团正式成立。来自职工大学、司法局、卫生局、总工会、流管办、劳动局、文明办等部门的近百名同志接过聘书，成为讲师团首批教师。

（张茂平）

【青少年诗书画大赛】 10月，由区精神文明建设委员会和未成年人思想道德建设协调委员会主办，区委宣传部、区文明办、区教委协办，区诗书画研究会、青少年活动中心承办的朝阳区首届青少年诗书画大赛拉开帷幕。历经4个月，诗、书、画分小学一年级至三年级，小学四年级至六年级，中学和高中4个层面，评出一等奖12个、二等奖24个、三等奖36个。

（张茂平）

统一战线工作

【概况】 中共北京市朝阳区委统一战线工作部（简称区委统战部）是区委主管统一战线工作的职能部门。中共北京市朝阳区委台湾工作办公室、朝阳区人民政府台湾事务办公室（简称区台办）是区委、区政府主管区对台工作的职能部门，与区委统战部合署办公。朝阳区人民政府侨务工作办公室（简称区侨办）是区政府主管区侨务工作的办事机构，与区委统战部合署办公。内设机构有办公室、党派科、综合科、侨务科、对台科，编制14名。年内，区委统战部围绕区委总体工作思路，结合本部门全年工作计划，开展统战领域各项工作。朝阳地区海外联谊会召开第五届理事大会，进行换届工作。2004年始，每个党派每年办公经费由5万元增至10万元。完成《关于加快我区民营经济发展的几点建议》、《关于朝阳区民主党派机关建设情况的调查与思考》两篇调研报告。

地址：日坛北街33号

邮政编码：100020

电话：65094619

（姚德文）

【慰问联谊活动】 春节前夕，区领导与区各民主党派负责人和党外人士开展迎春座谈会，共贺新年；春节期间，开展送温暖活动，走访慰问统战人士1674名，送慰问金141150元，米、面、油等生活慰问品1786余件，折合人民币108879元；中秋节召开全区统战系统“中华同心”庆中秋迎国庆联欢会；区台办、侨办组织辖区内台胞台属、归侨侨眷、台商代表，举办元宵佳节茶话会；组织部分台资、侨资企业开展“金色朝阳一日游”活动等。

（姚德文）

【台情报告会】 3月10日，区台办、区侨办和区政协港澳台侨委员会联合组织区内归侨侨眷、台胞台属和区政协委员100余人举办台情报告会。报告由北京联合大学台湾问题研究所副所长朱显龙主讲。

（姚德文）

【社院培训工作】 3月25日至28日，在社会主义学院举办统战理论学习班、侨务工作培训班。参加培训的有8个民主党派区（工）委委员、基层支部和无党派代表人士，以及各街乡、委办局主管统战工作的领导和专兼职统战干部。区侨办、区台办、侨资企业协会组织部分侨资、台资企业家和部分台侨界人士，举办企业经营管理中的法律风险及防范对策讲座。

（姚德文）

【聘请特约工作人员】 4月12日，区政府召开大会聘请第七届特约工作人员46名，并发放证书。这批工作人员是经过与各民主党派组织协商推荐后确定的。

（姚德文）

【座谈通报与协商会】 6月17日，召开无党派代表人士座谈会，传达朝阳区社会事业发展大会精神，并就朝阳区的经济建设等问题与党外人士交流意见；中国共产党建党八十三周年前夕，召开各民主党派、工商联领导及无党派代表人士迎“七一”座谈会；8月6日，专题通报朝阳区卫生监督工作改革情况；11月18日，专题通报区委学习贯彻十六届四中全会精神、胡锦涛总书记视察北京工作时的重要讲话精神，区委全会筹备工作，并就有关文件征求意见。11月27日《中共中央关于坚持和完善中国共产党领导的多党合作和政治协商制度的意见》发表15周年时，召集民主党派有关领导进行座谈。12月30日，朝阳区委召开朝阳区各民主党派、无党派代表人士、各人民团体协商会,就朝阳区人民法院院长建议人选进行协商。

(姚德文)

【开展新阶层统战工作】 6月21日,区委统战部出台《关于在新社会阶层中开展统一战线工作的意见》(试行),建立由区委统战部牵头的联席会议制度。6月24日召开第一次联席会议通报情况,明确分工,部署工作。对全区新社会阶层机构及人员进行全面摸底,向市委统战部举荐新社会阶层代表人士31名。

(姚德文)

【区领导接待日活动】 6月24日,举办朝阳区侨、台商考察投资环境暨区领导接待日,30余家企业董事长及负责人参加此活动。陈刚、韩子荣、孙世超等听取侨商台商建议。

(姚德文)

【组织学习】 7月5日,区侨办、区侨联举办《中华人民共和国归侨侨眷保护法实施办法》宣传工作会,全区21个街道侨务干部、侨联主席参加,并组织与会者到海淀街道友谊社区,参观学习社区侨务工作。9至10月,组织学习中共十六届四中全会精神、学习胡锦涛总书记在北京视察工作时的重要讲话精神。区各民主党派领导及有关干部参加学习。

(姚德文)

【接待事宜】 7月18日至8月7日,接待美国底特律华裔青少年夏令营一行16人,除汉语课外,安排武术、剪纸、烹饪、书法、绘画、舞蹈、手工等课程。年内,区侨办、台办与政府相关部门共同接待北京大学港澳台学生40余名,海外华商企业家访问团一行16名,美国底特律新世纪中文学校师生16名,台湾师生93名,海外优秀学者为国服务志愿团一行19名,法中信息公司董事长孟昭华先生和国际时尚学院院长黛拉德女士一行。

(姚德文)

【救助患病台胞】 9月23日晚,区台办接公安分局指挥中心报告,在豆各庄乡马家湾村附近发现一精神恍惚、往来徘徊的台湾人,经向本人和市公安局出入境管理处查询,该人姓名王贞杰,男,34岁,住台北市。该人为精神病患者,因受刺激导致病发。经台办与公安分局通力合作,使其安全返回台湾。

(姚德文)

老干部工作

【概况】 中共朝阳区委老干部局(简称区委老干部局),负责落实党的老干部政策,为本区离休和副处级以上退休干部开展服务工作。隶属区委组织部领导。下设办公室、组宣科、服务科,行政编制12人,工勤编制2人;下属老干部活动中心,系全额拨款事业单位,事业编制19人。年末,全区有离休干部870人,易地安置的离休干部124人,副处级以上退休干部700人。年内,落实全国老干部局长会议和市、区第十七次老干部座谈会精神,落实《北京市老干部工作领导责任制》和《北京市老干部工作者行为规范》,举办全区工作人员培训班4期,并结合本区实际,将该行为规范内容进行量化,制订《打分细则》,对工作人员进行百分考核。

地址:团结湖南里甲1号
电话:85975641
邮编:100026

(张守伟)

【走访慰问老干部】 1月16日,在朝阳剧场举行全区老干部春节团拜会,区四套班子26位领导集体给老同志拜年。元旦、春节期间,基层105个单位735位党政领导,参加各种形式的慰问老干部活动,召开座谈会、团拜会、茶话会等127场次,参加人员2313人次,走访慰问老同志1033位,送去慰问品和慰问金总价值140多万元。开展"送温暖、送服务、送亲情"主题服务活动,为全区118位生活不能自理的离休干部送去慰问信、纪念品,并提供家政服务。元旦、春节、"七一"、"十一"、重阳节期间,李士祥、王力军、辛燕琴等区领导,分别走访慰问局级老同志、老红军以及老干部中的特困户、遗属。

(张守伟)

【研讨区党代会工作报告】 1月中旬至2月上旬,在全区老干部中开展学习研讨区党代会工作报告活动。重点研讨三个问题:一、老干部工作如何抢抓机遇、乘势而上,适应新的形势和任务要求,实现争创全国一流的奋斗目标?二、老干部如何为举办历史上最出色的一届奥运会、全面加快"三化四区"建设、率先基本实现现代化发挥作用,做出自己的贡献?三、老干部对区委新一届领导班子寄予哪些厚望?通过学习研讨,进一步将"创造新优势、奥运促发展"思想大讨论引向深入。

(张守伟)

【改扩建区老干部活动中心】 2月初,区财政拨款1200万元,开始对区老干部活动中心进行全面扩建改造。6月底竣工。7月2日上午,举行朝阳区老干部纪念建党83周年暨活动中心改扩建落成仪式,全区老红军代表、局级离退休老干部、老干部党支部书记等100多名老同志参加。改扩建后,老干部活动中心总建筑面积从2000平方米增至

4500 平方米，增加报告厅、电脑教室、沙狐球、健身房、游艺室、茶室等新的活动厅室和设备。

（张守伟）

【信息简报工作】　3 月 30 日至 31 日和 7 月 23 日，分别在京郊泰山饭店、区老干部活动中心报告厅，先后举办两期老干部信息工作培训班，局机关及全区各单位的老干部工作人员共 200 余人次参加。年内，《朝阳老干部工作》简报出刊 33 期，从基层单位报送的 975 条信息中编发主条 234 条、短讯 207 条。市老干部局《情况交流》录用报送信息 15 条。依据各单位信息报送及录用情况，全区评选出 2004 年度老干部系统优秀信息工作单位 22 个、优秀信息员 22 名、优秀信息 2 条。年末，本区以第一名成绩被市老干部局评为 2004 年老干部部门信息工作先进单位，1 人被市老干部局评为 2004 年老干部部门先进信息员。

（张守伟）

【理论学习和形势教育】　4 月 1 日，在原有老干部理论中心组和老干部先进事迹报告团的基础上，成立由本区 8 位离退休干部组成的老干部宣讲团。宣讲团深入社区和学校讲革命传统、作专题报告，介绍学习“三个代表”重要思想体会，先后作报告 20 多场次，5000 多人次参加。年内，举办 5 次大型报告会，使老同志及时了解国内外政治经济形势，了解党和国家的大政方针，了解本地区本部门改革发展的新进展。7 月初，陈刚向老干部通报全区经济建设与社会发展情况。11 月 2 日，举办朝阳区老干部学习十六届四中全会精神报告会，邀请中组部党建研究所理论室副主任赵湘江作专题辅导报告，全区 800 多位老同志参加。年内，与北京电视台摄制组人员拍摄“环保卫士”范伯诚同志专题片，在北京电视台《晚晴》节目中播出；拍摄朝外街道老干部党支部和国土房管局离休干部原野先进事迹专题片；在《北京日报》、《朝阳报》出 4 期专版。印发全区老干部理论学习计划，组织老干部学习贯彻“三个代表”重要思想，配合学习开展“与时俱进，争做学习型老干部”和“珍惜荣誉、维护形象、与时俱进、共奔小康”主题教育活动。各单位从老同志实际出发，通过读书班、报告会、专题讲座、知识竞赛、参观考察等形式，把“三个代表”重要思想学习引向深入。各级领导落实联系老干部、向老干部通报情况等制度更加经常化。

（张守伟）

【老干部医疗服务】　4 月初至 5 月中旬，分两批 4 个团，组织全区 230 多名老干部赴井冈山、延安等地健康休养。组织 80 多名易地安置离休干部和 200 多名副处级以上退休干部到京郊参观游览，组织 34 名 80 岁以上高龄离休干部参加“京城一日游”活动。9 月 8 日至 10 日，组织 87 名处级退休干部到密云健康休养。9 月 19 日，选派老干部代表 18 人，参加以看成就、看变化、看发展为主题的“金色朝阳一日游”活动。6 月 7 日至 23 日，组织 1295 名离退休老干部，在区第二医院进行体格检查。年内，为 63 位生活不能自理的离休干部上门进行体检；为 183 位生活有困难的老同志安装家庭网络呼叫服务器；为 256 位离休干部办理助老方便卡；对因病住院、生活有特殊困难的老同志，利用解困基金进行补助；与中国红十字健康协会、市红十字医疗咨询服务部门建立合作关系，开通医疗咨询服务网络等。

（张守伟）

【老干部文体活动】　9 月 1 日，老干部活动中心正式对全区老干部开放。开办电脑、英语学习班，有 340 多名老同志报名参加学习。9 月 13 日，在区文化馆举办以歌唱祖国为主题的文艺演出，区老干部金秋文艺队、区文化馆凤朝阳合唱团、区教委老干部活动站的老同志们同台演出，抒发离退休老干部对祖国的挚爱之情，展示健康乐观、积极向上的精神风貌。400 余名老干部观看。9 月 20 日至 10 月 10 日，举办以歌颂祖国为主题的老干部书画、摄影展，展出书法、绘画、摄影作品百余幅。10 月中旬，组织老干部开展杂技专场、综合游艺、密云登山等“重阳节”系列活动。

（张守伟）

【为老干部办实事】　年内，成立区老干部理论学习资料中心，向全区老干部和老干部党支部提供订购、复制理论学习资料服务；在福寿老年公寓建立区老干部养老院，对自愿入住养老院的区属离休干部，由区财政给予部分补贴；为生活不能自理的区属离休干部建立家庭病床；建立全区异地安置离休干部专项管理和专项补贴经费，经费提取标准为每人每年 1000 元；去世离休干部无工作、有子女的配偶，如因病住院导致生活困难，可在原单位适当补助基础上，由区老干部专项解困基金对其在规定范围内发生的医药费进行补助，补助比例为 20%，每人每年补助总额原则上不超过 1 万元；为全区正处级离退休干部发放通讯补贴，标准为每人每年 360 元；为第一、二次国内革命战争时期参加革命工作的离休干部提高一次性生活补贴标准，由每人每年 1500 元提高到 2000 元。为易地安置离休干部解决实际困难。一是催交公务费 16 万元；二是解决拖欠医药费 25 万元；三是对易地安置离休干部中生活有特殊困难的，进行重点走访慰问、解决困难。

（张守伟）

【支部建设】 年内,就近就地组建老干部党支部或党小组;累计建立离休和离退休老干部党支部83个。探索支部开展思想政治工作的新思路、新方法。如退休干部担任支部书记;在职干部担任支部联络员或直接参与支部工作等等,增强老干部党组织活力。3月23日至25日,在市地税局干部培训中心举办老干部党支部书记学习班,组织赴延安、百色等地区考察学习。老干部党支部每月开展一次组织活动或政治理论学习,并根据本单位老干部思想实际开展思想政治工作。

(张守伟)

【社区老干部工作】 年内,采取问卷调查、实地参观、召开座谈会等多种形式,对全区21个街道进行深入调查,建立《社区离休干部基本情况统计表》,制定《朝阳区老干部工作先进社区基本标准》,统一印制《朝阳区离休干部社区服务工作手册》,确定8个街道作为创建工作第一批试点单位,同时还在其中的4个街道聘请工作人员,协助抓社区老干部工作。11月,对8个试点单位中参加评比的21个社区逐一进行检查,按照老干部工作先进社区的17条标准开展评先活动,评选出7个先进社区、14个达标社区。

(张守伟)

【评选表彰先进】 年内,开展先进老干部工作者等评选表彰活动。依据《行为规范》百分考核情况,全区评选出2004年度先进老干部工作者22名;依据各单位落实《责任制》情况,对12个优秀单位、32个先进单位和18个达标单位进行了奖励;评选表彰老干部文明之星124名。

(张守伟)

【老干部党校培训】 年内,举办3期学习班,近300名老同志参加。内容以党的十六大和十六届三中全会、四中全会精神为重点,请专家专题辅导和讲解《中共中央关于加强党的执政能力建设的决定》;组织观看关于台湾问题的形势报告录像;请朝阳公安分局领导通报本区社会治安和综合治理情况。

(张守伟)

保密工作

【概况】 中共朝阳区委保密委员会办公室(简称区委保密办),是区委保密委员会办事机构。区委保密办和区国家保密局是一个机构、两块牌子,既是区委保密委员会办事机构,又是区政府管理保密工作职能部门,由区委办公室管理。内设综合科和保密检查技术科。行政编制8名。年内,围绕区委、区政府工作部署,把保密工作与落实区九次党代会提出的各项任务相结合,与落实“三个优化”战略任务相结合,积极应对保密工作遇到的新情况、新问题。

地址:日坛北街33号

电话:65094302

邮编:100020

(郎春颖)

【国家秘密载体定点复制单位年审】 3月1日至31日,按照市里统一部署,按照有关法规检查区内9个国家秘密载体定点复制单位保密防护设备、经营环境、保密组织机构、制度措施及上一年承印国家秘密载体的次数、印制类别、数量等情况。注销4个不具备国家秘密载体定点复制条件单位的定点资格,对5个符合条件单位提出做好保密工作的具体要求。

(郎春颖)

【保密工作会】 3月16日,召开保密委员会工作会议。会议传达市委保密委员会工作会议精神,听取2003年区保密工作情况汇报,讨论通过《北京市朝阳区2004年保密工作要点》,通报2003年本市发生的泄密事件。3月25日召开保密工作大会。区属单位主管保密工作的领导和保密干部300余人参加。会议要求:增强做好新形势下保密工作的责任感和紧迫感,充分认识到朝阳区是首都对外交往的窗口区和发展建设的重点区;依法行政,依法管理,依法监督,提高保密管理法制化水平;进一步加强对保密工作领导,突出重点,明确责任,强化领导干部保密工作责任制。10月12日,召开第二次保密委员会工作会议。传达中央保密委员会办公室主任、国家保密局局长杜鹃和北京市委保密委员会主任孙政才讲话精神,收看保密教育资料片。

(郎春颖)

【保密培训】 4月8日,举办保密干部持证上岗培训班。全区98个单位121名保密干部参加培训并考试,全部取得上岗证书。在培训中,市保密局副局长等专家授课,课程内容包括保密工作面临的形势和任务、保密监督检查及定密工作、保密技术防范知识、保密法律法规和保密宣传教育工作。

(郎春颖)

【保密法制宣传月】 5月,开展保密法制宣传月活动,围绕纪念《中华人民共和国保守国家秘密法》实施15周年展开,重点在增强保密法制宣传教育工作的针对性和实效性上下功夫,着力提高宣传教育质量和水平。活动期间,向164个区属单位发放保密法制宣传挂图,举办以保密法律法规、保密基础知识为内容的宣传教育展览。朝阳有线电视新闻时间循环播出保密法制宣传字幕。

(郎春颖)

【保密要害部门部位确定】 5至6月,开展保密要害部门、部位确定工作,贯彻《中共北京市委保密委员会办公室关于开展保密要害部门、部位确定工作的通知》精神,加强对国家秘密事项管理,做到积极防范,突出重点,确保不发生泄密事件,向区属单位下发《关于开展保密要害部门、部位确定工作的通知》,要求区属单位根据本单位涉密程度高低、涉密数量多少,开展保密要害部门、部位确定工作,为今后规范管理、提高保密管理水平打下基础。

(郎春颖)

【保密工作检查】 6至7月和9月,区保密局分别检查区属单位保密工作。在各单位全面自查基础上,重点检查区法院、区610办公室、区公安分局、区政法委、区国资委、区财政局等20多个单位。检查内容包括日常定密工作、领导干部保密工作责任制落实、保密宣传教育开展、保密要害部门、部位的管理情况、计算机及网络安全保密管理。重点检查连接政务办公网、国际互联网和其它公共信息网计算机中是否存储、传递和处理涉密信息和不宜公开的内部工作信息,利用网络安全检查系统检测计算机,及时将检测结果和改进意见反馈给被查单位,督促有关单位尽快弥补漏洞,消除隐患,提高技术防范能力。

(郎春颖)

【高考保密检查】 年内,区保密局成立检查小组,在高考前检查保密工作安排、保密工作人员教育和保密室的设置、门窗加固、防盗系统、报警系统、保密柜配备及周边环境等情况,提出具体要求。在高考期间,巡视化工学院附中、新源里中学、一一九中学、呼家楼中学、劲松四中、东方培新学校等考点,监督检查考点在试卷取、存、送时的安全保密制度措施落实情况和保密室设置、保密人员配备及安全保密环境。

(郎春颖)

【编印保密工作手册】 年内,区保密局干部根据保密工作法律法规编成《保密工作手册》,该手册包括国家秘密载体的保密管理,国家秘密及密级确定,计算机及网络保密管理,通信、办公自动化设备使用须知,宣传报道、涉密会议及涉外活动中保密事项,泄露国家秘密事件报告须知及附录。《保密工作手册》于2005年元旦前发放到区属各单位。

(郎春颖)

区直机关工委

【概况】 中共北京市朝阳区委区直属机关工作委员会(简称区直机关工委),是主管区直属机关党的建设和思想政治工作的区委工作部门,领导区直属机关纪律检查委员会(简称区直机关纪工委)工作,内设4个职能科室,行政编制11人。年内,区直机关工委下属的66个处级单位减少为58个,设7个党委、10个党总支、41个直属党支部,有党员7631名。

地址:日坛北街33号

邮编:100020

电话:65069303

(邬晓青)

【建立机关工委网站】 3月1日,利用朝阳政务网自主开通区直机关工委网站。系统包括:党建研究、党建工作动态、党风党纪、党建工作文件、党建风采、党风党纪、基层工作简讯、他山之石、书记信箱等栏目。至11月底点击率3976人次。

(邬晓青)

【成立区直机关工会】 4月12日区直机关召开职工代表大会,重新成立区直机关工会,选举产生工会委员会委员12名,工会主席1名、副主席2名。5月举办工会小组长培训班。

(邬晓青)

【组织首届区直机关文化节活动】 9月27日,在朝阳剧场举行区直机关首届文化节文艺汇演,通过合唱、男女声独唱、戏曲、舞蹈、诗歌朗诵、乐器演奏等形式向新中国成立55周年献礼。演出的节目由机关干部自编、自导、自演,66个部门,1000余名机关干部参加文化节活动。

(邬晓青)

【组织建设】 年内,为落实区委"聚合力"工程,抓班子、带队伍,结合机关工作实际,在区直机关处级领导班子中开展创建"团结、务实、廉洁、创新"好班子活动。指导各单位党组织采取有效措施,抓好理论中心组学习,坚持民主集中制,转变领导方式和工作作风,增强领导干部改革创新能力、维护安全稳定能力、依法行政能力和组织协调能力,提升求真务实、勤政廉洁、执政为民新形象。

(邬晓青)

【推广使用两手册】 年内,与各单位密切配合,推广使用《党支部工作手册》、《入党积极分子、预备党员手册》。同时,协助各单位及时调整充实手册内容,运用多种形式加强对支部班子成员和党务干部教育培训,使支部工作有计划、有记录、有检查。

(邬晓青)

【党风廉政教育】 年内,组队参加全区"两个条例"知识竞赛;组织开展党纪条规知识测试,参与率98%;完成市、区纪委下达的《领导干部廉洁自律工作情况调查》和《党风廉政建设责任制工作情况调查》任务;机关各单位党组织和广大党员对照四大纪律、八项要求,结合工作实际进行警示教育,逐条检查勤政廉政情况。

(邬晓青)

党校工作

【概况】 中共朝阳区委党校是区委直接领导,培养领导干部、理论宣传干部和国家公务员的学校,兼有区行政干部学校、区社会主义学院、市委党校成人教育学院朝阳党校分院职能,是四块牌子一支队伍。内设教研室、培训处、成教处、电教信息管理中心等8个处室。在职教职员工36人,其中教师12人。主要任务是轮训培训处级领导干部、中青年后备干部、国家公务员、基层党员和积极分子成人学历教育等工作。

地址:静安庄1区4号

邮编:100028

电话:64651199

(张永珍)

【主体培训】 4月6日至7月15日,全国出国培训人员考试委员会、区委组织部联合举办BFT英语培训班,采取半脱产与考前集中方式学习。37人参加培训,25人参加7月17日选拔考试,其中3人获高级证书,14人获中级证书。4月12日至5月14日和9月13日至10月25日举办2期副处级干部进修班,教学主要内容有科学发展观、党的理论和党性修养、领导科学与管理,并赴上海学习考察社区建设和城市规划与管理。4月至11月,先后举办5期公务员科级任职培训班,培训211人。学习内容包括基本理论、公共管理知识。学习期间,区人事局、区农委带队赴南京、昆山等地考察学习。6月8日至10日,区委组织部、区企业工委、市管理科学院合作举办企业高层经营管理培训班,培训学员45人。培训内容有组织与变革、变革时代企业主管的执行力、变革环境下卓越领导之道的模式、全球竞争背景下的企业改制与重组。7月至9月,举办3期人力资源培训班,培训学员190人。培训内容有人力资源战略与管理、人员测评理论与技术、绩效考核与管理、领导艺术与领导素质、职位说明设计与撰写。9月20日至24日,举办企事业中层干部培训班,培训27人。培训内容包括公共管理学、学习与创新、人力资源开发与管理、管理心理学、演讲与谈话技巧、现代科技发展与展望、正副职关系协调、沟通与项目管理。11月10日至19日举办公务员初任培训班,培训95人。培训内容有国家公务员制度、国家公务员行为规范、现代行政管理及方法、公共政策制定、机关公文写作与处理、新时期公务员成长、区情。11月22日至12月31日举办中青年干部培训班,培训48人。培训内容有党的基础理论与党性修养、四观(发展、政绩、权力、群众)教育与加强党的执政能力建设、社会主义市场经济与朝阳经济社会发展、领导与管理。培训中举行题为"发展我国经济应不应该鼓励超前消费"的辩论会。12月8日至10日举办妇联干部培训班,培训248人。培训内容有妇女维权意识、现代科技发展与展望、加强党的执政能力建设、参加体质锻炼创造生命精彩、领导者心理调适、构建良好家庭互动模式。

(张永珍)

【台州市妇联干部培训】 9月13日至22日,台州市妇联在朝阳区委党校办培训班,培训65人。培训内容有领导管理、经济管理、科技知识、创新思维、执政党能力建设等11个专题讲座。培训期间,学员们参观社区服务中心、朝来农艺园、望京产业园区等。

(张永珍)

【学历教育】 年内,学历教育设研究生、本科、专科32个教学班。招生报名811人,经考试录取613人,其中专科381人,本科190人,研究生42人。毕业410人。安排授课教师127人次,完成101门课6811学时。

(张永珍)

【教学科研】 年内,结合朝阳区中心工作,在调查研究基础上,形成两个调研课题:关于朝阳区社区党建专题调查,由3位教师分别走访朝外、亚运村、香河园、安贞等近10个街道,形成《党组织在社区工作中组织、指导、协调方式研究》调研报告;关于区干部学习需求专题调查,由4位教师针对不同层次、不同部门的干部,发放调查问卷,写出《关于区干部学习需求状况分析》调研报告。组织教师就区农村城市化进程问题进行调研,有5位老师参加,分别走访太阳宫、奥运村、大屯等地区。大胆探索党校研究式教学的新模式。3位教师组成课题组,将社区党建专题调查成果以小班教学形式在青年干部培训班上展示。组织教师参与主体班学员调研、外出参观考察等活动。组织教师到沈阳市沈河区委党校,就教学和科研问题与该校领导和教师交流。组织教师参加北京奥运经济研究会举办的"首都率先基本实现现代化与政治文明建设理论研讨会"论文撰写,有5位教师文章被该研讨会文集收录,两位教师在研讨会上作专题发言。

(张永珍)

【电教信息工作】 年内,实现全区范围内党校课程点播、党校讲座实况直播。在学校大门内安装电子视频显示屏,信息及时发布传播。建立党校内部办公平台。主要有信息发布、总务办公、职工管理、学员管理等内容。从区图书馆引入“智慧2000计算机图书管理系统”,在校办公网内可方便查询到图书馆藏情况,图书借阅和还书采用条码扫描。实现两地实时音视频对话,区委组织部与党校在干部培训过程中交流与管理更加便捷。

(张永珍)

【基层党校工作】 年内,协助区委党史办、区农委、区工商局、区文化委、区地税局、区国税局、区劳动局、望京产业区等单位策划、设计、组织入党积极分子培训班、中青年后备干部培训班、科级干部培训班,培训学员400多人;为35个基层单位(委办局、街乡)讲授32个专题课,244学时。

(张永珍)

【校庆活动】 年内,区委党校建校45周年,编写校史《奋进的历程》、画册《师魂精诚,桃李芬芳》,制作了《师魂精诚桃李芬芳》宣传光盘。许多校友为母校送上祝福,通过校庆征文,编印于党校刊物《教学与实践》专刊。书画界举办书画笔会,艺术家们挥毫泼墨创作百余幅书画作品,汇编成画册《桃李满朝阳》。

(张永珍)

党史资料征集

【概况】 中共朝阳区委党史资料征集办公室(简称区委党史办)是中共朝阳区委主管党史工作的职能部门。人员编制6名。年内出版党史资料专辑、汇编8册;出版《朝阳党史》4期;为中央党史研究室科研部编辑的《共和国之最》一书撰稿34个条目;10篇文章收录于市委党史研究室出版的书籍、刊物。

地址:日坛北街33号
电话:65099222
邮编:100020

(王瑞虹)

【党史工作领导小组成立】 6月5日,朝阳区委决定:加强对朝阳区党史工作的领导,成立朝阳区委党史工作领导小组。主要任务:研究落实中央、市委和区委关于党史工作的重要指示和措施;听取党史工作汇报;审定朝阳区党史工作长远规划和年度工作要点。

(王瑞虹)

【《建设史》编写启动】 6月10日,区委党史领导小组第一次会议通过《关于做好〈朝阳区社会主义建设史〉编写工作的意见》及《建设史》编写方案。当日召开全区党史工作会议。会议传达区委书记办公会议精神,贯彻领导小组《关于做好〈建设史〉编写工作的意见》,部署《建设史》编写工作。

(王瑞虹)

【制定党史工作五年计划】 年内,根据《北京地方党史科研工作规划纲要》,制定朝阳区2004—2008年党史工作计划,确定党史工作的指导思想、工作目标、工作任务。《计划》提出:2004年建网络、打基础,全面开展党史资料征编工作。2005年抓重点、保重点,集中精力研究和编写《建设史》。2006年求质量、出精品,完成《建设史(讨论稿)》征求意见、评审和修改工作。2007年出成果、建制度,利用党史征研成果开展资政育人宣传。2008年总结、评先进,完成有关党史资料终极成果,做好各类项目验收。

(王瑞虹)

【《改革开放纪事》编撰】 年内,组织全区各部门、各单位分别编写《改革开放纪事》,为《建设史》提供史料。7月8日、10月26日分别举办两期《建设史》培训班,同时汇编培训资料7.6万字。在初步理清历史发展脉络基础上,提出朝阳区改革开放历史阶段划分的指导性意见,印发全区作为参考。全区126个单位参与编写。据统计,各单位编史人员到区档案馆查阅档案资料577人次,调档6756卷。

(王瑞虹)

【抢救史料】 年内,党史办与区委老干部局合作,按照《建设史》确定的历史发展脉络,动员老干部撰写在朝阳工作的回忆文章,记录朝阳的发展历史。为此,分别召开动员会和座谈会,并于12月16日举办撰写《老干部朝阳工作回忆录》辅导讲座,聘请市委党史研究室领导同志就如何写好回忆录作辅导报告。全区各单位老干部党支部书记和准备撰写回忆录的老同志96人参加辅导讲座,年纪最大的已过八旬。

(王瑞虹)

【党史资料征编及出版刊物】 年内,续上年编纂出版中共朝阳区八届委员会党史资料汇编《跨世纪的五年》丛书,包括《发展纪略》(上、下册)、《组织沿革资料》专辑、《大事记》专辑、《朝阳区2004年换届专辑》等共108万字,编纂出版《朝阳区重要会议资料汇编(1956—2004)》(上下册),66万余字。《朝阳党史》出版4期,29万字,刊载各类文章105篇,图片280余幅,设《换届专题》、《井岗山之行》、《改革开放巡礼》、《深切缅怀》、《党史春秋》、《史海钩沉》、《群星璀璨》等栏目,发放8000余册。

(王瑞虹)

【专辑征集】 年内,《以资政育人为党史工作的根本任务》、《朝阳区居委会组织建设与构建社会主义和谐社会的思考》两篇调研文章分别被《北京党史》和《北京市党史办主任学习研究班材料汇编》采用。完成市委党史研究室为纪念北平和平解放55周年组织撰写的专题文章《黎明前后的朝阳》和老干部回忆文章6篇,收入市委党史研究室编写的《在迎接解放的日子里》一书。完成马骏墓、491电台台址革命纪念地介绍两篇,收入市委党史研究室、市文物局组织编辑的《红色寻踪》一书。

(王瑞虹)

纪检监察

【概况】 中共朝阳区纪律检查委员会(简称区纪委)是主管全区党的纪律检查工作的区委工作机构,朝阳区监察局(简称区监察局)是主管全区行政监察工作的区政府职能部门。区纪委与区监察局合署办公。区纪委、区监察局在区委、区政府和市纪委、市监察局双重领导下进行工作。内设办公室、干部室、研究室、宣传教育室、信访室、案件审理室、案件检查室、执法监察室、纠正部门和行业不正之风办公室、行政投诉中心。区纪委、区监察局行政编制40名。

地址:日坛北街33号

电话:65094420

邮编:100020

(陈伟航)

【区纪委全体会议】 1月8日区纪委召开第一次全体会议。选举区纪委常委9名。张洋当选为区纪委书记,陈家康、陈琳和徐江波为副书记。7月23日区纪委召开第二次全体会议。会议审议通过区纪委2004年上半年工作总结及下半年工作意见暨《建立健全教育、制度、监督并重的惩防体系,推进我区党风廉政建设和反腐败工作》的工作报告。通报市纪委、监察局关于在全市开展"建立健全惩防腐败体系"研讨活动意见,并对相关工作进行部署和安排。

(陈伟航)

【效能监察】 3月,下发《朝阳区2004年效能监察立项通知》,要求各单位将"折子工程"和"50件实事"全部列入效能监察立项。6月底,会同有关工委和政府办组织各街乡、委办局对效能监察立项完成情况进行互查,与政府办一起对重点工作任务进行多次督察和协调。11月底,由区纪委、监察局牵头,对全区被考核单位进行年终考评,评出2004年度"目标管理双百考核"先进单位。年内,将效能监察工作纳入目标管理双百考核工作体系,并按照《目标管理双百考核实施方案》中效能监察评价指标体系的规定,进一步制定《关于效能监察的考核评比意见》,明确效能监察考核评比的目的、考核评比的范围、内容、标准、办法以及组织方式。

(屈国华)

【党风廉政建设】 5月13日,下发《中共北京市朝阳区委办公室、北京市朝阳区人民政府办公室关于印发〈2004年朝阳区党风廉政建设和反腐败工作主要任务〉的通知》,将党风廉政建设和反腐败任务细化、量化,分解为30项,由14位区委、区政府领导分管,20个委、办、局(处)单位牵头,40个单位协办。5月16日,下发《中共北京市朝阳区委关于印发〈朝阳区党政领导班子成员逐级听取党风廉政建设情况汇报制度〉的通知》。10月中旬到11月上旬,对全区二级班子贯彻执行党风廉政建设责任制情况、党风廉政建设和反腐败工作主要任务完成情况进行检查。12月23日,下发《关于2004年全区二级班子贯彻执行党风廉政建设责任制情况的通报》,对检查情况进行总结。

(田　华)

【党风廉政建设宣传教育月】 5月中旬至6月中旬,以"求真务实、勤政为民"为主题,开展党风廉政建设宣传教育月活动:为局、处级干部110人,科级干部321人讲党课。举办63场党纪条规知识竞赛,参加竞赛活动的党员干部11.4万人。召开专题民主生活会。总结、宣传典型。区委、区纪委领导有重点地与区属二级班子党政领导开展廉政诫勉谈话交心活动。年内有900余名处、科级干部开展谈话交心活动。

(杨　钦)

【奥运工程监督】 7月8日,下发《朝阳区奥运场馆工程建设监督方案》(朝政发〔2004〕12号)及《朝阳区奥运场馆工程建设监督方案的实施细则》(朝政办发〔2004〕37号),成立奥运工程监督工作联席会议。各成员单位按照各自职责范围,对承担的奥运建设工程实施监督。《加强监督管理,打造阳光工程》经验介绍材料荣获年度纪检监察系统优秀调研成果奖。

(屈国华)

【全程办事代理制工作】 8月,根据北京市政务公开领导小组办公室《关于对全程办事代理制和深化政务公开工作进行检查的通知》要求,对照检查内容进行自查自评。9

月，下发《北京市朝阳区人民政府关于进一步做好全程办事代理制工作的意见》），成立区推进全程办事代理制工作领导小组，确定对重点项目的全程代办制度、做好重点企业设立后的跟踪服务工作和开通奥运项目全程代办制度。年底，街道全部成立为民服务办公室，186个社区建立社区居民事务代办站。在农村4个地区和26个社区建立全程代理便民服务大厅和便民代办点，试行全程代理制。投资服务大厅内19个政府部门实行“一站式”受理、并联审批、限时办结、集中收费服务原则。

（屈国华）

【治理中小学乱收费】 9月21日至24日，对全区24个单位进行教育收费情况专项检查，通过听取汇报、查材料及财务账或票据、查看公示栏、与学生和家长访谈等形式进行检查，对检查中发现的问题对被检查单位进行反馈，同时要求单位整改。年内，建立由区监察局、区教委、区财政局和区审计局等单位参加的联席会制度。将收费管理工作作为干部考核和学校评估的重要内容，加强教育收费的公开化、规范化、制度化，优化支出结构，确保义务经费合理安排，足额到位。

（李福硕）

【政务公开】 9月，制定《朝阳区关于进一步深化政务公开工作的意见》和《朝阳区政务公开办法》，明确深化政务公开工作的指导思想和基本原则、范围、内容、形式和相关制度。与区信息办合作，在区政府网站制定统一的政务公开模板，为政府各部门提供公开平台。牵头负责对全区政务公开工作进行检查，总结政务公开工作先进单位经验，并首次进行表彰活动。

（李福硕）

【目标管理双百考核】 年内，由区纪委、监察局牵头，区政府办、区法制办、区人事局等部门共同组成考核评议组，对区政府职能部门实施目标管理双百考核工作，聘请北京市社会科学院专家制订《朝阳区效能监察评价指标体系》和《朝阳区优化发展环境评价指标体系》。从全区40个政府职能部门硬指标和软指标即效能监察及政风、行风建设，通过网上评议、明察暗访、问卷调查、企业打分和被评单位互评等方式进行考核。经过综合考核，确定15个目标管理双百考核综合先进单位和10个单项先进单位；街乡及机关系统、企业系统评出20个效能监察综合先进单位和10个单项先进单位。

（李福硕）

【“五好一创”评选】 年内，参加市纪委、监察局开展的反腐倡廉宣传教育“五好一创”评选活动。以潘家园社区经济管理中心原经理赵凯维贪污受贿案为题材，与区广电中心联合拍摄的反腐倡廉警示教育片《歧途》获“好作品”一等奖。纪检监察工作网站获“好网站”一等奖。《以人为本　加强党的建设　落实科学发展观》获“好党课”二等奖。《关于建立健全惩治和预防腐败体系的几点思考》获“好文章”二等奖。以朝阳区近年农村党员干部违纪违法案例为内容的警示录《预防与警示》获“好作品”优秀奖。曾在《中国纪检监察报》（10月13日一版）刊发的新闻《北京市朝阳区“党员接待室”真心为民受欢迎》获“好新闻”优秀奖。

（杨　钦　王建华）

【信息调研】 年内，上报市、区信息361篇，被市委、市纪委录用57篇，区委、区政府采用78篇。被评为2004年度全市纪检监察系统信息工作先进单位，《做到“四个抓好”，扎扎实实开展信息工作》被市纪委作为经验专刊转发。年度被市纪委、朝阳区委评为信息“三优”（优秀领导、优秀单位、优秀信息员）单位。在中央、市、区级等新闻媒体刊发纪检监察新闻宣传报道稿件126篇。其中，中央级刊物刊稿12篇，在市级刊物刊稿41篇，区级刊物刊稿73篇。年度被《中国纪检监察报》评为先进通联站。配合中纪委完成在三里屯、亚运村、建外3个街道对300名居民进行的党风廉政建设民意调查问卷，相关数据被中纪委有关部门作为加强党风廉政建设工作的参考依据。

（杨　钦　谭水华）

【领导干部廉洁自律】 年内，积极稳妥地推进公务用车改革试点工作，在全区选取5个单位进行公务用车制度改革问卷调查，确定一街一乡为车改试点单位，对两个试点单位在编车和不在编车数量以及近3年来所有车辆发生费用情况进行调查统计，为车改试点工作启动做好准备。区级领导班子按照市纪委、市委组织部要求召开民主生活会，对全区领导干部兼职情况进行调查和清理。根据市纪委《关于对全市国有企业使用公款为职工个人购买商业保险情况进行调查登记的通知》精神，对区属国有及国有控股企业使用公款为职工个人购买商业保险情况进行摸底调查。

（田　华）

【信访工作】 年内，建立健全纪检监察信访举报预警防范机制、突发事件应急处理机制、集体访协调处理机制和重要信访件集体排查机制。召开排查会4次，排查信访件15件，为检查室提供案源线索7件。受理信访举报件477件次，其中纪检监察范围外的信访件24件次。

（姜仁忠）

【查办案件】　年内,立案34件,其中大要案20件,占立案总数的58.82%,百万元以上大案5件;通过查办案件,挽回经济损失700余万元。结案24件,涉及科级6人,一般党员18人。有21人受到党纪、政纪处分。其中:开除党籍11人,留党察看3人,撤销党内职务1人,党内严重警告2人,党内警告2人,行政开除1人,行政记过1人;另有2人免予党纪处分,销案1件。

(杜娟娟　张颖辉)

【阳光工程建设】　年内,区监察局与区发改委、区财政局、区审计局继续推行联合监管机制,累计参与朝阳区重大工程监督21项,拆迁工程监督8项,政府采购监督62项。实现达到招标规模的项目100%招标,其中公开招标占91%,使用政府投资超过100万元的项目100%审计,区发改委立项项目实现零投诉;重大工程项目节约资金673万元,节资率为12%;政府采购工作节约资金976.1万元,节资率为3.34%。《朝阳"部门联动"显威力——有力遏制政府采购中的违法行为》被刊登在《中国纪检监察报》上作为先进经验面向全国予以推广介绍。

(屈国华)

【政民互动】　年内,政民互动平台接收群众电子信件2175件,其中多部门投诉241件、重复投诉97件。责任部门规定期限内答复、办理率占86%,群众对解答、办理结果反馈满意率71%。

(李福硕)

【纠正医药购销不正之风】　年内,制订《关于2004年纠正医药购销和医疗服务中不正之风工作意见》,提出要以纠正医疗系统收受"红包"、药品回扣、开单提成等损害群众利益的不正之风为重点,通过深化改革,完善制度,强化监督逐步建立教育、制度、监督并重的医德医风建设长效机制。根据群众反映药品采购问题,对垂杨柳医院、朝阳区第二医院进行调研,并就医药药品、医疗机械招标采购问题召开7家医院院长参加的座谈会。

(李福硕)

【特约监察员工作】　年内,组织特约监察员参与对全区40个政府职能部门的监督检查工作。制定《北京市朝阳区特约监察员暂行条例》,对特约监察员的职责任务、纪律规定等进行要求。

(李福硕)

民主党派

民革朝阳区委

【概况】　中国国民党革命委员会朝阳区委员会(简称民革朝阳区委)下设提案调研、社会服务、祖国统一、老龄妇女4个专委会。有基层支部12个(10个综合支部,另有中日友好医院支部和北京工业大学支部),党员533人。全区党员中:教育界占12%;医务界占12%;科技界占24%;经济界占13%。民革党员中:区政协委员21名,区人大代表4名,区政府特约工作人员6名。

地址:团结湖北五条8号(党派楼)
电话:65094052
邮编:100026

(阎少峰)

【社会服务】　1月4日,组织党员赴房山大石窝镇继续向两名特困生捐助助学款800元。5月22日,组织部分从事医疗工作的党员赴大石窝镇三岔村,为村民进行义诊,并看望受民革资助的两名贫困学生。9月11日,民革朝阳区委及各支部支委一行40余人赴大石窝镇,就几年来捐资救助特困学生活动与镇政府有关领导进行交流,并对升入技校的两名特困生捐款4400元。

(阎少峰)

【思想组织建设】　1月19日,举办"我是民革党员"为主题的演讲活动,近200名党员参加。10名党员(其中两名年逾八旬)结合自己作为民革党员的亲身经历和体会演讲。3月25日至28日,20余名党员骨干参加区委统战部举办的统战理论学习班。在学习中,民革党员认真听取关于统一战线理论、多党合作史、台湾形势与两岸关系、北京发展战略以及朝阳区情的讲座,并进行讨论和总结。4月23日,部分新党员随民革市委到卢沟桥抗日纪念林进行植树、养护林木活动,接受民革传统教育。

(阎少峰)

【参政议政】　2月14日,提案调研专委会就统战部下发的调研课题进行讨论,初步确定调研方向并划分课题小组。2月22日,举行新老政协委员座谈会。会上政协老委员以多年积累的经验为新委员讲述如何写好提案,如何发挥政协委员作用以及履行参政议政职责。会上布置

2004年5个调研课题，要求新政协委员每人必须参加一个课题。7月12日至14日，民革朝阳区委一行5人前往上海徐汇区考察社区建设工作和党派基层组织建设。11月，统战部对各党派2004年调研报告进行评选，民革区委《关于加强社区新管理模式探讨与建设的建议》和《关于开拓新世纪新阶段朝阳区民主党派基层组织工作新局面的调研报告》分别获二、三等奖。

（阎少峰）

【主要活动】 5月29日，召开台情报告会，中国社科院台湾研究室副主任刘红教授对台湾“总统”大选、就职等活动进行详细分析和介绍，并阐明我国政府“5·17”声明内涵以及今后对台工作重点。7月，在民革北京市委组织的党章知识答题活动中，民革第七支部获优秀奖；10月16日，召开各支部支委、政协委员会议，传达胡锦涛考察北京工作时的重要讲话精神。10月22日重阳节，组织近90名老党员参观重新修建的永定门城楼和绿化带，游览天坛公园。11月11日，区委统战部召开区民主党派基层组织建设经验交流会，民革九支主委刘绮菲在会上发言。11月12日，组织全区党员参加“金色朝阳一日游”活动。

（阎少峰）

民盟朝阳区委

【概况】 中国民主同盟朝阳区委员会（简称民盟朝阳区委）有35个支部，盟员896人。盟员中具有中高级职称的739人，全国政协委员4人，市政协委员5人，区政协委员17人（其中副主席1人，常委3人）；区人大代表8人（其中常委1人）；区特约监督人员6人。

地址：团结湖北五条8号（党派楼）

电话：65094938

邮编：100026

（周道珍）

【学习活动】 3月25日至28日，在区社会主义学院举办统战理论学习班，参加学习的有部分民盟区委委员、盟员中的人大代表、政协委员、青年委员和支部骨干共20余人。在学习班上，大家剖析台湾局势与两岸关系，听取奥运对北京社会和经济发展的影响以及北京率先实现现代化的发展战略讲座及朝阳区情介绍。10月15日，召开二届八次全委（扩大）会议，传达学习胡锦涛在北京视察时的重要讲话精神、以及区委书记关于学习贯彻讲话精神的工作部署，与会人员相互交流学习心得体会，讨论研究民盟朝阳区委第四季度工作安排。

（周道珍）

【社会服务】 7月17日，组织朝阳支部、朝阳工业支部、农业部支部和朝阳医务支部等前往河北省尚义县大苏计乡半个碌碡小学献爱心，捐赠500余套图书、250套书包、文化衫及其它学习用品，随后，医务支部和农业部医务室的大夫们为村民们进行义诊。免费提供药品。9月19日，组织首都医科大学中医药学院、中日友好医院、八里庄医院、广济医院、清华美院医务室、农业部医务室8名盟员医生到常营回族乡为村民义诊。

（周道珍）

【民主监督】 10月29日，召开民主监督座谈会，介绍和总结2004年民主监督工作情况，与会人员就如何提高民主党派区级组织参政议政能力问题进行讨论，大家认为民主党派应正确把握民主监督重点，民主监督工作应该具有前瞻性，把监督放在事前监督和事中监督。

（周道珍）

【参政议政】 年内，在区政协十届一次会议提交4件党派提案，其中《关于加强我区农贸市场食品卫生监管力度的建议》、《关于充分利用党派楼地下室资源，为各民主党派及老政协委员提供会议、学习、活动场地的建议》获优秀提案奖；提交委员个人提案24件，其中《关于教育教学改革，在我区普教系统长期开展教育教学研究立项的建议》、《关于清除“宣传污染”的建议》、《建议政府兴建现代公园免费开放》获优秀提案奖。《关于“人文奥运·走进社区”的建议》、《关于加强职业技术教育，提高朝阳区劳动力素质的建议》、《关于朝阳区民营经济发展的调研报告》获区委统战部调研工作二等奖。参与民盟北京市委《关于在全市开展人文奥运走进社区的建议》的调研，获市委统战部调研报告一等奖。11月26日，召开参政议政工作会议，总结2003年春换届以来的参政议政工作，3个支部、1个专委会、5名盟员分别介绍他们何写调研报告、提案的经验和体会。

（周道珍）

民建朝阳区委

【概况】 中国民主建国会朝阳区委员会（简称民建朝阳区委）有28个支部，会员993人。其中综合支部10个，专业支部17个，离退休老年支部1个。会员中，大专以上学历762人，市人大代表2人，市政协委员4人，区人大代表3人（其中常委会委员1人），区政协委员18人（其中常委3人，外区1人）；担任市、区特邀监督员的8人；区妇联执委1人，区青联委员6人。

地址：团结湖北五条8号（党派楼）

电话：65094054

邮编：100026

（马凌云）

【社会服务】 春节前走访困难会员及老会员,三八节与民建海淀区委联合举办关爱女性健康专题讲座,积极参加民建市委组织的植树造林活动,六一节前夕去顺义儿童村看望服刑人员子女并为他们捐资捐物,重阳节组织老会员参加朝阳一日游活动。

(马凌云)

【思想建设和宣传工作】 年内,认真学习中共十六届四中全会精神,研究如何提高参政能力问题。组织会员、支部主任、骨干会员参加学习中共十六届四中全会精神的座谈会,广泛开展学习研讨活动;编印内部报纸《民声》,积极向民建市委报纸投稿,获民建北京市优秀宣传二等奖;积极组织讲座,就社会热点、焦点问题及大家共同关心的问题进行交流。

(马凌云)

【组织建设】 年内,发展会员43人,均为大专以上学历,其中经济界人士30人。举办新会员培训班,原有4个专业委员会扩充为10个,做到分工明确。在民建区委与支部之间成立总支,新成立一个支部(市属)。

(马凌云)

【参政议政】 年内,在区政协十届一次会议上,提交《关于解决朝阳区就业问题的建议》、《关于进一步加强朝阳区民主监督工作的建议》等提案4件,其中《关于解决朝阳区就业问题的建议》获优秀提案奖。委员个人或联名提案24件,其中《关于对朝阳区服装行业民营企业发展的建议》,《关于加快城市建设,依法公正拆迁的建议》,《借〈中华人民共和国行政许可法〉即将施行之机,进一步推进朝阳区依法行政工作,规范行政行为》获优秀提案奖。提交的调研报告《构筑ECBD概念,打造CBD新品牌——关于电子城发展的建议和意见》、《关于危旧房改造中保护居民权益的建议》、《朝阳区失地农民问题与对策》获好评。反映社情民意30余件。

(马凌云)

民进朝阳区委

【概况】 中国民主促进会朝阳区委员会(简称民进朝阳区委)有基层支部19个,会员362人。会员中,教育界人士占81%,具有中、高级职称的占93%,研究生及大学本科学历的占77%;有市政协委员1人、区人大代表1人、区政协常委2人、区政协委员14人,5名会员被区政府聘为特约监督员。年内,发展11名会员,根据民进市委安排建立会员数据库,完成《2004年民进朝阳区委基层组织调研报告》,组织会员参加区委统战部和民进市委学习班、交流会等一系列活动。

地址:团结湖北五条8号楼211室

电话:65094935

邮编:100026

(赵建萍)

【参政议政】 2月,民进朝阳区委主委林安杰被市政府聘为特约工作人员,聘期2年。年内,向政协提交党派提案4件、委员提案21件,其中《朝外商业街由朝阳门扩至呼家楼并加强统一规划,建设一条国际品牌高水准商业街》被评为党派优秀提案。《加强朝阳区基础教育的教科研队伍建设》、《对改善政府采购的几点建议》获个人优秀提案奖。《关于推进我区农村基础教育发展的研究报告》获区委统战部调研报告一等奖。

(赵建萍)

【组织建设】 新春过后,民进朝阳区委组织召开支部主任会,部署建立会员数据库工作,各支部主任千方百计寻找多年失去联系的会员,圆满完成会员数据建库工作。3月25日至28日,16名会员在区社会主义学院参加统战理论学习班学习并获结业证书。4月29日,民进市委会副主委及市委会有关部门负责人到本区参加基层组织工作调研,与10位支部主任座谈。大家就组织发展中的困难、支部活动困难、参政议政过程中的困惑等方面问题广泛深入交换意见。11月11日,民进朝阳区委委员及支部主任参加区委统战部组织的民主党派基层组织建设经验交流会,东方德才支部代表民进区委作经验交流。

(赵建萍)

【活动交流】 5月27日至6月3日,联合北片支部主任杨丽娟应台湾嘉义大学校长邀请,随上海特级英语教师张思中老师、中央教科所田慧生副所长一行8人参加海峡两岸三地英语文化交流活动。9月11日,近200名会员乘船畅游雁栖湖,庆祝教师节。10月22日重阳节,组织55名退休老会员乘观光游览车畅游朝阳公园。

(赵建萍)

农工党朝阳区委

【概况】 中国农工民主党朝阳区委员会有支部18个,党员449名,党员中,全国政协委员1人,市政协委员3人(常委1人),区政协委员17人(常委5人),区人大代表3人(常委1人);市级特邀监督员3人,区级特邀监督员5人;享受政府特殊津贴2人。

地址:团结湖北五条8号206室

电话:65094937

邮编:100026

(管文东)

【参政议政】 1月，向朝阳区政协十届一次全会提交《对我区停车管理现状的几点建议》、《关于加强我区城市绿化建设的几点建议》、《建议合理利用朝阳区有限的土地资源》、《关于加强解决我区交通拥堵问题的建议》、《建议整治我区性保健品市场》、《建议治理望京地下色情市场》、《建议朝阳区成立保护民间文化遗产委员会》7件党派提案，其中《关于解决我区交通拥堵问题的建议》获优秀提案奖。3月至9月，经过深入调研，撰写出《关于朝阳区精神卫生服务需求与发展的调研》和《关于正确解决我区歧视外来农民工问题的调研》两篇调研报告，其中前一篇获区统战系统优秀调研报告三等奖。年内，向农工党北京市委、中共朝阳区委统战部、区政协上报信息87条，大部分被采用，并被评为朝阳区统战、对台、侨务信息工作先进单位。

（管文东）

【思想和组织建设】 3月25日至28日，组织22名党员参加区统战理论学习班。3月29日，就如何树立科学发展观组织部分党员进行专题研讨。8月2日，参加区统战系统暑期研讨班。10月14日和21日，分别召开一届十二次全委会及支部主任会，学习贯彻十六届四中全会精神及胡锦涛视察北京重要讲话精神。11月6日，特邀农工党中央宣传部长和民革朝阳区委信息组组长为40多名青年党员就农工党史与民主党派如何参政议政作专题讲座。年内，发展党员23名。新党员中，以医卫界中高级知识分子为主，包括法律、科技、财会、房地产等行业优秀人士。

（管文东）

【社会服务】 2月27日上午，与中国初级卫生保健基金会及农工党北京市委在朝阳区残疾人联合会开展为残疾人献爱心口腔健康讲座及咨询义诊活动。到会领导向残疾朋友现场赠送口腔保健电动牙刷。480名残疾朋友参加活动。4月20日上午，以“关注百姓健康，为建设绿色朝阳、办好绿色奥运贡献力量”为主题，组织医卫支部、八里庄支部党员到高碑店村古典家具街义诊和植树。20名党员参加，接受义诊村民63人次。11月9日，与农工党市委及陈经纶中学联合举办“国际科学与和平周”系列活动之一——“自信心与心理素质的提高方法”专题讲座。北京慧源心理与教育研究中心教授肖峰为陈经纶中学600多名初高中学生做专题辅导。11月10日下午，与农工党市委联合选派7名医学专家到首都经济贸易大学丰台西校区为学校教职工开展健康咨询义诊活动。年内，组织咨询、义诊等形式的社会服务活动30余次，发放宣传材料4100份，受益群众约2500人次，100余名农工党员参加了这些活动。

（管文东）

【联谊活动】 4月10日，组织87名党员参观航空博物馆。4月28日，在农工党市委多功能厅举办庆“五一”卡拉OK舞会，40多名党员参加。9月29日，在农工党市委多功能厅举办迎国庆卡拉OK舞会，近50名党员参加。

（管文东）

致公党朝阳区委

【概况】 致公党朝阳区委有党员337人，其中，归侨、侨眷、侨属、留学归国人员263人，港澳台属14人，其他60人；高级职称168人，中级职称151人；有全国人大常委会委员1人、全国政协委员6人、致公党中央委员5人（其中副主席1人、常委2人）、市人大代表3人、市政协委员2人、致公党市委委员7人（其中常委2人）、区政协委员18人（其中常委2人、副秘书长1人、专委会主任1人）、区人大代表3人（其中常委会委员1人）；国土资源部特约监察专员3人、市特约监察员2人、区教育督导员1人、区工商监督员1人、区卫生监督员1人、区劳动和社会保障监督员1人、区监察局特约监督员1人、区人民法院陪审员2人。

地址：团结湖北五条8号楼207室

电话：65094933

邮编：100026

（陈丽娟）

【自身建设】 年内，继续深入学习实践“三个代表”重要思想，积极开展建设学习型参政党活动，主要活动有：学习中共中央统战部长刘延东在省级组织副主委“三个代表”重要思想学习班开学典礼的讲话；学习致公党中央关于建设学习型参政党的意见；学习胡锦涛参加全国政协十届二次会议致公党和中国侨联区委员联组讨论时的讲话。举办发展社会主义政治文明与参政党建设、庆祝新中国成立55周年和纪念邓小平诞辰100周年研讨会；独立举办各种类型学习班、研讨班12次，参加292人次。

（陈丽娟）

【参政议政】 年内，致公党区委负责人参加区委、区政府通报协商会6次。在区政协十届一次会议上提出党派提案4件、联合提案2件、委员提案30件，其中关于优化朝阳投资管理人员素质的建议被列为区政协重点提案；关于完善全区人口属地管理的建议被评为党派优秀提案；建议加强对流动商贩的管理、关于缓解东郊市场路口交通拥堵现象的建议、关于改进女人街交通秩序的建议和关于朝阳区率先在本市将文化产业列入优化产业结构设想的建议被评为个人优秀提案。完成3项调研课题,其中关于进一步推进朝阳区基础教育发展的调研、提升朝阳区服务业经济实力的战略研究和关于信用朝阳情况的调查3篇调研报告在本区统战系统开展的调研成果评比中全部获得一等奖。全年上报社情民意信息186条。

(陈丽娟)

【海外联络】 年内,与区侨各部门举办联谊会,共同召开区侨界春节联欢会,120余人参加;接待美国、印尼、泰国、法国、澳大利亚、新加坡、马来西亚、加拿大、伊朗、缅甸等国家来访人员316人次;出境考察、参加会议和旅游的22人。向印尼海啸受灾地区捐款人民币27025元。

(陈丽娟)

九三学社朝阳区委

【概况】 九三学社朝阳区委员会设办公室、组织部、宣传部、参政议政委员会、社会工作委员会。截至年底,有基层支社19个、社员680人,均在朝阳区域内的科研院所、高等院校、医院、国家机关、企事业等单位从事科技、教育、医疗卫生等工作,其中具有高级技术职称的占75%,有博士40人、硕士110人。达到退休年龄的328人。社员中,全国人大常委会委员1人,全国政协委员2人(常委1人),市政协委员6人(常委1人),区人大代表7人(常委1人),区政协委员16人(常委4人),各级政府特约监察员13人;九三学社中央委员5人(副主席1人),九三学社市委委员11人(常委4人,副主任委员2人)。

地址:团结湖北五条8号楼205房间

电话:65094932

邮编:100026

(刘向菲)

【自身建设】 3月,为纪念中共中央(89)14号文件颁发15周年,组织社员重温14号文件,根据新时期参政党在履行职能与自身建设中出现的新问题进行探讨,提出社基层组织如何发挥作用的建议和办法。4月,进行新宪法学习活动。6月,组织学习九三学社中央主席韩启德在九三学社中央十一届七次常委会上的重要讲话和九三学社中央《进一步加强参政议政工作若干意见》。10月,学习贯彻中共十六届四中全会精神和胡锦涛视察北京工作的讲话精神,重点学习《中共中央关于加强党的执政能力建设的决定》。11月,邀请经济学家作《经济制度与中国的经济发展》报告。组织社员参加中共朝阳区委统战部举办的民主党派骨干理论学习班和九三学社北京市委举办的新社员、中青年骨干、宣传干部等学习班。年内,发展新社员27名。其中具有高级技术职称的19名,博士3名(其中博士后2名),硕士10名,律师1名。社区委建立了较详细的人才资料,逐步健全人才培养机制。45岁以下的社员205人占30%。开展5次主题学习日活动,两次发出问卷答题,分别收回答卷230张和280张。

(刘向菲)

【参政议政】 年内,组织社员围绕中共朝阳区委区政府中心工作开展调研,利用各种信息渠道,有效反映社情民意。积极组织社员围绕农村集体资产处置问题、整合属地科技资源促进区域经济发展、调整空间布局创建都市名牌、朝阳区药品生产企业调研等课题开展调研。完成两篇调研报告。其中《整合属地科技资源,促进区域经济发展》获区统战系统党派调研报告三等奖。在区政协十届一次全会上,提交党派提案5件,分别为《关于促进朝阳区村民自治,保护农民合法权益的建议》、《关于对朝阳区农村城市化进程中被征地农民安置方式的建议》、《关于朝阳区发展汽车电子产业的建议》、《关于朝阳区发展无铅焊接材料产业的建议》、《关于请区政府在引进外贸制造业项目中把握可持续发展、绿色引进方向的建议》。其中第一件获区政协优秀党派提案奖。报送信息100篇。其中《北京城市规划展览馆门票价高》和《关于歌华有线电视涨价问题》分别得到刘淇、龙新民批示。

(刘向菲)

【社会服务】 年内,组织所属支社参加北京市科技周活动、纪念科普法颁布一周年活动和义诊咨询等活动。社区委资助的平谷区两名贫困中学生完成初中学业考取高中后,为他们寄去学习、生活用品。继续资助平谷区一名贫困小学生。

(刘向菲)

【慰问联谊活动】 年内,举办有260余名社员参加的2004年迎新春联欢会,教师节期间向近200名高校教师发送电子贺卡致以节日祝贺,组织中青年社员参观北京青年报社,重阳节组织百名老社员参加朝阳一日游活动,为3位年满80岁的老社员祝贺生日,看望慰问高龄老社员和因病住院的社员,帮助社员联系法律咨询服务。

(刘向菲)

台盟朝阳区工委

【概况】 台湾民主自治同盟朝阳区工作委员会(简称台盟朝阳区工委)是台盟北京市委员会派出机构。盟员67人,主要从事高等教育、文化医药、经济科技、行政管理等工作。下设文化医药支部、科技经济支部和离退休支部。盟员中,全国政协委员2人,市人大代表1

人,市政协委员5人,区人大代表1人,区政协委员6人,市特邀检察员1人,区特邀人员3人,区青联委员3人。

地址:团结湖北五条8号

电话:65094943

邮编:100026

(于 英)

【参政议政】 在区政协十届一次全会上提交《关于借奥运机遇,促进朝阳区旅游业发展的建议》和《加强我区对台工作宣传教育的建议》两件党派提案,其中头一件被评为区政协党派团体优秀提案。此后,由台盟区工委牵头,与致公、民革区委联合提出《建议区台办、区侨办增加人员编制》的党派提案。台盟区工委领导班子对调研工作高度重视,成立了由主任负责的课题小组,召开3次调研座谈会,与区市政管委、区城市规划局、区旅游局、区文化委等部门分别座谈、交流、研讨,实地考察朝阳区东部、北部地区。在此基础上,完成《推进朝阳区景观建设》调研报告,该调研报告获区党派调研报告一等奖。9月,召开历届特约人员座谈会,分析特约监督工作在内容、形式上存在的不足。在此基础上完成《履行民主党派监督职能的实践与思考》书面材料上报区政协。区工委建立中青年盟员电子信箱网络,提高信息传递速度。年内向台盟市委、区政协、区统战部报送信息40余条。

(于 英)

【对台工作】 元宵节前夕,组织10余位盟员参加区台办举办的台胞、台属座谈会。3月,组织近30位盟员听取北京联合大学台湾问题研究所朱显龙教授所作台湾形势报告。台湾“3·20”大选前后,台盟区工委及时组织盟员参加台盟市委、区台办、区政协等部门召开的近10场台情分析报告会和研讨会,有60多人次参加。台湾“3·20”大选当日,组织部分盟员到台盟中央收看台湾选举实况转播。3月21日,台盟区工委与区政协港澳台侨委员会举办台湾选情座谈会,就台湾大选和公投结果及未来两岸关系问题进行分析,并及时报送有关信息。9月,部分盟员参观台资企业,听取台商意见和建议,并向有关部门反映。年内,利用组织生活会、中秋节活动等机会,组织盟员学唱台湾民谣和闽南语歌曲,增进盟员对家乡了解。

(于 英)

【自身建设】 10月,研究编制《台盟朝阳区工委支部工作制度》,印发《支部工作守册》。对支部和支部领导班子进行调整,完善支部建设。组织支部主任参加区党派基层组织工作经验交流会。年内,组织盟员学习中共十六届四中全会精神,重点学习“三个代表”重要思想,收看国家发展与改革委员会经济发展研究院副院长主讲的“科学发展观”录相报告,学习北京市委九届七次会议精神和市、区人大、政协会议主要精神。盟员中7位青年骨干参加区委统战部举办的统一战线理论学习班。8位盟员参加台盟市委举办的中青年学习班。5位盟员参加台盟中央第二期中青年干部学习班。1位盟员参加市委统战部举办的民主党派区级干部培训班。有7篇学习心得体会发表于《北京台盟》。编辑出版4期《工作简报》,并开辟新栏目。组织全区盟员参加区统战系统开展的“庆祝建国55周年和邓小平诞辰100周年”征文活动,投稿7篇。台盟区工委荣获优秀组织奖。召开6次工委会,6次支部生活会。发展2位年轻盟员。走访慰问12位盟员。为80岁老盟员举办祝寿活动。国庆节前,1位盟员受到中共北京市委表彰,被评为“为首都建设做出突出贡献的统战系统先进个人“。

(于 英)

团 体

朝阳区总工会

【概况】 朝阳区总工会是区委领导下的群众组织,是党联系职工群众的桥梁和纽带。全区有基层工会组织1356个、会员130019人。年内,认真履行维护职工合法权益的基本职责。深入开展送温暖、经济技术创新、民主管理月、安全生产宣传教育和大检查、“创建学习型工会,争当知识型职工”等活动。拓展建会领域,推进平等协商、签订集体合同,制定学习型工会综合指标评价体系,加强法律服务,加强劳动模范管理,加大工会干部协管力度。规范建设职工之家,抓好信息、调研和宣传,强化经费日常管理和审计,发展职工互助保险。

地址:日坛北街33号

电话:65094612

邮编:100020

(刘 鼎)

【送温暖活动】 元旦、春节期间,全区各级工会组织深入开展送温暖活动。各级工会组织统一部署,建立完善特困和困难职工档案,采取筹措专项资金和实物、设立热线电话、设立送温暖专车等方式,把党和政府温暖送到困难职工心中。两节期间,各级工会组织共筹措资金552.9万元,走访慰问职工7425人。3月5日,区总工会及女职工委员会,在全区229名困难女职工中选取70名相对困难的作为帮扶对象,出资3000余元,帮助她们加入中国职工保险互助会,并为每人购买一份为期三年的女工"四病"保险。

(刘　鼎)

【委员会议】　4月6日召开十一届七次委员会议,增补李琪为第十一届委员会委员,选举李琪、周岐为第十一届委员会常委、副主席。7月7日召开十一届八次委员(扩大)会议,传达北京市工会十一大精神,并下发学习贯彻意见。意见指出:学习、宣传、贯彻市工会十一大精神,是工会今后一个时期的重点工作之一,各级工会组织要把学习、宣传、贯彻市工会十一大精神放在近期工作的首位,切实加强领导,提高认识,制定措施,狠抓落实。12月21日至22日召开十一届九次委员会议,选举石燕秋为区总工会第十一届委员会委员、常委、副主席。会议形成区总工会2005年工作思路。

(刘　鼎)

【联席会议】　4月23日召开群团组织座谈会,区总工会、团区委、区妇联主要负责人出席。会上,来自基层工青妇组织的11名代表就如何围绕区委中心工作,发挥群团组织作用发言。并就以下问题达成共识:群团工作是党建的重要组成部分,群团组织是党的群众基础、阶级基础;群团工作要主动争取党的领导,只有做到有为,才能有位;要建立区域性的大群团观,充分整合群团组织的各项资源,这样才能更好地发挥作用;对新时期、新形势下的群团工作要加强调研,加强理论研讨,掌握规律,这样才能更好地维护广大群众的合法权益。12月16日召开区政府与区总工会联席会。陈刚、张洋等区领导及区政府相关委、办、局主要领导出席会议。会议听取区政府与区总工会联席会议议题落实情况,讨论关于进一步加强企事业单位改制过程中工会源头参与力度、关于组建CBD地区工会联合会和劳模管理工作等三项议题。

(刘　鼎)

【区领导慰问劳模】　元旦、春节和"五一"期间,区四套班子领导走访慰问全国劳动模范和部分生活困难的北京市劳动模范48人次,慰问金额5.8万元。对7名家庭人均收入低于400元的劳动模范每月给予生活补助,对因特殊原因造成困难的劳动模范给予一次性补助。

(刘　鼎)

【"五一"表彰大会】　4月26日召开"五一"表彰大会,对获得全国五一劳动奖章、首都劳动奖章、首都劳动奖状、朝阳劳动奖章、朝阳劳动奖状、创业标兵、争做知识型职工先进个人、创建学习型工会组织先进单位、优秀职工之友的66名先进个人和20个先进集体进行隆重表彰。市总工会副主席李树发和李士祥、陈刚、李明、张洋等区领导出席大会。全区各级党政工领导和职工代表、朝阳区的历届劳动模范800多人参加。区委书记李士祥在会上讲话。

(刘　鼎)

【职工赛事】　5月22日,区总工会举办"五月的鲜花"职工合唱比赛决赛,各基层工会近万名职工踊跃参与合唱比赛活动。通过初赛、复赛,9支代表队参加决赛,公安分局代表队夺得一等奖。9月23日,区总工会与区委宣传部、区人事局、区外事办、区劳动和社会保障局联合举办迎奥运、学英语比赛活动,全区31个单位推荐36个剧目,165名选手参加比赛,亚运村街道代表队获得一等奖。

(刘　鼎)

【市领导慰问劳模】　6月10日,市长王岐山看望三五零一厂退休劳模戴维厚。市委副书记、市总工会主席阳安江,市政府秘书长刘晓晨等陪同看望。王岐山仔细询问戴维厚身体状况,转达市委、市政府对劳模关怀之情,并嘱托市总工会和朝阳区有关领导要重视劳模工作,关心劳模生活,在全社会营造学习劳模、关心劳模、争当劳模的氛围。

(刘　鼎)

【集体合同签订工作】　6月,区总工会在全区开展集体合同调研评估工作,召开集体合同工作座谈会,各基层工会对本单位签订集体合同情况进行认真总结。年内,国有、集体企业集体合同续签率100%;491家非公企业建立平等协商机制,620家非公企业续签集体合同,非公企业集体合同建制率占建会企业80%以上。

(刘　鼎)

【捐资助学活动】　8月19日,区委副书记张洋、区总工会主席王玉英及有关部门领导为155名大中小学生发放助学款58860元。截至2004年,被资助的困难职工子女已达380余人次,资助金额达18万余元,受资助的对象中有46名考上了大学,98名考上了高中。

(刘　鼎)

【法律援助工作】　8月,成立朝阳区进城务工人员法律服务中心,积极为外来工解答问题、追讨工资、宣传安全生产和职工合法权益等知识。法律援助工作已成为区总工会法律工作的一项重要内容。全年接待咨询电话1320人次,接待来访咨询188人次。

(刘 鼎)

【民主管理月】 8月,组织开展首次民主管理月活动。2512家企事业单位参加,其中非公企业1777家。各单位通过自查,结合实际建立健全本单位职代会和其它形式的民主管理制度,充分利用意见箱、恳谈会、厂务公开栏、电子信箱等方式,广泛征集合理化建议约4000条。民主管理月活动的开展,促进了民主管理和厂务公开的内容、形式和程序更加规范、完善。

(刘 鼎)

【创建学习型工会现场会】 9月22日,市总工会召开推介《朝阳区创建学习型工会评价指标体系》现场会。会上,区总工会主席介绍朝阳区创建学习型工会做法及制定《创建学习型工会评价指标体系》情况,与会专家领导和工会干部观看区总工会开展"创建学习型工会,争做知识型职工"活动纪实专题片,会上聘请6名创建学习型工会专家为区创建学习型 工会活动顾问。

(刘 鼎)

【工地夜校培训工作】 10月21日工地夜校培训工作启动。区总工会根据《朝阳区实施流动人口教育培训工程总体方案》,采取工地夜校方式对工地民工进行文明素质和文化素质培训。各街乡工会认真布置,制定详细培训方案,向试点工地免费赠送《进城务工教育读本》,要求各工地结合本单位实际,采取多种学习方式,切实抓好培训工作,并及时总结经验,发现问题,为此项工作在全区开展奠定基础。

(刘 鼎)

【建会工作】 年内,区总工会在非公企业、外施工地(在施工程项目部和进京施工企业)、大卖场(大型商场、超市、专业市场)、民办学校和民营医院切实加强建会工作。全区非公企业建会903家,工程项目部成立工会联合会312个,民办学校成立工会组织101家,民营医院成立工会组织13家。在全区42个街、乡开展建会工作"回头看"活动。

(刘 鼎)

【建设职工之家工作】 年内,完善建设职工之家验收考核标准和程序,对市级模范职工之家进行复查验收,推选出3家市级模范职工之家、3家"双爱双评"先进企业、2名优秀工会工作者、2名优秀工会积极分子、4名优秀职工之友、2名优秀职工。

(刘 鼎)

【职工互助保险】 年内,新增职工互助保险会员1万余人,安康保险储金达5902.3万元,比上年同期增长4%。市总职工保险互助会新险种推出后,区总工会积极运作,在职职工住院医疗互助保险迅速发展,投保1.3万余人,投保金额106.3万元。截至年底,各种保险理赔、慰问共440人,赔付、慰问金额85.69万元。

(刘 鼎)

共青团朝阳区委员会

【概况】 共青团朝阳区委员会(简称团区委)是朝阳区先进青年的群众组织。下设办公室、组宣工作部(研究室)、基层工作部(文体部)、社会工作部(统战部、权益部、青联秘书处、区未成年人保护委员会办公室),下辖青年志愿者协会、青少年指导服务中心两个事业单位。截至年底,全区有二级团组织111家,其中街道系统21个,农村系统21个,青工(局、公司、厂)系统50个,非公经济及民办高校19个。区属单位14周岁至35周岁青年246433人,其中14周岁至28周岁青年179199人,共青团员总数63215人。

地址:日坛北街33号

电话:65094384

邮编:100020

(常凤娟)

【慰问活动】 1月14日,区青年志愿者协会组织《新京报》送报员为北京松堂关怀医院老人和医生、护工们送去新春祝福。17日,团区委开展扶贫济困"一助一"春风行动,机关干部以部室为单位分别慰问结对贫困学生,送去学习和生活用品,鼓励他们好好学习。21日,团区委、区青年志愿者协会组织近30家基层团组织、志愿者组织在地区敬老院开展"亲情陪伴——共度大年夜"活动,基层团员青年和青年志愿者来到北京松堂关怀医院、六里屯街道和奥运村地区的敬老院与孤寡老人们共度大年夜。

(常凤娟)

【未成年人保护工作】 2月,开展"互相关爱·共享生命"同伴教育活动,使青少年在轻松的氛围中了解艾滋病预防的重要性。3月,联合市未成年犯管教所、中国青少年犯罪研究会、六里屯街道团工委,开展"春天的约会"——朝阳区青少年与未成年人犯管教所学员春季联谊活动。4月,开展第七届"画说未成年人保护"活动,组织中小学生用绘画方式表达在未成年保护方面的感受和心得,活动共收到作品1308幅,推选400余幅作品参加北京市比赛。配合"6·26"国际禁毒宣传日,组织300名社区青少年参加朝阳区公开宣判毒品犯罪嫌疑人大会。在朝阳公园开展的禁毒宣传游园会活动中,组织近200名禁毒志愿者进行禁毒教育基础问卷调查。7月,组成未成年人家庭教育巡讲团,深入潘家园、八里庄、三间房等街乡和社区进行家庭教育专题讲座。12月,通过"关注艾滋 珍爱生命"大型签名寄语活动、观看纪录片《我们的生活》、专家讲座等形式,开展青少年防治艾滋病宣传教育活动。年内,推荐6名基层未成年人保护工作干部作为人民陪审员参与庭审,累计参与人民陪审活动50余起。开展法制副校长相关情况的摸底调查,并根据调查摸底情况建立法制副校长动态管理机制。通过楼宇文化、社区"大家乐"、新条例讲解课、知识竞赛、亲身体验等形式,组织广大市民和未成年人学习《北京市未成年人保护条例》。

(常凤娟)

【青年志愿者活动】 2月,成立青年志愿者社会治安服务队,服务于两会期间治安稳定工作,并在此基础上建立社区(农村)治安巡逻志愿者分会。3月6日,在市第五福利院举行火炬行动社区行暨亲情陪伴行动签约仪式,30余名青年志愿者参加一对一亲情陪伴活动,区卫生局团委组织多家驻区卫生医疗机构青年志愿者把火炬行动送进福利院,为老人开展送健康专项志愿服务。4月5日,团区委、区青年志愿者协会在潘家园街道星期六志愿服务超市召开志愿辅导员竞聘会。18日,区青年志愿者协会组织50名大学生志愿者参加第二届环CBD短程马拉松赛志愿服务工作。5月1日,团区委、区青年志愿者协会组建朝阳流行音乐周志愿服务团,开展为期7天的安全疏散、维护观众区域秩序志愿服务工作。15日,团区委、区未委会、区青年志愿者协会组织工作人员和20余名青年志愿者参加朝阳区社会治安综合治理宣传日活动。6月9日,区青年志愿者协会组织北京联合大学商务学院、对外经济贸易大学、北京人文大学及北京科技大学的500名大学生参加雅典奥运圣火北京传递活动志愿服务工作。7月9日,区青年志愿者协会举行朝阳区保护母亲河青少年生态监护活动启动仪式。20日,团区委、区青年志愿者协会组织210名志愿者全程服务于北京市地震应急救援演习。7月至9月,团区委、区青年志愿者协会精心组织、选拔北京第二外国语学院、联大商务学院等高校70名阳光志愿者服务于朝阳国际商务节。9月5日,区青年志愿者协会组织动员青年志愿者参加"走向2008——北京国际长走大会"。29日,区青年志愿者协会组织大学生合唱团500人参加朝阳区庆祝新中国成立55周年群众文艺晚会。10月1日,团区委、区青年志愿者协会组织1200名志愿者参加中华民族园国庆游园活动。12月31日,区青年志愿者协会在《朝阳报》头版向全区广大市民发出《向印度洋海啸受灾地区奉献爱心——致全区广大市民的倡议书》,组织青年志愿者设立海啸受灾区难民捐款处接受社会各界捐款。

(常凤娟)

【九届六次全委(扩大)会】 2月19日,共青团朝阳区九届六次全委(扩大)会议在朝阳宾馆召开。会议审议、通过题为《众志成城,一心一意谋发展 求真务实,创造优势做贡献》工作报告,增选9名第九届委员会委员,增补3名常委。

(常凤娟)

【区校共建活动】 3月5日,团区委、区青年志愿者协会、北京中医药大学在区社区服务中心举行"岐黄健康讲师团入社区"启动仪式。7月至8月,团区委、区青年志愿者协会组织暑期大学生区校共建活动,来自北京青年政治学院、中央财经大学、北京第二外国语学院、北京中医药大学、北京广播学院、首都经济贸易大学、北京联合大学商务学院、信息工程学院、北京化工大学的120余名大学生,分别到16家基层实践单位参与学习型街乡创建、农户调研等实践活动。8月5日,举行首都大学毕业生基层志愿服务团朝阳分团总结表彰会,大学生志愿者共参与2500余项工作,累计志愿服务6万小时。

(常凤娟)

【青少年科学文化节】 5月29日,在高碑店地区大黄庄社区球场启动第十六届青少年科学文化节,文化节围绕青春奥运、科教兴区、青年学习开展一系列活动。6月5日,团市委、全国胶基糖果行业协调委员会主办,团区委、建外街道办事处、北京青年报Ynet网站承办,新浪网、千龙网、闪客帝国协办的"美化首都环境,倡导环保生活"北京青少年宣传画大赛在建外街道现代城小区南侧广场正式启动。7月16日至20日,团区委联合区相关部门协助团市委、市委宣传部、市文明办、市科委、市教委、市科协等主办部门,在红领巾公园举办市青少年科博会"快乐学科学"主题科普游园会,开展青少年科普互动体验、科技演示、科普书市、青少年科普摄影展和儿童心理健康咨询等活动。11月2日,团区委联合区委宣传部、区文明办、区教委、区少工委在朝阳文化馆共同举办第十六届青少年科学文化节闭幕式暨第二届中华古诗文经典诵读比赛(决赛),小红门地区团委推荐、牌坊小学表演的《满江红》获得比赛特等奖。活动中进行"青春朝阳"青少年发展基金首次发放仪式。

(常凤娟)

【希望工程捐助活动】 5月29日至6月1日，团区委、区青年志愿者协会、希望工程北京捐助中心朝阳区工作站组织区内近30名高校青年志愿者，在红领巾公园参加朝阳区中小学生义卖活动，4天筹款1500余元上交北京捐助中心。年内，发放各类助学金24.5万元，其中“青春朝阳”青少年发展基金3万元、“爱心基金”2.16万元、“希望之星1+1”奖学金1.88万元、“学子阳光”助学金2.4万元、“金龙鱼”助学基金15.06万元，资助贫困家庭青少年和外地务工人员子女651人次。

（常凤娟）

【调研工作】 7月，在麦子店地区开展流动青年组织状况调查，深入工地、写字楼等流动青年聚居地，完成有效问卷167份，为在流动青年中进一步加强团组织建设提供依据。8月，以基层团务大检查为契机，先后在27家基层单位进行调研，并针对调研中发现的问题，制定加强团建工作实施方案。

（常凤娟）

【青年志愿者协会第二次代表大会】 12月30日，朝阳区青年志愿者协会第二次代表大会在首都图书馆报告厅隆重召开。大会审议通过一届理事会题为《深化志愿服务、扩大组织覆盖，为加快推进朝阳区“三化四区”建设奉献青春》的工作报告；选举产生二届理事会和监事会；成立朝阳专业志愿服务总队，下设法律、环保、医疗、心理、教育、文体、税务、综治8支专业分队；推出融服务积分、消费优惠、评优考核为一体的青春朝阳卡；开通“青春朝阳志愿网”。

（常凤娟）

【思想政治工作】 年内，开展以“学习、创新、发展”为主题的思想大讨论，举行纪念邓小平诞辰100周年座谈会，组织参观纪念邓小平诞辰100周年图片展。认真学习研讨《中共中央国务院关于进一步加强和改进未成年人思想道德建设的若干意见》，联合有关部门共同举行中华古诗文经典诵读比赛，举办“寻找心中的奶酪——朝阳共青团加强未成年人思想道德建设暨未成年人自我教育系列活动”，开通“知心哥哥、知心姐姐”热线电话。以重大节日、纪念日为契机，围绕青少年关注的社会热点问题，开展“学习塑造未来，创业成就人生”等一系列主题教育活动，组织三千余名青少年参与全区纪念新中国成立55周年群众文艺晚会、国际旅游文化节和中华民族园游园等大型活动。

（常凤娟）

【信息工作】 年内，不断加大信息工作力度，完善基层信息上报、录用积分制度，发掘基层工作亮点。调整《青年朝阳》刊物栏目设置，全新改版“青春朝阳”网站，建立朝阳共青团网上办公系统。出刊《朝阳共青团工作通讯》20期、《朝阳青年动态》7期、《朝阳共青团信息》143期、《青年朝阳》6期。

（常凤娟）

【建功成才示范活动】 年内，开展青年文明号、青年岗位能手等建功成才示范活动，发挥示范活动的人才效益、社会效益和经济效益，引导广大青年立足岗位、建功立业、历练成才，评选出青年文明号47家，青年岗位能手193名。联合区委教工委、区科委、区科协和区青联在全区范围内共同开展第二届“科教兴区青年杯”评选活动，授予9家单位先进集体称号，授予12项活动特色活动称号，授予29名同志先进个人称号。联合区委宣传部、区委街工委、区委农工委、区直机关工委、区建委、区外管办和区青联在全区范围内共同开展第七届朝阳区十佳“第二故乡奉献奖”等评选活动，授予10名同志朝阳区十佳“第二故乡奉献奖”，授予10家集体朝阳区十佳“进京创业青年先进集体”称号，授予10名同志朝阳区十佳“进京创业青年之友”称号。

（常凤娟）

朝阳区妇女联合会

【概况】 朝阳区妇女联合会（简称区妇联）是区委领导下的社会群众团体，下设办公室、妇女儿童工作委员会办公室、维权部、组联部、事业发展部、妇女发展服务中心。行政编制13人，全额事业编7人。年内，认真履行参与、代表、教育、服务、联谊职能，积极推进《朝阳区“十五”时期妇女发展规划》和《朝阳区“十五”时期儿童发展规划》，努力探索妇联工作项目化管理、社会化运作、成果化推动新机制。

地址：朝阳区日坛北街33号
邮编：100020
电话：65099407

（周晓彦）

【十届五次执委（扩大）会议】 1月19日召开十届五次执委（扩大）会议，区妇联主席代表妇联十届常委会向大会作关于妇联2003年工作总结及2004年妇联系统总体工作思路的报告；增补侯湘君、张秀云为区妇联第十届常务委员。执委会通过选举，一致同意侯湘君、张秀云为区妇联副主席。

（周晓彦）

【文明家庭创建】 2月10日，在第四届全国五好文明家庭表彰大会上，区五好文明家庭创建活动协调领导小组被评为第四届全国五好文明家庭创建活动地市县级先进协调组织;呼家楼街道楼旨君家庭被评为“全国学习型家庭标兵户”;十八里店地区杨莲慧、酒仙桥街道焦文俊家庭被评为“全国五好文明家庭”。全国人大常委会副委员长、全国妇联主席妇联顾秀莲等领导为楼旨君颁奖。

(周晓彦)

【联谊活动】 3月6日,在稼濮园举办“回娘家”联谊活动,曾经在妇联岗位上工作过的离退休及转岗人员、街乡妇联干部等150余人联欢。3月8日,在北京国际服装设计学院举办朝阳区庆“三八”女处级干部联谊活动。朝阳区处级女领导干部200余人参加活动。

(周晓彦)

【召开项目工作研讨会】 3月12日,召开项目工作研讨会,各项目负责人在会上汇报各自项目计划书。经过研讨,大家一致认为:妇联工作的项目化是朝阳区经济、社会快速发展形势的需要,是建立“大妇联”工作格局的需要;妇联工作项目化要以基层为立足点、出发点,把基层的需要作为检验项目设立正确与否的标准,把基层的需要是否得到满足作为项目运行成功与否的标准。

(周晓彦)

【数字家庭培训工程启动】 3月17日,在朝阳区成教中心举办北京市纵横码输入法第五期教师培训班。区妇联全体干部、街乡妇联主席近50人参加培训。区妇联在2004年以“数字家庭”建设为重点,启动万户数字家庭培训工程。该项工程以纵横码输入法为培训内容,以朝阳区文化学校、将台路成人职教中心为培训中心,以各街乡社区服务中心为培训分部,培训万户数字家庭。

(周晓彦)

【中华妇女网上行推进活动】 5月21日至22日,全国妇联与科技部联合在麦子店街道枣营北里社区隆重举行中华妇女网上行推进活动。全国妇联主席顾秀莲,全国妇联副主席、书记处第一书记黄晴宜,科技部副秘书长李健,信息产业部通信行业精神文明办公室主任乔玉祥等出席启动仪式。来自上海、辽宁、山东等10省市妇联代表及朝阳区各界妇女群众150多人参加活动。并在南磨房地区世纪城会议厅举办经验交流会,来自北京、上海、辽宁、山东的5省市妇联代表,介绍各自因地制宜创造性地开展妇女网上行活动的经验及成效。

(周晓彦)

【计算机纵横汉字输入法录入大赛】 6月15日,区妇联在麦子店街道枣营北里社区服务中心计算机教室举办朝阳区首届计算机纵横汉字输入法录入大赛。来自8个街乡的80名选手报名参加此次比赛,评委根据参赛选手的录入速度和准确率评出一等奖2名、二等奖3名、三等奖5名;东风地区妇联、南磨房地区妇联、十八里店地区妇联获组织奖。

(周晓彦)

【维权工作现场会】 6月22日,在垡头街道办事处召开维权工作现场会,请中国公安大学荣维毅教授作“社会性别与家庭暴力干预”专题报告。会后,妇联干部参观垡头一区社区维权“避难所”。42个街乡的妇联主席及部分社区妇联主席和村妇代会主任近100人参加现场会。

(周晓彦)

【妇女发展儿童成长论坛】 9月14日,在朝阳宾馆多功能厅举办朝阳区妇女发展、儿童成长论坛。论坛围绕妇女社会地位与权益维护和未成年人教育与保护两个主题,就妇女发展和儿童成长中妇女参与决策和管理、妇女与经济、妇女儿童与健康、妇女儿童与教育、妇女儿童与法律、妇女儿童与环境6个领域中热点问题进行研讨。此次论坛共收到社会各界专家、学者及妇儿工委成员单位调查研究论文30篇,其中16篇在论坛上报告。

(周晓彦)

【使节夫人活动日】 9月17日,在朝阳公园举办朝阳国际商务节使节夫人活动日联谊活动。参加活动的有驻华10个国家大使、大使夫人和外交官、代办夫人,公使衔参赞夫人,商务参赞夫人及女外交官,联合国驻华各组织代表,欧盟欧洲委员会代表团客人。全国妇联领导和中央、北京市各有关部门、人民团体的女领导、女院士,港澳台女企业家,朝阳区四套班子主要领导共200多人参加活动。

(周晓彦)

【捐款助学】 9月25日,在孙河乡老年公寓举行周杰伦捐助贫困学生捐款仪式。此次捐助活动是由区妇联与台盟北京市委牵线搭桥,台湾歌手周杰伦第二次捐款2万元,帮助朝阳区10名品学兼优的贫困学生完成学业。

(周晓彦)

【农村妇代会换届选举】 9月30日,全区农村妇代会换届选举工作全部结束。全区应参加换届的为15个乡134个村,共选出134名妇代会主任。新一届妇代会主任35岁以下31人,占总数23%;大专以上学历的48人,占总数35%;党员101人,占总数75%;兼任两委成员比例明显提高。主任进村党支部的49人,占总数36%;主任进村委会的58人,占总数43%。

(周晓彦)

【基层妇联干部培训】 12月6日至8日，区妇联在区委党校举办区妇联系统干部培训班。街乡妇联主席、社区妇联主席、村妇代会主任等基层妇联干部240余人参加培训。培训内容包括加强党的执政能力建设、现代科技发展与展望、社会性别意识与男女平等、领导者心理调适、如何构建良好家庭互动模式和如何进行体质锻炼等6个方面。

（周晓彦）

【全国妇联考察】 12月3日，全国妇联书记处书记洪天慧到亚运村街道妇女儿童文体活动中心考察舞蹈健身、美声合唱、模特礼仪等多项业余培训活动，参观阅览室，并与正在活动的群众亲切交谈。

（周晓彦）

朝阳区青年联合会

【概况】 朝阳区青年联合会（简称区青联），是朝阳区各族各界优秀青年爱国统一战线组织。按委员代表性分为社团劳模组、经济一组、经济二组、新闻组、公务员组、科教卫组、政法组、文体组、港澳台侨民族宗教组，有委员296名，其中主席团成员15人、常委48人，民主党派人士和无党派人士占委员总数43.73%，本科以上学历261人，研究生学历118人（含博士学位19人、博士后1人）。青年之友联谊会（区青联的外围组织，区青联的一部分，会员主要包括因为超龄、卸职的青联委员和拟发展为青联委员的后备人员）现有会员76名。

地址：日坛北街33号

电话：65094331　65099178

邮编：100020

（韩珊珊　常凤娟）

【归国留学人员同城聚会】 5月16日，区青联在京广新世纪饭店宴会厅，承办由全国青联留学人员联谊会、市青联等单位主办的“创业北京——新近归国留学人员同城聚会”。全国青联副主席杨岳、团市委副书记刘剑、区委副书记张洋分别在开幕式上致词，搜狐公司董事局主席兼首席执行官张朝阳、新东方学校副校长徐小平、加中经贸理事会理事长白宁等，作为论坛嘉宾出席论坛，近200名留学归国人员和部分青联委员参加论坛。论坛分为知名企业与新近归国留学人员洽谈交流会、新近归国留学人员论坛、新近归国留学人员联谊晚会三个阶段，帮助归国人员尽快了解国情和有关政策，增进新近归国留学人员之间联系与交流，为归国留学人员就业创业提供机会、搭建平台。

（韩珊珊　常凤娟）

【全委常委会】 6月11日，区青联召开三届二次常委（扩大）会议，通报区青联2003年及2004年上半年工作情况与2004年下半年工作展望，审议通过关于增补丁小兰等43名青联委员的决议及关于确定纪清远为区青联青年之友联谊会会长、王锋等16名同志为副会长的拟任建议。6月26日，区青联召开三届二次全委（扩大）会议，审议并通过青联第三届常务委员会所作工作报告，宣读关于增补丁小兰等43名青联委员决议及关于任命区青联三届青年之友联谊会会长、副会长、秘书长决议。

（韩珊珊　常凤娟）

【国际友好交流】 8月，区青联分别接待韩国汉城市江南区青少年交流团和日本东京都大田区青少年夏令营访问团，开展游览名胜古迹、参观北京高校、与北京中学生联谊和民宿活动。区政府有关领导接见交流团，并与交流团围绕友城发展、教育事业等共同关心的问题进行广泛深入交流。9月21日起，区青联承担第二届中加国际青年结对社区实践项目组织工作，这是由中国青年国际人才交流中心与加拿大世界青年组织（Canada World Youth）联合组织实施的一项青年人才培养计划。实施项目分别在加拿大BC省和北京市朝阳区进行，项目通过在全区范围内选拔优秀青年，开展多种国际交流项目，在教育、体育、文化等方面广泛合作。该项目在北京期间，中加青年社区实践团先后参加朝阳区机关英语角、印度洋海啸灾难募捐等活动。随加拿大总理访华的部分国会议员和加拿大驻华大使接见实践团，加拿大世界青年组织项目经理考察了该项目在中国进展情况，中加青年用优异表现展示跨文化交流成果。9月，区青联接待比利时布鲁塞尔市圣皮埃尔区青年实践团在京为期20天的社会实践工作，求实职业学校、赛特购物中心、北京青鸟健身有限公司等青联委员所在企业作为实践单位，参与交流学员接待工作。实践团此次行程主要分为文化行、民族行、体育行、商务行、福利行等。

（韩珊珊　常凤娟）

【青年华商峰会北京推介会】 11月22日，由全国青联主办，全国青联中华青年交流中心和国际EMBA俱乐部承办，北京市青年联合会与朝阳区青年联合会协办的首届青年华商峰会北京推介会在昆仑饭店隆重举行。全国青联中华青年交流中心主任吕虹、副主任张宁，北京市青联主席汪明浩、朝阳区副区长孙世超、北京市青联秘书长余俊生、CBD管理委员会常务副主任洪继元及国际EMBA俱乐部创始人许晖、刘新华等领导和嘉宾出席推介会，孙世超代表区政府致词，洪继元以多媒体演示形式，就CBD建设和发展情况进行全面、细致介绍。

（韩珊珊　常凤娟）

【青春朝阳健身工程】 年内,区青联延续多年来开展的多种形式的健身活动,以青春朝阳足球队为基础,增加羽毛球等体育健身活动,每周定期活动,每季定期比赛,使青联委员健身工程成为青联组织制度化建设的一个重要组成部分。

(韩珊珊　常凤娟)

【非公企业团建】 年内,区青联委员单位积极参加非公有制经济组织团建月活动,北京青鸟健身有限公司、北京爱家投资管理有限公司先后建立非公经济团组织,用青联组织建设促进地区团建工作,用青联阵地优势推动全区党建带团建协调发展,充分调动委员及委员企业以组织为家的区域建设积极性。

(韩珊珊　常凤娟)

朝阳区工商业联合会

【概况】 朝阳区工商业联合会(简称区工商联)是中共朝阳区委领导下以统战性为主,兼有经济性、民间性的人民团体和民间商会,是党和政府联系非公有制经济人士的桥梁和纽带,是政府管理非公经济的助手。中共朝阳区委非公经济工作委员会(简称非公经济工委)与工商联合署,工委书记由区工商联党组书记担任。非公经济工委的主要职责是:在工商联会员企业中建立党组织;负责对会员企业中的党组织进行管理,充分发挥会员企业中党组织的作用,以推进非公企业健康发展。年内发展新会员40家,会员总数达到927个。

地址:团结湖北五条8号楼

电话:65094397

邮编:100026

(刘斯平)

【执委会议】 3月2日,区工商联召开八届五次执委会议。会上,通过增补执委、常委、副会长人选,通报非公经济工委2004年工作要点和区工商联2004年工作思路。7月15日,区工商联召开八届六次执委会议。会议通过增、免执委人选,听取上半年工商联工作总结和亚奥商会成立后工作情况。

(刘斯平)

【扶贫济困】 3月27日上午,区工商联组织会员企业参加区委宣传部、区文明办、区民政局在蓝岛大厦门前广场联合开展的"扶贫济困春风行动"宣传日义演及募捐活动。北京金三元新世纪投资集团有限公司和华磊邦得集团董事长石向阳分别捐款千元以上,用于资助特困家庭子女就学、就业、扶助特重病(残)者就医等公益事业。

(刘斯平)

【党建工作】 5月28日和10月29日,举办两期入党积极分子培训班,76名入党积极分子接受培训。年内,继续加强在会员企业中建立党组织工作,进一步对尚未建立党组织企业党员情况进行深入调查和了解,在两个会员企业建立党组织,一家企业党支部改建为党总支,两家企业党总支改建为党委,并在企业下属分公司新建党支部。12月,6家区属企业党组织划归非公经济工委,另有一家市属大企业和一家由外地迁至北京股份制企业党组织接转工作在办理中。截至年底,非公经济党工委下属10个党委、8个独立党总支,120个党支部。年内,30余名积极分子加入党组织。

(刘斯平)

【主要会务活动】 6月2日,组织将台酒店、文德市政工程有限公司等6家企业16人,参加由市工商联协办、河北省政府主办的在钓鱼台国宾馆举行的北戴河项目发布会。8月,组织了金三元新世纪投资集团有限责任公司等5家企业参加市商务局、市发改委、市工商联在亚洲大酒店联合举行的2004年北京中小流通企业服务年会。8月27日至30日,区工商联组织蟹岛产业集团等4家企业一行8人,同市光彩办前往赤峰市参加内蒙古经济贸易热点项目洽谈会。9月2日至3日,组织体之杰文化用品有限公司等8家企业前往参加在香港召开第八届京港经济合作研讨会。9月,组织住总正通市政工程有限公司、家和集团超市等4家企业参加辽宁省在京招商引资洽谈会。9月13日至17日,北四环灯具批发商城有限责任公司、京北龙源商贸有限公司等8家企业参加在成都市国际会议展览中心,由成都市工商联举办的全国大中城市民营企业(成都)合作交流会。11月9日,组织体之杰体育用品有限公司、北京京奥港集团、北京东百发建材有限公司等企业的6名企业家参加重庆市政府、工商联和北京市工商联在北京饭店二楼多功能厅召开的重庆招商引资座谈会。同月,组织体之杰体育用品有限公司、北京华叶油脂有限公司,随市光彩办赴西安参加全国民营企业西安投资洽谈会。11月24日,区工商联会员企业万和恒运工贸集团作为参与国企改革先进单位,在市工商联系统参与国企改革座谈会作典型发言。

(刘斯平)

【落实原工商业者政策】 截至6月底,区工商联在开展调查摸底的基础上,经市、区两级工商联原工商业者(含三小)及其遗孀身份人员496人。其中:符合调资条件人员277人;可享受低保遗孀161人;特殊情况7人;超调资标准人员51人,为27名特困户家庭申请一次性困难补助64000元。

(刘斯平)

【群众体育工作】 7月13日，组织10家非公企业200名员工参加朝阳区为北京申奥成功三周年而举行的"万人健步走"大型全民健身活动。9月17日，区工商联组队参加朝阳区庆祝新中国成立55周年暨首届群众体育大会开幕仪式，非公企业必鹤鹏物业管理有限公司44名员工组成的方队代表全区非公经济参加入场式。年内，区工商联根据区体育局部署，在非公企业会员中广泛宣传，积极发动，充分发挥各企业特长和积极性，组织企业因地制宜开展象棋、登山、篮球、羽毛球、乒乓球、游泳等群众体育活动。

（刘斯平）

【参政议政】 年内，区工商联组织参加人大、政协的非公经济界代表和委员，在市、区两会上就经济和发展中的重大问题分别提出建议和提案30余件，同时，围绕非公经济发展、商会组织建设、非公经济党建工作等课题，深入进行专题调查研究。先后召开不同类型座谈会10次，深入会员企业走访调研100多家次，并赴浙江、江苏、上海等地学习考察，撰写出两篇专题调研报告，提出建议10余条。

（刘斯平）

【文明单位创建工作】 年内，在非公企业深入开展文明单位创建活动，截至年底，区工商联有各级文明单位40家，其中首都文明单位标兵2家，首都文明单位5家，市工商联系统文明单位21家、区文明单位19家；6位企业家被评为文明朝阳人，5位企业家被授予文明朝阳人标兵称号，5位企业家被授予公民道德标兵称号，5家企业和100名非公经济人士及企业员工被朝阳区评为创建全国文明区突出贡献单位和先进个人，23家企业被市工商局评为守信企业，区工商联被朝阳区评为突出贡献单位。

（刘斯平）

朝阳区归国华侨联合会

【概况】 朝阳区归国华侨联合会，是中共朝阳区委领导下，由朝阳区归国华侨、侨眷组成的人民团体，是党和政府联系广大归侨侨眷和海外侨胞的桥梁和纽带。有专职干部3人、侨联委员14人、基层侨联组织22个，辖区内归侨侨眷和海外侨胞4万余人。年内，接待海内外外籍及侨界人士200多人，增进海内外华侨、华人对望京科技园区、CBD中央商务区和朝阳区了解。在区政协十届一次全委会和十三届区人大一次会议期间，提交团体提案2件，个人提案27件。广泛开展基层街道侨联工作：加强对侨务干部、侨联主席工作培训与指导，在街道建立维护归侨侨眷合法权益绿色通道，开展各种联谊和对外文化交流活动，召开全区街道侨联工作表彰会，提高服务水平，推进侨联基层组织建设。

地址：团结湖北五条8号楼
电话：65094372
邮编：100026
电子信箱：bjchyql@ yahoo. com. cn

（刘玉安）

【开展多种形式活动】 1月20日，在朝阳剧场举办朝阳区归侨侨眷春节电影招待会，全区有近千名归侨侨眷和侨务工作者参加。3月30至31日，区侨联在昌平富豪宾馆召开街道侨联工作经验交流会，全区22个街道主管侨务工作的副书记、侨务干部、侨联主席和部分侨联委员80多人参加会议。7月20日至23日，第七次全国归侨侨眷代表大会在北京隆重召开。区侨联主席代表朝阳区侨界出席，全区237名侨务干部、归侨侨眷参加开幕式。9月24日，区侨联组织全区各街道归侨侨眷参加"中华同心"区统战系统迎中秋、庆国庆联欢会。10月14日至15日，区侨联组织各街道侨联主席和侨务干部去昌平碓臼峪秋游采摘，组织老归侨到北京植物园秋游。区侨联宣传党的各项侨务方针政策，全年发放各种宣传资料1000余份，编印下发《朝阳侨讯》3200余份。

（刘玉安）

【为归侨侨眷送温暖】 截至1月31日，区侨联对辖区内特困老归侨重点走访并发给慰问金，通过各种途径慰问归侨侨眷近百人，发送困难补助款近2万元。2月9日，市侨联副主席邱国武在区侨联、和平街街道工委干部陪同下，到樱花园看望日本归侨、全国人大代表林明美。

（刘玉安）

【宣传落实归侨侨眷权益保护法】 7月8日上午，区侨联在东岳庙门前举行庆祝《中华人民共和国归侨侨眷权益保护法实施办法》颁布宣传活动。市人大常委会副主任赵久合、中国侨联权益保障部副部长郭阳等和有关部门领导参加宣传活动。8月30日下午，全国人大华侨委员会与市人大常委会联合执法检查组在人大机关会议室召开会议围绕《中华人民共和国归侨侨眷权益保护法》贯彻实施情况进行座谈。区侨联主席参加座谈，并向检查组就本区维护归侨侨眷合法权益情况作汇报。检查组成员对区侨联为归侨侨眷排忧解难办实事表示满意，对区侨联开展街道侨联与街道司法所建立"法律援助绿色通道"做法给予肯定，认为很有创意。9月7日，市侨联在华文学院召开贯彻落实《中华人民共和国归侨侨眷权益保护法》工作经验交流会。区侨联及酒仙桥街道侨联代表朝阳区在大会上介绍维护归侨侨眷合法权益，为归侨侨眷排忧解难工作情况。

（刘玉安）

【友好交往】 3月15日，区侨联接待法国戴拉德国际时尚学院院长戴拉德女士、法国法中信息公司董事长孟昭华先生一行。他们在市侨联、区侨联领导陪同下，参观商务区规划、建设沙盘。4月8日，西城区侨联率西城区8个街道侨联主席、侨务干部一行30余人到本区，就进一步开展好街道侨联工作交流座谈。4月10日，市侨联主席李昭玲等领导和60余位海外留学博士到崔各庄乡植树，参观乡林业站苗圃。4月23日，海外华商企业家访问团在市侨联副主席等领导陪同下到朝阳区访问考察。区委副书记韩子荣向海外华商企业家们介绍朝阳区整体规划、建设和发展情况。7月24日，浙江省宁波市侨联、舟山市侨联一行4人到区侨联访问考察。7月25日，广州市侨联主席等一行5人到区侨联访问考察。8月11日，市侨联“2004年海外优秀学者为国服务志愿团”到望京高新技术产业开发区参观考察。10月19日至29日，应加拿大北京协会副会长杨宝凤女士和温哥华禺山总所理事长徐日权先生邀请，区侨联主席、小关街道办事处主任随市侨联考察访问团赴加拿大温哥华、多伦多、蒙特利尔、渥太华考察、访问。

（刘玉安）

【总结表彰】 6月25日，区侨联在朝阳区文化馆召开庆“七一”街道侨联工作总结表彰大会，总结街道侨联成立以来的工作情况；对6个街道侨联工作先进集体和50名先进个人进行表彰和奖励。9月23日，区侨联在首都侨界庆祝国庆暨表彰先进大会上被评为先进集体，另有5人被评为先进个人。7月20日至23日，在第七次全国归侨侨眷代表大会上，区侨联主席于敏获中国侨联工作先进个人称号、朝外街道侨联主席田景廉获全国归侨侨眷先进个人称号。

（刘玉安）

朝阳区科学技术学会

【概况】 朝阳区科学技术学会(简称区科协)是区委领导下的人民团体，是科学技术工作者的群众性组织，是党和政府联系科技工作者的桥梁和纽带。下属事业单位区科技协作中心是由驻区科研单位、大专院校、大中型企业和区属部门组成的科技协作联合体，有32家分部。年内，区科协与街、乡科协和所属团体组织科技人员开展金桥工程、学术月、科普之夏、科技周、科普文化节、反“法轮功”邪教、青少年科技等一系列活动。

地址：松榆里43号楼

电话：67312860

邮编：100021

（徐国林）

【科普活动】 1月至2月上旬，区科协编印《预防禽流感宣传册》5000本，下发小红门等12个乡，免费向部分乡村发放200余册《防控禽流感知识60问》宣传册。5月17至21日，区科协参加主题为“科技以人为本、全面建设小康”北京科技周活动。主要活动有：在朝阳公园举办主题为“走进绿色、拥有健康”大型专题科普游园会；望京街道办事处承办市科协主题为“科普提高生活质量、网络改变生活方式”的社区科普活动。科技周期间组织各类科普活动786项，受益群众40万人次。6月27日，《中华人民共和国科学技术普及法》颁布两周年之际，区科协与6个委、办、局举行主题为“树科学理念、建生态社区、迎绿色奥运”暨“科学普及——你我共参与”科普之夏活动启动。中国科协、北京市科协、区人大、区政府有关领导参加启动仪式。科普之夏期间，区科协将《加强街乡科协建设做好科普档案整理工作的通知》、《关于科普展版制作与更换管理意见的通知》及《2004年朝阳区“科普之夏”活动指南》下发街乡、社区。并举办科技讲座、展览，开展技术咨询，学术研讨，医生义诊，科学健身，知识竞赛，青少年科技活动等科普活动1000项次，发放科普资料40余万份，受益群众50余万人次。中科院自然史研究所、国家天文台、北京食品学会等50家单位参加活动。9月下旬，区科协、区科委、区文明办、区街办、区农办举办迎国庆科普文化节活动，其中，六里屯街道承办“环境建设改善生存环境”活动，朝外街道承办“科学膳食提高生活质量”活动，望京街道承办《数字建设促进社区发展》活动，大屯街道承办“科学健身迎奥运”活动。共发放资料1万余份，参加活动群众达数万名。年内，区科协和所属学(协)会组织科技人员上千人次参加三下乡、科技周、科普文化节等活动180次。学(协)会举办培训班168次，培训1400人。

（徐国林）

【同“法轮功”邪教组织斗争】 1月16日，在区农村反邪教警示教育培训会上发放反邪教影片《花街》VCD光盘。2月，在崔各庄、三间房两乡举办反邪教、反迷信科普展览，展出22张展板，揭露邪教、迷信害人本质。5月，与市反邪教协会在朝阳公园举办崇尚科学、关爱生命、维护人权、反对邪教宣传展览，展出30块展板。7月7日，区科协送19篇稿件参加朝阳区反邪教征文活动，大屯乡科协荀春荣《戳穿法轮功“升天”的神话》获一等奖，区疾控中心杨军获二等奖。7至8月科普之夏期间，与麦子店街道开展破除迷信、反对邪教科普活动，设6个展点，展出46块科普展板，散发科普宣传材料4000份，放映科普录像，参加活动群众3000人次。9月，反邪教展板《迷信害人》在安贞街道科普画廊展出，数百名居民观看。

（徐国林）

【科普联席会议】 3月23日，韩子荣、姚庆筱主持朝阳区2004年科普联席会议，会议通过《2003年朝阳区科普工作总结》、《2003年度朝阳区科普经费使用情况的报告》、《2004年朝阳区科普工作计划》。28个科普联席会议成员单位领导出席会议。

（徐国林）

【青少年科技活动】 3月25日至28日，组织青少年参加第24届北京市青少年科技创新大赛，高家园小学于超的《红绿灯的思考——关于朝阳区大山子桥路口交通状况的调查》获一等奖，本区其他6位选手获二等奖。区科协对大赛进行全程拍摄，制成200多套VCD光盘赠发各中小学。3月28日至29日，在市机器人大赛中，日坛中学代表队和青少年活动中心代表队获三等奖，取得参加2004年世界杯机器人大赛资格。日坛中学代表队还参加澳门举办的机器人世界杯大中华区选拔赛，获世界杯澳门选拔赛第9名。9月28日，区科协在陈经纶中学举办朝阳区青少年机器人科技活动培训班。11至12月学生科技节期间，区科协开展科普巡展进校园活动，400块科普展板在日坛中学、十七中、安华里一小等50所学校展出，《相信科学不迷信》展板在平房小学、东方培新学校等学校展出。

（徐国林）

【金桥工程】 4月，申报20项市金桥工程项目，其中区水利学会“水资源管理信息系统”等项目，年内实现效益417万元。

（徐国林）

【科普干部培训】 4月15日，区科协举办年科普干部培训班，区各部门主管科普工作领导及有关人员参加培训，中国科普研究所翟立源教授作题为“有效开展科普宣传活动”的讲座。6月17日，区科协召开街乡科普工作会，中国科普研究所副所长雷绮虹作“如何贯彻落实科普法”讲座，工作会上科普干部交流了科普工作经验和体会。

（徐国林）

【科技辅导员活动】 5月，组织科技辅导员参加市《关于开展第十二届全国青少年科技辅导员论文征集活动》，向北京科技教育协会报送15篇论文。王荣伟获全国二等奖，张焕英、王荣伟获市一等奖，9人获市二等奖，2人获市三等奖。

（徐国林）

【区科协四届四次全委会】 5月11日，区科协四届四次全委会在朝阳宾馆召开，会议选举李春霞为朝阳区科学技术协会第四届委员会委员，朝阳区科学技术协会第四届委员会主席。47名科协委员出席会议。

（徐国林）

【科普设施建设】 8月，区科协投入33万元，为每个街、乡负责科普工作的科室配备计算机等设备。年内，投入105万元，在15个街道和4个地区建成科普画廊25个，其中，电子反转画廊2个，画廊总长度580米，展板总数650块。

（徐国林）

【学术交流】 年内，开展58项学术交流，形成学术论文、专家建议23篇，其中“学术月”22篇。区土木建筑学会人文景观与传统造园艺术学术交流活动为市科协重点活动。

（徐国林）

【区科技协作中心活动】 年内，区科技协作中心积极开展技术开发、转让、服务、咨询活动，年收入600万元，上缴营业税35万元，个人所得税7万元，为朝阳区创税收40万元，创近几年新高。

（徐国林）

朝阳区残疾人联合会

【概况】 朝阳区残疾人联合会（简称区残联）是区政府实施社会管理的职能部门之一，是北京市残疾人联合会地方组织，是集朝阳区残疾人自身代表组织、社会福利团体和事业管理机构为一体的，代表、服务、管理朝阳区残疾人亦官亦民的事业团体。归口区委政法委员会管理，业务上接受市残联指导。设办公室、组织联络部、教育就业部、康复部、财务部、活动中心等科室。辖区42个街道（地区）办事处设残联，184个社区成立残疾人协会，形成三级残联工作网络。年内，区残联被中国残联定为残疾人专门协会工作试点单位。

地址：西坝河东里16号院内

电话：84552317

邮编：100028

网址：http://www.cycl.org.cn

（苏丽波）

【表彰先进】 5月14日，十年残疾人就业工作暨扶残助残先进表彰大会在朝阳区文化馆举行。市残联、区政府、区政协领导和各街乡及有关部门140余人出席会议。会上对52个残疾人就业工作、扶残助残先进单位和20名残疾人就业工作、扶残助残先进个人进行表彰。

(苏丽波)

【全国助残日】 在全国助残日期间,全区启动以“情系我的兄弟姐妹,帮扶贫困残疾人”为主题的康复、就业、就学、扶贫、安居、法律六大爱心助残工程,走访慰问残疾人2305户,送慰问品、款64万元。助残日当天,制作板报、横幅、标语2514条(块),发放宣传材料2.4万份,提供法律咨询1166人。

(苏丽波)

【组织建设】 年内,各街道(地区)办事处完成残联职责单列和专职理事长配备工作。基层残联聘用人员和残疾人协管员招聘工作完成,42个街道(地区)办事处残联各有1至2名专职工作者和1名残疾人协管员,全区残联系统共有工作人员175人。123个村建立村级残疾人协会。

(苏丽波)

【残疾人康复工作】 年内,完成白内障复明手术2254例,低视力配镜17例,免费植入人工晶体239例,438名聋儿、智力残疾儿童、脑瘫儿童、肢体残疾人得到康复训练。供应用品用具2421件。投入53万元对贫困残疾人进行免费康复救助。为齐齐哈尔市90名贫困白内障患者免费实施复明手术。

(苏丽波)

【教育培训】 年内,全区残疾儿童少年九年义务教育入学率达到100%。有1132名残疾学生随班就读,256名残疾学生在特教学校就读,11名残疾考生被高等院校录取。对54名考入高中和大学的残疾学生进行奖励。对388名贫困残疾人高中生、大学生及低保残疾人子女发放助学金25万元。291名残疾人接受职业技能培训,其中85人取得职业资格证书,报销学费15.5万元。举办朝阳区首届残疾人职业技能选拔赛。

(苏丽波)

【残疾人就业】 年内,通过社区就业、弹性就业和个体就业等多种形式安置残疾人就业,残疾人就业率达86%以上,按比例安置残疾人就业新增170人,社区安置残疾人就业202人,对57名残疾人个体从业者给予经济扶持和帮助。依法收缴残疾人就业保障金2305万元。

(苏丽波)

【落实贫困残疾人生活保障政策】 年内,对全区2664名贫困残疾人落实最低生活保障,对606人落实重残人生活困难补助,对2665名残疾人落实特困、待业、临时生活困难补助政策。走访残疾人家庭2853户,3854人,送慰问金(品)194万元。

(苏丽波)

【加大无障碍设施建设力度】 年内,朝阳区作为北京市创建全国无障碍设施建设示范城市抽检区,以优异成绩通过验收,被评为全国无障碍设施建设先进区。全区共建盲道290公里,坡化路口2612处,设盲人过街提示音响12套。公共设施无障碍改造844个,改造住宅小区422个、银行网点70个、邮局24个、公厕30座,设置低位报刊橱窗100米。制作展板82块、标语186条、画册1200册、海报1万张、公益宣传牌300块、《朝阳区无障碍设施指南》1万册和《以爱的名义,朝阳助你跨越》的电视专题片。

(苏丽波)

【残疾人文体生活】 年内,成立朝阳区残疾人艺术团,为武警部队举办文艺演出及“社区一家亲”残疾人专场演出。开办残疾人音乐语言学习班,举行社区残疾人文艺选拔赛、残疾人文艺作品征集活动和残疾人书画作品展。成立盲人乒乓球队及区残疾人乒乓球俱乐部,开展残疾青少年夏令营活动。残疾人艺术团老年舞蹈队在北京电视台主办的“舞动北京”群众秧歌大赛中获优秀节目奖。在北京市特殊奥林匹克运动会上,朝阳区运动员获奖牌28枚,并获优秀组织奖。为残疾人播放电影20次,1000余名残疾人观看。

(苏丽波)

朝阳区红十字会

【概况】 朝阳区红十字会是从事人道主义工作的社会救助团体,负责组织开展全区红十字会工作。区红十字会从区卫生局分离成为独立设置的正处级单位,编制8名;完成街道、地区(乡)建会任务;至年底,会员8.6万多人,团体会员单位有327个。

地址:日坛北街33号
电话:65094673
邮编:100020

(姜文利)

【募捐活动】 4月,召开“博爱在京城”大型募捐救助活动动员会,各基层红十字会利用世界红十字日,广泛宣传,争取社会各界广泛参与人道救助事业。高碑店地区红十字会在紫檀博物馆广场,率先举行“博爱在京城”大型募捐救助活动启动仪式。21个街道、9个乡募集善款42.5万元,医疗系统募集善款28万元,区红十字学校工作委员会募集善款7.4万元。此次共募捐78万元,已全部上缴市红十字会。年底,在为印度洋地震海啸募捐活动中,接受捐款107万元,全部上交市红十字会。

(姜文利)

【少儿住院互助金工作】 8月，成立区少儿住院互助金领导小组，成员单位有红十字会、教委、卫生局、财政局、街办、农委、审计局、监察局、新闻中心、民政局10个有关部门。成立朝阳区少儿住院互助金管理办公室，设在区红十字会。领导小组先后召开两次会议研究、部署工作。9月上旬第18次区长办公会，区长陈刚听取专题工作汇报，通过少儿住院互助金工作实施方案。与卫生局、教委联合举行大型专题宣传活动，提高群众知晓率和参加率。截至年底，上缴市互助金款530万元，10.6万人参加互助金，约占全区中小学生、婴幼儿总数（约18万人）58%。

（姜文利）

【宣传活动】 年内，区红十字会与区卫生局、区残联共同组织纪念中国红十字会建会100周年、《中华人民共和国红十字会法》颁布11周年、《中华人民共和国献血法》颁布6周年和预防艾滋病，关爱艾滋病弱势群体等宣传活动。各基层红十字会也分别在各地区举办大型宣传活动，发放宣传材料，请医生义诊，提供免费修理服务。以提高群众对红十字事业的支持率和参与率。

（姜文利）

【群众性自救互救培训】 年内，选送10名医务人员参加市红十字会举办的师资培训班；举办群众性自救互救培训30期，参加培训的1000人均取得初级急救员证书，同比增加2倍；各街道、地区红十字会开展健康知识讲座等医学知识普及培训，近5万人次参加。

（姜文利）

【救灾救助工作】 年内，在两节送温暖活动中，各级领导为贫困家庭、贫困学生、贫困残疾人和贫困老人送去慰问金和大米、面粉、食用油、被子等物品。区红十字会下拨救助款4.2万元，由各街道、地区（乡）红十字会对基层贫困户进行慰问。全年救助贫困家庭102户，救助贫困学生206人，救助残疾人免费做白内障手术11人，为救助困难患者资助6万元，捐助老年病院4万元，支持残疾人事业3万元。

（姜文利）

【红十字青少年工作】 年内，利用各种形式向青少年传播人道、博爱、奉献精神。在“博爱在京城”募捐活动中，向红十字青少年会员发出号召，教育同学帮助别人，奉献爱心，有41所中小学校及幼儿园，共募集善款73949.80元。有7名会员获得“北京市百名优秀红十字青少年会员”称号。

（姜文利）

政权　政协

北京市朝阳区人民代表大会常务委员会

【概况】　北京市朝阳区人民代表大会常务委员会是朝阳区人民代表大会常设机关,下设办公室、内务司法工作委员会、财政经济工作委员会、城建环保工作委员会、教科文卫工作委员会、代表联络室6个办公机构。年内,先后召开常委会会议7次、主任会议15次,听取和审议"一府两院"工作报告15项,作出决议、决定7项,依法任免国家机关工作人员356人次。按照抓班子、带队伍、谋发展;想问题、抓落实、找规律和重基层、打基础、强基石要求,不断提高服务水平、办事效率。积极开展发扬民主、依法办事,事业为重、求真务实,深入实际、艰苦奋斗,讲求效率、创新工作的思想教育活动,有效地推动常委会各项工作开展。

地址:团结湖北五条5号
电话:65094479
邮编:100026

(陈　洪)

【十三届人大一次会议】　1月11日至16日,区第十三届人大一次会议在华润饭店举行。应到代表412名,实到代表399名。本次会议主席团成员47名。大会期间,听取审议区政府代区长陈刚所作的《北京市朝阳区人民政府工作报告》、区发展计划委员会主任陈捷所作的《关于朝阳区2003年国民经济、社会发展计划执行情况和2004年国民经济、社会发展计划草案的报告》、区财政局局长尚焰所作的《关于朝阳区2003年财政预算执行情况和2004年财政预算草案的报告》、区十二届人大常委会主任安训生所作的《北京市朝阳区人民代表大会常务委员会工作报告》、区法院院长王明达所作的《北京市朝阳区人民法院工作报告》、区检察院检察长王一俊所作的《北京市朝阳区人民检察院工作报告》,并通过对上述报告的各项决议;大会通过无记名投票选举朱家麒为区十三届人大常委会主任,任强、阎学锋、于五一、孔德琴、谢正观为副主任,委员23人;陈刚为区政府区长,戴继楼、孙世超、宋连娣、李国、关三多、佟克克、束为为副区长;王明达为区法院院长,王一俊为区检察院检察长。会上,组织了大型代表询问活动,大会主席团常务主席安训生、王力军、韩子荣、沈乃宏、张泰、何淑云、任强,区政府代区长陈刚、常务副区长戴继楼、副区长孙世超、宋连娣、李国、关三多、佟克克、束为、姚庆筱,区法院院长王明达、检察院检察长王一俊参加询问活动。区政府系统38个职能部门和区法院、区检察院等单位的240余名负责人及工作人员,依法接受242名代表们的询问。对代表提出的288个问题,分别以当场答复解决、说明解释或作为建议于会后研究办理。会议共收到代表提出的议案46件,按照代表大会议事规则规定分别作了处理。作为建议、批评和意见处理的,交由本区有关部门研究办理并答复代表的有43件。

(陈　洪)

【第1次人大常委会会议】　2月25日上午,区人大常委会举行第1次会议。会上,学习了《中华人民共和国地方各级人民代表大会和地方各级人民政府组织法》、《朝阳区人民代表大会常务委员会组成人员守则》、《朝阳区人民代表大会常务委员会议事规则》。讨论通过《北京市朝阳区人大常委会2004年工作要点》;北京市朝阳区第十三届人民代表大会常务委员会代表资格审查委员会主任委员、副主任委员、委员名单;北京市朝阳区第十三届人民代表大会各工作委员会名单。会议依法审议通过人事任免事项。

(陈　洪)

【第2次人大常委会会议】 4月19日上午，区人大常委会举行第2次会议。会议通过《朝阳区人大常委会关于建立人大街道工作委员会的决定》，决定2004年6月下旬完成人大街道工作委员会的组建工作。会议依法审议通过人事任免事项。

（陈 洪）

【第3次人大常委会会议】 5月18日上午，区人大常委会举行第3次会议。会议听取并审议2003年度朝阳区预算执行和其他财政收支审计工作报告；朝阳区2003年财政决算报告，并批准朝阳区2003年财政决算。对全国十五城市市辖区人大工作研讨会第28次会议情况向常委会作了书面报告。会议依法审议通过人事任免事项。会议任命朝外、建外、三里屯、呼家楼、团结湖、六里屯、左家庄、麦子店、潘家园、双井、劲松、和平街、亚运村、酒仙桥、小关、垡头、望京、机场共18个街道人大街工委主任和委员。管庄街道因区划调整将撤销，故决定不再设立人大常委会街道工作委员会。

（陈 洪）

【第4次人大常委会会议】 6月29日上午，区人大常委会举行第4次会议。会议审议通过朝阳区政府副区长佟克克受区政府委托所做的朝阳区政府贯彻《中华人民共和国行政许可法》各项准备工作情况的报告；听取区政府副区长关三多、建委主任李建海所做的述职报告，并由常委会组成人员以填写测评表的方式对两位同志进行测评；通过《朝阳区人大常委会关于2004年区划调整后的乡人民代表大会换届选举的决定》、《朝阳区人大常委会关于朝阳区区划调整后乡人大换届选举工作实施方案》、《朝阳区人大常委会关于任命区划调整后三个撤并乡换届选举委员会组成人员的决定》。会议决定接受陈大中、王智玲、荣容、王亚贵、王海军5名代表辞去代表职务的请求，并听取《朝阳区第十三届人民代表大会常务委员会代表资格审查委员会关于代表资格的审查报告》；会议表决通过《朝阳区人民代表大会常务委员会关于补选朝阳区第十三届人民代表大会代表的决定》。朝阳区人大常委会内务司法工作委员会以书面形式向常委会组成人员汇报关于《中华人民共和国行政许可法》知识考试的情况。会议依法审议通过人事任免事项。

（陈 洪）

【第5次人大常委会会议】 8月20日上午，区人大常委会举行第5次会议。会议听取并审议朝阳区2004年国民经济和社会发展计划上半年执行情况的报告；朝阳区2004年财政预算上半年执行情况的报告；区政府落实《朝阳区2003—2008年教育发展纲要》，加强干部教师队伍建设情况的报告；区卫生局局长殷菁、区法院副院长鲁桂华述职报告并进行评议；书面报告了区商务局局长郭宗喜就职报告。会议依法审议通过人事任免事项。

（陈 洪）

【第6次人大常委会会议】 10月19日上午，区人大常委会举行第6次会议。会议听取并审议区政府关于《关注农村农民问题，加强城乡统筹协调，努力解决农民就业和社会保障》议案办理情况的报告；区政府关于朝阳区2004年财政预算科目调整情况的报告，并决定批准朝阳区2004年财政预算科目的调整。会议听取区政府关于区十三届人大一次会议代表建议、批评和意见办理情况的报告；区人大常委会代表联络室主任辛荣军做关于十三届人大一次会议代表建议、批评和意见督办情况的报告；区人大常委会办公室对“一府两院”被任命人员述职评议情况的汇报；朝阳区第十三届人民代表大会常务委员会代表资格审查委员会《关于补选朝阳区第十三届人民代表大会代表资格的审查报告》；区人大常委会内务司法工作委员会关于金盏等三个撤并乡人大换届选举工作情况的汇报。会上，书面审议区发改委主任张春秀、区审计局局长邹立嵩的就职报告；书面汇报全国十五城市市辖区人大工作研讨会第29次会议情况。

（陈 洪）

【第7次人大常委会会议】 12月21日上午，区人大常委会举行第7次会议。会议听取并初步审查《朝阳区2005年财政预算草案主要内容的报告》。区财政局局长尚焰受区政府委托作朝阳区2005年财政预算草案主要内容的报告。会议还听取并审议《区政府关于创建国家卫生区，高质量建设环境情况的报告》；区政府《关于朝阳区市政道路建设情况的报告》。审议通过《北京市朝阳区国家级生态示范区、生态区建设总体规划》、《北京市朝阳区人民代表大会议事规则修正案》，并决定本次常委会通过的《北京市朝阳区人民代表大会议事规则修正案》报朝阳区第十三届人民代表大会备案。会议通过区十三届人大常委会关于召开区十三届人大二次会议的决定，区十三届人大二次会议建议议程。通过区十三届人大二次会议主席团、秘书长建议名单；国民经济、社会发展计划和财政预算审查委员会主任委员、副主任委员、委员建议名单；议案审查委员会主任委员、副主任委员、委员建议名单。通过区十三届人大二次会议列席人员的决定；通过区人大常委会工作报告（讨论稿）。会议决定补选孙安民为北京市第十二届人民代表大会代表。会议任命八里庄等三个人大街道工作委员会主任、委员。会议依法审议通过其他人事任免事项。

（陈　洪）

【信息工作会】　3月24日、25日，区人大常委会办公室(研究室)召开2003年度人大系统信息工作总结表彰暨培训会。区人大常委会副主任阎学锋、市人大常委会研究室综合处处长潘小平出席会议。会上，总结2003年区人大信息工作，部署2004年区人大信息工作要点。对2003年区人大系统30名优秀信息员、39名达标信息员和20条优秀信息条目进行表彰，并向特别邀请的33名区人大代表信息员颁发聘书。第十二届特邀人大代表信息员李淮望、区检察院信息员于萌、区司法局信息员孟宏伟、垡头地区代表小组信息员贺瑞、来广营地区代表小组信息员蔡军分别做经验交流发言。市人大常委会研究室任佩文、区人大常委会研究室副主任张明慧，分别对全体信息员进行信息业务培训。

（陈　洪）

【人大代表工作培训会】　4月8日、9日，区人大常委会代表联络室召开人大代表工作培训会。区人大常委会副主任任强、阎学锋、于五一出席会议。各街乡代表小组组长、代表工作联络员参加了会议。会议部署2004年区人大代表工作要点及《朝阳区人大常委会关于建立人大街道工作机构的意见》，宣布区十三届人大代表小组组长、代表工作联络员组成人员名单，并向40名代表工作联络员颁发聘书。六里屯地区代表小组组长杨德勤和麦子店地区代表小组代表工作联络员张亚平分别做经验交流发言。

（陈　洪）

【纪念人民代表大会50周年】　9月24日上午，在广西大厦隆重召开纪念人民代表大会50周年座谈会。区委书记李士祥，区委副书记、区人大常委会主任朱家麒，区政协主席李明，市人大常委会财经委员会委员、区第十二届人大常委会主任安训生，区第七、八届人大常委会主任李瑜铭，区第十届人大常委会主任张万鹏，区第十一届人大常委会主任李福奎；区人大常委会历届副主任，区人大常委会组成人员，部分区人大代表、人大街工委主任、人大地区代表小组组长和各届代表150余人参加座谈会。区人大常委会主任朱家麒在讲话中回顾了朝阳区人民代表大会半个世纪以来走过的光辉历程。区委书记李士祥在讲话中指出：纪念人民代表大会成立50周年，目的在于进一步解放思想，提高认识，以邓小平理论和“三个代表”重要思想为指导，贯彻落实中共十六届四中全会精神，把坚持党的领导、人民当家作主和依法治国有机统一起来，围绕中心、服务大局，不断开创朝阳区人大工作的新局面。

（陈　洪）

北京市朝阳区人民政府

概　述

年内，北京市朝阳区人民政府(简称区政府)以邓小平理论和“三个代表”重要思想为指导，认真贯彻落实党的十六届三中、四中全会精神和区九次党代会工作部署，牢固树立科学发展观，坚持以人为本，强化统筹发展，优化发展环境，优化空间布局，优化产业结构，较好地完成了全年各项工作任务。经济增长17.7%，实现地区生产总值805.1亿元；实现社会消费品零售总额369.3亿元，同比增长23.6%；实现固定资产投资330.2亿元，同比增长15.9%。完成区级财政收入68.5亿元，同比增长21.1%。城镇居民人均可支配收入达到15757元，同比增长13.4%；农民人均纯收入达到10261元，同比增长8.1%。城镇登记失业率0.84%，城镇登记失业人员就业率73.47%。人口自然增长率为0.07‰。城市绿化覆盖率42%。大力培育经济增长点，区域经济活力持续增强，功能区聚集效应显著增强，产业内部结构进一步优化。北京商务中心区(CBD)以国际金融为龙头的现代服务业快速发展，区域内从事现代服务业的企业达六成以上。全年新增高新技术企业120余家。开放型经济快速发展，市场化水平进一步提高。新增外资企业537家，17家世界500强企业投资朝阳，实际利用外资13.2亿美元，同比增长37.5%，投融资改革不断深化，融资渠道进一步拓宽。在市政道路建设、水系治理、生态环境保护等领域，采取土地整理储备、实施特许经营、项目包装融资、世行贷款等多种方式，推进重点工程建设。发展环境继续优化，区域形象进一步提升。规划研究工作不断深化。道路建设全面推进。环境建设水平进一步提高。全年新增绿化面积

956公顷，其中第一、第二道绿化隔离地区实现绿化864公顷。朝阳区被全国绿化委员会授予“全国绿化模范城市”称号。以创建国家卫生区为契机，动员全区人民积极参与环境综合整治，顺利通过国家爱卫会的检查验收。重点项目建设稳步推进。奥运森林公园征地手续获批复，园内社会单位、集体企业拆迁和转居转工安置工作基本完成。城市管理和社区建设进一步加强。对“八乡一街”行政区划进行调整，21个乡全部设立地区办事处，圆满完成137个村委会的换届选举工作。系统推进农村各项改革，切实解决“三农”问题，农村社会保障体系建设取得突破。农村劳动力转移就业工作全面加强。农村地区建成33个重点产业项目，安排2300余名农村劳动力就业。农村土地确权圆满完成，产权制度改革稳步推进。教育科技发展取得新成绩。依法保证教育经费“三个增长”。医疗卫生事业迈出新步伐。加强公共卫生建设，成立街乡公共卫生工作委员会，推进卫生监督重心下移。健全卫生防病三级网络，加强疾病预防控制中心建设。文化体育事业繁荣活跃。精神文明建设和其他社会事业蓬勃开展。民主法制建设进一步加强。全年办复全国、市、区人大代表建议、政协委员提案884件。认真贯彻实施《中华人民共和国行政许可法》，对全体公务员进行了培训考核。贴近百姓需求办实事。狠抓群众日常生活中停车、绿化、早点、买菜、保洁、治安、看病、就业等“八难”问题解决，取得明显成效。围绕人大代表、政协委员和群众关注的热点、难点问题，结合政府工作安排，确定实施“50件实事”。在劲松等地区建立了18个服务大厅和171个社区居民事务代办站，累计在143个社区实现居民基本生活需求不出社区。劳动保障和社会救助工作扎实开展。全年开发就业岗位6万个，实现3.16万人就业。加大流动人口的管理和服务力度。总结推广东风地区流动人口管理模式。区财政投入1400万元，扩大公办学校接收规模，使4.3万名来京务工就业农民子女进入公办学校就读。狠抓制度建设和责任落实，安全稳定工作不断加强。

地址：日坛北街33号
电话：65094221
邮编：100020

（刘亚晖）

主要工作和重大活动

【实施新型农村合作医疗制度】 1月1日起，农村实施新型农村合作医疗制度，全年有15.1万余人参加，参保率达到82.29%。

（刘亚晖）

【加快农村城市化工作会】 3月1日召开。会议对年内农村工作进行全面部署，明确农村工作的重点任务是在培育产业支撑、优化发展环境、集体资产产权制度改革、解决农民就业增收、解决农民社会保障、维护社会稳定等6个方面实现新突破。李士祥从管理城市的角度，提出：1. 更新思想观念，重点在精神文明建设、就业职业培训上取得突破。2. 规划引导发展，重点在市政规划、产业发展规划上下功夫。3. 加强基础投入，本年在修路上取得质的突破。4. 优化产业结构，重点要搞好清产核资。5. 完善激励机制。陈刚提出四点建议：一是规划引导，加快农村产业发展；二是整合资源，增加农民就业；三是城乡统筹，加快农民社会保障体系建设；四是因地制宜，推进农村集体资产处置工作的落实。宋连娣作题为《创造新优势，实现新发展，努力开创农村城市化建设新局面》的工作报告。会议还对2003度农村经济发展和优化发展环境先进单位进行表彰。朱家麒、李明等出席会议。

（刘亚晖）

【区长现场办公】 3月5日，陈刚针对参加北京电视台“与区长面对面”直播节目以来，居民通过反映的涉及危改、拆迁、交通、环境、卫生、教育等方面的8个问题，通过电话向群众解答。

（刘亚晖）

【安全稳定暨一季度形势分析会】 4月12日召开。李士祥就贯彻落实科学发展观，扎实推进各项工作强调三点意见，一要冷静、客观、全面地认识安全稳定工作面临的形势；二要以科学发展观为指导，标本兼治，重点突破，确保稳定；三要再接再厉，扎扎实实做好第二季度各项工作。朱家麒部署年内安全稳定工作，提出重点要做好的七个方面工作。陈刚总结一季度全区经济社会发展情况，并部署二季度重点要抓好的七项工作。会议对2003年朝阳区社会治安综合治理先进单位和同“法轮功”邪教组织斗争先进集体、个人进行表彰。李明、王明达出席会议。

（刘亚晖）

【奥运项目绿色通道开通】 4月16日，“奥运项目绿色通道”及其咨询热线65978215正式开通，通道为奥运建设项目中标企业完成各类审批、注册手续提供便利，并提供注册登记方面的全程代办服务。

（刘亚晖）

【区划调整】 5月10日至6月10日，调整部分街乡行政区划和党政机关、事业单位机构设置和编制。金盏乡和楼梓庄乡合并，设金盏地区办事处。孙河乡和黄港乡合并，设孙河地区办事处。崔各庄乡和南皋乡合并,设崔各庄地区办事处。设东坝地区办事处、黑庄户地区办事处、豆各庄地区办事处和王四营地区办事处。保留金盏乡政府、孙河乡政府、崔各庄乡政府、东坝乡政府、黑庄户乡政府、豆各庄乡政府和王四营乡政府。撤销管庄街道办事处,将所辖区域分别划归管庄地区办事处、三间房地区办事处、黑庄户地区办事处。调整洼里地区办事处周边地区行政区划,将大屯地区办事处管辖的北辰东路以西,大屯路以南,安翔北路、慧忠路以北部分区域,亚运村街道办事处管辖的北辰东路以西,成府路以南,北辰西路以东,北四环中路以北部分区域,划归洼里地区办事处管辖,调整后的洼里地区办事处(乡)更名为奥运村地区办事处(乡)。

(刘亚晖)

【实施委托代理记账制度】 6月1日起,双井、望京、安贞、亚运村4街道和大屯地区社会保障事务所试行委托代理记账。区财政局分别与北京平安三九会计咨询事务所、北京安吉立信会计代理有限责任公司签定委托代理记账业务约定书,并制定下发《朝阳区街乡社保所财务管理办法》(试行)和《朝阳区委托代理记账管理办法》(试行)。

(刘亚晖)

【建立新闻发言人制度】 6月7日,首期新闻发言人培训班开课。来自各部委办局、街乡(地区)办事处的20余名新闻发言人参加培训。随后,区政府各部门、各单位陆续建立新闻发言人制度,运用新闻发布会、新闻通气会、媒体见面会等多种方式与新闻媒体建立沟通渠道,规范新闻发布,准确反映工作实际,传播社会需要、有价值的新闻信息,影响和引导舆论。

(刘亚晖)

【社会经济发展半年形势分析会】 7月15日召开。李士祥对上半年形势进行总体评价,对下半年工作提出总体要求。陈刚指出:下半年区政府各部门,要认真落实完成年初区党代会、区人代会确定的各项工作任务,要围绕区委确定的"三个优化",抓好各项工作落实。进一步探索研究以规划为龙头,实现产业结构调整,形成经济发展新模式;系统地探索提高城市管理水平;探索解决农村城市化进程中的各种新问题;坚持依法行政工作。朱家麒、李明出席会议。

(刘亚晖)

【宏观经济预警系统启动】 7月,宏观经济预警系统试运行。该系统包括:宏观经济预警指数,综合描述全区宏观经济发展状况,用于分析经济景气状态和发展趋势,为政府决策提供科学依据;房地产预警指数,反映本区房地产发展情况,引导市场理性投资和消费,促进房地产市场持续健康发展;居民满意度指数,通过对城乡居民社情民意调查,真实反映居民对社会环境的满意程度。

(刘亚晖)

【土地确权和产权制度改革】 7月20日至11月30日,开展土地确权工作。通过采取确权确利、确权入股等形式,全面落实农民土地收益权和农户土地承包经营权。与此同时,根据宜乡则乡、宜村则村、宜股则股、宜分则分,试点先行、稳步推进原则,按照盘活存量、引进增量、增加总量的思路,加快农村集体经济产权制度改革步伐。

(刘亚晖)

【流动人口教育培训工程】 8月,面向93万流动人口的教育培训工程启动。培训围绕提高流动人口文明素质、文化素质、专业技能、法律知识,在流动人口聚居地筹建党组织、工会组织、团组织和夜校,探索流动人口教育培训工作经常化、社会化、规范化的新模式三个目标,重点做好文明素质、法制观念、安全教育、文体活动、专业技能5项培训。

(刘亚晖)

【基本建设项目代建制试行】 9月10日,代建制试点工作进入实质阶段。代建项目工作领导小组基本建设项目依照市区相关规定及区公安分局治安拘留所综合楼和东坝医院病房楼扩建2个代建项目的《招标工作方案》,委托2家评估公司对前期可行性研究报告调整后的建设方案、投资额进行专项评估论证。发改委、财政局、审计局、监察局4部门将联合对代建过程进行监督管理。

(刘亚晖)

【第五届国际商务节】 9月15日至19日举办第五届朝阳国际商务节。6个国外代表团、15个国内友好城市和400多位中外高层政府官员及跨国公司CEO参加活动。在有150多家国内企业,40多个外国驻华商务处,50余家跨国公司及商务机构参加的商务参赞投资洽谈会上,达成签约项目46个,总额58.5亿元。

(刘亚晖)

【开通热线呼叫中心96105】 10月29日,政府热线呼叫中心96105开通,呼叫中心集成有线电话、手机短信、电子邮件等多种方式,整合分散在政府各部门热线电话、值班电话,实行联动反映、统一协调、快速解决,实现查询、咨询、建议、投诉等多项服务功能。年内,接收呼叫3030次,对1816项咨询类问题直接答复;对1214项需处理问题,经有关部门和单位研究后给予群众满意答复。

(刘亚晖)

【政府决策会议】 年内,区政府召开政府常务会议18次,研究讨论议题105个。内容涉及制定规划、经济发展、城市建设和管理、农村城市化、社会事业发展、为民办实事等方面工作。召开区长办公会26次,研究讨论议题147个。内容涉及创建全国卫生区、企业改革及富余人员安置、安全隐患排查及治理、贯彻行政许可法、出租房屋管理、环境保护基础设施建设等区政府工作的各个方面。

(刘亚晖)

【清理固定资产投资项目】 年内,清理固定资产投资项目,全区自查839个,建设规模1.1432万平方米,总投资6896亿元,累计完成投资992亿元。其中,804个项目符合国家产业政策和行业规划,建设规模11411.9万平方米,占地6519.3万平方米,总投资6892.7亿元,累计完成投资989.2亿元;630个项目需要补办环保手续;违法违规项目35个,总投资额3亿元,建筑面积20万平方米,占地68万平方米。

(刘亚晖)

人事管理

【概况】 朝阳区人事局是区政府综合管理全区人事人才工作的职能机构,内设办公室、公务员管理科、专业技术人员管理科、教育培训科、工资福利科、流动调配科、人事仲裁科。有公务员29人。区机构编制委员会与区人事局合署办公。年内,围绕优化人才发展环境,推进行政管理体制改革,创新和完善人才服务体系,建设高素质人才队伍,规范公务员管理,为加快朝阳的“三化四区”进程,提供人才保证。

地址:日坛北街33号

电话:65094869

邮编:100020

(丁明圆)

【开展行政许可法培训】 3月始,对全区公务员开展行政许可法培训和考试工作,直接办理行政许可的工作人员、依据法律法规和规章规定从事行政执法工作的人员、综合行政执法机构中从事行政执法工作的人员以及由法律、法规授权管理社会公共事务的事业单位中从事行政执法工作的1155人参加闭卷考试。组织上述人员以外3306人进行开卷考试。9月中旬举办企事业单位中层干部培训,培训内容有:人力资源开发与管理、绩效管理与评估、沟通与项目管理等。年内,联合区委组织部、区科委举办首都发展与人才能力建设讲座,全区领导干部、国家公务员、专业技术人员和管理人员5162人参加。

(丁明圆)

【年度考核奖励】 3月,完成2003年全区公务员考核工作,637人优秀,67人记三等功,15人记二等功,10人基本称职,2人不称职。

(丁明圆)

【规范公务员工资收入】 6月21日,联合区纪检委、区监察局、区财政局、区审计局等部门,下发《关于停止发放任何津贴、补贴和奖金等有关问题的通知》,有效抑制各单位突击发钱现象。8月24日召开全区规范公务员收入动员和培训会。全区129家单位13846人进行了工资规范,其中在职人员10086人、离休人员727人、退休人员3033人(含82名街道原城市服务费开支人员)。规范工资后月增资额为1581.5万元,其中在职人员1226.2万元、离休人员94.3万元、退休人员261万元。

(丁明圆)

【军转干部安置】 年内,累计接收安置军队转业干部199人。其中团职49人、营职52人、连排职29人、技术干部69人。团职转业干部在街乡实践锻炼半年经过考察考核后落实安置单位。营职以下及技术干部安置到机关76人、事业单位71人,自谋职业3人,安置随军家属43人。

(丁明圆)

【人才招聘】 年内,举办定期招聘会75场,参展单位1902家,参会个人52205人次,提供职位21158个。为非公经济企业举办2场非公经济组织毕业生专场招聘会,60多家非公企业与近3100名应届毕业生进行双向选择。举办朝阳区事业单位公开招聘专场洽谈会,环保局、文化委、体育局、太阳宫乡、平房乡等21家单位所属的43家事业单位在现场设置展位。

(丁明圆)

【信息化建设】 年内,北京朝阳人才网开通,注册会员19822人,有效简历8000余份,注册企业会员3482家,已发布有效招聘信息企业891家,各栏目网上发布信息及站内提供可查询信息1万余条。

(丁明圆)

【人才引进】 年内,接收毕业生1803名,其中博士10人、硕士(含双学士)156人、本科714人、大专学历336人、中专587人;北京生源毕业生1441人,非北京生源毕业生362人;机关48人,事业单位595人,企业54人,非公企业1106人。从外省市引进高级人才31人,人才绿卡2240个。

(丁明圆)

【转任交流工作】 年内,在全区14个街道和区政协之间,转任交流15人。完成街道系统26名公务员回避工作。

(丁明圆)

【法人登记与年检】　年内,受理事业单位法人注册登记36家,变更登记122家,注销登记24家。完成各类事业单位年度检查812家。

(丁明圆)

【晋升职务级别工资】　年内,全区81家机关单位,707人晋升级别工资,月增资额33781元,人均增资47.78元。全区机关398人晋升科级职务,降职2人,核定正科级工资159人、副科级工资156人、主任科员工资27人、副主任科员56人。

(丁明圆)

【公务员讲英语活动】　年内,区人事局继续开展公务员讲英语活动,印发《朝阳区国家公务员"讲英语"实施方案》,根据公务员不同年龄、不同类别、不同层次学习需求分等级进行培训。举办3期骨干培训班,培训英语小教员93人;在朝阳政务网上开通公务员讲英语多媒体网上学习栏目,实现简单的网上交互式学习。各单位采取"小手拉大手"、"一帮二结对子"等形式学习外语。区人事局分三次组织考试,3532人参加。考试仿照北京市英语口语等级考试模式,采取口试形式,聘请北大、北外、二外以及北师大英语教授作为考官,考生和考官进行一对一英语交流,提升英语听、说能力,使考生初步掌握常用生活英语口语和简单公务用语。

(丁明圆)

【事业单位人事制度改革】　年末,全区638个事业单位中,已有524家单位签订聘用合同,占总单位数82.1%,全区事业编制总数31659,实有28850人,已签聘用合同的在职人员22710人,占实有人数的78.7%;未聘人员4488人,占实有人数的15.6%。

(丁明圆)

民族　宗教

【概况】　朝阳区人民政府民族宗教办公室(简称区民宗办),是主管全区民族宗教事务的政府职能部门。行政编制8名。年内,朝阳区有汉、回、满、蒙、朝、藏等52个民族,少数民族人口11.45万人。区内有1个少数民族街道(朝外街道办事处)和1个少数民族乡(常营回族乡)、11个民族村。民族中、小学有7所,其中北京民族艺术职业高中、北京市民族学校为北京市民族教育对外窗口学校。有伊斯兰教清真寺9座、天主教堂1座、基督教聚会点6处,中日友好交流中心有外国人宗教临时聚会点3处,全区有宗教信徒约6万余人,其中,天主教、基督教(含国外信徒)约1万余人,伊斯兰教(全民信教民族)约5万人。

地址:团结湖北5条8号

电话:65094755

邮编:100026

(马舍尔巴)

【清真专柜检查】　年初,经过对设立在京客隆购物中心、朝百、管庄商场、燕丰商场等16家清真专柜民族政策检查,各单位加强了对从业人员的民族政策教育工作,清真食品规范化管理得到加强,所售清真食品受到少数民族群众欢迎。

(马舍尔巴)

【宗教节日】　2月2日古尔邦(宰牲)节,穆斯林群众1999人,包括外国穆斯林52人在本区9座清真寺参加节日会礼,欢度传统宗教节日,各清真寺共宰牛51头,羊328只。中国伊斯兰教协会会长陈广元大阿訇及市、区有关领导到清真寺向穆斯林群众祝贺节日。4月11日,是天主教、基督教的传统节日复活节,近500名天主教信众到平房天主教堂举行弥撒仪式。五一期间,正值伊斯兰教圣纪节日,全区9座清真寺举行庆祝仪式,开展诵经、赞圣等活动,广大穆斯林群众到清真寺欢度节日。11月14日开斋节,朝阳区各族穆斯林4100多人(其中包括外国穆斯林近70人)分别到9座清真寺参加节日会礼。12月25日是天主教、基督教的传统节日圣诞节,有6000余名中外信徒欢度圣诞节。24日至25日,在平房天主教堂举行4场弥撒仪式,约有信徒1000余人次,鲍静坡神父主持弥撒活动;在北皋基督教聚会点约有150余名基督教信徒举行礼拜仪式,缪文军牧师主持宗教仪式;在21世纪饭店约有5000余名韩国、欧美基督教信徒庆祝圣诞节。

(马舍尔巴)

【新建基督教堂新闻发布】　3月2日,在已奠基的东风南路新建基督教堂堂址,外交部外国记者新闻中心召集15个国家31家新闻机构40多名新闻记者参加市基督教"三自"爱国会新闻发布会。会上,市基督教"三自"爱国会会长于新粒向记者们介绍即将在丰台、朝阳两区新建两座基督教堂的基本情况,并就记者们所关心的关于基督教堂在选址、资金以及教堂设计等方面的问题进行详细解答和说明。

(马舍尔巴)

【首都民族宗教界共植民族团结林】　3月27日,全国人大常委会副委员长傅铁山、副市长孙安民及市政协民族宗教委员会、市民委、市民族联谊会、民族文化交流中心、雍和宫管理处等单位及民族职高部分学生和各族群众200余人到王四营乡鸿华CBD体育休闲公园举行主题为"建设新北京、迎接新奥运,共植民族团结林”的植树活动。

（马舍尔巴）

【马来西亚总理到南下坡清真寺参加宗教活动】 5月28日，到中国进行国事访问的马来西亚总理巴达维一行到南下坡清真寺进行礼拜活动。

（马舍尔巴）

【涉外宗教活动管理】 6月10日，对在中日青年交流中心开展宗教活动的三处外国人临时宗教活动地点负责人颁发为期一年的外国人宗教活动临时地点证书。这是经北京市宗教事务局审核批准给予确认的北京市外国人临时宗教活动场所。

（马舍尔巴）

【民族体育工作】 10月，在西藏中学举行第五届朝阳区“民族杯”传统体育运动会。运动会设推铁环、夹包、蹴球三个大项11个小项的比赛，来自全区7所民族学校的老师、学生300多人参加了运动会。年内，召开第二届朝阳区民族传统体育协会代表大会，选举产生区民族传统体育协会第二届理事会。

（马舍尔巴）

【学习培训】 年内，区基督教“三自”爱国小组组织4次季度学习班活动，全区六个基督教聚会点的负责人及部分骨干人员参加集体学习，学习内容主要是宗教知识、时事政治、法律法规及朝阳区情等。区伊斯兰教协会以加强自身建设、中青年阿訇培养为内容，对区内清真寺民管会主任和阿訇进行培训。

（马舍尔巴）

【基督教界捐助希望工程】 年内，本着爱国爱教、荣神益人的精神，在区基督教“三自”爱国小组组织下，基督教界信教群众和教职人员捐资7200元给希望工程，用于帮助上学困难的农村贫困儿童。

（马舍尔巴）

【民族经济扶持金专用】 年内，常营回族乡利用市民委60万元专项资金，加强清真商品一条街建设，推动该地区配套发展，解决就业问题。黑庄户乡少数民族聚集的万子营东村金鱼养殖借助市民委25万元的专项扶持资金，扩大养殖水面，整修养殖池，金鱼养殖取得明显收益。

（马舍尔巴）

外事工作

【概况】 朝阳区外事办公室（简称区外事办），是负责朝阳区国际交往和处理涉外及港澳事务等工作的政府职能部门和区委外事工作领导小组的办事机构。内设因公出入境管理科、国际交流科，编制8人。年内，开展国际交流和因公出访，加强涉外管理，整合涉外资源，拓宽“市民讲外语活动”形式和范围。办理因公出访团组212个636人次，接待国外代表团25个240多人次，访问和交流内容涉及经贸、金融、信息化建设、文化、园林、环保、可持续发展、议会交流、社会保障、党务工作和基层民主建设等。

地址：日坛北街33号

电话：65099237

邮编：100020

（李　采）

【区政府代表团出访】 5月10日至24日，陈刚率政府代表团对美国纽约市曼哈顿区进行友好访问，与曼哈顿区区长共同签署《友好交流意向书》，举办“北京·朝阳”大型图片展、CBD推介会和系列商务会谈。代表团学习考察纽约市在CBD建设、金融、保险等领域先进发展经验。6月11日至26日，李士祥率团对英国、阿联酋进行访问，代表团拜访英国电信公司总部，与伦敦市金融、贸易、商务界人士会晤，就本区与伦敦市未来合作进行深入洽谈；在阿联酋期间，代表团考察迪拜自由贸易区，学习借鉴外方在城市管理和可持续发展方面的先进经验。7月5日至20日，韩子荣率代表团对德国柏林市米特区进行友好访问，并代表区长与米特区区长共同签署《友好合作协议书》，考察学习米特区CBD规划、建设和管理经验。10月28日至11月13日，朱家麒率代表团对秘鲁利马市圣伊西德罗区进行友好访问，向该区赠送名为“友谊长存”的雕塑。秘鲁副总统瓦斯曼等秘鲁高层官员出席雕塑揭幕仪式。雕塑被安放在利马市中心花园内。11月24日至12月7日，束为率经贸考察团再次访问阿联酋，落实上半年考察成果，推进双方经贸合作。

（李　采）

【外事专办员培训】 6月29日至30日，举办全区外事专办员培训班。邀请市外办专家授课，集中两天培训，学习相关外事知识和工作程序。

（李　采）

【国外记者采访街道社区】 7月14日，法国国家电视台等3家电视媒体组成的摄制小组一行5人到团结湖街道中路北社区，市民讲外语活动，采访社区英语班学员和部分社区居民。9月2日，外交部新闻司组织来自拉美地区美洲报业集团9家媒体的13位记者到朝外街道吉庆里社区入户采访，了解居民生活状况。

（李　采）

【文化交流】 7月16日，奥地利国民议会代表团暨西美林区赠送本区约翰·施特劳斯雕塑花园揭幕仪式在朝阳公园举行。该雕塑为著名音乐家约翰·施特劳斯演奏小提琴的造型。仪式结束后,奥地利马勒音乐学院6位专业乐手演奏四重奏。11月16日,意大利弗留里·威尼斯·朱利亚自治区赠送本区马赛克作品“从弗留里到中国”揭幕仪式在朝阳公园欧陆风韵广场举行。仪式结束后,意大利艺术家进行了精彩的文艺表演。

(李　采)

【举办商务英语电视大赛】 9月3日,区外办与北京市民讲外语活动领导小组办公室、北京电视台共同举办2004CBD商务英语电视大赛。知名企业和政府机关7个代表队参加了比赛。此次大赛突出专业性强、参赛队伍规格高的特点。本区代表队在大赛中获二等奖。

(李　采)

【国外代表团参加商务节活动】 9月15日至18日,以加拿大国会议员丹·贝尔为团长的加拿大市长代表团、以法国拉德方斯地区管委会主任瑞亨为团长的拉德方斯地区代表团、以韩国汉城市江南区区长权文勇为团长的江南区政府代表团和商务代表团、以希腊欧中研究发展中心主任尼惠明为团长的希腊玛鲁斯区代表团分别参加8项朝阳商务节活动,先后在3项重要活动中演讲和致辞。

(李　采)

【越南河内市青春郡委代表团来访】 11月8日,以越南河内市青春郡郡委书记陈氏碧水为团长的青春郡代表团访问本区。李士祥会见代表团,就党风廉政建设、干部培养选拔、基层党组织建设等党务工作以及经济体制改革、发展非公经济等与越方深入交流和探讨。代表团参观了本区投资促进局、CBD规划展,走访朝外街道吉祥里社区。

(李　采)

政府法制工作

【概况】 朝阳区人民政府法制办公室(简称区法制办)是区政府主管政府法制工作的办事机构,对区政府法制工作负有指导、协调、组织和监督责任,内设综审科、监督科、复议科,编制13人。年内,以完善和落实推进依法行政的各项制度及程序规范为重点,贯彻执行行政许可法、行政处罚法、行政复议法等行政法律、法规,全面推进依法行政。加强对政府规范性文件的审核工作,全年审核规范性文件19件。办理行政复议案件审查和行政诉讼应诉代理。征求《北京市国有建设用地供应办法》、《北京市行政区域界线管理办法》等法规规章草案意见14件。开展法律、法规和规章的学习、宣传、培训。加强对全区31个执法单位的监督、检查和指导,落实行政执法责任制。组织完成依法强制拆迁工作,保证奥运工程建设和市政建设顺利进行。

地址:日坛北街33号

电话:65094421

邮编:100020

(邸　刚)

【贯彻落实行政许可法】 4月,分三批对各委办局直接办理行政许可事项人员进行行政许可法知识培训,培训800人。5月22日,608名直接办理行政许可事项人员参加全市闭卷考试,获得行政许可岗位资格证。11月,在分析调研基础上,制发《朝阳区实施的国家设定和地方设定的行政许可事项目录》。

(邸　刚)

【行政处罚案卷评查】 8月,抽取10个部门20本案卷参加全市行政处罚案卷评查,全部被评为优秀卷,获全市2004年度行政处罚案卷评查第一名。11月在全市率先建立并实施许可案卷评查制度,制定《朝阳区行政许可案卷标准(暂行)》。

(邸　刚)

【行政强制拆迁工作】 年内,受理行政强拆申请257件,结案157件,依法做出行政强拆决定100件,组织行政强拆30件。

(邸　刚)

【行政复议与行政诉讼】 年内,受理行政复议案件72件,结案65件,其中,不予受理21件,维持24件,申请人主动撤回申请14件,因行政机关改变原决定、申请撤回行政复议申请3件,责令行政机关依法履行职责1件,终止行政机关原行政决定2件,依法保护当事人合法权利。另外办理行政复审案件27件。代区政府出庭应诉(被复议)案件26起,其中经人民法院和市政府法制办审理,维持政府决定的8件,驳回诉讼请求和驳回起诉7件,原告撤诉8件,未结3件。

(邸　刚)

【电子查询系统建设】 年内,继续开展法律法规电子查询系统推广建设工作,在原有12个查询点基础上在各街道办事处增设68处,新增设查询系统从外观和技术上进行改进,方便百姓查询法律法规需求

(邸　刚)

电子政务工作

【概况】 朝阳区信息化工作办公室(简称区信息办),是全区信息化主管部门,负责指导、组织和实施辖区内信息化建设。下设信息化推进科、系统建设科和信息网络中心,编制20人。信息办以计算机、通信方面的专业技术人员为主,平均年龄

29岁；平均学历大学本科以上，分别来自北大、清华、北航等重点院校，其中7人具有硕士学位。年内，建成96105区政府热线呼叫中心；建设数字多媒体视频会议系统，启动校校通工程，开发全程代办系统等。

地址：日坛北街33号

电话：65094288

邮编：100020

（张　丹）

【网上政务公开】　3月，下发《关于优化区域发展环境　加强政府信息网上公开工作的通知》，对网上政府信息公开的责任部门、公开形式、公开内容、检查评比方式提出明确要求，在区政府网站组织设计开发统一信息公开模板。11月与区纠风办共同组织人大代表、政协委员和专家对各部门网上公开情况进行打分评比，对民政局等25家优秀单位进行表彰。

（张　丹）

【规范信息化项目资金管理】　5月，与区财政局、区监察局、区审计局联合下发《朝阳区信息化专项资金管理办法》。明确要求各单位信息化建设项目资金纳入信息化专项资金管理。协同区财政完善朝阳区信息化项目库，依托项目库对全区信息化项目及资金使用情况进行规范管理。就校校通工程、公安分局视频会议、公共卫生信息化二期工程等重大项目召开专家论证会，参考专家意见进行方案审核；各项信息化工程依照有关规定进行招投标或政府采购，区监察局、区财政局、区审计局进行全程监管；年底作为试点单位接受区审计局对信息化专项资金使用情况的绩效审计。

（张　丹）

【专题培训】　上半年，组织各委、办、局和街乡培训使用网上政务公开统一模板，有100多人参加；协助有关单位开展网上督查系统、电子档案管理系统等使用培训。8月、11月两次对各单位信息化负责人员进行防病毒保障网络安全专题培训。

（张　丹）

【门户网站升级改版】　上半年，对区政府网站（www.bjchy.gov.cn）进行重新设计和开发，实现全面升级改版。设置市民、投资、企业、旅游专门入口，加强门户网站同政府其他部门网站信息交换，拓宽政府信息网上公开渠道。新版网站发布后访问量大大提高。10月，在北京市国家机关网站评比中，以政务公开、内容全面翔实、在线办事功能丰富、页面美观大方等优势获区县组第一名、创新奖第一名。

（张　丹）

【启动校校通工程】　上半年，与区教委完成利用广电闲置骨干光纤资源建设校校通工程调研，组织专家论证会，区长办公会通过实施方案。6月开始校园网建设，年底前基本完成150个学校校园网建设，连接校园网的教育城域网建设启动。校校通工程是政府折子工程之一。

（张　丹）

【建成热线呼叫中心】　9月，区政府热线呼叫中心选址确定后，完成电信资源申请、网络调试和系统开发工作，10月29日试运行。呼叫中心整合区政府便民热线、投资环境热线、招商引资热线以及劳动、卫生等部门热线电话资源，用多媒体手段为企业和市民提供全方位政府语音咨询查询服务。有坐席员8名，设计支持人工坐席16个。截至12月15日接到来电2500个，内容以投诉、咨询为主，成为反映社情民意重要窗口，其中1100个来电转到相关部门处理。区政府热线呼叫中心（短号码96105）是北京市第一家区县政府呼叫中心，北京日报、北京电视台等十余家媒体追踪报道。

（张　丹）

【依法保护知识产权】　年内，落实朝阳区与微软签署的战略合作协议，党政机关在计算机操作系统、常用办公软件和服务器软件正版化方面，政府集中采购，推动办公软件正版化，达到全市国家机关在年底前对社会公开承诺的实现办公计算机软件正版化要求，同时为推进软件国产化工作创造条件。

（张　丹）

【建设多媒体视频会议系统】　年内，依托朝阳政务专网，建成以区政府为中心，覆盖全区42个街道、地区的H.323数字视频会议系统。区机关新办公楼518会议室和九层会议室改造成为符合数字视频会议要求的多媒体会议室，作为主会场，各街、乡利用已有的会议室统一配置视频终端作为分会场。向上与市政府视频会议系统完成联网对接，区内能召开42个街道、地区办事处同时参与的多点数字多媒体视频会议。

（张　丹）

【开发全程办事代理服务系统】　年内，与区监察局、区街办组织开发全程办事代理为民服务信息系统，在劲松街道一站式办事大厅试应用，实现市民在线提交材料、咨询查询、结果反馈、投诉监督等功能，减少办事奔波之苦。该系统在实际应用中受企业和群众好评，在全区推广使用。

（张　丹）

【干部管理信息化】　年内，配合区委组织部开发干部考核系统、内部办公OA系统，在全区组织系统中推广使用干部管理信息系统、党员管理信息系统。为全区组工系统统一注册内部邮件账号,实现通知文件群发。11月份,区委组织部在全市组工系统信息化工作会上做典型发言。

(张 丹)

【推进信息化应用系统建设】 年内,与区发改委合作,推进网上审批二期工程建设,完成全区统一GIS平台上税源建设系统开发并入应用;完成区公共卫生信息系统一期工程并启动二期工程建设;启动区统计局数据仓库项目建设;完成区法院庭审直播系统建设并应用;完成建委、管委、房地局、检察院、老干部局等部门的局域网建设和劳动局、水利局、旅游局、商务局、纪检委、交通委等部门应用系统开发、网站开发等工作。对政务专网核心节点区信息网络中心机房改造调整,安装温控、光控报警系统,提高了安全系数。

(张 丹)

【普及信息化知识】 年内,参与北京市"数字家园"示范社区活动,依托社会资源,在社区居民中广泛开展计算机应用技能培训,有两批17个社区挂牌"数字家园"。垡头街道一社区在第一批挂牌仪式上做典型发言;全市第二批"数字家园"挂牌仪式选在本区举行,17家社区被授于"数字家园"称号。全年在主要街道路口部署98台数字北京信息亭,在辖区内信息亭增加政务公开内容。

(张 丹)

【推进信息化服务与信息化应用】 年内,加强网络维护服务,成立专人专车101热线技术支持队伍,上门协助各单位网管排除故障,检查网络安全;协助禽流感指挥部建立局域网和信息上报绿色通道。与北京移动合作,推出面向公务员的全球通手机话费"政务通"优惠套餐(150打500)业务,为600余名公务员办理新号或原号入网手续,开发应用短信平台,为各单位推行移动办公创造便利条件。

(张 丹)

【交流学习】 年内,与兄弟区县、外省市信息化部门开展广泛学习交流,先后接待来自上海、南京、成都、天津、兰州等城市的考察团,同时组织工作人员前往海淀、东城、石景山、上海、青岛等地学习参观。与用友集团就支持朝阳区企业信息化达成合作协议。与新华社就搭建政府信息专供平台,在新闻信息领域开展战略合作达成协议。新华社通过卫星传送向区政务内部办公平台提供信息专供服务,并协助开展专题调研工作。

(张 丹)

信访工作

【概况】 中共朝阳区委、朝阳区人民政府信访办公室(简称信访办)是区委、区政府主管信访工作的职能机构,行政编制16人。年内,围绕"三化四区"建设,以落实领导责任制为核心,以控制化解信访突出问题及群体性事件为重点,妥善化解人民内部矛盾,排除不稳定因素。全年受理群众来信、来访5490件(批)次。其中,受理群众来信3876件,接待群众来访1614批、7970人次。信访总量与上年基本持平,联名信件次增加3.8%,人次增加18.2%,集体访批次增加31.1%,人次增加122.7%。群众信访集中反映的突出问题是:物业纠纷、占地拆迁、村务公开、环境脏乱、就业和保障以及干部作风问题,占信访总量的58.5%。

地址:日坛北街33号

电话:65099121

邮编:100020

(周林鹏)

【坚持领导接待日制度】 年内,区级党政主要领导带头接待群众来访,全年领导到位率100%,67人次参加信访接待日,接待群众476批3497人次。9月初,区委、区政府提出越级集体访零指标的工作目标,切实加强领导接待力度。自9月8日起,由主管信访工作的3位区领导共同参加领导接待日,有关部门陪同,区委区政府两办督察室负责追踪督办。

(周林鹏)

【信访制度建设】 年内,按照北京市统一部署,建立朝阳区集中解决信访突出问题及群体性事件联席会议制度。下设8个工作小组,年内处理信访突出问题及群体性事件127件,处理拆迁问题16件,土地纠纷14件,废旧物资回收问题60件,涉法涉诉问题7件,处理劳动就业社会保障问题30件,完成中央和北京市处理突出信访问题及群体性事件联席会办公室交办的案件36件。对重大群众上访问题定期召开信访专题调度会并形成一种制度来执行,由区信访办公室提出信访案件案例,政府办调度有关部门和单位参加,现场征求有关部门和单位意见,对缠访、重复访彻底结案。区政府召开5次调度会,解决12件重大信访问题。

(周林鹏)

【排查调处工作】 年内,先后3次在全区开展拉网式大排查,对本地区存在的不稳定因素进行全面彻底梳理,排查出重点人民内部矛盾165件,分别由区四套班子28名领导分片包案调处。

(周林鹏)

【基层信访工作】 年内,加强对基

层的工作目标管理考核，首次实行信访工作一票否决制。基层各单位进一步前移信访关口，香河园、三间房等街乡，在社区、居委会、村委会设立信访接待站，拓宽信访窗口，延伸信访网络。劲松街道建立居民事务代办站，畅通民愿诉求渠道，并上报国家信访局和中央处理信访问题及群体性事件联席会议办公室，向全国推广。积极推进走访、约访，变群众上访为各级党政领导和信访干部下访，区属各单位党政领导和信访干部下访达6000余次，将大量人民内部矛盾成功化解在基层。

（周林鹏）

招商引资工作

【概况】 朝阳区投资促进局是区政府直属事业单位。内设办公室、投资服务大厅管理办公室、资讯中心、投资服务科、投资推广科、投诉中心，人员编制25名。主要职责：组织和参与投资促进活动，推介区域投资环境和重点发展产业，开展定向招商活动；开展重点协调服务，实现以资引资；搭建多种形式投资促进服务平台，加大信息整合力度和信息透明度；管理区投资服务大厅，协调开展网上审批工作等。

地址：呼家楼京广中心商务楼4层

电话：86－10－65978998

邮编：100020

（张乐栋　毕燕玲）

【招商引资】 年内，举办赴英国伦敦金融城、阿拉伯联合酋长国系列推介朝阳专题活动；首届世界服务业大会接待晚宴活动；“12·11”银企高层论坛等多项招商引资活动；参加服务业外包研讨会；第八届中国投资贸易洽谈会等大型投资促进活动。

（张乐栋　毕燕玲）

【投资服务大厅年接待近74万人次】 年内，投资服务大厅接待739112人次，电话咨询273405人次，接待各类咨询365976件次，受理审批184582件次，审批160952件次。其中：新批内资企业15639家，同比增加245.61%；新批外资企业537家，同比增加59%。

（张乐栋　毕燕玲）

【优化服务环境】 年内，区投资服务大厅对外办公时间延长为7小时，比上年增加1小时；区卫生局服务窗口增加30项审批服务事项，减少3项审批环节；市出入境管理处朝阳受理站服务窗口办理护照和港澳通行证时间缩短到5个工作日；市工商局朝阳分局服务窗口增加变更、换照、注销、备案、信息查询、企业监督投诉、企业改制等审批事项；区统计局服务窗口办理统计登记证实行立等可取；区国家税务局服务窗口降低新办企业税务登记工本费。区环境保护局服务窗口对部分规模、环境影响小的建设项目实行告知承诺制，对符合要求的项目即时办理，当场发放环保批准文书。

（张乐栋　毕燕玲）

【开展以楼招商】 年内，摩托罗拉、索尼爱立信、爱立信等跨国公司总部迁址朝阳区中关村科技园区电子城西区。

（张乐栋　毕燕玲）

档案工作

【概况】 朝阳区档案局与朝阳区档案馆合署办公，为区政府直属事业单位，全额拨款。区档案局为区政府负责本区档案事业行政管理的主管部门，区档案馆负责本区档案和有关资料的收集、保管和开发利用等工作。内设办公室、业务科、法规科、管理科、收集科、利用科、信息化科，编制41名。年内，实行科级领导竞争上岗，科以下人员实行双向选择上岗，全员签订聘用合同；制定《朝阳区机关大院非独立建档单位档案工作考核标准（试行）》；与农委和民政局共同制定《朝阳区社区居委会档案管理办法（试行）》和《社区居委会归档文件整理办法》；开展以归档齐全完整、制度贯彻执行、档案安全保管和档案利用情况为重点检查内容的档案行政执法检查；建立已公开现行文件利用中心，为群众提供已公开现行文件查询利用服务；全年档案利用人次与卷次均创新纪录。

地址：日坛北街33号

电话：65094976

邮编：100020

（吴振泉）

【档案馆专题展览】 1月，为纪念毛泽东诞辰110周年，举办毛泽东像章收藏展，展出呼家楼社区陈英老人收藏的毛主席像章1万余枚，1200余名社会各界群众参观展览。10月12日，举办朝阳区档案利用实例展览，并于12月起在全区巡展。展览从服务全区中心工作、繁荣经济发展、保障城市建设、健全民主法制、弘扬精神文明、维护公民利益等6个方面，展示区档案部门在档案开发利用方面取得的成绩。1130余人次参观了展览。

（吴振泉）

【档案鉴定】 2月中旬至3月中旬，聘请中国第一历史档案馆专家对馆藏496件113册清代、民国时期档案、典籍、碑帖、印章进行价值鉴定，使部分档案珍贵价值得以发现。年内，完成对280卷1699件到期档案价值鉴定。

（吴振泉）

【人员培训】 4月，举办本区档案人员上岗培训班，148名基层档案员参加培训。培训内容有公文管理、档案保管与保护、档案利用等,并增加多项档案实际操作及考试。11月,举办档案人员继续教育培训班,137名档案人员参加培训。培训内容有当前档案工作中的难点热点问题、电子文件归档与管理、档案馆的服务功能等。

(吴振泉)

【档案行政执法检查】 9月7日至11月2日,在普查基础上,重点对区机构改革后新成立单位、目标管理复查单位及部分街乡、委办局48个单位进行以归档材料齐全完整、制度贯彻执行、档案信息利用及安全保管情况为主要内容的执法检查,并把执法检查结果通报全区,将发现问题以书面形式反馈给被检查单位。

(吴振泉)

【档案利用与开放】 12月,向社会开放第7批635卷档案。年内,接待查档7203人次。其中:公民个人5703人次,占总人次的79.18%,同比增长9.87%;利用档案17552卷次,同比增长79.49%;出具档案证明3806份;外借档案3895卷次。

(吴振泉)

【档案编研成果】 12月,完成《北京商务中心区建设发展纪实》一书的编写。本书以北京商务中心区管理委员会、区档案馆档案资料为主要依据,分背景篇、规划篇、建设篇,详细介绍北京商务中心区建设背景和发展状况,全书13万字,近100张图片。

(吴振泉)

【档案征集】 年内,接收各类档案16862卷6655件,照片1443张,以及光盘、录像带和国家级先进证书、奖牌等实物档案,其中有第三、四、五届北京朝阳商务节档案和防治动物重大疫病档案。征集单位、个人档案429件,其中有原副区长白汉平捐赠的邓小平等中央领导同志视察京广中心照片和录像带,中国工程院院士、呼吸疾病专家翁心植以及特级教师关槐秀等的档案资料。拍摄朝阳区重大活动及城乡面貌变化照片2000余张。

(吴振泉)

【档案管理】 年内,与区信息办共同制定《朝阳区归档电子公文数据级字段设置要求》和《朝阳区归档电子公文数据XML结构格式》;电子档案网上传输系统、档案信息网站网上预约查档功能正式开通,信息网站外网点击率1.3余次;办公自动化系统正式运行;对机要文件进行数字化扫描,并刻录光盘;96个单位移交电子档案,56个单位移交电子目录;完成52.6万余条招工档案数据录入工作。

(吴振泉)

【档案目标管理评定】 年内,区文化委员会、王四营地区办事处、安贞街道办事处、区委党校晋升为区县级机关档案工作目标管理一级标准。区市政管委、区城管监察大队、市药监局朝阳分局、北京商务中心区管委会晋升为区县级机关档案工作目标管理二级标准。

(吴振泉)

地方志工作

【概况】 朝阳区地方志办公室(简称区志办),是区政府直属事业单位,编制5人。主要职责是:制订本区地方志编纂工作规划并组织实施;组织志书编修工作,并对本区机关、团体、企事业单位编志工作进行指导;编纂出版年鉴。年内,完成《北京市朝阳区志(送审稿)》,完成《北京年鉴》供稿任务,完成朝阳区胡同志撰写任务和为市志办公室提供相关资料等工作。

地址:日坛北街33号
电话:65094147
邮编:100020

(党京华)

【参加全国城市区志研讨会】 7月24日至31日,区志办2名编修人员参加在青海省西宁市召开的全国城市区志研讨会,学习兄弟城区修志工作经验与作法。

(党京华)

【区志评审会】 8月11日至12日、17日至18日,市地方志办公室先后两次在本区主持召开《北京市朝阳区志(送审稿)》评审会,市地方志常务副主编赵庚奇,特邀审稿杜审微、叶祖兴等有关专家8人参加。经过审议对本区地方志编修工作和《北京市朝阳区志(送审稿)》给予肯定,同时就进一步修改志书提出建议和意见。

(党京华)

【调整区地方志编纂委员会】 11月,区委办公室、区政府办公室下发《关于调整朝阳区地方志编纂委员会成员的通知》,根据工作需要和人事变动情况,经区委、区政府研究同意,对区地方志编纂委员会成员进行调整。

(党京华)

【年鉴编纂启动】 12月,根据市委、市政府关于“把修志工作和年鉴编写工作纳入社会发展计划和政府工作任务之中”的要求,结合本区实际情况,区志办拟从2005年开始逐年编纂出版《北京朝阳年鉴》,并撰写请示报告和编纂方案。

(党京华)

机关后勤服务

【概况】 朝阳区机关后勤服务中心是区政府所属正处级全额拨款事业单位。内设党办、行办、财务科、生活科、管理科、接待科、经营科、车管科、安全保卫科和交换站。下属单位有：区政府幼儿园、朝政汽车检测场、朝政汽车修理厂、欧陆风韵会议中心、京朝苑饭庄、京朝花园农业发展中心，其中幼儿园为差额拨款事业单位。规定编制为279名（原有编制88名，划转入编制191名），现有在岗人员225名，内退人员18名。

地址：日坛北街33号

电话：65094185

邮编：100020

（申巍然）

【后勤保障】 年内，接待中央、市级、兄弟区县以及外省市的代表团、学习考察团38批次，完成国际商务节等接待服务工作。加强公务用车的维修审批程序，规范车辆百公里油耗标准，比上年节约经费13万元，安全行驶270万公里。完成文件录入、排版、印刷工作，承印1500多份文件。完成中央国家机要文件交换3万余件，区委、区政府38个街、乡等文件交换54万余件；市机要局大学生档案交换350余件，分发报刊、杂志81万余份。疏导群体及个别上访事件369起1876人次，承担勤务接待327起2570人次，负责大型会议、车辆疏导176次。会务服务接待50000余人次，其中市级以上领导29次，外宾18次，区级以上重要会议64次，外出餐饮服务89次。完成区委理论中心组（扩大）赴井岗山、怀柔学习就餐、会务工作。

（申巍然）

【基础设施建设】 年内，加大对办公环境基础设施的建设，完成机关旧南楼装修改造工程、机关中央空调直燃机升级系统改造工程、机关主楼无障碍设施改造工程、欧陆风韵会议中心制冷工程，机关传真群发系统工程及新源里2号、3号、8号楼屋顶防水和排烟窗维修改造工程。高压配电室无功率改造节约电费96万余元。

（申巍然）

【人事制度改革】 年内，以编制为依据，结合工作实际重新设岗，改变人浮于事、因人设岗现象；引进公开平等竞争机制，采取择优方式竞争上岗；实行全员聘用合同制，单位与职工在平等自愿、协商一致基础上，建立契约关系；实行岗位工资制度，根据岗位劳动强度、贡献程度、责任大小，确定工资分配制度。通过人事制度改革，在职人数由99人减少到73人；职工平均年龄由42.3岁下降到39.9岁；中层干部平均年龄由42.8岁下降到37.7岁，大专以上学历所占比例由原来55.5%提高到77.7%。

（申巍然）

中国人民政治协商会议
北京市朝阳区委员会

【概况】 中国人民政治协商会议朝阳区委员会（简称区政协）是朝阳区地方政协组织，设提案委员会、学习文史委员会、经济科技委员会、城市建设与管理委员会、教育委员会、文卫体委员会、社会和法制委员会、民族和宗教委员会、港澳台侨委员会。区政协机关设办公室、城建处、经济处、文教处、联络处，工作人员26人。年内，区政协在中共朝阳区委领导和市政协指导下，坚持以邓小平理论和“三个代表”重要思想为指导，紧紧围绕全区“三化四区”建设和改革发展稳定中面临的重要问题，开展政治协商、民主监督、参政议政，不断拓展工作领域，认真开展调查研究；积极发挥委员主体作用，为朝阳区的经济建设和社会发展做出了重要贡献。

地址：团结湖北五条5号

电话：65094484

邮编：100026

（许　治）

【十届一次会议】 1月9日至13日召开，李明主持开幕式，张和平致开幕词。会议审议谢郁代表政协朝阳区第九届委员会常务委员会所作的工作报告和马万昌所做的提案工作报告；听取提案审查委员会关于十届一次会议期间提案审查情况报告；通过十届一次会议决议。会议期间，委员们列席朝阳区人大十三届一次会议开幕式，听取并讨论《政府工作报告》。中共朝阳区委、区政府主要领导和各职能部门负责人到会听取委员意见和建议。会议选举产生政协北京市朝阳区第十届委员会主席、副主席、秘书长和常务委员。大会选举李明为主席，张和平、谢郁（女）、刘乃晨、高春锦（女）、马万昌、杨文良为副主席，王苏华（女）为秘书长。市政协副主席黄承祥和区委书记李士祥分别在开幕式和闭幕式上作了重要讲话。

（许　治）

【第1次常委会议】 2月26日召开。会议传达市政协十届二次会议精神，审议通过《政协北京市朝阳区第十届委员会常务委员会2004年工作计划要点》。通报十届区政协主席、副主席、秘书长分工。审议通过《政协北京市朝阳区第十届委员会常务委员会关于设置专门委员会的决定》(草案)等，决定十届区政协设提案委员会等9个专门委员会；通过各专门委员会主任、副主任和区政协第十届委员会副秘书长任命名单。

(许 治)

【第2次常委会议】 4月16日召开。会议审议通过《政协北京市朝阳区委员会关于政治协商、民主监督、参政议政的规定》等10个制定和修订的工作制度、规则；书面通报2004年常委会会议及活动安排和专委会工作计划；会议向区政协第十届委员会副秘书长和各专门委员会主任、副主任颁发任命证书；听取全国政协专委四局局长原冬平所作政协章程修正案辅导报告。

(许 治)

【市政协领导调研】 4月29日，北京市政协领导到朝阳区调研政协民主监督工作开展情况。市政协副主席黄以云主持会议。市政协秘书长李建华，区领导李士祥、李明出席会议。

(许 治)

【承办全国十二城区(市)政协工作研讨会】 5月18日至22日，区政协承办全国十二城区(市)第九次政协工作研讨会。湛江市霞山区政协、武汉市东西湖区政协、贵阳市南明区政协、扬州市广陵区政协、丹阳市政协、贵阳市云岩区政协、南宁市兴宁区政协、大连市西岗区政协、武汉市江岸区政协、荆州市沙市区政协、温州市鹿城区政协以及北京市朝阳区政协的52名代表出席本次研讨会。研讨会围绕在新形势下如何进一步加强人民政协的民主监督工作的中心议题进行研究和探讨。

(许 治)

【第3次常委会议】 6月11日召开。会议听取区政府关于落实区政协常委会2003年四份建议案情况通报；听取承办全国十二城区(市)第九次政协工作研讨会筹备情况和区政协网站筹建情况通报；听取国务院法制办张越博士就学习《中华人民共和国行政许可法》所作的辅导报告。

(许 治)

【第4次常委会议】 8月17日召开。会议审议并通过《关于治理我区交通拥堵问题的建议案》、《关于维护农民利益有关问题的建议案》、《关于优化我区科技资源配置机制的建议案》及相关调研报告，决定报送中共朝阳区委、区政府研究参考；分别听取区经济普查办公室、区统计局、区司法局就经济普查工作和社区矫正工作开展情况的通报；会议邀请国务院侨务办公室邱苏达作《侨务工作与侨法》辅导报告。提案委员会就上半年区政协提案工作情况向会议做书面通报。

(许 治)

【第5次常委(扩大)会议】 10月15日召开。会议学习十六届四中全会和胡锦涛总书记重要讲话精神，邀请中央党校党建部刘玉瑛教授作关于学习十六届四中全会精神辅导报告；会议听取教育委员会和文卫体委员会对《朝阳区农村城市化进程中基础教育存在的问题和建议》、《朝阳区农村城市化进程中卫生工作存在的问题和建议》两个调研报告所做的说明；审议并通过区政协常委会《关于大力发展我区农村基础教育的建议案》和《关于推进我区农村卫生工作的建议案》及相关调研报告，同意修改完善后送中共朝阳区委、区政府参考。会议还研讨了民主监督工作。

(许 治)

【第6次常委会议】 12月24日召开。会议审议通过政协北京市朝阳区第十届委员会第二次会议议程(草案)、日程安排(草案)、决议起草委员会名单(草案)。会议审议《政协北京市朝阳区第十届委员会常务委员会工作报告》、《政协北京市朝阳区第十届委员会常务委员会关于十届一次会议以来提案工作情况的报告》，同意两个报告修改后提交政协北京市朝阳区第十届委员会第二次会议审议。会议听取了沈乃宏就增补区政协第十届委员会委员建议名单所作的说明。会议同意增补李春霞等16名同志为区政协第十届委员会委员。

(许 治)

【提案委员会工作】 年内，收到提案303件，其中大会期间提案281件、会后提案22件，委员提案265件，民主党派、工商联、人民团体提案38件。经提案委员会审查立案265件。共有180位委员提出提案，占委员总数58.5%。提案内容涉及有关经济发展方面30件；城市建设与管理方面98件；有关教育、科技、文化、卫生、体育方面83件；其他方面54件。截至年底，交办提案全部办理完毕。委员对办理结果表示满意的有221件。

(许 治)

【学习文史委员会工作】 年内，贯彻中共十六大、十六届四中全会精神和胡锦涛在庆祝全国政协成立55周年大会上的讲话精神，邀请全国政协委员传达全国政协十届二次会议精神；组织委员学习胡锦涛的重要讲话精神，研究起草《关于人文奥运与朝阳区软环境建设的若干建议》的报告，围绕朝阳区经济社会发展问题、生态和环保问题、文化园区建设等问题开展视察和考察，提出意见和建议。编印《学习文选》，为全体委员提供学习参考资料。编发《委员论坛》9期，为委员交流体会、发表政见提供了园地。开展《北京市文史资料精选·朝阳卷》编撰工作。

（许 治）

【经济科技委员会工作】 年内，认真贯彻落实中共十六大和朝阳区九次党代会精神，坚持“团结民主、求真务实”的工作方针，紧紧围绕“三个优化”和“创造新优势，奥运促发展”的工作思路和“三化四区”目标，履行职能，重点围绕“农村城市化进程中如何确保农民利益问题”发挥全区科技资源，促进区域经济和社会发展问题和“奥运经济规划问题”等组成专题调研组，进行深入研讨，形成3份调研报告并经区政协常委会审议形成常委会建议案，供区委区政府参考。组织有关科技等情况通报会、专题视察活动8次，为委员了解区情，更好地发挥作用创造条件。

（许 治）

【城市建设与管理委员会工作】 年内，充分发挥本专委会特点和优势，紧紧围绕交通问题开展专题调研，提出治理交通拥堵9条思路，并从5个方面提出26条建议。调研报告经常委会审议通过，以建议案形式送区委、区政府参考；组织委员围绕街道工作、绿化、朝阳公园建设等，进行专题视察，提出意见和建议；同时就小区物业管理建议案落实进行跟踪视察，促进委员意见落实。为加强和政府对口部门沟通，和区建委、市政管委、城管监察大队、交通支队等部门互通情况，建立联系，促进双方工作开展。

（许 治）

【教育委员会工作】 年内，把朝阳区农村基础教育确定为调研工作重点，成立调研组，深入乡村学校进行深入调研，形成调研报告，并经常委会审议以建议案形式送区委区政府参考；组织委员参加教育专题提案督办，开创民主监督新途径；组织委员听取区教委年度工作计划通报，视察建外SOHO、高碑店污水处理厂、高碑店民俗园等，并参观考察中国传媒大学，为委员开阔眼界，更好地履行职能创造条件。

（许 治）

【文卫体委员会工作】 年内，完成《朝阳区农村城市化进程中卫生工作存在的问题和建议》调研报告，就加强农村卫生工作提出3点建议，经常委会讨论通过以常委会建议案形式送交区委区政府；和区文化委员会、区卫生局、区体育局、区药监局等部门开展对口协商；组织委员视察大山子文化园区、区体育休闲公园、区疾病控制中心、新景安太医院、麦子店街道国际化社区等，针对存在问题向有关部门提出意见和建议。

（许 治）

【社会和法制委员会工作】 年内，重点围绕农村社会保障问题开展调研，形成专题调研报告一份，送有关部门参考；组织委员视察朝阳区社会矫正工作，对这一工作提出意见和建议；向区纪委、区监察局、区民政局等部门推荐社会监督员，并参加区法院、区检察院等司法部门组织的评议工作，为推进有关部门依法行政和廉政建设做出积极努力。

（许 治）

【民族和宗教委员会工作】 年内，组织委员学习十六届四中全会精神，并结合庆祝新中国成立55周年和人民政协成立55周年畅谈学习体会；视察朝阳区宗教场所周边环境整治情况，参观潭柘寺、戒台寺、平房天主教堂和已开工兴建的基督教朝阳堂；围绕《关于进一步加快我区民族教育发展》问题进行调研，形成专题调研报告，送有关部门参考，为加快朝阳区民族教育发展献计出力。

（许 治）

【港澳台侨委员会工作】 年内，就新形势下的侨务工作及其面临的问题进行专题调研，形成的调研报告作为主席会议建议案送交区委区政府办理；组织举办台情报告会和台湾问题座谈会，就反对和遏制“台独”，发展两岸关系，促进祖国统一进行座谈；组织委员视察奥林匹克场馆建设情况、金盏汽车公园、高碑店古典家具一条街、黑庄户乡金鱼市场、温榆河生态走廊、东方基业国际汽车城等，使委员从不同角度了解区情，对委员知情议政，产生很好作用。

（许 治）

政法 军事

政 法

政法委员会工作

【概况】 中共朝阳区委政法委员会(简称区委政法委),是领导政法工作的区委工作部门。2004年底,区委政法委对区社会治安综合治理办公室(简称区综治办)、区委防范和处理邪教问题领导小组办公室、区政府防范和处理邪教问题办公室进行整合,行政编制30名。年内,圆满完成全国"两会"、"保钓事件"、奥运火炬传递、亚洲杯足球赛等一系列重大政治活动和突发事件的安全保卫工作。深入开展"严打"整治斗争,按照打防结合、预防为主的方针,本着"什么犯罪突出就重点打击什么犯罪,哪里治安不好就整治哪里,什么方式有效就用什么方式"的原则,因情施策、因时施策、因地施策,始终保持对犯罪分子的高压态势,治安整治工作全面展开并取得成效。

地址:日坛北街33号

电话:65099388

邮编:100020

(张 博 张建军)

【安全稳定工作会】 1月2日,李士祥主持召开春节安全稳定工作会,各街、乡一把手领导参加会议。会上,李士祥就节前全区安全稳定工作强调三点:一要牢固树立维护、确保稳定是全区第一位的政治任务,牢固树立稳定压倒一切的思想;二要在具体工作中突出重点、狠抓落实;三要研究维护稳定的基础性工作。4月12日,朝阳区在北京会议中心召开2004年安全稳定工作会。李士祥、陈刚、朱家麒、李明等区领导及全区政法各单位中层以上领导,各街、乡、局、处、公司领导,部分政法干警、城管队员、社区保安、民兵等1000余人参加了大会。

(张 博 张建军)

【市区领导调研和检查工作】 1月20日,副市长刘志华、市公安局局长马振川等领导,检查朝阳区第三届北京民俗文化节暨第六届东岳庙春节文化庙会安全保卫工作。2月27日,3月2日、10日,市委副书记强卫、市委副秘书长刘伟、市委政法委常务副书记慕平等先后到朝阳区高碑店、麦子店等地区检查安全保卫工作。3月23日,李士祥、朱家麒等领导到朝阳公安分局就朝阳区维护稳定工作进行调研。3月26日,强卫、慕平先后到朝阳区检查因"钓鱼岛事件"引发群众抗议游行活动的疏导工作及日本驻华使馆的安全保卫工作,听取群众抗议游行活动疏导工作及日本驻华使馆安全保卫工作汇报,并针对具体工作进行部署。5月11日,朱家麒等领导到司法局就新一届党组班子开拓业务工作的新思路和新举措进行调研。6月16日,陈刚等领导到公安朝阳分局对全区消防工作进行调研,要求消防部门要从解决机制问题和体制问题入手,全力解决当前紧迫的安全隐患问题。9月26日,强卫、慕平等领导到朝阳区中华民族园、蓝岛大厦、东风乡等地区进行国庆安全保卫工作的检查。同日,马振川等领导到三里屯地区研究指导三里屯酒吧街的打击站街卖淫工作。10月26日,市委副书记强卫、市高院院长秦正安等领导到朝阳法院进行调研,参观安检大厅、档案查阅室、涉外法庭等审判区域,对工作人员慰问,并听取有关汇报。11月26日,市人大常委会副主任赵凤山到朝阳法院调研执行工作。

(张 博 张建军)

【两会安全保卫工作】 2月6日,公安朝阳分局、朝阳交通支队、朝阳区城管大队成立联合整治指挥部,对两会代表、委员驻地周边道路和行车路线的街头犯罪、严重交通违章以及市容环境进行全面治理。2月11日，召开全国、市两会驻地治安及环境整治工作专题会，对“两会”安保工作进行部署，并成立朝阳两会安全保卫及综合整治工作领导小组，朱家麒任组长。2月26日，朝阳区举行“红袖标齐动员，为两会保安全”活动启动仪式。马振川、朱家麒等领导，以及各街乡主管领导、群众代表约500人参加。同日，朝阳区迅速落实市委紧急会议精神，再次召开全国两会安全保卫工作会，通报两会安保工作进展情况以及全区安全稳定工作形势，部署下一步工作。

（张　博　张建军）

【经验交流】 7月7日，朝阳区委政法委组织召开建设学习型政法机关经验交流会，进一步推动学习型政法机关创建活动的深入开展。朝阳公安分局、朝阳安全分局、区检察院、区法院、区司法局、区民政局、区残联分别介绍本单位创建学习型政法机关的进展情况、主要问题和今后的工作打算。

（张　博　张建军）

【政法工作会】 7月14日，区委召开政法委员全体会议，政法各单位分别对上半年工作进行总结，朱家麒就下半年工作如何开展强调了六点意见：一是以人为本的思想要和依法行政、司法公正相一致；二是处理“保一方平安、兴一方经济、富一方百姓”三者之间的关系要相一致；三是打防结合、以防为主的方针要与严打整治工作相一致；四是重点地区整治和社会面控制要相一致；五是政治稳定、社会安定和建设良好的法治环境要相一致；六是综合治理轻微犯罪和建立相关长效机制要相一致。

（张　博　张建军）

【落实市政法工作会议精神】 年内，区委政法委和区政法各单位认真学习贯彻市政法工作会议精神，结合全区政法系统实际情况，以执法为民、服务发展为主题，结合学习型政法机关创建活动，加强培训，提高干警整体素质，把业务工作完成情况作为检验队伍建设成果重要标准。以争创活动为载体，树立先进典型，加大对先进典型的培养、宣传力度，形成品牌效应，树立政法队伍的良好社会形象。坚持以人为本，加强干警培训，推进政法队伍正规化建设，全面提升政法队伍的整体素质，为政法事业的可持续发展提供强有力人才保证和智力支持。

（张　博　张建军）

社会治安综合治理

【概况】 朝阳区社会治安综合治理办公室（简称区综治办），与区委政法委合署办公。2004年，以维护全区政治稳定和社会安定为首要任务，坚持打防结合、预防为主、专群结合、依靠群众的工作方针，拓展大稳定、大综治工作思路，狠抓社会治安综合治理领导责任制落实，全国两会等重大活动安全保卫圆满完成，平安创建等基层基础工作扎实推进，校园及周边等重点治理工作取得明显成效，“6·26”禁毒日宣传活动有声有色，对事关全区安全稳定的人民内部矛盾调处、流动人口管理、科技创安及维护诸方面秩序进行综合治理，确保全区政治稳定和社会安定。

地址：日坛北街33号
电话：65099393
邮编：100020

（刘太平）

【重点整治】 春节期间，在朱家麒、佟克克带领下，对朝外、建外等重点地区烟花爆竹禁放工作进行检查。4月，针对个别地区站街拉客、贩卖淫秽盗版光盘、自行车黑市等问题，组织召开综合整治工作会议，整体联动集中治理。5月11日至7月5日，1000余人对地下空间进行整治。完成朝阳区地下空间动态管理系统软件。8月10日，综治办组织10个相关部门，对313所中小学校周边商店、发廊、游艺厅、书报摊点、网吧、歌舞厅进行整治。对3条精品街、14处乱点和12处堵点交通安全进行了不间断检查，有效遏制交通违法行为上升势头。年内，对东岳庙庙会、朝阳公园流行音乐周、国际商务节等活动实行一线盯守。“安全生产月”期间，联合公安、消防、城管、工商等部门对辖区社会单位认真进行检查，对存在问题予以纠正和处罚。

（刘太平）

【综治委全会】 2月13日，朱家麒主持第一次综治委全会。会议对2003年社会治安综合治理工作进行总结。审定并通过2003年度区社会治安综合治理工作考评结果，讨论通过《2004年朝阳区双向挂牌督战工作意见》、《2004年朝阳区社会治安综合治理工作要点》、《朝阳区社会治安综合治理责任书》等文件。6月10日，全会专题研究平安社区（村）创建工作。12月15日，全会对年终考核等工作进行部署。

（刘太平）

【禁毒日宣传】 6月26日，朝阳区以抵制毒品、参与禁毒为主题，开展丰富多彩的禁毒宣传活动。在朝阳法院召开打击毒品犯罪公开宣判大会，对8名毒品犯罪分子进行公开宣判。在朝阳公园开展禁毒游园日活动。各街、乡采取集中与分散相结合方式，组织社区、村委会开展宣传活动。全区设立43个禁毒宣传站，设立街头宣传点，印制、发放“禁毒日致全地区广大居民的一封信”等60余万份禁毒宣传材料，制作、张贴5000余条横幅、标语,摆放黑板报800余块,发放宣传手册30余万份。活动当日,出动机关干部600余人,发放各类宣传材料5万余份,北京电视台、北京日报、朝阳有线等多家新闻媒体进行报道。

(刘太平)

【亚洲杯安全保卫】　7月14日,召开亚洲杯足球赛安全保卫紧急动员誓师大会。区相关单位、重点街乡行政一把手及主管安全的领导、派出所所长、城管队长、工商所长共120余人参加了会议。会议要求加大对社会救助、无照游商、夜间大排档、黑车揽客、张贴小广告、市容环境卫生的整顿力度。15日至24日,各街乡牵头对交通安全进行整治,以赛场周边为重点进行拉网式检查。8月6日,召开亚洲杯决赛期间安全工作调度会,通报亚洲杯安保工作形势,对决赛期间安保工作进行部署。

(刘太平)

【平安社区(村)创建】　平安创建贯穿全年。年初有计划,按照首都综治委要求,作为全年工作要点部署。年中有推进,综治委第二次全会通过创建活动实施意见,明确认定平安社区(村)条件和标准。9月,总结亚运村安慧南里社区、潘家园松榆里社区、酒仙桥高家园社区平安创建工作典型。通过年终考核和验收,认定46个区级平安示范社区(村),其中3个社区(村)被首都综治办命名为平安示范社区(村)。截至年底,符合创建标准的平安社区(村)有82个。

(刘太平)

【维护稳定实施意见】　年底,区综治办在上半年深入调查研究基础上,以区委区政府"京朝发〔2004〕22号"文件下发《关于维护基层安全稳定的实施意见》。该实施意见包括:坚持打防结合方针,保持全区社会安定;认真开展对敌斗争,全力维护政治稳定;做好安全管理工作,防止重大事故发生;正确处理人民内部矛盾,努力维护信访秩序;加强治安整治,保持良好社会秩序;建立维护稳定工作制度,健全处理突发事件机制;加强基层基础和队伍建设,建立可靠财政保障等。

(刘太平)

【科技创安】　据年底统计,全区839个居民小区中,实行科技创安的408个,覆盖率48.6%,830601户居民中,300644户实行科技创安,覆盖率36.2%。510个实行物业管理的小区,303个实行科技创安,覆盖率59.4%。全区有30个街乡建成地区电视监控系统,有电视监控探头1025个;2919个主要社会单位,实行科技创安的1320个,覆盖率45.2%。重点繁华场所科技创安覆盖率68.3%,较上年上升4%。居民小区电视监控系统建成277个,覆盖率33%。全区各加油站、高速路收费站、银行、大中型商场等重点部位全部安装使用技防设备。

(刘太平)

【综治信息宣传】　年内,编写《朝阳综治》52期,向首都综治办报送信息126条,采用15条。社会治安综合治理宣传月活动获得市宣传月活动组织奖。书法、绘画、摄影作品共征集上报首都综治委23幅,获得一等奖1个、二等奖4个、三等奖3个,上报和获奖数量在全市名列前茅。在"首都综治好新闻"评选活动中,获得组织奖和作品三等奖。全区征订2005年度《长安》杂志3228份,征订数量列全市第一位。完成并上报首都综治办调研报告2篇,分别是《对朝阳区非公经济组织社会治安综合治理工作情况的调查》、《关于朝阳区城中村问题的调研报告》。向首都综治办申报开拓创新项目2项。分别是《推行民愿接待制　探索基层矛盾调处工作新模式》、《突破综治工作瓶颈建立可靠财政保障机制》。

(刘太平)

流动人员管理

【概况】　朝阳区流动人口管理领导小组办公室为区综治办内设机构,行政编制5名。

地址:日坛北街33号

电话:65094741

邮编:100020

(李登超)

【区领导调研】　2月25日,区领导李士祥、肖兴国、刘希泉、佟克克就朝阳区流动人口管理工作进行调研。区领导一行检查了十八里店乡安徽寿县希望小学、流动人口居住地及洼里乡仰山村流动人口居住情况,听取了有关部门工作汇报。李士祥指出:加强流动人口管理工作是朝阳区不可回避的问题,是不可逾越的阶段,是客观规律的反映。因此,不能把流动人口管理工作当成负担,必须采取综合措施严格控制,最终解决好这一问题。对流动人口的管理具体要做到五点:一是要优化产业结构,解决好流动人口的就业、居住和子女就学问题;二是要进一步规范出租房屋管理,从税收、收费和安全入手,研究出租房屋管理的相关政策,解决好城乡结合部、地下空间、城区出租房屋的管理问题;三是要依法拆除违法建设,改善流动人口居住环境;四是要严格发展市场,避免市场杂乱,同时注意发展品牌市场;五是要加大社会监督力度。4月18日,陈刚到东风乡调研流动人口和出租房屋服务管理工作。陈刚首先听取乡领导就加强流动人口和出租房屋管理工作的专题汇报,详细询问了解流动人口和出租房屋服务管理过程中遇到的问题、解决的办法及存在的困难,同乡领导探讨研究,随后察看乡流动人口和出租房屋管理站、办证大厅、档案台账管理,观摩流动人口数据管理演示。

（李登超）

【流动人口管理工作会】 3月4日,朝阳区召开流动人口管理工作会。会议强调要运用科学发展观面对流动人口管理问题。一是解决好规模控制,使朝阳区流动人口数量、容量、质量协调统筹发展,各级政府不能回避这一问题,要学会在发展中驾驭;二是解决好配套服务,要解决好流动人口衣食住行、就医、就学等问题,切实为其提供好服务;三是要依法管理,解决好流动人口发展不平衡问题、环境问题和治安问题;四是要保持稳定,各级政府要认识到稳定是流动人口管理的最终归宿和目标,积极为流动人口解决一些问题。

（李登超）

【区召开出租房屋观摩交流会】 4月7日,在东风乡组织召开出租房屋和流动人口管理现场观摩交流会。与会人员参观了东风乡六里屯村、辛店村、豆各庄村出租房屋管理站和东风乡流动人口管理办公室、一站式办证大厅及出租房屋户,并就出租房屋和流动人口管理问题进行座谈。

（李登超）

【流动人口管理工作会】 4月20日,区召开流动人口管理工作会,部署2004年流动人口管理工作。6月4日,在东风乡召开流动人口出租房屋服务管理工作典型交流会。中央电视台"东方时空"栏目宣传了东风乡对流动人口和出租房屋的管理经验。市委书记刘淇、副书记强卫、市政法委常务副书记慕平、市人大、政协有关领导到东风地区进行了检查指导,对东风地区的做法予以肯定。

（刘太平）

【变更流动人口名称】 6月,根据北京市流动人口管理工作领导小组文件通知精神,区和街、乡外来人口管理工作领导小组及办公室名称,变更为流动人口管理工作领导小组和流动人口管理工作领导小组办公室。

（李登超）

【市领导调研】 11月2日下午,市委书记刘淇和市委常委、秘书长孙政才,副市长吉林察看蟹岛绿色生态度假村和东风地区。在豆各庄村,刘淇等市领导仔细了解来京务工人员和出租房屋管理工作,入户察看出租房屋管理情况。刘淇要求,加强来京务工人员管理是基层重要工作,朝阳区任务艰巨。要认真总结东风乡经验,加以推广。要寓管理于服务之中,通过服务加强管理,为来京务工人员营造一个心情舒畅的生活环境,实现社会稳定和和谐。朝阳区是举办2008年北京奥运会的重要地区,要结合人文奥运的要求,以建设学习型城区为契机,加强对常住人口和来京务工人员的文明礼貌教育、文明行为教育,提高整体文明素质。要寓教于乐,让精神文明入脑、入心。要在社区建设中突出文化色彩,让人文奥运理念进社区。11月23日,市委副书记强卫到高碑店乡高井村流动人口管理站进行工作调研。在高井村流动人口管理站,村领导汇报流动人口服务管理日常工作内容和今后的工作目标。强卫详细询问流动人口服务管理情况、协管员工作制度、福利待遇等情况,对搞好流动人口服务管理提出三点要求:一是要努力为流动人口提供优质服务;二是要让流动人口真切地感觉到这里就是他们的第二故乡;三是要从就业指导上提供帮助,让他们参与到地区的建设中去。

（李登超）

防范和处理邪教问题工作

【概况】 3月9日,中共朝阳区委处理"法轮功"问题领导小组办公室更名为中共北京市朝阳区委防范和处理邪教问题领导小组办公室,简称区委610办公室。12月31日,区委610办公室与区委政法委、区综治办、区流管办内部整合,行政编制调整为8名。内设信息调研科和督查指导科。年内,全区完成年度对"法轮功"痴迷者教育转化攻坚任务,进一步完善防范监控工作体系,初步建立监控防范、警示教育、"四无"创建、教育转化、深挖打击等项工作长效机制,实现各敏感期和重大活动期间零指标,19名"法轮功"痴迷者实现转化。

地址:日坛北街33号
电话:65094972
邮编:100020

（许智勇）

【制定工作意见和应急预案】 1月7日,根据市委、区委工作部署和要求,确保全区社会政治稳定,有效防范和果断处置"法轮功"等邪教组织及其顽固分子滋事破坏活动,确保全区广播电视网络传输安全,全面实现零指标,制定并印发《朝阳区处置"法轮功"等邪教组织滋事破坏活动应急工作预案》。2月25日,制定并下发《2004年同"法轮功"等邪教组织斗争工作意见》。

（许智勇）

【反邪教警示教育活动】 1月13日,区委副书记朱家麒主持召开朝阳区反邪教警示教育活动领导小组扩大会，制定并下发《朝阳区关于开展反邪教警示教育活动的工作意见》。1月16日，在朝阳剧场举办农村反邪教警示教育活动专题培训会，朝阳区反邪教警示教育活动领导小组成员、全区24个乡主管书记，村党支部书记，村委会主任、中小学校长、公安分局国保支队、派出所所长共500余人参加培训会，中国社会科学院世界宗教研究所当代宗教研究室主任冯今源研究员授课。5月13日，按照中央和市委关于开展反邪教警示教育活动的部署和要求，全区各街乡组织干部、群众开展以崇尚科学、关爱家庭、珍惜生命、反对邪教为主题的宣传日活动。各街乡按照区委年初关于深入开展反邪教警示教育活动工作意见，将此项活动贯穿全年始终。

（许智勇）

【表彰先进】 2月3日，召开2003年度同“法轮功”邪教组织斗争先进集体、先进个人评选工作部署会。2月23日，召开处理“法轮功”问题领导小组会议，审议朝阳区委2003年度同“法轮功”邪教组织斗争先进集体、先进个人名单以及2004年度同“法轮功”邪教组织斗争工作意见。3月底，区委对同“法轮功”邪教组织斗争的100个先进集体和300名先进个人进行表彰。

（许智勇）

【两会期间防控工作】 2月16日，区委召开“两会”期间对“法轮功”邪教组织防范监控工作部署会，区委街工委、农工委等六大工委和公安、安全、城管监察、文委、广电、歌华、天龙公司和各街乡共计60余人参加。3月4日，在朝阳宾馆再次召开对“法轮功”防控工作紧急会议，传达中央主要领导对“两会”安保和防电视插播工作重要批示及市、区主要领导批示精神，对在“两会”期间严防“法轮功”邪教组织捣乱破坏活动进行再部署。全国“两会”期间，实现“五个决不能”（决不能出现“法轮功”分子到天安门等敏感地区滋事；决不能出现“法轮功”电视插播；决不能在重点地区、代表驻地出现“法轮功”事件；决不能在“两会”代表出行沿线出现抛洒、悬挂“法轮功”反宣品案件；决不能由于我们麻痹大意、脱岗漏岗、工作失职、责任不到位酿成“法轮功”案件和事件的发生）。

（许智勇）

【落实中央文件精神】 4月27日，在北京广西大厦召开朝阳区加强基层基础工作，深化同“法轮功”邪教组织斗争工作会议，各街乡、各系统、公安、安全机关主管领导、各街乡610办公室主任、派出所主管所长共180余人参加会议。会议进一步传达学习中央和市委关于涉“法轮功”问题人员有关具体政策的文件精神，部署落实中央《关于涉“法轮功”问题人员有关具体政策的补充意见》工作。全区按照会议部署，自4月至12月份按照学习培训、典型试点、全面实施、总结检查四个阶段全面开展落实中央《关于涉“法轮功”问题人员有关具体政策的补充意见》工作。

（许智勇）

【维护网络安全培训】 10月15日始，区委610办公室对歌华有线朝阳分公司新进员工及有线电视网络维护单位的骨干和负责人共60余人，就维护网络安全工作进行为期三天培训。

（许智勇）

公安工作

【概况】 北京市公安局朝阳分局担负本区刑侦、治安、预审、治安巡逻、户籍、消防、外事、警卫等项工作，由16个职能处室和48个户籍派出所、4个治安派出所组成，业务受市公安局领导。年内，深入开展严打整治工作，以建外大街、朝外百脑汇、亮马河沿线、华声天桥市场周边等10处地区为重点，抓住站街招嫖、聚众赌博、制贩三假、贩卖淫秽光盘和扰乱公共秩序等五类突出治安问题，会同有关职能部门，开展“春风一号、春风二号”专项整治行动，加强治安管理。开辟“打黑除恶”、侦破命案、打击“两抢”（抢劫、抢夺）、“两盗”（入室盗窃、盗窃机动车）等多发性侵财犯罪和监所政治攻势等5个主战场，组织春季严打攻势、二季度四季度打防会战并开展侦破命案、打击流氓恶势力、破案清案、打击盗抢机动车等专项打击行动，及时侦破王立华团伙系列绑架杀人案、“8·9”王翕克特大入室抢劫杀人案等重大案件。成立以治安支队和巡警防暴队为主体的专业队伍，妥善处置群体性事件，严格履行安全监管职能，加强内部单位安全检查，广泛发动和组织公民投入安全防范工作，召开各种会议3540个，宣传教育达26万人，组织发动广大公民佩带袖标上街巡逻、看门护院，参加巡逻防控。受理涉法上访31件，结办率100%；群众来信来访2893件，结办各类信访2326件，结办率97.1%，重点信访结办率为100%。完善法制、督察、信访等业务部门监督协作机制，提高执法办案效率和质量，开展岗位大练兵和各项警务技能培训，不断提高民警综合素质和执法水平。投入警力111959人次，圆满完成全国两会、雅典火炬北京传递、亚洲杯足球赛、党的十六届四中全会、国庆等大型活动安全保卫任务3197次。

地址：道家园1号

电话：85953400

邮编：100026

（丁义川）

【破获吴若甫被绑架案件】 2月3日1时许，中央试验话剧院演员吴若甫在三里屯豹豪酒吧门口被3名男子持枪绑架，并索要赎金200万元。接报后，分局刑侦支队会同刑侦总队迅速开展工作，于当日19时，在农光里将嫌疑人王利华抓获，根据该人交待，在顺义区于庄村先后将嫌疑人王庆晓、董立民、朱平泉、郭立新等人抓获，同时将人质吴若甫、杜庆江安全解救，收缴枪支9支（其中微冲1支、手枪6支、猎枪2支）、手雷1颗。10月14日，经市第二中级人民法院审理，判处王利华、王庆晓、董立民死刑，朱平泉无期徒刑，郭立新有期徒刑15年。

（丁义川）

【开展压发案保安全竞赛活动】 4月15日至7月25日，开展为期100天压发案保安全竞赛活动，制定"两级"高发案派出所警示制度、一案一分析一倒查制度、高发案派出所及社区（责任区）现场会制度、定期分析汇报制度、督察检查制度和评差考核制度，促进派出所采取有力措施，整合力量开展群防群治，针对高发案时间、地段、部位等特点，打破常规工作模式，重点加强高发案时间、地段、部位的巡逻防控，使入室盗窃案件得到有效控制。

（丁义川）

【开展我为防范支一招活动】 4月15日，朝阳分局开展为期一个月的"我为防范支一招"活动，制作宣传橱窗、板报1264块，悬挂横幅543条，发放宣传材料100万份，社区民警召开群众会779个，入户宣传10万户。收到社会各界公民意见和建议3000条，上报市局140条，其中有16条建议被市局采纳并推荐给专家评审组，有4条被新闻媒体刊登报道。

（丁义川）

【打击盗窃自行车犯罪团伙】 5月27日，朝阳分局治安支队组织潘家园派出所开展收网行动，一举打掉两个长期盘踞在华声天桥市场周边以家庭成员为主的盗窃、贩卖自行车团伙，抓获犯罪嫌疑人12人，起获作案工具丁字锥10把，收缴自行车25辆。

（丁义川）

【迎国庆综合整治】 6月至9月，朝阳分局配合有关部门开展为期4个月的城市治安秩序综合整治工作，出动警力91196人次，检查繁华大街6388处次、交通枢纽1664处次、公园周边1304处次、集贸市场5152处次、特种行业9064处次，查处、取缔无照经营4924起，收缴盗版光盘7万张，各类突出问题得到有效治理。

（丁义川）

【刑警办公大楼落成使用】 7月10日，位于工体南路甲1号A座的朝阳分局刑警办公大楼竣工并投入使用，大楼建筑面积5666平方米，配有手纹自动识别远程系统、紫外线观察照像系统、立体比对显微镜、图像处理、光电显现、化学显现等高科技设备，为侦察破案提供有利条件。

（丁义川）

【大型活动安全保卫】 7月17日至8月7日，第十三届"亚洲杯"足球赛小组赛、半决赛、决赛等10场比赛在北京工人体育场举行，朝阳分局出动警力7000人次，疏导观众55万人，清理无照商贩，打击票贩子，确保整个活动顺利进行，受到中国组委会表扬和肯定。9月15日至19日，第五届北京朝阳国际商务节在中国国际贸易中心等6个活动地点举行，朝阳分局先后出动警力1300人次，保安50人次，安检26场次、20000人，圆满完成安全保卫任务。

（丁义川）

【建立警情播报制度】 8月，朝阳分局加大安全防范宣传力度，建立"110"警情和刑事案件播报制度，通过朝阳有线电视台、朝阳政务网和朝阳报向全区公民播报一周警情，增强公民防范意识，有效遏制街头各类刑事案件发生。

（丁义川）

【及时侦破望京小区教师被杀案】 8月9日9时25分，望京某小区115楼5门301室发生特大抢劫杀人案，枣营中学党支部书记刘某某及其妻陈经纶中学望京分校教师徐某某在其住处被人扎伤，二人追至单元门口时刘某某倒地死亡，徐某某经送急救中心抢救无效死亡。8月24日16时许，分局刑侦支队会同刑侦总队侦查员在辽宁省丹东将犯罪嫌疑人王翕克抓获，经审查，王翕克对犯罪事实供认不讳。

（丁义川）

【宣传活动】 9月18日，开展治安巡逻志愿者"宣传登记日"活动，48个户籍派出所在452处宣传站点发放宣传材料10万份，悬挂横幅1420条，张贴标语4360条，制作宣传板报橱窗2100块，宣传居民群众40万人，当场登记注册的治安巡逻志愿者达6700人。11月13日，朝阳分局在朝外吉祥里社区开展安全防范宣传日活动，通过多媒体宣传片、展板宣传、现场咨询等多种方式，向社区居民宣传如何预防入室盗窃、机动车被盗、街头诈骗等犯罪活动。市公安局局长马振川等领导参加宣传活动。

（丁义川）

【妥善处理民族问题维护稳定】 年末，朝阳分局针对来自四川省阿坝州黑水县300名藏胞在朝阳区一些市场及周边非法摆摊经商时常引发纠纷、治安问题突出的情况,积极开展工作,邀请市局治安总队、公交总队、城管大队、黑水县公安局及在京藏胞代表参加座谈会,得到藏族同胞对首都公安工作的理解和支持。

(丁义川)

【打击制贩三假】 年内,组织开展打击制贩假公章、假证件、假文凭专项行动,破获三假案件212起,打掉团伙6个,抓获处理违法犯罪嫌疑人213人,端掉黑窝点2个,收缴激光刻章机1台、电脑2台、假公章307枚、各种假证件13.1万册。

(丁义川)

【煤气中毒防范】 年内,治安支队利用有线电视、广播宣传、召开宣传会议等多种形式,加大预防煤气中毒宣传力度,签定责任书98499份,发放宣传材料85万份,检查单位工棚11267处次、集体宿舍2225处次、单位值班室8200处次、路边门店64435处次,检查居民户144323户,检查出租房屋238345间,发现并消除隐患12631件,安装风斗7212个,督促撤换、销毁不合格炉具4138个。

(丁义川)

【确保大型活动秩序良好】 年内,区内举办大型展览、展销、表演、比赛等活动433项、1625场次,接待公民719万人次,朝阳分局投入警力47079人次,确保各项活动期间治安秩序良好。

(丁义川)

【特种行业管理】 年内,加强特种行业管理,破获利用废旧金属收购业违法犯罪案件217起,打掉犯罪团伙32个,抓获处理违法犯罪嫌疑人382人,收缴废旧金属15吨;破获利用旧货业犯罪案件379起,打掉团伙50个,抓获处理违法犯罪嫌疑人665人。

(丁义川)

【社会救助】 年内,积极组织各派出所协助民政部门开展社会救助工作,出动警力3274人次,车辆1361辆次,告知1170人次,救助各类人员773人,其中送朝阳救助站630人,送未成年人救助站143人。

(丁义川)

【述职述廉工作】 年内,48个户籍派出所487名社区民警在221个社区内,向社区居民代表、居家村委会干部、企事业单位、私企商户代表和居住在本社区的政协委员、人大代表、特邀警风监督员及其他方面代表17145人进行工作汇报和廉政报告,现场发放《社区民警廉政情况民主评议表》,社区居民对民警工作满意和基本满意达90%以上。

(丁义川)

【加大机动车停车管理力度】 年内,制定《派出所实施机动车停车管理防范涉车案件的工作意见》,成立由社区办、街乡综治办、交通部门、派出所组成的地区工作领导小组,新建固定停车场89个、路边限时停车处56处,增加机动车停车位23996个,新增停车管理员1021人、交通协管员113人,机动车被盗案件明显减少。

(丁义川)

【成立巡警支队警犬队】 年内,在巡警总队大力支持下,朝阳分局巡警支队警犬队成立,并担负巡逻、设卡任务,出动警犬480条次,协助分局刑侦支队、治安支队执行抓捕任务9次,协助民警抓获嫌疑人6名。

(丁义川)

【加强要害部门安全检查】 年内,朝阳分局内保处对66处三级要害部门及19000个重点防范部位逐一进行拉网式安全检查,出动警力3294人次、保卫干部12356人次、治保及保安人员15196人次,检查中发现问题1431件,发隐患通知书1196份,当场处罚887起,整改问题1235件,填写安全检查记录12236份。

(丁义川)

【加强校园及周边治安】 年内,开展为期两个月的校园及周边环境专项整治行动,查获侵害学校和师生人身、财产合法权益的违法案件119起,抓获违法犯罪嫌疑人125人。在校园内组织在校生进行处置应付突发事件、确保自身安全的演练和反恐防暴、预防治安灾害事故、拒绝邪教、拒绝毒品等系列教育活动85场,对学生进行法制和安全防范教育,提高在校生自我保护意识。

(丁义川)

【加大网吧整治力度】 年内,加大网吧整治力度,严厉打击各种网上违法犯罪活动,出动警力5100人次,检查网吧2744家次,限期整改337家次,排除安全隐患415个,取缔"黑网吧"3家。

(丁义川)

检察工作

【概况】 2004年,朝阳区人民检察院(简称区检察院)。受理公安机关及区检察院自侦部门提请逮捕2831件3950人,经审查,批准逮捕各类刑事犯罪嫌疑人3556人,比上年上升10.3%;受理移送审查起诉案件3338件4633人,经审查提起公诉2978件4030人。批准逮捕流氓恶势力犯罪、严重影响群众安全感的多发性犯罪案件犯罪嫌疑人2168人,审查起诉1796件2378人;

办理“法轮功”案件12件15人，起诉12件15人；严厉打击惩治制售假冒伪劣商品、侵犯知识产权等破坏市场秩序犯罪，批准逮捕经济犯罪嫌疑人101人，提起公诉146件191人；受理贪污贿赂等职务犯罪案件109件，立案侦察32件，其中涉案金额在百万元以上的案件6件，县处级以上领导干部犯罪要案6件9人，其中局级干部1人，处级干部8人。受理渎职侵权职务犯罪案件39件，立案4件，其中2件为大案。通过办案为国家和集体挽回经济损失1300万元。发出检察建议64条。要求公安机关说明不立案理由18件，依法追捕7人，追诉3人，发出纠正违法通知书5件，提出纠正违法意见30件，改变侦查机关移送审查起诉53件，不批准逮捕144人，不起诉38件59人，对法院的刑事判决依法提起抗诉5件，审判机关改判2件。受理民事申诉案件114件，结案101件，提请和建议上级检察院抗诉6件，息诉86件。全年处理来信660件，来访530人次，集中处理涉法上访案件14件14人，办理集体访、缠诉缠访案件6件。监所检察以超期羁押和违法减刑、假释、暂予监外执行等问题为监督重点，开展各项职能检察，全年未出现超期羁押现象。积极参与社区矫正，在全市率先对社区服刑人员监管改造情况检察监督，对其中发现的问题提出检察建议。年内，以提高案件质量为中心，积极探索案件质量管理新机制，强化办案责任制度、检察业务工作流程管理制度、执法监督制度、重点案件复查制度和疑难案件分析研究制度建设。《从“卖菜女”到京城医疗系统第一贪》等3篇文章入选全市检察机关反贪、公诉、维权精品案例，有15篇文章在《检察实践》、《检察论丛》等国家级刊物上转发，4篇文章在北京市检察官协会2004年年会获奖。

地址：道家园17号

电话：65843128

邮编：100025

（李　翊）

【召开落实科学发展观研讨会】　7月，区检察院召开落实科学发展观、推动检察工作深入开展研讨会，各个部门结合工作实际提出具体措施，并成立专门研讨小组，撰写《树立和落实科学发展观　开创检察工作的新局面》一文，该文获得北京市检察官协会2004年年会论文一等奖。

（傅　强）

【编印检察工作规范】　年内，以案件质量管理体系、检务支持保障体系、干部考核评价体系为内容的《检察工作规则》印刷成册，全书共10万余字。

（傅　强）

【新办公楼投入使用】　年内，位于红领巾公园西侧的新办公大楼投入使用。大楼占地3899平方米，建筑面积16665平方米，绿化面积10000平方米。

（李　翊）

【未成年人权利保障】　7月9日，举行未成年人维权法律咨询热线开通仪式，向社会公布咨询热线电话号码：65866456。年内，为加大未成年人犯罪预防和维权工作的力度，各部门先后推出新举措。公诉部门提出“构筑青春热线、实施‘六个一’工程”的计划，即一个机构、一条热线、一本教材、一项制度、一个专栏、一堂法制课。审查批捕部门建章立制，以制度推进维权。建立专门的未成年犯罪案件公检联席会会议制度。适时介入公安机关立案侦查未成年人犯罪案件，引导公安机关调查取证工作。同时对无逮捕必要的未成年犯罪嫌疑人建议公安机关采取取保候审、监视居住等强制措施；建立未成年犯罪嫌疑人品行评价制度，要求公安机关在侦查阶段提供《未成年犯罪嫌疑人品行报告书》，以此作为是否逮捕的重要酌定情节；建立对本市未成年犯罪嫌疑人不批准逮捕后的定期回访制度，定期到居委会、学校、犯罪嫌疑人家里听取情况汇报，及时发现并解决问题。

（李　翊）

【开展立案监督专项行动】　年内，为打击制售假冒伪劣商品、侵犯知识产权犯罪，区检察院成立专门工作小组，结合区情，明确监督重点。加强与相关行政执法机关沟通，做好检察机关内部案件线索移送的衔接；实行专案专办，加强案件跟踪协调，防止出现有案不立、有罪不究、以罚代刑的问题。

（傅　强）

【工作规范】　年内，规范自侦案件赃证物管理，对扣押物品文件、移送起诉不起诉扣押物品文件、退还返还扣押物品文件、移送有关部门处理扣押物品文件等五类法律文书进行规范，明确各类法律文书的使用要求和签批程序，保证赃证物管理合法有序。规范职务犯罪线索审查工作，对职务犯罪线索的审查，要求做到以下几点：明确控告申诉初查主体查证范围；对署名举报人进行核实；规范线索移送函的统一标准；线索回复形成制度；加强线索备案的管理；侦查部门须在规定时间内向控告申诉部门反馈初查结果，保证职务犯罪线索审查。

（傅　强）

【健全工作机制】　9月17日，区检察院与区纪委召开联席会，建立涉及区属干部控告举报线索的定期通报、定期协调制度，优化这类线索的受理查处机制。年内，通过三方面举措完善执法为民新机制：设立专人负责告知诉讼参与人的权利和义务,对民事行政申诉案件当事人实行案件受理之初和案件审查过程中的两次告知;对残疾人、病人上门接受申诉;对维权工作进行动态监督,对违反规定的人员加大处罚力度,切实维护群众的合法权益。对所有立案自侦案件做到一案一建议、一案一座谈、一案一悔过书、一案一教育、一案一分析管理模式,确保个案预防率达到立案总数的100%。

(傅　强)

【为阳光采购把关】 年内,区检察院与区纪委配合,依托朝阳区国家机关预防职务犯罪网络,严格政府采购预算管理,完善相关制度,严格工作流程,规范招投标程序,建立政府采购专家库,开通采购网站,强化监督和检查,做好政府采购活动中的预防职务犯罪工作,保证"阳光采购"。

(傅　强)

【建立队伍管理信息库】 年内,区检察院加强队伍管理的信息化建设,建立可用于人员管理、报表管理、信息查询的信息库,指定专人进行系统维护、管理和更新。

(傅　强　李　翊)

【聘请特约监督员】 4月9日,区检察院召开特约监督员聘任大会,聘请20名特约监督员,其中11名为市人大代表,9名为区人大代表。

(傅　强)

【教育培训】 年内,以创建学习型检察院、学习型处室,争做学习型检察官活动为教育培训工作主线,培训内容以岗位技能为重点,实行学分制、考勤制、签到备案制、联系制,全年开展岗位练兵月活动23次。举办讲座周活动,开办读书论坛和检察业务论坛,邀请外国学者讲学,开设英语沙龙,组织优秀中层干部参加BFT英语培训,通过率92.9%。

(傅　强)

【建立干警廉政信用评价制度】 5月1日正式实行《朝阳区检察院干警廉政信用实施细则》,从廉政信息申报和核查入手,建立廉政信用档案,提高干警职业道德水平和诚实守信意识。

(傅　强)

【完善内部执法监督体系】 年内,完善由检察长和检察委员会把关、业务部门自我监督、相关业务部门相互制约、纪检监察部门对案件质量进行评查的内部执法监督体系,加大对自行侦查案件、建议公安机关撤案和作不起诉决定案件监督力度。

(傅　强)

审判工作

【概况】 朝阳区人民法院(简称区法院)是国家审判机关,设刑事审判一庭、刑事审判二庭、民事审判一庭、民事审判二庭、民事审判三庭、民事审判四庭、执行庭、行政庭、审监庭、立案庭、研究室、政治处、监察室、法警队、办公室和双桥、安贞、大屯、望京、酒仙桥、南磨房6个法庭,干警308人,其中审判员98人、助审员107人、书记员72人、法警20人、工人11人。年内,受理各类案件46112件,同比增长22.8%;结案43456件,同比增长17.1%,结案率92.2%。

地址:朝阳公园南路甲2号

电话:65021021

邮编:100026

(汤光玮)

【庭前调解】 7月,区法院启动庭前调解工作,出台《关于在庭前准备阶段加强调解工作的规定》,确定审判组织模式和职责。该项工作由1名法官、3名法官助理、2名书记员和1名工勤人员组成。法官助理和书记员作为庭前调解人员,在开庭前通过调解促使双方当事人达成协议;对调解不成的案件,制作移送庭审报告书,归纳查明的案件事实及争议焦点,法官在庭审中可直接就案件争议焦点进行审理,简化庭审程序;工勤人员负责卷宗装订等事务性工作。庭前调解期限一般为10日,最长不得超过30日;调解方式灵活,可以通知双方当事人同时或单方到庭,也可采用电话、电子邮件等简便方式进行调解。庭前调解组5个月审结案件537件,调撤率91.1%,88%的案件在30日内结案,庭前调解人员人均月结案31件,当庭宣判率78%。

(汤光玮)

【严厉打击刑事犯罪】 年内,受理刑事案件2998件,审结2850件,判处犯罪分子3813人。依法严惩爆炸、放火、杀人、绑架等严重危害社会治安的恶性犯罪和涉毒品犯罪案件718件,判处犯罪分子1056人,其中判处5年以上有期徒刑的184人,占17.4%。依法惩处侵犯国有资产犯罪、金融犯罪、涉税犯罪、职务犯罪等案件139件,判处犯罪分子188人,挽回和避免经济损失4.7亿元。审结利用"法轮功"邪教组织破坏法律实施犯罪案件11件,判处犯罪分子16人。

(汤光玮)

【加强民商事审判工作】 年内,受理民商事案件31533件,审结29570件,解决诉讼标的22亿元。区法院从三个方面入手,加强民商事审判工作。一是统筹安排,抓好常规案件审理。及时处理婚姻家庭、债务、劳动争议、医疗纠纷等案件6488件;正确处理金融、债券、期货、保险等纠纷218起；有效处理侵犯著作权、商标权、商业秘密和不正当竞争纠纷案182件。二是突出重点，妥善处理群体性纠纷。妥善审结拆迁、土地征用、商品房预售、物业管理、企业重组改制等容易引发群体性纠纷案件140余起，涉及人员7500余人，促进商务中心区和2008年奥运场馆等重点工程建设，避免不良事件发生。三是抓住难点，准确适用法律。对近年来案件增长幅度大、矛盾和问题集中，但相应法律空白或不完善的破产、房贷、车贷、噪音污染案件等进行深入调研，邀请金融、保险等有关单位充分座谈，通过案件审理促进市场经济健康运行和发展。

（汤光玮）

【督促行政机关依法行政】 年内，受理行政案件257件，审结248件。其中，判决维持行政机关具体行为和驳回原告诉讼请求66件；判决撤销、部分撤销、变更具体行政行为等10件；驳回原告起诉96件；原告撤诉66件。通过对行政案件审理，监督和支持行政机关依法行政。

（汤光玮）

【多方举措缓解执行难】 年内，通过定期召开由主管院、庭长和执行员参加的执行例会，研究解决当事人经常催办、长期难以执行的案件，使一批疑难复杂案件得以执行；努力创新执行方法，通过试行委托调查令、公布赖账人名单、利用网络发布执行公告限期执行等方法，迫使部分被执行人主动履行义务；认真开展执行三清理活动，清理执行案款202笔1100余万元，清理扣押查封物品23件，清理执行案卷5003册，上述举措在一定程度上缓解了执行难。全年受理执行案件11120件，执结10593件，执结标的金额16.5亿元。

（汤光玮）

【加大涉法上访案件办理力度】 年内，区法院成立涉审判信访工作领导小组，制定《涉审判信访工作意见》，明确分级负责、归口办理等信访工作原则，按照有无不稳定因素、有无上访苗头、有无信访记录及是否已经上访对案件进行分类，定期摸底排队，做到平日心中有数、遇事快速反应，实现上访不扩大、矛盾不激化、问题不上交的目标，办结52件上级单位挂账案件。

（汤光玮）

【民调工作指导】 年内，区法院与司法行政部门密切配合，出台加强指导民调工作实施意见，建立指导民调工作专职联络员制度、民事纠纷和发案通报制度、指导民调工作例会制度、特别时期案件排查通报制度以及司法建议回函制度等10项措施，促进民调工作深入开展。双桥法庭被最高人民法院和司法部联合授予“人民调解工作模范人民法庭”称号。

（汤光玮）

【网上庭审直播】 年内，开通网上庭审直播系统。该系统采用网络视频广播技术，将法庭内摄像机输出的信号通过网线传输至特定设备中，信号经处理后再通过视频广播服务器和交换机进行输送，任何一台联网计算机均可接收。该系统通过控制摄像机可拍摄到需要详细观看的目标；法庭内外相关人员可对话交流；可将选定的案件庭审实况在院外LED大屏幕上播放；可通过法院内部网、区政务网将信号传送到上级单位；还可将信号传送至互联网上。

（汤光玮）

【晓庆文化艺术有限责任公司偷税案】 年内，北京晓庆文化艺术有限责任公司及其总经理靖军偷税案审结。1996年至2001年期间，被告单位晓庆文化艺术有限责任公司作为纳税义务人，违反税收征管规定，采取在账簿上多列支出，不列或少列收入，进行虚假纳税申报等手段实施偷税，不缴或少缴营业税、城市维护建设税及企业所得税，偷逃各种税款共计6679069.6元；被告单位作为代扣代缴义务人，在1997年、1998年、2000年拍摄电视连续剧过程中，将已代扣的演职人员个人所得税418574.43元隐瞒，不予代为缴纳。被告人靖军于1996年9月至2001年间，对任职期间单位实施的偷税行为负有直接责任，且参与实施其中大部分偷税行为。区法院审理后认为，被告单位作为纳税人和代扣代缴义务人，无视国家税收征管法规，采取伪造记账凭证，在账簿上多列支出，不列、少列收入，进行虚假纳税申报手段，不缴或少缴应纳税款，且各年度偷税数额占当年度应纳税额比例均在30%以上，被告单位的行为已构成偷税罪。被告人靖军作为单位直接负责的主管人员，参与实施被告单位大部分偷税行为，亦构成偷税罪。鉴于被告单位已将偷税款全部补缴，故予以从轻处罚；结合该案具体情况，对被告人靖军酌予从轻处罚，依法判处被告单位北京晓庆文化艺术有限责任公司罚金710万元，判处靖军有期徒刑3年。一审宣判后，被告单位及被告人靖军均未提出上诉。

（汤光玮）

【利用手机短信进行性骚扰案】 年内，审结一起利用手机短信进行性骚扰案。原告阎某某之夫与被告齐某某系同事关系，阎通过其夫与齐认识。2003年12月31日、2004年1月1日，齐用自己手机向阎手机发送带有淫秽性和威胁性内容的短信8条，该内容系齐专门针对阎编写。上述短信给阎造成很大精神压力，并在一定程度上影响了其家庭关系。区法院审理后认为,被告在违背原告主观意愿情况下,以发送淫秽性和威胁性手机短信方式,引起原告心理反感,侵犯原告性权利,故其行为构成性骚扰,依据《中华人民共和国妇女权益保障法》和最高法院有关司法解释规定,依法判令被告停止利用通讯工具进行性骚扰侵害行为;向原告赔礼道歉并赔偿原告精神抚慰金1000元。一审宣判后,原、被告均未提出上诉。

(汤光玮)

【女子十二乐坊著作权侵权纠纷案】 年内,审结"女子十二乐坊"著作权侵权纠纷案。1998年4月,原告张铁军自行完成《中华女子乐坊创意策划文案》和《北京中华女子乐坊文化发展有限公司整合报告》(简称《整合报告》)。原告认为被告王晓京在与其接触过程中骗取《整合报告》,对其中片段重新选择、编排,在文字顺序上加以前后调整,对个别表达加以扩展解释或缩写后,形成《"女子十二乐坊"项目实施计划》(简称《实施计划》),且第二被告北京世纪星碟文化传播有限公司网站上和《中演月讯》上的文章也是通过《整合报告》改编、汇编而成。原告认为二被告侵犯其对《整合报告》享有的署名权、改编权和汇编权,于2004年7月23日起诉至法院,要求被告停止侵权行为,在《中演月讯》上公开赔礼道歉并赔偿经济损失43.27元。区法院审理后认为,《实施计划》和《整合报告》的内容完全不同,《实施计划》并没有使用《整合报告》的内容,且二者篇章结构和具体表达形式也不相同。虽然二者中都出现"女子"和"乐坊"等字样,但"女子"是通用词语,而"乐坊"二字并非张铁军独创,故《实施计划》并非改编《整合报告》而成。同时,根据现有证据不能证明《中演月讯》上的文章是被告王晓京或北京世纪星碟文化传播有限公司所为。本案中的《实施计划》中也不包括《整合报告》内容或其中片段,并非通过选择或编排《整合报告》或其中片段汇集而成。鉴于二被告并未使用原告享有著作权的《整合报告》的内容,因此无需为原告张铁军署名。据此,区法院认为被告王晓京、北京世纪星碟文化传播有限公司并未侵犯原告张铁军对《整合报告》享有的署名权、改编权和汇编权,依法驳回原告张铁军的诉讼请求。一审宣判后,原告张铁军不服,提出上诉。市第二中级法院审理后,依法驳回上诉,维持原判。

(汤光玮)

司法行政工作

【概况】 朝阳区司法局是区政府主管司法行政工作的职能部门,业务上受市司法局指导。内设办公室、政工科、基层工作科、法制宣传教育科、公证律师管理科、法律援助工作指导科和法制科,下设法律援助中心、区公证处两个事业单位,共有行政编制40人、工勤人员编制4人、事业编制(法律援助中心)6人、公证员8名。区纪委派驻纪检组、监察科各一个,下辖42个街乡司法所、15个法律事务所、所属4家律师事务所。区依法治区领导小组办公室、区安置帮教领导小组办公室、区社区矫正领导小组办公室、区法律法规培训中心均设在区司法局。

地址:六里屯西里5号

电话:65025495(白) 65094925(夜)

邮编100026

网站:http://sfj.bjchy.gov.cn

(孟宏伟)

【依法治区】 9月13日,朝阳区委召开朝阳区依法治区大会,李士祥、陈刚、朱家麒、李明等区四套班子领导出席大会。各街、乡、局(处)、公司党、政一把手,区委、区人大、区政府、区政协各部、委、办负责人,各人民团体、有关驻区单位负责人共计350多人参加大会。李士祥在讲话中提出三点要求,一要推进民主政治建设,切实把加强党的领导、以人为本和依法治区统一起来。二要推进依法行政,提高法治化管理水平。三要夯实基层基础,提高基层依法治理能力。会后,区依法治区领导小组办公室认真指导街乡贯彻落实依法治区大会精神,制定本地区依法治街(乡)规划。年内,历时5个月制定的《朝阳区依法治区工作目标纲要(2004—2008年)》,印发全区实施。修改完善《北京市朝阳区依法治区领导小组工作规则》、《北京市朝阳区依法治区领导小组成员工作职责》,为《朝阳区依法治区工作目标纲要(2004—2008)》贯彻落实奠定坚实基础。

(刘 勇)

【普法教育】 年内,以宪法、行政许可法宣传教育为重点,突出抓好各级领导干部和公务员的法制教育,提高依法执政、依法行政的能力和水平。以学校为主体,构建学校、家庭、社区三结合网络,加强青少年法制教育,维护青少年合法权益。实施流动人口教育培训工程,成立讲师团,采取进工地、进市场、进社区方式,深入基层进行巡回授课。围绕宪法修正案、行政许可法、道路交通安全法的颁布实施,全区40个社区和23个村镇开展讲座76次,播放录像40次,直接受教育的中小学生达6万余人。还举办了"3·15"大型普法维权周系列宣传、统计法律法规宣传、国际禁毒日宣传、劳动法颁布10周年大型宣传及送法进军营、军民共建学习型军营活动等。配合第六届村委会换届选举,指导各乡集中开展法制宣传周活动。依托区图书馆成立法律资料服务中心,推出朝阳普法广场,定期开展普法宣传活动。在政府专网开辟普法论坛,在有线台开辟"与法同行"专题法制栏目,在《朝阳报》开设法制天地专版。基层单位分别建成以人口与计划生育宣传为主线的壁画艺术长廊、中国法史文化墙等。全年组织征订、发放《社区法治宣传报》等普法资料34100余册,发放法制宣传画册28800张,向各类普法对象发放普法材料65万余份。区法律培训中心及各街、乡、局(处)、公司举办法律培训班1980余期,培训人数12781人次;其中,培训各级领导干部和法制宣传教育骨干2300人次;各街乡、行业系统开展各类普法宣传活动3200多场,受教育对象70多万人次。

(刘 勇)

【人民调解】 年内,普遍实现调解委员会名称、印章、调解员徽章、固定调解场所标识、调解程序和文书格式六统一。各基层司法所与基层调委会签定人民调解工作目标管理责任书,明确基层群众组织在人民调解、社区矫正、安置帮教等工作中的职责,将各项工作量化分解、考核。按照调防结合、以防为主、协同作战方针,深入开展纠纷排查调处活动,将民间纠纷及时化解在基层、消灭在萌芽状态。对于可能影响地区稳定的重大纠纷或可能引发集体上访、聚众械斗等恶性事件的纠纷则会同有关部门依法疏导,切实防止激化。全年,调处各类纠纷12682件,调解成功12226件,成功率96.4%。防止矛盾激化82件,涉及11763人,其中防止集体上访事件46件、11700人次。到年底,全区有街、乡人民调解委员会42个,基层调解委员会574个,共有调解委员3981人、信息员21734人。

(杨积钢)

【社区矫正】 年内作为北京市第二批社区矫正试点单位,本区社区矫正工作建立了较为完备的组织和制度体系。积极开展矫正对象分类管理试点;建立矫正对象监控网络,防止脱管失控;运用教育和感化功能,坚持人性化管理和制度管理相结合,调动矫正对象改造的自觉性和积极性;协调联动,促进规范管理。矫正工作进展顺利,未出现重新违法犯罪的现象。截至12月20日,共接收社区服刑人员517人,解除矫正171人,尚有社区服刑人员346人。

(张 静)

【安置帮教】 年内,以市帮教办修订的《安置帮教工作手册》为依据,加强对各级帮教组织业务培训。重点抓好帮教工作中组织上的衔接、帮教对象接收环节的衔接、档案文书的衔接。针对新形势下释解人员流动性强、人户分离现象突出、帮教管控难度增大等特点和安置帮教衔接环节中存在的问题积极开展排查工作,加大对重点释解人员和人户分离人员管理力度。加强与监所联系,推进帮教工作向大墙外延伸。全区共建安置帮教领导小组42个,下设办公室,工作人员117人;建立基层帮教组织2248个、成员7015人。

(陶彦明)

【法律服务】 年内,顾问团律师为区政府及有关部门就多项重大涉法事件提供20余次法律论证和建议。律师参加区领导信访接待49次,协助区领导接待群众485批次3659人,其中集体访75批次2618人,其他访410批次1041人。4家区属律师事务所担任法律顾问44家,代理民事诉讼151件、刑事诉讼44件、经济案件57件、非诉讼法律事务68件,代写法律文书241件,解答法律咨询1133件。15家基层法律服务所80名法律工作者为基层政府、企事业单位担任法律顾问42家,代理诉讼事务325件、非诉讼事务71件,为老年人、残疾人、妇女儿童等弱势群体提供法律服务1824次,调解纠纷136件、协办公证60件,代写法律文书598件,接待法律咨询4423次,避免、挽回经济损失2190.9万元。

(曹 宏)

【法律援助】 年内,以区法律援助中心为核心,以街、乡及社团法律援助工作站为依托,办理各类法律援助案件232件(其中民事案件50件、行政案件4件、刑事案件178件),开展法律援助宣传、法律咨询、送法进社区村镇军营12场次,解答法律咨询12830人次,发放宣传资料1万余份。各街乡及社团法律援助工作站办理民事案件42件,接受电话咨询和接待来访5292人次。"148"法律服务专线共义务解答群众法律咨询2000件(电话咨询497个、接待群众来访1503人次),义务代写法律文书83份。

(曹 宏)

【举办行政许可法律培训班】 4月27—28日,区依法治区领导小组办公室、区法律培训中心举办行业系统《行政许可法》培训班。各单位主管领导和法制建设领导小组的办公室主任近80人参加培训。培训班邀请中国法学会行政法研究会副会长、国家行政学院教授杨小军讲授《行政许可法》。

(刘 勇)

【开展墙内帮教活动】 4月,与北京市未成年犯管教所联合举行"春天的约会"联谊活动。区未成年人权益保护委员会、团区委为未成年犯送去运动服和食品。活动中,举行"伙伴的眼睛看世界"牵手仪式,由东方德才学校30名中学生代表将印有回邮地址的信封送到"伙伴"手中,并表示将用手中的笔记录下身边事物,以书信交流方式让他们更多了解外面世界变化。在轻松、热闹的交流氛围中,学生代表与未成年犯们同台表演节目,并将亲手制作的小礼物赠送给他们。全国青少年问题专家皮艺军教授还就未成年人感兴趣的法律问题进行专题讲座。

(陶彦明)

【对安置帮教对象开展排查】 4月,针对吴若甫被绑架案暴露出的刑释解教人员管理控制与基层治安防范等方面问题,为查明原因,堵塞漏洞,对2月29日以前刑释5年和解教3年内的人员,特别是人户分离情况进行排查。各级帮教组织针对排查结果,在详细总结分析基础上,建立健全3个帮教衔接机制和刑释解教人员数据库,加大重点人员分类管理、数据分析和情况反馈力度。

(陶彦明)

【社区矫正工作检查】 5月11日至27日,对46个街乡的社区矫正工作全面检查,公、检、法、司、劳动、民政等领导小组成员单位全部参加。检查内容细化为9大项11小项,逐项进行打分,对检查结果当场讲评,对检查中发现的问题,成员单位现场协调解决,每天向全区通报检查情况。全区大检查工作结束后,对检查中发现的问题进行深入研究和分类汇总,并召开区社区矫正工作领导小组会议进行专题研讨。

(张 静)

【民主法制示范村命名】 6月9日,区依法治区领导小组办公室、区农委、区司法局、区民政局联合召开召开朝阳区首批“民主法治示范村”命名表彰大会。授予高碑店乡高碑店村、楼梓庄乡黎各庄村、东坝乡后街村、常营乡十里堡村、平房乡黄渠村为朝阳区首批“民主法治示范村”称号。

(刘 勇)

【公证质量检查】 8月17日至20日,区公证处在自查基础上,对其1月至7月办理的国内民事、经济、涉外民事公证案卷进行检查。检查抽取360本卷,主要包括学历、学位、未婚、证书、经历等国内民事类公证事项和涉外民事类公证事项:遗嘱、继承、赠与、委托、声明、协议、现场监督等;所检查到的公证案卷均达到公证程序合法、公证书格式规范的办证要求,未发现错证、假证。

(曹 宏)

【成立政府法律顾问团】 11月11日,第二届朝阳区政府法律顾问团聘任仪式隆重举行。司法部律公司副司长李仁真、市司法局副局长耿景仪和朝阳区区长陈刚、副区长佟克克,参加聘任仪式。陈刚代表区政府向新一届区政府法律顾问团律师颁发聘书。顾问团由4名法学专家和23名律师组成。

(曹 宏)

交通管理工作

【概况】 朝阳交通支队年内制定设施改造和道路优化方案507个,建设工程13处,安装交通隔离护栏13500米,安装信号灯22处,安装各种标志1253面,施划、复划标线81500米,比计划增加73.1%,调整配时300次,检查报修交通设施36次。通过治理,局挂账27处堵点有16处明显缓解,有所缓解的4处,处罚违章超标单位608家,发隐患通知书608份,挂黄牌10家。交通事故死亡255人,比事故死亡控制指标266人减少11人。圆满完成“两会”、俄罗斯总统访华、亚洲杯足球赛等多项交通警卫任务。完成交通保卫任务2216次,其中一级勤务163次、二级勤务358次、三级勤务1302次、其它勤务393次,出动警力76614人次。确保各项交通保卫任务万无一失。

地址:南磨房甲5号

电话:68399501

邮编:100022

(刘 鹤)

【禽流感预防查控工作】 年初,根据市公安局公安交通管理局部署,在京沈高速路白鹿司设检疫检查站,配合有关部门做好禽流感预防查控工作。

(王 峥)

【强化综合整治】 年内,以“黑摩的”、“黑三轮”为治理重点,加强对雅宝路、望京等重点地区整治。以“黑校车”为突破点,加强对来广营、东坝等边远地区整顿力度。在“事故黑点”治理过程中,以预防因车辆违法停车后引发交通事故为重点,加强对京津塘高速路、五环路等高快速路整顿;以非法游商为重点,加强对建外大街、广外大街等精品街整顿。全年组织三警联动集中整顿60余次,出警超过1万人次,暂扣无牌证三轮车3098辆,暂扣非法运营“摩的”2829辆,取缔路口游商1228人次,配合城管收缴各种报纸、小广告小商品近2万件。

(高 勇)

【以科技手段加大执法力度】 年内,利用科技装备加强非现场执法力度。针对一些路面上动态违章,充分发挥165处自动监测仪作用,严格执法。除固定违章监测设备外,为民警配备数码像机60台、数码摄像机30台,流动拍摄交通违法行为。全年拍摄违章行为12万起,纠正各类违法行为106万起,罚款9000万元。

(高 勇)

【道路施工维护】　年内，审批道路施工410处，总长度183.6公里。其中，管线施工228处，危桥改造及桥梁施工23处，道路整修加铺26处，其它工程133处。与上年相比，施工总量基本持平，但重点工程比上年多10起。加强施工期间交通维护疏导，切实把施工对正常交通的影响减到最低限度。组建维护施工交通协管员专业队伍，以弥补警力不足。实施施工现场公示制度，公布施工单位、施工要求、施工电话，以便群众监督，最大限度减少对社会交通影响。

（高　勇）

【交通安全宣传教育】　年内，开展道路交通安全法及提高交通安全意识宣传教育，采取流动大棚车上街、建立互联网站、编排大型话剧等形式，大力开展"五进"宣传教育活动。针对残疾人接受交通安全教育机会少的实际，专门组织残疾人新法宣讲团，累计对残疾人进行教育74场；针对朝阳区外地来京人员多的特点，深入100余个施工工地，对外埠来京务工人员进行新法宣传。深入各街乡宣讲新法85场次，播放录像22部。针对未成年人交通安全教育问题，建立未成年人交通安全教育基地。全年共举办新法培训班625次，举办新法宣讲28000余场，开展新法宣传14000余场，成立新法宣讲团120个，发放宣传材料32万份，受教育人数290余万人。

（王　峥）

【强化源头管理消除安全隐患】　年内，联合区运管处，对专业客货运单位驾驶员和车辆进行全面核查备案管理。对辖区内18家危险品运输单位、153辆化危罐车、238名驾驶员进行强化管理，对6辆接近报废年限的车辆重点监控，制定有效安全措施。联合区教委对全区116所外来打工子弟学校81辆校车调查摸底，完善管理措施。全区58家混凝土搅拌站的900多辆水泥罐车安装右视镜，确保行车视线良好。推广汽车行驶记录仪（俗称黑匣子），实施交通管理科学化。

（王　峥）

军　事

人民武装

【概况】　中国人民解放军朝阳区人民武装部（简称区武装部），受北京卫戍区和中共朝阳区委双重领导，负责朝阳区军事工作，既是区委军事指挥机关，又是区政府兵役机关。部内设军事科、政工科、后勤科3个科。年内完成民兵整组、军事训练、政治教育、国防教育、双拥共建和征兵等各项任务；武装弹药安全管理保持39年无事故、无案件。

地址：麦子店正街80号

电话：65021043

邮编：100026

（李玉国）

【民兵整组】　3至5月，在采取"属地编、单独编、行业（系统）编"三种编组方式基础上，对全区民兵组织编制、结构和布局进行整组，达到组织落实到位、建制编组合理、营连建设规范、设施资料完备的整组目标。完成五类民兵营连部正规化试点任务。7月8日，总参组织全国各省军区检查观摩本区民兵组织建设，给予很高评价，北京卫戍区转发本区做法。

（李玉国）

【民兵军事训练】　9月，组织北京联合大学民兵高炮连进行12天集中训练。北京卫戍区政治委员孙本胜对在大学建立民兵组织并组织训练给予肯定。年内，先后分三批组织全区42个街乡和3个企业民兵进行高炮、防化等专业技术课目及队列、轻武器实弹训练。

（李玉国）

【征兵工作】　年内，认真贯彻兵役法和《北京市征兵工作条例》，先后进行兵役登记、征兵集中宣传、体检、政审等工作。全区1189名适龄青年上站体检，合格710名，向部队输送新兵429人，其中男兵386人、女兵43人。10月，被市政府征兵办公室评为先进单位。

（李玉国）

【民兵政治教育】　年内，以总政编写的四课教材为主要内容，结合本区实际，重点抓民兵政治教育与职工政治教育、课堂教育与看守教育、平时教育与随机教育、组织教育与自我教育结合；把民兵政治教育纳入职工政治教育计划，纳入企业思想政治工作例会，纳入企业创优评优活动，纳入企业政工经费开支计划。各基层武装部组织利用板报、厂报、橱窗、广播进行民兵职能、任务、地位作用、形势政策、爱国主义、遵纪守法教育。注重抓好民兵应急分队和训练分队、民兵参建活动中的教育和思想政治工作，民兵政治教育面达95%以上。

（李玉国）

【国防教育】“八一”前夕,邀请军事科学院教授进行国防形势讲座,区四套班子主要领导和全区近800名处级以上领导参加报告会;组织部分街乡领导和企业领导过“军事日”;完成“国防教育神州行”公益广告宣传试点工作,在三里屯、麦子店两个街道设立100块室外国防教育展板;会同区双拥办、区文明办、区教委在武警北京指挥学院会堂组织17个单位节目参加第六届“国防教育小课堂”优秀节目汇演;广泛开展国防教育进机关、进企业、进学校、进社区、进家庭活动。

(李玉国)

【民兵参建】年内,发动民兵3000人次成建制参加奥运村和朝阳公园绿化植树和综合整治等重点工程,植树3万余株,整治绿化面积5万平方米。在防治禽流感工作中,有3200名民兵担负隔离区管控、公共场所及设施消毒、环保卫生清洁、禽流感疫情情报侦察、一线医务人员家庭生活保障等工作。

(李玉国)

【双拥共建】年内,协调某部队完成中央和军委领导在朝阳公园植树保障、准备工作。组织发动各基层武装部与驻地部队协调,支援奥运公园建设和各街乡绿化植物及环境整治,驻区部队出动官兵4000人次、车辆400台次,植树4万余株,整治道路及社区环境30万平方米。驻区各部队领导同80名特困群众结成帮扶对子,为特困群众做好事120余件。协调人事、劳动、教育部门解决随军家属就业和子女入学问题。探索非公经济组织同部队双拥共建新路子,与区双拥办组织开展双拥工作进民营企业试点工作。

(李玉国)

【武器装备管理】年内,加大加强对武器看管人员政审、教育、管理,确保武器装备安全。民兵训练消耗子弹50000发。继续完善武器装备仓库硬件设施,加强基础设施建设,增设铁丝网,投资2万元安装监控系统;对武器装备进行全面擦拭保养,新增设消防标识,更换消防器材;对武器装备进行全面普查,对武器装备、配套零部件数质量情况按要求进行分门别类核查,造册登记,确保武器装备数量准确,情况清楚;实现连续39年武器装备安全无事故。

(李玉国)

人民防空

【概况】朝阳区人民防空办公室(简称区人防办),是区国防动员会常设机构,也是区政府主管人民防空工作的职能部门,设有综合科、指挥通信科、工程管理科、法规科,下设人防工程管理处、人防设施管理站、人防工程管理所等事业单位。年内,完成各项工作任务。同时对人防国有资产清理登记,建立健全资产管理台账,完成人防工程软件开发,实现科学化、规范化、自动化管理。

地址:甜水园东街7号院
电话:65081114
邮编:100026

(梁茂存)

【人防工程检查】2月7日,朱家麒对潘家园松榆里25号楼、27号楼和松榆西里32号楼人防工程进行安全检查,并指示:结合全区人防工程达标情况,对达标工程进行全面复查,对未达标的工程按达标标准迅速整改,以保证人民生命财产安全;区人防办要与相关职能部门协调,加大检查和执法力度,核实管理相对人的资质,提高使用人的管理水平,以人为本,做好安全管理工作;对检查中发现存在安全隐患的3处人防工程进行停业整顿,并限期整改。2月8日全区开展人防工程安全大检查后,全区各街、乡人防管理部门按照区人防办下发的《进一步加强人防安全工作的紧急通知》要求,对各自辖区内人防工程进行安全检查。2月9日始在全区范围内成立5个检查小组,在朝阳公安分局治安处配合下,重点对正在使用的未达标人防工程展开检查,对达标工程中被评为优秀的人防工程进行复核。2月10日下午,市人防办领导对本区人防工程进行安全检查并强调,人防工程使用管理要严格执行工程达标制度,对未达标工程要采取疏堵结合、强硬结合的措施进行整改,防患于未然,避免人防工程重大事故发生,确保两会期间人防工程安全。2月12日至19日,分7组对两会驻地周边人防工程开展拉网式大检查。通过安全大检查,查出165处存在着严重隐患的无证人防工程。对165处重点隐患工程采取明确责任、分包到人措施,由办公室科级以上领导共11人,每人分包15个工程,限期查明原因,逐个解决。4月10日至6月10日,根据市人防《关于开展人防工程专项普查工作的通知》要求开展工程专项普查,利用普查进一步摸清工程底数,建立详细台账,为今后人防工程使用管理办法的修订提供依据。年内,按照市人防办下发的《人防工程使用暂行标准》和《关于开展全市人防工程人员居住场所安全管理专项整治的通知》要求,对全区842处人防工程进行专项检查,出动2144人次,对86处隐患工程下发《限期整改通知书》,对12处存在严重隐患工程下发《暂停使用通知书》。

(梁茂存)

【调研工作】3月12日,区人防领导到东风乡及太阳宫地区调研人防工程管理工作。调研的主要内容是,解决东风乡及太阳宫地区人防工程开发利用中存在的问题，探讨人防工程开发管理的新模式，加强区、乡级政府间沟通与联系，进一步推进两地区人防管理工作顺利开展。

（梁茂存）

【整治隐患工程】 4月6日，在八里庄街道召开现场督办会，对北京长地房地产开发建设有限责任公司上报关于《北京京棉三厂M01、M02楼沉降情况分析及人防通道处理建议》的技术报告进行审核，同意该公司采用低标号混凝土浇注封填人防通道，确保施工分隔砌墙、全封闭浇灌混凝土加固。5月10日，该百米人防干线严重隐患处理完毕。京棉三厂危改区M01、M02楼基多年存在严重隐患问题得到彻底解决。5月31日，区领导带队检查望京南湖东园219号楼地下空间使用情况。在检查中发现，该楼设备层住宿人员密集，卫生脏乱差，消防安全隐患问题比较突出，人防工程内住宿房间距工程外出口通道过长。针对问题进行现场办公，依照法定程序将人防工程内住宿人员全部搬出。安全隐患问题得到彻底解决。

（梁茂存）

【人民防空宣传】 4月28日，联合28个街、乡在全区范围内开展以宣传贯彻国防教育法和《北京市人民防空条例》为主要内容的宣传活动，纪念国防教育法颁布施行三周年及条例颁布施行两周年，向群众分发宣传画和宣传手册等8900余份。

（梁茂存）

【人防工程防汛】 5月10日至6月15日，修订完善《2004年朝阳区人防工程专业防汛预案》，对防汛队伍、防汛物资、处理突发事件应急流程、职责分工作详细规定。同时，对全区目前存在安全隐患的使用单位（人）发出限期整改通知书，要求各使用单位（人）严格落实使用协议中的防汛制度，根据具体情况制定防汛应急预案。对各街、乡下发《关于做好人防工程汛期安全工作的通知》，要求各街、乡认真抓好预案中每一项职责任务的落实工作，特别是防塌陷、防倒灌及防火抢险预案落实，做到重点地段专项监护。

（梁茂存）

【人民防空师资培训】 11月12日至13日，与区教委联合举办初级中学人民防空知识教育师资培训班，11名农村中学校长及40多名教师参加培训。在培训中，聘请防化学院教研室主任讲授人民防空与人民防空教育、高技术空袭与人民防空以及核生化武器防护等知识，进行简易防护器材制作和使用、通过沾染地域行动等实际演练。

（梁茂存）

【早期人防工程回填】 年内，根据市人防办《关于"十五"期间消除早期人防工程安全隐患的通知》精神，制定详细工作计划，部署工作任务，下发《关于做好消除早期人防工程隐患和汛前准备工作的通知》，抓好措施落实，提前一年完成早期人防工程回填任务。早期人防工程是指建于上世纪60至70年代的地道式人防工程，由于工程结构较差，且年久失修，内部设施老化，已不能够满足防护要求，并存在严重安全隐患，威胁着人民群众生命财产安全。

（梁茂存）

工商　贸易　旅游

工　业

【概况】 朝阳区发展和改革委员会是负责研究提出全区经济和社会发展战略、政策，进行综合平衡，指导本区总体经济体制改革工作的区政府组成部门。内设办公室、国民经济综合科、发展规划科、投资科、价格管理科、工业经济发展科（区经济协作办公室）、国民经济动员办公室（区招标投标管理办公室）、资源环境管理办公室（区电力管理办公室）。行政编制45名（含纪检监察编制1名）。年内，区域规模以上工业实现总产值（现价）629.2亿元，同比增长14.8%；完成产品销售收入628.5亿元，同比增长14.5%；实现利润40.8亿元，同比增长12.1%；综合效益指数达到152.3%，同比提高5.9个百分比；全员劳动生产率为104526元/人，比上年提高12798元。其中，区属规模工业实现总产值（现价）144.2亿元，同比增长31.5%；完成产品销售收入142亿元，同比增长35.5%；实现利润13亿元，同比增长59.2%；综合效益指数达到181.3%，同比提高10.3个百分点；全员劳动生产率达到97223元/人，比上年提高9533元。

地址：团结湖南里12号
电话：65012644
邮编：100026

（周　静　陈　珊）

【37家企业产品获北京名牌产品称号】 年内，太洋药业有限公司生产的泰力特、双鹤药业股份有限公司生产的双鹤牌降压0号、爱慕内衣有限公司生产的爱慕牌女士内衣、金吉列制衣有限公司生产的金吉列牌男士衬衫、北京星海乐器有限责任公司生产的星海牌钢琴等37家企业生产的产品获2004年北京名牌产品称号。其中电子信息类产品6家，机电、仪器仪表、汽车类产品5家，建材、家具类产品2家，石化、化工类产品6家，医药、医械类产品6家，食品、饮料类产品3家，服装、纺织类产品6家，轻工类产品3家。

（陈　珊）

【工业品出口增长】 年内，全区工业企业实现出口交货值77.6亿元，比上年同期增长26.5%，月均增长35.5%，高于规模以上工业总产值月均增长速度14.7个百分点。其中66.5%出口交货值为通信设备、计算机及其电子设备制造业所完成，其次是电气机械及器材制造业，家具制造业位居第三。出口的主要产品有：液晶显示器、彩色显像管、电子元器件、木制家具等。

（陈　珊）

【高新技术改造传统产业】 年内，加快传统产业改造步伐，加大食品、服装、家具、印刷四类产业改造力度。技术改造立项44项，总投资2.44亿元。预计生产后可年新增销售收入12.3亿元，新增利润1.09亿元，新增税金1亿元。其中印刷企业项目22项，总投资1.17亿元，占总量的50%。项目主要是引进当前各行业在世界上领先的高新设备和技术。

（陈　珊）

【减轻企业负担】 年内，开展治乱减负工作，进一步优化区域投资环境。一是领导到位，措施具体。通过政务公开、收费公示、座谈交流、重点检查等多种形式，起到标本兼治、规范行为的作用；二是监督到位，强化合力。建立由区各监督部门组成的减负工作体系，形成上下互动的减负工作网络，互通信息，联手整治“三乱”行为，做到组织、人员、责任三落实；三是认识到位，转变观念。通过减负工作，进一步增强了民众守法意识、企业维权意识以及行政机关的依法行政意识；四是服务到位，规范执法。将减负工作落实到为经济发展服务上来，寓监督于服务之中，在认真履行执法职责同时，拓宽服务项目，全方位为企业健康发展服务。通过各种途径为企业发放收费监督卡105包，12600份。围绕同级财政审计，促进减负政策执行监督，加强对收支两条线执行情况审查，规范收费行为。加强价格监督检查，先后开展教育收费、停车收费、收支两条线等专项检查。

（陈　珊）

【行业发展】 年内，区域内694家规模以上工业企业分布在29个大类行业中。20个大类行业实现工业生产正增长，行业增长面为69%，12个大类行业生产同比增速高于规模以上工业增速。其中通信设备计算机及其它电子设备制造业、交通运输设备制造业和化学原料及化学制品制造业三大行业对规模以上工业生产增长的贡献最为突出。此三大行业累计完成现价工业总产值351.8亿元，同比增长35.5%，对规模以上工业生产增长的贡献率为69.3%。

（陈　珊）

【重奖优秀企业】 年内，对2003—2004年度全区重点发展和支持的项目进行奖励，奖励资金804万元。其中高新技术产业类项目27项，都市工业类项目17项，国家级新产品1项、北京名牌产品3家、市级技术中心1家、北京市工业系统企业管理现代化创新成果4家。此外，还对通过ISO 9000、ISO 14000和OHSAS 18000认证的30家企业给予奖励。奖励的重点是高新技术产业（电子信息、生物医药、光机电一体化、新材料）和都市工业（食品、服装、家具、印刷、建材）。

（陈　珊）

【园区建设】 截至年底，电子城科技园高新技术企业693家，其中电子信息类有509家，占入园企业总数73.45%。此外，先进制造42家，新材料及应用32家，生物工程和新医药31家，传统产业改造33家，环境保护19家，新能源与高效节能19家，现代农业7家，航空航天技术1家。电子与信息及其相关产业无论在企业数量、产业规模上还是在经济、效益指标上，均占90%以上，始终居于主导地位。电子城科技园区在全面开通电子政务、企业门户信息服务基础上，又建立了ASP技术“数字电子城”网络化制造平台。平台提供的功能有协同设计、电子机械资源库、CAD使用许可共享、CAE专业服务、视频会议等服务。提高产品设计、研发、制造、管理、营销能力，缩短产品上市周期，提高核心竞争力，已成为电子城科技园优化环境的重要标志。

（陈　珊）

商　　务

【概况】 朝阳区商务局2004年6月成立，是负责区内外贸易和对外经济合作的区政府组成部门，内设办公室、市场科、综合科、外资科、经贸科和口岸办公室。编制26人。年内，新开连锁店铺60个，经营业种超70种。累计连锁企业91家、连锁店铺886个。初步拟定完善建外商圈、燕莎商圈、亚奥商圈发展规划。对十里河建材街、莱太花卉街进行环境整治。为解决居民“八难”问题，完成5个菜市场建设，建成面积3900平方米，摊位数360个，5年累计完成菜市场建设110个，总营业面积36.5万平方米，投资额1.99亿元。利用市有关优惠政策，推进30家蔬菜便民店和蔬菜专柜建设。早餐市场进一步规范，居民吃早餐难和不便利问题基本解决，新增连锁早餐网点50个；向社会公开推出50家早餐示范店；新增便利店搭载早餐经营80个。商业刷卡无障碍工作稳步推进。80%以上商业、超市、二级以上餐饮企业实现商业刷卡无障碍。建外大街达到北京刷卡消费无障碍示范街标准；CBD、安立路两个地区达到刷卡消费无障碍达标街标准；92户居民服务业企业（餐饮、洗浴、旅店等）实现刷卡消费无障碍。在市商务局和市发改委联合发布的《2004年北京市流通业发展分类指导目录》中，朝外市级商业中心建设列入鼓励发展的项目目录。进一步简化外商投资审批程序，率先对投资总额在3000万美元以下，非限制类新设外资企业实行当日办结。全年新批准设立外商投资企业537家，同比增长57%，合计投资总额43.9亿美元，同比增长299%；注册资本27.9亿美元，同比增长304.2%；合同利用外资24.2亿美元，同比增长425.9%；实际利用外资13.2亿美元，同比增长37.5%。世界500强企业投资稳步上升，投资领域进一步拓宽。17家世界500强企业落户朝阳，全年外商投资行业主要分布在现代服务业、房地产、汽车类等行业。其中：现代服务业入资3.7亿美元，占21%；房地产入资2.6亿美元，占15%；汽车类（含汽车类投资公司）入资10.9亿美元，占

62%。举办有区域特色的对日招商活动,着重推介朝阳区投资环境,提升区域投资吸引力。对外经济贸易出口市场不断拓宽,从原主要集中在东南亚国家和地区拓展到包括美、欧在内的30多个国家和地区。全年区域出口实现50.06亿美元(占北京市区域出口总额24%),由于受国家出口退税率和中石化出口大幅下降的影响,同比减少9%。区属企业实现出口17.87亿元,同比增长37.3%,超额完成年度计划11%。机电产品出口比重56%,成为出口主打产品,改变原来以景泰蓝、玉器、手织机织毛衣、针织服装等为主的局面。高新技术产品出口比重40%。农业出口快速发展,达7200万元。加强对进出口企业培训,累计培训90家企业。充分利用中小企业开拓国际市场资金,积极组织企业参加贸易促进活动。

地址:日坛北街33号

电话:65099185

邮编:100020

(褚志磊)

【食品放心工程示范单位】 1月16日,区商委、区商联会、区工商局、区质监局、区卫生监督所等部门共同推出第二批"食品放心工程"示范单位,授牌仪式在京客隆劲松店门前举行。本次有9家示范超市、3家示范市场、100家早餐示范店被评为朝阳区第二批"食品放心工程"示范单位。

(褚志磊)

【假日市场销售】 在春节、元旦、"五一"、"十一"等节假日组织大型商业促销活动,拉动社会消费品零售额增长,根据对本区重点商业企业的统计资料显示,春节期间,超市销售额同比增长30%以上,百货商场销售额同比增长10%,餐饮市场营业额同比增长8%,其中顺峰同比增长18%。五一市场整体比较平稳。各商业企业根据市场需要,积极组织各类商品货源(特别是生活必需品),确保节日商品品种丰富、数量充足、档次齐全。"十一"期间商业销售稳中有升,客流明显增多,餐饮市场活跃,消费旺盛,营业额同比增长15%。商家开展丰富多彩商业活动满足消费需求,活跃节日市场。蓝岛大厦开展"舞动新蓝岛,金秋嘉年华"大型购物活动,举办"首饰化妆节"、"数码音像文化节"等购物专场。

(褚志磊)

【多家外资大型商业企业开业】 3月30日,世界500强之一的泰国正大集团易初莲花旗舰店朝阳路大型国际购物中心开业。该店由正大商贸(北京)有限公司和北京兴隆投资集团合作成立,是北京易初莲花计划在京投资规模较大的一家,卖场面积2.1万多平方米,是以生鲜食品为主的多功能购物中心。4月16日,百安居在北京投资开设的第三家连锁店来广营店开业,营业面积1.5万平方米,500个泊车位。主营家居商品。4月29日,法国冠军食品生鲜超市劲松店开业,营业面积3000平方米,冠军生鲜超市被市商务局列为年内重点发展业态。

(褚志磊)

【旅店业专业委员会成立】 6月16日,召开朝阳区旅店业专业委员会成立大会,260余家旅店企业参加。旅店业专业委员会成员主要由企业代表担任,主要职能为对旅店企业进行等级评定,加强企业与政府间联系。

(褚志磊)

【外贸出口表彰】 8月10日,在京广中心召开2003年度朝阳区外贸出口表彰会,表彰区域内中小型出口企业。此次表彰从100家入围企业中,筛选出京东方现代显示技术有限公司等10家企业为"十佳"企业,北京天利深冷设备有限公司等21家企业为先进企业。

(褚志磊)

【外贸出口企业培训】 10月21至22日,举办朝阳区进出口企业系列培训班,区内50余家企业参加。主要培训国际贸易实务知识,加强从业人员基本功训练。培训聘请市商业银行专家对国际信用证实务、贸易融资业务、外汇汇款业务以及信用证案例进行专题讲解。

(褚志磊)

【吃早餐难问题基本解决】 年内,朝阳区推出卫生好、信誉好、服务好的50家早餐经营企业、10个早餐亭及10辆早餐车,由行业协会授予"早点经营示范店"称号。同时采取公示、签订责任书和设置群众监督投诉电话形式,实施对早餐经营企业社会监督。区商务局经过多年来对早餐市场引导、培育和发展,使全区初步形成800多家企业、6种类型并存的早餐市场发展格局,一是以50多家快餐企业经营为主,服务流动人群的早餐市场;二是以200多家大众化餐馆经营为主,服务工薪阶层的早餐市场;三是以101家星级宾馆经营为主,服务商务人士和旅游者的早餐市场;四是以金三元阳光餐饮公司经营为主,238个早餐亭(车)实施错位经营、拾遗补缺的早餐市场;五是以200多家大中型超市经营为主,围绕早餐概念推出的系列早餐食品;六是以机关事业单位内部食堂为主,服务职工的早餐市场。

(褚志磊)

【日产注册资金增至10.15亿美元】 年内,本区投资性公司——日产(中国)投资有限公司,将注册资本由3000万美元增加至10.15

亿美元,并且注册资本增加部分全部到位。日产(中国)投资有限公司因此成为北京市最大的投资性公司。

(褚志磊)

朝阳副食品总公司

【概况】 朝阳副食品总公司是区国有资产监督管理委员会直接监管的国有企业,主要承担保证国有资产保值增值、商业网点管理及离退休人员、内部退休人员、内部待岗人员的管理工作。内设机构有:物业部、劳资部、财计部、办公室、党委办公室。下属单位有腾远兴业汽车服务有限公司和职工宿舍管理站。年末,管理职工 6462 人,其中在职职工 257 人、离退休人员 4000 人、内部退休人员 1678 人、内部待岗人员 527 人。朝阳副食品总公司对京客隆投资 1.83 亿元,占其注册资本的 74.6%。对北京腾远兴业汽车服务有限公司投资 941 万元,占其总资本的 62.73%;对一元堂医药连锁有限公司(现嘉事朝阳医药有限公司)投资入股 1446.79 万元,占其总资本的 35.065%。

地址:红庙北里 4 号楼

电话:65867726

邮编:100025

(吴静轩)

【人财物与京客隆剥离】 10 月,朝阳副食品总公司正式独立对外办公后,人、财、物与京客隆进行彻底剥离,对与京客隆及其所属公司的往来账项、多年遗留的债权债务、房屋、设备等固定资产进行清理。

(吴静轩)

【履行出资人义务】 年内,为保证国有控股企业京客隆商业集团股份有限公司在香港顺利上市,朝阳副食品总公司积极办理各种手续,履行出资人义务。1. 按照境外法律规定,变更出资方式。以现金 5705 万元变更原对京客隆 10 处房产出资方式,解决出资房产中因临时建筑、产权不清、权属有争议而无法办理房屋产权证、土地出让手续等问题,达到产权清晰。2. 通过出资转让、受让等方式,解决交叉持股问题。转让出对北京朝批商贸有限公司所属华清饮料公司、调味品公司股权;受让京客隆对原朝阳医药公司、腾远公司投资,成为两家公司国有股权代表,理顺出资关系。3. 对纳入京客隆注册资本中的六里屯购物中心、新源里办公大楼等 5 处房地产办理登记确认和变更手续,使企业资产进一步合法规范。4. 与京客隆签定 72 处经营用房房屋租赁协议,使租赁关系契约化。

(吴静轩)

【清理接管单位债权债务】 年内,对因全区商业结构调整而接管的瑞达急冻食品有限公司、团结湖百货商场、劲松百货商场(包括劲松劳保商店)三家单位的资产及债权债务进行清理。

(吴静轩)

蓝岛大厦

【概况】 蓝岛大厦地处东大桥路口,毗邻 CBD,分东西两区,总建筑面积 4.5 万平方米,营业面积 2.4 万平方米,汇集十万余个花色品种商品。开业之初确定以文兴商发展之路,导入“CIS”(企业形象识别系统),在突出名品、精品、新品经营基础上,举办文化购物节,参与社会文化活动,开展营销大公关;推出百余项便民服务措施,形成以“一片情”为核心的蓝岛文化,使企业具备较强的吸引力和感召力。年内,着重突出服饰文化、家居文化和数码文化三大经营主题,提出向现代商业迈进发展战略和向“百货店连锁”迈进发展目标,以“名品立店”和“引领生活时尚”为经营理念,重点引进国际一线品牌和国内知名品牌,与国内大众品牌进行时尚化、个性化组合。利用销售旺季组织 30 余项主题营销活动,34.52% 的经营天数完成了 45.85% 的销售任务。11 周年店庆当天创造 988 万元销售高峰。元月 1—3 日,推出“新年新时尚——穿类商品 7 折”促销活动。元月 10—11 日,17—18 日,推出“实心实意 11 年——穿类商品 8 折再满 200 送 60”活动。元月 19—28 日,开展“新春大拜年——穿类商品 7 折”促销活动。5 月 15 日,蓝岛大厦假日文化夜市开幕。9 月 10 日—10 月 31 日,举办第二届“舞动金秋”购物节。在情人节、中秋节、圣诞节均安排促销活动,坚持举办电脑节、首饰化妆节。11 月 20 日推出为期一个月的友情卡积分返利活动。截至年底,持有蓝岛友情卡的顾客突破 8 万人。

地址:朝外大街 8 号

电话:85634422

邮编:100020

(张正晔)

【建店 11 周年庆典】 元月 18 日上午,蓝岛在门前广场举行“实心实意十一年——蓝岛大厦建店 11 周年庆典仪式。中国商业名牌管理委员会授予蓝岛“中国商业名牌企业”荣誉牌匾。大厦党委向十位大厦级品牌服务明星授牌。向区内 50 个贫困户捐赠慰问金。

(张正晔)

【向穿戴类经营为主转型】 8 月 23 日至 29 日对部分卖场装修改造,调整部分大类商品经营布局和品牌构成,压缩“三电”类商品经营比重,新扩展出 3000 多平方米经营面积,重点拓展服装服饰类商品经营规模,使之经营面积占总面积

80%,完成家居类商品系列化整合,浓缩高端数码影音类商品精华,实现以穿戴类商品为经营主体战略性转变。

(张正晔)

【内部礼品拍卖】 9月22日,蓝岛大厦纪委举办礼品拍卖会。拍卖品系纪委收到的党员领导干部、组长、骨干主动上交的价值近7800元的礼品。拍卖所得用于奖励为企业做出突出贡献的员工。

(张正晔)

【服务竞赛】 年内,配合大型促销活动,先后开展三节一庆服务促销活动、"春舞心动,超值服务大行动"、"金秋舞动新蓝岛,金牌服务创佳绩"等多彩的服务竞赛活动,并向社会推出"金牌服务承诺"。

(张正晔)

【全国商业服务明星马超】 年内,马超是蓝岛大厦男士服装卖场的一名普通员工,她在多年营销工作中潜心研究服装服饰的搭配技巧,灵活运用消费心理,并不断总结销售经验,推陈出新,深受广大顾客信赖和喜爱。马超被中国商业联合会授予"全国商业服务明星"荣誉称号。

(张正晔)

【员工培训】 年内,人力资源部举办收银员英语小教员培训班、药店营业员培训班各1期,厂家信息员培训班10期。首次承办北京市全年商业服务业英语等级考试工作。来自3家市属商业企业的37名员工参加考试,其中19名来自蓝岛。与此同时,各卖场根据销售特点,将相关商品知识汇编成知识手册,同时,通过业务技能竞赛、小品、座谈会等形式,宣传、学习服务理念和服务工作常识,提升员工基本素质。

(张正晔)

【制度汇编】 年内,蓝岛对以往管理制度重新进行编写、修订和补充,形成2004年电子版《蓝岛大厦管理制度汇编》。汇编分蓝岛大厦基本管理制度、综合管理制度、专项管理制度、业务流程规范制度、职能及岗位职责、各部门内部管理制度等6部分,计26万余字,为将来各部门实施规范化管理提供操作依据和标准,为蓝岛管理工作规范化、制度化建设打下基础。

(张正晔)

北京燕莎友谊商城有限公司

【概况】 北京燕莎友谊商城有限公司是中国政府批准首家开业的中外合资商业零售企业,实行总部—门店管理组织架构。公司总部设总经理办公室、人力资源部、物业安保部、审计部、企业策划部、计划财务部、会计部、信息中心、营运部、商品管理部、采购部、党团办公室、工会。域内有奥特莱斯东四环店,门店设店长办公室、人事管理部、业务管理部、物业安保部、财信部、楼层管理部。年底,公司在职员工1576人。燕莎商城全年实现销售18.26亿元,同比增长38.09%。其中:燕莎店销售11.91亿元,同比增长17.41%,实现利润3576万元,同比增长77.12%;奥特莱斯东四环店销售5.86亿元,同比增长1倍,实现利润2159万元,同比增长9倍。

地址:亮马桥路52号

电话:64651188

邮编:100016

(梁　月)

【商品促销】 1月,先后举办系列促销和2002年度卡友单卡积分前20名顾客、2003年度卡友单卡积分前1000名顾客奖励活动。3月,先后举办外版图书及音像制品春季书市和明前春茶及宜兴紫砂茶具推广活动。4月23日引进国际慢餐协会推荐商品专柜。4月29日至5月23日举办"非洲——燕莎特色工艺品推展活动"。6月27日燕莎店庆12周年,举办卡友嘉年华购物专场;同日举办英国Wedgwood瓷器Car-on-Cups推广活动。7月,举办德国进口食品推展活动。8月举办暑期夏令营井冈山红色之旅活动。8月28日至9月28日举办精致中秋——美味良缘——燕莎中秋月饼及礼品推广活动。9月举办英国VERTU手机展示推广和皇家道尔顿FIGURINEROSE瓷偶限量发行签售活动。9月28日至10月7日举办商城户外运动休闲商品及国庆期间礼品推广活动。12月12日,法国女装品牌infinitif在燕莎店开幕。12月15日始举办法国优质商品推广活动。

(梁　月)

国有资产监督管理

【概况】 朝阳区国有资产监督管理委员会(简称区国资委)。代表国家履行国有资产出资人职责,监管范围是区政府履行出资人职责的企业、区政府授权的实行企业化管理的事业单位的国有资产和区政府授权监管的其它资产。内设办公室(党委办公室)、综合科、改革发展科(企业改组科)、产权管理科(国有资产经营预算科)、统计评价科(清产核资办公室)、业绩考核科、企业领导人员管理科、组宣科(群团办)。国资委行政编制35名(含纪检监察编制1名)。年内,开展区属市外投资企业调查工作、企业审计工作,整顿关闭区东都工贸总公司所属11家回收市场,对国有资产评估项目进行统计,组织部分监管企业面向全市公开招聘高级经营管理者等。

地址:日坛北街33号

电话:65099197

邮编:100020

(张　洁)

【区属单位市外投资调查】 7月至11月,与区政府办、区发改委等有关部门,对全区区属党政机关、人民团体、事业单位、区属企业149个单位,以发放《市外投资情况调查表》和入户调查相结合方式进行调查。结果显示,区属单位共有14个市外投资项目,涉及12个单位,总投资额29397万元。这些项目形成时间普遍较早,经营规模以小型企业居多,行业布局分散,管理比较混乱,经营状况欠佳。

(张　洁)

【招聘高级经营管理者】 9月17日至10月15日,面向全市公开招聘高级经营管理者,招聘岗位涉及朝阳公园、蓝岛大厦、国朝国有资产运营公司、金朝阳国资运营公司4个企业各1名副总经理职位。经过公开选拔、笔试、面试,录取2人。

(张　洁)

【产权转让管理检查和规范改制检查】 9月,与区财政局、区监察局、区工商局下发《关于转发北京市国资委、财政局、监察局、工商局关于开展国有产权转让管理和国务院国资委国有企业规范改制检查工作的通知》,对1月1日后进行国有产权转让和改制的企业进行调查。调查显示,涉及国有产权转让的企业有3家、5个项目,净资产账面值8402万元,评估值为8960万元。涉及改制的企业只有东都工贸总公司及其所属的24个基层法人单位。

(张　洁)

【国资委成立】 11月26日召开国资委成立大会。国资委成立,从机构上解决了朝阳区国有资产出资人缺位和政资不分、政企不分问题。明确了国资委的监管范围为全区区属国有及国有控股参股企业、城镇集体企业和实行企业化管理的事业单位中的国有资产,区属行政事业单位占有、使用的国有资产(主要指不动产),区政府委托管理的区属城镇集体企业以及国有企业、参股企业中的集体资产以及区政府授权的其它资产。同时区政府授权国资委按照管资产、管人和管事相结合的原则监管第一批28家企事业单位。市国资委主任熊大新,区领导李士祥、陈刚等出席会议。

(张　洁)

【整顿关闭回收市场】 年内,对区东都工贸总公司所属11家回收市场进行清理整顿关闭。本着"保持职工稳定,合理补偿企业损失"原则,在企业申报、中介机构认定基础上,国资委、审计局、财政局审核东都公司在此次清理关闭回收市场中损失432万元。

(张　洁)

【企业审计】 年内,在财政局前期运作基础上,区国资委完成朝开公司、朝阳公园审计工作;会同区审计局委托中介机构对国朝公司、珠海北京酒店进行审计,对朝阳宾馆等8家单位进行延伸审计;对物资局所属金属材料公司资产损失进行审计;对区劳动局所属北京竞知业劳务服务中心、区水利局所属朝阳水利工程公司、区卫生局所属北京安捷利尔医药销售中心进行改制前审计。

(张　洁)

【国有资产评估项目统计工作】 年内,有49个国有资产评估项目,其中48项为资产评估备案项目,1项为资产评估核准项目。

(张　洁)

安全生产

【概况】　朝阳区安全生产监督管理局(简称安监局),负责本区安全生产综合监督管理工作。内设办公室、安全生产综合管理科(区安全生产委员会办公室、区道口管理办公室)、安全事故调查处理科、安全生产监察科、危险化学品管理科,行政编制25人,现有人员22人。

地址:南磨房双龙南里128楼

电话:87312475

邮编:100021

(刘　洪　陈　京)

【国务院督察组检查工作】　5月26日,国家安全生产督导组对城外诚家居文化广场和化工二厂、有机化工厂、精细化工公司、三台山化工仓库等企业安全意识、责任制落实、隐患整治、预案制定、依法行政等内容进行重点检查。

(刘　洪　陈　京)

【区领导重视安全生产工作】　7月1日区安全生产监督管理局成立后,陈刚、佟克克分别就安全生产工作进行调研。区政府常务会18次研究安全生产工作,下发文件25个。区安全生产委员会召开17次安全生产专题会议,下发文件38个。区领导四套班子主要负责人带队检查安全生产工作28人次。

(刘　洪　陈　京)

【宣传贯彻《北京市安全生产条例》】　8月31日,召开全区《北京市安全生产条例》宣传贯彻大会,200多个单位主要领导300余人参加大会。9月4日,区安监局会同质监、公安、消防、交通、劳动、卫生等部门在朝阳公园举行大型宣传咨询活动,向过往群众发放宣传品上千份,80多块安全知识展板吸引过往行人,上千群众加入咨询行列。全区各街乡、区属各单位也在同一天开展不同形式宣传活动。据统计,参加条例宣传活动总人数10万余人,召开动员部署会议465次;悬挂条幅1716条,各种宣传画6699张,开办专栏、板报等宣传园地1568个;举办咨询日活动企业584个,设立咨询站207个,发放宣传材料11万余份;各级领导带队检查1092人次,检查企业3472个,查出隐患822个,新闻报道82篇。

(刘　洪　陈　京)

【事故隐患整改和重大危险源监控】　年内,有市级挂账事故隐患81项,年底完成整改63项,正在整改18项。加强对重大危险源监控工作:摸清底数,查出重大危险源160个,其中生产单位6家,储存单位3家,经营、使用单位151家。加强监察和管理,要求160家存在重大危险源单位制定突发事故预案。各有关部门每年两次对每个重大危险源进行检查,查出的隐患要求限期整改。要求企业适时组织演练并进行抽查,被抽查的6家企业中都有1到2次演习记录。

(刘　洪　陈　京)

【安全生产执法检查】　年内,除日常检查和专项整治外,组织开展元旦、春节、"两会"、"五一"、安全生产月、申奥三周年庆祝活动、奥运火炬传递、第五届朝阳商务节、亚洲杯足球赛、国庆55周年、冬季安全生产等十余次安全生产大检查。区卫生、交通、消防等部门也开展多种形式安全生产检查。据不完全统计,全区各级安全监管机构现场检查执法33025次,发现隐患问题19505个,下达处理决定书2324份,当场解决921个,责令停产停业整顿企业127家,追究刑事责任9起20人,处理生产安全事故21起。

(刘　洪　陈　京)

【安全生产专项整治】　年内,进行七大类安全生产专项整治工作。1.危险化学品专项整治。组织区有关部门对危化从业单位进行拉网式检查,重点检查"五整顿、两关闭"企业。朝阳分局治安支队对111家生产、储存、使用剧毒品单位进行普查核实。朝阳运输管理处对原有80多户危险化学品道路运输企业进行重组整顿。市公安局消防局朝阳监督处积极配合危险化学品经营许可证发放工作,到现场检查并下达消防复查意见书。质量技术监督局开展对危险化学品压力容器生产使用单位检查。环保局对危险化学品停产、停业企业生产、储存设备、库存产品及生产原材料实施监管措施。2.地下空间安全专项整治:区消防处、人防办联合对全区地下空间进行整治。检查地下空间796处,发现各类不安全问题310件,发《责令限期整改通知书》65份,解决2处重大安全隐患(京棉三厂危改区1、2号居民住宅楼地下人防完成加固工程;望京南湖东园219楼地下设备层人员全部撤出)。3.整治违法排污企业环保专项行动:环保局组织5个有关部门等对全区19个乡、11个街道99个单位进行检查,对存在安全隐患的单位下达整改指令书。4.职业病危害专项整治。卫生局检查212家,发监督意见书43份,责令整改42份,警告7家。5.建筑行业专项整治。分成6个组检查建设工程164项,对存在问题的

31项工程责令限期整改，对存在严重安全隐患的9项进行行政处罚累计罚款12.5万元。6. 交通环境综合整治。针对大屯路等14处交通乱点，狠抓驾驶员酒后开车、非司机开车等13种重点违法行为专项整治。对违规占路施工、堆物堆料等严重影响交通秩序和安全的违法占路行为全面清理。根据夜间事故突出特点，对管界内夜间巡逻车由7辆增加至22辆，并将三环路、四环路全线限速由一小时100公里降至80公里，并安装3处测速仪控制。7. 包站专项整治。联合有关部门对朝外地区打包站专项整治，对77家打包站中较大的32家进行联合检查，分别对19家存在火险隐患的打包站下发《限期整改通知书》，对隐患严重的13家打包站下发《强制措施决定书》，责令立即停业整顿。建外街道同公安、消防等部门对秀水市场进行消防专项治理。

（刘　洪　陈　京）

【制定完善应急预案】　年内，区委、区政府成立应急预案起草领导小组，区有关部门制定出《朝阳区主要突发公共事件应急救援预案》，安监局负责制定出《朝阳区化学危险品应急预案》，指导全区街、乡及220家危化从业单位制定及完善应急预案。200多家单位开展演练活动。

（刘　洪　陈　京）

【生产安全事故处理】　年内，区域内发生生产安全事故21起，死亡22人，由区安全生产部门处理生产安全事故17起，市安全生产部门处理事故4起。按事故类别分：物体打击事故10起，死亡10人，占事故47.6%和死亡人数45.5%；高处坠落事故4起，死亡4人，占事故19%和死亡人数18.2%；触电事故4起，死亡4人，占事故19%和死亡人数18.2%；机械伤害事故2起，死亡2人，占事故9.5%和死亡人数9.1%；中毒事故1起，死亡2人，占事故4.8%和死亡人数9.1%。按事故单位所属行业分析，建筑施工企业为事故高发行业，发生死亡事故16起，死亡16人，占事故76.2%和死亡人数73%；制造业发生死亡事故3起，死亡3人，占事故14.3%和死亡人数13.6%；社会服务业发生死亡事故2起，死亡3人，占事故14.3%和死亡人数13.6%。

（刘　洪　陈　京）

【编写安全生产检查手册】　年内，组织各方面专家制定《安全生产检查参考手册》。该手册包括通用部分和专项部分，通用部分主要有生产经营单位安全保障、应建立的安全生产规章制度、工作环境和作业现场安全要求等内容；专项部分有各行业安全检查等内容。

（刘　洪　陈　京）

社区经济管理

【概况】　朝阳区社区经济管理办公室（简称社区经济办）为区政府全额拨款事业单位。截至年末，全系统职工总数1864人，退休职工4141人，退养职工2580人。总资产9.9亿元，负债6.4亿元，净资产3.5亿元。原社区经济管理中心所属615家企业有575家完成改制。因治理环境，市场多被拆除，尚有20个。全年经济总收入3.5亿元，总利润1378万元，税收2220万元，增加值1.5亿元。

地址：左家庄东里14号
电话：84541940
邮编：100028

（张卫东）

【三源里市场升级改造】　7月，由左家庄社区经济管理中心投资200多万元对三源里市场进行升级改造建设，9月10日重张开业。市场经营面积1560平方米，摊位134个，扩大了门前面积，解决了车辆拥堵问题。市场内拓宽消防通道，新增70个消防取水点，安装了电视监控系统，实行一户两表（水、电表），增设电子显示牌、空调和换气系统。为了群众吃上放心菜、放心肉，市场建立了果蔬生化检测室、经理值班室和公平秤。

（张卫东）

【旭捷大厦竣工】　年内，由北京市挑补绣花厂用原厂区（关东店南街2号院，现旺座中心）场地置换投资9000万元建设的旭捷大厦全部竣工。大厦位于东三环劲松桥东500米临街路北，占地5185平方米，建筑面积15734平方米，地下2层，地上13层，1层、2层1998平方米为商业餐饮用房，3层至13层为写字楼办公用房。院内有较充足的停车位，配有独立供暖系统、自动消防报警喷淋系统、安全防范监控系统和通讯、宽带、电视网等现代化设施，大厦内设客货电梯，商业层设中央空调。

（张卫东）

【调整市场布局】　年内，因环境整治、道路改造等拆除多家市场。各中心对市场加大投入，整合资源，调整布局，努力减少损失。和平街中心引进国际知名品牌迪亚公司合作开办迪亚天天连锁超市落户樱花社区;管庄中心在双桥、定福庄西街市场拆除后,租赁电力规划院库房,投资近200万元改建成多功能、综合性封闭市场,获区优秀市场称号。

(张卫东)

【企业改制】 年内,社区经济办组织全面调研,对所剩37家尚未完成改制的企业具体分析,确定改革思路和方案。对负有巨额债务或人员负担过重暂不具备改制条件的朝雪羊毛衫厂等10家企业,待破产法出台后依法实施破产。

(张卫东)

个体经济　民营经济

【概况】 朝阳区发改委国民经济综合科负责管理全区个体、民营经济。

地址:团结湖南里12号

电话:65014599

邮编:100026

(艾　航)

【加强非公经济监测分析】 年内,加强对全区非公经济监测分析,及时了解和调研私营个体经济发展情况,并列入全区经济形势分析。全年,非公经济在地区生产总值中的比重39%,同比增长2.2个百分点,成为拉动全区经济增长的主要力量。

(艾　航)

【优化区域环境】 年内,进一步优化区域环境。一是围绕税源建设,为非公经济发展营造良好的发展环境涵养、稳定税源。对政策研究工作进一步深入,草拟《朝阳区促进非公经济发展的若干措施》,对全区纳税突出企业给予财政奖励。完善《北京市朝阳区优化发展环境的若干措施》,增加对包括非公经济在内的纳税贡献突出企业实行工商免审年检、行政事业性收费重点监督等内容。二是强化规划工作,将发展非公经济纳入全区发展规划,并对其进行规划指导。为支持、鼓励非公经济发展,对民间投资实行一视同仁的投资准入政策、审批制度及投资回报优惠政策,为非公经济创造平等的市场准入条件和公平的市场竞争环境。

(艾　航)

【引入非公经济参与建设】 年内,通过网上区长信箱,积极引进参与基础设施建设的非公企业,并根据区领导指示精神,向该企业推荐亮马河北路建设项目,得到企业经营者认可。

(艾　航)

旅　　游

【概况】 朝阳区旅游局是主管本区旅游业管理工作的区政府直属机构。下设办公室、规划开发科、综合管理科、北京旅游咨询服务中心朝阳服务站和区旅游行业协会。编制24人。年内,举办以商务旅游产业的全球化战略为主题的国际商务旅游产业峰会;以金色朝阳一日游打造朝阳都市旅游新名片;以节庆活动为载体,依托假日旅游“黄金周”,策划组织“魔幻城堡”和第七届北京国际旅游文化节“朝阳之夜”等大型旅游文化活动。

地址:日坛北街33号

电话:65099077

邮编:100020

(牛宇阂)

【魔幻城堡乐园活动】 5月1日至7日,在朝阳公园举办“魔幻城堡”乐园活动。活动以神秘消失的史前文明亚特兰提斯城为背景,显现一个梦幻般的城堡,通过外景搭建、游乐设施、舞台艺术,突出正义战胜邪恶的游戏故事,在城堡中,把电脑动画中的虚拟人物带到现实世界,形成孩子和成人的动画王国。活动由区政府主办,区旅游局承办。

(牛宇阂)

【国际商务旅游产业峰会】 5月23日,召开以商务旅游产业的全球化战略为主题的2004国际商务旅游产业峰会。峰会由中国北京科技产业博览会组委会办公室、北京市旅游局和朝阳区政府主办,朝阳区旅游局承办。国家商务部副部长于广洲、国家旅游局副局长孙钢、北京市副市长张茅等领导出席峰会并致辞，有380余名旅游业界人士参会，其中外宾占21.5%。副区长束为等来自海内外的11名演讲嘉宾作主题演讲，其中外宾占60%。峰会首次提出商务旅游产业概念，明确商务旅游产业作为产业发展定位。

（牛宇阅）

【金色朝阳一日游】 9月19日，区旅游局推出以看成就、看变化、看发展为主题的金色朝阳一日游，景点有望京科技园、元大都遗址公园、中国现代文学馆、蟹岛生态度假村、都市农艺园、高碑店污水处理厂、劲松街道一站式服务大厅等20余个。活动融商务游、休闲游、文化游于一体，内涵丰富，突破传统旅游景点概念。一日游进行市场化运作，累计有1万余人次参加活动。

（牛宇阅）

【朝阳之夜】 9月25日，北京国际旅游文化节朝阳之夜活动举行，在朝阳公园主会场，来自欧美等17个国家和地区的25个演出团体、564名演员，向游人展示世界各民族传统文化和历史渊源。在分会场高碑店村，66名外国艺术家与村民欢聚一堂。

（牛宇阅）

【旅游黄金周】 年内，春节、“五一”、“十一”3个旅游黄金周，朝阳旅游营造出欢乐、祥和、稳定、健康的节日气氛。春节，东岳庙组织文化庙会，以民俗为特点，开展《人生礼俗文物展》、《十二生肖民间艺术展——猴》，民俗讲座、展览和表演；中华民族园组织民族大团结文化庙会；区内各主要景区（点）接待国内外游人46.7万人次，实现综合收入500.5万元。“五一”黄金周，朝阳公园“魔幻城堡”、“流行音乐周”，日坛公园的“花乡情花卉展”、民俗博物馆民间艺术家交流大会等活动异彩纷呈，各景点接待游人412747人次，综合收入1174.97万元。“十一”黄金周，朝阳公园、中华民族园、元大都城垣遗址公园、朝来农艺园等纷纷推出游园庆祝活动。10月3日上午，市长王岐山到朝阳公园，与群众一起欢度佳节。区内11个旅游景点接待游人709105人次，综合收入827.11万元。

（牛宇阅）

【旅游市场整治】 年内，区旅游局严格执法，大力整顿旅游市场。坚持治标与治本相结合、全面开展与重点突破相结合原则，积极争得相关单位和部门支持与配合，逐步解决影响旅游服务质量和区域旅游形象问题，取得较好成效。在治理整顿东岳庙“黑车”过程中，区领导、局领导高度重视，多次现场办公，指导制定整顿措施，督促东岳庙整改方案落实到位，达到预期效果。全年办复各类游客投诉21件，均得到圆满处理。

（牛宇阅）

【旅游行业管理】 年内，与辖区内67家旅游企业签订《安全生产责任书》；制定《朝阳区旅游局行业管理与执行标准工作制度》；制定《朝阳区农业旅游示范园评定办法》，启动农业旅游示范园评定；完成2家公园AAA质量等级评定，朝阳公园、元大都城垣遗址公园AAAA质量等级评定顺利通过市、区验收；新评定星级饭店10家、星级餐馆5家；蟹岛绿色生态度假村、朝来农艺园等2家农业旅游观光企业获全国首批农业旅游示范园称号。

（牛宇阅）

【旅游培训】 年内，区旅游行业协会与国家劳动部职业技术培训学校等单位合作，联合开展旅游企业经理人和员工培训。全年开办旅游企业总经理培训班1期、旅游企业经理培训班两期、旅游业相关职业资格取证培训班4期、岗前培训班两期，为赛特大厦、机场餐饮等企业提高企业综合素质组织专业培训班12期，累计受训人员1000余人。

（牛宇阅）

【规划与宣传】 年内，开展旅游发展战略研究，完成《朝阳区商务旅游产业发展方向研究》，推出商务旅游产业概念；编制《朝阳区公共旅游服务中心》项目规划等；抓宣传全力开展旅游市场推广，朝阳报3次专题报道；朝阳有线新闻频道和《魅力新生活》栏目播出旅游工作动态20余条，旅游生活系列短片3部，据不完全统计，全年50余家媒体进行300余次报道。编制《朝阳旅游资讯》6期、《朝阳旅游动态》12期，向200余家机关、旅游企事业单位发放宣传材料48000余份。开展咨询日活动，接待15000余人次。

（牛宇阅）

农业　水利　气象

农村经济

【概况】 中共朝阳区委农村工作委员会、朝阳区农业委员会合署办公,是负责本区农村经济发展和配套改革、规划建设、产业结构调整、绿化隔离地区建设、构建和谐社会等精神文明建设、基层组织建设以及农业综合执法等工作一级法人的综合职能部门。内设办公室、组织人事科、环境和信访科、宣传文体科、社区建设科、规划建设科、农村经济发展科、产业结构调整发展科、执法科、农村纪律检查工作委员会(监察科)和财务科,行政编制46名。2004年完成农林牧渔业总产值4.4亿元,同比下降8.4%。其中种植业1.8亿元,同比下降18.6%;林业0.8亿元,同比增长17.9%;畜牧业0.8亿元,下降11.4%;渔业0.9亿元,下降0.2%。传统农副产品逐渐退出,经济型农产品产量上升。全年生产蔬菜7.6万吨,同比下降31.6%;肉猪出栏5.1万头,同比下降35.4%;特种水产品产量11749万尾,同比增长35.6%;水果产量2660吨,同比增长431.5%。金贝源金鱼养殖农户705户,养殖品种53个,出口创汇435.6万美元。引进试验推广农业新品种30个,实现产值3500万元。农用化肥施用量0.3万吨,农业机械总动力80160.9千瓦。朝阳区农村是首都城市发展重要建设开发区,耕地面积4225公顷,农业人口16.59万人,全市规划的10个边缘集团,有5个在朝阳区农村范围内,建成和在建商住小区百余个。绿化隔离地区总面积68.55平方公里。形成集中成片绿化和一批集体育、文化、旅游、休闲于一体的绿色产业,农业经过战略性调整,向创汇农业、观光农业等“都市农业”方向发展。年内,农村经济总收入352亿元,比上年增长18.4%,利润总额27.8亿元,比上年增长16.7%,实现辖区税收39.6亿元,比上年增长31.5%,三次产业比例调整为1.1:36.1:62.8,三产比上年增长3%,优化二产下降2.4%。农民人均劳动所得12162元,同比增长11.6%,连续5年名列全市第一。

地址:日坛北街33号
电话:65090114
邮编:100020

(佟　庆)

【粮田种植】 2004年,全区现有粮田800公顷,菜田1533.33公顷。年内,收获冬小麦154.47公顷,春玉米570.53公顷,夏玉米148.93公顷,水稻6.67公顷,大豆100.20公顷,粮油作物种植980.80公顷。2004年播种冬小麦200.27公顷。

(靳　为)

【高新技术产业和现代制造业】 年内,农村地区高新技术产业和现代制造业收入12亿元,同比增长14%,北京华东电器股份有限公司、北京燕京制药厂、北京汽车制造厂等一批制造业集研发、生产、销售为一体,综合实力明显提高。豆各庄乡永宏建业数码科技公司、三间房乡卫仁中药饮片厂等企业为现代制造业注入新的活力。金盏乡慧远电线厂,南磨房乡园通公司等企业走外延发展道路,将生产加工扩展到外埠,扩大企业规模。将台IT产业园的启动成为高新技术产业和现代制造业新的增长点。

(佟　庆)

【乡镇企业】 年内,乡镇企业有11个项目与首都高校、科研院所对接。将台医疗设备厂新型消毒柜智能控制系统等6个项目被提名市级优秀项目。实现技术改造、更新设备、开发新产品37项,其中北京华东电气服务股份公司研制HKA型全空气绝缘开关柜达到国际先进水平。

(佟　庆)

【非公经济发展迅速】 年内,全区农业非公经济收入115.6亿元,同比增长48%;利润13.7亿元,同比增长10.1%;上缴税金2.8亿元,同比增长45%;收入、利润、税金分别占农村经济总量32.8%、49.5%和27%。

(佟 庆)

【第三产业】 年内,农村第三产业收入228亿元,同比增长38%,大洋路商业街、莱太花街、高碑店古家具街等特色商业街规模不断扩大,聚集效应逐步增强,辐射效果日趋显现。来广营乡百安居、高碑店乡易初莲花等33个商业、服务业企业建成开业。22个项目在建,19个项目获得审批。

(佟 庆)

【高碑店村古家具街年销售近亿】 年内,高碑店村古家具街销售金额近亿元,上缴税金600多万元,解决本村200多人就业,同时通过出租房屋增加家庭收入。

(佟 庆)

【创汇农业稳定发展】 年内,全区出口农产品基地1400公顷,完成出口供货额1.9亿元,同比增长58.3%。本区创汇农业由过去单一蔬菜品种,发展为蔬菜、食用菌、观赏鱼等多个品种。直接出口比例增加,自营进出口经营权的农业企业有7家。玉雪、六合、格林万德、方圆平安四家农产品出口企业成为市级农业标准化生产示范基地。

(佟 庆)

【旅游观光农业】 年内,完善10个观光休闲农业园区和专业园区。对朝来农艺园、蟹岛生态度假村、朝阳水产科技园、黑庄户乡观赏鱼养殖发展中心、三间房乡中华本草园、霸新绿色种植园、莱太花卉商城、金盏郁金香花园、东坝千亩观光果园、孙河乡郎枣园等园区进一步加大扶持力度。全区接待农业旅游观光客150万人次,实现收入2亿元。

(佟 庆)

【推进三类地复耕】 年内,区委、区政府采取有力措施,推进三类地整治和复耕。全区投入资金300多万元,采取填、埋、平、整等方式恢复耕种。对于生产条件差,没有水源保证,靠雨播种的地块,在完成治理基础上做好等雨播种准备。农业技术服务中心、农机服务中心等有关部门,在种植品种、技术管理、农机等方面加强服务。区农委建立整治台账,对各乡、有关单位加强监督检查。据统计,全区上报三类地331.9公顷。其中圈而未用267.1公顷(包括征而未用土地224.9公顷),撂荒地40.2公顷,废弃鱼池坑窑地24.6公顷。

(佟 庆)

【农户粮食直补】 年内,根据市农委等4部门《关于本市实施粮食直补工作的意见》文件精神,按照粮食直补资金的农户申请、村委会确认、公示、乡政府审核、农委核实五个程序,全区落实农户粮食直补种植面积36.74公顷(小麦5.85公顷,玉米30.9公顷)。按照市确定的种植面积和良种补贴标准,补贴金额395330.2元(小麦87891.2元、玉米307439元)。粮食直补涉及25个村、农户444户,全部按市要求时间直接发放到有关农户。

(佟 庆)

【培育观赏鱼产业带】 年内,全区共生产观赏鱼11740.6万尾,总产值5733万元,占全区渔业总产值58.1%,观赏鱼年直接出口253.7万美元。全区观赏鱼养殖面积350公顷,占渔业养殖总面积574.8公顷的60.9%。主要分布在黑庄户、金盏等乡。养殖户700余户。养殖品种主要有宫廷金鱼(包括:菊花头、狮子头等40多个品种)、锦鲤、龙鱼和热带性鱼类。产品主要销往东北三省及河北、内蒙古、山东、江苏、浙江等省区和法国、意大利、德国、新加坡、日本等国家和地区。黑庄户乡初步形成具有观赏鱼生产、品种繁育、产品销售、设备加工、综合服务等功能为一体的观赏鱼产业带。

(佟 庆)

【绿化隔离地区】 年内,完成市政府下达的第一道绿化隔离地区366.7公顷的绿化任务,拆迁腾退绿地面积175.5公顷,其中拆迁企业85个,腾退绿地84公顷,拆迁农户3432户,腾退绿地91.5公顷。投入资金2320万元,完成第二道绿化隔离地区497.3公顷。其中景观林124.7公顷、一般生态村26.6公顷、经济林346公顷。完成温榆河生态走廊规划设计方案国际招标工作并研究制定实施方案。绿化隔离地区新村建设步伐加快,17个乡开复工面积344万平方米,竣工120万平方米,8050户、1.7万人迁新居。累计开复工面积883万平方米,竣工面积558万平方米,3.8万户、8.7万农(居)民搬迁上楼。

(佟 庆)

【三大绿色板块规模扩大】 年内,继续实施连线、连片、连带绿化方针,三大绿色板块规模进一步扩大。北部板块(大屯、洼里、来广营)达到2133.3公顷;东部板块(东坝、平房、常营、将台)达到1333.3公顷;东南部板块(三间房、王四营、高碑店、豆各庄、南磨房)达到1200公顷。

(佟 庆)

【突出绿化精品工程建设】 年内,先后建成东坝七棵树绿地、京沈高速路南磨房段、王四营段精品绿化带、王四营乡柏阳景园南侧绿地、管庄西会精品绿地、东风乡万米绿化广场等一批精品工程,累计26公顷。

(佟 庆)

农村企业管理

【概况】 朝阳区农村企业发展局(简称农企局)是负责朝阳区农村企业综合管理工作的行政机构。内设办公室、企业管理科、产业指导科、财务信息统计科、科技贸易科,行政编制18名。年内,朝阳区农村有企业912家,全年收入142.2亿元,同比增长17.5%;利润5.2亿元,同比增长48.6%;上缴税金5.2亿元,同比增长33.3%;完成增加值21.7亿元,同比增长11.3%;完成工业增加值9.4亿元,出口交货值4.2亿元,同比增长10.5%。第二产业企业有600家,收入66.1亿元,同比增长9.1%,占农村企业收入的46.5%;利润2.4亿元,同比增长26.3%,占乡镇企业利润的46%;上缴税金3.1亿元,同比增长14.8%,占乡镇企业上缴税金的59.2%。第三产业企业288家,营业收入73.7亿元,同比增长25.1%,占乡镇企业收入的51.9%;利润2.6亿元,比上年同期增长73.3%,占乡镇企业利润的50.8%;上缴税金2.1亿元,比上年同期增长75%,占乡镇企业上缴税金的40.4%。

地址:东苇路51号

电话:84317533

邮编:100018

(吕 辉)

【重点建设33个项目开业】 按照以"产业发展引导项目建设,项目建设带动农民就业增收"的工作思路,对农村地区重点经济建设项目进展情况进行动态跟踪。全年农村地区重点经济建设项目94项,计划总投资206.5亿元。年内,英国百安居来广营店、高碑店易初莲花连锁超市、青年路国际汽车商贸城一期、东方汇美家居广场、东方家园来广营建材超市等33个项目开业,建筑面积82.74万平方米,总投资17.9亿元,引进资金12.8亿元,到位资金16亿元,实现收入17.1亿元,利润0.39亿元,税金0.8亿元,提供就业岗位1.1万个。

(吕 辉)

【绿化隔离地区拆迁腾退】 年内,绿化隔离地区搬迁、关闭企业474家,腾退土地310.8公顷,拆除建筑面积118.7万平方米,涉及职工2.4万人,其中本地职工0.9万人。经北京绿化隔离地区建设总指挥部批准,有72家企业原地暂时保留,占地109.5公顷。这些企业按照有关部门审定通过的方案,拆掉部分原有破旧厂房、车棚,腾地建绿,以确保达到保留企业绿化要求。

(吕 辉)

【农产品加工业销售12亿元】 年内,本区42家农产品加工企业,销售收入12亿元,利税额3500万元,从业人员3707人。黑庄户观赏鱼养殖发展中心,金盏北京玉雪阿魏菇技术开发有限公司等8家龙头企业,收入1.2亿元,利税额1600万元,出口交货值5400万元。北京格林万德农业科技有限公司和孙河乡北京方圆平安食品有限公司等5家企业与东南亚、香港等地建立长期供货渠道,出口交货值1.2亿元,占农村企业出口量20%。蟹岛绿色生态度假村、朝来农艺园等现代农业企业农游合一,全年接待游客150万人次,收入2亿元。

(吕 辉)

【创名牌重点企业与新产品开发】 年内,北京慧远电线电缆有限公司、北京康贝尔食品有限公司、北京龙菲液食品有限公司3家企业,获国家级创名牌重点企业称号。区内农村企业开发新产品37个,其中12个新产品开发项目申报到区新产品领导小组,经验收达标。12个项目投资5135万元,其中自筹3665万、银行贷款1470万元。北京华东电气股份公司研制的HKA型全空气绝缘开关柜达到国际先进水平。北京城外诚家居广场和慧远电线电缆有线公司,经农业部评选,被授予全国诚信守法乡镇企业称号。

(吕 辉)

【技能培训】 年内,农村企业完成技能培训6013人,3836人取得各类专业证书,教育培训费143万元,实现就业3986人。其中新开业的22家企业解决2132名本地农民就业,主要从事物业管理、库工、售货员、理货员、服务员等工作。

(吕 辉)

【职称评定】 年内,200人申报乡镇系列专业技术职称,169人取得初级职称,其中会计系列88人、统计系列2人、经济系列25人、工程系列54人。22人通过市中级职称评审会评审,其中会计系列9人、工程系列10人、经济系列3人。1人申报并被评为高级工程师。评审通过率97.5%。

（吕 辉）

【乡镇集体企业转制】 年内，共有15家乡镇集体企业转制，盘活资产1532.8万元，经过评估，净资产超过100万元的有5家企业。12家企业转制为有限责任公司形式，其余3家为股份合作制形式。华东电气股份有限公司二次转制成为第一家建立规范的现代企业制度的企业。

（吕 辉）

农业综合技术服务

【概况】 朝阳区农业综合技术服务中心为区农委所属全民所有制全额拨款事业单位，内设办公室、行政科、财务科、农业技术推广科、科教科、植物保护科、品种资源科、农业综合信息科、植物检疫科、检验化验科、经济发展科。编制86人。

地址：石佛营西里12号楼丰苑大厦B座6层

电话：85822136

邮编：100025

（新 为）

【开通农业智能信息网】 3月18日，朝阳农业智能信息网在朝阳政务内网开通，8月24日开通全部互联网网站，对标准化生产基地、龙头企业、科技示范园区开展上网培训。农业远程教育及信息服务系统建成区级、乡级、村级、基地园区远程教育站点18个，培训1.5万人。农业服务中心和格林万德远程信息服务站被评为首批北京农民远程教育智农培训示范基地。

（新 为）

【植物检疫】 5月至9月，对全区危险性有害生物（包括美国白蛾、西花蓟马、小麦腥黑穗病、李属坏死环斑病毒病和大豆疫病等）进行普查，未发现有害生物。制定《朝阳区植物危险性有害生物疫情控制应急预案》。全年调运检疫42批次，其中粮食1318050公斤、种子620.55公斤、苗木44763株、接穗100万支、草坪60平方米。产地检疫40公顷。

（新 为）

【推广应用农业专家决策系统】 年内，在朝来农艺园、蟹岛度假村、格林万德、东坝果园、霸新种植园、观赏鱼养殖中心、郁金香花园，定东科普园8个科技园区和黑庄户、金盏、三间房3个乡农业服务中心推广应用农业专家决策系统，蔬菜、水果、花卉等5种作物推广面积702公顷，农作物产量提高，亩成本降低。

（新 为）

【竹醋液系列产品试验】 年内，区内6个蔬菜基地进行竹醋液系列产品试验，增产、增效、增强抗病力等效果显著。其中，永顺华基地奶油生菜喷施竹醋液有机液肥，夏季每亩增产142.5公斤，秋季每亩增产332.5公斤。按市场现价每公斤6元计算，每亩分别增加收益855元、1995元。南皋乡大环绿化有限公司圆白菜防治小菜蛾竹醋液增效剂试验，试验结果说明竹醋液有显著减少农药使用量作用。蟹岛日光温室番茄、黄瓜喷施竹醋液有机肥后，发现作物叶片显增厚、开展度增大，抗病力显著增强，喷施竹醋液有机肥对黄瓜白粉病抑制率为37.19%。

（新 为）

【加大农业检验检测力度】 年内，投资30余万元购买日产岛津GC－2010型农残定量检测仪1套及近万元样品前处理设备，投资3万多元对原子吸收仪维修升级。《食用农产品检测技术的开发与应用》项目通过验收，开发出食用农产品农药残毒快速定性检测技术、农药残毒定量检测技术。其中食用农产品农药残毒快速定性检测技术已推广应用到朝来农艺园、格林万德、方圆平安等标准化基地。同时开发出土壤有机质、碱解氮、速效磷、速效钾、铁、锰、铜、锌、铅、汞、砷等检测技术，应用于全区土壤检测工作。测站为各标准化生产基地出具检验报告140余份，成为朝来农艺园、中国绿色食品公司、永顺华蔬菜种植有限公司等标准化生产基地蔬菜产品进入各大超市不可缺少的检验报告。从标准化生产基地采样并抽取果、菜60余个品种、1000多个样品，覆盖种植面积936.67公顷，标准化基地食用农产品检测合格率平均97.7%。

（新 为）

【优化蔬菜品种结构】 年内，在金盏乡蟹岛种植养殖有限公司、豆各庄乡格林万德农业有限公司、来广营乡朝来农艺园、东坝乡霸新绿色种植园、黑庄户乡定东科技园、十八里店乡高标准化菜田6个蔬菜品种更新换代工程示范基地，秋播蔬菜新品种32个，种植面积12公顷；冬播蔬菜新品种55个，示范推广面积

133.33 公顷。适种的新品种在抗病、品质、丰产性等方面均优于常规品种。如黄瓜新品种生长势强、瓜条好,品质佳。大白菜 7 个新引进品种田间生长整齐一致,抗病性好。番茄 5 个品种品质好、抗裂果、耐贮运。

(靳　为)

【新型肥料施用示范】 年内,引进生物有机肥、专用肥、专用液肥和生物有机肥,在秋黄瓜、大萝卜、春黄瓜、蒲公英、甜椒、花生、黄芩等作物上示范应用,对应增产值分别为 33.6%、30.6%、26.8%、25.5%、25.3%、19.1%、18.4%。孙河乡秋黄瓜经处理后亩产 1270 公斤,增产 33.6%。

(靳　为)

【林地立体高效种植】 年内,推广应用林地立体高效种植技术 120 块地,面积近 853.33 公顷,其中蔬菜 101.27 公顷、粮食 481.53 公顷、药材 70.33 公顷、苗木 52.6 公顷、其它 144.67 公顷。总产值约 800 万元。

(靳　为)

【裸露农田治理】 年内,治理裸露农田 326.67 公顷。其中,将台乡平播小黑麦 53.33 公顷。孙河、将台、三间房等乡林地间作面积 273.33 公顷,其中紫花苜蓿 158.66 公顷、三叶草 28 公顷、芦笋 20 公顷、药材 66.67 公顷。

(靳　为)

【农田建档】 年内,对重点基地园区 32 块农田进行立地条件及种植作物建档工作。统计内容包括地块土壤类型、土壤肥力、土壤酸碱度(PH)、当季种植作物、种植品种、种植密度、施肥情况、灌溉情况、病虫害防治情况、成本核算、亩产量、亩效益等。

(靳　为)

【野生植物资源普查】 年内,在 15 个乡 105 个样点开展野生植物资源普查,覆盖全区所有野生植物生态类型,发现野生植物 149 种,初步鉴定 123 种,待鉴定 26 种,包括重点保护植物野大豆。鉴定外来野生植物近 20 种,制作标本 155 个。

(靳　为)

农业机械服务

【概况】 朝阳区农机服务中心属差额拨款事业单位。内设办公室、财务科、农业机械技术推广科、农业设施技术推广科、农机技术试验室、经济发展科、行政科。下属农机供销公司 1 个企业单位。人员编制 48 人。
地址:团结湖北三条
电话:85975507
邮编:100026

(冯丽静)

【温室生态园建成】 1 月,占地 3000 平方米的东坝生态园温室餐厅建成并投入运营。生态园由现代组合温室、新型壳体结构温室、普通包间和休闲观光区等组成。内部以园林风景式装饰,给人带来悠闲、温馨的就餐环境。

(侯平俊)

【保护性耕作技术推广】 年内,承担市农业局《推广保护性耕作技术》项目任务。根据本区农机具实际情况制定机具购置计划,购置大中型拖拉机 10 台、配套机具 37 台套,改进配套机具 3 台套,投资 82.09 万元。组织各乡农机管理人员和农机驾驶人员针对保护性耕作技术进行培训。玉米种植 649.9 公顷,其中实施保护性耕作种植面积 325.1 公顷。

(王　东)

【确保三夏三秋农机作业】 年内,为完成市政府给朝阳区下达的粮食种植 333.3 公顷、产量 124 万公斤任务,不误农时完成各项农机作业,本中心业务人员对投入作业的机具全面检查,对农机驾驶人员及修理人员进行技术培训。三夏、三秋农机总投量 275 台件,培训农机操作人员 172 人次,农机修理人员 20 人次。

(王　东)

【秸秆禁烧】 年内,拟订《朝阳区三夏三秋秸秆禁烧工作意见》下发各乡。针对本区小麦种植面积少,小麦种植地块分布比较零散,不利于农机具作业等因素,三夏三秋期间深入各乡巡回检查禁烧工作执行情况,本区秸秆禁烧连续多年“不烧一把火,不冒一股烟”。

(王　东)

水产养殖服务

【概况】 朝阳区水产养殖服务中心是区农业委员会所属差额事业单位，内设办公室、财务科、生产科、水产技术推广科、房管科及区水产科技园，编制41人。年内，全区水产养殖面积574.8公顷。其中观赏鱼养殖面积349.9公顷，成鱼养殖面积210.1公顷，鱼种养殖面积14.8公顷；食用鱼产量240万公斤，其中，鲢、鳙鱼54万公斤，草、鲤鱼144万公斤，名优品种42万公斤。观赏鱼产出11741万尾。渔业总产值9871万元，其中食用鱼产值4138万元，观赏鱼产值5733万元。观赏鱼直接出口创汇251万美元，间接出口创汇1713万元。出口观赏鱼3608万尾。

地址：团结湖北里9号
电话：85982756
邮编：100026

（高晓新）

【技术培训和推广】 5月，聘请有关水产专家，开展健康养殖、鱼病防治、水产品标准化生产、饲料合理使用等技术培训，各乡水产工作负责人、大中型渔场场长及个体养殖户共90余人参加培训。9月，向部分养殖户推广市水产研究所研制的“鱼病诊断专家”系统软件。年内，重点推广水产品标准化和健康养殖技术。组织专业技术人员到全区大中型渔场推广水产品标准化养殖技术，指导水产技术人员按照标准化操作规程进行渔业生产。

（高晓新）

【实施水域养殖证制度】 年内，在全区组织实施水域养殖证制度，并制定《朝阳区实施水域养殖制度试行方案》，提出实施水域养殖证工作具体步骤和时间安排。截至12月底，全区办理养殖证的养殖面积264.13公顷，占总面积45.1%。区水产养殖服务中心被市农业局评为水域养殖证发放工作先进单位。

（高晓新）

【渔业基础设施建设】 年内，区水产科技园投资500余万元，建成2400平方米垂钓宫一座。此项目对工厂化养鱼车间排出的余热水进行综合再利用，集生产、存贮、垂钓、休闲、体育健身、供暖（制冷）等多功能于一体。黑庄户观赏鱼养殖发展中心投资1000余万元，先后建成11000平方米具有人工繁殖、苗种培育和成鱼养殖等功能的现代工厂化观赏鱼养殖车间和8公顷标准化观赏鱼养殖基地。

（高晓新）

【水产品质量安全管理】 年内，中心兴建的市水产品质量检测中心朝阳分中心实验室通过验收。确立区水产科技园、黑庄户乡和金盏乡为水质和鱼病监测重点单位。对淡水蓝鲨、彩虹鲷、草鱼、鲤鱼和观赏鱼等淡水养殖鱼类23个常规项目按月进行监测。全年诊断鱼病30余次，测报鱼病发生情况6次，取得各种检测数据4000余个。针对水产品市场甲鱼、牛蛙出现霍乱弧菌情况，对全区各乡水产养殖单位进行调查，定期向市水产技术推广站送交水样和甲鱼、牛蛙样品化验。

（高晓新）

【苗种早繁技术】 年内，区水产科技园和区观赏鱼繁育基地黑庄户观赏鱼发展中心运用早繁技术在亲鱼选育、水质调节上下功夫，探索新经验取得新突破。水产科技园孵化鲤、鲫鱼水花2.8亿尾，同比增长22%。黑庄户观赏鱼发展中心孵化观赏鱼水花8000万尾，其中宫廷金鱼水花800万尾、锦鲤水花200万尾、红草金鱼水花5000万尾、红白草金鱼水花1000万尾、花鲫水花1000万尾。

（高晓新）

畜牧兽医技术服务

【概况】 朝阳区畜牧兽医技术服务中心是区农业委员会所属差额拨款事业单位，机关内设防疫检疫科、科技信息科、经营服务科、化验室、办公室。在职干部职工59人。

地址：豆各庄乡何家坟村
电话：85369510
邮编：100024

（王晓刚）

【禽流感防控】 年初，成立区防治重大动物疫病指挥部负责禽流感防控工作，对全区禽类实行强制免役，发放H5亚型禽流感疫苗1333000羽份，免疫率达到100%；监测血样1785头份，无阳性，监测率100%；

对禽类圈舍及环境全面消毒,发放消毒药品49.3吨,消毒面积300万平方米。3月,指挥部组织全区散养活禽收购焚埋工作,收购焚埋活禽152860只,投入资金263万余元。上述措施实行,有效地防止了禽流感在区内发生。

(王晓刚)

【清理非法养猪】 5月10日起对全区非法养猪进行清理整顿。清理非法养猪64142头,拆除违章简易猪圈25万平方米,区政府为此项工作提供发放补贴720余万元。

(王晓刚)

【犬防疫】 年内,全区共免疫犬49000条,占注册犬数94.7%(另有2737条犬在区外免疫),其中,各乡自行完成12951条,社会动物医院完成3040条,区畜牧兽医技术服务中心完成33009条。

(王晓刚)

【动物检疫】 年内,对区内屠宰的45万头生猪全部进行检疫,没有发现疫情;对外埠进京肉18000车29040吨全部进行复检,对不合格的动物产品坚决不让其进入朝阳区市场。

(王晓刚)

【医政药政】 年内,会同农业综合执法大队等部门对50家动物诊疗机构和56家兽药生产、经营单位进行检查。并对违法行为进行处罚。对28家提出申请狂犬病免疫的单位进行验收,17家动物诊疗机构通过验收,取得狂犬病免疫资格。协调解决医疗纠纷5起。配合市药检所对区内兽药生产经营单位进行采样。《中华人民共和国行政许可法》实施后,按照新的法律法规要求,区畜牧兽医技术服务中心调整工作程序、标准,完善审批程序,规范案卷。

(王晓刚)

【养殖业存栏】 年内,全区牛存栏3820头,羊存栏14784头,猪存栏6051头(其中金盏乡保留猪场猪存栏5512头),马属动物存栏268匹,犬保有量51737条,禽类存栏60550只,鸽子和观赏鸟保有量263126只,其它偶蹄动物鹿等存栏45头。

(王晓刚)

农村人员培训

【概况】 朝阳区农村劳动力教育培训服务中心隶属于区农委。有专职教师13人、兼职教师30余人,12个培训工种资质。年内培训7825人次。

地址:东坝红松园13号
电话:65493070
邮编:100018

(李　梅)

【组织职称考试】 2月至3月,承担朝阳区乡镇企业不具备规定学历人员职称考试报名、培训、考试等管理工作,参加人员107人,报名专业有建筑、电气、经济、统计、会计5大类,开设了建筑初级辅导班及会计初、中级混合班。本中心被确定为乡镇企业专业技术人员不具备学历人员职称考试考点。

(李　梅)

【名列第一批星火学校】 8月,培训中心通过市、区科委专家团验收,列入第一批国家星火计划农民科技培训星火学校。星火学校是由国家科技部星火办发起,面向农业、农村、农民,以提高农民科技致富能力和非农就业能力为重点,向农民开展农村实用性技术及职业技能培训的基地。这次评选主要考察各培训单位师资队伍、管理水平、培训条件、培训效果及自我发展能力。

(李　梅)

【培训成果】 年内,共培训学员7825人次,其中开展引导性培训39期,培训6396人次,培训合格率达99%以上;开展职业技能培训21期,培训1429人次,培训合格率达97%以上,主要培训项目有物业管理员、绿化工、计算机操作员、保洁员、保安员。同时按照朝阳区农村劳动力教育培训联席会议办公室要求,对全区19个乡9534名参加引导性培训的学员进行考试考核,完成所有阅卷存档工作;对2500名学员就个人信息、培训内容等情况进行问卷调查,并及时统计汇总。

(李　梅)

农村经济管理

【概况】 朝阳区农村合作经济经营管理站(简称区经管站)是区政府农村集体经济管理部门,正处级全额拨款事业单位,内设办公室、集体资产管理科、财务管理科、审计科、合同管理科、农经培训科及农村集体经济调解仲裁委员会办公室、农民负担监督管理办公室,编制31人。

地址:团结湖北里9号楼4层

电话:85983940

邮编:100026

(王玉艳)

【集体经济审计】 年内,完成农村集体经济审计季报;组织各乡开展土地确权收益分配、年终收益分配、村干部离任等日常审计工作;对集体资产处置、村级重大资金使用情况进行专项审计。组织各乡成立农村审计网络组,以座谈、交流等形式定期开展活动,交流、推广审计工作经验。

(王玉艳)

【集体资产管理】 年内,结合集体资产产权证登记年检,对乡、村集体经济组织拥有和企业占用的集体资产进行登记,对产权变动和产权注销登记;对集体资产评估结果确认、备案。规范农村合同管理,各村全部建立合同管理台账,将有关数据输入计算机,对合同实行动态管理;指导乡村基层单位做好合同管理工作。规范村级财务管理,严格控制不合理开支,对崔各庄乡黑桥、索家坟、崔各庄3村开展农村财务"村账托管"试点工作。对45家乡镇企业实施经济动态监测。完成农村经济收益分配月报、年报及全年试算工作。

(王玉艳)

【合作经济组织登记】 年内,依据《北京市乡村集体经济组织登记办法》,审核确认农村经济合作组织,为145个合作经济组织颁发登记证书。

(王玉艳)

【农经调研】 年内,围绕农村集体经济体制改革、资产运营、财务管理、集体经济审计等问题,开展专题调研27项,围绕村级组织运转、集体债务等问题,开展专项调查3项,通过摸清情况,找准问题,有针对性地提出对策和建议,积极为领导科学决策提供服务。

(王玉艳)

【减轻农民负担工作】 年内,严格执行村级报刊订阅费用限额控制制度、涉农价格和收费公示制度和涉及农民负担案(事)件责任追究制度;重点开展农民建房收费、农村中小学收费、农村电费及外来民工负担等专项治理工作;减轻村级集体负担722.4万元;基本完成农村低压电网改造,减少输变电损耗;给农户安装插卡式电表,控制电费支出。

(王玉艳)

【农村专业技术人员培训】 年内,完成农村3473名会计人员继续教育工作;对101名申报农民会计师、农民经济师人员进行培训,经过全市统一考试及市农民中级专业技术职务评审委员会评审,学员全部取得农民中级专业技术职务任职资格。

(王玉艳)

【土地确权】 年内,明确土地确权范围、形式、对象和操作程序,认真审核土地确权实施方案,指导各乡做好土地确权工作;积极做好信访接待工作;加强农用地确权确利证书管理。全区有133个村完成土地确权工作,确权面积9933.33公顷,确权农户57533户,确权农民150113人,签订农用地确权确利协议书57533份,并颁发证书。

(王玉艳)

【农村集体资产清产核资】 年内,组织各乡全面清查和核实农村集体资产状况,涉及1001个基本单位,各乡以2003年12月31日为统一时点,明确清产核资范围和任务,重点清查农村集体经济组织和集体企业账内资产、账外资产和土地等资源性资产,依法界定资产所有权,针对清产核资发现的问题,建立健全财务管理制度和审计监督制度。

(王玉艳)

【农村集体资产产权制度改革】 年内,按照区政府总体要求,对奥运村、东风、南磨房、太阳宫、将台、高碑店、管庄、常营8个乡拟定的集体经济组织产权制度改革方案提出建设性意见。

(王玉艳)

农业综合执法

【概况】 朝阳区农业综合执法大队隶属区农业委员会,属全额拨款事业单位,在区域内集中行使兽医卫生、兽药、农药、种子、肥料、农机、渔政、饲料及饲料添加剂和农业转基因生物及其产品9项行政管理与处罚权。编制50人,内设综合办公室、兽医卫生监督检验所、农业机械监理站、种子管理站、农药检定所、渔政管理站和白鹿、大羊坊两个公路兽医卫生检疫监督站(简称公路检疫站)。监管对象主要包括204家商场、超市,97家各类市场,333家农资生产经营单位,3万余家宾馆、饭店、餐厅、食堂和600余台(辆)农业机械。

地址:石佛营西里12号楼B座丰苑大厦2层

电话:85827521

邮编:100025

电子邮箱:cynyzfdd@ sohu. com

(徐战虎)

【防治禽流感】 1月27日,国内发现首例禽流感疫情后,区农业综合执法大队抽调20名执法人员,连夜在白鹿、大羊坊收费站建立2个兽医卫生检疫监督站,负责对外埠进京动物及其产品,特别是对禽类及其产品检查、消毒和登记,封堵外埠活禽、种蛋和无检疫证明动物产品进京,按照初检分流、车辆引导、证件查验、检疫消毒流程对外埠进京车辆进行检查、登记和实时上报。成立专项检查组,对动物产品生产经营场所和畜禽饲养场户监控;落实生产经营场所兽医官方登记记录和防疫消毒制度;完善畜禽饲养场户基础防疫设施、设备,规范免疫消毒程序,取缔泔水喂猪。通过执法人员不懈努力,有效切断禽流感疫情传播链。

(徐战虎)

【农业综合执法试点】 年初,区农业综合执法大队被农业部定为全国农业综合执法试点单位。大队根据试点工作要求,制定农业综合执法试点方案。以规范执法运行机制,提高执法人员综合业务素质为重点,进行综合执法有益尝试。在执法机制上,开展专业执法和联合执法,实现农药管理方面跨行业执法。在人员培训上,举办全员综合业务知识培训,培训内容包括行政处罚法、行政许可法和各类专业法律法规,提高全体执法人员综合业务素质;组织外出学习考察,了解和借鉴其他省市农业综合执法经验。

(徐战虎)

【农业执法】 年内,白鹿、大羊坊两个公路检疫站检查外埠进京动物及其产品的运输车辆30118车次,原路劝返37车次;对外埠进京855万余头只活体动物、1.9亿余公斤动物产品进行监督检查和消毒。各项执法检查共出动人员12108人次、执法车辆2650台次。检查各类农业生产经营单位和个人11604个次,组织联合执法行动260次,处理群众举报56起。查处各类违法案件706件,罚没款52万余元。兽医卫生监督打击非法经营动物及动物产品行为;渔政管理集中整治餐饮单位违法经营、利用国家保护水生野生动物行为;种子、肥料管理以农资打假为重点,打击制假售假行为;农药管理以卫生杀虫剂整治为重点,保证市民用上安全、有效的卫生杀虫剂;农机监理以打击农机违法、违章行为为重点,保障农机安全生产。

(徐战虎)

【农业法制宣传培训】 年内,按照规范管理,宣传先行指导思想,以管理相对人为重点宣传对象,狠抓宣传形式、宣传内容和宣传覆盖面创新和扩大。采取重心下移,深入基层方式大力开展法制宣传活动,对京客隆、燕莎、赛特等企业相关管理人员进行培训,在重大节假日期间开展“讲诚信,重维权,营造放心消费环境,维护消费者合法权益”和“迎国庆,创首善,严执法,搞服务,维护农产品正常经营秩序”等大型主题宣传活动。全年组织社会宣传和培训活动18次,参加人员1万余人,发放资料3万余份。

(徐战虎)

水 利

【概况】 朝阳区水利局是负责朝阳区水行政管理工作的区政府职能部门，内设党委办公室、局办公室、计划建设科、水资源管理科、防汛抗旱科、水政科、科教信息科、财务审计科、监察科，编制45人。局属河道管理所、温榆河管理所、东南郊水务所、羊坊水务所、平房水务所；水利工程设计室、城区防汛办公室；水利物资供应站、水文站；水政监察大队；节水事务管理中心。年内，加快"农村水利向统筹城乡水务转变，工程水利向资源水务转变"，完成坝河驼房营桥至北岗子闸3.1公里河道整治及新建北岗子橡胶坝、萧太后河出口水环境建设、通惠灌渠高碑店段1.5公里渠道综合整治等工程建设。加强水利工程规划、立项、设计、招投标、质量监督和竣工验收、建后管理等环节的制度化和规范化，加大水法规宣传力度，营造节水、护水的社会氛围。加强水利现代化建设，提高水利工程科技含量。

地址：团结湖上泗路90号
电话：85970772
邮编：100026
网址：www.water.bjchy.gov.cn

（王飞力）

【水资源管理信息系统通过验收】 年初，朝阳区水资源管理信息系统集系统开始运行调试，4月底完成水资源基础数据录入。8月11日，该项目通过由中科院院士、各大专院校水资源学科教授组成的鉴定委员会验收。

（王飞力）

【水法与节水宣传】 3月25日，为纪念第十二届"世界水日"和第十七届"中国水周"，区水利局与金盏小学在温榆河畔举行"保护母亲河，共建美好家园"活动，同学们通过朗诵诗歌、表演小品表达对母亲河的认识与热爱。朝阳有线电视台等媒体对此次活动进行特别报道。5月，举办纪念"节水宣传周"大型户外宣传活动，以张贴标语、展板展示、发放宣传材料以及节水器具展示等多种形式，向群众宣传节水常识、水法规知识，数千人受益。以《北京市实施〈水法〉办法》颁布实施为契机，积极开展学习、宣传活动，发放宣传画和宣传材料千余份。三间房等地区在乡域内开展丰富多彩的宣传活动，将水法规宣传到最基层。

（王飞力）

【农用机井全部装表计量】 4月，全区农用机井调查工作结束。全区农村有农用机井2177眼，实现计量的714眼，未安装水表1463眼。区水利局使用专款160万元对无计量设施机井实施装表工作，全区农用机井全部实现装表计量。

（王飞力）

【世行贷款节水灌溉项目】 5月20日，世行第七次检查团对区内世行贷款节水灌溉项目进行整体检查，检查内容包括世行贷款节水灌溉项目2003年度执行情况、总体完成情况；朝阳区地下水管理计划实施情况；2003年度监测评价工作开展情况；对世行检查团备忘录建议的整改措施落实情况。

（王飞力）

【农村饮用水水质普查】 7月至11月，在全区开展农村饮用水水质普查。此次普查涉及21个乡，人口50余万人，水井547眼。从水质普查情况看，区内北部水质优良，东部和南部部分水质较差。超标污染物主要表现在总硬度、硝酸盐、氨氮、溶解性总固体上。

（王飞力）

气象与服务

【概况】 朝阳区气象局实行上级主管气象机构与区政府双重领导，以上级气象主管机构领导为主的管理体制。承担本区气象工作行政管理职能。机构设业务科、综合科、办公室，编制9人。年内，职工全部竞聘上岗；年度测报质量位于全市中上水平；气象服务1700多件（次），包括为朝阳国际商务节、庆祝申奥成功等重大活动提供气象服务；对530多个单位进行避雷检测。

地址：酒仙桥南十里居1号
电话：64377870
邮编：100016

（陶立新）

【气候概况】 年内区域气候特点：气温偏高，降水偏少。年平均气温12.7℃，比常年（12.0℃）偏高

0.7℃;极端最高气温38.8℃(6月11日);极端最低气温-14.4℃(1月22日)。从季节上看,冬、春、秋季气温偏高,夏季气温偏低。年度降水量562.2毫米,比常年(581.6毫米)偏少19.4毫米,从季节上看,冬、春、秋季降水偏多,夏季偏少。一日最大降水量73.8毫米,出现在6月18日;最长连续降水日数4天,降水量102.9毫米,出现在6月16至19日。最长连续无降水日数39天,出现在1月12日至2月19日。年度雷暴日数30天,出现7次大风天气过程。

(陶立新　李珊珊)

【气象服务】 年内,除常规气象服务外,增加了重点单位和重大事件气象保障服务。年度常规气象服务1600多件(次),重要气象信息服务40多件(次),重大事件气象保障服务20多件(次)。7月,在气象局架设服务器,建立朝阳区气象决策服务系统,为区委、区政府及防汛办公室领导提供全面、准确、及时的决策气象服务。

(马广奎　陶立新)

【防雷减灾管理】 年内,对全区范围内530多个单位建筑物和构筑物进行防雷检测。检测一类防雷建筑单位60多个、二类防雷建筑单位420多个、三类防雷建筑单位40多个。检测中发现的主要问题是一些单位对弱电系统采取防雷措施必要性认识不足,特别是计算机系统防雷安全措施做的不够,建筑物顶部电话线、信号线防雷接地存在隐患较多;部分加油站入室电源部位没有过压保护。区气象局积极组织管理区域内的防雷减灾,实施对雷电灾害监测和预警,对雷电灾害进行调查、统计、鉴定。区避雷检测站负责防雷装置的常规仪器安全检测、建筑物和构筑物防雷装置设计审核、工程验收等。

(马广奎　崔月生)

园区建设

北京商务中心区

【概况】 北京商务中心区管委会是市政府在商务中心区设立的行政机构,委托朝阳区政府管理,代表市政府统一行使北京商务中心区开发建设和管理职能,管委会下设综合处、规划处、建设处、发展处。管委会行政级别为副局级。下属单位有2个:北京商务中心区投资和服务中心、北京市土地整理储备中心商务区分中心。北京商务中心区(简称北京 CBD)位于朝阳区中东部,东起西大望路,西至东大桥路,南临通惠河,北接朝阳路——朝阳北路,以东三环为南北轴线,以建国门外大街为东西轴线,形成以大北窑桥(国贸桥)为中心的“金十字”,区域面积3.99平方公里,分属于建外和呼家楼两个街道办事处管辖。第五次全国人口普查资料统计显示,商务中心区内总人口为5.8万人,其中常住人口为4.3万人;区域内各类企业共有从业人员80801人,据抽样调查显示,本科以上学历的约占企业员工总数的76.8%。区域内有城市快速路1条(东三环路),主干路3条(建外大街、朝阳北路、东大桥路),次干路1条(关东店南街),公交首末站7个,公交线路60条(其中24条为始发线路),地铁1号线设有3个地铁站(永安里、国贸桥、大望路)。截至年底,有各类企业单位2617家,比上年增加254家。其中内资企业1761家,外资及港澳台企业856家,现代服务企业占65.4%,世界500强企业中有96家在商务中心区设立分支机构或代表处。年内,实现地税收入20.3亿元,同比增长46.3%,约占全区的14.4%。实际利用外资总额56332万美元,占北京市18.3%。区域内38个开发项目开工17个;编制完成未来3年道路建设计划,并研究CBD及周边地区交通规划和公交线网调整方案;完成核心区规划方案调整,全面细化CBD景观规划,基本完成CBD地下空间规划和4个主题公园开发模式研究;制定并具体落实朝阳区促进CBD金融业发展若干措施实施细则;完成第五届北京朝阳国际商务节各项任务,CBD建设由概念、规划阶段进入全面建设和产业发展阶段;制定《关于北京商务中心区设立新闻发言人规范新闻发布的意见》,建立新闻发言人制度,与区外办共同起草《关于朝阳区与国际CBD城市结成友好城区的意见》,加强CBD网站更新维护工作,对外宣传和交流成效显著。

地址:东大桥路甲25号
电话:85631699
邮编:100020
网址:http://www.bjcbd.gov.cn
http://www.bjcbd.com.cn

(白少飞)

【财富中心二期工程开工】 4月2日,北京财富中心二期工程隆重开工,参加开工仪式的有香江国际集团董事长杨孙西、总裁罗钊明等有关各方领导。二期总建筑面积50多万平方米,由超五星级酒店、酒店式公寓和超高层写字楼构成。

(白少飞)

【土地公开出让并入市交易】 4月,北京市土地整理储备中心商务区分中心完成北京商务中心区NW07-1地块土地一级开发,以七通一平熟地形式公开上市交易。6月1日,该地块国有土地使用权公开招标出让在市土地交易市场拍卖厅进行现场开标。6月9日,北京市土地整理储备中心商务区分中心与SOHO中国有限公司正式签订《北京商务中心区NW07-1地块土地开发补偿协议》。

(白少飞)

【公共交通】 4月,成立北京商务中心区交通顾问委员会,将编制未来三年CBD道路建设计划，为CBD交通规划设计、方案论证、工程实施、政策制定及智能交通管理等方面提供科学合理指导。8月，为改善北京CBD及周边地区(东单至东五环，三元桥至广渠路，简称“泛CBD”)交通状况，实现CBD公交出行达到56%的建设目标，经市长专题会研究决定，由北京CBD管委会委托北京市公共交通研究所编制泛CBD公交规划。规划重点是分析评价泛CBD地区现有的公交网络及运营组织模式，制定公交换乘枢纽和场站布局规划、公共电汽车线网整合配套方案及公交优先系统实施规划，并提出公交管理改善措施和配套政策。9月，由北京CBD管委会委托市规划院和MVA香港交通顾问有限公司共同编制的北京CBD及周边82平方公里交通规划总稿初步完成。

(张　旭)

【在美展示CBD投资环境】 5月11日至13日，在美国纽约曼哈顿时代华纳中心举办“北京朝阳区展暨北京商务中心区投资环境展示会”。展品主要有北京商务中心区三维立体模型和反映朝阳区人文景观的资料图片，美国多家新闻媒体进行报道。

(白少飞)

【巴西石油公司入驻CBD】 5月23日，世界500强企业——巴西石油公司北京代表处入驻北京CBD。巴西石油公司总裁若泽·爱德华多·杜特拉宣布公司驻北京代表处成立，巴西总统卢拉出席开业典礼并讲话。

(白少飞)

【银泰中心主体工程开工】 6月4日，高249.9米的银泰中心主塔正式开始施工，第一批钢结构柱被吊装完成。银泰中心位于CBD核心地带，该工程包括1栋249.9米高塔楼和两栋186米高塔楼，3栋塔楼呈“品”字形耸立。该工程占地3.13万平方米，总建筑面积约35万平方米。银泰中心计划于2007年年初建成。

(白少飞)

【金地国际花园封顶】 6月，金地国际花园经过一年半施工，在连续获得“北京市安全文明施工样板工地”、“北京市结构长城杯金奖”等荣誉后，完成全部结构封顶，比计划提前21天。

(白少飞)

【核心区规划方案评审】 7月，北京CBD核心区规划调整方案汇报会召开，会议认为由美国PCF建筑师事务所和北京市城市规划设计研究院研究的关于核心区规划方案总体上可行。8月，市城市规划设计院技术委员会通过审议。北京CBD核心区位于国贸桥东北角，占地30公顷，建筑面积超过100万平方米，是超高层建筑集中区，以商务办公楼为主，集中发展以金融为重点的现代服务业，力争在2008年以前完成一期建设。

(白少飞)

【CBD1号路正式开工建设】 9月9日，商务中心区1号路即嘉里北路工程正式开工。该路东起东三环，西至东大桥路，全长979.64米，道路红线宽25米，同步实施雨水、污水、电力、电信等7条市政管线。竣工通车后，将有效缓解光华路交通拥堵状况。

(白少飞)

【参与朝阳国际商务节】 9月15日至19日，在第五届北京朝阳国际商务节活动中举办了CBD国际金融服务暨产业发展项目展、CBD总部经济与区域发展论坛和CBD金融发展论坛，举办了中外CEO商务酒会和2004CBD商务英语电视大赛，向各界展示北京CBD浓厚商务氛围和良好投资环境。

(韩　冰)

【中央电视台新址奠基】 9月22日，中央电视台新址建设工程举行奠基仪式暨开工典礼。中共中央政治局常委李长春，中共中央政治局委员、北京市委书记刘淇，中共中央政治局委员、中央书记处书记刘云山，北京市市长王岐山，中共北京市委副书记龙新民，以及李士祥、陈刚、束为等区领导出席奠基仪式。中央电视台新台址位于东三环中路32号(原为北京市汽车摩托车联合制造公司光华路厂址)，地处东三环路以东、光华路以北、朝阳路以南，占地面积约19公顷，总建筑面积约55万平方米，最高建筑约230米，工程总投资约50亿元。

(马维翰)

【《北京CBD》创刊】 9月，《北京CBD》杂志创刊，作为倡导最新商务理念、服务于企业领袖的商务生活类杂志，中英文双语、双月刊，公开发行。

(马　静)

【北京CBD成就与规划展出】 10月10日，在“中国城乡建设与人居环境成就展”上展出“北京CBD成就与规划”。

(马　静)

【CBD智能交通设计启动】 11月，管委会委托市交管局科研所对CBD区域智能交通系统进行设计，其中包括信号控制系统、交通诱导系统(含停车诱导)、交通信息检测、交通电视、交通违章检测系统的下端设备、公交信息服务系统和快速反应系统，项目将更有效地发挥道路资源潜力。

(白少飞)

【建立 CBD 统计指标分析系统】 11 月，CBD 管委会完成“北京 CBD 统计指标体系及社会经济发展状况研究”课题，建立了北京商务中心区统计指标体系以及量化评价数学模型和计算机分析系统。该体系兼顾一般城区社会经济发展评价标准，综合反映北京商务中心区开发建设、基础设施、投资环境、政策法规、人口就业和企业经营等社会发展及经济发展情况，突出反映北京 CBD 规划中列为重点发展的金融、保险、电信及信息咨询业等现代服务业发展状况。包括基础设施评价体系、社会发展评价体系和经济发展评价体系 3 个子体系，共计 61 项指标的统计评价。在未来 3 年至 5 年内，根据统计局提供给管委会的统计数据，不必年年作详细调查，就可以利用该体系及建立的数学模型比较客观、相对全面地反映 CBD 的建设发展情况，为决策提供参考。

（李 强）

【通惠河北路工程开工】 12 月 20 日，通惠河北路（西起东二环东便门立交，东至东四环四惠立交，全长 4 公里，规划为城市快速路标准）工程举行开工仪式，预计 2005 年底前完成建设任务。

（白少飞）

【普华永道落户 CBD】 12 月 21 日，普华永道与港资地产巨头香江国际集团北京财富中心项目在钓鱼台国宾馆举行合作协议签订仪式。著名跨国公司与地产巨头强强联手共筑北京 CBD 总部基地，标志着 CBD 建设从规划建设转向建设和产业快速发展阶段。

（章卫龙）

【政府与企业共商 CBD 发展】 12 月 23 日，区委、区政府在欧陆风韵召开北京 CBD 发展建设座谈会，邀请普华永道、美国友邦保险、加拿大蒙特利尔银行、香江国际房地产公司、银泰等十余家金融、咨询、房地产等行业企业，就优化发展环境、提升 CBD 品牌、促进产业发展进行座谈。

（韩 冰）

【中国人民财产保险股份有限公司落户 CBD】 12 月，内资金融巨头中国人民财产保险股份有限公司与 CBD 区域内重点项目银泰中心签署框架性协议，购置 10 万平方米的整幢写字楼，该公司将整体迁入 CBD。

（李 强）

望京高新技术产业区

【概况】 望京高新技术产业区管委会作为区政府的派出机构，行使园区管理及区域社会管理两大职能。望京高新技术产业区位于北京市东北部，总体规划面积约 7.95 平方公里，是一个集居住、文化、教育、科研、高新技术产业为一体的大型综合性高科技园区。年内，望京产业区内有纳税企业 673 家，上缴税收 1.34 亿元，其中区级财政收入 2918 万元；望京科技园有入园企业 224 家，其中虚拟注册企业 115 家、留学生创办企业 60 家；摩托罗拉、爱立信、北电网络、LG 等跨国公司研发中心先后落户望京产业区，电子类研发中心聚集效应初步显现。

地址：望京西园 220 楼西配楼
电话：64716671
邮编：100102

（张陆琦）

【领导调研】 2 月 26 日，中央统战部副部长陈喜庆一行到望京产业区就留学人员回国创业进行调研，在听取了园区工作汇报和留学人员代表发言后提出加大政策宣传力度、解决留学人员实际困难、树立创业优秀典型等方面工作的意见。

（张陆琦）

【7 家企业与园区签约】 5 月 24 日，索尼爱立信地区总部及研发中心签约入驻望京产业区，研发中心是该公司全球四大研发中心之一，公司现有研发人员 500 余名，负责中国和全球市场开发和设计产品及应用。5 月 31 日，爱立信（中国）有限公司签约，12 月 7 日奠基。世界 500 强——爱立信总部及研发总院项目占地面积 4 万平方米，一期占地 2 万平方米，建筑面积 47000 平方米，预计 2006 年正式投入使用，爱立信将把分布在北京各处的机构统一迁入，承担全球研发任务。8 月 19 日，入区企业天利公司与英国 BOC 爱德华公司正式成立的合资公司——爱德华天利（北京）制药系统有限公司正式签约。9 月 15 日，三星电子产品（中国）服务中心正式签约。10 月 20 日，三星数据系统（北京）有限公司正式签约。该公司为整体 IT 服务提供商、电子商务支持商、商务基础设施建设者以及解决方案提供商。其控股公司三星 SDS 是韩国最大的全球化 IT 解决方案提供商，亚太地区 IT 企业第 4 强，世界 IT 企业 500 强第 38 位，是韩国最大的系统集成商，在全

球系统集成行业排名第7位。11月1日,世界500强——朗讯科技(中国)有限公司贝尔实验室正式签约,将于2005年3月25日正式入驻望京科技园C座,办公面积1.2万平方米,研发人员700余名。11月11日,三星电子产品(中国)服务总部入驻望京科技园二期,目前该总部在中国内地区域授权维修中心900多家,服务网点遍布县级以上城市。同月,安捷伦科技(中国)有限公司正式签约,安捷伦科技主要从事通信、电子、生命科学和化学分析等领域的创新技术和服务,其客户遍布110多个国家和地区。安捷伦研发中心将建成总占地面积18000平方米,总建筑面积28800平方米,绿化率达37%的美丽园区。

(张陆琦)

【加拿大北电网络(中国)有限公司奠基】 5月31日,世界500强——北电网络总部及研发中心奠基。北电网络占地55000平方米,园区主体建筑为9层办公楼及部分低层建筑,包括北电网络大中华区总部和研发中心。作为北京奥运经济重点项目之一,这里将从事无线、光传输等所有主营业务项目和3G、下一代网络等领先技术研发工作。

(张陆琦)

【家乐福北京旗舰店正式启动】 12月5日,家乐福北京旗舰店正式启动,总建筑面积20万平方米,预计于2006年建成,为周边居民及企业提供全天候商业服务。

(张陆琦)

【实施政企分开】 12月30日,望京高新技术产业区正式实施政企分开,望京高新技术产业区管委会行使园区管理、区域城市和社会管理两大职能,望京新兴产业区综合开发公司和北京电子城建设有限责任公司行使企业职能。

(张陆琦)

【摩托罗拉(中国)电子有限公司开工】 12月,世界500强——摩托罗拉(中国)电子有限公司总部及研发中心在电子城西区开工,总占地10公顷,一期建筑面积90000平方米,地下34000平方米,包括1幢16层塔楼及3幢3层研发楼,可容纳3600名员工,预计2006年之前建成并投入使用。

(张陆琦)

奥林匹克森林公园

【概况】 奥运森林公园建设管理委员会为区政府临时常设机构,主要职责是负责奥运森林公园建设前期立项、规划、融资、征地、拆迁、转居转工、劳动力安置等综合协调工作以及政策研究、宣传和审计、监察工作。内设综合协调处、监察审计处、政策融资处、规划建设处。奥林匹克森林公园,全部在奥运村地区,东至安立路、南至辛店村路、西至白庙村路、北至清河北路,占地680公顷。年内,森林公园有450公顷绿地,树木约50万株,树种多以银杏、桧柏、柳树、油松、沙地柏、花灌木等为主。园内共有文物古迹12处,其中墓碑9块,均为清朝康熙、乾隆、雍正年间所立;石刻2组,均为墓地华表;一座龙王庙,整个建筑木制结构完好。

地址:奥运村地区办事处东侧
电话:84911959
邮编:100107

(吕 洪 赵振霞)

【拆迁工作】 2月,平稳完成森林公园规划范围内社会单位和集体企业拆迁工作。拆除社会单位14家、集体企业183家,拆除房屋建筑面积42万平方米。

(赵振霞)

【规划方案初步形成】 3月30日,市政府批示,同意按奥林匹克公园景观规划设计(中期汇报稿)方案深化设计。以清华城市规划设计研究院和美国sasaki公司关于奥林匹克公园中心区及森林公园景观规划设计方案“通向自然的轴线”为主要设计理念,将龙形水系融入中心区、融入城市,实现奥林匹克公园城市与自然互融,为奥运中心区提供绿色景观背景。规划设计五环路穿过森林公园将其分为南北两区,南区占地约380公顷,为2008年奥运会前主要景点建设区。森林公园骨架的主体山型水系围绕中轴线进行布局,主峰位于城市中轴线上,高度约48米。水系与环境、山型、自然有机结合,保持龙形水系及森林公园内湖面完整性。北区占地约300公顷,以生态保护与生态恢复为主。

(赵振霞)

【园区建设】 春季,平整北园绿化用地100余万平方米;移植南园1900余株银杏,移植占地14万平方米,公园南区具备挖湖、堆山施工条件。

(赵振霞)

【市政府批复征地手续】 4月19

日，市政府批复朝阳区政府《关于办理奥运森林公园项目土地手续的函》，同意征用朝阳区洼里乡农村集体农用地273.2823公顷，包括耕地15.7508公顷，建设用地193.8087公顷，未利用地0.6113公顷，收回使用国有建设用地192.0540公顷，共计659.7563公顷。按照北京市土地利用规划、北京市城市总体规划和奥运会建设要求转为奥运森林公园用地。

（赵振霞）

【转居转工工作】 上半年，奥运森林公园管委会与洼里乡党委、政府先后召开12次不同层次的关于"森林公园转居转工及社会保障、劳动力培训及安置工作"专题会议，对群众关心的15个方面的问题，进行归纳整理依法解答。根据有关政策，研究制定《关于农转工人员安置工作的实施办法（讨论稿）》及《关于鼓励农转工人员自谋职业的实施办法（讨论稿）》。举办由乡、村两级干部及企业管理人员150余人参加的奥运森林公园政策法规宣传员培训班。同时，管委会走访有关部门，依据相关政策，做出各项社会保险费用预算，编制《劳动力安置岗位说明》。为确保森林公园转工安置工作顺利进行，区政府成立奥运森林公园劳动力安置工作领导小组，负责指导奥运森林公园建设涉及劳动力安置的相关工作。11月10日，区委常委会研究通过《奥运森林公园转居转工安置工作实施方案》，近5000人的转居工作全面启动，年底平稳完成。

（吕　洪　赵振霞）

【植树活动】 7月16日上午，全国台联组织千人"台胞青年夏令营"活动，在奥运森林公园北区银杏林种植奥运纪念林，并举行"海峡两岸青年林"揭碑仪式。

（吕　洪　赵振霞）

健翔科技园

【概况】 中关村科技园区健翔园坐落在朝阳区，是中关村科技园区重要组成部分。健翔园管委会是园区内科技企业管理和服务部门。东至北辰西路，南至北三环路，西至八达岭高速公路，北至科荟西路（其中北土城西路以北为政策区）。规划面积约4.2平方公里。截至年底有高新技术企业105家，年内认证57家，企业总收入5.8亿元，利润0.35亿元。

地址：大屯路西奥中心B座22层
电话：64862731
邮编：100101
网址：www.yxsp.gob.cn

（刘伟凡）

【信息网络建设】 年初，园区网站开通。同时，园区空间数字化分析系统正式启动。该系统通过利用卫星遥感技术、GIS技术和空间数据库技术，采集园区完整的市政建设、商业办公、产业发展、经济社会等数据，实现地图操作、专题分布、查询统计、对比分析、专题制作、经济分析和自动预警等方面功能。通过实现信息资源共享，使城市规划、建设、管理与服务更为高效和快捷。12月3日，园区举办高新技术企业统计培训班，并启动园区统计数据网上申报系统。

（刘伟凡）

【资源调查】 4月，完成《中关村健翔科技园资源调查报告》。年内，健翔园通过对园区内土地资源、人力资源、科技资源、产业资源和市政设施等情况详细调研，全面勘察了园区内各项资源分布以及利用状况。

（刘伟凡）

【启动院士工作站】 7月初，园区院士工作站启动。管委会向园区内院士发送《致院士的一封信》，并通过电子邮件、传真、网站交流、走访院士等形式，征求院士们对健翔园发展和院士工作站的意见和建议。11月，管委会主任、副区长姚庆筱带队，走访两院院士十余名，促成园区与中科院进一步合作。

（刘伟凡）

【全程办事代理】 7月8日，中关村健翔科技园全程办事代理制启动。全程办事代理制，帮助企业进行工商登记、刻章审批、组织机构代码登记、新办税务登记、统计登记及高新技术企业认证等审批手续的办理。8月14日，中关村健翔科技园全程办事代理制峻峰华亭工作站成立。管委会定期安排专人为入驻峻峰华亭的300多家企业提供免费咨询服务。截至12月31日，园区共为50余家企业提供免费的全程代办服务，企业总注册资金近3亿元。

（刘伟凡）

【举办科技政策咨询会】 7月18日，管委会与华润置地共同举办科技政策咨询会。会上为企业家联合会理事颁发聘书。会后，人事局、工商局、国税局、地税局、科委以及健翔科技园管委会的工作人员就人才引进、企业设立登记、税收优惠政策、高新技术企业认证及健翔科技园全程办事代理服务等内容为企业现场解答咨询。

(刘伟凡)

【园区专刊创刊】 7月,园区专刊正式创刊。专刊设有政策导航、办事指南、金融知识、企业信息、园区动态等栏目,面向各有关政府部门、园区企业以及拟入驻企业发放。

(刘伟凡)

【区政府有关意见出台】 7月,区政府出台《关于促进中关村科技园区健翔科技园发展的意见》,明确健翔园功能定位、发展目标、产业发展重点以及保障措施。

(刘伟凡)

【新世界软件公司落户园区】 8月,注册资金近3000万美元的新世界软件有限公司正式落户健翔科技园。

(刘伟凡)

【参加朝阳商务节】 9月15日至18日,园区参加第五届朝阳国际商务节。以展示成就、展示商机、展示未来为宗旨,加大园区在资源优势、管理模式及优惠政策等方面的宣传力度,展会期间发放宣传资料1500余册。

(刘伟凡)

【筹建生产力促进中心】 11月,区政府投资1200万元启动朝阳区生产力促进中心建设,搭建科技中介公共服务平台,促进科技成果转化。中心选址于园区北部地标性建筑——西奥中心。

(刘伟凡)

温榆河生态走廊

【概况】 朝阳区温榆河生态走廊建设管理委员会,是区政府直属机构,办公室为其常设办事机构,使用事业编制,经费自收自支,设规划部、计划经营部、前期部、财务部、综合部,人员22名。主要职责:在区委、区政府领导下,负责组织落实温榆河地区孙河、金盏、崔各庄3乡土地利用、交通、市政等各项规划,研究制定产业发展政策,实施道路及市政设施建设,实施项目建设的征地、拆迁工作;协助3乡进行绿化及生态环境建设;组织项目招商及工程建设;制定资金平衡计划和融资方案。

地址:金盏乡金盏东街9号

电话:84334239

邮编:100018

(朱林涛)

【规划方案国际征集评审】 6月9日,温榆河生态走廊规划方案国际征集评审产生3个优秀方案。此次活动历时7个月,国际知名的7家设计联合体参与其中。优秀方案是由国内外多名专家组成评审委员会,经技术审核和民主评议后投票产生的。

(朱林涛)

【国际商务节参展】 9月15日至18日朝阳国际商务节期间,温榆河生态走廊运用沙盘、灯箱、文字材料、多媒体演示等多种手段参展,发出资料200余份,向社会各界全方位展示温榆河地区发展方向。

(朱林涛)

【专题研讨】 11月24日,区委、区政府专题研究生态走廊控规及实施政策。会议同意按照“充分利用区位优势、自然资源优势和现有发展基础,坚持保护环境、服务首都、科学发展的方针,合理开发土地资源,积极推进旧村改造,加快优化产业结构,促进区域环境提升,实现全面协调可持续发展”的工作方针,不断完善规划,并推动规划上报审批工作。

(朱林涛)

综合经济管理

计 划

【概况】 朝阳区发展和改革委员会是负责研究提出全区经济和社会发展战略、政策，进行综合平衡，指导本区总体经济体制改革工作的区政府组成部门。内设办公室、国民经济综合科、发展规划科、投资科、价格管理科、工业经济发展科（区经济协作办公室）、国民经济动员办公室（区招标投标管理办公室）、资源环境管理办公室（区电力管理办公室）。行政编制45名（含纪检监察编制1名）。年内，坚持逐月掌握情况、季度重点分析，深化综合经济监控与分析；按照组团式规划建设，板块式经济发展思路，深入开展调查研究工作，落实区域发展战略；积极探索基建项目代建制试点，强化调控能力；加强电力设施保护工作，加强资源管理。
地址：团结湖南里12号
电话：65012644
邮编：100026

（周　静）

【探索基建项目代建制】 年初确定对东坝医院病房楼扩建工程、公安朝阳分局治安拘留所综合楼建设工程、区民政局办公用房改建改造3个项目实施代建制，依据《北京市政府投资建设项目代建制管理办法（试行）》，委托北京首建招标有限责任公司完成招标代理工作，9月10日、9月15日和10月11日在“中国采购与招标网”和“投资北京”两个媒介上发布项目代建人招标公告，同时出售招标文件。三个项目招标工作结束后，区发改委与中标代建人分别签订《委托代建合同》。

（林　梦）

【政府投资项目管理培训】 3月26日至28日，为使区有关政府部门基建人员熟悉掌握项目基本建设程序，了解政府投资项目招投标相关法律法规、运作程序，掌握项目建议书和可行性研究报告编制，委托北京航空航天大学创业管理培训学院，以交互式教学为主并结合案例分析、现场训练方式对区政府所属委、办、局、街、乡的基本建设管理人员约80人进行政府投资项目管理知识培训。

（林　梦）

【对口支援】 3月，区政府出资30万元支持内蒙古察右后旗牧草深加工项目，以配合当地牧区移民工程，加快农牧民脱贫致富步伐。5月，捐赠察右后旗20万元，用于15个自然村开展“小康文明示范村”创建活动。8月，区政府组成党政代表团对西藏拉萨市城关区进行考察，参加本区援建项目阳城广场奠基仪式，慰问援藏干部，并代表区委、区政府送去援藏资金204万元。

（陈　珊）

【经济工作会】 4月12日，全区经济工作会召开。会议结合年初计划报告、经济工作会报告进行任务分解，明确人员分工。提出要围绕全区重点经济工作开展追踪调查，密切关注区域内重大经济工作进展与变化，通过基层部门信息反馈，及时发现工作中的热点、难点问题并提出对策建议。

（艾　航）

【经济形势分析会】 4月12日召开一季度经济形势分析会，提出要重点关注经济运行中存在的不确定因素，及时制订预案，防止经济运行大起大落。重点对经济运行中存在的不稳定因素进行调研，提出要利用经济形势好转有利时机，加快产业结构调整步伐建议。5月国务院有关通知下发后，固定资产快速增长态势受到明显遏制，经济增长速度明显回落，区发改委就三个通知精神可能对全区经济增长产生的影响深入调研,起草了初步的分析报告。4月17日、7月22日、10月11日先后三次组织召开由房地产企业参加的座谈会,详细了解企业在项目前期手续办理、开工建设、融资贷款等方面的影响,为准确地分析当前经济掌握第一手材料。10月18日召开三季度经济形势分析会,就宏观政策对全区经济运行的调节情况、四季度工作重点、2005年主要发展思路等方面,与相关部门进行深入探讨,进一步明确经济社会发展主要思路。

(艾　航)

【项目推介】 4月18日至19日,在"奥运经济——投资北京"推介会上成功推出经过项目包装的垂杨柳医院易地新建、朝阳体育中心、朝阳公园整体改制、朝阳公园蓝色港湾、朝阳职教中心、网球和曲棍球场馆建设6个建设工程。

(林　棽)

【迎峰度夏电力工作】 7月6日召开动员大会,部署全区电力需求侧管理工作实施方案,各街、乡及相关单位同区政府签定工作责任书。7月8日召开区电力需求侧管理工作领导小组成员单位落实工作会,成立区电力需求侧管理工作联合督查小组。会议进一步阐明电力迎峰度夏工作意义、各级组织工作任务,明确督查小组、各街乡和各委办局工作职责。7月至9月,全区非连续生产型企业每日轮流周休削减高峰负荷2.3万千瓦,非连续生产型企业每日高温休假削减高峰负荷1.7万千瓦,全区近600家党政机关、企事业单位办公楼空调全部设置在26摄氏度以上,圆满完成市政府下达的削峰降荷指标。12月,按照区政府要求,制定朝阳区电力突发事件应急处置预案。

(张兰惠)

【严格土地管理政策】 7月至8月,按照中央《关于在深入开展土地市场治理整顿期间严格建设用地审批管理的实施意见》,开展土地市场整理整顿期间重点继续建设项目确认工作,共汇总项目63个,用地1612公顷,其中农用地转用1116.4公顷。

(丁　萍)

【促进金融产业发展】 年内,配合区管委、宝嘉恒公司等部门,制定全区道路建设融资计划,提出筹资方案和初步还款思路;加快资源整合步伐,推进政府融资平台的研究工作,多次召开座谈会,与驻区金融机构及相关专家学者就深入研究组建政府融资窗口公司、提高贷款资金使用效率策略等,提出了作大作强政府融资窗口公司,积极整合广告等特许经营权,通过市场化运作手段与金融机构对接,进一步加强资金监管的工作思路;加强与财政、审计等部门联系和对政府已融资项目贷款使用及还款情况追踪,努力降低财政风险;加强与金融机构沟通协调,积极协助区教委、管庄、金盏推进重点项目融资工作,帮助区卫生局将贷款利率下调10%,推进一批重点项目建设;追踪国家网球中心项目贷款情况,受中央宏观政策调整影响,商行对网球中心二期贷款无法及时到位,了解此情况后,在积极帮助区国家网球中心、国家曲棍球场管委会与商业银行沟通、协调二期贷款问题同时,及时与工商银行和建设银行取得联系,就网球中心项目后续10亿元贷款进行沟通。商行第二批4.3亿元贷款到位。创新贷款思路,通过与银行协商,在不提供抵押和担保、政府不出具财政还款承诺函前提下,帮助朝阳公园融资3.3亿元,缓解其资金压力。协调开行,为农委等部门和单位争取到贷款10亿元。

(艾　航)

【税源建设】 年内,全区税源建设由过去高度关注税收进度确保税收应收尽收,转为吸引、涵养和稳定税源。完善计委、财政、国税、地税、统计等部门参加的财税收入形势分析会议制度,及时了解税收完成动态和工作中存在的主要问题,针对本年财政收入增速快的情况,及时提出要高度关注税收增长质量,税收增长并不完全是由于整体经济质量提高带动的观点,建议利用当前税收快速增长的难得机遇期,加大产业结构调整力度,给企业营造更为宽松的环境,为税收继续增长创造有利条件。加强与重点税源企业沟通联系。给去年纳税贡献突出的374家企业法人和财务总监发放奖励。在兑现过程中,与企业进行很好沟通,进一步了解企业发展需要,为促进税源建设工作夯实基础。全面推进经济地理信息系统税源建设子系统建设工作,麦子店、酒仙桥、东风等3个试点街乡的系统开发建设已经完成,目前正在各街乡推广。

(艾　航)

【网上审批二期工程】 年内,完成电子政务二期建设主体的招标工作,确定联想、清华同方等单位作为联合开发单位,积极开展网上审批项目调研工作,初步明确网上审批项目217项。

(艾　航)

【固定资产投资项目清理】 年内,对全区固定资产投资项目进行全面自查、清理、汇总、分析,截至5月28日,共清理项目1275个,建设规模14001万平方米,总投资8092亿元。其中区自查清理项目839个、建设规模11432万平方米。根据市清理办要求,协调区有关部门,对不符合要求的18个项目进行处理。

(丁　萍)

【商业设施调查】 年内,按照国

家、市发改委《关于开展大型流通设施建设情况调查的通知》要求，对辖区内大型商业流通设施建设情况进行调查。现有1万平方米以上大型商场21个，占地3.33公顷以上批发市场18个，2万平方米以上会展中心1个。在建、拟建1万平方米以上大型商场6个，5万平方米以上购物中心2个。

（丁　萍）

【建设用地供应计划】 年内，做好土地资源投放总量控制，保证2005年全区固定资产投资稳步增长。统计表明，宗地占地面积7805000平方米。征用地面积2160322平方米，其中耕地602198平方米。

（丁　萍）

【固定资产年度计划】 年内，上报2004年商品房计划，计划投资1014194万元，建筑面积6296293平方米。其中：内资商品房计划投资715406万元，建筑面积4366718平方米；外资商品房计划投资298788万元，建筑面积1929575平方米。

（丁　萍）

【启动"十一五"规划编制】 年内，制定《朝阳区"十一五"规划研究编制工作方案》，成立以区委书记、区长、区人大常委会主任和区政协主席任组长，四套班子副职为副组长，各相关委办局一把手为成员的区"十一五"规划编制工作领导小组，下设办公室在区发改委。12月28日，召开全区"十一五"规划编制动员大会，部署"十一五"规划编制工作。

（金　虎）

【开展组团规划编制】 年内，制定《朝阳区组团城市发展规划研究、编制工作方案》，成立规划研究与编制领导小组，聘请市区相关部门和有关专家组成组团规划编制工作组，确定了《朝阳区"组团式城市规划、板块式经济发展"发展战略研究》、《朝阳区六大组团城市建设总体规划》、《朝阳区组团及板块产业集群与区域发展规划》3个课题，分别聘请国际城市发展研究院、北京市城市规划设计研究院和中国社会科学院城市发展研究中心专家编写。3个报告基本完成。

（金　虎）

【参与市总体规划编修】 年内，参与市总体规划编修，积极与市发改委和区规划部门配合，深入调研，对朝阳区在北京市总体规划中的功能定位、产业发展定位和可持续发展方面进行研究，起草《关于朝阳区区域功能、产业定位及可持续发展思路汇报》等相关材料，对北京市总体规划修编征求意见稿提出修改建议。

（金　虎）

【推进产业结构调整】 年内，组织专家对产业结构进行研讨，征求相关委、办、局和街乡意见，并以问卷形式对区域内144家重点纳税企业进行调查。在深入分析本区实际情况基础上，起草《关于朝阳区产业结构与布局调整的研究》，制定《朝阳区关于产业结构与布局调整的指导意见》和3个附件材料《朝阳区重点发展产业、产品和技术目录》、《朝阳区限制发展产业、产品和技术目录》、《朝阳区淘汰产业、产品和技术目录》。

（金　虎）

【开发区清理整顿】 年内，对辖区内各类开发区、园区情况进行调查，起草了《朝阳区关于清理整顿开发区（园区）的意见》。按照区委区政府领导研究做好开发区撤销善后工作的有关批示，起草了《关于被撤销开发区的情况汇报》，对本区列入市政府《关于公布撤销各类开发区名单的通知》的22个开发区（园区）及因撤销而产生的问题逐一进行分析，提出相应善后对策建议。

（金　虎）

【开展奥运经济研究】 年内，制定《奥运经济研究工作计划》，与区相关部门和北京奥运经济研究会等研究单位积极协调，起草《2008年北京奥运与朝阳经济与社会发展研究》报告，向区人大、区政府进行汇报。

（金　虎）

【招标工作】 年内，以规范项目基本建设程序和控制工程造价、提高工程质量、保证工程进度、提高投资效益为目标，将纳入本年年度投资计划中所有符合招标范围和规模要求的区政府投资建设项目全部纳入到招标活动当中，并要求项目建设单位严格按照核准的招标方案和组织形式进行招标。区发改委与财政、监察、审计部门协调合作，加强对招标投标活动指导协调和监督管理。

（林　琴）

统　计

【概况】 朝阳区统计局是朝阳区政府负责综合统计工作的职能部门。设监察科、管理科、社会科、农村科、经济科、法规科,农调队、商调队、城调队、执法队、计算机中心、普查中心、办公室。行政编制31人,事业编制34人(其中依照公务员管理26人,纯事业8人),实有人员62人。年内,完成市、区各项统计报表及专项统计调查;对区经济运行情况及时进行统计分析预测,为领导决策提供依据。

地址:日坛北街33号
电话:65094423
邮编:100020
邮件:office@ chystats. gov. cn

(王林兰)

【建立统计指数】 年初,构建"朝阳区宏观经济预警体系"、"房地产景气指数"和"居民满意度指数"工作。经专家指导及反复论证修改,最终完成编制报告,预警体系整体方案于7月14日通过政府常务会审议,统计指数进入试运行和对内发布阶段。

(王林兰)

【经济普查】 3月始,完成机构组建、人员选调、经费落实、物资准备、全过程试点、宣传动员、清查登记、101表填报等各阶段基础准备工作,清查登记结果顺利通过市普办质量验收。

(王林兰)

【统计执法检查】 7月至10月,全区开展统计执法大检查工作。一些对经济普查工作不重视、不配合单位作为重点抽查对象。区统计局执法队、各专业科室和街乡统计部门检查234个单位,立案31个单位,其中:警告2起,罚款22起,罚款金额43000元。

(王林兰)

【拓展统计服务领域】 年内,开展《朝阳区国际化问题研究》、《宏观调控对我区房地产业的影响与思考》、《依托板块经济,促进产业升级》等专题分析。同时,先后围绕从业人员变动规律、工业品出厂价格下降原因、农民就业和社会保障、网上直报等社会关注的热点、难点问题,深入基层开展调查研究。全年共撰写经济信息230篇,统计分析113篇,统计报告39篇,统计工作动态268篇,被区委区政府采用210条(篇)。

(王林兰)

【统计专项调查】 年内,相继进行劳动力转移调查、农村住户电子记账试点调查、农村住户信息化水平调查、农村住户思想道德水平调查、非公有制经济调查、人口变动情况抽样调查、全国综合社会调查、群众安全感抽样调查、春节调查、维护城乡居民消费者权益快速调查、奥运调查、低保问卷调查、低保住户调查、旅游调查、信息化水平调查、798文化广场调查、满意度指数调查等17项专项调查。

(王林兰)

【统计信息化建设】 年内,对朝阳统计信息网网站进行改版,调整整体布局和网站维护模型,实现内、外网站点按照不同模板进行发布的功能,完善朝阳统计信息网"政务公开"栏目内容。新建"朝阳区第一次全国经济普查网站",该网站作为朝阳统计信息网子网同时向社会公众开放。

(王林兰)

【日常统计执法检查】 年内,区统计局执法队、各专业科室和街乡统计部门在日常检查中共检查438个单位,立案21个单位,其中警告4起,罚款10起,罚款金额46000元。全年共发出《统计报表催报单》252份、《责令改正通知书》45份。

(王林兰)

【普法统计】 年内,全区参加统计"四五"普法注册人数为14627人,是全区统计证发放数11093人的1.3倍,其中各级领导和企事业负责人答卷人数共计1920人,占全部注册人数的13%;顺利完成组织考试、评卷、登分、试卷装订成册、发放普法合格证等各项工作。

(王林兰)

【修订管理和考核办法】 年内,建立《朝阳区统计局统计资料管理制度》、《政务公开制度》、《岗位无缺位制度》、《党风廉政建设责任制》、《党风廉政建设责任制追究办法》、《全程办事代理制度》,制定完善《朝阳区统计局科级评估制度》、《朝阳区统计局局级数据质量评估办法》、《统计局科室统计信息、分析、报告考核管理办法》、《统计信息化管理制度》、《行政效能考核管理办法》、《街、乡统计资料管理办法》,《街、乡统计工作考核评比办法》等十余项管理制度。

(王林兰)

劳动和社会保障

【概况】　朝阳区劳动和社会保障局是区政府综合管理全区劳动和社会保障工作的职能机构。下属事业单位有：朝阳区职业介绍服务中心、社会保险基金管理中心、医疗保险基金管理中心、农村保险管理中心、劳动服务管理中心、职业技术学校、劳动监察大队、北京市第八职业技能鉴定所。年内，坚持"两个统筹"（统筹城乡劳动力就业、统筹城乡社会保险），建立城乡一体的就业服务体系，积极有效地开展职业技能培训，开发社区就业岗位，加强各级劳动力市场建设，充分发挥劳务派遣组织的就业托底安置作用，稳步推进城乡就业工作。以劳动监察和劳动争议仲裁为手段，规范企业劳动管理，维护稳定和谐的劳动关系。以扩面征缴为龙头，拉动社会保险的覆盖率。建立新型农村养老保险、新型农村合作医疗保险制度，解除广大农民后顾之忧。在市政府的支持下，按照市、区、乡、个人共同负担的原则，积极稳妥地解决了建设占地自谋职业人员社会保险的历史遗留问题。成立社会保险基金监督领导小组，设立专职岗位，制定相关制度，加强基金监督，保证基金安全。加快信息化建设步伐，开发专用软件，进一步简化办事程序，规范政务公开，全面推进依法行政工作。

地址：霄云路34号
电话：64671648
邮编：100027
网址：http//cyld. bjchy. gov. cn

（李　平）

【劳动力市场建设】　年内，按照城乡统筹就业的原则，发挥区级劳动力市场的引导和示范作用，通过建立企业用工会员制、搭建用工单位与劳务输出基地交流平台等形式大力开发就业岗位。开展"就业指导进企业"、"用工招聘下农村"、"求职登记进校园"、"阳光就业"等活动，为失业人员、"4050"就业困难人员、农村劳动力、流动人口、应届毕业生等不同群体提供针对性强的人本化就业服务。加强对街乡公共职业介绍机构和社区社会保障工作站的建设及管理，发挥其在辖区劳动力市场建设中的主力作用，大力开发社区就业岗位，推行弹性就业制度。在全市率先建立农村劳动力就业信息库，启动了农村劳动力就业登记制度，实现农村劳动力在求职登记、就业服务、服务标准、就业管理四统一。覆盖全区、城乡一体的就业服务体系初步形成，并努力向制度化、专业化和社会化迈进。采取完善职业指导、开发社区就业岗位、免费培训农村富余劳动力、鼓励劳务派遣组织招用农村富余劳动力、组织专场招聘洽谈会、开通就业直通车、发挥劳务派遣组织的就业托底安置作用等行之有效的措施，促进各类人员就业。全区公共职业介绍机构搜集空岗信息6万余条，接待求职登记42462人，推荐45770人，介绍成功32218人次。

（李　平）

【再就业与职业培训】　年内，开发社区就业岗位21572个，安置失业人员11861人，完成全年指标的215%和148%。失业人员职业指导培训17681人，再就业免费培训7464人，培训合格率98%，培训推荐就业率63.6%。培训工种主要有计算机办公软件应用、物业管理员等专业。培训外地来京务工人员2594人。培训农村富余劳动力5063人，创建孙河乡"涉外家政服务"品牌。

（李　平）

【社会保险】　年内，养老保险缴费单位11519户，缴费人员564557人，同比分别增长2.6%、5.71%；征缴基金38.8亿元，同比增长20.24%。医疗保险缴费单位11471户，缴费人员882009人，同比分别增长19.5%、9%；征缴基金19.46亿元，同比增长27.4%。医疗保险基金支出16.36亿元，同比增长34.32%。失业保险缴费单位11419户，缴费人员605431人，同比分别增长2.09%、-0.30%；征缴基金3.33亿元，同比增长20.22%；支出失业保险金1.71亿元，同比增长19.5%。工伤保险缴费单位10490户，缴费人员476527人，同比分别增长-2.43%、-8.55%；征缴基金8279万元，同比增长20.37%；支付工伤职工各项支出2208万元，同比增长17.07%。外地务工人员纳入参保范围。农村社会养老保险累计收缴农村社会养老保险费1.39亿元，累计参保人数30304人，占应参保人数的30%；新增参保591人，缴纳保费177万元；有1717人开始领取养老金，发放养老金238万元。双井街道何久勤作为北京市第一个享受弹性就业社会保险政策人员领到养老金。有建设占地农转工自谋职业人员21666人，属于补缴范围的16915人，实际补缴14893人，占应补缴人数的88%。按照市、区、乡、个人4∶3∶1∶2的比例，区、乡两级财政投入2.22亿元用于补缴，补缴社会保险基金5.56亿元。

（李　平）

【城镇失业登记】　年内,全区登记失业人员累计34867人(含上年结转失业人员8804人,新增26063人,其中就业转失业人员18230人)。与上年相比降低6.54%。其中25616人实现再就业,再就业率73.47%。在实现再就业的人员中"4050"人员就业率75.43%。年末,实有失业人员7257人,登记失业率0.84%。

(李　平)

【劳动监察】　年内,检查用人单位11877家,涉及劳动者52.06万人,立案4445件;受理举报案件2978件;对698家有严重违法行为的用人单位进行行政处罚,并对34家严重侵犯劳动者合法权益的用人单位进行行政处理。为14911名劳动者追回工资1843.71万元;为679名劳动者追回各类风险抵押金74.74万元;为3376名劳动者追缴社会保险费789.25万元;责令696家用人单位与劳动者补签劳动合同13833份;依法取缔非法职业介绍机构59家。

(李　平)

【劳动合同】　年内,在上年贯彻《北京市劳动合同规定》基础上,进一步强化劳动合同管理,重点加强对非公经济和改制企业的指导。职工劳动合同期届满3698人。其中:劳动合同续签2795人,续签率75.6%;终止合同903人。解除合同368人,支付经济补偿金1509.47万元。

(李　平)

【劳动争议仲裁】　年内,受理劳动争议仲裁案件1730件,其中立案1350件。立案案件涉及职工1578人,其中集体案件51件,涉及职工279人。法定时限内结案1330件,结案率98.5%。从全部案件统计,以裁决方式结案574件,占已结案的42.5%;按调解和经调解后撤诉结案的568件,占已结案件42%;撤诉处理的案件208件,占已结案件15.5%。6月设立特困人员案件优先处理机制,对外地务工人员中的生活困难人员和负伤后需要确立劳动关系的人员、城镇人员中的特困需要照顾的人员的案件当天立案,最大限度地缩短审理时间,一般在30日内审结(常规为60日),并酌情减、缓、免缴申诉费用。全年共审结此类案件16起,为26名符合条件的特困人员挽回各种经济损失25万元;有5起劳动关系得到确认。

(李　平)

【公费医疗】　年内,公费医疗经费支出26621万元,同比增长13.04%。其中,中央单位支出10852万元,同比增长14.79%;区属单位支出15769万元,同比增长13.85%。全区人均支出3302.87万元,同比增长11.74%。

(李　平)

【劳动用工规范一条街】　年内,劳动用工规范一条街工程在各街乡全面组织实施。主要对用人单位签订劳动合同、缴纳社会保险、工资支付、持证上岗、使用外地务工人员及建立劳动用工管理制度情况进行规范。共检查用人单位762户,涉及劳动者25036人。监督用人单位与劳动者补签劳动合同794份;为542名劳动者补缴社会保险费57.84万元;为75名劳动者进行职业技能培训,并取得职业资格证书。酒仙桥格兰维森写字楼及和平街三川大厦(物业管理有限公司)顺利通过市劳动和社会保障局验收,获"劳动用工规范一条街"称号。

(李　平)

【职业技能大赛】　年内,开展新世纪首届职业技能大赛,历时5个月,全区成立初赛委员会68家,开展竞赛2000余场,涉及工种46个,900余家单位参与,初赛选手11065人,涉赛人数40093人,涉及评判人员1700人次。28个决赛项目产生冠、亚、季军84名,个人优胜奖196名。280人代表本区参加北京市24个工种决赛,在汽车维修工、美容师、美发师、商品营业员、中式烹调师、多媒体作品制作员等9个工种中有21名选手分别获得冠、亚、季军及前十名成绩。

(李　平)

【首设总会计师】　年内,成立基金监督领导小组,并在全市区县劳动保障系统中首家增设"总会计师"岗位,主抓各项基金的监督管理工作;制定相关管理制度,在金融机构配合下,实现社保基金监督网络内外双控。形成以监督为主导、经办机构内控自律为基础、社会监督为补充的基金监督机制。通过专用资金使用情况专项审计,收回滞留在街乡社保所的社保基金1182万元,消除了安全隐患。

(李　平)

工商行政管理

【概况】 北京市工商行政管理局朝阳分局(简称工商朝阳分局),原为朝阳区工商行政管理局,主要负责辖区内市场经济主体登记、商标广告监管、经济合同监管、市场竞争监管、打假维权以及规范市场经济秩序等工作。下设31个部门,其中14个职能科室、12个工商所、1个执法队、4个事业单位,共有干部职工462人。年内,办结案件3498件,罚款1510万元,没收违法所得417万元,没收非法财物103万元,入库1541万元。

地址:霄云路霄云里1号
电话:51069009
邮编:100016
网址:http://www.hd315.gov.cn/gongshang/new/index.asp

(贾向文)

【工商登记注册】 年初,编撰《准予行政许可指导标准——市场主体行政许可参考要点》,在北京市工商系统内部刊物《登记工作指导》进行推广。年内,在增加名称受理窗口、名称即时查询、下放个体登记、规范两级平台、强化首问负责制、首办负责制和责任追究制等方面进行系列改革,实现辖区市场主体数量稳步增长。截至年底,登记注册企业累计66869户,同比增长17.6%,注册资金(本)6928868.29万元。内资企业开业17045户,同比增长34.4%;企业改制登记93户,含全民企业改制22户,集体企业改制36户,股份制(合作)企业改制29户,其它企业改制6户;私营企业3255户;个体工商户70403户(含为下岗人员办照7912户,免收个体管理费95.58万元),同比增长45.0%;登记开业市场6个,同比下降82.4%。迁入区内企业1354户,比上年同期增长56.89%;迁出区内企业789户,比上年同期增长7.2%;企业变更登记13529户,比上年同期降低9.2%;企业注销登记1143户,比上年同期增长23.97%;在互联网上转告相关部门后置审批企业户数1642户(2131项);修录登记数据6928户。

(贾向文)

【禽流感防控】 1月29日,紧急叫停经营活禽的78个市场,勒令涉及现场宰杀、加工和销售活禽的151个摊位停止经营。1月31日至2月4日,派出两辆食品检测车分赴白庙公路、西集公路两个检查站,与动检、公安、路政等部门联手对过往车辆24小时严密防控,检查运输肉、禽类车辆40台,现场勘验未发现禽流感病毒。2月14日至15日,出动车辆50余台、执法人员128人次,以明查暗访形式对126个农副产品市场突击检查,未发现有出售活禽或私下交易活禽行为。

(贾向文)

【查处特大成品油倒卖案】 2月9日,接到市工商局重要商品市场管理分局转办曹国等人涉嫌倒卖成品油一案。经2月15日、26日突击查处,一伙通过改装油罐车疯狂吸食国有企业成品油数百吨的"油耗子"被彻底铲除,现场暂扣及随后追缴违法经营款142.1万元,车辆2台。

(贾向文)

【合同监督管理】 2月底,辖域内北京市热力集团有限责任公司、北京城建三建工程有限责任公司、北京城外诚家居广场荣登"中国守合同重信用企业"光荣榜。国家工商行政管理总局在《人民日报》等7家知名媒体上进行公示。4月,区召开大会,为被评选上北京市2003年度"守合同重信用"企业的258家企业颁发证书、牌匾。年内,在区内有形市场推行合同示范文本使用率85%,并对消费者投诉多、信誉差房地产经纪等行业、企业进行重点监控。办结案件51件(其中抵押登记1件、经纪企业18件、拍卖1件、合同31件),罚没款27.7万元。

(贾向文)

【市场监督管理】 3月底,结合创建全国卫生区,重点对农副产品、建材、小商品等市场内外秩序及无照经营聚集点进行为期一个月的集中整顿,规范市场14个及3个市场的周边乱点。6月底,整理出全区18个擅自开办市场的名单,并转告相关部门。年内,办结市场内案件569个,其中无证市场9件、无证办展3件、市场内无照经营207件、市场内违反食品安全规定3件、市场内销售假冒伪劣商品69件、其它222件。拟定并下发《朝阳区有形市场发展建设指导意见》,合理引导社会投资方向,优化市场投资环境,调整市场产业结构,促进全区市场有序健康发展。进一步落实《朝阳区有形市场信誉分级管理办法》,完善有形市场信息化信誉制度建设。与正晨软件公司合作开发朝阳区有形市场动态监管系统,根据市场巡查结果评定信誉分值,实现对全区市场动态监管。截至年底,全区共有各类市场245家,生活消费品市场196家(农副产品市场130家,工业品市场43家,文化市场9家,其它市场14家),生产资料市场46家,生产要素市场3家,摊位总数46192个。其中三环以内53家,三环至四环之间75家,四环以外市场117家,区内集贸市场顺利通过市级"创卫"检查验收。

(贾向文)

【建立食品安全工作配套机制】 6月9日,设区食品安全监督协调办公室。年内,进一步推广食品质量监管关口前移的经验和措施,初步建立起全区食品系统检测体系,开展食品安全专项整治,对流通领域食品安全监管水平全面提升。截至年底,共抽检样品1377样次,其中经复检不合格样品85样次;集中检查各类食品8411种次。查出、上报符合市工商局下架要求的食品97种;上报检查中发现的问题和案件线索577起,移转案件6起。引导并促成大洋路综合市场与市理化分析测试中心合作,共同建立全市第一个具备法律效力的检测站,带动和督导50余家市场建立食品安全自检机构。创立由食品安全顾问、新闻媒体监督和区内消费者消费评议三部分人员组成食品安全联络员制度。

(贾向文)

【查处侵犯奥林匹克标志案】 7月13日,根据北京奥组委举报,在崔各庄查获一存放有侵犯奥林匹克标志商品的大型仓库,查扣带有奥运字样及奥运五环图案的奥运财富收藏册(内有纪念币、邮票等)2000箱(15000册),案值500多万元。北京奥组委官员称,如此大规模销售未经奥组委授权使用奥林匹克标志的侵权案件在全国尚属首例,为此,中央电视台、北京青年报等多家媒体进行报道。

(贾向文)

【商标监督管理】 8月,会同世界知名品牌保护协会,配合建外街道、公安、城管、综合治理等部门,对秀水市场、雅秀市场重点整治,净化秀水市场商标环境。9月,第四届北京市著名商标评选和认定工作开始,区内推荐的21家企业31件商标被评选和认定为著名商标,占全市总数15%。年内,办结侵犯知识产权案件37件,罚没款62.4万元,比上年增加84.5%,收缴商标标识201591件,查处捣毁黑窝点15个。其中,办理侵犯奥林匹克标志案件18件,罚没款38.5万元,是上年11倍。先后对8家"无假冒商标示范商场"进行两次例行检查,并对拟申请参评3家企业质检人员,及供货商和400多名销售人员进行法规和档案管理培训。

(贾向文)

【广告监督管理】 下半年,工商朝阳分局制作了题为《敬告患者识广告》及《明明白白识广告》法规知识宣传展板,并配上卡通人物摆放在区内各大医院、街乡、小区、写字楼等公众场所进行广泛宣传。年内,进一步完善全区各类媒介日常监管、户外广告登记等信息档案资料,重新确定户外广告监管重点大街,建立重点大街和网络广告经营单位监督管理台帐,完成固定形式印刷品广告样刊收集、建档工作。进一步细化A类和B类广告媒介,继续落实定期分析报告制度,完善周报、月报、季报监测报表。截至年底,办理临时性广告经营登记30件,其中印刷品广告登记17件。办理自费出国留学中介广告登记6件;媒介广告经营许可证登记10件,变更19件,延期33件;办理户外广告登记1633件。监测区内205家媒介单位各类广告354636条,涉嫌违法广告902条,占0.25%,立案查处违法广告案件489件,罚没款361.58万元。

(贾向文)

【查处久久丫酱鸭脖】 9月22日,市食品安全办在北京晚报上发布的食品安全信息反映"久久丫"酱鸭脖问题。9月23日,在区内进行全面彻底检查,出动车辆48车次,人员113人次,检查商场、超市和市场127家,查扣"久久丫"制品42.5公斤,暂扣非法所得3300元。

(贾向文)

【查办走私轮胎案】 12月,经跟踪调查查清北京华峰恒信贸易有限公司贩卖走私轮胎一案。依法对无合法进口手续的1500条轮胎予以没收,并处12万元罚款。

(贾向文)

【企业及个体经济监督管理】 年内,增设网上年检、下乡年检、上门年检、进市场年检等服务项目。完成内资企业年检45531户,年检率86.1%,其中网上年检44439户,网检率98.8%;外资年检2512户,年检率83.1%,其中网上年检2498户,网检率99.4%;个体验照37840户,验照率79.6%,比上年提高26个百分点。内资未检企业7373户,占应检企业13.9%,未检企业吊销6185户,吊销率83.89%;外资吊销220户;个体未验9693户,其中下岗职工未验4580户,占未验47.3%;吊销3376户,吊销率43.9%。核对和修补失实数据7823条(含丢失数据555条,与执照不相符数据605条);完善监管经济户口的资料簿,对未按期取得后置审批的504户企业、注册住所查无实地的2304户企业、案件未结的102户企业、举报投诉未查清的90户企业等,共计12681户问题企业重点标注,处理和责令限期改正357户,处罚307户,罚款213.85万元。取缔无照经营聚集区11个,办结无照经营案件1272件,罚款183.6万元,其中对房主为无照经营提供场所的案件52件,罚款64万元;取缔无照网吧2户、歌厅7

户、美容美发 197 户、桑拿洗浴 5 户、食品制售 177 户。上半年,将外资企业和外国企业常驻代表机构监管纳入网络化管理,并制定《外资企业和外国企业常驻代表机构监督管理办法(试行)》。

(贾向文)

【消费者权益保护】 年内,建立 56 个社区工商工作站,自定主题,采用不同宣传形式,发挥本辖区特色,使工商行政管理和百姓的生活消费紧密结合起来。二是完善 12315 投诉举报指挥调度体系。以相关业务科室为依托,各工商所为落足点,在 12315 投诉举报中心设立信息源岗、信息整理分析岗和指挥调度岗,分别负责日常平台服务和一般受理、对投诉举报等信息综合整理分析,并根据信息分析进行指挥调度。12315 投诉中心和消协系统共受理投诉、申诉和举报 7368 件,投诉办结率 99.8%;接待到访、咨询近 14000 人次,为消费者挽回损失近 500 万元,其中因欺诈行为得到加倍赔偿 7.46 万元。

(贾向文)

物价管理

【概况】 朝阳区发展和改革委员会价格管理科负责全区物价管理工作,物价检查所依法进行物价监督检查、接待并处理群众来信来访等。

地址:团结湖南里 12 号

电话:65931877

邮编;100026

(郭京阳)

【强化行政事业收费管理】 1 月 1 日始,由各级人民政府主办、设立在乡、村的初中和小学,免收在校就读的外来人员子女借读费。为 88 所中小学办理注销手续。年内,严格执行《行政事业管理条例》及有关精神对行政事业收费进行管理,为 406 个单位办理收费许可证。及时办理收费项目变更、增项、注销、管理工作。

(郭京阳)

【审核价格和市场价格监测】 2 月始对与防治禽流感有关的过氧乙酸、口罩等 9 种相关产品价格进行监测。同时根据《关于对全区养殖活禽进行处置的通知》精神,参与活禽处置、成本核算全过程。年内,对朝阳公园在春节及“五一”长假期间举办的自贡艺术灯会、“相约北京”暨朝阳流行音乐周及朝阳公园举办的“魔幻城堡”活动、郁金香花园举办的蝴蝶生态展活动门票价格进行审批。对辖区内 106 家机动车停车场收费标准进行核准,共办理审批标价签 29 家。加强市场价格监测工作,为各级领导决策提供依据。坚持以日报、旬报、月报等形式完成 30 个品种蔬菜零售价格、6 大类 168 种日用百货价格、5 大类 76 个品种农副产品价格监测工作,并每月将市场销售、价格变动情况进行分析,提出趋势预测。

(郭京阳)

【实行收费公示制度】 年内,为了使行政性事业性收费更加规范,对所有行政性收费项目、标准在媒体上进行公示,免费向企业发放北京市收费监督卡 12600 份。行政、事业单位收费更加透明、公开。

(郭京阳)

【市场价格调查】 年内,为确保医药、水、电、公园门票价格和教育收费调控措施顺利出台,先后对 24 种抗感染药品降价后市场销售情况,对农业用水计量装表情况,水价调整前后生产、经营成本变化情况、价格执行情况,9 家游览参观点价格等基本情况,中小学义务教育一费制执行情况等 5 项内容进行调查。将市场调查和监测所了解市场情况、动态、价格走势,及时反馈给各级领导及上级部门。

(郭京阳)

【市场价格检查】 年内,对 1952 个单位价格执行情况进行检查,查处价格违法案件 61 件,罚没款 487.87 万元,其中没收 396.40 万元、退款 89.53 万元、罚款 1.84 万元。受理群众咨询、投诉 1664 件,其中接受群众举报 458 件,检查人员及时准确处理,办结 449 件,举报人满意率 100%。针对市场情况,对辖区内粮食经营企业加强检查力度,并进行固定的市场检测。

(黄　旭)

【价格法制宣传】 3 月 15 日消费者权益日,在太平洋百货商厦广场,与工商、技监等单位共同举办法制宣传活动,采取发放宣传材料、制作宣传展板、印制宣传手册等多种形式,大力宣传价格法律法规及与群众密切相关的价格政策(物业收费、煤水电汽热、停车场等),接待群众投诉与咨询 20 余件,发放法制宣传材料 200 余份。

(陈　珊)

【专项检查】 年内,对教育、涉

农、机动车停车场、物业等项收费情况和医疗服务与药品、电力、煤炭等价格执行情况进行专项检查,共检查核实违法违纪金额639.64万元。

（黄　旭）

质量技术监督

【概况】　朝阳区质量技术监督局(称区质监局)内设5科1室1队,所属区产品质量监督检验所、区计量检测所、区特种设备检测所和区组织机构代码办公室4个事业单位。年内,完成列入市政府60件实事中关于《控制大气污染责任书》、《折子工程》的有关要求,对建材、食品、燃油、煤炭、汽配、灯具等产品质量进行监督抽查,开展专项整治,强化质量、计量、标准化、特种设备等各项监督管理和服务工作。完成行政处罚564起,罚没款146.91万元。接待来信来访2000人次、办理投诉举报191起;办理代码证书25867份;检验特种设备13877台(部),检定计量设备70000余台(件),出具质检报告4095份。

地址:双龙南里130号

电话:87311655

(质量投诉:87317027)

邮编:100021

（陈　波）

【建材市场专项治理】　年初,区政府把建材市场专项整治工作列入政府折子工程,成立区建委、工商、环保、公安等部门领导参加的专项整治领导小组,办公室设在质监局。确定3个地区、10个市场、10个企业为整治重点。11月15日,区召开建材市场专项整治成员单位工作会议,对一年来建材市场专项整治情况进行总结。一年中,共对32个建材市场、3929家经销商户进行普查。出动执法人员3187人次,检查企业1331家次,检查市场64家(摊位6685家),检查建筑工地146个,受检施工面积达101.9万平方米。开展联合执法行动4次,现场处罚33起,立案9起,移送公安机关立案侦察1起。通过发动企业开展“五查”等活动,使全区主要建材产品抽样检查合格率90%以上。

（陈　波）

【实施食品质量安全市场准入制度】　7月和10月,两次召开70家食品生产企业负责人会议,宣讲国家对大米、面粉、植物油、酱油、醋、肉制品、罐头食品、乳制品、饮料、冷冻饮品、方便面、饼干、速冻面米食品、调味品等15类列入食品质量安全市场准入制度的意义,请食品专家讲解食品安全市场准入实施细则,请区工商局、区卫生局领导谈食品安全专项整治工作要求。截至11月中旬,又有10家企业提出食品质量安全市场准入申请,全区有17个企业20个食品取得食品准入生产许可证。

（陈　波）

【完善打假责任制】　8月,根据市质量技术监督局通知要求,调整质监局稽查队人员,落实10个行政执法编制,建立健全打假责任制,分解稽查队执法人员责任,要求按分工检查到42个街乡,走遍162个行政村。截至11月20日,出动执法人员3000多人次,执行处罚案件118起,其中现场处罚23起,立案95起,查获地条钢、假烟酒、假冒汽车配件、黑心棉、电源插座等黑窝点50个。年内,查抄非法加工、制售食品“黑作坊”、“黑窝点”30家。

（陈　波）

【推广使用低硫煤】　年内,继续对辖区内常年用煤单位和冬季用煤单位进行有步骤、有措施、有监督、有检查、有落实的监控管理;召开常年用煤单位工作会,对燃煤质量工作进行部署。为实现市、区政府提出的确保奥体中心子站二级和好于二级天数达到66%、农展馆子站二级和好于二级天数达到62%、进一步提高辖区内大气空气质量的要求,区质监局对执法部门进行分工,落实责任制,加大监督检查力度,共出动执法人员900多人次,检查燃煤单位共抽样达412次;分3个批次,对150多家燃煤使用单位抽样260个。截至11月,处罚煤炭质量案件82起,罚没款559500元。

（陈　波）

【特种设备安全工作】　年内,组织执法人员和检验人员对全区气瓶充装单位普查整治,与17家签订《气瓶充装站安全责任承诺书》,完成64839只在用气瓶普查。抓了特殊时期特种设备安全监察,做好春节、“五一”、“十一”旅游黄金周期间的专项检查,开展了两节期间“特种设备安全月”活动;在“两会”期间,组织人员对7家代表驻地的193台和周边单位的713台特种设备进行安全检查。完成全区2000部新装电梯清理、登记,并对521台老旧电梯情况进行调查,分别向市质量技术监督局和区委区政府写出专题报告,提出整改意见。

（陈　波）

【推进标准化建设】 年内，执法人员按照计划加强果蔬农药残留量抽样检查，对21家商场超市、8家基地抽样检查77份，抽样合格率均为96%。完成3家基地申报国家农业标准化示范项目工作，有3家农业标准化示范基地被评为市级先进。对2家拟参加星级评定单位的前期准备工作进行指导。完成22个产品标准采标工作。

（陈　波）

【燃油市场专项整治】 年内，按照区政府部署，组织车用油品质量专项整治，在成品油质量专项检查中对137个加油站、603台加油机、1570支加油枪逐个登记。抽查加油站98家次，抽查油样200个，检查加油机370余台件。抽查储油库7家次、抽检油样15个。依法对5个不合格单位做出行政处罚，责令3家加油站限期整改。通过专项整治，全区加油站、储油库油品质量抽样合格率96%以上，超过全市平均抽样合格率2个百分点。

（陈　波）

【计量监督检查】 年内，围绕政府和老百姓关注的计量工作，以法制计量工作为重点，对135家加油站、28家商业单位（超市）、36家医疗卫生单位、400家眼镜验光配镜单位、9家定量包装商品生产企业、28家制造（修理）计量器具单位、9家集贸市场、46家餐饮业进行专项检查。各类计量器具综合抽样合格率95%以上。

（陈　波）

审　计

【概况】 朝阳区审计局是负责本区审计工作的政府部门，设置综合法制科、信息调研科、财政金融审计科、经济责任审计科、行政事业审计科、投资经贸审计科、办公室、审计指导中心。年内审计（调查）54项（户），延伸单位287个。除完成预算执行审计、领导干部经济责任审计及政府投资建设项目审计等常规性审计外，重点加强对教育收费、部门结存资金、道路建设资金及企业改制等专项审计调查。查处纠正违纪违规金额31743万元，上缴财政4935万元（含上年度补缴），抵减财政拨款1777万元，查处违规金额百万元以上单位7个。

地址：新源西里中街甲5号
电话：64615178
邮编：100027
电子邮箱：cysj2003@263.net

（尹建华）

【预算执行审计】 年内，预算执行审计共审计（调查）71项（户），其中一级预算单位24户，占全区一级预算单位数37%。查处并纠正违纪违规金额10304万元，其中应上交财政4223万元，减少财政支出4595万元，归还原渠道资金等1486万元。2002年度预算执行审计所查问题得到有效纠正：专项资金预算批复到位率与政府采购资金专户支付率均大幅提高，分别提高21个、32.7个百分点；3个单位违规设立的6个银行账户已按要求清理撤并；区政府出台《关于搭建政府融资平台加快基础设施建设的若干意见》、《北京市朝阳区招标投标实施办法（试行）》和《朝阳区建设工程政府采购管理暂行办法》，使管理进一步规范。针对预算外资金监管不力、综合预算作用不明显、政府采购计划与实施环节存在漏洞、制约改革等问题，提出统筹预算内外资金、完善采购计划、加强采购监管、加快国库集中收付制度改革等建议，区政府高度重视，财政部门已经或着手制定相关措施，明确管理要求。

（尹建华）

【经济责任审计】 年内，对朝外街道、三间房乡等11个单位13名处级领导干部任期经济责任审计。同时提出加强干部建设应进一步完善教育培训机制，推进财务公开，建立重大决策评审制度，强化外部监督制约机制等建议和意见。相关部门根据审计意见，着手研究和建立健全干部监督、决策考评和教育培训机制，强化纪检、审计监督，促进干部建设的制度化和规范化。同时，审计发挥为领导决策服务的作用，上报“关于区国土局体制改革中应关注的事项及其建议”的专报，引起区领导高度关注。

（尹建华）

【固定资产投资审计】 年内，完成奥运森林公园和元大都遗址公园拆迁、坝河北小河一期治理工程、防保中心和幸福村实验小学建设等16个政府投资建设项目审计或跟踪审计，核减工程支出577万元，核减率8.3%。针对政府投资建设项目增多、项目管理存在诸多漏洞、监管工作仍较薄弱的现象。坚持重点监督与全程跟踪、政府审计与委托审计、预算编制调查与工程结（决）算审计结合，保证资金和项目审计覆盖面等行之有效的做法，加大监督力度。同时从建立健全管理机制角度，就政府投资建设项目普遍存在的"三边三超"工程、招投标及合同不严谨、工程造价不实、财务核算不规范等问题,提出加大招投标以及合同执行监管,建立项目考评机制,总结代建制试点经验并制定管理办法等建议和意见,引起市、区有关部门的重视。

(尹建华)

【内部审计】　年内,完成内审项目1522个,纠正违纪违规金额3496万元,提出建议595条,移交并给予行政处分3人。在充实内审指导力量基础上,重点加强对内审指导管理,提高内审工作水平。一是建章建制。制定《内部审计操作指南》、《内部审计协作组工作规定》等制度,进一步规范内审行为。二是制定《朝阳区内部审计工作百分考核办法》,并在网络组建设、组织机构、制度建设、审计业务、工作规范、信息调研等方面提出具体要求,起到规范内审工作和提高内审指导水平作用。三是通过摸清底数,建立内审工作台账,充分利用政务网络平台,公开内审事务,促进内审交流,推进内审工作协调发展。

(尹建华)

【审计调查】　年内,对政府融资项目效益效果、教育收费、再就业资金等5个项目实施审计调查。其中政府融资项目效益效果审计调查,涵盖主管部门、融资主体、借款单位以及项目实体共15个单位8个项目,调查金额42亿元,分别占全区融资项目47%和融资金额37%。通过调查,针对政府融资决策机制不健全等问题,从健全融资体制等6个方面提出对策与建议,引起有关部门的重视;与教委、监察局、纠风办、财政局、发改委等部门联合,开展治理教育乱收费专项检查。重点检查"一费制"、外地来京务工就业农民子女借读、中小学对捐资助学等政策执行情况,对检查中发现的问题要求有关部门制定整改方案,规范收费行为。

(尹建华)

【审计信息与调研】　年内,结合区委区政府工作要求,加大信息调研为政府宏观决策及成果转化服务的工作力度。上报的教育收费、部门结存资金的调研报告,引起市、区有关部门和领导高度重视,财政部门据此制定结存资金管理办法,区教委着手研究工资改革及资源整合等意见和措施。针对利用往来科目隐匿财政性资金、采购单位先办事后要钱等问题,通过信息反馈,提出重点清理意见和强化二、三级单位资金监管,加快事业管理体制改革,严格采购计划管理等建议,得到区长陈刚批示,财政、纪检等部门研究并制定具体实施办法,起到决策参谋作用。全年发出信息调研173篇,被有关部门采用410篇次,领导批示19人次,其中,区委采用44篇,区政府采用64篇,区人大采用27篇,市审计局采用89篇,首都之窗、《中国审计报》、《朝阳报》、朝阳政务网等媒体采用186篇。

(尹建华)

【审计信息化建设】　年内,作为审计署"金审工程"AO计算机审计系统软件试点单位,制定详尽的项目论证方案,组织骨干力量集中学习,全面开展项目论证,经对区环卫系统共10个单位(机关及所属单位)预算执行及其它财政财务收支情况试审效果看,与过去同项目比,人员减半,时间减半,同时调动了审计人员积极性,目前已尝试应用于经济责任审计、专项资金审计等项目中。同时,本局外网成功改版,内容突出审计规章制度、计划总结以及审计业务动态等政务公开事项,版式简洁、明快、大方。

(尹建华)

烟草专卖

【概况】　朝阳区烟草专卖局在市烟草专卖局和区人民政府双重领导下,负责辖区内烟草专卖管理工作。内设办公室、法制科、专卖监督管理科、访销信息科、财务统计科、政工保卫科、人事劳资科,编制150人。年内,共开展执法检查572次,出动执法人员19580人次,查获各类违法案件209起,其中,5万元至20万元案件6起,20万元至100万元的案件3起,100万元以上的案件2起,查获各类卷烟2543.5万支,其中查获假冒卷烟1872.7万支,查获走私烟39.04万支,罚没款110余万元。有3起案件移送司法机关处理追究刑事责任。朝阳烟草公司与区烟草专卖局两块牌子,一套人员。负责区内卷烟市场供应和卷烟销售网络建设。年内销售卷烟90000箱,实现销售收入96558万元,上缴税金2542万元,实现利润9509万元,上缴所得税3359万元。

地址:和平里13区甲17号

电话:64207306

邮编:100013

(丰国月)

【区卷烟零售户协会成立】　1月

16日，区烟草专卖局（公司）组织召开朝阳区卷烟零售户协会成立大会，37名卷烟零售户代表参加会议，大会通过协会章程、机构设置方案，选举产生理事会、监事会。

（丰国月）

【普法宣传】 3月15日，在东郊批发市场、华堂十里堡店、华堂亚运村店、超市发利客隆凯基伦店等6个不同地点同时举行法制宣传活动。组成15人的宣传队伍参加由区依法治区领导小组办公室举办的消费者权益保护专题法制宣传活动。在主会场小庄朝阳普法广场活动现场摆放了由15件、上百种假冒卷烟垒起的高2.5米、直径2米多的巨型碉堡式假烟塔，并在醒目位置赫然标出“假冒卷烟”。各个活动现场都设有真假烟鉴别咨询台，接待3000多名群众咨询，同时向群众散发卷烟真伪鉴别、烟草专卖法规知识和案件举报奖励政策3种宣传材料10000多份。

（丰国月）

【贯彻行政许可法】 6月，建立行政许可公示制度、一次性告知制度、监督检查制度等6项配套工作制度。6月21日，组队参加了区行政许可法知识竞赛并取得优秀奖。从7月1日起，对烟草专卖零售许可证办理全面实行行政许可案卷管理制度。8月18日，邀请区工商分局等18家有行政许可事项的执法部门就行政许可程序和相互配合研讨交流，理顺营业执照办理配合问题。

（丰国月）

【涉烟犯罪案件工作协调会】 7月13日，区依法办理涉烟犯罪案件工作协调会在区烟草专卖局召开。区委政法委、区法院、区检察院、区公安分局、区烟草专卖局主要领导参会。会议研究贯彻落实市高级人民法院、市人民检察院、市公安局、市烟草专卖局《关于依法办理涉烟犯罪案件工作研讨会会议纪要》和《关于依法办理涉烟犯罪案件有关问题的通知》精神，总结历年来本区在依法办理涉烟犯罪方面的工作和面临的形势，部署进一步整顿和规范朝阳区烟草市场经济秩序，依法惩治违反烟草专卖法律法规的违法犯罪行为，就全区落实北京市有关依法办理涉烟犯罪案件文件提出贯彻意见。

（丰国月）

【案件查处】 年内，规范办案程序，严格遵守行政处罚法和国家局、市局有关程序规定，坚持执行查处分离、罚缴分离、法制审核、领导审批制度，严格执行重大案件集体讨论制度。坚决杜绝违法办案，并实行错案追究制度。适用一般程序行政处罚案件209起，简易程序案件36起，采用集体讨论决定案件处理的案件14起。全年未发生被申请行政复议案件，发生1起被诉案件最终胜诉。

（丰国月）

【卷烟销售网络建设】 年内，经过大量市场调查，进一步理顺卷烟销售配货流程，多次优化送货路线，合理设置送货定额，对零售客户实行差异化服务与管理并推行IC卡结算。按照市烟草专卖局（公司）卷烟大配送工作部署，区烟草专卖局（公司）在市局（公司）、204所和欧康公司大力支持帮助下，通过和东城烟草专卖局多次接洽，11月1日正式实现对东城区跨区卷烟配送。

（丰国月）

【行政处罚案卷评查】 年内，市烟草专卖局专卖处对本局4个季度行政处罚结案案卷分别进行评查。案卷评查合格率和优秀率均为100%。参加市法制办和区法制办案卷评查，参评案卷全部被评为优秀卷，抽查案卷被区法制办作为范本卷，单项文书行政处罚决定书被作为文书范本。

（丰国月）

财政　税务　金融

财政管理

【概况】 朝阳区财政局是主管本区财政收支和财政监督工作的政府职能部门。设办公室、综计科、预算科、国库科、街乡科、行财科、政府采购办、经建科、社保科、农财科、金融科、会计科、监察科、人事科。下属政府采购中心、监督检查所、国库集中收付中心、信息中心4个事业单位,全局行政编制85人,事业单位人员编制46人。年内,完成区级财政收入684894万元,比上年增加119269万元,增长21.1%,完成年初预算的108.1%。当年财力473725万元,同比增加54622万元,增长13.0%。全区财政支出470753万元,比上年增加56782万元,增长13.7%,完成全年预算的115%。

地址:日坛北路3号

电话:65090308

邮编:100020

(商　珍)

【公共财政投入】 年内,教育支出依法实现普教事业费增长高于经常性财政收入增长、生均教育事业费逐年增长、生均公用经费逐年增长。科技、农业投入增加,促进了科技进步和农业结构调整。社会保障支出、公检法司支出分别达到9.5亿元和4.1亿元,文化支出0.8亿元。基础设施和环境建设投入预算内、外资金10亿元。

(商　珍)

【深化部门预算改革】 年内,实施公用经费"低标准系数"改革方案,大力压缩政府运转性资金,降低行政成本。各项支出凡能够实施政府采购的,全部纳入政府采购。资金安排重点向农村、社会保障、公共卫生、社会稳定、社区建设、教育、科技倾斜。

(商　珍)

【政府采购】 年内,扩大采购范围和规模。出台建设工程政府采购管理办法,将工程纳入政府采购。出台会议政府采购办法和小型建设工程政府采购办法。强化制度建设,完善招投标方式,加强定点供应商管理。全年完成政府采购额3.56亿元。

(商　珍)

【财政统一发放工资】 年内,扩大工资统一发放范围。除教委下属单位外,全区所有行政和全额事业单位全部实行财政统一发放工资,涉及人员11633人。完善基础人员信息库,使工资统发改革与部门预算编制中人员预算编制衔接起来。

(商　珍)

【财政性资金】 年内,强化基建资金管理,建立财政投资评审制度,审减资金1.4亿元,审减率16.8%。对教育、支农资金实施专户管理,在确保经费供给同时,严格审核经费申请,促进支出结构调整和资金有效使用。深入开展专项检查,强化对资金使用情况追踪问效。出台《朝阳区行政事业单位结存资金管理办法》,规范结存资金财政管理和单位收支活动。

(商　珍)

【公共财政和市场化改革】 年内,围绕农民就业和社会保障问题,制定一系列政策措施。围绕公共卫生体制改革,调整支出结构,加大公共卫生投入。在19个乡启动垃圾清运消纳改革试点,为社会事业市场化改革积累了经验。在5个街道的社会保障事务所实施了会计委托代理记账试点,同时,配合村务公开在3个村委会启动试点,探索新形势下加强会计监督新机制。

(商　珍)

国家税务

【概况】 朝阳区国家税务局隶属于市国家税务局。局内设行政科室11个、基层机构11个(其中7个税务所、4个稽查所)、事业单位2个、直属机构1个。全局有干部职工553人,管辖各类纳税户52440户,其中内资企业40586户、外商投资企业1822户、外国企业125户、分支机构4621户、个体工商户4633户、其它单位653户。年内,组织各项税收收入1226872万元,同比增收280827万元,增长29.68%。其中增值税入库439277万元,同比增收65966万元,增长17.67%;消费税入库55518万元,同比增收6805万元,增长13.97%;所得税入库695996万元,同比增收204831万元,增长41.7%;利息税入库34380万元,同比增收4161万元,增长13.77%;其它税收入库1701万元,同比增收253万元,增长18.53%。组织区级收入18.87亿元,同比增收3.14亿元,增长20%。提前两个半月完成全年税收任务,税收收入突破百亿元大关,提前一个半月完成全年区级税收任务,实现总量和增量超高增长。

地址:左家庄东里甲3号
邮编:100028
电话:64653418

(郭 倩)

【确保税收】 年内,认真分析朝阳区经济形势,及时全面落实市区两级税收计划,并加强监督和考核。坚持税收计划定期预测、分析汇报制度,深入开展调查研究,分级召开收入汇报会,随时掌握重点税源变化。逐户、逐年、逐项清理房地产企业,了解企业预售收入和预计利润情况。清理房地产企业163户,有预售收入企业13户,入库企业所得税额约7054万元。对全区增值税小规模纳税人实行核定征收。检查长期零申报的增值税小规模纳税人,重点清理市场内及有固定经营场所的增值税小规模纳税人。推行小规模纳税人核定征收1120户。大力推行企业所得税核定征收。采取企业申请与税务所纳税评估相结合方式,首先对住宿、餐饮和美容美发等不能准确核算收入和成本费用的行业进行所得税核定征收鉴定工作。确定核定征收企业824户,入库税款850万元,比上年同期同行业入库税款增加841万元。

(郭 倩)

【纳税服务】 年内,推行网上申报模式,详细告知网上申报所需条件以及工作程序,4158户企业实现网上申报。开通增值税专用发票抵扣联网络认证,141户一般纳税人能足不出户随时认证。实现纳税申报一窗式服务,同时办理发票认证、申报纳税、防伪税控报税。继续扩大投入,使一窗式窗口由17个增加到35个。引进智能语音服务系统,提供申报提醒服务。通过语音播报、短信互动平台和E-mail信箱方式,将最新税收政策、最新工作动态、会议通知等重要信息及时传递到纳税人。在各办税服务厅实行大厅承诺办结式全程办事代理制,在公开承诺时限内办结纳税人申办的有关事项。开展纳税企业信用等级评定工作,评选出首批60户纳税信誉好的“A类”企业,依法对其在领购发票、税务稽查、办理出口货物退(免)税三个方面实施鼓励政策。

(郭 倩)

【税收宣传月活动】 4月是全国税收宣传月,征税期在办税服务大厅通过悬挂宣传横幅、张贴宣传标语、布置税收优惠政策专栏、设置宣传咨询台等形式开展集中宣传活动。开展送税法活动,在管庄、来广营等街乡召开税收优惠政策宣传辅导会,举办千家商户诚信纳税签名活动,将下岗再就业、涉农税收等优惠政策送进街乡、集贸市场、地头田间。主动登门为企业发放办理登记、发票的领购使用、税款缴纳等一系列税收资料。深入宣传《行政许可法》,使纳税人充分了解自己享有的各项权利,维护自身合法权益,并能对税务机关实施行政许可工作进行监督。召开重点税源企业座谈会,主管业务副局长亲自走访中粮集团、首都机场、中石化等重点企业,了解企业经营情况和困难。通过《人民日报》、《中国税务报》、《北京青年报》、北京电视台、朝阳有线电视台等多家新闻媒体对各项税收宣传活动进行报道。

(郭 倩)

【落实税收优惠政策】 年内,落实下岗失业人员税收优惠政策。广泛、深入宣传,设置再就业受理窗口,简化优惠政策审批程序,将审批时间缩短到7个工作日内,安排下岗失业人员再就业企业优先购买普通发票,与区劳动保障部门建立联系制度。落实促进农民增收优惠政策。针对部分粮油专业市场经营户以单位形式从事粮油批发、零售等经营活动政策界限不明确的情况,在市场内逐户调研,摸清情况,确保政策落实准确到位。全区经营农产品市场41个,农产品经营者7992户,落实政策后全年减免税款338.6万元。

(郭 倩)

【流转税管理】 年内,加强以增值税为重点的流转税管理,积极宣传新出台的辅导期一般纳税人政策,取得纳税人理解和支持。加大金税工程工作管理力度,针对大容量IC卡发行、开票子系统升级、中国税收征管信息系统(CTAIS系统)上线、金税网络版应用、一窗式管理模式推行,加强票表稽核,税源控管科技含量逐步提高,有效预防虚假申报。平均申报率及三级存根联采集率均达到市局金税考核标准。

(郭 倩)

【企业所得税管理】 年内,严格审批涉税事项,圆满完成2003年企业所得税汇算清缴工作;对企业所得税纳税户实行分类管理,对重点税源实行专人按月预测、分析、跟踪、监控;对年销售收入在300万元以下的企业,按季度、分步骤、分行业稳步推行企业所得税核定征收;对中等收入企业,深入分析企业汇算清缴情况;对生产规模大、利润水平明显偏低企业开展纳税评估;稽查部门对企业所得税审核、审批事项开展专项检查,堵塞征管漏洞。征、管、查三方面有机结合,使企业所得税申报质量不断提高,税收收入稳步增长。

(郭 倩)

【发票管理】 年内,加强对企业取得海关开具增值税专用发票管理,在企业申报环节和纳税评估环节,加强对海关增值税专用缴款书审核力度,有效打击利用假发票扰乱经济市场的犯罪行为。加强货物运输发票抵扣管理,制定管理办法和工作流程,开发增值税一般纳税人运输发票抵扣情况统计表电子程序。做好非防伪税控发票管理工作,根据总局、市局管理要求,采取先进的技术手段比对和清理非防伪税控专用发票,发现问题及时请海关协查,并与外贸、公安等部门紧密配合,有力打击利用海关增值税专用缴款书抵扣税款偷税行为。

(郭 倩)

【出口退税工作】 年内,根据国家出口退税机制改革方案,积极向企业宣传政策。清算会上,就出口退税清算内容对477户出口企业进行辅导,形成外贸企业积极申报、退税部门加快审核税企互动的良好局面。采取语音电话提供申报提醒、增加预审人员设备、申报窗口全天候审核等措施,根据企业退税资料报送情况及退税进度要求,对重点企业在资料信息不全的情况下采取先审后录的办法加快清算审核工作进度。1月至4月,完成全部陈欠退税15.2亿元。解决出口退税审批周期过长问题,实现外贸企业当年出口、当年退税,全年退税24.9亿元。

(郭 倩)

【推进信息化建设】 年内,以发挥CTAIS系统效能为重点,进一步研究CTAIS系统使用和管理功能,建立健全各项管理规范、制度,加强征管质量考核。研究对纳税人税款入库率管理办法,切实提高征税期申报率和纳税人限缴期限内入库率,通过按月通报数据制度,督促和加强对纳税人催报催缴管理工作,征期申报率95%以上,月末申报率97.5%以上,申报滞纳金加收率100%。加强对系统使用安全的管理,对税务登记、发票核定、发票销售及对纳税人管理、约束性的操作做到定人、定时、定责,确保系统数据准确和真实。加强对密码等涉密功能的管理,严防增值税专用发票售卖、减免税、纳税人留抵税额、多缴税额等环节出现问题。实现减免税申请审批表、延期缴纳税款申请审批表、核定征收申请审批表、发票票种核定申请审批表及增值税一般纳税人申请认定表等9种文书在CTAIS系统内流转审批运行。

(郭 倩)

地方税务

【概况】 朝阳区地方税务局(简称区地税局)在区政府及市地方税务局领导下,在朝阳区行政区域内行使地方税收管辖权。本局设15个科室、6个税务所、5个稽查所、1个纳税服务所。合计人数532人,其中干部507人、工人25人,大专以上文化程度494人。截至年底,管辖纳税登记75867户,其中内资企业63384户(包括国有企业3254户,集体企业3923户,股份合作企业6630户,联营企业107户,有限责任公司6952户,股份有限公司209户,私营企业40112户,其它企业2197户);港澳台商投资企业991户;外商投资企业2404户;个体工商户8445户;其它643户。全年共组织各项收入1410525万元,比上年同期增加307125万元,增长27.83%。本期在各项收入中,税收收入合计完成1366947万元,比上年同期增加299874万元,增长28.1%,完成市局下达年度指标123.6亿元的110.59%;其它收入本期入库43578万元,比上年同期增加7251万元,增长19.96%。区级收入完成485108万元,比上年同期增加91170万元,增长23.14%,完成区政府下达年度计划指标442400万元的109.65%。税收收入完成情况呈以下特点,从税种看,主体税种所占比重大。营业税、个人所得税、企业所得税共计1153601万元,占各项收入84.39%。从行业看,房地产业及社会服务业增幅较大。房地产业入库税款245944万元,同比增加78260万元,增长46.67%。社会服务业入库税收收入517993万元,同比增加132308万元,增长34.3%,占税收36.72%。从企业性质看,涉外企业发展迅速。涉外企业5234户,入库税款502795万元,增长26.47%。从政策区域看,电子城高新技术企业与商务中心区企业入库税款增幅较高。电子城高新技术企业658户入库4.8亿元,同比增长41.34%;商务中心区3378户入库税款20亿元,增长46.28%。从税源分类看,三级重点税源企业入库占总收入三分之二。本局有三级重点户1112户,占全局总收入67.2%,其中,市、区两级重点税源166户企业入库税收占全局完成总收入41.06%。

地址:安苑东里3区1号;
电话:64653418
邮编:100029;
网址:http://www.bjltb.gov.cn

（徐　铳）

【组建纳税服务志愿者队伍】　3月5日,区地税局纳税服务志愿者爱心活动启动仪式举行,市局领导亲自为来自社会各界的志愿者代表颁发标识和胸卡。纳税志愿服务对有特殊需求的纳税人,特别是一些特殊困难纳税群体提供辅助记账服务、记账结果审核服务、司法服务、外语服务、代办服务、公益宣传服务等,服务方式采取接听咨询电话、接待上门咨询、代办服务、上门走访等形式。6月3日,本局召开纳税服务志愿者活动研讨会,团中央青年志愿者工作部等有关部门领导、专家和学者都对这项活动给予充分肯定。

（徐　铳）

【信息化建设】　4月1日成功实现核心征管系统顺利上线并平稳运行。当天为纳税人办理税务登记141份,办理税务登记变更595份,新办户到税务所报到23户。年内,全局500余名干部及5万多纳税人通过百余场培训会培训到位,全区纳税人培训率100%。为新系统搭建所需的软、硬件环境,如将Win98升级为Win2000,IE升级为6.0,对V3.0系统内数据进行清理等。继续扩展网上服务内容,在外网推出5个全新版块,分别是纳税服务志愿者版块、重点户分析版块、2003年度企业所得税汇算清缴辅导版块、减免税普查栏目、行政许可公告栏目。使纳税人享受到周到细致的网上服务,受到广大纳税人的关注与响应。至年底,网站访问量276762次。

（徐　铳）

【就近纳税】　11月1日,区地税局实现全区通办纳税事项。纳税人可以在朝阳区范围内任意一个征收所享受到税务登记、发票购买、表票发放、个体和零散税源征收等11项全区通办纳税服务事项。至年底,受理开业税务登记1312户次,变更税务登记5401户次,办理跨所授权、购买发票110户次,办理零散税源、代开发票200余次。

（徐　铳）

【推行税收管理员制度】　年内,制定并下发《税收管理员工作规范》,并结合朝阳区税源情况,按照纳税人规模、性质和行业特点实行划片(业)管理。同时对不同信用等级纳税人采用不同管理方法,建立管理到户、责任到人、人户对应管理模式。同时以新系统管理数据为依托,建立税收管理员工作手册(电子版),通过计算机对税收管理员各项管理工作提供辅助并进行记录。

（徐　铳）

【档案管理】　年内,成立档案科,本着收齐、管好、用活原则,经过几个月工作,整理、抢救税务档案170397卷,文书档案434件,会计档案157卷,照片档案132张,设备档案4卷,实物档案27件,电子光盘11件,向档案局报送电子档案148件,共计171310卷(件),顺利通过市地税局对税务档案归档工作检查及区档案局对各门类档案执法检查。

（徐　铳）

【个人网上申报】　年内,稳步推进个人所得税网上明细申报工作。以个人所得税服务管理信息系统运行为基础,全面实施《个人所得税申报管理暂行办法》和《开具个人所得税完税证明管理办法》。以周为时间段,定期将各所明细申报进度、系统存在的问题及本局对此项工作的下一步要求在网上公布。安排专职人员专门全天候负责接待代扣代缴单位电话咨询、上门咨询及内部各种形式咨询。对各征收所反映问题时尽量做到及时详细,对系统不稳定情况和纳税人反映的问题尽量留下记录,与市局沟通,使系统不断优化和完善。从系统后台查询网上未申报户名单,及时将各征收所未申报户情况转发各所,要求请各征收所核实并催报。网上申报43986户,明细申报率77.97%。

（徐　铳）

【纳税服务】　年内,做好奥运税务服务工作。如与奥运森林公园建设委员会取得联系,做奥运税收政策传达与宣传工作，促进政策贯彻落实。方便个体纳税人，对795户下岗职工个体工商户进行减免税审批，减免税款20万元。对26户残疾人个体工商户，47户代扣代缴单位的近97名残疾人进行审批，减免税5万元。对1户军转干部个体工商户进行审批，减免税5万余元。对21户饮食娱乐企业近100名从业人员进行税款核定，核定税款28万元。对3250户申请返2%手续费企业进行审核，退还手续费4822.48万元。另对130户代扣代缴单位进行退税审批，退税261.74万余元。简化契税减免税管理办法。对个人拆迁补偿减免契税申请实行窗口即时受理审批，符合条件的纳税人一次即能办完减免手续。即时审批开展以来，受理契税减免5352份，减免税额5457万元。做好个人机动车车船使用(牌照)税征收工作。通过各种宣传手段有效告知纳税人，各征收点征期不休息，征收个人机动车29.4万辆，同比增加2.6万辆，征收税款5163万元，同比增收653万元。

(徐　毓)

【纳税评估税务检查】 年内，借鉴国际通行的先进评估方法，确定纳税评估基本工作准则和工作内容，完善《朝阳区地方税务局纳税评估工作规程》和《朝阳区地方税务局纳税评估业务手册》，将评估工作和档案使用相结合，和往年查前准备资料相结合，完成纳税评估推广工作各项准备，为最终建立以纳税评估为基础的新的税收管理体系奠定基础。对337户实施纳税评估，发现有问题的282户，函告约谈65户，补缴收入1728.6万元。对618户纳税人进行税务检查，发现有涉税问题的588户。通过各种形式税务检查组织收入8970.02万元(查补税款7886.59万元，滞罚收入1083.43万元)，查补收入入库金额8232.59万元，入库率91.4%。组织5个稽查所、120余名干部参加交通运输业发票专项检查工作。完成229份发票(付款方)检查任务。

(徐　毓)

【加大宣传】 年内，加强税收宣传创新力度，不断寻求与纳税人工作生活紧密相关的新的结合点，便于纳税人接受和理解，税收宣传取得实效。一是围绕百姓关注的热点创新宣传。在了解到国际贸易中心举办春季房展会消息后，主动与主办方联系，在房展出入口显著位置设涉税咨询台，4天时间接待四五千人咨询或资料索取，与中国国际航空公司合作开展“税法宣传上蓝天”启动仪式，税法宣传实现与航空业紧密结合。由地税局印制的带有“依法诚信纳税，共建小康社会”字样的套枕和座套出现在中国国际航空公司航班飞机上。

(徐　毓)

金　融

【概述】 年内，驻区银行支行以上企业单位有154家，其中，中国银行股份有限公司北京市分行有51家支行、中国建设银行股份有限公司北京分公司有7家支行、中国工商银行北京分行有5家支行、中国交通银行北京分行有4家支行、中国农业银行北京分行有9家支行、北京银行有21家支行、中国光大银行北京分行有5家支行、中国民生银行股份有限公司有12家支行、中信实业银行北京分行有11家支行、华夏银行股份有限公司北京分行有9家支行、兴业银行北京分行有6家支行、广东发展银行股份有限公司北京分行有6家支行、深圳发展银行北京分行有3家支行、招商银行股份有限公司北京分行有3家支行及德富泰银行有限公司北京代表处和新加坡大华银行有限公司北京分行。另有农村信用合作社17家及中粮财务有限责任公司、北京国际信托投资有限公司、中信信托投资有限责任公司、中信控股有限责任公司、中国航空集团财务有限责任公司、中国中信集团公司银基担保有限公司、中国国际金融有限公司、中国石化财务有限责任公司、中国信达资产管理公司北京办事处、西门子财务服务有限责任公司、中国旅游国际信托投资有限公司12家非银行金融企业。

(赵　思)

中国银行朝阳区支行

【概况】 中国银行朝阳区支行，业务涉及公司、零售、外汇、理财等各个领域。现拥有员工755名，内设35家经营网点，7个管理部室，年内更名为中国银行股份有限公司北京朝阳支行。截至年底，总资产320亿元，比上年增加25亿元，增幅超过8%。

地址：东三环北路2号

邮编：100027

电话：64108176

(马　丽　刘　莹)

【营销】 年内，以客户经理制为基础，建立联动营销机制，加强对客户综合业务拓展；大力推广网上银行等新业务产品，促进产品间联动营销，突出综合收益；针对不同客户特点采取行之有效的营销策略与服务方案，满足客户业务需要；发挥各网点优势开展消费信贷、理财、票据贴现、代理基金、保险等业务，各网点形成自己的业务特色，建立自己的基本客户群；大力拓展国际结算、外汇买卖、汇聚宝、公积金贷款、信用卡等中间业务，扩大利润增长点。

（马 丽 刘 莹）

【网点建设】 年内，加快网点建设步伐和调整力度，缩短建设周期，对旧网点进行改造装修或重新选址，改善环境，调整位置；在繁华地段以及空白区域新建网点，扩大覆盖面；积极办理储蓄所升格支行和开办对公业务，为网点发展创造条件。新建、搬迁、改造网点18家，在16家建理财中心。支行网点从过去20家分理处、11家储蓄所扩展到21家网点支行、10家分理处、4个储蓄所。

（马 丽 刘 莹）

中国工商银行朝阳支行

【概况】 中国工商银行朝阳支行在工商银行总行系统“城区支行经营40强”中排名第6，在分行年度经营绩效综合考核中列第10位。内设14个部室和1个营业部；下设9个网点支行、1个分理处、23个储蓄所和附属机构现金中心。年内，在册员工691人。实现利润7.53亿元，人均利润95.32万元。新增支票直通车11户、理财金账户7741户，新增特约商户27家、灵通卡14万张。

地址：朝外大街

电话：65015538

邮编：100020

（宋怡宁）

【营业网点】 年内，朝阳支行设有1个营业室、9个网点支行、1个分理处、23个储蓄所，分别是：支行营业室（朝外大街）、八里庄支行（八里庄西里100号1层2层）、管庄支行（朝阳路京通新城A座底商）、燕莎支行（麦子店街41号）、国航大厦支行（霄云路36号国航大厦1层01号）、甜水园支行（六里屯北里18号楼A座底商）、大望路支行（小庄南里邮局西侧）、十里堡支行（八里庄东里单身丙楼）、团结湖支行（团结湖路5号楼南侧）、左家庄支行（左家庄北里35楼）、金台路分理处（朝阳门外小庄6号）、雅宝路储蓄所（朝阳门南大街14号）、金台北里储蓄所（金台路北口）、三里屯储蓄所（工体东路15号）、团结湖南区储蓄所（团结湖二区42号）、团结湖东区储蓄所（团结湖北三区10号）、呼家楼储蓄所（呼家楼北街乙4号）、双桥新村储蓄所（双桥农场温泉北里小区1号）、管庄储蓄所（管庄大院54号）、定福庄储蓄所（定福庄2号）、甘露园储蓄所（甘露园南里18号）、八里庄储蓄所（八里庄东里单身丙楼）、幸福村储蓄所（工人体育场北门对面）、幸福三村储蓄所（东直门外大街22号楼）、新源里储蓄所（新源里东街6号楼）、三元桥南储蓄所（左家庄小区三源里南小街4号）、柳芳南里储蓄所（柳芳南里甲1号）、八里庄北里储蓄所（后八里庄第三印染厂正门旁）、慈云寺储蓄所（延静里中街乙5号）、顺源街储蓄所（左家庄小区顺源街45号楼）、关东店北街储蓄所（朝外大街1号）、朝外大街储蓄所（朝外大街1号）、六里屯储蓄所（甜水园东里45号楼）。

（宋怡宁）

【网上电话银行】 年内，企业网上银行新开户327户，实现交易额1187亿元；企业电话银行新注册196户；个人网上银行开户5.53万户、电话银行开户5.33万户。

（宋怡宁）

【存贷款】 年内，各项存款余额465.58亿元，其中，人民币对公存款日均（含同业）余额193.75亿元，比年初增加28.80亿元；储蓄存款余额190.99亿元，增加17.47亿元。各项外币存款余额（含同业）4.65亿美元，较年初增加3918万美元。其中，对公存款2.58亿美元，较年初增加1.02亿元；储蓄存款2.06亿美元。本外币贷款余额107.54亿元，其中住房开发贷款余额14.68亿元；个人住房按揭贷款余额25.11亿元；个人消费贷款余额1.77亿元；办理票据贴现1.49亿元，同比增长7倍。

（宋怡宁）

中国工商银行九龙山支行

【概况】 中国工商银行九龙山支行内设10个部室和1个营业室，下设3个网点支行、2个分理处、9个储蓄所，附属现金中心。年内，在册员工414人。实现利润3223.44万元，人均利润7.79万元，上缴税金936万元。发行牡丹卡信用卡17张，发行牡丹贷记卡12张，牡丹国际卡54张。

地址：广渠路甲40号

电话：67710822

邮编：100021

（文 颖）

【营业网点】 年内，九龙山支行境内营业网点分别有：支行营业室（广渠路甲40号）、广渠路支行（广渠门外大街22号楼）、潘家园支行（农光南里1号）、石门支行（石门村2号）；劲松三区分理处（劲松三区301号楼）、武圣里分理处（武圣东里 52 号);劲松八区储蓄所(劲松八区 816 楼)、华威西里储蓄所(华威北里甲 17 号楼)、垡头储蓄所(垡头居民区)、光明桥储蓄所(广和南里二条 12 号楼)、垂杨柳储蓄所(垂杨柳中街 14 号)、南新园储蓄所(南新园 26 号楼)、双花园储蓄所(双井路口北侧路东)、九龙山储蓄所(双井路口西侧)、双井储蓄所(双井环路宾馆东侧)。

(文　颖)

【存贷款】　年内,本外币各项存款余额 106.03 亿元,增加 7.65 亿元,其中对公存款 31 亿元,增加 4.58 亿元;储蓄存款 75.03 亿元,增加 3.07 亿元。本外币各项贷款余额 46.56 亿元;其中个人住房贷款 1.35 亿元,增加 1.26 亿元;个人消费贷款余额 2.8 亿元。

(文　颖)

中国工商银行亚运村支行

【概况】　中国工商银行亚运村支行内设 13 个部室、1 个营业部,下设 3 个网点支行、2 个分理处、8 个储蓄所和附属机构现金中心。年内,员工 310 人(其中正式员工 229 人、柜员合同工 2 人、代理用工 79 人),实现利润 1.96 亿元。缴费通新增 9630 户,灵通卡发放 78710 张,理财金新增 4286 户,网银开户 20477 户。

地址:慧忠北里 407 号楼
电话:64863545
邮编:100012

(王小平)

【营业网点】　年内,亚运村支行境内营业网点分别有:支行营业室(慧忠北里 407 号楼)、北辰路网点支行(北辰东路 8 号汇欣大厦首层)、惠新网点支行(惠新西街 21 号楼)、世纪村网点支行(育慧北路 8 号)、化信分理处(安定路中段 33 号)、北苑家园分理处(北苑家园清友园 19 号)、安慧北里储蓄所(安慧北里安苑 5 号)、五矿储蓄所(安慧里 4 区 15 号楼);航空城储蓄所(北苑新路 3 号院)、惠新里储蓄所(和平里樱花东街 1 号)、双北桥储蓄所(安外安贞西里二区 21 楼)、祁家豁子储蓄所(华严北里 40 号楼)、苇子坑储蓄所(安翔北里 10 号)、小关储蓄所(安苑里 12 楼)。

(王小平)

【存贷款】　年内,本外币各项存款余额 110.25 亿元,增加 16.95 亿元,其中对公存款 30.16 亿元;储蓄存款 76.76 亿元,增加 12.36 亿元。本外币各项贷款余额 29.26 亿元,增加 1.45 亿元;其中个人住房贷款 20.26 亿元,增加 0.54 亿元;个人消费贷款余额 2.19 亿元,增加 0.28 亿元。

(王小平)

中国工商银行望京支行

【概况】　中国工商银行北京市分行望京支行内设机构 13 个,其中:12 个部室、1 个中心分理处;下设分支机构 24 个,其中 3 个网点支行、5 个分理处、15 个储蓄所;附属机构现金中心。年末在册员工 334 人。2004 年实现利润 2.45 亿元,人均利润 59 万元,上缴税金 1158 万元。发行牡丹卡信用卡 58 张,发行牡丹贷记卡 49 张,牡丹国际卡 256 张。

地址:酒仙桥路甲 10 号
电话:64388313
邮编:100016

(黄　硕)

【营业网点】　年内,望京支行境内营业网点分别有:支行营业室(酒仙桥路甲 10 号)、香河园支行(樱花东街 5 号)、首都机场支行(首都机场梨园小区);望京南支行(望京中路 3 号院);四元桥分理处(望京中环南路 9 号)、西坝河中里分理处(西坝河中里 34 号);新空港分理处(首都机场新候机楼首层)、科技园区分理处(利泽中园 105 号);东坝分理处(东坝红松园北里甲 2 号)、花家地西里储蓄所(花家地西里 117 号楼)、南湖东园储蓄所(望京南湖东园 101 楼)、樱花西街储蓄所(樱花西街 8 号)、青年沟路储蓄所(和平街 13 区甲 3 号)、芍药居储蓄所(芍药居北里 30 号楼)、首都机场南储蓄所(首都机场职工俱乐部东)、望京新城储蓄所(新文望京 A 四区 III 组团底墒)、高家园储蓄所(高家园小区 106 楼)、将台路储蓄所(酒仙桥芳园里 37 楼)、酒仙桥商场储蓄所(南十里居 15 号院 13 楼北)、王爷坟储蓄所(酒仙桥路 11 号楼北)、六街坊储蓄所(酒仙桥路 29 号)、大山子储蓄所(酒仙桥路甲 4 号)、香河园储蓄所(西坝河西里 4 号)、坝河东里储蓄所(西坝河东里 14 号)。

(黄　硕)

【完善制度】　1 月 17 日,制定《望京支行外汇报表及国际收支统计管理办法》。3 月 19 日,制定《望京支行中间业务管理办法》、《望京支行会计核算质量考核管理办法(试行)》。3 月 22 日,制定《望京支行客户经理考核(试行)办法》。7 月 1 日,制定《法人账户透支管理规定》。

(黄　硕)

【安装报警设备】　6 月 27 日,对所辖 17 个网点安装夜间防入侵报警设备,实现全部网点技术防范社会化管理。

(黄　硕)

【入驻电子城科技园】　10月19日,举行入驻电子城科技园庆典仪式。副区长束为、分行副行长程继光等有关负责人出席庆典仪式。

（黄　硕）

【存贷款】　年末,本外币各项存款余额173.22亿元,其中对公存款45.82亿元;储蓄存款115.6亿元。本外币各项贷款余额31.43亿元;其中个人住房贷款2.2亿元;个人消费贷款3.1亿元。

（黄　硕）

中国工商银行北京商务中心区支行

【概况】　中国工商银行北京商务中心区支行成立于1月8日,内设行长室和6个部室,1个营业部;下设1个网点支行、3个分理处、5个储蓄所。年末在册员工183人。全年实现经营利润15706万元,人均利润85.83万元,上缴税金1893万元。发行牡丹卡信用卡1069张,发行牡丹贷记卡42张,牡丹国际卡260张。

地址:建国路110号

电话:65661811

邮编:100022

（张　翕）

【营业网点】　年内,北京商务中心区支行境内网点分别有:建国路网点支行(建外大街12号)、国贸大厦分理处(建外大街1号国贸大厦二座1层)、光华路分理处(关东店南街2号旺座中心)、日坛路分理处(日坛路6号)、建国路储蓄所(建国路110号)、大北窑储蓄所(建外大街大北写字楼一层)、建外大街储蓄所(建外大街1号国贸大厦一座1层)、永安西里储蓄所(建华南路11号)、永安里储蓄所(日坛路6号)。

（张　翕）

【存贷款】　年末,本外币各项存款余额121.47亿元,增加25.13亿元,其中对公存款75.17亿元,增加22.29亿元;储蓄存款46.3亿元,增加2.84亿元。本外币各项贷款余额23.28亿元。实现本外币中间业务收入2116万元。

（张　翕）

中国建设银行朝阳支行

【概况】　中国建设银行朝阳支行内设15个部室,下设1个营业部、8个升格支行、11个储蓄所,有干部职工389人。年末,本外币全口径存款余额143.47亿元,其中人民币存款余额142.25亿元,贷款余额95.82亿元,实现创利3.12亿元。

地址:朝阳门外大街乙10号

电话:65994806

邮编:100020

（张　艳）

【实施大客户战略】　年内,确立“以大客户为中心”的公司业务发展战略,成功营销中建一局网上理财业务。成功为北京地铁五号线投资有限公司发放3笔15年期共15.5亿元基本建设贷款。同时,与项目业主签订一揽子协议,并包括项目存款、编标、审预决算、监理、运营收入结算等全方位金融服务。以优惠价格和高效服务争取到美国美一银行北京分行200万美元生息资产存入,这是外资银行落户建行北京分行的第一笔生息资产业务。

（张　艳）

【中间业务创新品种】　年内,取得代理北京国际信托投资有限公司“北京公交广告收益权信托优先受益权投资计划”资金收付业务主办行资格,成为分行系统第一家办理信托投资计划资金代收付业务的支行;取得“全国产品与服务统一标识体系”相关业务主经办行资格,建行是“统一代码项目”的首家合作银行。

（张　艳）

【承接建行债券发行】　年内,中国建设银行债券第一期发行由中国国际金融有限公司主承销,此次债券发行的所有来账均由建行朝阳支行所属国贸支行负责接收处理,150亿元资金接收在一天内顺利完成,为建行进一步提高资本充足率,改善资本结构,完成股份制改造创造了条件。

（张　艳）

【国际业务取得突破】　年内,全口径外汇存款余额1.22亿美元,其中外汇企业存款余额0.27亿美元,完成分行计划107%,外汇储蓄存款余额为0.91亿美元,完成全年计划223%。

（张　艳）

【代理保费业务】　全年,代理国寿北京分公司个险首年新单保费收入10.56亿元,市场份额居于北京寿险市场第一。通过积极转变销售模式,调整产品结构,强调以期缴业务、风险型业务为主,使期交首年保费收入达到3.2亿元,比上年同期增长16.2%。

（张　艳）

【双降工作成绩显著】　年内,利用可疑类贷款剥离契机,剥离不良资产4.6亿元,五级分类不良率下降2个百分点。个人类住房贷款五级分类余额643万元,不良率为0.23%,下降额位居分行系统第二,是唯一一家不良额低于6月底剥离后水平的支行。实现经营利润4.65亿元,较上年增长2亿元。资产利润率达到1.45%。人民币存款206亿元,净增52亿元,比上年增长34%。人民币各项贷款88亿元,比上年增加37亿元。中间业务净收入7800万元,比年初增加3000万元,增长60%。

(张　艳)

【个人银行业务亮点纷呈】　年内,吸收个人储蓄存款7.28亿元,存款余额63.93亿元,完成分行下达计划指标的103%。3倍完成第一期个人外币结构性存款分行核定任务;大力发展VIP客户,承销了11只开放式基金,其中主承销的银华88指数基金销售额位居分行系统第一。

(张　艳)

中国民生银行总行营业部

【概况】　中国民生银行总行营业部在朝阳区设有朝阳门支行,地址朝外大街22号泛利大厦首层;亚运村支行,地址惠新西街3号;奥运村支行,地址安立路66号4号安立花园C座华夏证券首层北厅;西坝河支行,地址西坝河西里甲18号;建国门支行,地址建国门外大街21号国际俱乐部1层;电子城支行,地址酒仙桥路14号兆维大厦;劲松支行,地址劲松三区302楼首层;国贸支行,地址东环南路2号;首都机场支行,地址航安路首都机场职工之家办公楼北侧;工体北路支行,地址工体北路9号;三元支行,地址东三环北路甲2号。年内民生银行11家支行税前利润共计3.64亿元。

地址:西城区复兴门内大街2号中国民生银行大厦
电话:58560088
邮编:100031

(白锐平)

【优质服务】　年内,国贸支行以优质服务作为金融产品价值的有机组成部分,提供新的金融产品,通过优质服务把优质金融产品营销给客户。建立纵横联动的大服务网络,横是指部门之间、业务之间的相互沟通、呼应、协调,互为服务客体和对象;纵是指二线为一线服务、一线为客户服务、客户对一线反馈需求、一线对二线反馈需求。国贸支行将7月份定为优质服务月。为推动“优质服务月”活动分成前期准备阶段、全面推进阶段、总结表彰阶段,保证活动有效开展。截至年底,国贸支行有对公客户2000多户,个人客户20万户。

(白锐平)

【奖惩机制】　年初,国贸支行与北京管理部签订《中国民生银行北京国贸支行优质服务工作目标责任书》。年内,结合服务督导员检查情况,每月对服务督导检查情况进行反馈,罚劣奖优,严格兑现奖惩,年终考核加大效益工资比例。

(白锐平)

兴业银行朝外支行

【概况】　兴业银行朝外支行加入北京市金卡工程和中小银行九行一邮组建的联合收费网络,以委托扣划方式办理各项代收费业务,取得办理政府采购、代发工资业务代理行资格,投入使用电话银行系统、POS系统、银券通系统等,拓展了一批稳定的优良客户群。

地址:朝外大街77号
电话:65922213
邮编:100020

(黄纪生)

【证券投资基金托管】　年内,兴业银行朝外支行本着客户至上的服务理念,与证券公司密切合作,向客户提供高效、快捷、灵活的个性化和市场化的托管服务。

(黄纪生)

北京国际信托投资有限公司

【概况】　北京国际信托投资有限公司(简称北京国投),设信托总部、营销总部、投资总部、投资银行部、信托财会部、计划财务部、法律事务部、企业管理部、研究发展部、人力资源部、稽核审计部、风险管理部、董事会办公室、党群工作部、总经理办公室,有员工120人。下设北京渔阳饭店有限公司、北信投资控股有限责任公司、北京北信东方实业发展有限公司3个公司均在朝阳区。现有股东10家,资本金12亿元(含2932万美元外汇资本),截至年末,公司总资产104.4亿元。

地址:安定路5号北京金融信托大厦C座
电话:64436553
邮编:100029
网址:www.bjitic.com

(王连顺)

【金融信托业务】　年内,北京国投通过开展规范的金融信托业务,完成营业收入1.73亿元,其中信托业务收入8314万元,是上年的12倍;向受益人支付信托收益1.78亿元,返还信托本金17.2亿元。按照财政部和中国银监会规定计提4807万元各项准备金后,实现利润1336万元。

(王连顺)

保 险

【概述】 年内，驻区保险企业有：中国人寿保险股份有限公司、中国人寿保险股份有限公司北京市分公司、中国人寿保险股份有限公司朝阳区支公司、新华人寿保险股份有限公司朝阳支公司、民生保险经纪有限公司、民生人寿保险股份有限公司北京分公司、中国太平洋人寿保险股份有限公司朝阳支公司、中国太平洋财产保险股份有限公司朝阳支公司、中国平安保险股份有限公司朝阳支公司、中国人民财产保险股份有限公司朝阳支公司、北京邮政保险代理局等国内保险企业及美国友邦保险有限公司北京分公司、希尔曼（北京）国际保险经纪有限公司、慕尼黑再保险公司北京分公司等国外知名保险企业，共有国内外保险企业110余家。

（赵 思）

中国人寿保险股份有限公司

【概况】 中国人寿保险股份有限公司总部设23个部门，下设北京分公司及省级、地（市）级、区（县）级分支机构。营销网络遍布城乡，扩展到中国大陆除西藏外县级行政区域。2004年是中国人寿保险股份有限公司重组上市后第一个完整的经营年度，业务持续增长，保持市场领先地位；按照香港会计准则计算，截至12月31日，公司总资产4336.71亿元。

地址：朝外大街16号

电话：85659999

邮编：100020

（张书逢）

【业务工作】 截至年底，保费收入与投资型保单管理费收入662.57亿元，较上年同期增长25.2%。其中，风险型首年期交保费增长幅度94.5%。以中华人民共和国通用会计准则计算，2004年公司总保费收入同比增长11.4%，市场份额达46.5%，比上年底增加1.6个百分点。在密云灯会踩踏事故、吉林“2·15”火灾事故和包头“11·21”空难事故等重大突发灾难性事件中，公司系统迅速开展理赔工作，主动为当地政府和保户家属分忧解难。

（张书逢）

【队伍建设】 年内，公司总部率先进行改革，按照统一部署，各分公司分期分批、自上而下地开展以组织架构重组、岗位设置、人员配置为主要内容的人力资源制度改革。通过改革，建立统一规范、精简高效的组织架构，实现岗位管理，明确岗位职责，优化人力资源配置，员工积极性得到充分调动。截至年度，全系统有个人代理人约66.8万名，持证率72%，比年初提高8.5个百分点；新人育成推广培训进一步加强；“金鼎工程”提升个人代理人专业素质，对创新销售和服务模式进行了有益探索。同时，公司制定《团险销售人员管理办法》，下发《客户经理管理办法》，组建兼职讲师队伍。员工培训分层分类全面展开，业务素质有新的提高。

（张书逢）

【业务管理】 年内，在业务管理方面，旨在设计并推行一套行业领先的、具有前瞻性的人寿保险业务管理系统，公司完成以客户需求为导向的业务流程再造。为适应新的市场形势以及公司业务发展变化，公司核心业务处理系统升级，开发专门的团体年金系统体系，完成《核保手册》、《理赔手册》、《保全手册》修订，制定《团体年金实务手册》和客户服务相关管理制度。客户服务系统日渐完备，服务质量明显改善。95519电话服务中心通过CCCS—OP—2003（全国呼叫中心运营绩效标准）认证，CALL CENTER系统在7个分公司成功上线，“移动95519系统”在15个分公司推广应用。95519服务专线荣获“2004年度中国最佳呼叫中心奖”。

（张书逢）

【对外交流】 年内，通过接待国外团组、派员外出学习考察，公司与一批国际知名企业和机构建立起不同层次交流与合作关系。成功组织了非交易全球路演和中报发布小型路演；接待投资者、分析师90多人次；参加4次投资者大会。撰写公司报告的分析师从上市之初的20家增加到近30家。在《欧洲货币》杂志组织的2003年度亚洲企业评选中，公司被评为亚洲最好的保险公司。总经理王宪章荣获《世界经理人》杂志2004年蒙代尔世界经理人成就奖，并当选2004CCTV十大年度经济人物。

（张书逢）

中国人寿保险股份有限公司北京市分公司

【概况】 中国人寿保险股份有限公司北京市分公司在朝阳区境内下设有朝阳支公司。截至年末，国寿北京分公司实现保费收入44.97亿元，同比增长4.4%。个人业务保费收入17.17亿元，同比增长8.5%。其中，期交首年保费收入

3.2亿元,同比增长16.2%。团体业务,首年保费收入8.42亿元,其中意外险保费收入1.15亿元,同比增长17.7%;短期健康险(含补充A)保费收入1.90亿元,同比增长17.2%。银行代理保费收入15.04亿元,同比增长21%。续期业务保费收入7.12亿元,续期收费率95.4%。按照美国和香港会计准则计算,风险型保费及投资型管理费收入13.56亿元,同比增长28%。市场份额进一步得到提升,达到21.49%,同比增加2.51个百分点。
地址:金台北街7号
电话:65916956
邮编:100020

(王东燕)

【团体业务】 年内,成立健康险、意外险、开发区、大客户等业务部。加强学生平安险、建筑工程团体人身意外险、航空人身意外险工作。

(王东燕)

【银行保险拔头筹】 年内,国寿北京分公司银行保险业务市场份额占21%,在北京银保市场排名第一。

(王东燕)

【加强内控制度建设】 年内,清理和完善内控制度。对1999年后形成的内控制度进行全面清理、完善并汇编成册。新制定业务单证管理、单证印刷、印章管理、合同管理、法律诉讼、团体业务核保等制度。加强业务、财务和销售管理,认真做好股份公司历史数据清理工作;进一步加强核保、核赔工作;严格遵守上市公司有关制度,做好股份公司与集团公司单独核算工作;在全辖开展业务和财务管理自查自纠工作;规范销售行为,遏制误导宣传,防止无序竞争,及时处理违规业务人员和中介公司;继续做好质量管理体系维护工作,顺利通过英国标准协会的跟踪审核。加大监察和审计力度,加强监察和审计部门人员配备;扎实开展效能监察工作;着力抓好领导干部廉洁自律、案件查办、执法监察、经理经济责任审计等工作;加强固定资产盘查力度,确保公司资产保值增值。10月在国务院驻中国人寿监事会对国寿北京分公司全面检查中,以及在普华永道每季度一次例行审查中均顺利通过。

(王东燕)

【构建稳固后援支持平台】 年内,确保CBPS、OBPS、CLAF、AMIS、GMIS等系统正常运行,保证数据安全准确。结合公司现状,出台新的《单证管理办法》,从单证印刷、入库、申请领用、发放、调拨、核销、作废等各环节入手,建立四级单证管理制度,使单证管理制度化、规范化,堵住因单证管理不善出现的漏洞。完成航意险、建筑工程团体人身意外险、境外紧急救援险的单证设计以及实务管理制度、操作流程的制定,开发了相应的管理系统,强有力地保障了一线需求,支持了效益型短险业务开拓。规范团体业务管理,出台《团体业务核保办法》,经试运行3个月,受到总公司好评。及时出台《补充A实务流程》,对补充A业务进行严格管控。重新编写《统括业务管理办法》,得到总公司认可,并向全国推广使用。

(王东燕)

【客户服务】 年内,开展保险工作人员"万人长走"、"百万客户大回访"等特色公益活动。通过开展这些能够回馈社会、服务客户的活动,提升公司美誉度,拉近了公司与客户距离。为了给客户提供更便捷的保险服务,公司不断提高"95519"电话中心的工作效率与服务品质,创新并丰富服务内容,为客户提供优质的专业化服务。利用"95519"客户服务专线电话为广大投保人提供电话变更客户资料的便利,开通电话受理投保人保单口头挂失等项服务内容,确实维护客户利益。启动短信服务系统,为业务人员提供更全面的服务支持。"95519"为客户提供24小时人工服务;耐心受理客户投诉,并及时妥善予以处理,切实维护客户合法权益,树立公司良好的社会形象。为方便客户与公司交流,公司为客户搭建起立体化服务网络,通过代理人、客户服务柜面、95519客户服务专线电话、电子邮件、语音留言以及客户来函、来访等多种渠道为客户提供服务,使客户与公司之间交流更加顺畅。

(王东燕)

中国太平洋人寿保险股份有限公司朝阳支公司

【概况】 太平洋寿险朝阳支公司现有人员(含各级营销人员,业务支持人员)252人,年内,完成保费收入4536.3万元。
地址:安贞里金瓯大厦
电话:64450368
邮编:100029

(赵　良)

【健康讲座】 8月,举办两次不同年龄组的"儿童沙画奥林匹克竞赛"活动。活动中邀请120急救中心医生为各位家长举办儿童健康讲座。年内,与120急救中心合作,向北京市民赠送"120生命绿卡"30多万张。组织专家与您话营养、女性与家庭健康管理等多场专题讲座,帮助客户防范疾病风险。

(赵　良)

【体检活动】 9月,在全国最大的专业健康体检场所—北京九华国际体检中心组织年度急难救助金卡客户体检活动,体检活动进行顺利。

(赵　良)

中国平安财产保险有限股份公司朝阳支公司

【概况】 中国平安财产保险有限股份公司朝阳支公司设内勤、人事行政、财务等部门和5个团队,有管理人员11人、业务人员32人。

地址:小关北里45号世纪家园2层

电话:84896577

邮编:100029

(张永里)

【业务】 至年底,保费收入7912万元,车险收入2797万元,财产险收入4997万元,意外险117万元,实际收入8028万元。

(张永里)

城市建设

规划管理

【概况】 北京市规划委员会朝阳分局(简称市规划委朝阳分局)作为北京市规划委员会派出机构,接受北京市规划委员会垂直领导,按照《市规划委各分局规划管理权限方案》行使行政职权,负责本区城乡规划管理工作。内设办公室、综合科、规划用地科、建设工程管理科、市政交通规划管理科、监督检查科。有52名职工,其中机关行政编制35名、公勤人员3名、事业编制14名。
地址:农展馆南路5号
电话:65950808
邮编:100026

(毛新爱)

【总体规划修编】 年初始,配合市规划委和市总规修编办公室开展《北京城市总体规划》内容修编工作。这一工作是在上年编制完成并获批准《北京城市空间发展战略研究》基础上开展的。分局协调区有关部门完成对朝阳区城市现状初步核查和对各专业部门规划需求意见征集工作,形成朝阳区关于本次总规修编纲要意见上报市总规修编办。

(毛新爱)

【决策研究】 年初,市规划委朝阳分局通过详细的调查研究,针对区委区政府提出的"组团式城市规划、板块式经济发展"这一方针的科学性、可行性开展前期论证工作,从规划专业角度积极配合有关部门开展调研工作并组织专家论证,最终形成比较科学的成果,为区领导决策提供有力依据。

(毛新爱)

【重点项目调研】 年内,围绕市、区重点工作,积极开展朝阳区时尚文化板块、七一八厂现代艺术区及安贞地区发展规划调研工作;完成奥运场馆周边道路和桥梁命名的前期调研和准备工作;配合市规划委完成第二条机场路比选方案调研工作,对黑庄户乡茶家东路——郎辛庄北路二期工程进行现场勘察,针对朝阳区市政交通现状、规划、存在问题开展调研并提出意见。

(毛新爱)

【展区布展工作】 年内,完成北京市规划展览馆布展工作。朝阳展区是由市规划委朝阳分局依据区委、区政府有关领导指示,根据区发展规划,协调四家公司设计、施工的。展览利用现代技术手段,在有限空间内向参观者充分展示朝阳区规划建设大容量信息;展区声、电、光、图文并茂,从布局和展示内容上充分体现出开放和发展的主题。北京市规划展览馆于9月正式开馆。

(毛新爱)

【折子工程情况】 年内,根据区政府折子工程要求,落实CBD及周边地区交通规划调整工作和温榆河地区规划建设工作两项重点工程,配合相关单位开展工作,其中,在市规划院控规基础上,年底前完成温榆河生态走廊规划方案国际征集工作。CBD交通规划调整工作也于年底前完成。

(毛新爱)

【重点工程选址】 年内,贯彻落实北京城市总体规划,参与并开展传染病医院、北京排水集团中水公司、朝阳电网变电站、交通指挥中心、804电台搬迁、消防站点、武装部民兵训练基地等项目选址工作。

(毛新爱)

【规划审批】 年内,核发各类规划审批案卷1190件,合计审批面积1578.2万平方米。其中规划意见书206件,审批面积22.7万平方米,占审批总件数17.3%,占审批总面积1.4%。用地规划许可证7件,审批面积36.8万平方米,占审批总件数0.6%，占审批总面积2.3%。建设工程规划许可证(含临时)704件，审批面积1490.1万平方米，占审批总件数59.2%，占审批总面积94.4%。

(毛新爱)

【监督检查】 年内，完成验线240件，面积673.47万平方米；验收230件，建设规模348.66万平方米；正负零复核46件，面积126.66万平方米；拆除逾期临建2件，累计1806.35平方米；完成处罚案件14件，面积3.58万平方米，违法建设罚款998.50万元。

(毛新爱)

【创建无违法建设街道】 年内，完成创建无违法建设街道工作和2002年制定的“三年拆除逾期临时建筑物的工作计划”。双井、望京、酒仙桥3个街道参加创建工作。市规划委朝阳分局高度重视，多次对3个街道的创建工作现场检查并进行指导。截至年底，三年共拆除逾期临时建筑物42.45万平方米，基本完成2002年度制定的拆除逾期临时建筑物计划。

(毛新爱)

建设管理

【概况】 朝阳区建设委员会(简称区建委)是区政府职能部门，负责全区城市建设的行政管理工作，设办公室、建设综合开发办公室、危旧房改造办公室、工程建设管理科、建筑业管理科、重大工程办公室、配套管理办公室7个行政科室，下设建筑行业管理处、质量监督站、建设工程发包承包交易中心3个事业单位，行政编制30名，事业编制97名。年内，全区施工工地1046个，同比增长37.8%，开复工面积3500万平方米，同比增长16.7%，竣工面积1100万平方米。其中，房地产开发开复工面积2738万平方米，同比增长14.2%；新开工面积842.1，同比降低11.1%；竣工面积912万平方米，同比增长14%；商品房销售面积681.5万平方米，同比增长30.4%；商品住宅销售面积630.2万平方米，同比增长8.01%。全区经济适用房开复工面积276.9万平方米。全区房地产开发累计完成投资456亿元，同比增长14%。4－8月，对全区363家房地产开发企业进行资质年检，248家合格，其中一级房地产开发企业5家，二级房地产开发企业8家，三级房地产开发企业3家，暂定资质232家。

地址：呼家楼向军北里23号

电话：65001728

邮编：100020

(荀丽娜)

【安全生产】 年初，制定《朝阳区建设工程施工现场安全生产管理规定》等工作方案，同758家施工总承包单位签订安全生产责任书。2月7日至12日，区建委启动18个检查组，由班子成员带队对全区施工工地进行安全生产大检查，共查工地552个，停工102个。2月19日，区建委在由中建八局施工的中环世贸中心施工现场组织召开安全生产现场会，全区各街、乡督查人员和36家施工企业项目负责人参加。2月23日召开“两会”代表驻地500米范围内的18家建设工程施工总承包企业项目经理工作会，并于3月3日至8日对这些工程项目进行检查，与施工企业签订《朝阳区建设系统确保“两会”安全稳定责任书》。4月16日起要求每个在施项目建立安全生产保证体系：要求各工程项目部成立由建设单位派驻工地代表、施工总承包单位项目经理、监理单位工程总监组成的安全生产领导小组，负责本项目安全生产全面工作。各工程项目部要按工程规模、施工人员数量配备相应的专职安全员，每个专业、劳务班组都要有兼职安全员，安全生产领导小组负责明确专(兼)职安全员工作职责范围。安全员要佩戴红袖标在施工作业面进行安全检查。对不按要求建立安全生产保证体系的工程项目本区一律责令停工整改，项目部全体参建人员须经过连续3个工作日的安全教育培训，经行业主管部门复查验收合格后方可复工。情节严重的将申请市建委限制有关建设单位、施工总承包单位新项目开工。5月9日，针对城建七公司施工的通惠家园项目在停工整改期间发生1人死亡的安全事故，区建委在施工现场召开安全事故现场会。城建集团在本区施工的76个项目部经理及18个二级公司负责人参加现场会。6月9日京民大厦失火，区建委分别于10日至12日召开由街乡主管科长、区属企业安全负责人、施工工地建设单位、总承包单位、监理单位负责人参加的安全生产紧急会，6月13日启动18个检查组对全区在施工地开展拉网式大检查，重点检查装修工程施工现场消防状况，共查工地134个，限期整改41个，停工整改20个。7月11日至16日，开展为期一周的防汛专项检查，共查110个深基础、深基坑。7月19日至30日，对各大总公司在本区施工的工程进行联合大检查，此次共查工地41个，限期整改18个，停工整顿2个。8月23日至9月10日，按照市建委《关于开展建设行为自查自纠和行政执法大检查的通知》，部署属地内工程项目就各项手续、工程质量、安全生产、拖欠工程款及劳务费等开展自查自纠。在各工地自查基础上，区建委检查工地64个，责令限期整改31个，行政处罚9起。协调工程款、劳务纠纷17起，涉及金额1100余万元。年内，共检查工地4230个次，对工地停工346个次，限期整改620个次，对62家违章企业处以82.76万元罚款。

（荀丽娜）

【清理拖欠工程款】 年初，召开朝阳区建设系统解决拖欠农民工工资工作大会，同700多个工程项目的建设单位、施工总承包单位签订《朝阳区关于建设系统解决拖欠农民工工资的责任书》。会后启动18个应急检查组对全区工程款、劳务费、农民工工资拖欠问题进行专项检查治理。5月，摸清全区拖欠工程款底数，11家区属建筑企业在建设部信息网上报工程拖欠款数据，共43个工程项目，涉及拖欠金额64160.72万元。8月，专门召开政府投资建设项目核实工作会，与建设单位和施工单位逐项核对工程项目，了解工程结算及工程款支付等情况。9月中旬，区建委、区发改委对区政府投资建设项目进行统计，核实拖欠工程款情况。11月12日，经区委书记办公会决定，从区财政划拨专项资金，年底前解决政府投资工程所涉及的劳务费和农民工工资问题。在加大清欠政府投资项目拖欠工程款同时，多次召开其它拖欠项目清理工作会，督促区属建筑企业上报拖欠项目的工程款，现场协调拖欠双方在清欠过程中遇到的难点问题。11月5日，召开区建设系统清欠工程款、落实农民工工资兑付工作大会，同区属建筑业企业及区域内建设项目建设单位和施工总承包单位签订《朝阳区清理建设领域拖欠工程款工作目标责任书》，明确各方责任，确保不产生新的拖欠款。到12月底，清欠工程款56亿元，占全区拖欠工程款50%；清欠劳务费9.8亿元，占拖欠劳务费及农民工工资92.45%。

（荀丽娜）

【质量安全大会】 4月8日，区建设系统质量、安全大会在北京会议中心召开。大会总结了全区2003年质量、安全工作情况，部署了2004年质量、安全工作任务，发布了《朝阳区2004年建设工程质量工作要点》和《朝阳区2004年建设工程施工现场管理工作要点》，宣布施工工地安全保证体系正式启动，并对2003年14项长城杯工程、14项朝阳杯工程、24项区优质工程和1个市级文明安全样板工地、14个市级文明安全工地、4个区级文明安全工地的获奖单位进行表彰。大会强调：要进一步强化首都质量、安全意识，树立企业产品意识，树立城市建设为城市管理服务的观念，树立以人为本，以工程质量、安全为核心的工程建设理念；坚持属地管理、行业监督、法人负责的工作机制，建立健全质量、安全保证体系，规范监理行为；积极开展制度创新、管理创新和科技创新；继续整顿和规范建筑市场，提高朝阳区城市现代化建设水平。全区各开发企业、建筑企业负责人、中央在京及市属各大总公司负责人、各省驻京办外管处负责人及各街、乡有关人员共1330余人参加会议。

（荀丽娜）

【建筑节能墙改工作】 5月18日，全市首个建筑渣土多孔砖技改项目顺利通过由市建筑节能墙改办、市市政管委渣土管理处、中国砖筑工业协会有关专家组成的验收小组验收。该项目由楼梓庄乡北京隆昌工业公司砖厂试生产，历经两年多时间。建筑渣土多孔砖试点技改项目的成功，将为本区乃至整个北京东部地区的墙体材料革新开辟一条新途径。建筑渣土多孔砖产品在常营、十里堡等工程中使用，反映良好。

（荀丽娜）

【市人大代表视察】 6月14日至15日，市人大代表视察组一行30余人，视察都会华庭、珠江帝景、芍药居等5个小区，对新建改建居住区及公建配套设施的规划、建设和管理情况进行调研。7月13日，部分市人大常委会委员和人大代表到慧忠北里小区视察配套设施建设情况，要求小区建设单位华汇开发公司严格执行规划，尽快和东区邮局协调解决小区邮政设施挪作他用问题。

（荀丽娜）

【建设部督查组检查】 10月19日，建设部督查组检查北京电视中心和地铁十号线工地。20日，听取本区关于强化安全生产管理、狠抓安全生产措施落实的工作汇报，详细询问本区建立的属地管理、行业监督、法人负责的工作机制及安全生产保证体系等安全工作管理措施，并检查有关安全生产管理文件、工作记录、工地台账等相关资料。

（荀丽娜）

【刘淇调研务工人员情况】 10月30日，市委书记刘淇带队来到百子湾1号经济适用房建筑工地调研来京务工人员生活和劳动情况。刘淇仔细查看工人宿舍区、娱乐室及食堂，并与部分来京务工人员亲切座谈，详细了解他们在北京生活的困难。刘淇指出，来京务工人员是首都城市建设和发展的重要力量，为北京市经济社会发展做出了很大贡献，各级党委、政府部门要从提高党的执政能力，建设社会主义和谐社会的高度，切实维护好他们的合法权益，重点解决好拖欠农民工工资、冬季取暖期安全、防病治病、子女就学等问题。刘淇强调，要通过制度和方法的创新把文明礼貌、文明行为教育深入到来京务工人员中，使他们广泛参与“建北京有我一份，办奥运有我一功”的主题教育活动，进一步加强对来京务工人员的就业培训服务，增加培训经费投入，提高来京务工人员素质。要加强党的组织建设，发挥好来京务工人员中党员的作用。

（荀丽娜）

【建筑工程】 10月，位于四惠地铁车辆段平台上的经济适用房小区通惠家园D、E区工程竣工，规划建筑面积39.9万平方米，投资约151061.79万元，有3654户入住。年内，位于朝阳公园南路8号的棕榈泉国际公寓工程年底竣工面积28万平方米，入住920户。位于国贸桥西南角的建外SOHO工程一、二、三期全部竣工，竣工面积28.6万平方米，入住1020户。位于南磨房乡和十八里店乡的山水文园工程周庄新村项目基本竣工，入住737户，4月该项目被联合国授予“国际安全生态安全示范社区”。位于西大望路的珠江帝景工程，竣工17.64万平方米，入住1100户。位于东四环路慈云寺桥东南角的远洋天地工程，竣工54.19万平方米，入住3241户。位于垡头的经济适用房项目翠成馨园工程，竣工24万平方米，完成投资3.8063亿元，入住1925户。位于东坝的经济适用房项目朝阳新城工程，一期基本建成，入住近2000户，其中B9#—B13#楼被评为结构长城杯工程。位于管庄的经济适用房项目建东苑小区工程基本竣工，总建筑面积21万平方米，预计总投资3亿元，入住1730户。位于双桥的经济适用房项目双惠小区西区工程竣工，总建筑面积20.3万平方米，总投资额1.93亿元，入住2400户。

（荀丽娜）

【建设工程发包承包交易中心成立】 12月16日，朝阳区建设工程发包承包交易中心成立。

（荀丽娜）

【市区两级建委分工试点筹备工作】 年底开始市区建委分工试点筹备工作。按照两级分工后的工作性质、业务量和具体工作要求，本区调整现有行政监管机构，充实行政审批监管力量，加大对区域内建设行政监管工作力度，启动坐落于王四营乡面积660平方米的有形建设市场，并派遣人员到市建委工程处和市建设工程发包承包交易中心学习。两级分工、招投标服务与监管的工作内容除了原有的新建工程、装饰工程的招投标监管、合同备案工作外，新增劳务招投标、材料设备招投标、市政道路招投标、专业分包招投标等监管和审批内容，为此，本区细化分工，明确责任，完善工作程序，改善操作方法，使工作更为主动，流程更为便捷。

（荀丽娜）

【重点工程建设】 年内，区内奥运场馆进入主体工程建设阶段，中央商务中心区的国贸三期、中央电视台新址工程、银泰中心、财富三期全面启动开工。地铁五号线工程正线及各站拆迁、拆除工作完成。地铁十号线工程一期四站－工体北路、呼家楼、光华路、国贸以及芍药居站拆迁、拆除完，施工单位入场施工。

（荀丽娜）

【加强配套设施审核收缴工作】 年内，运用现代化手段以街乡为单位对开发小区基本情况建立台账，内容包括开发小区基本情况、各项配套指标、完成计划，并附布置图，建立数据库。规范审核程序，严格审核制度，审核通过的开发项目在3个工作日内完成签署协议。特别加强绿化隔离带地区配套审核，出台《关于加强农村绿化隔离带地区住宅开发项目公建配套设施管理的办法》，对涉及绿化隔离带地区17个乡农民回迁及商品房开发项目，分别签署配套协议。加大配套设施资源整合力度，完成新建社区居委会、大型社区服务中心和15所高中示范校布点工作，整合10个街道和地区办事处办公用房。继续实行配套设施建设公示制度，58个开发项目制作公示牌进行配套设施公示。共审核53个住宅小区项目，总建筑面积1407.3万平方米，其中住宅建筑面积907.8万平方米，配套设施面积36.4万平方米。共收缴66个小区的配套设施约10.6万平方米，其中行政和社区管理用房约60处，配套面积近2万平方米。

（荀丽娜）

【质量监督管理】 年内，朝阳监督站共监督工程面积2002.1万平方米；办理注册面积1030万平方米；办理备案面积503.5万平方米。经济适用房项目办理竣工备案面积48.3万平方米。在监督执法过程中，对存在质量问题工程停工25项，限期整改74项，行政处罚1项。处理质量投诉30起，均认真及时处理，处理率100%。

（荀丽娜）

【优质工程评选】 年内，深入开展创“朝阳杯”优质工程评选活动，将原在区属企业中评选的朝阳区优质工程活动延至在区域内施工的所有工程。共评出48项“朝阳杯”优质工程，其中，结构“朝阳杯”金奖工程15项、结构“朝阳杯”银奖工程12项;竣工“朝阳杯”金奖工程8项,竣工“朝阳杯”银奖工程13项。11月,2003年度北京市“长城杯”优质工程评选揭晓,在本区监督的工程有87项获得“长城杯”优质工程:其中结构“长城杯”金奖27项,结构“长城杯”银奖41项;竣工“长城杯”金奖4项,竣工“长城杯”银奖15项。

(荀丽娜)

【三项责任主体制度】　年内,出台工程质量“三项责任主体制度”。1. 实行建设工程注册时“项目法人责任书备案制度”。要求辖域内所监督的工程在办理监督注册时,工程参建各方(建设单位、监理单位、施工单位)必须签署工程《项目法人责任书》,担负起解决住户入住过程中存在的各种问题的责任。2. 实行工程开工前“参建各方质量责任公示栏制度”。要求各企业从9月29日起,新开工程,建设单位应在施工现场主要出入口明显位置设置“参建各方质量责任公示栏”,明确建设单位、施工单位、监理单位、勘察设计单位的质量责任,以及竣工验收对工程参建各方的质量要求,从而使工程参建各方行为处于全社会监督之下。3. 实行住宅工程竣工后“责任主体公示牌制度”。要求企业从8月12日起,住宅工程竣工验收前,建设单位要在工程明显位置安装责任主体公示牌,公示牌公布工程名称和参建各方(建设单位、施工单位、监理单位、设计单位)名称,并在工程显著位置公布维修保驾小组成员及负责人姓名、办公地点、投诉电话,以接受监督。

(荀丽娜)

【质量专项检查】　年内,区建委质量监督站对深基础工程和市、区重点工程进行4次大检查,共查231项工程,面积685.5万平方米。检查中,使用数显回弹仪、钢筋成像仪、数码相机等现代化仪器设备,对土建、暖卫、电气、建材、混凝土回弹及钢筋定位等方面进行严格测试。从检查结果看,工程总体质量水平比往年有所提高。检查中发现有质量问题的项目,要求施工单位立即进行整改,并将整改结果以书面形式报送质量监督站复查。

(荀丽娜)

【行政许可法执行】　年内,针对招标、备案、施工许可等工作环节坚持办理手续一次性告知制度,即将施工许可有关的事项、依据、条件、数量、程序、期限以及需要提交的全部材料完全、详细地告知办理手续的有关人员,减少办事人因不了解办事程序而反复办理的次数,提高招标投标手续办理效率。共办理房屋建设工程施工许可审批75项,建设规模240.6万平方米,合同价格32亿元(其中,绿化隔离地区建设工程65项,建设规模233.3万平方米,合同价格30.5亿元);办理装修工程施工许可审批5项,建设规模8116平方米,合同价格746万元;办理建设工程招投标37项,建设规模88.3万平方米,合同价格12.9亿元;办理建设工程合同备案42项,建设规模152.8万平方米,合同价格19.1亿元。

(荀丽娜)

【房地产开发企业联席会】　年内,有会员单位129家,占在区进行开发建设的开发商的40%。4月,联席会召开了全体成员大会,组织开发企业负责人学习新土地政策。9月,50余家联席会成员单位参加了在北京国际贸易展览中心召开的“商业地产前景与综合项目联合推介会”。10月,召开学习贯彻胡锦涛重要讲话精神,加强社区配套设施建设工作大会。11月,组织40余家成员单位赴广州、深圳等地进行实地考察,学习优秀小区开发建设经验。12月,房地产开发企业联谊会召开。

(荀丽娜)

【房地产开发与建筑业】　年内,新增备案房地产企业77家。区属房地产开发企业有朝阳城市建设综合开发公司、朝阳区房地产经营开发公司、北京宝嘉恒基础设施投资公司、北京昆泰房地产开发集团、北京华阳经济开发公司和北京东方新城房地产开发有限公司。在全区施工的总承包企业930家,外地注册施工人员35万人,占全市的1/3。纳入本区资质行业管理的建筑企业共有487家,其中施工总承包企业70家,专业承包企业400家,劳务分包企业17家;487家企业中一级企业32家,二级企业142家,三级企业290家,不分级企业23家。有252家建筑业企业通过建筑业企业资质年检。487家建筑企业完成总产值976550.76万元。区属建设企业有区建筑工程公司、区第二建筑工程公司、朝阳田华建筑集团公司。

(荀丽娜)

朝阳城市建设综合开发公司

【概况】　朝阳城市建设综合开发公司是区政府所属国有大型房地产开发公司。设经济管理部、工程管理部、房产经营部、前期开发部、财务部和综合办公室,有管理人员45人。

地址:农展馆南路甲1号
电话:65313225
邮编:100026

(德永茂)

【开发建设】　年内,实现开复工面积24.3万平方米,同比增加8万平方米,竣工7.2万平方米。完成投资4亿元,同比增加1.49亿元。销售商品房5.26万平方米,实现销售收入2.82亿元。实现利税1.04亿元。主要建设项目为甜水园危改小区"公园5号"和石佛营小区"特区808"。

(德永茂)

宝嘉恒基础设施投资公司

【概况】 宝嘉恒基础设施投资公司为区政府投资组建的国有独资公司,承担着资源整合、优化资源配置、利用资本运营、提高国有资产收益等重要职能。公司机构设前期部、拆迁部、工程部、市场运营部、投资开发部、财务部、办公室。有员工27人,全部具备大专以上学历,其中博士研究生1人、硕士研究生8人、大本学历7人;具有高级职称的3人、中级职称的15人、初级职称的5人。

地点:小亮马桥东方东路6号
电话:84551546
邮编:100027

(刘 虹)

【道路拆迁工作】 年内,完成东北城角联络线、惠新西街立交、白庙村路、阜通东大街、成寿寺路5条主干道拆迁招标工作,拆迁居民138户,拆迁面积8000平方米,拆迁资金7500万元;单位拆迁9家,拆迁面积10000平方米,拆迁资金5000万元。完成左安东路、松榆北路、红军营南路、南沙滩路、广顺大街北延、小营北路和运动员村路7条次干道,380户居民拆迁,拆迁面积23000平方米,拆迁资金1.8亿元;单位拆迁23家,拆迁面积24000平方米,拆迁资金1.6亿元。

(刘 虹)

【道路建设】 年内,负责拆迁建设的道路共27条,其中10条为主干道,由北京市公联公司负责立项和道路建设,宝嘉恒公司配合拆迁;其余13条次干道和4条乡域路由公司负责拆迁和建设。10月初,CBD1号路、广顺大街北沿、松榆北路、南沙滩路、熏皮厂路、左安东路和红军营南路等7条道路进场施工。CBD1号路东侧达到通车条件。其它6条道路建设预计年底前可完成总量的50%,其余将于2005年上半年陆续完成。CBD4号路和关东店南街南延道路工程完成施工图设计,施工场地完成拆迁,9月23日完成施工招标。

(刘 虹)

【宝嘉恒大厦建设】 截至年底,宝嘉恒大厦项目拆迁123户居民,面积4323.04平方米;拆迁1家单位,面积1886.78平方米,拆迁资金约7130万元。

(刘 虹)

昆泰房地产开发集团

【概况】 昆泰房地产开发集团是隶属于区政府的国有企业,设:管理经营部、设计计算部、工程管理部、财务部和办公室,管理人员94名。经营范围:房地产开发,商业、饮食服务业经营管理、拆迁服务。主要负责开发建设朝外市级商业中心。集团现有11个下属公司或参股公司,负责三里屯雅秀服装市场、昆泰科技商厦、北京昆泰大酒店、静安庄综合市场等项目的管理,资产总额超过50亿元。

地址:朝外大街10号昆泰大厦
电话:65995801
邮编:100020

(范 郁)

【昆泰国际中心公寓和写字楼交用】 10月18日,昆泰国际中心组成部分之一的国际公寓正式入住,业主陆续办理入住手续。12月底,写字楼陆续交楼。

(范 郁)

【芳草地西街拆迁受阻】 自上年12月19日起开始进行芳草地西街市政拆迁工作。9月,因芳草地西街被拆迁居民诉区国土资源和房屋管理局颁发拆迁许可证一案,作为第三人参加诉讼。芳草地西街拆迁因此暂时停滞。

(范 郁)

华阳经济开发公司

【概况】 华阳经济开发公司隶属本区国资委,系全民所有制企业。正式职工38人,其中管理及专业人员17人。有华阳房地产发展有限公司、华阳饭服公司、华阳电子公司、精工汽车修理部、北薪水居物业管理公司5家权属公司。年内,抓房地产开发,以物业管理拉动增长,技工综合发展,实现营业收入13196万元,完成利润169万元,与上年相比增长9%。上缴税金983万元,与上年相比增长22%。

地址:呼家楼向军南里3号
电话:65978762
邮编:100020

(张彦林)

【房地产开发】 年内,协助合作公司(联合置地房地产有限公司)完成朝阳广场工程(位于朝阳门立交桥东北角处)600余户居民、15个单位拆迁,并协助将建设用地上的三级文物地母庙,向文物管理部门办理改地、迁移、重建手续。同时协助办理该项目位于管庄乡小寺村36090平方米所征拆迁用地,变更为合作公司土地权属手续。完成华阳房地产六里屯华阳家园小区绿化4600平方米和地下健身房、图书阅览室、娱乐室等配套设施工程。安防系统投入使用,对小区实行24小时全面监控。

(张彦林)

【物业管理】 年内,华阳饭服公司清洁涉外迪阳公寓外墙1385平方米,养护草坪1187.5平方米。报装完成109户一户一表及双路供电改造。为京广中心擦玻璃幕墙4次总计14.5万平方米、清掏污水池3次89个,每天保洁面积2000平方米,处理垃圾1吨。华阳饭服公司物业管理资质晋级到三级。

(张彦林)

【华威北里拆迁遇阻】 年内,北京华阳房地产发展有限公司立项开发的华威北里、畜牧场危改小区二期工程规划用地有162户被拆迁户。迁走44户尚余118户未办手续。由于被拆迁居民要求过高,致使拆迁工作遇阻。该公司在二期危改中缴纳土地出让金及前期投入2500万元,由于遇阻,给企业造成相当压力。

(张彦林)

朝阳区建筑工程公司

【概况】 朝阳区建筑工程公司是区属国有建筑企业,具有房屋建筑工程总承包贰级资质,装修装饰工程贰级资质,市政公用工程叁级资质。经营范围包括房屋建筑、机械施工、装修装饰、市政工程、物业管理、房地产开发。注册资金2000万元。拥有大中型机械设备135台(件)。公司设职能部室12个,所属单位22个。至年底,正式职工629人,经营管理人员87人;各类专业技术人员160人,其中高级职称6人,中级职称28人;三级以上项目经理53人,其中,国家一级建造师1人,二级建造师9人,一级项目经理7人,二级项目经理8人。2004年获GB/T28001职业健康安全管理体系国家认证。

地址:花家地金兴路6号楼

电话:64674601

邮编:100102

网址:www.bjcj.com.cn

E-mail:cjgs1618@sina.com

(俞　森)

【建筑安装工程质量缺陷预控手册】 6月底公司编印下发《朝建公司建筑安装工程质量缺陷预控手册》,书中收入工程质量缺陷72项(其中,建筑地基与基础8项,主体结构27项,建筑装饰装修5项,建筑屋面1项,建筑电气10项,建筑给水、排水及采暖17项,通风与空调4项),并进行系统原因分析,提出详细的预控措施。

(王凤兰)

【工程建设】 7月2日,区老干部活动中心改扩建工程完工,此工程4月25日开工,由新组建的装饰公司施工,建筑面积4773平方米,涉及原结构拆除、新建结构、水电改造、多媒体设备施工、高档装饰装修等多项工程,施工中大量采用新技术、新工艺,采用新型进口大理石等绿色环保装饰材料。7月31日,建东苑小区27#楼工程竣工,建筑面积8084平方米,6层砖混结构,屋顶坡屋面挂瓦,外墙复合物水泥聚苯板保温,双玻塑钢窗。8月11日位于昌平区马池口镇北小营村吉利大学学生公寓18#、19#楼工程竣工,建筑面积19892平方米,6层砖混结构,中间大厅、山墙两侧为玻璃幕墙,外装修为浮雕式喷涂,塑钢窗,室内实木门、地面砖。8月23日,枣子营金龙水道住宅楼工程竣工,建筑面积19498平方米,地下2层,地上16层,钢筋砼剪力墙结构。12月23日,高碑店北路白领家园工程竣工,工程包括2栋多层、5栋高层版式住宅楼和1个地下车库,建筑面积93728平方米。全现浇钢筋砼大开洞剪力墙结构,满堂红基础,“凹凸”形式外立面。

(俞　森)

【职业健康安全管理体系认证】 12月15日,公司获GB/T28001—2001《职业健康安全管理体系认证证书》。通过识别不安全因素、制定管理手册和程序文件、对照整改审核,全面提高职工安全健康环境质量。至此,公司实现质量、环境、职业健康安全“三系合一”管理目标。

(俞　森)

【经济指标完成情况】 全年产值完成1.306亿元(因部分工程未结算,实际进度产值为估算),比上年增长15%;完成开复工面积191200平方米,完成年计划的87%,比上年减少30%;完成竣工面积166460平方米,比上年增长63%。

(王凤兰)

【工程创优和文明施工】 全年工程创优面积146240.10平方米,工程优良率73.63%。创竣工朝阳杯3栋(枣子营金龙水道住宅楼、建东苑27#住宅楼、将府家园D3楼),结构朝阳杯3栋(枣子营金龙水道住宅楼、康营回迁小区8#—10#楼、白领家园1#—4#楼及地下车库工程)。在文明施工评比中,枣子营金龙水道保持市级文明工地称号,建东苑27#住宅楼、吉利大学学生公寓18#、19#楼获区级文明工地称号,施工现场管理100%达标。

(王凤兰)

【推广使用新技术】 年内,在施工程推广使用粗直径钢筋连接、建筑节能、新型防水材料、高强高性能混凝土、砌体工程新型材、塑料管材管件、外墙外保温隔热技术7项新技术。在应用新技术方面,充分考虑环境保护、能源节约,有效控制粉尘、噪音和水污染,有效避免塑料排水管噪声超标。广泛开展QC小组活动,在施工程申报外墙保温控制、混凝土地面控制、控制钢筋电渣压力焊施工质量、大开洞剪力墙模板应用技术、水暖工程钢塑管和铝塑管应用技术等QC课题5个。发布QC成果报告两项:控制外墙外保温施工质量;控制混凝土地面施工质量。

(王凤兰)

【外用工队伍管理】 年内,对外用工队伍实行公司统一管理,开展资格评定审查工作,确定合格劳务分供方17家。对项目部用工加强监督检查,下发违章通知书7份,督办备案796人。组织外用工队伍9名负责人参加市举办的政策法规培训班,进行工人入场教育和安全知识培训2309人次。

(俞 森)

【清欠劳务费】 年内,加大劳务费结算清欠力度,维护农工队伍稳定,保证正常施工。截至12月31日,清欠劳务费3438万元,占应清欠劳务费69%。

(王凤兰)

朝阳区第二建筑工程公司

【概况】 朝阳区第二建筑工程公司是区属集体企业。机关设经营部、工程部、物资部、人力资源部、财务部、经理办公室,下设6个分公司、5个项目经理部、1个试验室、6个三产企业。公司先后组建机械队、出租汽车公司、加油站、广告公司、建筑器材租赁中心、汽车修理站等三产企业。截至年底,累计完成建筑业总产值155201.98万元,竣工面积398万平方米,创市优工程2个、区优工程187个,利税总额10297.1万元。

地址:团结湖路19号楼南门

电话:85976909

邮编:100026

(王四新)

【工程建设】 11月2日,位于密云县滨河路长安村密云县长安甲区11号楼工程竣工,为危改回迁楼,建筑面积6536.7平方米,六层砖混结构,造价580万元。

(王四新)

朝阳田华建筑集团公司

【概况】 朝阳田华建筑集团公司前身是朝阳区第三建筑工程公司,具有国家一级资质,全国500强建筑企业之一,年产值17亿元,年开复工面积突破300万平米。集团公司设经理办公室、工程部、技安部、行政部、经营部和财务部,下设24家分公司,拥有19000余名员工。被市工商局评为"守信企业"。集团能承担各类型工业与民用建设项目建筑施工及城市道路、桥梁、市政管道、燃气、热力管道、仿古建筑和古建筑修缮工程施工。

地址:金台里甲25号楼

电话:85995936

邮编:100026

(吴 国)

【首家获得三项认证】 5月6日至7日,中国认证中心对田华集团公司进行OHSAS 18000(职业健康安全管理体系)运行认证检查,6月8日取得认证证书(中英文)。这是田华集团继1997年取得国际质量管理体系认证(ISO 19001)和2001年国际环境管理体系认证(ISO 14001)之后的第三项认证。在国际认证联盟(IQNET)论坛上被授予管理优秀奖。

(吴 国)

【12项工程获得长城杯奖】 11月,在北京市工程质量最高奖长城杯奖评选中,田华集团荣获12项长城杯奖,其中获得年度建筑长城杯金质奖的有望京科技园二期工程;获得年度结构长城杯金质奖的有北京兴隆家园10#、15#住宅楼工程,广内电话局工程,东风小区E2区17#—19#住宅及地下车库工程;获得年度建筑长城杯银质奖的有姚家园小区A5#—A8#、B2#、B4#—B7#工程,洼里居住小区3#、4#楼工程,北京市朝阳实验小学教学楼工程,北京奥林匹克花园一期奥林匹克大厦会所工程;获得年度结构长城杯银质奖的有紫南家园二期1区、2区工程,紫南家园田华小学工程,洼里居住小区5#、6#楼工程,建外SOHO一期工程。

(吴 国)

国土资源和房屋管理

【概况】 朝阳区国土资源和房屋管理局(简称区国土房管局),挂朝阳区人民政府住房制度改革办公室(简称区政府房改办)的牌子,是负责本区土地、地质矿产资源、房屋和住房制度改革的区政府职能部门。内设19个行政、事业科室,下设17

个企、事业单位,有职工 1619 人。年内,实施内部机构重组,合并征地事务所与拆迁服务所,成立征地拆迁服务中心。依法对全区房屋市场实施管理,对全区标准租私房进行管理;负责对全区房屋产权证发放登记、抵押登记工作,对集体土地利用进行管理。区国土房管局内业负责辖域内 172 万余平方米直管公房管理、修缮、服务,完成四期直管公房危电改造和部分楼房平改坡施工。

地址:三里屯(南)56 号

电话:64152357

邮编:100027

(赵轶炜)

【土地监察】 3 月 3 日起,对 2002 年与市国土房管局签订的土地出让项目、2000—2002 年征用及划拨土地闲置情况进行全面清查。清查 236 宗地,涉及土地面积 2083.07 公顷。上半年开展治理整顿土地市场秩序工作,顺利通过国务院五部委联合检查组验收。历时一年多的全区开发区(园区)用地普查和清理,年底达到"停、清、撤"要求。原拟上报开发区(园区)23 个,规划总面积 688 公顷,符合土地利用总体规划面积 638.9 公顷。对已上报的 23 个园区重新清理整顿。只中关村科技园区电子城科技园西区属于市保留园区,其它 22 个项目均属于摘牌撤出或整合后不再保留名称项目。年内,开展征而未用土地、撂荒地、废弃鱼池坑窑三类地清理整顿工作,违章建筑限期无条件拆除,恢复地貌,落实复耕措施。开展高尔夫球场用地核查工作。全区 8 个高尔夫球场,总用地 531.59 公顷,其中:占用耕地 319.58 公顷、园地 44.1 公顷、工矿用地 81.65 公顷、交通用地 2.05 公顷、水域 7.75 公顷、未利用地 53 公顷、其它土地 23.46 公顷。非法占地、非法转让土地立案 27 件,均做出行政处罚,拆除违法建筑 1.2 万平方米,罚款数额共计 100 余万元,涉及土地面积 24.1 公顷。发现并制止土地违法案件 51 件,涉及土地面积 105.86 公顷;下发《责令限期改正通知书》78 份。

(赵轶炜)

【土地资源管理】 年内,完成地籍调查复核工作,调查面积 137.5 平方公里,宗地数 6551 宗,街坊数 444 个,界址点 65003 个。建立地籍管理信息系统。完成基本农田调查,签订基本农田保护责任状,树立基本农田保护标志,建立基本农田档案清册。继续开展《土地利用总体规划》修编工作。

(赵轶炜)

【建设用地管理】 年内,在建设项目征地、预审工作中,严格遵守《建设项目用地预审管理办法》、《开展建设项目用地预审工作的意见》和《关于朝阳区开展建设项目用地预审工作的复函》的规定,按照既定程序开展工作。受理并完成 6 宗建设项目用地预审,涉及用地 158 公顷,涉及申请单位 7 家。受理征地报批手续 39 件,拟征 809.35 公顷。其中:征地项目 14 件,拟征地 345.13 公顷。征地涉及全区 10 个乡、1 个农场;绿化隔离带项目 25 件,拟征地 464.22 公顷。接收市政府征地批复 21 份,批准征用集体土地 1068.15 公顷,转居 3752 人,转工 2043 人。受理国有建设用地规划意见书核勘 52 件,拟使用国有建设用地 484.88 公顷。

(赵轶炜)

【土地整理储备工作运转正常】 年内,完成北京商务中心区 NW07—1 地块土地一级开发、招标出让工作,SOHO 中国有限公司以 7.14 亿元中标,超出底价约 7300 万元,给区财政带来约 3.1 亿元收入。和平一二三村土地一级开发工程启动。奥运森林公园平衡资金用地土地一级开发项目启动。商务中心区核心区开发建设项目前期准备工作开始。东坝边缘集团土地一级开发项目前期准备工作进行。完成温榆河绿色生态走廊土地一级开发项目评估、测算分析和建设分区等工作。开展东坝乡驹子房村南地块住宅建设项目土地一级开发工作。完成朝阳北路沿线土地开发和利用调查工作,初步划定 17 块可开发地块,总占地约 490 公顷,总规划建筑面积约 710 万平方米。调查土地储备后备资源,建立土地储备项目数据库,确保政府对建设用地集中管理,充分发挥土地开发投资在城市经济建设中的引导作用。建立朝阳区拟储备项目数据库,该数据库包括第一个绿化隔离带地区周边 17 个乡及重点建设区域,其中国有土地面积约 700 公顷,集体土地面积约 3000 公顷。初步拟定未来五年重点土地储备计划。

(赵轶炜)

【权属登记管理】 年内,完成国有土地发证 669 个,同比增长 25%;办理房屋所有权证 65397 个;办理抵押登记 15743 件,同比增长 278%。办理央产土地证书 71 件,为区属单位办理土地证 83 件,集体土地使用证 3 件。追缴返还土地出让金 3 亿元,同比增加近 1 亿元。受理房改售房单位 404 个,同比增长 38.4%;办理房改售房 13184 套,同比增长 34.9%。安居住房产权办理 1371 套,同比下降 23.5%。办理农转居人员购房手续 777 套,同比下降 88.4%。

(赵轶炜)

【房屋市场管理】 年内,做好标准租房腾退工作,区内 207 户标准租私房,解决 198 户,剩余 9 户腾退工作按照方案抓紧落实;加强廉租住房管理工作,通过全市统一摇号配租,56户低保家庭找到称心房屋并办理租赁合同备案;加强对房地产经纪机构备案管理,今年新办理备案手续175家,办理分支机构备案111家,处理百姓投诉38起;做好商品房预售登记工作,办理商品房预售登记备案45122套,同比增长86.9%,根据建设部《城市商品房预售管理办法》和市建委《关于建立预售商品房楼盘表有关事项的通知》要求,增加上网公布预售商品房楼盘内容,对预售登记楼盘补录上网,完成180个项目补录工作,占总工作量87%;加强房屋租赁市场管理,办理房屋租赁备案手续102份,结合合同备案这一新的管理形式,探讨出新的管理方法,实现对房屋租赁备案工作计算机管理。

(赵轶炜)

【物业管理企业行业管理】 年内,积极推进组建业主大会工作,创新管理模式,进一步明确物业管理企业在小区社会治安管理中的责任。全区通过物业管理企业资质审核并取得《北京市物业管理资质合格证书》的物业管理企业有356家。资质年审累计取消不符合资质条件企业26家。在全市物业管理企业资质等级评定工作中,朝阳区有80家企业晋升为三级企业,另有7家被评为二级企业。

(赵轶炜)

【直管公房管理】 年内,直管公房面积166.7万平米,应收租金1913.85万元,实收1623.75万元,收缴率84.84%。旧欠回收率11.57%。直管公房修缮完成投资955.6万元,零维修及时率99.9%,工程质量合格品率100%,优质品率8.6%。完成平房翻挑7间,平房屋面整修2280间,木结构加固5间。做楼房屋面防水34栋,楼房补漏321栋。完成住户报修56032户次,清掏化粪池178个,疏通下水管道11.8万米。电梯更新、改造、设备维修等工作,完成投资1200万元,完成21部电梯更新工作,完成49台曳引机抱闸改造工程,完成9部电梯和5处高压泵房的改造工程。出动110余人次对213部次电梯、63处泵房进行安全检查。对34处泵房、78栋高层楼消防系统进行消防实验,确保居民出行安全和使用安全。

(赵轶炜)

【信访咨询】 年内,成立信访和政策咨询办公室,规范接待群众上访工作程序,方便群众进行有关政策咨询。处理各种信访件547件,接待群众来访516批次,受理群众政策咨询1200余次。

(赵轶炜)

【危旧房改造】 年内,全区危旧房改造项目动迁居民13641户,完成年初计划的136.4%,是上年同期430%。拆除危旧房面积167491平方米,完成开复工面积1530971平方米,其中新开工面积120480平方米,竣工面积285975平方米,完成投资417545万元。南三里屯危改工程动迁居民1194户,拆除危旧房屋面积10700平方米。垡头金蝉庵小区危改工程拆除危旧房13642平方米,动迁率85%。京棉地区危改一期二步工程动迁居民1598户,动迁率69.5%,拆除危旧房屋面积48846平方米。回迁房建设累计施工50496平方米。金秋莱太危改工程完成居民动迁及房屋拆除工作。东八里庄危改工程完成450户居民拆迁,拆除危旧房屋面积21600平方米。北三里屯危改工程一个月内完成67%拆迁协议书签定,拆除危旧房屋38000平方米。和平一二三村危改工程完成119户居民动迁,拆除房屋3400平方米。甜水园危改项目全面开工。

(赵轶炜)

【拆迁工作】 年内,拆迁工作审批拆迁文件、拆迁政策、拆迁纪律、工作程序、拆迁工作人员身份、拆迁户自然状况、回迁楼规划设计、回迁户安置情况、群众投诉渠道实施九公开,严格拆迁管理审批程序,积极受理拆迁纠纷。全年受理45个单位拆迁工作,发放拆迁许可证45个,拆迁居民14275户,拆除房屋建筑面积110.3万平米。在工作中做到程序合法、审批守法、补偿依法。受理拆迁纠纷560件,出具书面裁决315户;实施强制执行31户。地铁五号线工程拆除房屋32293平方米,涉及居民141户,企业单位30家。地铁十号线朝阳段工程拆除房屋16183.46平方米,涉及居民59户,企业单位16家。

(荀丽娜)

公用事业

燃气供应与管理

【概况】 北京市燃气集团有限责任公司下设燃气销售一分公司、燃气销售二分公司和输配分公司负责朝阳区境内管道燃气销售、用户管理和管网管理。境内单位有燃气销售一分公司,位于东三环中路30号;燃气销售二分公司第一管网管理所位于安贞西里三区8号,第三管网管理所位于三间房南里3号,第四管网管理所位于水碓子1号楼,主要职责是上门查表收费,同时承担通气、户内燃气设施维修等工作。输配分公司第一管网管理所位于甜水园北里17号楼,负责燃气管网设施日常运行管理工作、生产发展性任务的配合工作以及管网急抢修环节配合工作,境内管线总长251公里,年内新建5.1公里。输配分公司第四输配厂位于王四营桥南侧,储备天然气和煤气,经调压、加臭后输送到城市管网及煤气储罐内,年内供气2.5万立方米。

地址:西城区南小街22号

电话:66205589

邮编:100035

(李　伟　张惠芳　穆　旸)

【收费指标与工资挂钩】 10月起,销售一分公司开始实行《收费重点指标与工资挂钩考核实施方案》,实施民用营业收费指标与工资挂钩考核。方案制订本着责权利相结合、多劳多得原则,通过查表员完成销售量、定额户数与工资奖金挂钩方式,调动查表员工作积极性,提高了查着率、收费率。实行挂钩考核后逐户查表销售量比计划超额完成近200多万立方米。

(李　伟)

【规范IC卡代售工作】 10月,销售一分公司将物业IC卡代售点转入金融机构代售。公司就此制定具体实施方案,对近300个IC卡代售点进行全面细调,整理农业银行、商业银行网点,与银行积极协商落实移交各项工作。共完成91个物业小区97060户转入金融机构售卡工作。

(李　伟)

【燃气维修服务进社区试点】 10月,销售一公司开展燃气维修服务进社区试点工作,制定了《燃气维修社区服务工作指导意见》,和维修服务进社区两步走工作思路。建立维修服务承包试点12个。

(李　伟)

【组建专业通气作业队】 年内,销售一分公司组建成立专业通气作业队,通气队针对公司发展工作任务时段不均衡、区域不均衡、任务量不均衡特点,从重点解决好发展通气环节存在的速度慢、用户不满意及行风等各种问题入手,通过快捷、优质、高效服务,消除区域管理体制给按时限完成发展通气任务造成的困难,为用户提供更加方便、快捷的服务。

(李　伟)

【完善服务标准】 年内,销售一分公司对原有的维报修工作流程进行补充和完善,进一步明确各基层单位之间的职责划分,制定公司生产调度落实措施,重新制定公司调度室岗位职责、相关管理规定和工作流程。截止到12月,公司接到96777转来的各种任务单34098张,受理用户信访及投诉单264份,用户满意率回访自查96%。

(李　伟)

【安全检查】 年内,销售一分公司对管辖范围内安全隐患开展排查工作,对事故隐患重新清理确认,制定整改工作计划,对发现的锈蚀管、土暖气用户、置换无人户、占压管线等安全隐患按级别建立隐患档案,对安全隐患实施动态管理。分阶段、分步骤加大对置换无人户、平房户消除整改工作。公司认真做好日常安全检查、重大节日前安全检查和重要会议、重大政治活动专项检查,做到检查有记录,落实有依据,将安全工作落到实处。全年开展日常安全检查和保驾任务大检查15次,查处隐患、问题71处。

(李　伟)

【完成清产核资工作】 年内,销售一分公司按照集团公司《关于开展清产核资工作的通知》精神,以财务工作为主线,配合兴中海会计师事务所,按时完成户数清理、账务清理、资产清查、确认损失、燃气费欠费取证工作。为香港会计师事务所、资产评估公司提供近3年企业基础资料,按时完成集团公司布置的资产重组、评估调查会计资料整理工作。

(李　伟)

热力供应与管理

【概况】 北京市热力集团有限责任公司是市政府投资组建的国有独资公司,设行政部、劳人部、计财部、生产部、技术部、工程部、发展部、安保部、企管部、办公室。下设热源、输配、销售3个分公司和十几个子公司。承担着5座热电厂和5个供热厂热能输送、供热管理工作。主营蒸汽、热水的生产购销,热力设备制造,热力工程设计、施工,供热设备材料供应,热力站、管网运行与维护,供热技术开发、咨询等。年内,职工总人数4697人,固定资产值102亿元。供热面积近9000万平方米,有热力站1689座,供热管网主干线620公里,年热电联产供热量2867万吉焦,比热电分产,节煤28万吨,二氧化硫减排1963吨,氮氧化物减排1400吨,烟尘减排1201吨。

地址:西坝河南路2号

电话:64633399

邮编:100028

(梦　旸)

【实现多热源联网运行】 年内,全市集中供热实现多热源联网运行,其联网最大面积逾4000万平方米，装机容量2505兆瓦。热网循环水量降至5吨/万平方米，每公里长度管道供热面积14万平方米。

（梦 旸）

【热力供应】 左家庄供热厂隶属北京市热力集团热源分公司，主要负责北京东部地区使馆宾馆居民采暖供应工作。全厂现有热水锅炉12台；蒸汽锅炉2台，3000千瓦背压式发电机组2台，总供热能力400兆瓦，最大供热面积600万平方米，年发电量800万千瓦，固定资产2亿元。有职工348人，包括锅炉、电气、仪表、化学、汽轮机、热网泵、计算机等专业人才。年内，备运行正常，起到尖峰调峰作用，满足了联网运行要求。区国土资源和房屋管理局供暖公司负责对直管公房冬季供暖日常管理、运行、维修工作。有职工343人，所属锅炉房23处，热力交换站32处，供暖面积为493万平方米。年内完成设备更新工程69项，外线管道更新15826米，锅炉房检修20处，热力站检修32处，共计投资1077.9万元。完成年度计划投资91.7%。供暖收费工作完成上一年度应收缴额的91.5%，较去年同比略有提高。本年对左家庄三区锅炉房、幸福二村锅炉房、建国里锅炉房进行燃气改造，投资4153.87万元，受益面积79.5万平米。

（梦 旸 赵轶炜）

【热力站管理】 北京市热力集团有限责任公司东区销售管理所，主要负责供热站供热运行、维护及检修工作。年内，管辖区内热力站586座（含蒸汽热力站147座），供热面积2700多万平米（含蒸汽供热面积560万平米）。

（梦 旸）

【热力管网管理】 北京市热力集团输配分公司管网一所，主要负责热力管网（包括蒸汽、热水管网）运行、检修、维护及抢修任务。年内，管辖热力管网总长289.4公里，其中朝阳区境内227.4公里。

（梦 旸）

供 电

【概况】 朝阳供电公司是北京电力公司直属供电企业，担负朝阳地区工农业生产、政府部门、各大商业户及居民生活供用电任务。年内，供电区域476平方公里，占北京电力公司售电量约五分之一，是北京电力公司下属第一大公司。公司集变电、配电、线路、营销、调度、电力工程施工为一体。设经理工作办公室、政治工作办公室、监察室、劳动人事处、财务处、生产技术处、综合计划处、安全监察处、调度所、工程建设处、市场营销处、农电管理处、客户服务中心、行政保卫处、变电工区、配电工区、线路工区、电缆工区、用电管理中心、计量室、社区服务工区和安华、小庄和华威3个营业站。朝阳供电公司有职工760人，在职职工646人，其中，公司领导9人，中层管理人员25人，一般管理人员62人，技能专家9人，生产岗位人员467人，主业支援多经人员72人，具有高级职称16人，中级职称58人，初级职称94人。具有初级及以上职称人数占总人数26%。
地址：关东店24号
电话：63123683
邮编：100020

（叶 猛）

【电力设施与用电】 9月底，管辖110千伏变电站21座，35千伏变电站4座。10千伏开闭站92座，小区配电室429座、箱式变387座，共计908个。配电变压器1456台，总容量103.86万千伏安。10千伏架空线路171路，线路总长度1528.3公里，柱上变压器4027台。总容量97.8万千伏安，低压架空线路605.8公里。10千伏电缆4080条，总长2298公里，低压电缆7986条，长度922公里。用电户65.68万户，其中卡表55.68万户，抄表户10万户。年售电量83亿千瓦小时。

（叶 猛）

【安全生产】 年内，制定《朝阳供电公司安全生产奖惩制度》和《朝阳供电公司班组安全日标准化规定》等15项规章制度，全年实现三个“百日安全生产长周期”。制定《朝阳农电安全生产奖惩工作实施细则》，强化安全管理，10月8日实现农电系统第一个100天安全生产长周期目标。

（叶 猛）

【制定规划】 年内，完成《朝阳区电网发展战略规划》和《朝阳供电公司主网、配网设备3—5年改造方案》制定工作。

（叶 猛）

【电网建设】 年内，组织完成了立水桥、南泥沟临时、光华路、三间房等4个度夏110千伏变电站扩建或建设，投产发电，9月完成单店110千伏变电站发电，12月完成咸宁站扩建投产任务。

（叶 猛）

【电网运行】 年内，制定《朝阳地区电网突发事件应急预案》、《朝阳地区电力系统突发事件应急组织工作预案》和《朝阳地区电力系统突发事件应急抢修工作预案》。所辖34个变电站均编写了事故预案，完成《调度度夏方式运行报告》及《朝阳地区事故预案》，7月23日朝阳地区最大负荷167.4万千瓦，电网度夏安全运行。

（叶 猛）

信息产业

【概况】　北京市东区邮电局(简称东区局)是北京市邮政管理局直属二级通信企业。服务面积505平方公里。服务人口400余万人。区局下设邮票公司、速递公司、发行公司、邮购公司、实业公司、商函分局、储汇分局、物流中心、鲜花礼仪中心;另有后勤物业公司、宣传中心、维修中心、计算机中心、营销中心、人力资源中心等支撑部门。经办国际国内函件、包裹、特快专递、汇兑、电报、电话和报刊发行、集邮、邮政储蓄等业务;经营商业信函、鲜花礼仪、同城速递、货运、邮购、图书音像制品、通讯器材;提供代理保险等多种代办业务。截至年底,固定资产总额2.90亿元,资产净值1.70亿元。有职工2889人。业务收入7.15亿元,比上年增长17%,占北京市邮政局23.08%。全局下辖28个支局、154个邮电所,其中朝阳区境内有18个支局、118个邮电所。全年业务收入7.15亿元,按可比口径计算,同比增长1.05亿元,增幅为17%。
地址:金台北街6号
电话:65006003
邮编:100026

(张　钰)

【两会服务】　3月,全国人大、政协两会期间,王府井局、北苑局、酒仙桥局、垂杨柳局、慈云寺局、亚运村局等6个支局直接参与,分别在北京饭店、贵宾楼、北京会议中心、二十一世纪饭店、河南大厦、广西大厦、长安大厦、华润饭店、五洲大酒店等代表委员驻地设邮政服务点,出动服务人员500余人次,收寄函件6万余件,出售两会纪念封10万枚,业务收入200多万元。

(张　钰)

【保险超市落户望京邮电局】　3月22日,北京首家保险超市落户望京邮电局。北京邮政与5家保险公司签订代办协议。保险公司看好北京邮政的原因有两点:其一,北京邮政拥有遍布城乡的452个储蓄网点;其二,北京邮政先后代理销售保费近4亿元,成为各保险公司产品的重要销售渠道。

(张　钰)

【特种邮品】　4月13日,由双井邮电局专职营销员苗秀明开发的《拜阿斯匹灵新药上市纪念》3万版个性化邮票,在德国拜耳集团日本分公司举办的拜阿斯匹灵肠溶片新药上市新闻发布会上亮相,并在海外上市的新闻发布会上赠送来宾。5月21日,香河园支局与《京华时报》成功签订个性化邮票专题册业务开发合同,香河园局成为《京华时报》创刊三周年庆典活动个性化纪念邮品的唯一代理商。该项目制作普通个性化邮品专题册2500本,精品个性化邮品专题册200本,纪念封1.3万枚,纪念邮折5000枚,创收102.60万元。8月9日,亚运村支局开发的“孙继海足球职业生涯十周年”系列个性化纪念邮品《海阔天空》,在益智性体育网络游戏“FantasyGame”新闻发布会上推出,系列纪念邮品包括个性化邮票、纪念封和明信片。10月14日至27日,大山子支局在短短13天内,成功制作《北京电子城集团公司成立十周年纪念》个性化邮品册1000册,其中含个性化邮票1000版,创收7万余元。年内,东区局个性化邮票业务发展喜获丰收,全年制作58万余版,占北京邮政117万版的一半,实现收入1586万元。个性化邮品项目获管局新业务开发奖项12个。

(张　钰)

【国际邮电局西联业务发展快】　5月28日,西联国际汇款公司总裁克里斯蒂娜女士率考察团到工人体育场国际邮电局参观考察。工人体育场邮电局是北京市西联业务发展最快的网点。从开办西联国际快速汇款业务以来,在短短3年时间里,从原来每月两三笔,发展到每月一千余笔,业务收入占北京市西联业务近一半。9月14日,西联国际汇款旗舰店在工人体育场邮电局建成开业。工人体育场邮电局自开办西联汇款业务以来,国际汇款业务增长十分迅速,汇款业务量最高时达到一天70多笔,金额数万美元,占全市西联国际汇款业务的40%。业务量月增长10%。

(张　钰)

【捣毁非法速递聚集点】　8月,东区局执法人员根据群众举报,在东坝村捣毁一处4家从事违法经营信件非法快递公司聚集点。名为佳惠尔、瑞通、诚信、速必达的几家公司都存在违法经营信件类快件、违法揽收和投达邮政EMS快件行为,其中诚信快递公司将非法揽收的邮政EMS快件开拆后重新封装为诚信快件和新时通快件卖给其它非法速递公司传递,而寄件人对此却并不知情。这4家公司的经营行为严重违反《北京市邮政特快专递经营活动管理办法》相关规定,依法予以取缔。

(张　钰)

【奥运会从雅典到北京邮票首发】　8月13日,国家邮政局与希腊共和国邮政局联合发行《奥运会从雅典到北京》纪念邮票，并在北京建内大街邮电局举行首发式，希腊共和国驻华大使和国家邮政局副局长冯新生共同为邮票揭幕。建内大街支局承担首发式礼仪服务并现场出售邮票加盖纪念戳。

（张　钰）

【确保邮政 EMS 全夜航顺利运行】 8 月 18 日，国家邮政局启动邮政 EMS 全夜航，东区局积极做好准备工作，确保全夜航顺利运行。东区速递公司制定严格的全夜航业务管理制度，深入挖潜，在建内大街、三源里和亚运村 3 个支局增加特快专递邮件处理分中心，缩短邮件收寄、处理时限，提高工作效率。保证此项工作万无一失。

（张　钰）

【亚洲杯足球赛现场服务】 8 月，亚洲杯足球比赛在北京工人体育场举行，由于中国足球队表现出色，足球题材的邮品市场需求量大，东区局及时策划，由工人体育场邮电局在工人体育场现场设立邮政服务点，为有中国队参加的所有 6 场比赛提供现场服务，销售足球专题邮品，加盖此次亚洲杯吉祥物纪念戳，受到广大球迷和邮迷热情欢迎。

（张　钰）

【国际集邮钱币博览会】 10 月 28 日至 31 日，第五届国际集邮钱币博览会在北京国际贸易中心举办，工人体育场邮电局设现场临时邮局提供邮政服务。博览会开展奥运收藏日、老年收藏日、青少年收藏日和快乐收藏日等主题日活动，突出“盛世集藏，博览天下”主题，临时邮局设相应收藏日主题信箱，刻制各个收藏日精美纪念戳。展会期间，临时邮局创收近 10 万元。

（张　钰）

【查处假邮票】 11 月下旬，国家邮政局就市场发现大量《百合花》、《民族运动会》及《钟楼与清真寺》等伪造邮票发出通报，东区局行管科第一时间作出反应，对界内市场、大专院校展开拉网式检查。12 月 10 日下午，三间房局开筒发现大量贴有《百合花》和《民族运动会》邮票的信函，执法人员迅速将这些信函送到邮票博物馆鉴定，鉴定结果显示，信函所贴邮票全系伪造。随后几日，三间房局每天都开出大量贴有假邮票的信函。这些信函有相当一部分来自北京人文大学和黑庄户地区。执法人员追根寻源，发现学校小卖部正在出售的三种邮票，经鉴定全部是假票。随后他们直扑黑庄户商业街，对 5 家正在出售假邮票的商户进行处罚。此后促成地面支局与商户签定邮票代售协议，通过三间房局和地区城管在信箱上张贴公告和假邮票的编号、图案，杜绝假邮票继续蔓延。

（张　钰）

【局所增加】 年内，东区局新增邮电局所 9 个，其中新增支局 1 个，新增邮电所 8 个。位于朝阳区境内的有 8 个局所，分别是：望京邮电局，位于望京西园一区 120 号楼，编号 106 局，邮政编码 100102；京润水上花园邮电所，位于霄云路 18 号京润水上花园社区，编号 972，邮政编码 100027，属工人体育场邮电局管辖；世贸国际邮电所，位于光华路甲 9 号，编号 974，邮政编码 100020，属呼家楼邮电局管辖；数码大厦邮电所，位于光华路丙 12 号，编号 975，邮政编码 100020，属呼家楼邮电局管辖；住邦邮电所，位于八里庄西里 100 号 B2 层，编号 976，邮政编码 100025，属慈云寺邮电局管辖；来广营邮电所，位于来广营万通望京农贸批发市场前，编号 977，邮政编码 100102，属花家地邮电局管辖；建外商务区邮电所，位于东三环路 9 号，编号 978，邮政编码 100022，属双井邮电局管辖；芍药居邮电所，位于芍药居北里 117 楼，编号 979，邮政编码 100029，属安贞邮电局管辖。

（张　钰）

【商厦所通讯线路接入方式项目】 年内，东区局商厦所通讯线路接入方式软科学研究项目通过管局验收。该项目着重研究制约商厦邮电所实现电子化操作的联网问题，提出在商厦邮电所设置代理服务器（可用营业服务器代替），通过信息局中心端专线连接联通网络平台，实现无线联网的解决方案。该方案具有较强的实用性和操作性，是实现邮电所与综合网联网的一种新方式，有助于解决商厦写字楼邮电所中普遍存在的线路占容费、施工费、月租费和线路维护费等费用高昂的问题。同时可使邮电所脱离商厦物业管理限制，降低通讯费用，节约成本。

（张　钰）

【开通短信办公系统】 年内，东区局开通短信办公系统，主要用于日常会议通知、各项临时性工作通知及紧急任务布置。该系统使用 183 邮政网络平台，支持使用中国移动、中国联通 GSM 网和 CDMA 网手机人员短信接发。为确保信息渠道畅通，收信人能及时收到短信，该系统设置回复码，要求收信人在收到短信 10 分钟内必须回复，否则将追加电话，进行确认。11 月 22 日短信系统进行使用测试，12 月 1 日起正式启用。该系统的使用大大减少用于会议通知的日常办公电话，节约办公成本，提高机关工作效率。

（张　钰）

【依法治企行业管理】 年内，东区局坚持依法治理企业，加强合同管理和营业执照管理，积极开展诉讼应对。全年签订经济合同 227 份；新设和变更营业执照 20 多个；办理诉讼案件13件,均取得比较满意结果。结合治理整顿契机,加大对低资费收寄、跨界揽收等各类违规经营行为查处力度,重点对商厦集中区域进行执法检查,对外执法247次,检查经营场所446处,立案143起,罚款12.3万元,促进了邮政外部市场健康有序发展。东区局行业管理科再次荣获北京邮政行业执法先进单位称号。

(张　钰)

【电信类代办业务】 年内,累计完成信息增值业务收入315.27万元。其中:中国联通代放号收入66.46万元、中国电信话费分成业务收入19.8万元、中国移动代收费业务收入38.47万元、中国联通代收费业务收入21.9万元、中国网通代收费业务收入110.72万元、其他电信公司代收费业务收入0.91万元、中国电信代售卡业务收入5.83万元、中国联通代售卡业务收入1.19万元、其他电信公司代售卡业务收入0.058万元、中国电信其他业务收入11.42万元、中国联通其他业务收入15.36万元、信息平台业务收入18万元。

(张　钰)

城市管理

市政管理

【概况】 朝阳区市政管理委员会(简称区市政管委)是负责全区市政基础设施、公用事业、城市景观建设、环境卫生、城市市容环境综合整治、爱国卫生、户外广告、夜景照明、供暖、节水、个体出租等工作以及综合协调城市管理工作的政府组成部门。区整治办、区爱卫办、区供暖办、区国防动员委员会交通战备办公室都设在区市政管委。内设办公室、规划科、市政科、环境科、整治科、行政审批科、综合管理科等7个行政科室,下属区节水办、区个体出租管理站、区市政所和景观发展中心4个事业单位。有职工155名,其中行政编制34名、事业编制117名、公勤4名。

地址:松榆东里甲38号楼

电话:67325578

邮编:100021

(张安定)

【整治京承高速黄港段环境】 2月6日,针对京承高速路黄港段两侧垃圾及白色污染问题,区市政管委现场办公,督办整治进展情况,重在抓落实。黄港乡领导亲临现场指挥整治行动,3天时间黄港乡出动70余人次、车辆20部,拆除违章建筑510平方米,紧急调用好土覆盖7700平方米,清理捡拾垃圾人员188人,捡拾白色垃圾约1500公斤。

(张安定)

【安全检查整顿】 2月11日,区市政管委、区经委、区技监局联合,对本区液化石油气储灌厂(站)和瓶装供应站安全生产和安全经营情况进行抽查,发现不同程度存在安全隐患,如地秤静电连接线松动、地线接触点老化、防爆开关应换未换等。针对检查中存在的安全隐患逐一排查,要求限期整改。对存在问题较严重的北京华兴龙液化气有限责任公司责令停业三天整顿,对群众举报不具备安全条件的呼家楼煤气站百西服务网点,责令其立即撤销。2月17日,区市政管委对曙光电机厂锅炉房、雪莲羊绒衫厂锅炉房等7家锅炉房供暖质量及锅炉房安全运行情况进行抽查,发现个别锅炉房在值班制度落实、供热抢险应急、日常维修检修等方面存在问题,曾造成区域性停热。检查人员要求供暖单位继续做好供暖工作,切实做好安全生产落实工作,责任到人,24小时不间断值班。2月16日至18日,南磨房地区集中整治小武基旧木材市场。出动200余人、铲车2部、解放牌货运车51车次,清运废旧木材、渣土765吨,拆除违法建筑14间、建筑面积230平方米。并将该地区正式移交给相关开发部门,对周边进行围挡。5—6月,对全区397座桥梁进行安全普查,对桥梁现状、责任权属等进行汇总统计,督促相关责任部门加强桥梁安全检测工作。

(张安定)

【紧急行动清理白色污染】 3月10日,区市政管委召开风沙天气后环境治理专题会议,责成有关科室加大检查力度,督促执法部门、专业作业部门及各街乡保洁队伍采取有效措施降低路面扬尘、消除白色污染和树挂,重点保障"两会"代表驻地及行车路线环境卫生质量。区市政管委及区环卫服务中心启动沙尘天气道路扬尘污染控制工作预案,及时进行道路清扫保洁作业。全区共出动8543人次,出动各种车辆158台次,清理垃圾渣土864吨,清理白色污染297.6公斤。

(张安定)

【节日夜景工程】 2月初,区景观中心召开长安街沿线在建工程夜景照明设计建设工作会,会上各产权单位汇报各自工程夜景照明设计建设情况,有9家单位在设计中包含夜景照明设施,其中3家“十一”前完成建设。各单位均对夜景照明建设投入资金,其中LG大厦计划投入350万美元准备将其建成长安街沿线夜景景观精品。从4月2日起,区景观中心同市市政管委夜景照明处及市、区夜景照明专家组分批对以上10项工程夜景照明方案进行审查,提出改进意见。9月,落实市、区政府关于国庆期间保障夜景照明的指示精神,对老迎宾线及新迎宾线进行全力抢修,24日完成对老迎宾线修补维护工作,补充草坪灯99个、铁链2300余米、灯头20余个;经过与区供电部门协调,恢复新迎宾线桥体照明设施供电,修复照明灯具,保证节日期间长安街延长线及新迎宾线沿线7座过街天桥亮丽照明。

(张安定)

【路灯安装】 年内,完成爽秋路、黑庄户、左家庄西街等29条道路路灯安装工程,长度18.7公里。

(张安定)

【清除道路积雪】 12月22日普降小雪,区扫雪铲冰办公室紧急启动扫雪铲冰应急预案,迅速部署区环卫服务中心、区城管大队和各街道、地区办事处全面做好扫雪铲冰工作,同时协调朝阳交通支队做好交通疏导,保障道路畅通。共组织发动社会单位11700个、社会人员7.2万人,喷洒融雪剂233吨(其中区环卫中心喷洒195吨),出动各种车辆347车次,出动城管执法人员712人,检查规范“门前三包”社会单位7286家。

(张安定)

【清理灯杆旗灯杆灯箱】 年内,在区城管大队配合下,对利用灯杆、电车杆以及电力、通信、邮政等设施设置的灯杆旗、灯箱等户外广告清理整顿。拆除60条大街两侧路灯杆旗6101面。拆除路灯杆上灯箱465块,并向22家广告公司(共2564块灯杆灯箱)下发区市政管委《关于撤销户外广告设置批件的通知》,要求各单位对超过审批时限的灯杆灯箱自行拆除,逾期不拆除的由城管部门依法处理。依法拆除违章广告牌34块,面积约1150平方米。

(张安定)

【提高城市管理应急能力】 年内,组织制定市政基础设施、燃气管理、扫雪铲冰、环境保障、冬季供暖等工作应急预案,提高城市管理危机处理能力。完成道路防汛,出动人员700余人次,动用各种机械车辆80多台次,及时排除道路积水,没有造成大面积交通瘫痪。积极努力做好冬季供热准备工作,组织建立供暖管理网络,确立区、街乡二级管理机制,做好清洁燃料改造和大型供热企业设备检修工作,积极协调供需纠纷,消除供热隐患,保证308个供热企业(单位)、385处锅炉供暖工作平稳运行。

(吴国君)

【依法行政】 年内,贯彻实施《行政许可法》,区管委负责的全部行政许可事项进入区一站式报务大厅受理,实行行政许可项目、办事依据、程序、时限等十公开。进一步规范行政许可工作程序和文书,缩短审批期限,提高办事效率。贯彻落实新的户外广告管理办法,实行规划管理。研究制定朝阳区户外广告规划方案、整治方案和控规。研究制定21条道路户外广告规划。认真办理三级建议、提案258件,市、区政府督查件319件,群众来信、来访198件。解决了一大批热点、难点问题。先后开通供暖、创卫、环境卫生、道路防汛等热线电话,接听电话3300多个。

(吴国君)

【市级重点环境整治项目】 年内,全市环境整治23项市级重点项目中朝阳区占2项(含8小项),即和平西街、“一路六村”环境整治项目,其中“一路”指北苑路南延长线,“六村”含曙光西路、华威南路、松榆北路、砖角楼二巷、幸福一村、烟草街的“都市村庄”,涉及拆迁居民419户,拆迁企业38个,总计拆迁建筑面积80458平方米,投入整治资金50681万元。

(吴国君)

【清理整顿废品回收市场】 年内,按照《北京市再生资资源回收集散市场发展规划》工作要求,全区范围内210家废品回收市场中清理整顿197家,剩余13家市场通过法律渠道解决,由区国土房管局对占用集体土地开办市场经营者下发处罚决定书,区城管监察大队组织有关城管分队对违法建设进入拆违程序。

(吴国君)

【城中村整治】 年内,对全区内的城中村进行调查,建立有关台账,共调查105处,整合成55片,经市有关部门联合会审,确定城中村整治任务为15片。

(吴国君)

【城市主次干路建设】 年内,完成道路建设13条,其中主干路3条:京承高速公路出京方向、望京西路南段、北辰西路一期;次干路10条:万红路、利泽街(东湖路)、朝科3号路、驼房营路、北一路、中一路、景观路、北辰西路西辅路、CBD3号路、CBD7号路。启动道路建设11条,其中主干路5条:东北城角联络线、望京外环路、阜通大街、白庙村路、安立路;次干路6条:广顺北大街北延、嘉里北路、左安东路、松榆北路、南沙滩路、熏皮厂路。

(吴国君)

【燃气管理】 年内,取得城市燃气企业资质证书的企业16家,其中:液化石油气储灌站7家,液化石油气瓶装供应站9家。另外,还有北京市液化石油气公司下属10个分站。根据市市政管委《关于进行全市液化石油气瓶装供应站专项安全检查和工商登记注册资格核查的通知》等有关文件要求,区市政管委多次会同工商、质量技术监督、消防、安全生产管理、城管等部门组成联合检查组,对全区燃气企业进行安全大检查,下发整改通知书33份,并制定《朝阳区液化石油气燃气事故应急预案》。

(吴国君)

【供暖管理】 年内,对供热基础进行调查,掌握住宅锅炉房情况,全区共计655处;部署设备更新、大修、维修工作;对51处大型锅炉房进行检查;重点解决上一年度供暖季中的遗留问题,召开30余次协调会,对存在的18个重点难点问题进行排查,三分之二问题得到推进;对72处分户自采暖小区领取《职工住宅清洁能源分户自采暖补贴》申请的进行核实;部署清缴单位拖欠职工采暖费工作;对垂杨柳地区供暖资源整合调研工作;召开全区供热企业供热工作总结、动员大会,部署年度供热工作安排;制定《供热工作方案》和《供热应急预案》,建立供暖应急枪险队;区、街乡联动协调机制,成立由43处街乡、12个委办局组成的供热管理工作网络;做好供暖期间热线电话值班工作,接听7200余个供热投诉;日出动600余人,做好天然气调控使用工作。

(吴国君)

【完成《北京市国防交通地图集》修编】 年内,对原有国防交通地图集进行认真审查,主要对道路情况、道路分级、汽修厂分布、区管桥梁情况进行核对,重新修改道路98条、大型汽修厂122个、区管桥梁34座,均以文字和地图形式上交测绘院研究所。

(吴国君)

【无障碍设施建设工作】 年内,积极推进"全国无障碍设施建设示范城"创建工作,对全区城市道路和城市广场坡道和盲道设施进行普查。经统计,在全区道路无障碍设施率达71.73%情况下,又结合道路建设改造工程新建盲道1.4万延米,坡化改造区属路口216个;设计完成2005—2007年规划盲道建设,绘制了全区盲道示意图;综合整治报刊亭、垃圾箱、自行车停放占压盲道现象;对不符合要求的盲道砖全部更换;落实紧急任务7项,保障全国无障碍设施建设示范城检查顺利通过。

(吴国君)

【规范自行车停车】 年内,完成20条重点大街自行车停车设施建设。

(吴国君)

【缩短许可时限】 年内,区市政管委审批的许可项目,规定审批许可时限为20个工作日。为方便群众办事,调整8个行政许可项目审批工作时限,从20个工作日缩短至5—15个工作日。

(吴国君)

【拆除违章广告】 年内,在辖区户外广告清理整顿中,向25个单位发出限期整改通知,拆除大型户外广告13处,面积约1500平方米。

(吴国君)

【搞好公益宣传】 年内,先后为创建全国卫生区、第五届商务节、经济普查、第十三届亚洲杯足球赛、反对家庭暴力宣传周等15项市、区重大活动,组织征用170块(次)大型户外广告牌和1270块(次)落地广告灯箱,进行公益宣传,15条主要道路多次更换悬挂宣传道旗20000余面。

(吴国君)

【督查落实】 年内,先后建立督查工作督办制度,一是建立领导督办件登记、办理期限制度;二是对重要督办件和即将到办理期限的督办件采取书面督办通知的方法进行催办;三是每月下发落实领导批示件情况通报,沟通情况,起到督促作用。全年办理市区专项督办件和市区领导批示件237件,编报领导批示件落实情况专报48期,确保督查工作全面落实。

(吴国君)

【个体出租车行业管理】 年内,个体出租全站共有汽车101部,其中红旗13辆,富康、桑塔纳类57辆,夏利8辆,其它23辆。运营车辆全部统一喷饰,门徽醒目,顶灯、计价器、GPS、防护网、防盗劫器、防刺设施、消毒器、灭火器、部分车辆双燃料设施、价标、证件张贴位置、车辆保险等运营设施符合车辆部门和公安公交总队要求。对全体司机进行了两次集中职业道德教育和培训,并坚持以人为本采取多种形式进行管理和教育,逐步形成司机仪表规范、车容规范、语言规范,个体司机综合素质得到提高。对全区个体出租车开展治安防范检查,核发2004年运营证,进行资质年检。办理报废出租车24辆,更新11辆。

(张安定)

朝阳区市政管理所

【概况】 朝阳区市政管理所(简称区市政所)隶属于区市政管委,为差额拨款事业单位。编制人员106人,在职91人。现有3个施工队、两个维护队,管理区属283条市政道路、34座桥梁改扩建、养护任务,道路、步道及桥梁等总面积572.83万平方米,无人管道路246条,面积241.46万平方米。另有50条无人管道路尚未核实。固定资产3018万元,其中机械设备75台(大型设备压路机20台、装载机22台、摊铺机5台、挖掘机2台、平地机2台、推土机1台等),交通运输设备42台。年内完成大、中、小修道路75条,总面积45.77万平方米,其中年度计划工程46条、35.17万平方米(含22.61万平方米便民工程)。养护道路124条、31210平方米;养护清理雨水管线4500米;更换井圈井盖、雨水箅子共487套,道路养护总投资475.6万元。掘路工程20234平方米。防汛期间,出动1000多人次,动用各种车辆80余台次、水泵30多台次、抽水车20台次。雨季前对7处险点进行施工改造。

地址:大北窑厂坡村甲2号
电话:67718224
邮编:100022

(张安定)

【市政基础设施检查】 2月,对管辖的266条路、34座桥、11条下水管线进行全方位安全大检查,发现市政设施丢失问题比较突出,共丢失雨水箅子59个,立即组织进货并及时补上。对非区管市政道路设施丢失情况,市政所一旦接到群众举报,尽量及时补上或采取应急措施。

(张安定)

【道路建设】 年内,列入计划的48条区属市政道路大、中修和52条乡域道路新、改建任务顺利完成,其中:完成团结湖路、白家庄路等48条区属市政道路大、中修,总长45.9公里,面积54.1万平方米,投入资金6400万元。计划52条农村道路新、改建工程,实际完成大鲁店南路、小武基路等57条道路建设,总长115公里,面积145万平方米。完成机场地区道路维修8条,长7.9公里,面积6.8万平方米,铺设步道约1.75万平方米。配合垡头地区自备井置换,完成垡头小区22条道路维修,总面积1.67万平方米,解决73处道路破损问题。双桥中路、白鹿司、楼梓庄中心街、三里屯东四街、雅宝路等32条便民路建设通过市路政局、市高速公路监理公司工程质量验收。

(张安定)

节水管理

【概况】 朝阳区人民政府节约用水办公室(简称区节水办),编制7人。负责本区节约用水管理的相关事务工作。年内,在完成节约用水、计划用水统计工作,依法收取水资源费、超计划加价水费和污水处理费工作同时,积极宣传推广节约用水技术、设备应用工作。另设节水事务管理中心(设在区水利局),负责本区节水和水行政执法工作。

地址:甜水园东里12号楼
电话:65010416
邮编:100025

(王飞力)

【水法与节水宣传】 3月22日,为纪念第十二届"世界水日"和第十七届"中国水周",水利局与金盏小学在温榆河畔举行"保护母亲河,共建美好家园"活动,朝阳有线电视台等媒体对此次活动进行特别报道。5月9日至15日节水宣传周,主题是增强市民节水意识,建设节水型社会。全区共设大型宣传点38个,以节水器具展示等多种形式,向广大群众宣传节水常识;开展《北京市实施〈水法〉办法》的法规学习宣传活动,区节水办印发宣传材料28000份,《节水专刊》10000份,横幅628条,宣传画1000张,宣传彩页5000份,漫画150本。

(王飞力)

【特殊行业用水现状普查】 年内,经过4个月调查,全区有注册洗车点、站106个。按洗车设备分:电脑洗车33户,占31%;喷枪73户,占69%。按使用水源分:自来水74户,占70%;自备井13户,占12%;中水洗车18户,占17%;微水1户,占1%。按循环用水分:安装使用循环设施的81户,占77.1%;即未使用中水又未安装使用循环设施的24户,占22.9%。按是否独立计量分:使用自来水独立计量的55户,占74.3%;未独立计量且不提供表号的19户,占25.7%。全区有116户注册洗浴点。按类别分:独立洗浴点83户,占71.5%;宾馆附属设施33户,占28.5%。按市区管理分:市管户60户,占51.7%;区管户56户,占48.3%。按用水类别分:自来水107户,占92.2%;自备井及地热水9户,占7.8%。

(王飞力)

【计划用水指标调配】 年内,全区用水指标1400万立方米,按照党政机关、行政事业单位平均压缩20%、其他用水单位平均压缩10%

计划,压缩调整后完成计划量1330.80万立方米,达到市里要求。

（王飞力）

防　汛

【概况】 朝阳区防汛机构为区防汛办公室(简称区防汛办),设在区水利局,在职人员12名。主要负责本区防汛减灾工作。年内,认真贯彻《中华人民共和国防洪法》、《北京市实施〈中华人民共和国防洪法〉办法》,制定防汛预案,完成防汛工程建设和防汛抢险工作。

地址:团结湖上泗路90号

电话:85970772

邮编:100026

（王飞力）

【道路防汛】 5月后,普降小到中雨,由于降水时间较长,部分路段形成积水,造成车辆通行不畅,交通拥堵,群众出行困难。积水相对严重的路段有朝阳公园路、安翔北路、机场路南皋桥下、红领巾公园东门外等11处。区市政管理所防汛抢险队紧急出动,采用抽水车、抽水泵等机械排水和疏通雨水管道、导渠人工排水。共出动抢险队员86人,挖沟25米,起土方3.7万立方米,排出积水2090立方米。清除积水的同时及时疏导车辆,确保行人和过往车辆安全。7月28日晚至29日清晨,中到大雨,区市政管委及时启动道路防汛工作预案。发现此次降雨造成垂杨柳、广和里、苇子坑、六里屯、甜水园等地区积水严重,积水面积均在1000平方米以上,深度30厘米以上,垂杨柳、广和里地区积水达到2000平方米、深度60厘米。翠城家园临时道路因无排水设施和施工破坏肖太后河排水设施,造成大面积积水,防汛排险队伍及时赶到现场,和南磨房乡政府并肩作战,积水状况得到缓解。此次防汛抢险,区市政管委、区市政管理所领导亲临一线指挥,组织出动66人、各种车辆16辆,及时排除区属道路积水,保证道路畅通。年内,全区奋战100多天,出动700余人次、动用各种机械车辆80多台次、抽水车20台次、水泵30多台次,排查处理11个防汛重点地段,改造防汛重点路段15处,解决10个易积水点存在的问题,新修雨水口3处,确保汛期安全度过。

（王飞力）

【调用防汛物资抢险】 7月29日凌晨3时至7时,本区突降暴雨,全区平均降雨量41毫米,小红门地区降雨量最大,为84毫米。十八里店、垡头等地区出现积水,部分居民家中进水。十里河立交桥、红领巾桥、肖村桥积水严重。区防汛指挥部及时启动防汛预案,调用防汛物资,积极协调各街道、地区防汛部门,有效控制险情。此次是自1997年以来第一次调用防汛物资抢险。

（王飞力）

【防汛工程建设】 年内,安排朝阳干渠高庙段护砌工程、金盏雷庄排水沟治理、三间房一支渠治理、垡头小区道路以及雨水改造等13项防汛工程建设,总投资470万元。重点解决垡头、高碑店花园闸、劲松二小区、和平街小黄庄、机场街道居民小区积水问题和朝干高庙、金盏雷庄、三间房一支渠等排水沟排水问题。

（王飞力）

【人防工程防汛】 年内,成立区人防办防汛分指挥部,修订完善《2004年朝阳区人防工程专业防汛预案》,对防汛队伍、防汛物资、处理突发事件应急流程、职责分工作详细规定。同时,对全区目前存在安全隐患的使用单位(人)发出限期整改通知书,要求各使用单位(人)严格落实使用协议中的防汛制度,根据具体情况制定防汛应急预案,早准备,勤检查。对各街、乡(地区)下发《关于做好人防工程汛期安全工作的通知》,要求各街、乡(地区)认真抓好预案中每一项职责任务的落实,特别是防塌陷、防倒灌、防火抢险预案落实,并做到重点地段专项监护。

（梁茂存）

防　火

【概况】 朝阳公安分局消防监督处是北京市公安局消防局派出机构,属武警现役编制单位,是朝阳公安分局职能部门,以《北京市消防安全责任监督管理办法》出台和市政府下发《致全市单位法人一封信》及市政府《致全市居民一封信》

为契机,在各街乡及重点单位组织形式多样宣传活动。深入开展消防安全专项治理,精心组织重大活动和重要节日消防安全保卫工作,有效地预防和减少火灾。年内,发生火灾631起,死17人,伤49人,直接经济损失3123282元。与上年同期相比,起数下降23%,死亡人数增长466.7%,受伤人数增长81.5%,直接经济损失增长52.3%,其中发生特大火灾1起,死11人,伤37人,经济损失819000元。火灾原因主要是由电器、用火不慎等引起,电器引起火灾居多,发生195起,占总数30.9%;用火不慎引起火灾130起,占总数20.6%,其余依次为:吸烟引起火灾占总数3.5%,违章操作占总数2.9%,玩火占总数2.7%,纵火占总数2.4%,自燃占总数0.5%。

地址:道家园1号
电话:85953850
邮编:100026

(丁义川　卢立堂)

【举办消防安全宣传活动】　4月20日上午,在朝阳公园设立《北京市消防安全责任监督管理办法》消防宣传中心站,出动4部消防车,组织丰富多彩的消防宣传活动,市消防局副局长王启生、区委副书记朱家麒、副区长佟克克、分局长肖兴国等领导以及各街乡、重点单位500多人参加宣传活动。《京华时报》、朝阳有线电视台、《朝阳报》等多家新闻单位对宣传活动进行报道。各街乡、重点单位分别设消防宣传站74个,出板报360余块,条幅195条,发放《北京市消防安全责任监督管理办法》1万套,"致全市单位法人一封信"10万份,"致全市居民一封信"50万份及其它宣传材料20万份,进行消防演习35场,受教育公民20万人。

(丁义川　卢立堂)

【京民大厦发生火灾】　6月9日下午,华严里10号京民大厦西配楼装修时发生火灾,过火面积600平方米,造成11人死亡,38人被烧伤,经市消防局勘查认定:火灾系施工人员在京民大厦西配楼游泳馆内焊接二层平台不锈钢扶手时,焊花引燃一层地面上的聚氨酯防水涂料起火并蔓延成灾。6月10日,北京锐标装饰装潢有限公司法人张道醇(男,43岁)、北京锐标装饰装潢有限公司项目经理朱家龙(男,27岁)等人因涉嫌重大责任事故罪被刑事拘留。

(丁义川)

【确保重大节日消防安全】　年内,为确保元旦、春节、全国"两会"、国庆等一系列重大政治活动和重要节日消防安全,朝阳分局消防监督处及早动手,周密部署,以点带面,以面保点,点面结合,将单位逐一拉出账单,采取不同形式不同方法全面检查和重点抽查,消除隐患,落实措施,全力以赴做好各项消防保卫工作。

(丁义川、卢立堂)

【专项治理】　年内,对全区152个加油站、9个液化气罐装站进行逐一检查并建档,同时对经营、储存、使用危险化学品单位进行详细的消防安全大检查;检查地下空间996处,发现各类消防不安全问题370件,解决304件,发《责令限期改正通知书》65份,发《责令当场改正通知书》123份,执法24起,处罚19万元。检查辖区古建筑16处,发现问题9件,当场解决9件,并对所检查的古建筑进行分类造册登记;检查商场、市场190余家,发《责令限期改正通知书》25份,发《责令当场改正通知书》137份,执法54起,处罚59万元;检查高校20所,中小学160所,幼儿园46所,整改问题180余件,确保学校及周边消防安全。发《建筑工程消防审核意见书》1077项,建筑面积3579532平方米;发验收意见书614项,验收建筑面积2629135平方米;施工当场审批1077项,无一项超期审批。行政处罚1626起,罚款134.9万元,发《责令当场改正通知书》1200余份,发《责令限期改正通知书》800余份,发《复查意见书》600余份。

(丁义川　卢立堂)

【朝阳护林防火措施落到实处】　年内,区绿化局、区护林防火指挥部办公室要求全区防火工作要做到:认真组织检查、巡查;切实采取有效措施,强化火源管理;遇有5级风以上天气,要派专人看守重点林地;对林地内活动人员加强教育,严防森林火警、火灾发生;结合环境整治和植树造林工作,彻底清除林地内可燃物;发现火险隐患及时清除,督促森林防火工作有序开展;发现火情立即组织扑救,同时及时向区防火部门报告。为部分火险区配备森林消防架,解决灭火器具等防雨及防潮问题。

(王荣先)

北京市公安消防二支队

【概况】　北京市公安消防二支队,隶属于市公安消防总队,为现役部队正团级编制,支队机关设司令部、政治部、后勤处。支队现有官兵500余人,各类备防消防车辆70余部,其中水罐车23部、泡沫车12部、云梯车5部,其余为救助车、照明车、破拆车、排烟车和化学清洗车等。支队下属11个消防中队,其中红庙、酒仙桥、垡头、左家庄、百子湾、楼梓庄、四惠和华威8个中队分布在朝阳区界内。年内,支队参加灭火战斗2377次,进行抢险救援567次,出动消防车辆8065车次,出动警力50433人次,疏散救出140余人。

地址:英家坟9号
电话:65021521
邮编:100025

(李 超)

【公园大道灭火】 9月5日17时07分,位于朝阳公园南侧正在建的公园大道32层大楼顶层排风机着火,几公里外就能见到浓烟滚滚。当时消防电梯尚未投入使用,室内消火栓和水泵结合器无法正常工作,为尽早扑灭大火,参战消防官兵背着呼吸器,拎着水带,沿着楼梯直奔32层,到达顶层后战士们利用水带垂直铺设方法迅速扑灭大火,成功挽回数百万经济损失。

(李 超)

【解救欲自杀人】 9月23日,位于新东路西侧的加拿大驻华大使馆旁,一名男子爬上电线杆欲自杀。消防官兵接到报警赶到现场,在解救该男子的时候,该男子用手脚不停地抽打抢救人员,咬伤一名救助战士,官兵不顾身上疼痛,将其压住,制止其过激行为,避免了恶性事件发生。

(李 超)

【御东商务楼灭火】 12月23日9点30分,三元东桥附近御东商务楼二层起火,楼内14名人员被困。参战消防官兵不顾个人安危,冲入大火,成功将被困群众全部救出。在清理火场时清点出笔记本电脑、手机、钱包等物品价值数十万元全部交还失火单位。

(李 超)

防 震

【概况】 朝阳区地震办公室(简称区地震办)为本区防震减灾工作主管部门,为区政府全额拨款事业单位,编制5人。年内,区地震办认真贯彻《中华人民共和国防震减灾法》、《北京市实施〈中华人民共和国防震减灾法〉办法》,进一步建立健全防震减灾工作监测预报、抗震设防、应急救援三大体系,修订完善地震应急预案。
地址:甜水园东街7号院
电话:65851259
邮编:100026

(梁茂存)

【防震减灾宣传】 3月1日《中华人民共和国防震减灾法》实施六周年纪念日,组织开展宣传活动,发放宣传材料及画册2000余份。8月,为提高广大群众的防震减灾知识,学会在应急状态下自救互救及防灾基本技能,与人防办共同编制《居民防空防灾知识宣传手册》。

(梁茂存)

【防震建设】 3月份,本区有10个乡被市地震局选定为地震数字强震台址。9月15日朝阳公园北部区应急避难场所建设与公园改造同步完成,成为本区第二个应急避难场所。场所内共安装标志牌130块,其中主标志牌3块,指向标志牌127块。年内,每逢节假日前,为消除安全隐患,确保下属地震观测点人员、仪器安全,都对下属观测点进行安全检查。

(梁茂存)

【地震应急救援演习】 7月20日,在元大都城垣遗址公园应急避难场所1、2号地,成功地举行了北京市地震应急救援演习,国务院副总理回良玉在刘淇、王岐山等人陪同下,与全国防震减灾工作会议代表,一同观摩地震应急救援演习。参加演习的市、区单位达39家,参加人员约2000人,演习场所内更换新疏散标志牌43块,设置治安消防点3个、医疗救护点7个,搭建厕所26个,搭建6人床位帐篷138顶、3人床位帐篷50顶,疏散安置居民600人,组织志愿者200人,发放救灾物资2000份。

(梁茂存)

【市人大代表视察】 9月14日,40余位市人大代表视察元大都应急避难场所。区地震办向市人大代表们介绍元大都公园基本情况、应急避难场所建设情况、应急避难场所的11种功能、应急避难场所人员疏散预案、北京市在元大都应急避难场所进行地震应急救援演习情况和今后本区地震工作设想。

(梁茂存)

城市管理监察

【概况】　朝阳区城市管理监察大队有城管监察干部、城管协查员近千人,平均年龄36岁,大专以上学历的占67.1%,设办公室、政工科、法制科、宣传科、督查科、监察科、行财科、行政科、指挥中心,3个督查队及43个街乡城管监察分队。年内,行使市政管理、公用事业管理、城市节水管理、停车管理、环保管理、施工现场管理、城市河湖管理等14个方面308项处罚权。查处违法案件12781起,简易程序案件11080起;一般程序案件1701起。一般执法案件中原五项职能案件1145起,占执法案件67.3%;二次划转职能案件543起,占执法案件的31.9%;黑车、黑导类案件13起,占执法案件0.8%。取缔无照经营47085起,露天烧烤、大排档852起,规范"门前三包"36098起;查处扬尘污染164起、非法出版物181起、泄露遗撒173起、夜施扰民941起;收缴、清除非法张贴、喷涂小广告400余万张;查处黑出租、黑摩的、黑人力三轮车1444辆,盗版光盘36561张;拆除违法建设36万余平方米,清理垃圾渣土74381吨,罚款600余万元;对500余人次实施救助。

地址:大望路平乐园36号
电话:87718506
邮编:100022

（孟利君）

【全面整治环境】　年内,将全区划分为六大战区,城管大队党委委员、处级领导干部担任战区指导员,分片管理包干,集中执法包治。在争创国家卫生区和"迎国庆,创首善"工作期间,各街道分队以解决市区挂账任务为重点,取缔无照经营,治理脏乱死角,发动社会力量,净化辖区环境。重点对百脑汇周边贩卖盗版光盘、华威南里非法贩卖自行车、机场航站楼非法散发小广告等行为进行整治。在"畅通工程"环境保障工作、创建无违法建设街道、取缔无证废品收购点、配合绿化隔离带开发、拆除农村地区违法建设等工作中担任主要任务。特别是仰山村拆违,城管大队督察队、奥运村分队连续9天,逐门逐户调查摸底,化解矛盾,短时间内拆除违法建设140多户、近8000平方米,未发生强制拆除。

（孟利君）

【防控禽流感】　年内,在防控禽流感战役中,城管大队各分队取缔千人聚集的北沙滩自发宠物市场,加强对水碓子鸟市监控,豆各庄、东坝、孙河、平房、崔各庄、金盏、黑庄户等农村分队加大对辖区禽类拉网式检查力度,与养猪户签订限养协议,坚决取缔泔水养猪,对家畜家禽住舍全面消毒,派专人进驻养殖场参与工作。

（孟利君）

【推行管理新机制】　年内,城管大队继续推行"三会四账"管理机制。即:开好三个会,"门前三包"单位协调会,施工工地负责人协调会,社区、村委会负责人协调会。通过定期与不定期的会议,宣传法规,提供服务,增进和群众的沟通和理解。同时,在完善总账基础上,建立"门前三包"台账,施工工地台账,社区、村委会台账。全年共组织召开城管进社区联系会2000余次,"门前三包"单位例会500余次,施工工地管理工作会1000余次,加强了与社会单位的沟通联络,化解矛盾,及时为群众排忧解难。提高了管理水平和执法绩效。

（孟利君）

【城管进社区】　年内,近300个社区、163个乡村派驻城管队员,开展城管进社区工作,定期向社区居民述职。一是抓好制度建设。各分队进一步完善"一区一员"制、检查报告制和责任追究制。二是抓好协管员队伍管理。与相关部门配合,在8个街道城管分队进行城管协管员上岗试点工作,定人、定片、定岗,进行全面培训,加强社区管理力量,协助城管执法工作。

（孟利君）

【严格热线办理流程】　年内,通过开展"办理热线零指标,狠抓落实树形象"专项整治活动,规范工作流程,抓好受理举报的每一个环节,采取"接报—上账—呈报—批示—督办单—查处—回复—销账"形式,按战区划分责任,全程督办落实,每10天进行一次热线分析,针对重复举报及群众反应较为强烈的问题,寻找规律,严格履行"四环路以内10分钟,四环路以外30分钟到达现场"的要求,调查处理,三日内办结,并通过电话、复信、走访、座谈的形式回复举报人,使此项工作长期化、制度化、规范化。全年城管热线比上年下降39%,办结率由92.3%上升至95.4%,群众反馈满意率达到100%。

（孟利君）

【宣传工作】　年内,各分队以新职能宣传为重点,开展多种形式法规宣传活动50余次。在各次集中整治活动前,进行法规宣传百余次,确保工作任务圆满完成。设置公示栏、公示牌、信息岛700余处,使公示教育向社区渗透,引导群众参与城市管理。宣传工作突出“三个结合”,即:与督察督办相结合,与总体工作进度相结合,与构筑健康向上、富有特色的城管文化相结合。面对社会与百姓,宣传城管职责、好人好事、执法工作及战果,营造良好执法氛围,共出刊城管简报信息562期,《城管监察报》35期,在各级新闻媒体刊载3560条。在队伍内部管理中,广泛收集、积累素材,及时总结经验,探索规律,将规章制度、调研成果等,编辑制作成报刊、汇编、画册、文集、VCD光盘,印制宣传年历5000册,撰写调研文章55篇。

(孟利君)

园林绿化

【概况】 朝阳区绿化局是区政府对城乡绿化美化实行统一建设规划管理的职能部门,内设科室10个,下设基层单位13个。截至年底,全局在职人数1043人,其中科级以上干部76人、专业技术人员162人。管辖街道办事处绿化科(室)27个、乡村林业科(站)24个、公园28处。城区实有园林绿地2143处11117.04公顷,绿化覆盖面积8893.37万平方米,公共绿地169处1870.76公顷,绿地率53.7%,比上年增加2.68%;绿化覆盖率42.95%,比上年增加1.83%;人均绿地面积74.52平方米,比上年增加0.48平方米;人均公共绿地面积12.54平方米,比上年增加1.3%。道路绿化长度583.40公里。实有树木1590.41万株,古树314株,草坪2006.75万平方米,宿根花卉205.05万株。3月22日,朝阳区荣获“全国绿化模范城市(区)称号”。朝阳区绿化局对全区城市和农村公园进行行业管理。朝阳区行业管理公园28个,面积900余公顷。其中,绿化局直属公园5个,区政府及企业办公园3个,乡、村办公园20个,其中收费公园9家,免费开放公园19家。日坛公园、团结湖公园、元大都城垣遗址公园、朝阳公园进入北京市精品公园行列,中华民族园为国家AAAA级旅游景点、日坛公园、团结湖公园、红领巾公园为国家AAA级旅游景点。

地址:道家园甲16号

电话:65042238

邮编:100025

(毕国相　崔　北)

【四环路绿化改造工程】 3月6日,由朝阳区绿化局绿化一队设计并施工的四环路朝阳段片林改造工程竣工。工程位于东四环东风乡南路,于2月26日开工,改造面积6000平方米,工程投资40万元。种植乔木263株;灌木39株。由朝阳区绿化二队设计并施工的北四环路四元桥至健翔桥绿化改造工程8月3日竣工。工程于6月2日开工,改造面积3.02万平方米,工程投资211.78万元,栽植常绿乔木3249株、落叶乔木130株、绿灌木82株、落叶灌木126株、色块7.31万株、宿根花卉6.58万株、月季2.25万株;铺草坪1.20万平方米,工程采用柱状桧柏、球状大叶黄杨、圆柱状龙柏及紫叶李、紫叶矮樱、金叶女贞、红叶小檗等彩叶植物品种,配以月季、鸢尾、福禄考、美人蕉等,形成高低错落植物景观,且富于变化。朝阳区绿化二队施工的东四环“观湖国际”绿化改造工程10月30日竣工。“观湖国际”位于东四环朝阳公园桥东北角,于3月15日开工,改造面积5.70万平方米。由EDSA景观设计公司设计,国兴嘉业房地产开发有限责任公司投资498.41万元。栽植乔木890株、灌木2.10万株、色块6500株、绿篱3310株、月季6130株、宿根花卉3.12万株;草坪6.92万平方米。工程采用抬高地形和利用厚密植物将楼盘与公路自然分割,绿化与周边环境更加和谐,既降低噪音,又为居民提供一个舒适、清静活动空间。绿化带内铺装园路及休闲广场,安置座椅供人们休息。东四环“观湖国际”绿化改造工程,评为朝阳区年度绿化美化优质工程。

(王玉娟　杨　戈)

【昆仑饭店拆墙透绿】 3月25日,昆仑饭店拆墙透绿工程开工。这项工程是朝阳区政府折子工程,投资16万元,由朝阳区绿化二队设计并施工,4月28日竣工。改造门前三包绿地1000平方米,拆除栏杆130米,栽植高干紫薇、碧桃等花灌木58株、色带植物10150株、月季1800株,铺草坪550平方米。改造后花径与色带交相呼应,浑圆黄杨球与棱角分明色块错落有致,曲线与直线、彩色与绿色、动与静和谐统一,使人赏心悦目。

(王礼先　卢　红)

【绿化监督员营建生态林】 4月2日上午,朝阳区绿化局组织全区百名绿化监督员到辖区京包铁路线西侧参加营建城市生态林义务植树活动。参加此次植树活动还有八里庄街道办事处全体机关干部、地区居民及武警战士等400余人。此次活动以多种树、少栽草、不搞喷泉、构建城区多品种多色彩城市片林为原则,在铁路西侧种植22个品种乔、灌木420余株。

(王礼先)

【全民义务植树日】 4月3日是北京市第20个义务植树日,也是朝阳区实行义务植树属地管理以来第1个植树日,当天,15.8万人参加植树活动,植树5.2万株,挖树坑5.1万个,动土方4.2万立方米,养护树木100.6万株,清扫绿地150.5万平方米。元大都城垣遗址公园为该项活动主会场。全区设立宣传咨询站74个,出动宣传车57辆,发放宣传材料4.3万份,出动绿色志愿者1.8万人,悬挂宣传标语、横幅12640条。活动形式多样,有集体异地植树、家庭义务植树、绿地认建认养等。活动内容有清扫绿地、养护浇水、清理白色垃圾、捐废旧书报、收集废旧电池等爱绿护绿行动。

(周晓茹)

【四惠桥绿化改造】 4月25日,由朝阳区绿化一队设计施工的东四环路四惠桥绿化改造工程竣工。工程于4月11日开工,该桥改造面积2150平方米,通过绿化环绕和附在桥体盛开的鲜花形成视觉中映现的立体花桥。全部改造工程清除渣土60立方米,回填好土36立方米,种植石竹7.43万株。

(王玉娟)

【高碑店污水处理厂绿化】 4月,高碑店污水处理厂绿化工程正式竣工。工程始于上年初,总投资120余万元,完成绿化面积300274平方米,占总面积40.5%。种植草坪面积282227平方米,色带6067平方米,花卉1980平方米,绿篱905102米,常绿苗木、乔木与灌木总计53000多株,厂区绿化率达到40.2%。绿化浇灌完全使用处理中水浇灌,年绿化养护投资113万元。改变以往绿化带粗放式管理模式,改变花卉、树木品种的单调性,丰富品种,突出人造景观亮点效果。基本实现四季有绿,三季有花,突出局部绿化景观效果。新增绿化面积16800平方米,草坪1000余平方米,种植树木112株,种植色带与花卉2000余平方米,建人工湖泊1座,拆墙透绿70余米。

(彭秀清)

【节日花卉布置】 "五一"花卉布置以城区为重点,在东四环新迎宾线、东长安街延长线、东三环、朝阳北路、工体北路、老迎宾线、朝外大街、四惠桥区及农展桥区等20条主干道栽摆鲜花73万盆。国庆节前,对10个街道25处重点地段(工体北门、工体东门、中华民族园附近、中轴路、郡王府广场、东大桥广场及朝外大街等)进行重点布置,各街道办事处摆花72.9万盆;专业队伍主要在三环路及桥区、东四环路、新东路、中轴路、朝外大街、朝阳北路、日坛西路、东外大街等17处重点地段重点布置,摆花37.40万盆;农村地区栽摆花卉60万盆,重点为十八里店乡、东风乡、金盏乡等;各主要旅游景点和公园栽摆花卉60万盆。全区设置大小主题花坛70个、花堆800个、花带50处,摆放花钵600个、花架30处,栽植入地花卉20万株,摆花总量为230万盆(株)。

(王礼先)

【"五一"期间收费公园游人51万人次】 "五一"国际劳动节期间,朝阳区公园系统迎来年度旅游第二个高峰期,朝阳区8个收费公园,7天接待游人51万人次。与上年18.3万人次相比上升178个百分点,原因一是上年度受非典影响,各公园均未举办大型游园活动;二是统计游人量的收费公园由6个增加到8个,其中包括游人喜爱的郁金香花园和朝来农艺园。

(崔　北)

【北中轴路万米景观绿地工程】 5月8日,由北京市城美绿化设计工程公司设计,北京市绿化二大队施工的北中轴路朝阳段西侧万米景观绿地绿化工程竣工。工程位于亚运村熊猫环岛西北角,西临中华民族园,南北长610米,东西宽30米。于3月底开工,绿化面积1.80万平方米,工程投资167万元。种植各类树木6363株,球类植物35组,色块、宿根花卉及时令花卉3.20万株,攀缘植物3600株,铺种冷季型草坪1.54万平方米,改造步道铺装3000平方米,置山石小品16组,清除渣土110车,进好土4000立方米。

(王礼先　张凌云)

【三环路绿化改造工程】 5月21日,由朝阳区绿化一队设计施工的三环路长虹桥至分钟寺桥绿化改造工程竣工。工程改造面积7000平方米,动土方115立方米,清除渣土30立方米。种植乔木177株、灌木3.53万株、色块7.07万株、绿篱2.55万株、攀缘植物中国地锦30株、美人蕉2.78万株,玉簪、金娃娃萱草等宿根花卉5.62万株、应时花卉15.50万株;铺冷季型草坪3.72万平方米、丹麦草1.27万平方米;安布景石80.63吨,种石笋73米。由朝阳区绿化二队设计施工的三环路长虹桥至安华桥(步道外绿地)改造工程,6月9日竣工。工程于3月17日开工,改造面积4.21万平方米,工程投资2078.54万元。栽植常绿乔木386株、落叶乔木272株、常绿灌木5622株、落叶灌木561株、早园竹200株、绿篱1.05万株、色块5500株、宿根花卉1420株、月季1.02万株;草坪3.84万平方米。

(王玉娟 杨 戈)

【西坝河南路西侧绿地改造】 5月23日,由朝阳区绿化二队设计并施工的西坝河南路西侧绿地改造工程竣工。工程位于西坝河河岸东侧,全长1100米,最窄处只有3.3米,最宽处11米,改造面积5000平方米。于5月11日开工,工程投资62.55万元。种植各类植物2.61万株,其中常绿乔木47株、落叶乔木56株、常绿灌木1145株、落叶灌木731株、月季1700株、宿根花卉3530株,铺冷季型草坪2100平方米。

(王礼先 李大鹏)

【破获一起盗伐林木刑事案件】 5月27日23时15分,区绿化局森林公安处接到举报,反映王四营乡某村有人偷树,接到举报后,民警立即出警。由于现场地处城乡结合部,情况复杂,加之涉案人员多达10余人,公安处警力明显不足,处领导马上向市森林公安局和朝阳公安分局领导请求支援。市局领导当即抽调通州、顺义、丰台和西山等单位民警10余人协同办案,分局法制、预审和王四营派出所全力协助,市森林公安局法制、刑侦等部门也派人参与。经30余小时奋战,两名犯罪嫌疑人孙某某、孙某(均系当地农民)被刑事拘留,部分被盗伐林木、赃款被追缴。经查,孙某某、孙某伙同外地来京人员张某某(在逃),于5月25日、27日先后两次盗伐本村集体杨树6株,折合立木10立方米,获赃款2000元。

(赵 莉)

【大湖山庄住宅区绿化】 5月30日,大湖山庄住宅区绿化工程竣工。大湖山庄位于孙河乡与崔各庄乡交界处,是北京市金来欣房地产开发有限公司投资兴建的别墅式高档住宅区,小区占地面积18万平方米,绿化工程由北京京华园林工程设计所设计,朝阳区北花园苗圃负责施工于上年4月30日开工,工程投资198万元。绿化采用自然式布局,绿化面积2.60万平方米,人工湖3800平方米,地形高低起伏,疏林密草,形成以植物为素材的大绿地。清除渣土3000立方米,栽植乔木2621株、灌木1.11万株、绿篱1300株、月季4300株。绿化后,披上绿装的大湖山庄环境景观清新优美。

(许焕祥)

【北花园苗圃被评为全国质量信得过基地】 5月,北花园苗圃被国家林业局授予全国质量信得过种苗基地称号。北花园苗圃优良种苗繁育示范基地始建于1997年。通过高新技术和科研成果的引进利用,逐步成为培育名、特、优、新良种苗木为主的特色苗圃,苗木品种有白皮松、华山松、雪松、油松、河南桧、西安桧、蜀桧为主的常绿树;以玉兰、水杉、银杏、栾树、白蜡等为主的落乔;以西府海棠、猥实、美人梅、碧桃和各种月季、花卉为主的花灌木。现有苗木188389株和各类名优树种85种。年内,北花园苗圃提高科技能力,抓住新优品种,引进金枝梾木、美国红栌、五七香花槐、欧洲火棘等10个新优品种,科技推广工作取得新进展。

(许焕祥)

【阳光100住宅区环境绿化】 5月,阳光100住宅区环境绿化工程竣工。工程位于光华路,绿化面积1.27万平方米,由朝园弘园林绿化有限责任公司设计,朝阳区绿化一队负责施工,于4月开工,工程投资60万元。种植乔木76株,灌木171株,绿篱23929株,铺冷季型草坪8600平方米。

(王玉娟)

【蓝堡国际公寓环境绿化】 6月1日,蓝堡国际公寓环境绿化工程竣工。工程位于大望桥西北侧,绿化面积7286平方米,工程投资300万元。由朝阳区绿化一队负责施工,于上年10月7日开工,设计采用夸张手法表现植物栽植、配置,突出艺术性、遵循生态原则,运用水滨环境,随着水的流动产生戏剧性艺术效果。种植乔木376株,灌木218株,宿根花卉750株,绿篱37600株,铺冷季型草坪5600平米。绿化后,植物配置对比性强、色彩丰富,三季有花,四季常青,变换无穷,亮点不断。

(王玉娟)

【康斯丹郡住宅区环境绿化】 7月22日,康斯丹郡住宅区环境绿化工程竣工。工程位于北苑路,绿化面积2万平方米,此工程由北京新天地景观园林设计有限公司设计,朝阳区绿化一队负责施工,于2003年9月3日开工,工程投资976万元。设计理念以水景为主,采用旱泉、叠泉、喷泉、壁泉等为小区增添生机。动土方13382立方米,清渣土6075立方米。种植20种乔木413株、15种灌木11017株、4种绿篱27605株、多种花卉7916株,铺冷季型草坪16174平方米。

(王玉娟)

【朝阳北路绿化喷灌系统启动】 7月28日,由朝阳区绿化一队设计施工的朝阳北路团结湖路口至东四环地段绿化喷灌系统开工,10月16日竣工。安装标准阀门井22座,泄水井29座,铺设主管线3470米,喷灌覆盖面积2.45万平方米。10月23日,该段喷灌系统正式投入使用。

(王玉娟)

【鸿华高尔夫俱乐部绿化】 7月,鸿华高尔夫俱乐部会所绿化工程竣工并通过验收。工程位于辛店路北,绿化用地2.50万平方米。上年10月开工,由北京新天地园林设计有限公司设计,红领巾公园施工,工程投资150万元。设计特点为北欧式高尔夫会所景观,中心景观是台地园式入口大道,中间配有该高尔夫LOGO摩纹色带,两侧围合以起伏连绵的微地形,绿化树种多以名贵和常绿树种为主,充分利用小气候环境。绿化后,整体环境充满欧式园林气息。工程回填好土828立方米,栽植常绿乔木、落叶乔木、常绿灌木、落叶灌木33个品种27278株,时令花卉3000株;铺草坪2200平方米。鸿华高尔夫俱乐部会所绿化工程荣获朝阳区年度园林绿化优质工程奖。

(王　玲)

【东方基业国际汽车城环境绿化】 8月,北京东方基业国际汽车城环境绿化工程竣工。北京东方基业国际汽车城位于朝阳公园以东姚家园路南侧。绿化面积1.60万平方米,工程投资64.95万元。由澳大利亚JBP建筑有限公司设计,朝阳区大黄庄苗圃施工,于5月11日开工,栽植灌木3.72万株,移植乔木78株,其中胸径20厘米以上大规格乔木51株,铺设草坪1.45万平方米。

(乔　燕)

【观唐别墅环境绿化】 9月30日,观唐别墅环境绿化工程竣工。工程位于朝阳区崔各庄乡观唐别墅区南侧,绿化面积7万平方米,由北京创新景观园林设计有限责任公司设计,朝阳区绿化一队负责施工,于5月3日开工,工程投资1900万元。动土方67590立方米。种植乔木1324株,其中6种常绿乔木324株、12种落叶乔木1000株、12种灌木2478株、3种绿篱11830株,栽植早园竹32300株、花卉50358株(盆)、各色月季11080株、宿根花卉38375株,水生植物903盆;铺冷季型草坪37200平方米、铺丹麦草8800平方米。

(王玉娟)

【"十一"期间游园活动】 "十一"期间,8个收费公园游人量达65万人次,与去年相比上升23.7%,收入488万元。日坛、团结湖两个公园举行的庆祝建国55周年文艺晚会,均与所属社区联合举办,有文艺演出并有群众参与。朝阳公园"十一"前夕"CBD商务车展"、国庆期间马戏表演等活动吸引全市各界游客。朝来农艺园"庆祝建国55周年——金秋采摘节",实行门票半价优惠。"郁金香花园第三届秋季菊展",展出花卉30余万盆。元大都城垣遗址公园"激情国庆夜暨酒吧一条街开街仪式"、丰富多彩的文艺演出、喝酒挑战及品酒比赛、大牌DJ秀等让广大游客充分感受现代都市魅力。红领巾公园"北京首届国际双胞胎节",将游园、游戏、科普、才艺表演等融为一体,为游客创造一个快乐而有意义的节日。

(崔　北)

【金玉蓝亭住宅区环境绿化】 10月7日,金玉蓝亭住宅区环境绿化工程竣工。工程位于北京内燃机厂西门,绿化面积2万平方米,由朝阳区绿化一队设计并施工,9月开工,种植乔木21株、灌木1534株、宿根花卉1370株、月季750株、绿篱13820株,铺冷季型草坪19840平米。

(王玉娟)

【橙色年代公寓小区绿化】 11月,橙色年代公寓小区绿化工程竣工并通过验收。该工程位于海淀区万丰路吴家场内,毗邻京石高速路,绿化用地6000平方米,由红领巾公园设计并施工,8月开工,工程投资115万元。设计手法体现中式小游园风格,植物种植为自然式,沿途置有音乐喷泉广场、壁泉、花池等景观,栽植常绿乔木、落叶乔木、常绿灌木、落叶灌木42个品种2.03万株。绿化后,具有古典建筑风格的"橙色年代"公寓小区呈现出中国古典园林韵味。

(王　玲)

【城区绿化美化工程】 年内,计划完成城区绿化面积105.46公顷,实际完成146.59公顷,完成计划面积的139%。其中,新增绿化面积58.83公顷,改造完成绿化面积87.76公顷。栽植各种树木57.77万株、绿篱28.02万株、色块86.94万株、宿根花卉30.3万株、竹子2.23万株;种草61.33万平方米,栽摆花253.17万株。完成3处万米以上大绿地,即民族园墙外大绿地、望京大绿地、建外航空花园,共完成绿化面积5.1公顷;完成18处500平方米以上小绿地,完成绿化面积6.65公顷,完成计划面积的101%;完成居住区绿化13处,共完成绿化面积24.59公顷,完成计划面积的105%;完成旧小区改造29处,实现绿化面积25.4公顷,完成计划面积的101%;完成拆墙透绿11处,完成拆墙透绿长度4920延长米,完成计划的166%;立体绿化完成8处,共完成5048米,完成计划的140%。单位庭院绿化整治完成13个,共完成绿化面积15.57公顷,完成计划面积的433%。

(王礼先)

【政府绿化折子工程完成】 年内,区政府为民办实事折子工程绿化任务全面完成。城区新增绿化面积58.83公顷,完成年计划126.5%,其中:18处500平方米以上城区小绿地,绿化面积6.65公顷;亚运村熊猫环岛西北和望京等4处万米大绿地,新增绿化面积5.1公顷;旧小区绿化改造29处,改造面积25.4公顷;农村第一道绿化隔离地区绿化面积189.7公顷,第二道绿化隔离地区绿化面积460.8公顷,建成东风乡“姚家园大绿地”、南磨房乡“快乐森林主题公园”一批精品绿地;高标准完成北四环路朝阳段主、辅隔离带17.08公顷绿化改造任务,东五环路新增绿化面积34.1公顷。

(周晓茹)

【隔离地区绿化】 年内,朝阳区第一道隔离地区绿化建设涉及15个乡,完成绿化面积269.3公顷,植树4.4万株。第一道绿化隔离地区建设连续4年确保各项指标具体落实。至2004年,任务落实难度加大,现成可绿化地块比例减少,需拆迁腾退绿地比例增加。担负隔离地区绿化任务的乡政府,克服困难,采取措施落实地块,加快新村建设、农民搬迁落实绿化指标。隔离地区经过精心绿化,绿化水平明显提高,涌现出南磨房乡“快乐森林主体公园”、东风乡“姚家园路东风绿地”一批亮点工程。第二道隔离地区绿化工程完成460.8公顷,植树7.46万株。

(张振香)

【绿地认养】 年内,朝阳区绿地认养取得实效,完成认养绿地面积309.37万平方米,认养树木2000余株。其中:绿化局完成192.3万平方米;街道系统完成21.1万平方米;农委系统完成92.6万平方米;朝阳公园完成3.4万平方米。270家企事业单位,367人参与绿地认养。

(周晓茹)

【古树名木普查】 年内,朝阳区对全区906株古树名木全面检查。检查分春、秋两季进行,通过检查,督促管护责任单位落实管护责任,加强对古树名木养护管理,检查中发现违章建筑、堆物、堆料等行为及时纠正,并了解古树长势情况,请专家给予指导。积极宣传《北京市古树名木保护管理条例》,要求用地单位监督施工单位保证古树安全,并与建设单位签订古树养护责任书,确保古树正常生长。

(赵秀红)

【五环路绿化工程】 年内,对所有腾退空地继续实施绿化,完成绿化34公顷。

(张振香)

日坛公园

【概况】 日坛公园管理处属朝阳区绿化局差额拨款事业单位,全园在职职工103人。日坛公园占地面积20.62公顷。其中:绿地12.43公顷,水面4700平方米;古树44株,犹以坛南1株九龙柏著名;古建筑占地面积1.04公顷。全园设置娱乐场等游艺设施15项,年内接待游人342.8万人次。

地址:朝外日坛北路

电话:85622612

邮编:100020

(张艳清)

【举办民俗表演】 1月22日至24日(农历初一至初三)上午,为迎接猴年到来,丰富百姓假日生活,日坛公园举办“神州歌盛世,金猴闹新春”民俗表演,有秧歌、京剧、评剧等地方戏曲。虽然天气寒冷,但表演者兴致丝毫不减,演出时间长达3个小时,观看表演游客达1600人次。

(张艳清)

【特色花展】 4月24日至5月9日,日坛公园和玉泉营花卉市场共同举办“花乡情·第二届花卉展销”特色花展。花展花卉品种多,有各种名优盆花、盆景、绢花、陶瓷器皿等。为爱花、养花市民提供花草养护知识咨询。拍卖擂台前众多游人驻足观看,活动中穿插民俗表演、健美表演等。花展期间接待游客8.46万人次。

(张艳清)

【红樱束打击乐队认养绿地】 6月2日,日坛公园在曲池胜春景区举行红樱束打击乐队认养绿地揭牌仪式。区绿化局党委书记等有关领导参加,并为认养方颁发绿地认养荣誉证书。红樱束打击乐队出资19.5万元,认养绿地3万平方米。

(张艳清)

【玉馨园改造】 由公园自行设计并施工的日坛公园玉馨园改造工程,6月15日开工,7月14日竣工。改造面积3000余平方米,工程投资41.4万元。为保证玉馨园内大法桐正常生长,将其附近草坪和月季移植改为铺装,使根系在硬化基础下保持活力,法桐铺装设置通气孔。整个景区铺装以仿古金砖为主,雨花石、大理石面为辅,增添16个路椅。铺装1430平方米,铺冷季型草坪1000平方米,栽植黄杨800株、小檗100株、美人蕉1600盆(200平方米),丰花月季600株(50平方米),玉簪4300株(160平方米),丝兰5株,马莲5丛,另外还有花卉日日春3500株、四季海棠5000株、百日草700株。

(陆连弟)

【晨练汇演】 8月27日,日坛公园举办第六届晨练汇演。汇演有大合唱、陈式太极剑、舞蹈、木兰扇、健身球、花毽、双扇舞《十送红军》等节目。近百名表演者,年龄最小的6岁,最大的过花甲之年。朝阳艺校学生表演舞蹈《大地飞歌》、《酥油飘香》锦上添花。观众1000人次。

(张艳清)

朝阳公园

【概况】 朝阳公园开发经营公司下设党委办公室、总经理办公室、纪检监察办公室、工会办公室、计划财务部、人力资源部、综合管理部、资产管理部、工程管理部、园林部、公园管理部;下设基层单位物业公司、园区经营公司、网球中心、保洁公司、园林公司、工程维修中心;合作企业,北京朝阳勇敢者天地游乐园有限公司;现有职工986人,其中中层以上干部63人。朝阳公园位于朝阳区中部繁华地段,是经国务院批准的《北京城市总体规划》中确定的重点项目,东至东四环路,南至朝阳公园南路,西至朝阳公园路,北至亮马桥路,南北长约2.8公里,东西宽约1.5公里,规划总面积为288.7公顷,其中水面68.2公顷,绿地占有率87%。年内接待游客200万人,经营收入4647万元。

地址:农展南路1号

电话:65077997

邮编:100026

(孔　雁)

【游园活动】 2月1日至7日,“北京朝阳喜迎春国际风情节”在朝阳公园举行,英国、法国、俄罗斯、德国、加拿大、古巴7个国家参加风情节演出。7天共接待游客28万人次。2月5日至21日,自贡艺术灯会在朝阳公园举办。本次灯会由50组大型彩灯、1000多盏工艺彩灯组成,集传统工艺与现代科技于一体,形、色、声、光、动和谐统一。5月1日至7日,举行首届朝阳流行音乐周活动。来自美国、法国、南非等国和国内的近230个乐队、歌舞团体及歌手登台献艺。7天来,收入695.21万元,入园人数21万人次。6月11日,“中国动力年巡回赛”在朝阳公园举办。由中国航空运动协会主办。活动内容为20多只动力伞飞行表演,参加活动游客人数近2000人。7月17日至8月7日,“亚洲杯赛事直播”活动在朝阳公园举办。活动由天津研富科技有限公司主办,在礼花广场安装大屏幕,为游客直播32场亚洲杯足球赛,观看直播游客近4万人次。9月15日至19日,“第五届北京朝阳国际商务节——国际商务车展”在朝阳公园举办。本次车展由北京恒言投资顾问有限公司主办,通过各种品牌车展示、销售服务、文化交流等活动,以全新的商务汽车文化角度,为国内外汽车制造商、经销商、相关配套产品的生产销售商和车贷、车险等金融服务机构搭建一个展销互动、资源服务共享的多元化品牌展示和销售互动平台。车展期间,接待游客近万人次。9月25日,第七届北京国际旅游文化节——朝阳之夜活动在朝阳公园举办。25个海外表演团564名外国演员和部分中国演员在礼花广场、喷泉广场参加演出和行进表演。10月1日至7日,朝阳公园举办庆祝建国55周年及建园20周年游园会。活动内容包括世界名犬展、嘉年华有奖游戏、农副产品展销会、欢乐马戏总动员等。此次游园会接待游客22.03万人次,创收501.09万元。

(孔　雁　李宇馨)

【新总体规划审批】 3月18日,《朝阳公园总体规划综合方案》经市规划委员会审定通过,并正式下发《审定设计方案通知书》,将朝阳公园定位为一座大型的、现代自然风致的绿色生态公园。确定了288.7公顷规划用地面积以及8个功能区的划分,为朝阳公园建设奠定基础。

(孔　雁)

【中央军委领导义务植树】 3月25日,中央军委、解放军四总部郭伯雄、徐才厚、梁光烈、廖锡龙、李继耐等领导,在刘淇、王岐山等北京市委、市政府领导陪同下,和驻京解放军、武警部队官兵300余人,到朝阳公园参加首都全民义务植树活动,栽植常绿、落叶乔木580株。

(孔　雁)

【胡锦涛江泽民等义务植树】 4月3日上午,党和国家领导人胡锦涛、江泽民、吴邦国、温家宝、贾庆林、曾庆红、黄菊、吴官正、李长春、罗干等来到朝阳公园参加首都全民义务植树活动。胡锦涛强调要按照树立和落实科学发展观要求,广泛动员社会力量坚持不懈地开展植树造林活动,把祖国建设得更加秀美。领导们与呼家楼中心小学的少先队员共同为白皮松、华山松和银杏树培土、浇水。

(孔　雁)

【约翰·施特劳斯花园揭幕】 7月16日上午,朝阳公园举行接受奥地利国民议会代表团暨西美林区赠送“约翰·施特劳斯花园”揭幕仪式。奥地利国民议会第二议长、社民党副主席芭芭拉·普拉玛、奥地利驻华大使史伟、奥地利维也纳市西美林区区长蕾纳特·安格勒等外方嘉宾与朝阳区委副书记、区人大主任朱家麒,区人大副主任任强,副区长束为等领导出席揭幕仪式。此次活动是为纪念北京市朝阳区与维也纳市西美林区结交为友好城区而举办的。该花园中心是著名音乐家约翰·施特劳斯演奏小提琴的雕塑,花园内花艺栅栏、座椅及其它设施产自奥地利,4位外方工程师指导施工,相关部、室配合完成。园内铺草坪130平方米,种植月季487株,栽植女贞球4株,木槿4株。

(李宇馨)

【世界语林揭幕】 7月27日上午,世界语林揭幕仪式在朝阳公园举行。对外友好协会会长陈昊苏，中国外文局常务副局长周明伟，国际世界语协会副主席汤金、李仲永，中国世界语之友会会长柴泽民，市政协副主席张和平出席揭幕仪式。世界语林牌高2.6米，宽1.4米，正面分别用中文和世界语镌刻“世界语林”字样，背面则用简洁的文字记载着世界语的发展史。世界语林是为纪念国际世界语大会在北京成功举办而建立的。

（孔　雁）

【全园开放】 9月15日，朝阳公园全园向社会开放。年内，按照区委、区政府提出的“完成基本景观，留足增值空间，吸引合作伙伴，立足长远发展”的北部园区建设方针，完成东门、西门、北门3个门区、5个景点生命之源、艺术广场、滨水之舟、绿荫欢歌、生态叠水及基础设施建设，绿化面积96万平方米，草坪60万平方米，公园南北贯通。

（孔　雁）

元大都城垣遗址公园

【概况】 元大都城垣遗址公园朝阳段，位于中轴路东西两侧及奥林匹克公园、中华民族园南侧，东起太阳宫乡惠忠庵村，南与土城南路相接，西至德清路，北临土城北路。全长4.8公里，宽130米—160米不等，总占地67公顷，元城新象、大都鼎盛、龙泽鱼跃为一级景区，双都巡幸、四海宾朋、海棠花溪、安定生辉、水街华灯、角楼古韵为二级景区。年内，完成园林事业收入2617.00万元，支出2614.00万元，固定资产总值425.06万元，实有树木184517株，草坪520200平方米。年接待游人量385.4万人次。年底公园通过ISO 9000质量管理体系、ISO 14000环境管理体系双认证。

地址：安外小关街53号

电话：64222820

邮编：100029

（程桂清　佟力霞）

【第七届海棠花节】 4月16日至18日，元大都城垣遗址公园第七届海棠花节在海棠花溪景区举办。活动结合景区地理位置，分为主会场表演区、医疗咨询区、古玩瓷器展示区、文化书市区、工艺品展销区，为游人提供多种选择，周边社区居民自发参与到公园活动中，表演秧歌、腰鼓等节目，许多外地及远郊区县的居民也专程赶去参加，累计接待近10万人次。

（程桂清　佟力霞）

【大都酒吧街开街】 9月29日晚，元大都城垣遗址公园大都酒吧街开街仪式在水街华灯、龙泽鱼跃景区举行，区长陈刚、副区长李国应邀到会祝贺。开街仪式由阚丽君主持，现场开街剪彩、向业主颁发金钥匙和文艺演出。近40家媒体对此次活动进行相关报道，8000余游人游园观看。

（程桂清　佟力霞）

【6号地屋顶及周边绿化工程】 4月12日，酒吧街6号地屋顶及周边绿化工程竣工。工程由北京创新景观园林设计有限公司设计，朝阳区大黄庄苗圃施工，于3月4日开工，投资73.31万元，绿化面积4000平方米，栽植乔、灌木1.85万株，种植花卉8000株，增加停车场面积762平方米。

（乔　燕）

红领巾公园

【概况】 红领巾公园位于东四环路与朝阳北路交汇处，红领巾桥东北角，占地389734.2平方米，其中水面160820.5平方米、绿地面积170135.3平方米、道路广场花坛铺装面积34945.3平方米、草坪133710平方米、实有树种82种，各类树木15095株、乔木4121株（常绿乔木1305株、落叶乔木2816株），灌木5696株（常绿灌木3053株、落叶灌木2643株），其它5278株（月季5191株，攀缘87株10米），攀缘覆盖面积24平方米；绿化覆盖率90%。

地址：后八里庄5号

电话：85810901

邮编：100025

（王　玲）

【东芝三广医疗株式会社认养公益林】 3月29日，东芝三广医疗株式会社在红领巾公园中心岛举行东芝三广绿色公益林认养认植活动。三广医疗株式会社认养公园中心岛绿地1万平方米，每年出资5万元，认养期限为3年。红领巾公园特别制作了“展开的书”大理石纪念碑，上面刻有“东芝三广绿色公益林”。300余名东芝员工参与植树活动。

（王　玲）

【未成年人交通安全教育实践基地落成】 5月20日，朝阳区未成年人交通安全教育实践基地落成。基地位于园内中心岛，占地1.28万平方米。由公园自行设计，北京市东大园艺有限公司施工，于3月8日开工，工程投资80万元。建内、外环车道294米（2200平方米），设有门区广场、车场。车道根据城市实际道路按比例缩小建造，综合目前90%以上设施、标志。采用环保、低速电瓶车16辆，保证未成年人安全驾驶，避免汽车尾气污染环境。码头二层设有80平方米交通安全宣教展室，展示各种交通安全知识。门区广场西南角为交通教育区，东南角为知识宣传区，利用展板以图文并茂方式向未成年人进行交通安全、交通法律法规、常用交通标志介绍。同时,公园自行设计并施工对中心岛绿化全面改造,按照环路延伸、拐弯及交通规则标志、牌示具体要求,植物栽植合理配置。

(王　玲)

【南门景区改造工程】 5月20日,南门景区改造工程竣工。由朝阳区绿色景观设计中心设计,红领巾公园施工,于4月15日开工,工程投资50万元。南门景区改造,以象征苍劲挺拔松柏为点,象征平地起波浪色块为线,辅以酷似高山流水花带,构成富于画卷气息入口景观。南门入口处置一巨大贝壳,内镶一珠,汩汩流水不停转动。该项工程铺装花岗岩181平方米、磨石板216平方米,安不锈钢扶手28米,建43平方米贝壳池1座。栽植龙爪槐8株、高杆紫薇21株、华山松2株、龙柏5株、银杏12株、月季270株,小叶黄杨篱20延长米,桧柏、女贞篱109延长米。铺草坪600平方米。

(王　玲)

【青少年科普游园会】 5月29日至6月2日,北京青少年科普游园会暨红领巾快乐儿童周在红领巾公园举办。6家单位在园内9个活动区布展,组织天文展、航模展、科普互动展、交通安全教育展、陶艺制作、青少年心理咨询等40余项科普游艺活动。接待游客近10万人次。

(王　玲)

【举办双胞胎文化节】 10月2日至5日,北京首届双胞胎文化节在红领巾公园举办。活动期间组织开展保护国土资源展、专家座谈会等不同形式主题活动,其间穿插双人三脚竞技、手划船竞速、双胞胎驾车赛等十几种竞技活动。开幕式当天组织的双胞胎专场才艺表演,吸引了众多游客观看。有600余对不同年龄的双(多)胞胎参加此次活动,游客根据公园为双胞胎统一拍摄的照片展评选出最像、最不像、最甜、最漂亮、最帅、最酷、最上镜等近十余项双胞胎之最。

(王　玲)

中华民族园

【概况】 中华民族园属民营非企业性事业单位,复原、收藏、陈列和研究中国56个民族文化、历史、社会生活的大型人类学博物院,是国家奥林匹克公园的文化部分,也是国家首批AAAA级旅游景点。位于北四环南侧,占地28.2公顷,其中绿地24公顷。内设行政、人事、安保、园林、场务、文物、活动、陈列、社教、经营、物业、工程技术、财务13个部门。截至年底,总职工人数416人,其中干部50人。固定资产总值58558万元,树木35409株,竹子70821根,草坪83050平方米。

地址:民族园路1号

电话:62063616

邮编:100101

(崔　北)

【游园活动】 10月1日至7日,国庆游园活动在中华民族园举办。曾庆红、罗干等中央领导国庆期间到中华民族园参加庆祝活动,观看文艺表演。

(崔　北)

团结湖公园

【概况】 团结湖公园地处东三环北路,毗邻CBD中央商务区,占地12.3公顷,其中水面5.4公顷。公园隶属朝阳区绿化局,是全民所有制事业单位。公园为江南古典民居风格,是一座主要以满足所属地区居民尤其是儿童和老年人文化活动需要的公园。公园管理处内设办公室、劳资、财务、生产组,下设票班、船班、游艺、园务、小卖部、司机班。年内职工人数85人,固定资产总值1896.8万元,实有树木8691株,草坪3.7万平方米,绿化覆盖率80%。年内,按照公园行业管理要求,对游乐场、码头等设施及办公场所进行全面装饰,维护雨水再利用路面,引雨水入湖,嵌草铺装2000余平方米,安装太阳能导游图,顺利通过"AAA级国家旅游景区"验收。全年认养绿地面积26011平方米,认养率61%。

地址:团结湖南里16号

电话:85962151

邮编:100026

(李洪静)

【春节少数民族联欢活动】 1月22日至26日,团结湖公园邀请广西少数民族艺术团举办春节逛公园与少数民族联欢活动,演出19场,观众达4000余人次。活动期间组织社区孤寡老人、困难户参加联欢,演出节目都是原汁原味少数民族歌舞,既有"勒措情歌"、"欢乐壮寨"、"绣球情"等传统节目,又有壮族婚假习俗、竹竿舞等。

(李洪静)

环境管理

【概况】 朝阳区环境保护局(简称区环保局),是区政府环境保护方面的专职机构,设办公室、组宣科、综合科、管理科,直属监测站、监理站、监察队3个事业单位。有公务员22人、事业编55人。年内,开展控制大气污染第十阶段工作,奥体中心和农展馆两个国控子站全年二级和好于二级天数指标分别达到66%和62%,实施国家级生态示范区、生态(市)区创建工作,为人民群众办理10件环保实事,深化政务公开,推行全程代办。

地址:农展南路5号楼

电话:65947126

邮编:100026

(胡朝颖)

【控制大气污染】 4月初,制定控制大气污染第十阶段措施工作方案。年内,以治理颗粒物污染为重点,以创建国家级生态示范区为载体,完成燃煤锅炉改造,控制建设、拆迁、市政、绿化工地扬尘和道路扬尘,东南郊地区大气环境综合整治,机动车尾气污染防治,茶炉、浴炉、大灶燃煤反弹专项整治等控制大气污染第十阶段重点工作。年内,组织建委、城管、扬尘办等单位联合执法检查、定期召开情况通报会、协调会,检查、督促各工地做好扬尘污染控制工作。本区700余家施工工地均建立围档、并做到三堆覆盖、冲洗进出车辆车轮、场内道路硬化。

(胡朝颖)

【创建国家级生态示范区生态区】

年初,区政府明确提出在2008年之前,用3年至5年时间开展创建国家级生态示范区、全国环保模范城和全国生态区的环境保护工作新目标。3月,区政府委托中国环境科学院生态所展开国家级生态示范区建设规划大纲编制工作。4月,成立区创建国家级生态示范区工作领导小组,并向国家环保总局报送创建申请。6月,编制完成《朝阳区生态区建设总体规划研究大纲》,通过清华大学、中国环境规划院、北京市水务局、中国科学院生态环境研究中心专家组评审。结合上述《大纲》开始编写《朝阳区国家级生态示范区、生态区建设总体规划》。10月,国家环境保护总局、中国科学院、北京大学、清华大学、国家发改委宏观院等单位专家对上述《规划》进行论证、评审。年底本区被国家环保总局列入国家级生态示范区建设试点,并纳入创建全国生态市(区)第一方阵。

(胡朝颖)

【配合创建国家卫生区工作】 年初配合争创国家卫生区工作,环保局承担可吸入颗粒物年平均值、饮用水源水质达标率、区域环境噪声平均值、烟尘控制区覆盖率、工业废水排放达标率、工业固体废物综合利用率、城市生活污水处理率、环境保护投资指数和近两年未发生特大环境污染与破坏事故9项考核任务。11月30日,国家环保局、市环保局组成国家爱委会环境保护考核鉴定组,验收此项工作,各项指标全部合格。

(胡朝颖)

【通惠灌渠高碑店村段治理】 5月初,通惠灌渠高碑店村段治理工程完工。通惠灌渠高碑店村段横穿高碑店村东西,全长1441米,起点为高碑店湖排水闸,终点为五环桥。治理前,垃圾成堆,污水横流,臭气熏天,严重影响周边居民正常生活和当地经济建设。工程于2月27日开工建设。共整治河坡1750米,铺设排水管线3200米,铺设混凝土路面8000平方米,人行道3200平方米,安装护栏1750米,新建桥2座、橡胶坝1座以及两岸绿化及路灯等附属工程。工程总投资722万元。10月,工程通过验收。

(王飞力)

【坝河千亩湖一期工程】 5月20日,坝河千亩湖一期工程完工。工程位于将台与东坝地区境内,规划用地101.35公顷,其中,水面约41.48公顷。于上年12月18日开工。6月7日,工程通过验收,质量核定为优良。坝河千亩湖工程计划分两期完成。一期工程包括坝河驼房营桥至亮马河入口3100米河道治理,并新建北岗子橡胶坝,坝长60米。河道治理标准为二十年一遇洪水设计,五十年一遇洪水校核。其中,驼房营桥至铁路桥段(525米),按城市观赏河道标准治理,以浆砌石直墙为主,底宽30米,左岸设3米人行步道,二层台以上缓坡绿化,右岸直墙到顶。铁路桥至亮马河入口河道2575米,按生态河道标准治理,断面型式为梯形,底宽30米,上开口68米,河道以土坡为主,弯道局部渣石护坡,常水位以上缓坡绿化,并造微地形,沿岸种植水生植物,体现自然河道景观,并涵养地下水源。工程共疏挖土方34.5万立方米,浆砌石1万立方米,混凝土0.7万立方米,机械台班1788个,人工29982个,拆迁地上建筑2500平方米,迁坟80余座。坝河千亩湖建设将对朝阳区的雨洪调蓄、中水利用、繁衍水生植物、补充地下水源、调节小气候、美化城市环境和景观等起到积极作用。

（王飞力）

【保障奥运圣火传递活动环境】 5月29日，区市政管委组织有关部门对雅典奥运火炬传递路线朝阳段环境卫生状况进行检查。沿线涉及建外、呼家楼、朝外、安贞、亚运村和奥运村6个街道(地区)办事处。全区出动机关干部486人，规范施工现场围挡3处，清理堆物堆料9处，清理绿地30280平方米，清理乱贴乱画小广告51处和无照经营摊贩2处；清理整治残墙断壁3处、残破过时广告1处，清理卫生死角51处。区环卫服务中心严格按照道路清扫保洁标准进行专业化作业，并在日常保洁基础上重点增加车站、广场及其他人流密集地区清扫次数，同时更换、新增果皮箱26个，300名职工对沿线全天候保洁。

（张安定）

【执法检查】 5月到10月中旬，会同监察局、工商分局等6部门联合开展整治违法排污企业保障群众健康环保专项行动，出动1062人次，检查排污企业1968家；同时，环保局加强日常执法监督，检查126家医院、34家化学危险品生产企业，对存在问题企业限期整改。

（胡朝颖）

【水环境项目通过世行检查团评估】 10月26日，世行贷款北京朝阳奥运承载区水环境治理项目通过世行检查团评估。北京朝阳奥运承载区水环境治理项目包括朝阳公园与红领巾公园连通、坝河(南岗子桥至入温榆河口)水环境治理、北小河(北苑路至京承路、五环路至入坝河口)水环境治理等子项目。项目总投资92155.8万元，计划使用世行贷款4024万美元，主要用于河流沿线污水截流、湖域及河道综合治理、绿化及周边环境美化等工程建设投资。

（王飞力）

【治理五环路内垃圾堆放点】 年内，对市挂账的四环路至五环路之间10处垃圾堆放点彻底治理。出动各种车辆144台次、人员1060人次，清理垃圾1325吨，平整土地13万平方米，绿化12万平方米，种植各种树木10万余棵，花卉2万余株，投入资金499.7万元；区财政为落实本区垃圾管理长效机制投入补助资金1000万元。

（张安定）

【推行全程办事代理制】 年内，在区环保局和区投资大厅分别设立全程办事代理处，无偿为申请人代理办结有关申请事项，集中受理和回复申请事项，并建立14项管理制度，实行多重监督机制。

（胡朝颖）

【纪念世界环境日】 今年世界环境日，区环保局与区委宣传部、朝阳报社联合举办“生态朝阳——环保知识竞赛”。在红庙社区广场、朝阳公园、安华路北口广场、和平东街开展纪念活动。八里庄、小关、和平街、管庄、安贞等街区均组织了各类环保活动，倡导公众参与环境保护。

（胡朝颖）

【环保审批工作】 年内，环保局对部分规模小、环境影响小的建设项目实行“即时办理”简易程序。根据清理固定资产投资项目要求，清理、核实1275个固定资产投资项目。受理建设项目1595个，完成审批项目1528个。

（胡朝颖）

【排污申报登记及征收排污费】 年内，环保局对680家工业企业、107家医院、所有施工工地共1194家单位进行申报登记，核对其中767家排污单位排污量。全年征收排污费2247121.58元，全部公示收费额度。

（胡朝颖）

【信访和建议提案工作】 年内，环保局共处理各类信访投诉2097件，其中12369环保热线投诉1046件，答复率100%；办理各级人大建议、政协提案28件，办复率100%。

（胡朝颖）

【改造实验室】 年内，环保局为提高环境监测水平，投资300余万元，对监测实验室重新进行更新改造，添置新型科技含量高的采样、监测仪器，提高环境监测工作科技含量。监测废水、苯系物、噪声、废气等污染源2785家，取得污染源、地表水、大气、噪声功能区等各类监测数据16193个。

（胡朝颖）

【10件环保实事】 年内，完成10件环保实事。第一项：实现市政府确定的空气质量二级和好于二级的天数达到62%。奥体中心、农展馆两个国控子站二级和好于二级天数分别为243天和230天，二级天比例分别达到66.6%和62.8%。第二项：计划启动全国生态示范区创建工作，向国家总局提出创建申请，制定创建规划，开展区域环境污染现状调查，编制《朝阳区国家级生态示范区生态区建设总体规划》，并通过专家评审。第三项：年末，全面实施东南郊地区大气环境综合治理工作，72台燃煤锅炉改用清洁燃料；修缮破损、硬化土路和新建道路53条、92.3公里，铺设雨水管线25.5公里，修排水沟4.8公里，铺设路牙16.8公里，37家小型污染企业停产、搬迁或改造。绿化道路26条；清理垃圾渣土27.4万吨；新、改建市政设施(公厕、垃圾楼、

垃圾房)166个。清淤整治10条排水沟段;新增绿化面积56公顷。第四项:计划完成448台燃煤锅炉改用清洁能源改造任务。实际改造或拆除燃煤锅炉451台1404蒸吨。第五项:完成15万辆以上机动车尾气检测。实际检测机动车169478辆,合格156263辆,达标率92%。第六项:拟完成70个居住小区、大厦垃圾分类收集,实现生活垃圾减量化、资源化、无害化处理,清理四环路到五环路之间的垃圾堆放点。年末完成70个居住小区(大厦)垃圾分类收集工作,清理10处垃圾堆放点。第七项:拟新建、改建二类以上城市公厕50座,农村公厕50座。实际新建改建公厕城区50座,农村68座。第八项:继续实施坝河中游综合治理工程,完成驼房营桥至亮马桥入口3100米河道治理工程,新建北岗子橡胶坝,并形成观赏水域。第九项:完成萧太后河出口水环境建设。综合整治萧太后河西营闸至出口2000米河道,形成10公顷宽水域;在通惠灌渠萧太后河入口处建节制闸,引高碑店湖水还清水面。第十项:完成第一道绿化隔离地区绿化任务366.6公顷和第二道绿化带市里下达的任务指标;新增城区绿化面积58.83公顷(原计划46.5公顷);建成500平方米以上城区小绿地18处;完成万米以上绿地4处(原计划2处)。

(胡朝颖)

【区级重点整治项目】 年内,南磨房大柳树沟(紫南家园段)、黑庄户乡大稿沟治理工程二期、楼梓庄乡曹各庄沟、五环路两侧排水沟(东直门干渠东风段)等4项市挂账区级重点整治项目全部完成,投入资金1581万元。

(吴国君)

【污水处理】 年内,北小河、酒仙桥和高碑店3座污水处理厂建成投入运行。北小河污水处理厂处理能力4万吨/日,酒仙桥污水处理厂处理能力20万吨/日,高碑店污水处理厂处理能力100万吨/日。控制流域范围387.35平方公里,城区污水处理率65%。

(王飞力)

环境卫生

朝阳区环境卫生服务中心

【概况】 朝阳区环境卫生服务中心(简称区环卫中心)为区环境卫生专业服务作业队伍,是区属全额拨款事业单位,下设环卫一、二、三、四队,第一、二、三、四清洁车辆场和劳动服务开发中心9个基层作业服务单位。担负全区主要干路清扫保洁、垃圾清运、粪便抽运、消纳及公厕管理与保洁等环卫作业服务工作。现有环卫职工3355人,其中,在岗职工1940人、反聘职工417人、离岗待退职工998人、正式离退休人员1225人。拥有各种作业生产和服务保障车辆529辆。年度环卫服务作业任务:清扫干路211条,面积1848.5万平方米,其中机扫728.1万平方米,保洁绿地158万平方米,保洁过街天桥63座,道路冲刷和喷雾降尘各360万平方米,垃圾清运100万吨,粪便清运30万吨,管理保洁公厕457座,垃圾楼152座。先后成功为“两节”、“两会”、“亚足赛”、奥运火炬传递、地震救援演习、国庆游园及中央领导来朝阳视察等提供优质的环卫服务保障。

地址:香河园中里
电话:64628653
邮编:100028

(付怀涛)

【整合资源扩大干路机扫率】 2月9日至17日,区环卫中心进行大规模干路清扫业务整合。整合后环卫一队、二队、四队所担负的大部分能够进行机械化清扫的干、支路,包括原路段职工,一起交由第四清洁车辆场管理,由第四清洁车辆场进行机械化清扫和人工保洁;3个干路队主要担负人行步道、过街天桥等不便机扫作业路段和绿地清扫保洁任务。此次整合调配环卫职工700多人,调整干路清扫面积443万平方米。第四清洁车辆场业务量大幅增加,清扫面积达到979万平方米,占干路清扫业务总量52%。

(付怀涛)

【184座二类以上公厕实行酒店式管理】 2月19日,本区4环以内的184座二类以上公共卫生间,正式启动酒店式管理模式。环卫中心制定的《公共卫生间保洁员百分制考核细则》、《公共卫生间保洁质量标准》、《公共卫生间应急措施》等10项制度全部上墙,整齐地挂在每座公共卫生间内,公开接受群众监督。

(付怀涛)

【连夜安装30座移动公厕】 6月8日晚,为保障次日雅典奥运火炬传递活动顺利进行,按照区委奥运火炬传递活动指挥部要求，环卫中心连夜组织人员沿途安装移动公厕，至9日凌晨3时，30座移动公厕全部安装到位，工作人员提前到岗。

（付怀涛）

【机械化清除涂画小广告】 8月，环卫中心根据市、区统一部署，成立专业清除非法张贴、涂画小广告突击队，并配备两辆专用冲刷车，采取机械冲刷与人工清除相结合作业方法，在78条主干路展开全面清除行动。至12月底，环卫中心共出动冲刷车辆330多车次，清除非法张贴、涂画小广告15000余张(条)。经过4个月集中和反复清除，往日道路两旁、过街天桥、地面、墙壁、灯杆、站牌等随处可见的小广告大大减少。

（付怀涛）

【63条路段使用中水作业】 8月25日始，根据市政府办公厅《关于分解实施第十阶段控制大气污染措施任务的通知》有关“利用中水加强道路冲刷”的要求和北京市市政管理委员会关于环卫作业使用再生水资源的通知精神，本区利用酒仙桥污水处理厂再生水资源就近对部分路段进行道路冲刷、喷雾压尘、道路机扫等环卫作业。作业路段包括朝阳北路、金台路、姚家园路、农展南路、东三环路、京顺路、望京北路等63条、面积达242.52万平方米。这是本区首次利用中水进行大规模环卫作业。

（付怀涛）

【环卫基础设施建设】 12月27日，由区环卫中心承建的2004年区政府折子工程“50座公厕新建和翻、改建”任务全面完成，50座公厕均为二类以上公厕，并通过区市政管委、财政局、监察局、审计局等有关部门联合检查验收。至年底，本区二类及二类以上公共厕所有260座，占公厕总量56.77%。全年垃圾楼改造(单梁改双梁)2座，环卫专业生产作业车辆招标采购19辆，农村改建、新建公厕68座。

（付怀涛　吴国君）

【小区垃圾分类】 年内，完成市下达的69个小区(大厦)垃圾分类收集和处理任务。截至年底，本区共有201个小区(大厦)实行垃圾分类并通过市市政管委统一验收，其中垡头北里社区等33小区(大厦)实行厨余垃圾就地处理。

（吴国君）

【创建国家卫生区】 年内，环卫中心按照区“创卫”工作任务分解，担负“创卫”工作6项任务，按照“创卫”要求严扣细查，狠抓落实，3次大搞环境卫生整治，清理卫生死角，美化市容环境；4次统一投放药物共3000余袋，灭蚊、灭蝇、灭蟑、灭鼠除害；定期对作业区域打药消灭蚊、蝇；5次开展环境卫生综合大检查，资金投入818万元。全年，先后接受市级检查22次，11月30日，接受全国爱卫会总验收。

（付怀涛）

朝阳区垃圾无害化处理中心

【概况】 朝阳区垃圾无害化处理中心为区直属全民所有制全额拨款事业单位，归口区市政管委，行政级别处级。中心定编15人，内设办公室、工程业务科、经营管理科、项目开发科，下辖高安屯卫生填埋场、朝阳区垃圾渣土粪便管理站、朝阳区垃圾渣土转运站和北京绿赛克环保科技开发有限责任公司。

地址：金盏乡高安屯村

电话：65417429

邮编：100024

（顾来茹）

【垃圾无害化处理】 年内，卫生填埋居民生活垃圾717045.19吨，累积184678车次，渣土(工程弃土)消纳917万立方米，居民生活垃圾100%无害化处理。

（顾来茹）

科技　教育

科　技

【概况】　朝阳区科学技术委员会是区政府主管全区科技工作的综合职能部门，积极促进全区科技进步和高新技术产业发展，统一管理全区技术创新、新产品开发和科技成果推广工作。2004 年区科委工作重点是按照统筹城乡发展、统筹区域发展、统筹经济社会发展、统筹人与自然和谐发展、统筹国内发展和对外开放要求，积极推进市科委提出的引擎行动、涌泉行动、科技奥运行动，进一步完善大科技发展格局，围绕全区社会、经济工作重点，抓住落实《朝阳区 2003—2008 年科技发展纲要》和《全国科技进步示范区建设总体规划》有利时机，实施可持续发展示范行动、科技奥运示范行动、产业发展促进行动和社会发展促进行动，搭建科技商务平台、科技融资平台和科技人才平台，建立科技进步考核机制、区域科技资源整合机制，打造一流国家科技进步示范区。

地址：松榆里 43 号楼
电话：67310709　67329045（fax）
邮编：100021
电子邮件：kewei0001@ yahoo. com. cn

（刘伟凡）

【禽流感防控】　2 月，区科委立项对防治重大动物疫病指挥部《朝阳区关于禽流感（AI）及人畜共患病与相关公共卫生问题研究》项目给予支持。该项目通过建立科学合理的防控体系，把社会、经济、技术各项措施科学地合成为一体，有效防控禽流感等重大动物疫病。

（刘伟凡）

【知识产权工作】　3 月，安排科技资金 50 万元，结合市知识产权局开展的百家试点专利企业，作为配套资金，给予这些企业相应支持。7 月，安排专项资金 10 万元，聘请北京国林贸专利代理有限公司，全面开展朝阳区知识产权发展和保护状况调查研究，年底前完成《朝阳区知识产权保护和发展评估报告》和《朝阳区知识产权发展和保护计划》，明确朝阳区知识产权工作思路、目标和保障措施。

（刘伟凡）

【知识产权宣传】　4 月 26 日，结合世界知识产权日和保护知识产权宣传周活动，组织一批以激励创新促进发展、人类智慧之光、知识经济重要财富、民族进步的灵魂等为主题的知识产权宣传挂图，以及鼓励发明创新、保护知识产权专利知识介绍宣传手册，在南磨房、潘家园等街乡张贴和发放。

（刘伟凡）

【科技系列宣讲】　6 月 23 日，市科委科技工作宣讲团走进朝阳，在朝阳宾馆举行北京市科技工作系列宣讲活动朝阳区专场。来自市科委发展计划处、条件财务处、高新处的专家分别介绍未来 3 年首都“二四八”重大创新工程总体设想及工作思路；首都科技条件平台建设情况；北京市科技发展计划情况；高新技术企业、科技成果转化、创新基金、孵化器、科技中介服务等方面的政策。活动中发放《2005—2008 年北京市科技发展重点领域指南》、《科技政策汇编》等相关资料。区内高新技术企业、街乡经济管理部门相关人员 200 余人参加活动。

（刘伟凡）

【职称评审】　8 月，开展全区工程系列专业技术人员职称评审。组织召开工程系列职称评审答辩培训会，邀请专家会同区人事局主管干部，对参加职称评审的单位和个人进行全面系统培训。申报中级职称的 54 人参加论文答辩，其中 50 人通过答辩。9 月，区工程系列职称评审委员会对本年度申报职称材料终评。其中 54 人申报工程师，50

人通过评审,取得中级职称;36人申报助理工程师,32人通过评审,取得初级职称。

(刘伟凡)

【获全国科技管理先进称号】 10月28日,国家科技部在京西宾馆召开全国县(市)科技工作大会。国务委员陈至立等领导向包括北京市朝阳区在内的获得全国科技进步示范市(县、区)荣誉称号单位颁发奖牌。国家人事部、科技部对在促进地方科技进步方面取得显著成效的单位和个人进行表彰。朝阳区科委是北京市唯一获"全国科技管理系统先进集体"称号的单位。

(刘伟凡)

【科技计划项目管理】 年内,组织实施区级项目35项,安排科技计划项目资金960万元,其中可持续发展计划2项,科技奥运计划7项,区火炬计划19项,社会发展计划7项。实施市级以上科技计划28项,其中国家新产品计划2项,国家级推广计划3项,国家级火炬计划4项,国家级星火计划3项,市火炬计划10项,市星火计划6项。

(刘伟凡)

【高新技术企业管理】 年内,高新企业认证80家。高新企业总体收入24.73亿元,比上年增长18%;总体注册资金13.78亿元,比上年增长21%;固定资产增加值0.45亿元;无形资产增加值0.61亿;企业总资产增加值12.82亿元,总体增幅38%;实现税收9919.8万元。

(刘伟凡)

【选派科技副职】 年内,中科院先后选派三批共17人到朝阳区有关委、办、局及街、乡任科技副职。

(刘伟凡)

【软科学课题研究】 年内,制定《朝阳区科委软科学研究项目管理制度》,规范软科学研究项目申报立项程序。全年开展软科学课题研究6项,申报市软科学课题1项,争取市科委资金支持10万元。

(刘伟凡)

教　　育

【概况】 朝阳区教育委员会是区政府主管教育事业的职能机构。区委教工委是区委负责本区教育系统党的建设、思想政治工作和干部教育管理工作的派出机构,与区教委合署办公。年内,制定《2004—2008年朝阳区规划整合教育资源工作意见》,教育资源向优质校、品牌校集中,推进安贞、朝外、和平村、呼家楼、酒仙桥、影视城等地区资源整合,调整学校10所,新接收小学1所、幼儿园3所,完成81宗教育用地确权和3所铁路学校接收工作。区级示范性中学增至6所,小学增至29所。推进学前教育成本收费工作,健全幼儿园管理工作考评体系,民办园纳入级类管理,扩大并推进"家园共育"、"残健合一"和早教基地实验。制定《加强和改进未成年人思想道德建设工作的实施意见》及折子工程,深入开展明礼诚信和三礼教育。顺利完成部分职业高中重组和北京市第四批骨干特色专业评估工作,建立全区语、数、外学科统练统测制度。推进学习型社区建设,举办社区教育宣传日等系列活动,全面实施成人就业培训和农民工转岗培训。成立区民办教育协会,以网上办公、一站式年检等方式为民办学校提供服务。出台为民办学校工作提供服务等措施,审批民办学校30所,注册资本金2000万元。初步形成规范体改校办学管理工作意见。以八十中学在管庄地区办分校为试点,探索名校办分校模式。在求实职业学校、民族文化艺术职业学校、金融商贸职业学校推行校长聘任制、工资年薪制等。启动面向社会的教师资格认定工作,实行教师聘任合同制,到10月底14000多人签订聘任合同,2246人合理分流。制定《朝阳区中小学课程改革实验工作方案》、《地方课程开发与实施指导意见》,召开小学课程教材改革实验现场会、北京市课改监控评价现场研讨会,对全区普通中小学校长进行新课程通识培训。完成130多所中小学建网工作。加快朝阳教育信息网建设,实施教育城域网信息网络二期工程,开发并试运行教育城域网资源管理平台和电子政务平台。适当提高农村骨干教师、中高级教师职务岗位比例,提高农村中小学教师津贴标准。扩大公办学校接收流动人口子女入学规模,接收流动人口子女近4万人。健全和完善治理教育乱收费局际联席会制度,建立学校收费政策发言人制度。截至年底,全区现有公立中学65所(其中农村17所),在校生56633人;公立小学186所(其中农村72所),在校生84047人;幼儿园165所(其中教委办24所,部门办141所),在园30688人;职业高中9所,在校生12000人;民办学校36所,在校生8224人;民办培训机构282所,在校生312309人;国际学校8所,在校生2200人;流动人口子女学校101所,在校生33761人。
地址:三里屯北街
电话:64162562
邮编:100027

（黄煜盈）

学前教育

【与聋儿手拉手】 在第14个助残日来临之际,群星幼儿园邀请市聋儿康复中心小朋友到园参加“手拉手共度美好时光”主题活动。活动中,两园互换礼物,互相祝福。

（黄煜盈）

【幼儿健康比赛】 5月23日,枣营幼儿园和麦子店社区联手举办“迎奥运中外健康宝宝大比拼”活动。幼儿园和社区内散居的中外宝宝们,在家长带领下,参加不同年龄段分组比赛项目,表达为迎接奥运积极锻炼的决心。

（黄煜盈）

【幼儿文艺汇演】 5月28日,由区教委、区武装部、区宣传部、区文明办、区文化委、区双拥办联合举办的朝阳区第六届幼儿“国防教育小课堂”优秀文艺节目汇演暨颁奖大会在武警北京指挥学院学员礼堂隆重召开。17所幼儿园参加演出。

（黄煜盈）

【亲子游园活动】 6月19日,三里屯幼儿园组织大型亲子同游大兴野生动物园活动,全园200多名幼儿和400多位家长参加。孩子们与家长共同制作爱心鸟巢,增进幼儿与家长之间感情,并教育幼儿从小树立环保意识。

（黄煜盈）

【早期教育开放日】 6月22日,惠新里幼儿园面向全区幼儿园举办早期教育开放日活动。20多所幼儿园园长及教师参加活动。

（黄煜盈）

【幼儿园安全技术防范】 10月29日,区教委学前办、保卫科联合组织幼儿园安全技术防范培训,150余所各类型幼儿园园长、保卫干部参加培训。

（黄煜盈）

【游戏课程试验观摩】 11月2日,西坝河第一幼儿园举办游戏课程试验成果观摩活动,来自北京市以及深圳、厦门、内蒙古、抚顺、天津、大连等地的幼教专家和教师72人,观摩该园各年龄班教学游戏活动和户外区域体育游戏活动。

（黄煜盈）

【两幼儿园通过一级一类验收】 年内,垡头幼儿园、西坝河三幼通过全市一级一类园验收。全区一级一类园所达28所。

（黄煜盈）

【安装指纹识别系统】 年内,秀园幼儿园安装指纹识别系统,家长进入幼儿园需提供指纹,通过电脑识别门卫控制,幼儿园大门才能开启。此举为幼儿安全提供有力保障。

（黄煜盈）

中小学教育

【8名教师赴新疆支教】 2月20日,朝阳区支援新疆汉语教师欢送会召开,欢送白家庄中学、花家地实验小学等7单位8名教师赴新疆和田地区任教1年半。

（黄煜盈）

【展览展示】 2月20日,全国中小学艺术展在八十中举行。安慧里中心小学荣获小学组民乐一等奖,教科院附中学生沈莉获北京市中学书法一等奖,三里屯小学、八十中、三里屯一中、日坛中学6名学生获绘画、摄影二三等奖。教育部部长周济、共青团中央书记处书记张小兰等观看演出。12月7日,花家地实验小学面向家长、社会展示双语教学音乐课。课后,人民教育出版社教材研究所陈昌方博士应邀介绍国内双语教学信息和动态,就学校如何开展双语教学提出中肯建议。12月17日,黄胄艺术实验小学学生美术作品展在炎黄艺术馆开幕,市教委、黄胄艺术基金会领导、美术界知名人士以及各兄弟校到场参观。

（黄煜盈）

【无线电测向重点单位】 2月20日,陈经纶中学、东方德才学校获第二批“全国无线电测向活动重点单位”称号。此前信息工程学院附中、新源里中学已获此称号。全国16个无线电测向活动重点单位中,朝阳区占1/4。

（黄煜盈）

【志愿北京服务奥运活动】 3月5日,全区62个少先大队35000多名少先队员参加“志愿北京,服务奥运”主题活动。他们有的到社区利民岗进行环境保洁,有的到敬老院、托老所、孤寡老人家中慰问,有的走进社区和家庭进行环保、绿化、保健及奥运知识宣传。

（黄煜盈）

【金鹏科技论坛】 3月7日上午,第四届北京市中小学生金鹏科技论坛在区青少年活动中心举行。13个区县260多项优秀青少年科技实践项目参加评选,涉及环保、生物、社会科学等方面。该论坛以“参与科学实践,求真知,促成长”为主题,是市教委主办的一项长期青少年科技实践活动。

（黄煜盈）

【网络建设】 3月9日,建国里中学网上家长委员会成立,学校向家长委员们颁发聘书,制定《家长委员会章程》和《家长委员会职责》。该校以“家校通”为依托,加强学校与家长联系和沟通,为学生共建良好成长环境。11月16日,召开推广使用北京市中小学管理信息系统和学生卡发放工作动员会。会议就全区推广使用中小学管理信息系统和发放学生卡工作进度以及工作标准作出部署。

(黄煜盈)

【手拉手活动】 4月1日,团中央、全国少工委主办,区少工委、幸福村学区承办的“同在一片蓝天下,手拉手共同成长”活动在安民学校启动,左家庄二小与安民小学签定手拉手协议。4月16日,城市少年儿童和进城务工就业农民子女手拉手建队活动在安民小学举行,团中央第一书记周强、全国少工委常务副主任张晓兰、副区长孙世超和左安门小学少先队员为该校400多名学生授红领巾。7月3日、4日,中医附中组织全校党员到手拉手兄弟学校河北光淀中学学习交流,送去全校师生捐赠的2000册图书和学习用品。7月22日,朝阳区200名少先队小干部在北京市顺鑫绿色度假村接待来自新疆喀那斯地区“手拉手圆梦”夏令营的50名小营员。篝火晚会上,新疆小朋友向朝阳区少工委以及朝阳区6所学校少先队员赠送富有民族风情的挂毯及光盘、画册,区少工委回赠具有中国民族风情、象征民族大团结的中国结。

(黄煜盈)

【JIP实验评估验收】 4月1日、2日,高家园中学、团结湖三中接受全国中学JIP实验评估组验收。

(黄煜盈)

【赛事】 4月2日,历时两个多月的朝阳区第九届中小学合唱节圆满结束。全区160所学校220支合唱队1万多名中小学生参加比赛,44支中学合唱队、79支小学合唱队分别获得比赛各个奖项。4月20日,八十中合唱团在北京市第九届学生合唱比赛中夺得第一名,实现三连冠。23至25日,由区教委承办的北京市中小学田径运动会在朝阳体育中心举行,朝阳区代表队获高中组团体总分第三、初中组团体总分第二、小学组团体总分第三的好成绩。八十中贾子楠获男子百米冠军。5月,本区学生在市第九届学生合唱节比赛中总成绩列全市第二。八十中、民族文化艺术职业学校、东方德才学校、新源里一中、望京南湖东园小学获校级、班级、小合唱组一等奖,陈经纶中学、求实职业学校、光华路二小等8所学校获二等奖,花家地实验学校、中医附中、芳草地小学等16所学校获三等奖,八十中胡玉红等5名音乐教师获最佳指挥奖,陈经纶中学王帅等10名音乐教师获最佳伴奏奖。5月28日,定福庄四小举办国际象棋家庭对抗赛,团中央宣传部群体处、北京棋院领导及130多个学生家庭参加活动。该校2004年被区群众体育管理中心确定为棋类运动培训基地。学校以国际象棋与非智力因素培养为题深入进行研究。在9月19日结束的第21届振兴中华杯北京市排球邀请赛中,下三条中心小学获女子甲组亚军、男子乙组冠军。10月24日,下三条中心小学在北京市排球传统校比赛中获女子甲组季军和女子乙组亚军。11月20日,第十届全国青少年信息学奥林匹克联赛北京赛区复赛结束,八十中承担场地、计算机、技术支持、人员服务等工作。57所中小学1700多名师生参加在石佛营小学举行的全区中小学生跳绳比赛。十六中、垡头中学和十八里店乡、王四营乡分别获中学组和小学组冠、亚军。11月26日,朝阳区中小学生健美操比赛决赛在陈经纶中学落下帷幕,陈经纶中学、八十中学、安慧北里小学、南湖中园小学、首师大附属实验小学和劲松四小获各个组别冠军。年内,在市中小学生第20届乒乓球比赛中,九十七中学生获初中男子团体亚军,杜宏宇获初中男子单打冠军。全区100所小学绘画爱好者参加市公安局、市教委举办的北京市小学生消防漫画大赛,收集优秀作品369幅,89幅作品参加全市比赛,10幅作品在中国少年儿童活动中心艺术宫展出,1幅被评为市级三等奖。在第九届全国“华罗庚”金杯少年数学邀请赛决赛中,花家地实验小学丁若宇、杜相山分别获一等奖、三等奖。在2003—2004赛季NFL美式腰旗橄榄球世界杯选拔赛中,首师大附属实验中学代表队在全国参赛球队中脱颖而出,荣获全国总冠军。中医附中组队参加国家体育总局射击射箭运动管理中心举办的全国室内射箭锦标赛,男女队双双获得团体第二。

(黄煜盈)

【小记者采访何振梁】 4月4日下午,垂杨柳中心小学5名小记者到奥运会组委会采访何振梁。何振梁热情接待5位小朋友,欣然题写“绿色奥运,有我一份”8个字。采访结束后,小记者们与何振梁合影留念。

(黄煜盈)

【评优课表彰会】 4月29日,区教委在朝阳实验小学召开小学优秀青年教师成长报告会暨朝阳杯评优课表彰会,为评优课活动中获奖的教师颁奖,优秀青年教师刘飞、陈立华、涂桂庆汇报各自成长历程。10月16日,区教工委、区教委召开新源里一中齐国民校长办学思想研讨会。

(黄煜盈)

【教育教学研讨】 5月1至2日,

陈经纶中学30余名青年教师利用假期休息时间，召开青年教师自主成长研讨会，成立青研会文科分会、理科分会和行政分会，选出分会会长，并讨论和修订《陈经纶中学青研会章程》。11月25日，区教委召开国际学校校长座谈会，十余所学校校长就办学思想、发展趋势等问题展开热烈讨论。会议建议：建立国际学校联席会制度，定期研讨、交流国际学校发展问题；各学校要注意研究市场，研究需求，研究定位，研究学校发展方向；各学校加强安全教育和安全防范工作。12月22日，陈经纶中学举行学科教学思想研讨会暨开放日活动。北京师范大学教授郑国民等专家、学者应邀出席，并就课堂教学、论坛研讨进行点评。全区各中学近400名校长、教学校长、教学主任、任课教师参加活动。

（黄煜盈）

【东京都劳联会考察八十中】 5月17日，日本东京都劳动组合联合会教育考察团一行10人到八十中考察。日本客人听取办学思想和教育教学情况汇报，参观学校各项教育设施，并就教育体制、人事制度、工会作用等方面情况与教职员工座谈。

（黄煜盈）

【外交部长给芳草地小学发慰问信】 “六一”前夕，外交部长李肇星给芳草地小学写信，向学生致以问候和祝贺，向广大教师表示感谢。信中写道：“三十年来，从这里走出去的数千名各国学生已经把芳草地这个美丽的名字传到了世界各地。学校这项特殊的工作也为祖国外交事业的发展做出了特殊贡献。我衷心感谢你们对外交工作的支持，对几代教师的辛勤耕耘表示崇高的敬意！希望芳草地小学随着我国外交事业的发展，继承敬业爱生、严谨治学的传统，继续传播科学文化知识，播种友谊的种子！”

（黄煜盈）

【万余名考生参加高考】 6月，全区万余名考生参加高考。8815名考生参加普高招生考试，其中文科3633人、理科5182人，应届生7647人、往届生1168人，女生4548人、男生4267人，女生人数首次高于男生。3046名考生参加高职招生考试。全区设高考考点20个，其中普高考点14个、高职6个；设考场411个，其中普高考场309个、高职102个。

（黄煜盈）

【迎奥运圣火】 6月9日上午，区教委组织1000余名少先队员参加奥运火炬传递活动。永安里小学、三里屯小学等11所小学学生参加鼓乐表演，另外300名小学生身穿节日盛装，手持橄榄枝花环和五环旗迎接火炬手。芳草地小学40多名学生在鼓乐队前进行滑轮表演，与火炬同行。200多名中外小学生手持各国国旗和奥运五环旗沿途观看火炬传递。

（黄煜盈）

【接收3所铁路学校】 6月14日，区政府和北京铁路分局签署协议：北京铁路职工子弟第四小学、北京铁路机械学校、北京铁路运输技工学校由北京铁路分局移交朝阳区管理。

（黄煜盈）

【美商务部长参观安华学校】 6月22日，美国商务部部长唐·埃文斯携夫人在美国驻华副大使、可口可乐公司总裁一行陪同下到安华学校参观访问。中国残疾人联合会主席邓朴方、教育部副部长吴启迪、中国奥委会秘书长顾耀铭、中国特奥会主席王智钧等会见美国客人。

（黄煜盈）

【3万余名学生参加中考会考】 6月24日，全区3万余名初、高中学生走进考场，参加全市统一组织的中考、会考。其中，13446名初中毕业生（应届生13025人、往届生421人）在25个考点462个考场参加中考；18475名高中学生在13个考点参加会考。

（黄煜盈）

【重残儿在家上学】 9月后，区教委和区残联联合启动送教上门工程，率先在高碑店、建外和将台地区试点，两名肢体残疾儿童和两名脑瘫儿童在家里听老师讲课。送教上门的退休老师根据重残儿童自身文化程度和学习接受能力，以语文、数学两门学科为主，品德教育及一些兴趣科目为辅因材施教。

（黄煜盈）

【科技教育示范校】 年内，八十中、陈经纶中学、日坛中学、工大附中、和平街一中、新源里中学、陈经纶中学分校7校被评为第一批北京市中小学科技教育示范校。

（黄煜盈）

【外地务工子女走进科技馆】 年内，田华小学200名外地进城务工农民子女学生到中国科技馆，代表从祖国各地来北京生活的少年儿童，参加由团市委、市少工委和中国科技馆联合开展的“同在蓝天下——来京务工农民子女科普活动”启动仪式及相关科普活动。

（黄煜盈）

【5学校乐团名列金帆艺术团】 年内，在北京市中小学生金、银帆奖及中小学生金帆艺术团颁奖仪式上，新源里中学邓思远、信息附中朱虹、东方德才学校费海亮、安慧里中心小学张潇冉、徐可欣获银帆奖。八十中学合唱团、和平街一中合唱团、日坛中学交响乐团、安慧里中心小

学民乐团和安华里一小管乐团被评为金帆艺术团。

（黄煜盈）

【少儿住院医疗互助金启动】　年内,朝阳区启动少儿住院医疗互助金。互助金涉及内容:凡中小学在册学生、托幼机构在册婴幼儿及有北京户籍、出生满一个月婴幼儿均可自愿参加;每生每学年付50元,便可获最高8万元住院医疗补助;市卫生局确定83家医疗机构作为互助金定点医疗机构,在定点医疗机构住院的少儿,可由互助金支付部分医疗费用;白血病、血友病、再生障碍性贫血、恶性肿瘤患儿出院后专科门诊治疗费用以及接受肾移植前透析费用和手术后抗排异药物费用可由少儿住院互助金支付。

（黄煜盈）

职业教育成人教育

【两社区被确定为示范性教育中心】　2月20日,北京市首批示范性社区教育中心评选揭晓,全市13个街道社区教育中心当选,亚运村街道、东方社区教育中心榜上有名。

（黄煜盈）

【将台路中学招收农转工学员】　2月20日,80名青年农民被将台路中学录取,接受为期3年的职高学习。这些学员是望京新兴产业区新招的农转工员工,为了使这些员工尽快适应新环境和新岗位,拥有可持续发展能力,望京新兴产业区与将台路中学联手进行针对性培训,学员毕业后取得成人中专学历和相应职业资格证书。

（黄煜盈）

【推动民办学校诚信办学】　3月15日,区教委向300余所民办培训学校颁发质量监督、投诉提示牌,提示广大学员报名前确认该校办学资质,交费后索要发票以备查询,提示牌上公布区教委主管部门咨询、投诉电话和区民办教育资讯网站,要求学校将提示牌悬挂在显著位置。同时向学校印发"诚信办学,质量为本"公开信,要求民办教育机构自觉接受社会监督,不断提高学校管理水平,提高教育教学质量。

（黄煜盈）

【电大启动新时代交互英语】　4月10日,作为教育部暨中央广播电视大学大学英语教学改革项目《新时代交互英语》试点单位之一,朝阳电大举行启动仪式。

（黄煜盈）

【赛事】　4月13至15日,中国烹饪协会第五届全国烹饪技术比赛总决赛在劲松职高举行。20多个省市200多名选手参赛,70多名国家级评委、来自世界各地的近万名来宾和400多名行业专家参观比赛。12月初,新世纪北京市首届职业技能大赛(朝阳职教赛区)历时半年结束。朝阳职教赛区有9所中专、8所职业高中、3所高职院校和2所技校参赛。初赛涉及比赛工种66个,参赛学生11989人、教师347人,1082名师生进入有35个工种复赛阶段比赛,179名选手获得高级工证书;103名选手参加北京市职教赛区决赛,29名选手获得技师级证书。年内,在文化部等单位主办的第二届国际少儿艺术大展——"奔向2008艺术作品大奖赛"中,劲松职高摄影专业有2名学生获金奖,2名学生获银奖,6名学生获铜奖。在首届"奥运风采"礼仪之星大赛北京总决赛上,民族文化艺术职业学校郭疑、何雪发挥出色,获得"十佳礼仪之星"称号,将参加奥林匹克文化节各项活动。在第二届国际少儿摄影大奖赛上,劲松职高摄影专业学生获得少年组2项金奖、2项银奖、6项铜奖。劲松职高教师向军、牛京刚参加中国药膳协会组织的园丁园杯第三届中国药膳烹饪大赛,获热菜、面点、冷荤和煲汤4项金奖,并被授予中国药膳名师称号。

（黄煜盈）

【主题宣传日活动】　4月17日,区教委承办的发展社区教育、建设学习型朝阳主题宣传日活动在朝阳公园南门举行。各街乡、183个社区设分会场,发放各类宣传材料5万余册。

（黄煜盈）

【社区干部岗位培训】　5月底至6月底,区街工委、区街办与朝阳社区学院培训中心合作,对22个街道、6个地区社区干部1228人进行岗位培训。

（黄煜盈）

【对外交流】　9月20日下午,来自埃及、苏丹、埃塞俄比亚等国家的教育代表团一行16人到求实职业学校参观访问,听取学校办学思路、专业特色及发展状况介绍,与学生座谈交流,希望以后能有机会进行办学合作交流。10月25日,法国第戎学区官员杜拉克一行4人到民族文化艺术职业学校参观访问。学校向客人们介绍学校发展概况,并就双方合作项目及方式进行交流。法国客人参观专业教室,对双方在烹饪、酒店管理等专业的合作表示浓厚兴趣。

（黄煜盈）

【16454人参加成人高考】　10月16、17日,2004年全国成人高考举行,朝阳区16454人参加考试,全区设28个考点、555个考场。

（黄煜盈）

【社区工作者提高性培训】　10月16日,全区616名社区专职工作者提高性培训启动。培训是针对上年参加岗位培训的人员举办的。具体培训方案由社区学院负责实施。开设课程主要有社区工作概念、社会心理学、社会工作调查方法和礼仪。11月21日,学员们参加社区工作概论、社会心理学、社会工作调查方法3个科目结业考试。

(黄煜盈)

【社区学院送教进工地】 11月1日,社区学院社区工作研究室全体教师到呼家楼第一商城二期施工工地,为农民工提供维权知识教育服务。

(黄煜盈)

【联合国教科文组织考察】 11月4日,联合国教科文组织所属海外教育机构考察团到民族文化艺术职业学校参观访问,来自爱尔兰大西洋语言学院、英国KLIGRASTON女子学院、马耳他地中海英语学院以及哈萨克斯坦智力咨询教育机构、香港桦人教育控股有限公司代表,与校方进行友好的交流沟通,在互派留学生、引进课程等方面达成初步合作意向。

(黄煜盈)

【澳门成人教育访问团考察】 11月11日,澳门成人教育访问团一行25人参观考察朝阳社区学院。此次访问目的是通过与内地教育行政部门及成人教育机构座谈,了解内地成人教育工作情况,推动澳门成人教育事业的发展。

(黄煜盈)

【全国政协委员视察劲松职业高中】 12月27日,全国政协组织原国家教委副主任王明达、张孝文、邹时炎,人民日报社原副总编辑张虎生等委员到劲松职业高中视察。委员们听取学校工作情况汇报,观看学校教学设施,观摩课堂教学,肯定学校办学成绩。

(黄煜盈)

【会展服务与管理专业招生】 年内,民族文化艺术职业学校开始招收会展服务与管理专业学生。

(黄煜盈)

【社区学院获国家网络技术认证资格】 年内,社区学院培训中心通过信息产业部评估,被授予国家网络技术水平考试认证考试中心资格(有效期一年)。凡通过认证考试者同时获由信息产业部国家信息化工程师认证考试中心和美国国家通信系统工程师协会分别签发的级别证书。

(黄煜盈)

【17600余人参加全国高等教育自学考试】 年内,区内17600余人在17个考点参加全国高等教育自学考试,报考31000多科次。

(黄煜盈)

教育督导

【概况】 朝阳区人民政府教育督导室负责对区内幼儿园、中小学、职业高中、成人教育等各类学校办学方向、管理水平和教育质量进行监督、检查、评估、指导;对区有关委、办、局、街道办事处、乡政府履行教育法律法规执法责任和实施素质教育目标责任制落实情况进行监督检查;对区有关行政部门领导和管理教育工作情况实施督导,对教育工作中重大问题进行调查研究,提出意见和建议。年内,制定中小学校长履职情况年终考核评估方案,街道办事处、乡政府落实教育法律法规支持教育情况评价方案,全区开展实施素质教育自评工作。

地址:三里屯北街
电话:64172325
邮编:100027

(张 明)

【启动素质教育评价】 年内,依据《朝阳区贯彻〈北京市普通中小学全面实施素质教育评价方案〉工作手册(试行)》,对中小学学校自评工作进行指导,完成全区176所中小学各项工作管理和学生质量综合督评工作。发放问卷6万余份,分析数据几百万个。

(张 明)

【督学培训】 年内,对全体督学进行业务培训。从理论上介绍现代管理理念,督导工作性质、职能,课改要求、方向等,帮助督学转变观念,提高认识水平,同时熟悉综合评价内容,掌握重点和操作方法等,为开展综合督评奠定基础。选派3名专职督学,参加北师大教育管理学院专职督学培训。

(张 明)

【实施素质教育自评】 年内,制定《关于在我区开展2004年素质教育自我评价工作的意见》,明确自主发展目标与思路并制定具体发展项目和措施;依据评价方案指标体系,分解相关部门责任;组织29个委办局和所有街道办事处及乡政府,对本单位工作情况自评;完成2004年全区全面实施素质教育自评工作报告。

(张 明)

【教育评价科研】 年内,完成承担的全国教育科研"十五"规划国家级课题"监督机制理论框架研究"阶段性任务;完成全国教育科研规划课题《教育督导职能理论与实践研究》子课题开题工作。指导5所中小学完成发展性教育评价专题研讨会材料撰写工作;开展"发展性教育评价的研究与实践"论文征集工作。

(张 明)

文化 体育 卫生

文化 文物

【概况】 朝阳区文化委员会(简称区文化委),是主管本区文化、文物、新闻出版和广播电视工作的区政府组成部门。设办公室、组宣人事科、文化科、文物管理科、出版发行管理科(审批管理科)、电视音像管理科(调研室)及区文化委员会行政执法队。直属事业单位有文化馆、图书馆、北京民俗博物馆、朝阳剧场、紫光影城、劲松影院、香河园文化娱乐中心、曙光影剧院、朝阳评剧团、群众文化厅、区电影发行放映公司。区内有中央、市属科研院所159家,大学28所,新闻出版单位17家;专业文化团体和艺术院校15家,表演场所12家,从业人员4073人,年演出场次2102场;博物馆18座,影剧院20座。有文化娱乐市场282家,互联网上网服务营业场所190家,音像零售单位411家,印刷企业265家,出版物零售店1073家。有国家级文物保护单位2处、市级6处、区级8处、暂保45处、地下4处,流散石刻117项。截至年底,全区建成文化中心53个、文化活动室338个、文化广场170个,总面积423478平方米,人均文化设施0.168平方米;社区百米万册达标图书馆44家,总面积9306平方米,藏书534435册,阅览室座席1789个,累计发放借书证12415个,总流通人次480249人。全区基层业余社区文艺团队1200多支,各类文艺协会290余个,基层文化工作人员600余人,常年参与组织基层文化活动工作人员69000余人。

地址:东三环北路36号

电话:65014855

邮编:100026

(翁庆德)

【陈英收集毛主席像章万余枚】 家住呼家楼南社区73岁的陈英,30多岁就开始收集毛主席像章,40多年来收集了1万余枚毛主席像章。陈英是一名退伍军人,每天都要做的便是收集、整理自己心爱的毛主席像章。陈英收藏来源用6个字可以概括,那就是发、送、要、换、买、做。发就是过去部队上发给每个人的;送是同事朋友有多余的像章送给陈老的;或是陈老管朋友要的;或是跟别人交换重复的像章;陈英还时不时去市场上买毛主席像章,他说,过去工资不高,那个时候用两辆飞鸽自行车的钱去买毛主席像章;另外,陈英自己还亲手制作毛主席像章。

(据《北京晚报》)

【民俗文化节】 1月21日至28日,第三届北京民俗文化节暨第六届东岳庙春节文化庙会在东岳庙举行。文化节突出健康、祈福、欢乐、祥和主题,营造喜庆热闹节日气氛。6万份民俗知识宣传材料、5部展览、4场讲座、商业民俗研讨会等尽显民俗文化魅力。背桩、杂技、老北京叫卖表演等民间艺术为庙会增添浓郁的民俗色彩。接待游客20余万人次。

(翁庆德)

【老北京商业民俗被保护】 1月26日,老北京商业民俗研讨会在北京民俗博物馆举行,中国民俗学会理事长刘魁立、中国民间文艺家协会副主席赵书等20余位专家、学者参加,《人民日报》等20多家新闻媒体进行报道。4月13日,在中国民族民间文化保护工程试点工作交流会上,北京民俗博物馆《老北京商业民俗保护》成为中国民族民间文化保护工程第二批29个试点之一。10月16日,文化部、财政部、保护工程国家中心、中国艺术研究院举行签字仪式,正式入选。

(翁庆德)

【群众文化】 3月16日,区文化馆被文化部批准为首批全国一级馆。

4月，组织举办来自31个省、市、自治区的342名外来民工歌手大赛。经过10轮复赛，10人荣获“十佳歌手”称号。11月22日，邀请500名外来民工到馆看电影，在全国率先启动“民工影院”，《北京日报》及首都30余家媒体进行报道。年内，举办“五月的鲜花”、“夏日文化广场”活动1643场，观众2052730人次。落实“2131”工程（21世纪每村每月放一场电影），送电影下乡、进工地、入社区免费放映1400场，观众216720人次；流动图书车送书到基层183次，送书60236册；演出流动车下基层75次，演员1200人，观众10万人次。区文化馆举办基层培训班60类，2000班次，培训文艺骨干及招收学员30万人次；启动“9个剧场”演出，组织编排话剧《父亲》、《樱桃园》、《爱情偶像与游戏》等9个剧目，观众12万人。

（翁庆德）

【区图书馆被评为一级馆】 4月13日，区图书馆被文化部评为一级馆。年内，发放各种读者证件11866个（累计51606个），流通人数37万人次，举办各种辅导讲座115场次。围绕建设学习型社会，组织外借11698人次231959册次，阅览207597人次575633册次，平均日接待读者1064人。新购图书8000种35000册，使用购书费78万元，加工图书116768册。为民工腾龙子弟学校建图书室1个，送书4300册次，举办培训班9期1090人次。

（翁庆德）

【朝阳流行音乐周】 5月1日至7日，第一届朝阳流行音乐周在朝阳公园举办。参加演出文艺团体186个，演员2000人（外国演员250人），演出80场。音乐周期间，67支流行音乐队参加流行音乐新人比赛，16支队伍获奖。7天接待游客20余万人次，经济收入约700余万元。

（翁庆德）

【国庆活动】 6月10日，接受承办首都庆祝建国55周年中华民族园大型游园活动筹备任务。组织调动全区35个单位近万人，经过3个多月精心策划，严密组织、圆满完成游园活动文艺演出、展览、安保等系列工作。7天接待游客30万人次。9月29日，为庆祝建国55周年，在朝阳公园万人草坪广场举办歌颂伟大祖国文艺晚会，来自区内基层23支队伍参加演出，观众1万余人，北京电视台及首都其他新闻媒体进行报道。

（翁庆德）

【中国民俗学会落户朝阳】 6月27日，中国民俗学会在北京民俗博物馆（东岳庙）举行挂牌仪式，铁木尔·达瓦买提等出席仪式。

（翁庆德）

【袁熙坤创作邓小平塑像】 为纪念邓小平诞辰100周年，北京金台艺术馆馆长袁熙坤创作邓小平塑像。袁熙坤题为《中国改革开放总设计师邓小平》的雕塑作品，以生活中的邓小平为视角，塑造了极富个性特征的邓小平形象。中国雕塑协会会长、中国美协副主席程允贤为塑像题词：“凝世纪伟人风采于永恒。”中国城市雕塑协会主席王克庆为塑像题词：“以神写形，以意取情，妙趣天成，浑朴自然。”此雕塑由香港集邮总公司选用为“邓小平百年诞辰”小型张纪念邮票发行。

（据《北京晚报》）

【区文联成立】 9月16日，区文化艺术界联合会（简称区文联）成立。100多名驻区文化界艺术家、名人聚集一堂，共商朝阳文化发展大计。大会通过文联章程，选举李光羲为主席。

（翁庆德）

【出版物专项整治】 10月26日至11月30日，区出版市场冬季专项整治行动进行，公安、工商、城管各执法部门联合行动，执法检查338次，出动人员2260人次，检查书店、音像店738家次，取缔28个，收缴非法图书56595册、淫秽图书16册、政治性内容图书30册；取缔游商217个，收缴盗版光盘84331张、淫秽光盘40743张、录音磁带500盒。

（翁庆德）

【雍正文物险些送入火炉】 12月20日下午，家住十八里店的陈先生从邻居家火炉口前救下两本名为《雍正定例目录》的册子，其中记录了关于雍正年间刑部办理的各种案例。中国嘉德国际拍卖有限公司古籍部专业人士傅敏初步鉴定，这两本册子为清朝流传下来的手抄本，目前还不能排除是雍正皇帝御笔。两本册子封面呈土黄色，用粗线订装，因封面左上角被虫蛀出许多窟窿，书名已不完整。书第二页上竖排写明：雍正定例目录刑部三之四，雍正定例目录刑部四之五。《刑部三之四》中记载监狱、越狱、劫囚等12个目录，《刑部四之五》则分用刑、遣配等11个目录。定例中以雍正自己口吻，用第一人称“我”记载各种典型案例及处理方法。

（据《京华时报》）

【穆斯塔法文化馆里切磋舞技】 12月23日，因《火舞》闻名世界的舞蹈编导大师穆斯塔法和《火舞》的两名主演（其中有被称为世界肚皮舞女皇的萨妮叶）专程来到区文化馆，与这里的秧歌队进行交流。交流结束后，穆斯塔法说：“对秧歌印象非常深刻，与我们的舞蹈完全不同。不同的文化，不同的舞蹈动作，非常有意思。没准我会用到其中一部分。”

（据《北京日报》）

【百米万册图书馆】 年内,组织在劲松、将台、十八里店、南磨房等街乡建社区百米万册达标图书馆10家,总面积1175平方米,藏书10万余册。

(翁庆德)

【扫黄打非】 年内,组织行政执法检查3342次,出动执法人员20087人次;清理游商1402个,查缴盗版光盘264314张;立案94件,罚没款756172元。

(翁庆德)

潘家园国际民间文化发展中心

【概况】 潘家园国际民间文化发展中心是经区委、区政府批准,由区国有资产监督管理委员会授权经营管理的国有独资企业。中心除从事生产经营活动外,负责承担潘家园旧货市场国有资产经营运作,并对经营管理的全部国有资产承担保值增值责任。潘家园旧货市场占地48500平方米,经营面积21000平方米,由工艺品大棚区、古建精品区、古旧书刊区、石雕石刻区、古典家具和现代收藏大厅、餐饮服务区等组成,拥有摊位3500个,直接从业人员5000余人。截至年底,市场资产总额7526万元,负债总额751万元,所有者权益6775万元,税后利润1750万元。

地址:华威里18号

电话:67741869

邮编:100021

网址:www.bjpjy.com.cn

(吴顺林)

【外事活动】 2月15日,罗马尼亚总理纳斯塔塞和夫人到潘家园旧货市场参观购物。6月26日,以色列副总理埃胡德·奥尔默特和夫人到潘家园旧货市场参观购物。11月6日,以色列副总理兼外长沙洛姆和夫人到潘家园旧货市场参观购物。

(吴顺林)

【改建古典家具大厅】 3月26日始,对潘家园旧货市场原有古典家具铁棚拆除改建。新设计的交易大厅建筑面积5900平方米,为两层压型钢板结构,总投资880万元,全部是市场自筹金。7月12日通过竣工验收。新落成的交易大厅一层经营古典家具,二层经营现代收藏品。

(吴顺林)

【潘家园旧货市场名列十大古玩市场】 6月18日,“雅观杯”首届中国收藏界年度排行榜在全国政协礼堂揭晓,潘家园旧货市场被列为全国十大古玩市场之一。

(吴顺林)

【举办全国性展览交易会】 10月1日至5日,潘家园旧货市场与中国收藏家协会徽章收藏委员会联合举办全国徽章及现代收藏品展览交易会。12个省市自治区117位经营者、收藏爱好者参加展览交易会,参加交流、交换、交易的各式像章徽章50万件,其它还有一些票证、书标、烟标、火花、连环画等,20万人次光顾展览交易会。

(吴顺林)

体　　育

【概况】 朝阳区体育局是主管全区体育工作的区政府工作部门。下设区体育运动学校(区第一少儿业余体校)、区第二少儿业余体校、区第三少儿业余体校、开发中心、郡王府体育中心、朝阳体育馆、朝阳体育健身休闲公园、区社会体育管理中心(体育总会)、体育科研所9个事业单位。年内,紧紧抓住2008年北京奥运会和2006年承办第十一届世界青年田径锦标赛两大契机,围绕落实《朝阳区2003—2008年体育发展纲要》及区社会事业发展大会要求,全面推动体育事业向前发展。

地址:姚家园路10号

电话:85971365

邮编:100026

(姜　文　刘金娟)

【健身丰采展示】 1月17日,在朝阳体育馆举行朝阳区健身风采大展示,20支代表队表演健身沙罐舞、腰鼓、五套工间操、街舞、竹板舞等16项大众健身项目。

(姜　文　刘金娟)

【整合资源】 4月9日,完成区第一少儿体校土地转让交接,米阳大厦通过融资完成外立面装修改造工程。12月,朝阳体育馆、朝阳体育中心被确定为2008年北京奥运会训练场地。

(姜　文　刘金娟)

【短程马拉松赛】 4月18日,在朝阳公园南门举办朝阳区第二届环CBD短程马拉松赛。比赛分竞赛、全民健身两个组别,4000多名选手报名。比赛全程为10.65公里,起始点为朝阳公园,途经朝阳公园桥、红领巾公园桥、慈云寺桥、四惠桥、大望桥、国贸桥、京广桥、长虹桥。

比赛同时，在主会场组织健美操、武术、街舞、篮球技巧、国标舞等时尚体育表演。

（姜　文　刘金娟）

【拓宽发展渠道】　5月6日，区体育运动学校与辽宁省朝阳市体校合作，共建竞技体育后备人才培训基地。10月28日，区体育运动学校与远中长跑俱乐部签订合作协议，联合办学。10月23日，完成国家奥林匹克体育人才训练基地资格认证评审。

（姜　文　刘金娟）

【迎接奥运会圣火】　6月9日，为配合全市迎接奥运圣火活动，组织近5000人表演队伍，沿熊猫环岛中轴路至北四环举行竞技体育、健身秧歌、舞龙舞狮、健身腰鼓等项表演，在奥林匹克公园举行威风锣鼓、太极拳、奥运项目人体雕塑展示。

（姜　文　刘金娟）

【7·13庆祝活动】　7月13日，为庆祝北京申奥成功三周年，在望京体育文化广场举行万人健步走活动。奥运会火炬接力手、奥运村地区居民那忠作为特邀嘉宾参加此次长走活动。区长跑协会、区教委、区残联、望京街道等多家单位组织队伍参加，参与人数1万余人，行走1.5公里。

（姜　文　刘金娟）

【农村体育】　9月2日举行蟹岛杯农村时尚体育极限挑战赛等项活动。同月，在全国第五届农民运动会上，将台乡运动员刚宝成获男子风筝硬翅类金牌、软板类银牌、立体类铜牌，来广营乡运动员范文深获男子花毽自选动作金牌，朝阳区获北京市代表团“突出贡献奖”。高碑店乡获2004年“全国农村体育先进乡”称号。

（姜　文　刘金娟）

【群众体育大会】　9月17日，首届群众体育大会在朝阳体育中心开幕。国家体育总局副局长张发强等领导出席。42个街乡3000余人参加大型群体表演。开幕式后举行领导干部田径趣味比赛。

（姜　文　刘金娟）

【组织单项赛事】　年内，依托单项体育协会和社会力量，指导、协助相关部门开展单项赛事。组织朝阳区“第二故乡”运动会、国际友人保龄球赛等50余项赛事，直接参与活动33万余人次。

（姜　文　刘金娟）

【优化健身环境】　年内，兴建全民健身“居家工程”70个、“标准工程”2个、社区体育中心2个，总占地15万平方米，累计投资2000余万元；新建国民体质检测站14个，测试人数94000人；培训晨晚练辅导站、国民体质检测、优秀健身方法管理型和技能型社会体育指导员1045人；新建八十中、松榆里小学两所青少年体育俱乐部。加强群众体育组织网络建设，完善系统体协三级组织网络，新发展晨晚练辅导站237个。

（姜　文　刘金娟）

【调整训练布局】　年内，备战第十二届市运会，加大竞技体育投人，完善各种训练设施，增加体操、皮划艇、击剑、女子柔道、举重、跆拳道6个项目，注册参赛项目17个，运动员905名。

（姜　文　刘金娟）

【竞技比赛】　年内，在雅典奥运会上，朝阳区籍运动员中，冯坤获女排团体冠军，禹飞获女子八人赛艇第四名，翟超、张丽获女子手球第八名。由朝阳区输送的手枪运动员田野5月在悉尼世界杯射击比赛女子40发气手枪项目中获冠军。朝阳区运动员参加市青少年锦标赛获金牌60块、银牌30块、铜牌31块，参加市业余体校比赛获第一名14个、第二名9个、第三名14个。向北京市输送后备运动员40名。

（姜　文　刘金娟）

【承办赛事】　年内，全国排球联赛北京主场落户朝阳体育馆，承接北京男、女排12场主场比赛。10月16日举行第一场比赛。

（姜　文　刘金娟）

医疗卫生

【概况】　朝阳区卫生局（简称区卫生局）是区政府负责全区卫生事业管理的职能部门。设党委部门3个、监察部门1个、行政科室7个（含区献血办公室）。辖区内医疗卫生机构1003个，其中，卫生组织17个，三级医院（含部队、武警医院）12所，二级医院13所，一级医院111所，门诊部54个，诊所178个，卫生所医务室卫生室（站）504个，村卫生室114个。全区卫生技术人员19007人。其中：医生7790人（西医6809人，中医981人）；注册护士6919人；药剂人员1156人；检验人员830人；其他卫生技术人员2312人；床位12091张。全区户籍人口每千人平均有执业医师4.79人、卫生技术人员11.68人、护理人员4.25人、床位7.21张。本年出生9194人,出生率5.64‰;死亡7535人,死亡率4.62‰;自然增长率1.02‰。因病死亡7313人,占死亡总数97.05%。平均期望寿命78.01岁,男76.19岁,女79.87岁。死因前十位为:心脏病、恶性肿瘤、脑血管病、呼吸系统疾病、内分泌系统疾病、损伤和中毒、消化系统疾病、泌尿生殖系统疾病、神经系统疾病、传染病。年内朝阳区开展创建国家卫生区工作通过北京市评估。全年财政拨入卫生事业费8565.89万元,纯业务收入63037.28万元,业务支出62469.57万元。固定资产总额45380.83元。

地址:甜水园东里甲1号

电话:65859680

邮编:100026

(孙育红)

【防治非典工作】 4月22日,北京再次发生非典疫情。北京发现一例非典型肺炎疑似病例,有188名密切接触者,密接中5人发烧,其中2名接触者居住在朝阳区。全区各部门紧急动员、快速反应、沉着应战,在较短时间内有效控制疫情。本次非典疫情本区接到密接报告67人,监控55人,登记管理二代密接110人,通过集中和分散医学观察,无一人发热。

(孙育红)

【朝阳糖尿病医院成立】 7月18日,国内规模最大的糖尿病医院——北京朝阳糖尿病医院在甜水园东街1号成立。全国人大常委会副委员长吴阶平,中国医师学会会长殷大奎和英国皇家医学会副主席、英国内分泌学会主席布卢姆院士出席成立仪式。布卢姆希望,由英国皇家医学会和全英中华医学会与中国方面合作成立的这所医院促进中国在糖尿病研究上与国际合作。朝阳糖尿病医院由英国皇家医学院院士、全英中华医学会主席王执礼博士担任院长。设有150张病床的医院采用英国皇家医学院诊断标准和治疗标准。

(据《健康报》)

【卫生改革】 年内,新审批医疗机构109家,其中医院11家、门诊部43家、诊所55家,引进资金3.6亿元。推进全行业管理,成立医院管理中心;组建医学会民营医院分会和区非公有制医疗机构协会。探索对营利性医疗机构管理机制,制定《加强医疗机构内部管理的意见》。推进民营医疗机构党、团和工会建设。民营医疗机构参与公共卫生建设。区妇幼保健院实行管办分离,将防保与医疗适度剥离,在医疗方面与北京现代女子医院合作经营,引进社会资本、设备、管理和人才,同时集中政府财力做大做强公共卫生。局属部分医院将药房交安捷利尔医药销售中心托管。完成管庄地区和双桥地区医疗需求调研,实现双桥、黑庄户医院组团式发展。按属地管理原则,建立政府领导、街乡统筹、行业监督、法人负责、社会参与公共卫生共管模式。依托街乡建立公共卫生体系,提高应对突发公共卫生事件能力。向各街乡派驻卫生专干44名,参与属地公共卫生管理和医院公共卫生服务;调整区域地段保健布局,取消自管单位,利用区域医疗资源,共同承担公共卫生服务;加强基层防病队伍建设,服务人口与防保人员比例由上年10000:1调整至8000:1;卫生局与街乡合作,向各街乡派驻64名卫生监督员,监督工作由单一执法向综合执法过渡;完成公共卫生信息化建设一期工程,建立疫情监测上报系统、区卫生信息网(即区卫生局网站)、区卫生局机关内部办公自动化系统等,全区117家医院实现疫情网络直报。

(孙育红)

【农村卫生工作】 年内,建立以大病统筹为主的新型农村合作医疗制度,分为区办区管大病统筹和乡办乡管、乡村联合管理基本医疗两种方式。全区21个乡、162个行政村100%实行合作医疗。本着应保尽保原则,除北京市规定三类参保人员外,将转居未转工、自谋职业、征地超转等人员纳入参保范围。区办区管大病统筹参加人数150949人,其中农业人口125257人,占农业人口应参保总数82.29%。参加大病统筹非农业人口25692人,占大病统筹总人口17%,大病统筹筹集资金1509.49万元;乡、村基本医疗人数136591人,占应参保农业人口85.5%,基本医疗筹集资金1655.158万元。新型合作医疗筹集总资金3164.65万元,年终收支平衡略有结余。本区新型合作医疗筹资标准为每人每年208元(其中个人出资80元),报销封顶线成人为5万元、学生为6万元。召开朝阳区农村新型合作医疗工作会议,表彰2004年新型农村合作医疗工作19个先进集体和136名先进个人,区领导和20个乡政府领导签订2005年《朝阳区农村合作医疗工作目标责任书》。区政府出台《关于推行朝阳区乡村医疗机构管理一体化工作的意见》。7个乡建立行政、业务、财务、药品四规范乡村医疗机构一体化工作机制。区卫生局举办乡卫生院转建社区卫生服务中心培训班。针对转建工作基础不同特点,对15个转建社区卫生服务中心的乡卫生院进行验收,全部合格。

(孙育红)

【社区卫生服务】 年内,社区卫生服务中心27个,社区卫生服务站84个,其中65个纳入公费医疗、劳保医疗报销范围。启动创建全国社区卫生服务示范区活动。劲松医院、亚运村医院代表朝阳区接受北京市社区卫生服务绩效考核获优异成绩。区卫生局进行社区卫生服务绩效工作考核,社区卫生服务纳入公共卫生管理体系。区卫生局对84个社区卫生服务站考核验收,发放以奖代补资金425万元。建立个人及家庭健康档案148709份,签订社区卫生服务合同810份,门急诊1174079人次。完成朝外、高碑店两个生活方式疾病综合防治示范社区工作,和平街地区采取公开竞标方式建社区卫生服务站。

(孙育红)

【疾病控制】 年内,四苗全程合格接种率97.62%,其中,卡介苗97.82%,脊髓灰质炎疫苗98.89%,白百破三联疫苗99.84%,麻疹疫苗97.71%;四苗及时接种率97.62%,其中,卡介苗97.82%,脊髓灰质炎疫苗98.89%,白百破三联疫苗99.84%,麻疹疫苗97.71%。报告甲乙类传染病13395例,发病率531.58/10万,比上年同期上升67.10%;病毒性肝炎1496例,发病率59.36/10万;痢疾发病8035例,发病率318.85/10万;麻疹114例,发病率4.52/10万;急性肠道感染11例,发病率0.44/10万,比上年上升120.00%;流行性出血热27例,发病率1.07/10万;无野毒株引起麻痹病例。报告性病3965例,其中:淋病1338例,尖锐湿疣893例,梅毒466例,非淋菌性尿道炎1118例,生殖器疱疹119例,艾滋病毒感染者31例(艾滋病病人10例);性病淋巴肉芽肿0例,软下疳0例。结核病防治门诊5509人次,做结核菌素试验7688例,试验反应人数7492人,其中:强阳性61例,阴性451人;预防性投药0例;监化治疗菌阳性患者135人,其中本市40人、外地95人。基层医院精神科门诊12166人次,建卡管理精神障碍患者9567人,监护精神障碍患者9485人,监护率99.1%;显好精神障碍患者9054人,显好率94.6%;参与社会精神障碍患者8122人,参与社会率84.9%。住院治疗639人。社区建立家庭病床68张。区精神卫生中心设精神科病床180张,收治精神障碍患者396人。

(孙育红)

【公共卫生】 年内,复验卫生许可证6140户,换发卫生许可证6140户,复验发证率100%;监督67502户次,合格59169户次,合格率87.66%;监测300件,合格235件,合格率78.33%。复验公共场所卫生许可证735户,换发卫生许可证735户,复验发证率100%;监督6489户次,合格5607户次,合格率86.41%。审批食品生产经营单位6660户,其中:座店4773户,车摊1887户;发放卫生许可证6660个,审批发证率100%;复验卫生许可证5128户,复验发证率100%;监督54548户次,合格47702户次,合格率87.45%。完成有职业病危害企事业用人单位经常性职业卫生监督606户次。经常性放射卫生监督337户次。对生活饮用水供水单位监督检查1866户次,合格1698户次,合格率91.00%;生活饮用水审批124户,发放卫生许可证124户,合格率100%。对卫生机构消毒卫生监督2197户次,合格2007户次,合格率91.35%;对经营一次性卫生用品单位监督4户次,做出行政处罚罚款1户次,金额500元;对使用一次性医疗卫生用品单位监督512户次;对一次性医疗卫生用品生产单位监督6户次;托幼园所监督109户次,合格109户次,合格率100%;对消毒剂、消毒器械监督780件,办证380件,办证率48.72%。

(孙育红)

【妇幼保健】 年内,孕产妇6107人,建册率91.88%;孕产妇系统管理5521人,系统管理率98.4%,围产儿死亡40人,死亡率6.5‰,孕产妇死亡2人,孕产妇死亡率32.6/10万。全区有从事助产技术服务单位15所,人员287名;有产科床位309张,母婴同室床位309张,占产科总床位100%。0—4个月母乳喂养率88.13%,15所医院开展出生缺陷检测,监测围产儿9923例,出生缺陷发生105例,发生率10.58‰。活产儿6134人,新生儿访视5472人,访视率89.2%;对68304名儿童进行系统管理,系统管理率93.83%;对65827名儿童进行大体检,体检率90.43%;婴儿死亡23人,死亡率3.74‰;5岁以下儿童死亡26人,死亡率4.23‰;管理托幼园所198个,入托儿童33551人;71个园所发生传染病,发病376例,病种以水痘为主,传染病暴发0例。妇幼保健院为198个园所5696名保教人员进行体检,体检率99%。婚检医学检查841人,婚前检查率2.36%;查出婚育疾病患者59人,暂缓结婚0人,不宜生育0人,疾病检出率100%。各项计划生育手术44196例,其中:放环3424例,取环2962例,输卵管结扎82例,人工流产15684例,引产839例,药物流产14722例,并发症1例,发生率0.23/万。区卫生局组织专家对0—6岁3492名儿童进行智力等项健康抽样调查,筛查出阳性儿童121名。

(孙育红)

【医政工作】 年内,完成诊疗2999838人次,门诊2718175人次,急诊281663人次,急诊观察34113人次。住院危重症抢救1848人次,区级医院急诊抢救成功率96.43%、病房抢救成功率81.89%。住院18411人次,出院18368人次,区级医院病床使用率

77.68%,病床周转次数16.56次/年,治愈率57.29%,好转率25.52%、病死率3.71%。住院病人七日确诊率为97.84%,出院诊断符合率99.33%,临床与病理诊断符合率99.23%,术后十日死亡率0.6%,手术前后诊断符合率99.69%,无菌手术化脓率0%,院内感染发生率3.13%。成立医疗机构评审委员会,组织专家组,制定一级以下医疗机构评审标准及实施细则,有703所医疗机构通过评审。《中华人民共和国行政许可法》实施后,依法受理医疗机构设置96家、受理医疗机构执业登记85家、验收合格并颁发医疗机构执业许可证71家,受理医疗机构校验审核796个单位,完成核发医疗机构执业许可证746个单位,限期校验50个单位。受理医疗机构注销32个;受理执业医师注册593人、护士首次执业注册884人、执业护士再次注册6340人,年内有7224名护士持证上岗;完成834名医师资格考试报名、资格审核和实践技能考试工作,报考执业医师516人,其中临床类375人、口腔类27人、公共卫生类51人、中医类63人;报考执业助理医师318人,其中临床类240人、口腔类23人、公共卫生类26人、中医类29人。执业医师和执业助理医师注册、变更注册1085人次。完成高考体检11820人,征兵体检1268人。办理就近医疗1500人,办理离休干部优诊卡196人。处理医疗纠纷200起;答复来信20封;区医学会受理医疗事故鉴定71起,鉴定36起,由区卫生局移交19起,有3起鉴定为医疗事故。其中:1起定为一级医疗事故,2起定为四级医疗事故。区卫生系统接受内蒙古乌海市、察右后旗、阿鲁科尔沁旗等地25人来京进修,向对口支援地区捐助医疗设备及办公用品价值76万元。向怀柔对口支援地区捐助医疗设备及办公用品价值64万元人民币,先后组织义诊活动十余次,义诊人次1610人。共有35名需晋升副主任医师的执业医师到怀柔对口支援的农村医院锻炼。

(孙育红)

【护理工作】 年内,组织召开国际护士节表彰大会,向31名护龄满30年护士颁发荣誉证书、证章;对评选出的在2002—2004年度护理工作和抗击“非典”工作中成绩显著的10个护理工作先进集体、20名优秀护理管理干部、50名优秀护士给予表彰;组织27个单位38名护士长参加北京市举办的护士长培训班,修订并下发《护士长手册》;4所区级医院就病人对护理人员服务满意度,发放调查问卷660份,满意度88.4%;外出培训、进修学习90人次,培训费27200元,其中外出参加护士长管理培训班23人。护理论文刊物发表8篇。医院感染管理全员培训6次,1000余人次;汇编《医疗机构医务人员执业与管理工作手册》下发全区医疗机构;44所社区卫生服务中心和乡卫生院负责代接收所在街乡一级以下医疗机构医疗废物,集中收集、贮存、处置,并负责医疗废物管理知识培训、指导、监督、管理;组织对106家医疗机构进行医疗废物管理专项检查;组织103所一级以上医疗机构的170名医院感染专、兼职人员,分5次参加市卫生局举办的医院感染专业人员岗位培训班;组织二级医院医院感染管理人员参观朝阳医院医院感染管理工作;认真贯彻落实《内镜清洗消毒技术操作规范(2004年版)》,组织区内开展内窥镜的15所医疗机构的医院感染专兼职人员和消毒人员19人参加市卫生局举办的《内镜清洗消毒技术操作规范》学习班,并对开展内窥镜的医疗机构进行摸底调查。组织辖区内42个单位,44名院感专兼职人员、CDC、监督员参加市举办的防治禽流感专题讲座;对基层医疗机构进行非典防控督查2次,96所医疗机构接受检查;对51所开展口腔科的单位进行人员资质和消毒隔离工作专项检查;全区25所二级以上医院建感染性疾病科医院10所。

(孙育红)

【精神文明建设】 年内,组织基层单位广泛开展公共卫生文明示范单位创建活动,制定评比标准,下发《关于进一步加强朝阳区公共卫生文明示范单位创建活动的实施意见》,并在区卫生系统行风建设暨“七一”表彰会上启动创建工作。开展文明礼仪展示和演讲比赛,区CDC和华信医院获首都卫生系统文明礼仪展示第三名,推荐朝阳医院张景等2人代表朝阳卫生系统参加首都卫生系统演讲比赛,获两个第一名。组织医务人员学习文明礼仪知识和奥运医用英语会话手册。举办迎新春文艺汇演、秋季登山比赛;组队参加区群众体育大会、迎国庆群众文艺汇演、区学礼仪知礼仪用礼仪知识大赛等活动;组织形式多样的读书活动;邀请中华医院管理协会医院文化委员会教授讲医院文化建设,引导基层文化建设。

(孙育红)

【献血工作】 年内,全区完成献血任务24078袋,完成率100%。其中,区直属单位献血3027袋,超额完成任务。街头无偿献血13702人次,比上年同期提高30%。新建潘家园、莱太、雅秀街头献血点3个,试运行一年。全年医院总用血量66453袋,其中:成分输血64563袋,成分输血率97%,比上年上升27%;全血1890袋,比上年下降36%;自体输血12187袋,输血率18%,比上年上升41%。对部分一级医院临床用血工作进行改革试点,由医科院肿瘤医院承担妇幼保健院、三环肿瘤、南洋肿瘤、桓兴肿瘤、双井、轻工、东区、十八里店、新景安太、五洲女子等10家医院临床用血,实行集中管理、统一检测和供血。

(孙育红)

【医学教育】 年内,全区25个继续教育基地承担审批继续教育项目311项,培训39400人次。举办各类培训班17期,培训1621人。为社区卫生服务培养全科人才,举办全科医师培训班2期298人;举办全科医师理论考试考前辅导班1期;举办全科医师技能培训考前辅导班1期;举办社区护理培训班1期88人;举办社区护理考前辅导班1期。完成高致病性禽流感全员培训22170人。学历教育423人,其中,大专291人(医59人、技91人、护141人),本科119人(医93人、护26人),研究生13人(医疗专业)。继续教育卫技人员完成学分3035人,占在岗卫技人员总数98.2%。乡村医生参加继续教育考试276人,及格276人。医学教育经费支出191万元。区中医医院承担7个国家134名外国留学生实习工作。区医学会组织学术讲座180场次,参加人员10900人次。

(孙育红)

北京朝阳医院

【概况】 首都医科大学附属北京朝阳医院是三级甲等医院。有职工2220人,其中卫生技术人员1802人,包括主任医师(含相应职称,下同)84人(医师81人;技师3人)、副主任医师194人(医师174人;护师6人;技师6人;药师7人;营养师1人)、主治医师348人(医师171人;护师111人;技师42人;药师23人;营养师1人)、医师828人(医师256人;护师400人;技师113人;药师57人;营养师2人)、护士271人(护士233人;技士26人;药士12人)、未聘77人;其他专业技术人员129人;行政人员76人;后勤人员213人。设病床1030张。

地址:白家庄路8号

电话:85231000

邮编:100020

网址:www.bjcyh.com.cn

(黄维佳)

【医疗工作】 年内,门诊总量1105308人次,急诊91851人次,急诊重症抢救5801人次,抢救成功率95.31%。孕产妇死亡率0,新生儿死亡率0.92%,围产儿死亡率2.02%。住院患者23909人次,出院患者23970人次。病床使用率97.0%,病床周转率24.76人次,平均住院日14.02天。治愈率47.88%,好转率44.19%,死亡率3.58%。医院感染率6.10%。病房手术8872例,门诊手术13677例。体检23989人次。开展新特医疗技术及业务项目29项,近万例。消化内科:无痛内镜检查;内镜下注射内毒素治疗贲门失驰缓症和直肠功能性出口梗阻;消化道早期胃癌镜下切除术;内镜下十二指肠乳头瘤切除术;内镜下胰腺超声检查;内镜下胰管扩张术及内支架术;经皮内镜下胃(空肠)造瘘术;内镜下胰管内超生。超声医学科:腹部肿瘤介入性超声及声学造影应用;超声引导在外科微创术中的应用;超声影像造影。高压氧科:高压氧对运动性疲劳的影响;缺血性脑卒中高压氧康复治疗。职业病科:血浆置换/灌注在中毒性疾病中的应用。耳鼻喉科:经鼻腔泪囊成形术;经鼻蝶窦垂体瘤手术。血管外科:自体干细胞移植治疗下肢慢性缺血。整形外科:自体细胞生物工程美容除皱技术。普外科:腹腔镜下可调式胃捆扎术的研究。眼科:翼状胬肉自身角膜缘干细胞移植术;鼻眼相关外科手术(鼻内窥镜下鼻腔泪囊吻合术、逆行鼻泪道播管术)。口腔科:人工种植牙技术在临床的应用;活髓切断术;牙周病系统治疗;咬合诱导矫治技术;直流电药物离子导入疗法;NiTi机用预备系统根管治疗技术。骨科:带血管蒂吻合血管的游离腓骨移植一期修复双侧股骨头无菌性坏死;下肢截骨矫形同期双膝关节表面置换。组织“健康沙龙”讲座34次,2130人次参加;接待健康咨询2150人次;张贴健康教育宣传横幅11条,发放宣传品3850份。出版《病案图谱》、《实用病案手册》,弥补病案专业书写上无据可查、无图可索局面,创建了行业标准。参与怀柔区氯化氢中毒、密云踩踏事件、福州市光气中毒、广东省惠州市超霸电池厂镉职业危害、多起矿难事件救治等突发公共卫生事件处理工作。

(黄维佳)

【医保工作】 年内,制定近30项管理规定,加大审核力度,减少医疗费用拒付,平均住院费用较上年同期下降17%,拒付费用较上年同期下降280%。

(黄维佳)

【护理工作】 年内,从护理综合管理、护理人力资源管理、护理质量管理、护理教学科研管理四方面提高医院护理工作:修订完善100余项护理管理制度,制定护理风险预案27项和护理关键过程流程14项,护理操作告知程序22项;完善护理质量管理体系,建立质量控制标准;加强护理质量控制,改善服务质量;加强督导,确保护理制度实施;加强技术培训,提高护理专业水平;完成国家级继续教育项目2项,市级继续教育项目3项,区级继续教育项目5项。

(黄维佳)

北京安贞医院

【概况】 北京安贞医院是三级甲等医院。职工2035人,其中专业技术人员1834人,包括正高职称93人、副高职称177人、中级职称750人、初级职称713人(以上均含相应职称),未定职称101人、行政人员110人(含专业技术人员88人)、工勤人员179人。

地址:安贞里

电话:64412431

邮编:100029

(许 峰)

【介入治疗培训中心成立】 7月20日上午,先天性心脏病介入治疗培训中心在安贞医院成立。8名先天性心脏病患儿随后在该医院接受不开胸介入治疗。这意味着,威胁儿童健康头号杀手——先天性心脏病将会被更及时地遏制。据介绍,先天性心脏病在婴儿中发病率约占8‰—12‰,每年大约有15万到20万左右先天性心脏病患儿出生。安贞医院率先在国内采用经导管治疗先天性心脏病介入性方法,采用国际新型封堵器,封堵房间隔缺损、肌部室间隔缺损,动脉导管未闭。成功完成各项不开胸经导管介入治疗800多例,其中年龄最小的6个月,尤其对生长发育低下,缺损大且合并肺动脉高压的小婴儿及幼儿患者的封堵治疗技术积累了丰富的治疗经验,无1例发生严重并发症及远期残余畸形。

(据《北京晚报》)

【医疗工作】 年内,门诊618867人次,比上年增长17.29%,其中普通门诊44806人次,专科门诊160630人次,专台门诊262369人次,专家门诊137581人次,其他13481人次;急诊59052人次,比上年增长4.74%,门急诊抢救3209人次,抢救成功率92.0%。入院人数20609人次,比上年增长44.9%,出院人数20610人次,比上年增长45.77%。床位增加(开放床位数由730张增加到937张),但床位使用率和周转次数仍分别上升3.5和1.14个百分点,平均住院日14.47天,比上年减少0.4天。住院手术7442例,比上年增长23.9%,同比增加1434例,其中心脏手术3335例(包括心外科覆膜支架术62例,冠状动脉搭桥1119例),比上年增长32.19%,心血管内科完成冠状动脉造影5975例,比上年增长59.12%,PTCA2127例,比上年增长68%。永久起搏器320例,射频消融453例。开展的新技术新项目有:神经心理检查;心外管道全腔静脉肺动脉连接术,二尖瓣后叶腱索转移治疗复杂二尖瓣前叶关闭不全,左乳内动脉+桡动脉"Y"型桥全动脉化搭桥,13岁儿童心脏移植,Yacoub手术(保留瓣膜的主动脉根部人工血管置换术),DavidIII型术+升主-左颈总动脉转流术,主动脉瘤及主动脉夹层动脉瘤支架型人工血管置入术29例;液基薄层细胞学技术,原位末端标记技术;非体外循环下手术切除巨大的胸腹主动脉瘤加腹腔内重要脏器动脉及脊髓动脉重建;应用腹膜支架治疗复杂的周围动脉瘤、内脏动脉瘤和动静脉瘘,外科手术和导管介入治疗相结合的同期治疗,对髂动脉、锁骨下动脉、肾动脉完全闭塞患者施行介入治疗和小手术治疗,内脏动脉瘤栓塞治疗,颈内动脉动脉瘤弹簧圈栓塞治疗,蝶骨嵴内1/3脑膜瘤切除,巨大听神经瘤切除保留面听神经,125I放射性粒子永久性植入组织间内,用于恶性肿瘤的治疗;义齿修复激光焊接新技术6例,活动关节式ASOS阻鼾器28例,种植机微创拔牙9例,现代镍钛根管治疗术240例,BLBC种植系统O-Ring修复基台的应用技术(2个基台)3例,球帽、舌侧臂、双套冠故位体的联合应用技术3例;开展13C呼气试验,24小时pH监测,食道测压技术,胃肠动力研究;对体外循环下心脏外科手术病人术前、术后神经系统变化的临床观察及随访,HTK液在体外循环中对心肌保护效果做了初步的动物试验探索。与清华大学合作进行近红外光谱体外循环手术中脑氧饱和度监测的研究,在腹腔镜手术方面,开展了变性人及先天无阴道病人的回肠代阴道术、输卵管复通术、镜下子宫全切术,宫颈Leep术,子宫内膜热球去除术;漏斗胸改良术,气管、食管支架植入,胸腔镜同期双侧手术,树芬太尼应用于心脏手术麻醉;开展星状神经节阻滞治疗偏头疼,开展脊柱前入路治疗难治性脊柱侧凸和上胸椎转移癌切除脊柱重建手术,开展了血管缝合器应用的新技术;恶性心律失常的动态心电图检测纪录,室颤的射频消融治疗,频发室性早搏的非药物治疗;感染实验室开展诊断革兰阴性杆菌感染和败血症的内毒素和降钙素原研究,开展反映机体感染后炎症程度的IL—6研究;等离子射频手术治疗鼾症,腮裂囊肿切除术+耳廓成型术;支架再狭窄的放射治疗,切割球囊,压力导丝,涂层支架,经桡动脉冠脉介入治疗,髂病变的介入治疗,房颤的射频治疗,室速的射频治疗,ICD植入术,三腔起搏器植入术,肥厚梗阻心脏病化学消融治疗,先心病介入治疗等,都取得良好的疗效。

(许 峰)

【医保工作】 年内,采取多种教育和管理措施,变"只管医疗不管费用,只管医疗不管保险"为树立公疗无小事,医保、公费医疗与科室和医院经济效益密切联系观念,在医保管理考核中,安贞医院获三等奖。

(许 峰)

【护理工作】　年内,贯彻落实规范化服务达标标准,完善三级护理制度,使医院整体护理水平得到提高。8项主要质量指标中7项达到市卫生局要求合格标准:其中病房管理94.79分,基础护理99.37分,专业理论技术操作72.39分,消毒隔离98.38分,治疗室管理96.25分,护理文件书写94.95分,急救物品及药品管理99.03分,病人满意度98.04分。

(许　峰)

中国医学科学院肿瘤医院

【概况】　中国医学科学院肿瘤医院原名日坛医院,为三级甲等医院。建筑面积77198平方米。职工1530人。其中卫生技术人员993人,包括主任医师45人、副主任医师93人、主治医师130人、医师100人;护士426人,其中副主任护师2人、中级主管护师119人、护师182人、护士123人;行政人员165人;工勤人员136人。病床1198张,万元大型医疗仪器设备总数2273台,其中10万元以上设备总数388台。

地址:潘家园南里17号

邮编:100021

电话:67718863

网址:www.cicam.ac.cn

E－mail:fufenghuan@sohu.com

(院　办)

【医疗工作】　年内,门诊320484人次,急诊2457人次。住院16068人次,出院15998人次,病床使用率90.0%,治愈率62.41%,好转率28.8%,死亡率2.23%。手术例数7226例,主要手术:肺叶切除术、胃大部切除术、食管贲门癌根治术,直肠癌根治术,胰腺癌根治术,肝叶切除术,乳腺癌改良根治术、宫颈/全子宫切除术、双侧睾丸实质剥脱术、膀胱部分切除术、肾切除术、全膀胱切除＋回肠代膀胱术、喉切除(双颈清扫)、甲状腺联合根治术(胸内)、腮腺浅叶切除面神经解剖、上颌骨肿瘤切除、全喉全下咽胃代食管术、鼻侧壁肿物切除术、腹腔镜下附件切除、卵巢切除、子宫肌瘤剔除以及减瘤术＋盆腔淋巴结清扫等。

(院　办)

【医保工作】　年内,医院下发《关于提高医保患者出院结算工作效率的通知》,规定医保病人院内结算周期不得超过5个工作日,每个工作环节均有明确时间限制,超时者按规定进行经济处罚。接待北京市基本医疗保险住院及门诊特病参保人员14921人次。其中住院并已结算医保病人2993人次;门诊特病参保病人11928人次。根据门诊病人与住院病人比例测算,接待门诊参保病人约84140人次。

(院　办)

【护理工作】　年内,各项护理质控结果:护士行为合格率98.5%、基础护理合格率98.4%、特一级护理合格率99%、护理操作合格率98.6%、药物管理合格率99.5%、表格书写合格率98%、急救药品合格率99.7%、消毒隔离合格率98.3%、病房管理合格率99.8%、病人问卷合格率94.2%、继续教育学分合格率100%、新操作系统培训率97%、病人入院评估覆盖率100%、健康教育知晓率99%。

(院　办)

首都儿科研究所

【概况】　首都儿科研究所是以研究儿科疾病和儿童保健为主,治疗儿童疾病为重点的医疗、医学研究机构。职工877人,其中科研、卫生技术人员654人(包括正高级职称37人、副高级职称64人、中级职称194人、初级职称254人),行政人员83人,其他技术人员55人,工勤人员85人。附属儿童医院是三级甲等医院,北京大学及北京高等医学专科学校教学医院。

地址:雅宝路2号

电话:85637766

邮编:100020

网址:www.shouer.com.cn

E－mail:shoues@mail.bjhb.gov.cn

(胡　爽　陈关君)

【科研工作】　2004年在研课题104项,其中国际合作课题7项,国家级课题6项,部市级课题36项,局级课题6项,所级课题46项,横向课题3项,研究经费2516.38万元。在项目参与单位共同努力下,完成对北京市7个区县24000余名0—18岁儿童青少年健康体检,从中筛查出4000余名超重、血压偏高、血糖和血脂异常的高危儿童,并完成对其中2806名高危儿童的复查和临床确诊。

(胡　爽　陈关君)

【医疗工作】　年内,医院业务收入1.4995亿,比上年增加31%。门急诊101.60万人次,比上年增加28.48%,诊断符合率96.83%,7日确诊率97.08%,平均住院日7天,手术1188例,抢救成功率92.28%,院感率4.7%,出院7939人次,出院病人满意度96.8%。成功救治多例心肺呼吸衰竭、多脏器衰竭、病毒性脑炎、暴发性心肌炎、阿斯综合症等急危重症患儿。外科积极开展新手术疗法,进行腹腔镜阑尾切除术、尿道狭窄金属支架置入术,成功进行新生儿腹壁裂内脏外翻修补及新生儿联体畸形分离等高难度手术。新开设儿童心理门诊、语言矫治门诊、生物反馈门诊、铅防治门诊等。特别是儿童心理门诊月门诊量达400—500人次,通过积极心理干预，绝大多数因忧郁、焦虑、心理压力等心理障碍前来就医的孩子得到有效治疗。通过首儿网站、首儿所报、科普宣传栏等形式，为患儿家长提供快捷、优质的交流平台。网站自开通以来已有6万余人次点击，回复家长咨询信950封，开辟“专家在线”栏目，每周安排1—2名专家进行在线咨询。院外医疗部在周边区县的医疗网点管理中，定期组织专家出诊、会诊、手术，培训当地医务人员，转运疑难重症患者。派出专家264人次，诊治病人6182人次，手术25人次，会诊病人196人次，转诊8人，医务人员中有8230人次下乡工作。

（胡　爽　陈关君）

中日友好医院

【概况】　中日友好医院由日本国政府提供无偿援助，中日两国合建。有职工2657人，其中临床医师626人，包括主任医师124人、副主任医师189人、主治医师184人，硕士研究生学历以上268人（其中硕士212人、博士55人、博士后1人），护理人员826人，临床医技人员381人。

地址：和平里樱花东街1号

电话：64221122

邮编：100029

网址：www.zryhyy.com.cn

（院　办）

【医疗工作】　年内，门急诊922611人次；出院22912人数，床位使用率90.6%；平均住院日17.6天；手术量13876人次。承担中央保健工作的全年门诊量为9000人次，住院人数为129人次，接受各种会议医疗保健任务28次。国际医疗部共诊治了160多个国家和地区的患者38506人次。成功开展肝脏移植、肺脏移植、股骨头坏死保头手术、颅面联合进路颅底肿瘤切除术、纤维支气管镜冷冻治疗气管和支气管肿瘤、冠状动脉联合颈动脉内膜剥脱术、经桡动脉冠脉造影、胰岛素泵强化治疗糖尿病、中西医结合治疗重症胰腺炎、中药离子导入治疗仪治疗不育症等一批新技术、新项目。

（院　办）

【护理工作】　年内，重新整合各大科护理管理单元，进一步完善五个护理质量委员会管理职责，对基础护理、消毒隔离、急救管理、药品管理等12项内容定期检查。对急诊物品、护士站、治疗室、处置室等统一布局，初步实现各病区规范化管理。

（院　办）

【医保工作】　年内，与北京市和朝阳区医保中心分别签定《基本医疗保险定点医疗机构服务协议书》；根据协议书要求，结合院内实际情况，制定《中日友好医院基本医疗保险管理协议书》，并与各临床医技科室及相关职能处室分别签定协议。接待医保住院治疗患者5825人次，平均住院日22天，次均费用14373元，较上年降低13.05%。在市基本医疗保险定点医疗机构评比中获二等奖。

（院　办）

垂杨柳医院

【概况】　垂杨柳医院为区卫生局直属二级甲等医院，是朝阳区公费医疗、医疗保险、工伤保险、生育保险、农村合作医疗人员、城市特困人员、优抚人员、失业人员定点医疗机构。占地20822.36平方米，总建筑面积24635.04平方米。职工总数860名，其中卫生技术人员710名。床位401张，固定资产总值1.57亿元。大型医疗仪器设备（价值50万元以上）54台件，总价值7272万元。10万元以上设备218件。

地址：垂杨柳南街2号

电话：67718822

邮编：100021

网址：www.cylh.com

E－mail：webmaster@cylh.com

（王海燕）

【医疗工作】　年内，门诊432318人次，急诊75051人次，急诊危重病抢救1546人次，急诊抢救成功率97.93%，孕产妇死亡率0，新生儿死亡率1.57‰。手术例数4590例，病床使用率81.85%，治愈好转率93.49%，死亡率4.3%。全年开展新技术、新疗法65项。如：经皮经肝胆道镜术、超声内镜＋穿刺术、输尿管镜下气压弹道超声碎石术、经皮肾镜下气压弹道超声碎石术、输尿管镜下对上尿路疾病诊断治疗、术后经T管胆道镜取石、无张力疝修补术、经皮激光椎间盘减压术、人工全膝关节置换治疗增生性老年性骨关节病、人工全髋关节置换、颅内外动脉狭窄支架血管成型术、颅内动脉瘤夹闭术、颅内动脉瘤栓塞术、颅内外沟通肿瘤切除术、经鼻垂体瘤切除术、幕上脑肿瘤切除术、胸骨后甲状腺肿切除术、乳突改良根治－Ⅰ期鼓室成形术、喉肿物切除喉成形术、胸腔镜治疗胸外伤、灭菌注射用水热疗治疗癌性胸腔积液、纤维支气管镜堵塞法肺减容术、肌间沟臂丛联合颈浅神经从神经阻滞麻醉。

（王海燕）

【医保工作】　年内，制定管理制度，医保病人就诊人数逐年增加，门诊医保人数占总门诊量60%—70%，医保住院患者3343人次，发生费用4270万元，分别比2002年、2003年上升36%和65%。

（王海燕）

【护理工作】 年内,院护理质量管理安全委员会定期对基础理论、基本操作、基础护理、护士素质进行专项监督、检查及抽查,并将问题汇总分析反馈落实。特护及一级护理合格率94.7%,基础护理合格率96.1%,护理操作合格率97.3%,急救用品完好率99.3%。

（王海燕）

【交流合作】 年内,接待国外来访者14人次。8月16日至19日,与同济大学、中国医师协会、德国汉堡大学共同主办北京CBD国际微创医学论坛暨国际微创技术演示会。会议期间,来自德国、美国、比利时、日本和中国的医学、社会学、新闻界、医院管理以及多学科微创技术等方面的45名专家学者进行专题演讲。心血管系、妇科、消化系、呼吸系、泌尿系等领域国内外微创技术专家学者进行微创技术现场演示。9月16日至20日举办颈椎病诊断与治疗新进展高级讲习班,邀请日本丸茂医院丸茂仁教授讲解PLDD(经皮激光椎间盘减压术)微创技术临床应用。11月24日,德国弗莱堡大学KurtFritzsche教授为全院职工介绍肿瘤患者心身医学联络会诊服务。年内,与德国汉堡大学医学院合作组建中德微创技术培训中心,并纳入教育部国际交流项目。日中医学交流中心将PLDD培训基地设在垂杨柳医院,推广PLDD技术,研究与探讨此项技术在治疗对颈椎病、腰椎间盘突出症方面的适应症、禁忌症、手术操作方法、术后评价等方面的统一标准,使PLDD技术在全国规范化健康发展。

（王海燕）

朝阳区第二医院

【概况】 朝阳区第二医院为区卫生局直属二级甲等医院,是朝阳区公费医疗、医疗保险、生育保险、农村合作医疗人员、城市特困人员、优抚人员、慈善老人定点医疗机构。占地8039.7平方米,总建筑面积15325平方米,其中病房楼面积6280平方米,门诊楼面积7029平方米。截至年底职工总数458人。其中卫生技术人员369人,有主任医师6人、副主任医师34人、主治医师人80人。开放病床179张。固定资产总值4988万元。万元以上大型医疗仪器设备193件总价值1622.81万元,其中10万元以上设备49台。

地址:金台路13号内2号
电话:85993431
邮编:100026
E－mail:cyey@ cyeyhospital. com

（迟丽娜）

【医疗工作】 年内,总收入7700万元,其中医疗收入2701万元,药品收入4575万元。全年用于设备投入300万元,用于基本建设支出317万元。增加医疗用房1251.81平方米。门诊总量252229人次,急诊总量16620人次,住院2843人次,出院2848人次,床位使用率63.3%。出入院诊断符合率99.51%,危重病人抢救175人次,抢救成功率83.43%。治愈好转92.97%,死亡率4.32%。手术1648例,其中大手术422例,主要手术巨大胸骨后甲状腺腺瘤切除术、胆囊切除术、子宫切除术、胃大部切除术、小肠部分切除术、半月板切除术、乳腺根治术、人工股骨头置换术。妇科完成宫颈早期浸润癌、宫颈浸润癌二例宫颈癌根治术。完成阴道镜检查518例,与检验科合作开展肿瘤标记、女性激素水平测定等免疫生化项目。建立HIV筛查实验室等。

（迟丽娜）

【医保工作】 年内,根据医保中心下发的《费用支出情况通报》,结合本院《病房管理综合评分标准》,根据工作量、住院次均费用、药费比例、病历返修率、拒报情况等指标进行管理,加强住院病人手册管理,严格审核、结算,保证医院资金回笼。根据北京市医保规定及相关配套文件精神,先后制定出医院基本医疗保险就医管理制度、医保患者门诊急诊就诊须知和住院须知、转诊转院管理制度及质量考核标准。承担29家享受公费医疗的3000余人医药费审核报销及公费医疗政策培训、制度执行等工作。根据医保政策制订各项规章制度,全年对全院医务人员进行2次医保政策培训,并对政策执行情况进行评估。医院医保病人就诊人数逐年增加,门诊医保人数占总门诊量的70%—80%,医保住院患者1205人次,发生费用1016万元。

（迟丽娜）

【护理工作】 年内,院护理质量管理安全委员会定期对基础理论、基本操作、基础护理,护士素质进行专项监督、检查及抽查,将问题汇总分析,督促反馈并落实。完成理论考试6项,590人次参加;操作考核2次,796人次参加;全员心肺复苏考核402人参加。根据评审工作需要,对原22项护理管理制度进行修订,增订21项管理工作制度、21项工作流程、18项应急预案。全年特护及一级护理合格率99%,基础护理合格率97%,护理操作合格率99%,急救物品合格率100%。

（迟丽娜）

【对口支援】 年内,与来广营医院对口支援,医院投入大量人力、物力选派优秀管理人员直接对来广营医院管理、经营;派出8名晋升高级职称人员到对口支援单位怀柔九渡河医院参与医疗工作;与内蒙古阿鲁科尔沁旗中医医院对口支援,捐赠呼吸机1台,手术无影灯1台,两次捐赠医疗设备、药品等价值14万元,接收卫生技术进修人员1名。

(迟丽娜)

朝阳区中医医院

【概况】 朝阳区中医医院为区卫生局直属二级甲等医院,建筑面积8000平方米,职工206人,其中卫生技术人员163名,有主任医师1名、副主任医师14名、主治医师37名。固定资产总值3732万元,大型医疗仪器设备35件,总价值1289.6万元,病床150张开放80张。

地址:工体南路6号
电话:65534914
邮编:100020
E-mail:cyqzyyy@163.com

(董鸿蓉)

【医疗工作】 年内,总诊疗144290人次,门诊132850人次,急诊8311人次,急诊危重症抢救12人次,抢救成功率91.67%。全年住院病人757人,出院病人744人,床位使用率61.77%,治愈率15.3%,好转率74.59%,死亡率3.14%,手术例数116台,包括骨科手术、普外手术、肛肠手术等。

(董鸿蓉)

【医保工作】 年内,依据市医保中心下发的费用通报,分别制定住院费用量化考核指标和门诊费用量化考核指标,目的是降低患者医疗费用,降低参保人员负担。全年医保患者住院296人次,平均每人次住院费用9134元,平均住院日26天,药费占住院总费用54.7%,自费比例3.16%。

(董鸿蓉)

【护理工作】 年内,一级护理258人次,护理操作合格率99.7%,急救用品完好率100%。院内护理质控小组每月定期对全院护理工作及消毒隔离情况全面检查,严格执行《北京市中医医疗机构护理工作质量标准》,护理部定期对全院护理人员进行理论及操作考核,成绩记录在案。护理部获市中医管理局"优秀护理部"称号,1人被评为优秀护士。

(董鸿蓉)

【交流合作】 5月18日,以奥地利下澳洲医院管理协会舒尔茨主席为团长的奥地利下澳洲医院管理协会代表团一行28人到院考察访问。中医医院与下澳洲医院代表团签署合作交流意向书。

(董鸿蓉)

爱国卫生

【概况】 朝阳区爱国卫生运动委员会(简称区爱卫会),负责全区爱国卫生工作宣传发动、组织协调、监督指导、检查评比和开展创建国家卫生区(简称"创卫")工作。年内,全力组织创建国家卫生区工作,四害密度、环境质量等10方面、62项指标达到国家卫生区标准,8个市爱卫会命名的卫生村检查验收合格。全区评出市爱国卫生红旗单位2个、市爱国卫生先进单位140个、先进社区15个、市爱国卫生先进个人100名;区爱国卫生先进单位300个、先进社区7个、卫生村9个,区爱国卫生先进个人201名。

地址:松榆东里甲38号楼
电话:67324708
邮编:100021

(吴国君)

【城市清洁日】 年内,区爱卫办下发《关于开展城市清洁日活动的通知》规定每月城市清洁日活动时间及主题,提出搞好城市清洁日具体要求。做到年有计划、月有安排、活动有检查。全年参加清洁日活动约有31.2万人次,清理小街小巷8719条,清理堆物堆料和积存垃圾1511.6吨,清理卫生死角342处,清除非法张贴物13699处,保洁绿地1337075平方米,出动机动车590台次,设置宣传站(点)253个,发放各种宣传品213990份,挂横幅193条、彩旗1000余面,布置板报、展板1084块,投放灭鼠药品101公斤、灭蟑药剂45箱、粉剂240盒、烟雾剂1450枚,喷洒滞留药剂11吨、灭蝇药品165箱2000袋,粘蝇条2500条,捡拾白色污染123公斤,擦拭健身器材189个、公用电话亭83个、垃圾桶1896个。

(吴国君)

【禁烟控烟】 2月,爱卫办在"两会"召开前夕,对"两会"代表驻地大小会议室及其它公共场所禁烟工作进行全面检查。针对禁烟标志陈旧及不醒目等问题,要求有关单位立即整改,及时更换禁烟标志近百块,同时要求设立吸烟室、吸烟区域,进一步完善禁烟措施。5月31日是第17个"世界无烟日",区爱卫会组织开展一系列禁烟、控烟宣传活动,出动1万余人次,张贴各种宣传画5000余张,张挂横幅110

条，出板报、专栏260余块，发放宣传品10万余份，6000多名中小学生在“拒吸第一支烟，做不吸烟的新一代”横幅上签名。年内，出动执法检查人员210余人次，检查8大类公共场所2484个。其中，非示范街单位1215个，合格单位1199个。检查示范街单位1269个，合格单位1264个。对21个不合格单位（均为禁烟标牌不规范）现场指正，限期整改。

（吴国君）

【创建国家卫生区】 6月15日，朝阳区创建国家卫生区聘请的近2万名监督员正式上岗。年内，按照《国家卫生区标准》重点抓好爱国卫生组织管理、健康教育、市容环境卫生、环境保护、公共场所及生活饮用水卫生、食品卫生、传染病防治、除四害、单位和居民区卫生、民意测验等10个方面，62项指标均达到国家卫生区标准，先后顺利通过市爱卫会专家组4次检查验收。

（张安定）

【除四害工作】 年内，投入资金306万余元，购鼠药80余吨、灭蚊蝇蟑药品60余吨发至各街乡和社会单位用于公共场所消杀。确保投药覆盖率、到位率100%。全区除四害达标工作通过市爱卫会专家组检查考核，四害密度各项指标达到国家卫生区标准。

（吴国君）

药品监督管理

【概况】 北京市药品监督管理局朝阳分局是北京市药品监督管理局派出机构，下设办公室、安全监管科、市场监督科、医疗器械科、稽查科和药品检验所。截至年底，辖域内有医药企业1687家，其中药品生产企业33家、药品经营企业317家（批发43家，零售246家，乙类非处方药品专柜28个）、医疗器械生产企业108家（其中Ⅰ类13家）、医疗器械经营企业1229家。有制剂品种的医疗机构33家。年内，据对33家药品生产企业、304家药品经营企业、90家医疗器械生产企业和552家医疗器械经营企业统计，药品生产企业总产值20.08亿元，药品经营企业销售收入40.64亿元，医疗器械生产企业总产值7.1亿元，医疗器械经营企业销售收入59亿元，医药行业纳税总额7.2亿元。

地址：管庄乡1号

电话：65776866

邮编：100024

（孙晓芳）

【行政许可】 年内，组织人员依据《中华人民共和国行政许可法》对涉及药品监督朝阳分局的行政许可事项进行全面清理，涉及行政许可8大项、19小项。核发新办药品零售企业42家，变更100家次；核发新办医疗器械经营企业270家，变更187家次；核发新办医疗器械生产企业24家，变更19家；审批“麻醉药品专用卡”1060张。

（孙晓芳）

【药械稽查】 年内，受理举报、投诉235件，立案38件，做出行政处罚30件，罚没款30万余元，没收药品价值15万余元；开展各类专项整治、集中检查10次，监督检查938家次，出动执法人员2500余人次。

（孙晓芳）

【药品抽验】 年内，完成药品抽样855批次、医疗器械抽样42批次、基础测试100件。药品检验895批次，合格率98.7%。

（孙晓芳）

【药品不良反应监测】 年内，指导二、三级医疗机构和部分一级医疗机构药品不良反应网络在线报告，上报不良反应报表1226份，比上年增加32%。

（孙晓芳）

【GSP、GMP认证】 年内，区内276家药品经营企业通过药品经营质量管理规范（GSP）认证，占应认证企业96%。17家药品生产企业全厂通过药品生产质量管理规范（GMP）认证，4家部分剂型通过GMP认证，占应认证企业81%。

（孙晓芳）

【服务型机关建设】 年内，启动北京市企业网上年检系统，实现网上申报、网上审核。对GSP认证企业开展网上培训、网上答疑，培训1500余人次。8月初，开办服务大厅，改革机关办事程序，统一服务标准、统一程序、统一时限，从各科室选派人员专职负责受理工作，实现全部行政许可职能一站式办公和一条龙服务，到年底接待各类申请事项813个，受理各类许可事项772个（即时办理410个）。开通药品监督朝阳分局网站，实现网站信息共享、政务公开。

（孙晓芳）

【调研工作】 年内，针对中药饮片管理、放射性药品使用和性保健品市场现状进行调研,分别写出调研报告。11 至 12 月,开展医药行业现状大规模调研,对区内药品、医疗器械生产、经营企业 2001—2004 年发展状况进行较为全面统计,编印《朝阳区医药行业信息手册》,为上级领导和有关部门决策提供数据。

(孙晓芳)

【内部管理】　年内,全面修订《药品监督朝阳分局制度汇编》,进一步规范管理,形成 4 册、8 大类、74 项制度;建立《药品监督朝阳分局档案管理制度》,强化档案规范管理。

(孙晓芳)

社会生活

民政工作

【概况】 朝阳区民政局(简称区民政局)是区政府的职能部门,依法对社会事务进行管理,对全区民政工作进行业务指导、协调和检查,依法维护和保障人民群众基本生活权益,促进社会公平,维护社会稳定。主要负责:社区服务、婚姻登记管理、弃婴收养、优待抚恤、双拥、城乡居民最低生活保障、复退军人接收安置、地方退休人员管理、军队离退休干部服务管理、接收捐赠、殡葬管理、见义勇为、区划、基层政权建设、民间组织管理、社会福利彩票发行、社会福利生产管理、流浪乞讨人员救助等工作。现有行政科室9个,编制42人。事业单位21个,编制109人。年内,制定《朝阳区民政局行政许可配套工作制度》,确立8项行政许可事项,组建15人的综合执法小组。全年完成民政调研课题46个,其中2篇调研报告分获市民政系统优秀调研成果一等奖和三等奖。有25项工作被评为市优,占参评单项先进的86.2%。

地址:道家园6号楼附楼

电话:65023617

邮编:100025

(宋 磊)

【颁发全国第一对新结婚证】 1月1日,市民政局副局长孟均、副区长佟克克到本区婚姻登记处视察新婚姻登记证颁发工作,孟均为全国第一对使用新婚姻登记证的新人颁证。当天全区有148对新人办理婚姻登记手续。

(宋 磊)

【行政区划】 年内,撤销楼梓庄乡,并入金盏乡,设立金盏地区办事处;撤销黄港乡,并入孙河乡,设立孙河地区办事处;撤销南皋乡,并入崔各庄乡,设立崔各庄地区办事处;撤销管庄街道办事处,将所辖区域分别划归管庄地区、三间房地区、黑庄户乡,设立黑庄户地区办事处;调整大屯地区和洼里地区边界,将洼里地区办事处更名为奥运村地区办事处。在原东坝乡、豆各庄乡、王四营乡,分别设立东坝地区办事处、豆各庄地区办事处、王四营地区办事处。在充分调研论证基础上,编制《朝阳区行政区域调整规划工作方案》和方案演示,下发《朝阳区民政局关于部分街乡行政区域调整勘界工作的实施方案》,完成有关街乡区划勘界工作和行政区域界线管理自查工作。启动朝阳区行政区域界线管理数据库设计制作。

(宋 磊)

【双拥工作】 年内,全区为部队解难题、办实事120余件,投入资金1300多万元;春节和“八一”期间,慰问部队286次,赠送慰问金423.6万元和价值212万元慰问品;全区各单位投资800多万元为部队建起23个多媒体培训中心、文化教育中心和图书室;向部队赠送价值340万元的学习用品;为部队举办英语等培训班103期,培训官兵3400余人。全区投入60多万元帮助21个基础设施薄弱连队改善物质、文化生活条件;各街乡帮助800多名家庭有特殊困难官兵解决实际问题;驻区各部队机关科室、连队和团以上领导同180多名特困群众结成一助一帮扶对子,为他们解难题、做好事160多件;数十家非公企业加入双拥共建行列。投资1500多万元的预备役营房工程基本竣工,即将交付使用;驻区北京军区司务长培训大队获全国“拥政爱民模范单位”称号;在北京市双拥工作会议上,全区获首都军(警)民共建先进单位标兵4个、先进单位9个、先进个人6个;有40个共建对子被评为朝阳区军(警)民共建先进单位;涌现武警九支队、卫戍区66322部队等6个学习型军营示范单位。本区获得“全国双拥模范城”三连冠和“北京市双拥模范区”四连冠。

(宋　磊)

【优待抚恤】 年内,提高革命伤残人员保健(抚恤)金标准和优抚对象定期抚恤补助标准,拨付1480万元用于解决优抚对象住房难看病难生活难问题;完成城市优抚对象廉租住房实物配租两期工作,对符合条件的72户优抚家庭公开摇号,摇中65户,另7户由房管部门发放租金补贴;拨款1.2万元对个别农村优抚对象住房进行整修;为优抚对象及时报销医药费180万元;为3名患病优抚对象发放一次性临时困难补助1.3万元;为革命伤残人员修配假肢、病理鞋,办理优抚对象死亡丧葬费,发放一次性抚恤金,发放临时困难补助费等共计164.93万元;为优抚对象发放各类生活补助307.29万元;春节期间为各类优抚对象发放过节补助100.8万元;为1945名优抚对象增加各种补助16.73万元;足额兑现义务兵优待金,共发放707.58万元。

(宋　磊)

【复退军人安置】 年内,接收安置复退军人559名,安置率100%。农村籍94名全部回乡。需要政府安置的城镇籍464名中,自谋职业252人,支出一次性补助费504万元;安置就业212人,待安置期间支付生活补助、培训经费、困难补助32.65万元。在出资537万元安置复退军人基础上,增加了三项新举措:一是为鼓励退役士兵参加并能通过高等自学考试、成人高校统一考试、职业技能鉴定等出台奖励政策。二是为鼓励城镇士兵自主择业出台一次性奖励2000元政策。三是加大城镇退役士兵安置工作力度,将辖区内所有机关、团体、企事业单位,包括非国有经济单位、民办企业单位全部纳入安置城镇退役士兵范围,对安置任务确有困难的单位,实行安置任务有偿转移新办法。

(宋　磊)

【军队离退休干部管理】 年内,完成审核新接收30名军休干部、无军籍职工个人档案和核定工资标准及各项接收安置工作。朝阳军休办完成227楼地下室回填工作,对部分专项楼房实施楼顶防水施工和污水管道改造,对小区垃圾分类收集处理。老干部用车货币化稳步推进,对军休办7名司机实行分流。开展老干部活动30余次,组织150多名老干部到国家奥林匹克公园参加义务植树劳动。“五一”、“八一”、“十一”期间举办老干部诗、书、画楹联作品橱窗展,举办了台球、沙弧球、扑克、象棋等比赛。国庆节组织40多名老同志到中华民族园和“天下第一城”秋游。组织党员到军事博物馆参观《延安精神永放光芒》大型图片展览等。

(宋　磊)

【城乡最低生活保障】 年内,拟定《关于进一步加大城乡社会救助力度的意见》,起草了《朝阳区农村特困人员医疗救助暂行办法》、《关于对城乡低保对象实行分类救助的意见》等文件。截至12月底,全区共有城乡困难群众6894户、13480名,发放城乡最低生活保障金3589.13万元。依据应退尽退管理机制,全年对817户不符合低保条件的低保对象停止保障,基本实现了动态管理下的应保尽保。全年对451人次实施医疗救助,发放医疗救助金110.26万元,对189户特困家庭实施临时救助,发放临时救助金78.17万元;为全区162户城市低保人员解决廉租住房问题,减免829名特困人员子女九年义务教育学杂费、书费90.84万元。

(宋　磊)

【养老扶幼机构建设】 10月20日,区社会福利中心启动。区社会福利中心是由区政府和王四营乡政府共同投资兴建、隶属区民政局直接管理的事业单位。占地5500平方米,建筑面积3602平方米。主要业务范围:负责老人颐养,负责辖区内孤儿与弃婴收养,办理孤儿与弃婴寄养和送养手续。中心共有老年人床位150张,儿童床位50张。11月30日,全区首家以日托为主,集娱乐、休闲、健身为一体的综合社区托老所在垡头街道成立。年内,全区共有养老机构35家,共2234张床位,入住1495人,其中五保老人174人、社会老人1256人、孤残儿童8人、其他人员57人。对潘家园、劲松、六里屯、香河园、呼家楼、八里庄等6个托老所改(扩)建工作进行检查验收;成立朝阳区养老服务质量星级评定委员会,做好养老机构等级划分评定工作;在充分调研基础上提出《关于加强养老机构规范管理工作意见》(草稿),实行规范化服务和管理。

(宋　磊)

【见义勇为权益保护】 年内,依法受理白森、牛光军见义勇为申请1起。白森、牛光军被评为“首都见义勇为好市民”,三间房乡政府被评为“首都见义勇为权益保护工作先进单位”。广泛宣传朝阳区21名授予荣誉称号的见义勇为人员的英模事迹。向全区100余家企事业单位、医院、学校及个人募集见义勇为基金23.61万元,此项工作被市民政局评为募集见义勇为基金组织一等奖。对特困见义勇为人员董学法特批一次性临时困难补助4000元。

(宋　磊)

【婚姻登记收养管理】 年内,办理婚姻登记22080对,其中结婚登记18657对、离婚登记3223对。办理收养登记244件。婚姻登记和收养登记合法率均为100%。

（宋 磊）

【殡葬管理】 全区火化率继续保持100%；完成清明期间群众扫墓接待各项工作任务；对区内1起非法销售封建迷信用品的违法行为进行了行政处罚。

（宋 磊）

【社会团体管理】 年内，坚持培育发展与监督管理并重方针，规范民间组织发展，加大查处非法民间组织力度。成立登记社团5个、分支机构5个，社团总数76个。成立登记民办非企业单位36个，民办非企业单位总数204个。

（宋 磊）

【福利彩票销售】 年内，福利彩票销售的整体形象不断提升，销售水平不断提高，全年福利彩票销售总额2.92亿元，位居全市首位，被北京市福彩中心评为福彩发行工作先进单位，并获福彩销售额总量一等奖、福彩销售进步一等奖、福彩销售过两亿特别贡献奖。

（宋 磊）

【征地超转人员管理】 年内，制定贯彻落实《关于征地超转人员生活和医疗补助若干问题意见》实施意见，加大解决征地超转人员信访难点问题。截至12月底，全区共有超转人员8268人，全年发放生活补助4784.56万元。

（宋 磊）

【社区服务】 年内，完成96156社区服务平台服务超市信息采集工作，结合全区社区服务及相关管理软件实际，创立96156社区管理网络运营管理、应用机制。依托96156热线，以社区信息化建设为重点，整合资源，拓宽服务领域。大力开拓公益福利性项目，以家政服务和房屋经济服务为重点项目，打造朝阳区便民连锁的服务品牌，发挥中心在全区社区服务工作中的龙头、示范、辐射作用。

（宋 磊）

社区建设

【概况】 中共朝阳区委街道工作委员会（简称区委街工委）、朝阳区人民政府街道工作办公室（简称区街办）是负责本区街道工作的主管部门。全区下设朝外、建外、双井、劲松、垡头、机场、小关、安贞、望京、三里屯、六里屯、八里庄、酒仙桥、香河园、麦子店、团结湖、亚运村、和平街、左家庄、呼家楼和潘家园21个街道办事处171个社区。21个街道面积83.7平方公里，常住人口143.7万人。作为区委、区政府派出机构，各街道设工委和办事处，街道工委对辖域政治、行政工作和社会组织实行政治领导，街道办事处对辖区内社区建设、城市管理、社区服务、社区卫生、社区治安、综合治理、精神文明建设等工作行使行政管理职权。

地址：日坛北街33号

电话：65099333

邮编：100020

（安克红）

【创建安全社区工作】 10月26日，朝阳区创建“安全社区”启动仪式在望京体育公园广场举行。全国政协常委、人口资源环境委员会副主任、中国职业安全健康协会理事长张宝明，北京市副市长吉林出席。“安全社区”概念源于1989年世界卫生组织在瑞典举行的世界预防意外及创伤会议确立的安全宣言。其宗旨为联系社区内不同机构、组织资源，利用各家所长开展不同的安全推广活动，以提高居民在安全及健康方面生活素质，倡导“安全、健康、文化”的社区理念。开展安全促进活动的社区被称为“安全社区”。年内，区街办制定《朝阳区街道系统关于开展创建“安全社区”活动的工作计划》，建立创建组织机构和联系网络。试点单位望京、建外、麦子店、亚运村等街道制定创建实施方案，确定实施步骤及工作内容，提出工作标准和要求。

（安克红）

【加大社区建设力度】 年内，制定下发《朝阳区社区建设规范标准》、《关于加强街道居民工作经费和社区党建工作经费管理意见》、《关于加强社区中介服务组织管理的意见》、《关于完善社区居民自治的指导意见》、《关于加强新建居住区、居民小组的规范管理意见》、《关于加强社区服务中心建设与发展的意见》等文件；投资3588万元，改扩建社区办公服务用房，78个社区居委会集中办公和服务用房达300平方米以上；视频会议、社区政务和综合信息服务平台运行，初步实现区街办、街道办事处、社区居委会三级信息互动、政务互通、服务共享；制订下发《关于加强社区中介服务组织管理的意见》，整合、引进社会中介服务组织，为居民生活提供专业化、技能化服务，并纳入街道社区服务体系；组织社区专职工作者岗位培训1228人，提高培训617人。

(安克红)

【构建为民服务体系】 年内,制定《关于建立为民服务办公室的意见》,建成21个为民服务办公室、18个为民服务大厅、171个居民事务代办站。涉及审批证明、代办证件、咨询服务、发放报销费用四大类29项政务服务,涉及家政服务、文化培训、医疗保健三大类30项事务服务。

(安克红)

【解决八难问题】 年内,为落实区委、区政府提出的解决"八难"问题(包括看病难、早点难、停车难、绿化难、保洁难、治安难、就业难和买菜难),编制了解决"八难"问题白皮书,召开4次现场会和9次协调会,推出六里屯、双井、呼家楼、朝外、和平街等一批在解决"八难"工作中涌现出来的先进典型。

(安克红)

居民生活状况

【概况】 年内,据城市住户调查资料和农村住户调查资料显示,全区城乡居民家庭人均收入比上年有所增加,城市居民家庭人均可支配收入15757元,同比增长13.4%,农村居民家庭人均纯收入10261元,同比增长8.1%;城乡人均总支出比上年有所增加,城市居民人均家庭总支出17325元,同比增长17.6%,农村居民人均期内现金支出8164元,同比增长8.3%;城市居民人均储蓄总额较上年有所下降,城市居民人均提取储蓄款3406元,同比增长15.5%;人均存入储蓄款3403元,同比下降2.6%;人均储蓄性保险支出221元,同比增长34.8%。农村居民人均储蓄总额较上年有所增加,农村居民人均期末手存现金1900元,同比增长62.1%;人均期末存款余额10988元,同比增长11.8%。

(王林兰)

【居民收入】 年内,全区城市居民家庭人均可支配收入15757元,比上年增加1859元,同比增长13.4%。在收入四项构成中,人均工薪收入12576元,比上年增加1809元,同比增长16.8%;人均经营净收入249元,比上年减少124元,同比下降33.2%;人均财产性收入110元,比上年减少136元,同比下降55.3%;人均转移性收入4632元,比上年增加899元,增长24.1%。全区农村居民家庭人均纯收入10261元,比上年增加769元,同比增长8.1%。在收入的四项构成中,人均工资性收入6904元,比上年增加802元,同比增长13.1%;人均家庭经营性收入400元,比上年增加100元,同比增长33.3%;人均财产性收入2018元,比上年减少351元,同比下降14.8%;人均转移性收入939元,比上年增加218元,同比增长30.2%。

(王林兰)

【居民储蓄】 年内,城市居民人均提取储蓄款3406元,比上年增加456元,同比增长15.5%;人均存入储蓄款3403元,比上年减少91元,同比下降2.6%;人均储蓄性保险支出221元,比上年增加57元,同比增长34.8%。农村居民人均期末手存现金1900元,比上年增加728元,同比增长62.1%;人均期末存款余额10988元,比上年增加1156元,同比增长11.8%。

(王林兰)

【居民消费支出】 年内,城市居民人均家庭总支出17325元,比上年增加2594元,同比增长17.6%。其中:人均消费性支出12730元,比上年增加1141元,同比增长9.8%;服务性消费支出4011元。农村居民人均期内现金支出8164元,比上年增加625元,同比增长8.3%。其中:人均消费性支出7340元,比上年增加526元,同比增长7.7%;服务性消费支出2578元。

(王林兰)

【食品支出】 年内,城市居民家庭人均食品支出4133元,比上年增加569元,同比增长16.0%。恩格尔系数为32.5%,比上年增加1.7个百分点。在食品消费支出中:粮油类支出412元,增长12.3%;肉禽蛋水产品类884元,增长4.4%;奶及奶制品支出268元,增长7.2%;在外用餐支出1167元,增长35.7%。农村居民家庭人均购买食品支出2337元,比上年增加140元,同比增长6.4%。恩格尔系数为31.8%,比上年下降0.4个百分点。在食品消费支出中:粮油类支出296元,增长9.2%;肉禽蛋奶水产品类732元,增长7.2%;在外用餐支出362元,增长19.1%。

(王林兰)

【衣着支出】 年内,城市居民人均购买衣着支出1095元,比上年增加180元,同比增长19.7%。其中:购买服装类支出745元,比上年增加130元,同比增长21.1%;购买鞋类支出276元，比上年增加55元，同比增长24.9%。农村居民人均购买衣着支出553元，比上年增加39元，同比增长7.6%。其中：购买服装类支出342元，比上年增加10元，同比增长3%；购买鞋类支出173元，比上年增加21元，同比增长13.8%。

（王林兰）

【耐用消费品支出】 年内，城市居民人均购买大件耐用消费品支出463元，比上年增加173元，同比增长59.7%。居民消费结构发生明显变化，消费层次升级，10万元以上的商品越来越多的成为居民消费热点。私家车已进入百姓家庭。2004年每百户居民家庭耐用消费品拥有量：自行车183辆，摩托车5辆，家用汽车16辆，洗衣机103台，电风扇124台，电冰箱103台，冰柜6台，彩色电视机153台，影碟机65台，录放像机47台，家用电脑83台，组合音响42套，摄像机17台，照相机105架，中高档乐器（不包括钢琴）10件，微波炉90台，空调器146台，电炊具121台，淋浴热水器100台，饮水机54台，吸尘器41台，健身器材16件，普通电话106部，移动电话185部。每百户农村居民家庭耐用消费品拥有量：自行车215辆，摩托车29辆，家用汽车10辆，洗衣机108台，电风扇170台，电冰箱117台，彩色电视机143台，影碟机60台，录放像机23台，家用电脑48台，组合音响53套，摄像机9台，照相机65架，中高档乐器8件，微波炉62台，空调器112台，淋浴热水器70台，吸尘器18台，普通电话118部，移动电话124部。

（王林兰）

【医疗保健支出】 年内，城市居民人均用于医疗保健方面支出1083元，比上年增加225元，同比增长26.2%。其中：医药费支出558元，比上年增加111元，同比增长24.8%；滋补保健品支出208元，比上年增加63元，同比增长43.4%。农村居民人均用于医疗保健方面的支出602元，比上年增加109元，同比增长22.1%。其中：医疗保健用品支出270元，比上年减少28元，同比下降9.4%；医疗保健服务支出331元，比上年增加136元，同比增长69.7%。

（王林兰）

【交通和通讯支出】 年内，城市居民人均用于交通和通讯方面支出1642元，比上年增加67元，同比增长4.3%。人均交通方面支出（包括购置交通工具、支付燃料及零配件、交通费和维修服务费）899元，比上年增加104元，同比增长13.1%。人均通讯方面支出（包括购置通信工具、通信服务）744元，比上年减少35元，同比下降4.5%。农村居民人均用于交通和通讯支出1009元，比上年增加246元，同比增长32.2%。人均交通方面支出（包括购置交通工具、支付燃料及零配件、交通费和维修服务费）559元，比上年增加208元，同比增长59.3%。人均通讯方面支出（包括购置通信工具、通信服务）449元，比上年增加37元，同比增长9%。

（王林兰）

【教育和文化娱乐支出】 年内，城市居民人均用于教育和文化娱乐支出2341元，比上年减少237元，同比下降9.2%。其中：人均教育支出1073元，比上年减少456元，同比下降29.8%；人均文化娱乐服务支出553元，比上年增加109元，增长24.5%；用于团体旅游支出296元，比上年增加12元，同比增长4.2%。农村居民人均用于教育和文化娱乐支出1122元，比上年增加223元，同比增长24.8%。其中：人均教育支出1016元，比上年增加201元，同比增长24.7%；人均文化娱乐服务支出106元，比上年增加21元，增长24.7%；用于旅游支出71元，比上年增加6元，同比增长9.2%。

（王林兰）

【居住支出】 年内，城市居民人均用于居住方面支出1037元，比上年减少28元，同比下降2.6%。其中：住房支出465元，比上年减少97元，同比下降17.3%，水电燃料支出531元，比上年增加73元，增长15.9%；居住服务费支出41元，比上年减少5元，同比下降10.9%。农村居民人均用于居住方面支出1117元，比上年减少73元，同比下降6.1%。其中：购买居住消费品支出612元，比上年减少184元，同比下降23.1%，居住服务费支出505元，比上年增加111元，同比增长28.2%。

（王林兰）

【杂项商品及服务支出】 年内，城市居民人均用于购买杂项商品和服务方面支出526元，比上年增加114元，同比增长27.7%。农村居民人均用于购买杂项商品和服务方面支出122元，比上年减少6元，同比下降4.7%。

（王林兰）

消费保护

【概况】　朝阳区消费者协会(简称区消协)是依法保护消费者权益的社会团体。在编人员7人,由工商朝阳分局副局长兼会长。年内,共受理消费者投诉4993件,解决4982件,办结率99.78%;接待来访、咨询12939人次;为消费者挽回经济损失357.25万元;其中因欺诈行为得到加倍赔偿7.46万元。支持消费者起诉的193件,提供案件后政府罚没款0.25万元,接到消费者表扬信17件,锦旗12面。
地址:双龙南里129楼
电话:87314341
邮编:100021

(贯向文)

【房屋中介签订诚信公约】　3月14日,北京我爱我家房地产经纪公司等50家房屋中介自律维权协会会员单位,在和平西街贵州大厦门前广场签订朝阳区房屋中介诚信公约。

(贯向文)

【消费者调解室】　3月15日国际消费者权益日,区消费者协会和工商朝阳分局双桥工商所在管庄刨花板市场建立消费者调解室,《法制晚报》、《中国消费者报》等几家报社对此进行报道。该室在市场设置接待平台,安排专职工作人员,采取分批培训和考试方式,合格后安排上岗。年内,双桥地区有31家单位近百名人员接受培训并取得资格。

(贯向文)

【"3·15"活动】　年内"3·15"活动主题为"讲诚信、重维权、营造放心消费环境"。工商朝阳分局以咨询服务、讲座、互动对话等多种形式广泛宣传。区消协朝外分会通过组织朝外办事处、朝外城管部门、社区代表及消保维权志愿者40余人,参观华普超市物流配送中心、平谷老才臣腐乳等企业,进行普及和宣传消费者保护相关知识。利用新闻发布会,媒体宣传等渠道,向社会各界公开征集30名食品安全义务监督员,建立群众参与、舆论监督、行政执法、技术支持紧密结合工作模式,推动全区食品安全监督工作的规范化。工商朝阳分局、区消协共收到有关食品安全方面的建议、举报30余条。

(贯向文)

【区优秀青少年维权岗】　工商朝阳分局小关工商所被评为2003年度优秀青少年维权岗,5月27日,共青团朝阳区委、朝阳区未成年人保护委员会为其进行授牌仪式。

(贯向文)

【科学用电咨询宣传】　7月20日,区消协联合区供电公司在芳草地社区举行科学用电咨询宣传活动,70余名居民代表聆听专家讲座。

(贯向文)

【食品安全社区行】　9月20日,区消协组织北京华邦食品有限公司、黑龙江绿特食品有限公司等名优企业,在红庙社区、光华里社区、天福园社区、劲松五区进行名优产品宣传展示活动。现场接待、受理和解决投诉15件,发放宣传材料1000余份。

(贯向文)

【投诉分类情况】　年内,区消协受理投诉情况:服务类2253件,占投诉量45.13%;家用电子器类1133件,占投诉量22.69%;百货类885件,占投诉量17.73%;房屋及装修建材料类417件,占投诉量8.35%;家用机械275件,占投诉量5.5%;其他商品类28件,占投诉量0.56%;农用生产资料2件,占投诉量0.04%。

(贯向文)

【发布消费警示和提示】　年内,区消协针对不同时期出现的消费者投诉较为集中热点问题,先后发布"盲目购车陷井多"、"就医、买药应到正规医疗机构"、"购买汽车配件马虎不得"的消费警示,以及"购买高价格且不熟悉的产品时,应事先了解产品详细情况,并向相关部门进行价格咨询后再购买,以免权益受到损害"的消费提示,指导和引领消费者理性消费。

(贯向文)

【规范企业认证】　年内,区内有区消协认证的"消费者满意单位"、"消费者信得过单位"、"售后服务信得过单位"、"可信商品"称号企业20家,另有7家因关、停、并、改等原因自动放弃被认证的资格。对原有取得称号和具体认证资格,区消协正在规范和审定。

(贯向文)

人口统计

【概况】 年内,本区有常住人口635229户、1656770人,男性839385人、女性817385人;其中,非农户564542户、1501589人,男性770905人,女性730684人;农户70687户155181人,男性68480人,女性86701人。有16岁以上流动人口91.3万人,男性61万余人,占总数68%;女性30万余人,占总数32%。

(丁义川)

【常住人口】 年内,朝阳分局结合二代身份证换发工作开展户籍整顿,对622048户、1619899人进行调查,动员人户分离、有人无户135537户、331058人,解决迁入60257户、170537人,解决率51.51%;动员有户无人39637户、90499人,解决迁走25367户、63105人,解决率69.7%;整片拆迁废弃地址涉及31个派出所23459户、55572人,解决迁走12392户、25766人,解决率46.36%;纠正户口登记中主要项目差错163件,一般项目差错3288件,解决人头差错39人。

(丁义川)

【流动人口】 年内,辖域内流动人口中:临时工421755人,个体经营209466人,建筑施工147396人,采购推销28148人,联营企事业44923人,保姆4415人,探亲访友11751人,培训进修7573人,借读7244,参观游览4147人,其他24221人。来自地区相对集中的是河北、河南、安徽、四川、江苏、山东、黑龙江等省区,占全区流动人口总数70%,其中河北、河南、安徽,分别占全区流动人口15%、12%、11%;暂住在出租房屋内的流动人口59.4万人,占全部流动人口总数65%。有86.2万人办理暂住证,办证率94.5%。

(丁义川)

人口和计划生育

【概况】 朝阳区人口和计划生育委员会(简称区人口计生委)是依法负责全区人口和计划生育工作的政府职能部门。下设区计划生育生殖保健技术服务中心、区计划生育避孕药具管理站、区计划生育宣传站等3个事业单位。朝阳区计划生育协会是协助政府动员广大人民群众参与计划生育工作的社会团体。年内,按照区委关于"加强领导、加强队伍建设,提高管理水平、提高服务质量"的要求,全区人口与计划生育工作紧紧围绕人的全面发展,不断提高群众满意程度,全面完成了市政府下达的各项工作指标。2004年全区出生9206人,计划生育率98.9%,人口自然增长率0.99‰。

地址:日坛北街33号
电话:65094604
邮编:100020

(肖志锋)

【避孕药具自助发放】 1月始,先后在社区、中央市属单位和流动人口聚集地等21个发放点安装避孕药具自动发放机,全区发IC卡13770张,实现全天候服务。

(肖志锋)

【生殖健康信息管理系统】 1月,区计划生育生殖健康技术服务中心自我开发研制并启用生殖健康信息管理系统。该系统改变以往流动人口孕情保健检查整个流程都要通过人员手书来完成、工作效率低、服务对象排长队等候现象,实现信息汇总、统计、查询等功能。

(肖志锋)

【工作研讨】 2月9日召开人口与计划生育现居住地管理工作研讨会。市区人口计生系统领导、干部150人参加。会上介绍交流了潘家园街道合同制促进现居住地管理、双井街道社区计生自治网络建设、高碑店地区建立健全10项基础性工作制度、南磨房地区建立长效管理与服务机制、左家庄街道夯实计生运行机制、六里屯街道"街道服务、物业管理"等典型经验和做法,并对全区人户分离、流动人口等特殊人群的管理服务工作进行研究和探索。

(高景梅)

【通过人口与计划生育管理规定】 4月7日,区政府第3次常务会议讨论通过《朝阳区人口与计划生育管理规定》,该规定在全面落实《北京市人口与计划生育条例》

基础上,结合本区实际突出基层队伍建设、提高基层计生干部待遇、增加一次性经济帮助金额、强化流动人口管理,是指导今后全区人口与计划生育工作的规范性文件。

(肖志锋)

【发放独生子女父母一次性奖励费】 5月18日,朝阳区贯彻《北京市人口与计划生育条例》暨独生子女父母一次性奖励发放现场会在区青少年活动中心召开。会议落实《北京市人口与计划生育条例》"独生子女父母,女方年满55周岁,男方年满60周岁的,每人享受不少于1000元的一次性奖励"的规定,将独生子女父母一次性奖励费发放到本区户籍的572名个体、无业和个人在街、乡劳动科及职介、人才存档的独生子女家长代表手中。

(高景梅)

【技术练兵夺魁】 5月26日至7月13日,在市人口计生委举办的全市计划生育技术大练兵活动中,区计划生育生殖健康技术服务中心6名医务人员通过技术操作及笔答考试,获团体第一佳绩。

(肖志锋)

【预防艾滋病干预项目】 区人口计生委与国家疾控中心、市人口计生委、三里屯街道办事处联合在三里屯酒吧街开展艾滋病干预项目。5月28日,在男孩女孩酒吧举办以"预防艾滋病、健康你我他"为主题的活动。市、区有关领导和各界群众150余人参与活动。活动中专家以互动形式,就艾滋病传播途径、预防措施和防治知识进行详细演示和讲解,现场气氛热烈活泼。活动号召商户和各界人士共同关注、参与艾滋病预防工作,树立酒吧街文明健康、积极向上的新形象。此次活动被十多家新闻媒体报道。年内,在酒吧街举办了多次预防艾滋病主题活动。中国计生协常务副会长杨魁孚、副会长顾宝昌,中国疾控中心教授曾光,国家人口计生委多位司级领导和市人口计生委主任邓行舟等多次到酒吧街实地调查、指导工作。

(肖志锋)

【机构改革】 6月16日,根据《北京市朝阳区人民政府关于区政府机构设置的通知》精神,按照《北京市朝阳区人民政府机构改革方案》,北京市朝阳区计划生育委员会更名为北京市朝阳区人口和计划生育委员会(简称区人口计生委),增加"加强区域人口发展战略的研究,推动人口与计划生育的综合协调"职能。

(肖志锋)

【协会换届】 9月22日,朝阳区计划生育协会在北京会议中心召开第五次会员代表大会,选出朝阳区计划生育协会第五届理事会。理事会组成由上届59人减少到41人,常务理事会组成由上届13人减少到11人。会议选举产生新一届领导成员,关三多为会长,刘富强为常务副会长,吴建平为副会长。

(肖志锋)

老龄工作

【概况】 朝阳区人民政府老龄工作办公室(简称区老龄办)在区老龄工作委员会领导下负责全区老龄工作。年内调整区老龄工作委员会成员,明确成员单位职责,在街乡确定老年维权联络员,先后举办老龄干部业务培训班、中日老年书画艺术及手工艺作品交流展、朝阳区社区老年协会会长学习班、重阳老年文艺调演、老龄工作者和社区老年人协会会长"金色朝阳一日游"等,承办联合国亚太经社会合作组织东南亚地区老龄工作研讨会。全年救助80岁以上特困老人150余人(次),投入资金近5万元;为以"空巢"家庭老人为主的803名老年人安装救助门铃,为61名百岁以上老人发放长寿补助金每人600元;编发《朝阳老龄信息》19期,刊登信息371条,其中上报市老工委55条。

地址:日坛北街33号
电话:65094460
邮编:100020

(韩仲海)

【创建全国老龄工作先进区工作】 年初,成立创建全国老龄工作先进区工作领导小组,协调劳动、民政、卫生、文化、园林等有关部门,对贯彻市政府〔1999〕81号文件、社会对外服务窗口对老年人实行优待、优惠服务等各项政策落实情况进行检查。区老龄办在区域内宣传媒体上建立固定的宣传阵地,印发《中华人民共和国老年人权益保障法》及爱老敬老宣传画各一万份,组成检查小组对本区街乡迎检工作进行检查指导。全区举办培训班67次,培训人员2871人次;制作宣传展板及橱窗1176块,制作标语条幅1125条;有232个部门,31089人参与创建活动。7月上旬,市老龄工作委员会对朝阳区创建工作检查验收。

(韩仲海)

【中日老年交流展】 4月下旬，中日老年书画艺术及手工艺作品交流展在东岳庙举行。朝阳区与日本东京都港区成为友好交流关系区后，经双方协商，自1995年开始，每二年举办一次两区老年人书画艺术及手工艺作品交流展。此次展出老年书画作品120幅，手工艺作品500余件，其中包括日本方面选送手工艺作品60余件。其间，有近3000名观众参观，展出结束后有60件朝阳区老年人书画作品被选送日本参展。

（韩仲海）

【老年人协会工作】 5月12日，区内第一个街道级老年人协会在麦子店街道成立。5月24日至25日，朝阳区举办社区老龄协会会长培训班，特邀市老龄工作委员会办公室副主任针对老龄业务知识、如何当好会长、如何组织好社区老年活动等方面工作进行培训。上半年，全区各社区（村）全部建立起老年人协会，协会会长一般由居（村）委会成员担任，常务副会长由社会老年人担任，老年人协会在组织老年人活动等方面日益发挥作用。

（韩仲海）

【大学生实践活动】 6月3日，在首都经贸大学举行朝阳区老龄工作委员会与首都经济贸易大学劳动经济学院建立大学生实习基地，共同开展社会工作与实践活动协议签约仪式。根据协议，有近百名大学生随后深入朝阳区8个街道，开展为期1个月的社会实践活动。

（韩仲海）

【东南亚老龄工作研讨会】 7月27日，由中国老龄协会、市老龄协会主办，区老龄工作办公室承办的联合国亚太经社会合作组织东南亚地区老龄工作研讨会在高碑店村召开。来自韩国、新加坡、澳门等12个国家和地区的19位专家参加研讨会。研讨会主要对老年人协会运作情况及"空巢"老人帮扶项目进行现场评估，专家小组与该村"空巢"帮扶对象、为老年人提供服务者、帮扶对象子女及有关人员34人分4个小组进行座谈。随后，专家一行在有关领导陪同下参观老年活动中心、医疗保健站、爱心超市捐助站等。

（韩仲海）

地 域

街 道

朝外街道

【概况】 朝外街道,位于朝阳区西部,东起东大桥路,南到光华路,西至东二环路,北临工人体育场,占地面积2.2平方公里,是朝阳区委、区政府的所在地。有7个社区居委会,户籍人口14343户、45686人,其中男24326人、女21360人。年内新出生198人,死亡252人,自然增长率为-1.18‰;暂住人口6494人,人口密度每平方公里23718.18人。住有回、满、蒙、藏等13个少数民族5421人,南下坡清真寺是远近闻名的伊斯兰教活动场所。驻地单位1972个,其中中央单位86个、市属单位68个、区属单位100个、街属单位21个、非公经济1348个、产业分支349个。入驻外企94家,世界五百强企业11个。商业饮食网点162个,旅店服务业26个,个体工商户3343户,中小学幼儿园9所,医院2所,社区服务中心1个,社区卫生服务站4个,小区物业管理公司50个。域内驻有外交部、司法部、民主党派办公楼等国家机关和英国、朝鲜、罗马尼亚、印度、希腊等13个外国使馆。有街巷、胡同28条,朝外大街被市政府确定为第三商业大道,两侧云集丰联、联合、泛利、华普、天雅、中国人寿、蓝岛、旺市百利、百脑汇等22个大型商厦和写字楼。辖域内有雅宝路服装市场、老番街服装市场和日坛公园、东岳庙以及神路街琉璃牌楼等文化、文物古迹。

办事处地址:雅宝里15号楼

电话:85629992、85613794

邮编:100020

(张　群)

【为民服务办公体系】 5月20日,在吉庆里3号设街道为民服务大厅,整合公安、城管、工商、税务、房管、电信等10个职能部门,承办25项政务代办和为居民办理图书借阅、介绍小时工、提供水电气暖维修等12项居民事务代办项目。7个社区同时分别成立居民事务代办站,街道对其统一进行外立面粉饰,统一标识,统一服务项目,统一公示展板。10月,投入近7万元,对机关大厅改造装修后,建成与机关科室同址办公、22个窗口同时对外的街道“一站式”为民服务大厅。截至年底,受理各种政务咨询189人次,实现政务代办613件,居民事务代办159件。

(张　群)

【马来西亚总理礼拜清真寺】 5月28日是伊斯兰教主嘛日,下午1点30分,马来西亚总理阿卜杜拉·巴达维及其随行人员到南下坡清真寺做礼拜。巴达维首先向南下坡清真寺赠送刻有古兰经第109、112、113、114章经文的牌匾,南下坡清真寺回赠巴达维一对印有伊斯兰经文的瓷瓶。巴达维在留言簿上题写古兰经中一段话:“你们要抓住真主的绳索,不要分裂。”随后,巴达维与随行官员进入清真寺大殿与650余名中外宾客共同进行礼拜,并与南下坡清真寺阿訇合影留念。

(张　群)

【美洲报业集团记者采访吉庆里社区】 9月2日上午,由美洲9个国家13名记者组成的报业集团联合新闻采访团,到吉庆里社区采访。记者们参观蓝筹名座绿化精品休闲园和民航宿舍楼老年活动中心,询问了解居民生活住房条件、小区物业管理和健身设施配备等情况,并对居民住户随机采访。

(张　群)

【中介组织进社区】 10月26日,街道与北京亮马装饰有限责任公司等7家公司签订《社区服务项目合作协议书》，这7家公司以中介组织身份进入社区，直接为居民提供装饰装修、家电维修、房屋中介、清洗服务、家政、小时工、管道疏通、空调移机、门窗修理、洁具安装等多项服务。中介组织对社区弱势群体实行一定幅度优惠，并在街道“一站式”为民服务大厅设意见箱。

（张　群）

【街道机构调整】　11月15日至25日，对街道机关职能相近部门进行整合，将原16个科室调整为：综合办公室、党群工作部、宣传教育部、监督考核部、财政统计部、城市管理部、公共卫生部、社会保障部、社会治安部和社区工作部。同时建总值班室，24小时担负机关专职值班，处理上级来电、传真、网上信息，接待群众信访，处置突发事件。

（张　群）

【社区党建】　年内，分别在党员干部中开展重温《为人民服务》心得体会网上交流和“争做群众贴心人、带头人”以及学习实践“三个代表”、保持共产党员先进性主题教育活动；7个社区党组织分别与区直机关所属31个党组织、驻地单位52个党组织以及73家新经济组织，签订资源共享、双向服务协议书，在朝外地区形成区直机关以协作组为单位、社区以党委为单位结对共建的党建新格局；推出党建双分类、双示范举措，对辖区内不同类型、不同特点、不同隶属关系党组织和党员，采取不同管理或指导方法，提出不同工作要求。为流动、下岗、离退和在职党员建立分类登记卡，为其发挥作用疏通渠道、搭建平台。创建具有示范作用的7个党组织责任区和14个党员责任岗，增强社区党建工作针对性和实效性。制定《社区党委工作规则》、《入党积极分子培养和党员发展工作规程》，举办覆盖全地区、多种成分人员参加的入党积极分子培训班。

（张　群）

【城市环境整治】　年内，以多警联动、社区参与为主要形式，持续对辖域环境整治与监控，查处各类违法违章案件2315起，取缔无照经营摊点1280个，没收散发小广告1万余张，打掉露天烧烤、明火制作点22个，没收黑三轮201辆，清除树挂751处，清除卫生死角58处垃圾渣土885吨，清刷小广告3280余处，清理救助沿街乞讨人员12人次。投入150万元用于城市环境改善，对三丰里小区、工体南路公安局宿舍6400平方米、绿地4300平方米进行升级改造；整修铺装市场街、三丰胡同道路4200余平方米，更换市政井盖27个；完成朝阳门南大街、雅宝大厦东侧2处320延长米垂直绿化工程，实施朝外大街两侧沿街路口绿化、美化延伸工程，对新开路、体南路更换灯具60个，填埋地灯坑160个。

（张　群）

【解决群众八难】　年内，先后投入200万元，新辟临时停车场4处、增加停车泊位557个；新建便民菜站2个；增设便民早餐点4处，通过扩增再就业联席会成员单位，健全发掘岗位、吸纳就业快速反应机制。通过实施劳务派遣、社区弹性就业、举办就业招聘会等，近300名失业人员再就业；对三丰里、芳草地两社区卫生服务站扩建、装修，启动卫生专干进社区工作，通过开办健康教育大课堂，对社区居民进行卫生知识宣传、健康教育以及生殖保健、慢性病防治干预指导；组建社区保安队，74名治保人员深入各社区，与派出所民警、公安保安队、社区居委会干部、居民治保积极分子共同承担辖域治安防范和维护稳定任务。发动、整合社区治保力量，建立300余人的志愿者巡逻队伍，做到发现问题快速反应及时解决。完成安全防范电子监控系统二期安装工程，并对体东、吉庆里、芳草地沿街居民楼34个单元、654户安装楼宇门禁对讲系统，加强对绿化养护、环境保洁作业组织监管和检查。朝外地区有停车场、停车带25个、停车泊位3263个，便民菜点16个，社区卫生服务站4个，早餐点29处。与紫光园联手在三丰里、雅宝里社区设立清真早餐亭，受到回族群众欢迎。

（张　群）

【安全稳定工作】　年内，制定健全街道突发事件应急预案和处级领导责任制、辖域安全隐患台账和安全隐患举报箱。全年采取抽查与普查、自查与互查、科室查与社区查、街道查与职能部门查，持续对出租房屋、文化娱乐场所、中小餐馆、无主管单位、个体打包站、地下空间、施工工地等易出现生产、消防、居住安全隐患重点部位进行检查，消除各类不安全隐患382处，拆除影响应对突发事件路障13处，指导东岳庙、华普超市、儿研所等单位举行消防演练，对雅宝路商户、无主管单位负责人及部分居民1300余人开展各类安全常识培训，印制并发放家庭安全警示贴1万个。成立街道总值班室，增设朝外热线和街道24小时全天候值守、遇事紧急报告、协调处理制度。完善机关干部社区工作日、机关与社区干部入户定量考核、处级领导社区接待日、人大代表接待选民日等机制，全年接待来访41批次、61人次，受理各类信访42件，调解各类矛盾纠纷180起，调解成功率99%，集中排查人民内部矛盾7次，防止矛盾激化4起，制止群众集体访5起。

（张　群）

【兴办利民实事】　年内，街道建立社区服务24小时应急服务承诺制，接求助热线228次，为居民提供应急服务387次;投入12万元,利用全国助残日、扶贫济困捐赠月和重大节日,走访慰问孤老残困及优抚对象;为35名低保残疾人办理申请生活补贴手续,年内发放低保金93.2万元;为18位空巢老人和11户少数民族老年特困家庭安装应急救助呼叫系统;完成三丰里社区坡道修建任务;为200名育龄妇女进行乳腺普查,为1517名独生子女父母发放奖励费。机关各科室、社区普遍开展节日送温暖活动。

(张　群)

双井街道

【概况】 双井街道位于朝阳区中西部,东起东四环路,南至劲松路和广渠路,西至东二环路,北至通惠河,辖域5.06平方公里。东三环中路、西大望路、广渠路等10条市级道路穿过双井地区,有区级道路13条8044米。全部道路面积51万平方米,河道面积5.1万平方米。有9个社区居委会,常住人口2.6万户、68233人,其中男34262人、女33971人。流动人口12115人。北内集团、起重机器厂、玻璃供应公司、昭日啤酒厂等国有大中型企业外迁,富力城、金港国际、后现代城、苹果社区、总部公寓等在开发建设中。年内开发建设用地2.2万平方公里,危改拆迁0.75平方公里,和平一二三村危改拆迁工作启动,涉及5148户15540人。经第一次全国经济普查,辖域有中央单位32户、市属单位73户、区属单位36户、无主管单位1202个、个体工商800余个。有幼儿园4所、小学4所、中学4所,医院4所、社区卫生站4个。

办事处地址:东三环中路16号(新锐大厦)

电话:67782507

邮编:100022

(陈　杰)

【人民调解】 4月,开展人民调解员业务技能大比武系列活动,社区、工地、物业公司、社会单位100余名人民调解员参加培训。5月,举办人民调解员岗位练兵知识竞赛,7个社区21名选手参加比赛。7月,司法所邀请区法院民庭审判长为7个社区50余名调解委员讲解如何正确出具调解协议书及应注意的主要问题。年内,针对施工问题引发矛盾纠纷呈上升趋势,司法所制定《双井街道关于在地区施工项目部组建人民调解委员会的意见》,在13个工地建立由开发商、施工方、民工代表组成的工地调解委员会,并制定工作职责。截至年底,工地调解委员会成功调解3起因施工造成工伤而引发的矛盾纠纷,并为当事人双方出具协议书。

(陈　杰)

【社区党建】 "七一"前夕,街道工委举办党员风采展示文艺晚会,街道机关党员、社区党员表演自编自演的文艺节目。"七一"期间,街道工委对19个先进党组织、119名优秀党员、9名党务工作者进行表彰。年内,在开展《中国共产党党内监督条例》(试行)、《中国共产党纪律条例》教育活动中,街道组宣科组织两个条例和党的基础知识竞赛活动,7个社区党委分别派出代表队参加竞赛。建立新景安太医院党支部、天道酬勤物业有限公司临时党支部2个非公经济党组织。组宣科与社区办一起组织社区党委书记、委员15人外出学习考察,与社区办共同举办社区居委会干部培训,对社区党委委员进行业务培训。

(陈　杰)

【人大代表接待来访】 9月,制定人大代表接待日制度。截至12月,人大代表接待地区群众来访15人次,处理解决问题3件。全年人大代表提案4件,结案4件。

(陈　杰)

【解决热点难点问题】 年内,拓宽服务领域,基本实现居民基本生活需求不出社区目标。解决买早点、买菜难。协调解决九龙、双花园及大望社区3处早餐亭,双花园京客隆超市开业基本解决九龙、大望、双花园3社区近12000余户居民购物问题。解决就医难。在保证每个社区都有一处医院或社区卫生站前提下,对社区卫生站进行全面检查与维护,并与垂杨柳医院协商,本着便民利民原则,加大对站内药品医疗器械等供应,配备全科大夫,增加医生出诊量。解决再生资源回收难。通过与企业联手,在双花园社区、垂东社区设置6处回收亭,并在辖域内设置封闭式回收车,在方便群众同时,维护社区环境整洁。各社区全部建立居民事务代办站。结合社区服务中心"96156"便民热线、劳动保障平台、星光计划工程,构筑起一套完整的社区便民服务网络。截至年底,居民事务代办站为居民代办计生、优抚、托转档案等具体事务11404件。

(陈　杰)

【加强职业指导提高再就业率】 年内,街道新增就业转失业人员档案1381份,登记失业人员1296人,基础职业指导100%,其中:对367人开展一对一职业指导,对83名"4050"就业困难人员进行专场职业指导,报名参加免费职业技能培训875人,培训率67.5%。组织12场专场职业指导,参加人数104人,其中34人以不同渠道再就业。全年举办6场招聘洽谈会,挖掘空岗信息3870个,与627家社会单位签订空岗报告协议书,通过公共职业介绍、自谋职业、自办招工、弹性就业等多种形式,实现提档就业人员1320人,再就业率72.22%;安置

4050特困失业人员448名,再就业率70.33%。

(陈 杰)

【环境治理】 年内,治理无照经营、非法小广告、露天烧烤、占道修洗车、店外经营等,查处各类违反城市管理法规案件1485起,罚款242415元,完成一般执法案卷74卷、简易文书79卷。其中共查处无照经营691起,罚款18472元;规范门前三包千余次,处罚店外经营17起,罚款7370元;取缔露天烧烤40余起,罚款2000元;没收散发小广告上万张,清除小招贴和喷涂近万处。

(陈 杰)

【工会建设】 年内,在非公经济企业中建工会组织46家,发展会员614人。28个在施工程项目部全部建立工会组织。依托工会组织,开展学习型工会活动。非公经济企业乔福物业、天道酬勤、德诚物业、丽华快餐、概念久芭等建职工活动室、职工图书室、职工阅览室。在施工程项目开展民工夜校工作。

(陈 杰)

【拆除违法建设】 年内,拆除百子湾路火车站对面3000余平方米违建房、东三环中路双井桥西南角26间1700余平方米过期临建和居民私搭乱建等违法建设。全年共拆除违法建设145间约5560平方米,投入经费21万元。

(陈 杰)

【消防安全】 年内,对52家重点防火单位建立消防电子档案工作,完成22个物业单位消防画线。对51座高层楼消防设施调查,其中28座消防设施完好,对23处存在不同程度问题设施进行整改。

(陈 杰)

【优抚社救工作】 年内,走访特困家庭、优抚对象435户次,投入资金6.5万元;办理最低生活保障76户、197人次,发放低保金201万元。组织有劳动能力失业人员279人参加公益性活动,为7人办理“助老慈善”医疗卡。机关及社区为贫困地区群众募捐7.4万元,捐衣被5630件。

(陈 杰)

八里庄街道

【概况】 八里庄街道位于朝阳区中西部,东至青年路,南至京通快速路,西至西大望路,北至二道沟河,辖域4平方公里。有9个社区居委会。户籍人口22603户、73061人,其中男36557人、女36504人。暂住人口11521人。驻地单位2611个,其中中央单位30个、市属单位85个、区属单位39个、个体897个,其它1560个。按门类分,工业99个,建筑业16个,房地产开发业12个,金融业6个,商业1278个,服务业1166个,邮电运输业22个,行政事业12个。有中学3所、小学4所、打工子女学校1所、幼儿园7所、医院3所、社区服务中心1个、社区卫生站4个。东四环路贯穿南北,朝阳路横跨东西,以红庙为起点公共汽车、电车有4条线路,途经红庙设站的有18条线路。中国纺织科学院、中电国华电力股份有限公司北京热电分公司、华糖洋华堂商业有限公司、北京京棉集团有限责任公司、区青少年活动中心、航空大厦、华商大厦等在辖域内。

办事处地址:柴家湾12号
电话:65001062
邮编:100025

(杨秀玉)

【阻击禽流感】 年初,城管分队建基础台账和对地区餐饮业、集贸市场、宾馆等巡查制度,禁止现场宰杀禽类,对群众反映私自搭建鸽舍问题,分队向当事人宣讲法规,拆除违法鸽舍,收缴、上交群众送来的鸽子911只。加强金台路鸟市管理,重点布控,派保安盯守,组织人员开展不定期检查,取缔无照商贩。与红庙北里社区及二道沟河沿岸单位协调,发现无照经营现象及时与分队联系。

(杨秀玉)

【创办计算机职业技能培训学校】 2月15日,街道社区服务中心和北京英特职业技能培训学校联合创办失业人员计算机职业技能培训学校。学校由服务中心提供培训场所,由英特学校提供器材、师资。学校配备30台大屏幕计算机,培训实行网络教学,学期20天。学员经考试合格颁发职业技能资格证书,失业人员根据劳动部门优惠政策免费参加培训,学校还开办晚班和双休日班。

(杨秀玉)

【红庙社区成立政务工作站】 2月,红庙社区政务工作站成立,工作人员由站长、城管队员、社区民警、司法协管员、劳动协管员、城建城管协管员组成。政务工作站职能:向政府有关部门报告社区社情民意;完成政府职能部门交办的各项行政事务性工作;支持、帮助社区居委会开展社区自治,协调解决群众反映的热点、难点问题;配合社区党建协调委员会分会,促进社区单位共驻共建、资源共享;依照有关法律、法规监督单位在社区共建情况;协调解决社区内公共事务和突出矛盾,促进社区稳定发展。7月,居委会计划生育、低保两项工作划归政务站管理。社区政务工作站与社区居委会在社区党委领导、协调下,相互支持、密切配合。年内,政务站建立十几项管理制度、规定,建立工作站各种基础材料,处理群众反映问题

62件,拆违章建筑3000多平方米,建自行车棚两处近300平方米,解决1700多户居民施工噪音补偿费,向失业人员提供招聘信息20余条,成功就业18人。

(杨秀玉)

【慈云寺绿色环保小区建设】 4月至8月,街道自筹资金330万元,对慈云寺小区更新改造。建设绿地7000平方米,铺设柏油路5400平方米和彩砖便道4950平方米,安装草坪灯和庭院灯42盏,新建1200平方米多功能林荫停车场,增设120个泊位。安装电子监控器,实行全方位封闭式管理。构画《美好家园》百米漫画主题墙,新建一组宣传橱窗。采取雨水回收再利用和喷灌技术,解决绿地喷灌问题,每年可提供5400立方米用水。小区照明采用太阳能利用技术,每年可节电5000千瓦时。

(杨秀玉)

【三网合一社区信息化平台】 5月,街道小呼叫系统65927217社区服务热线并入北京市社区服务热线96156系统,实现热线、网站、呼叫系统三网合一。

(杨秀玉)

【市领导视察调研】 6月28日,于均波到十里堡社区看望生活困难的老党员。7月6日上午,刘淇等市领导一行20多人到红庙北里社区进行党建工作调研,听取街道领导和社区党委书记关于社区党建工作汇报,详细询问社区党建工作、党建经费来源和使用情况、行政经费来源与支出情况及对流动人口管理情况,看望社区托老所老人。

(杨秀玉)

【社区党建】 年内,编印下发《社区基层党组织工作手册》,规范基层党组织基础性工作。坚持例会制度、工作研讨制度、党务工作者考核制度、谈话诫免制度。完善“以会代训”工作机制,加强社区间交流。探索党员分类管理模式,在楼门、文体队伍中创建6个党支部。组织党员学习“两个条例”,开展知识竞赛活动,在“北京支部生活杯”知识竞赛中获组织奖。

(杨秀玉)

【城市长效管理】 年内,结合辖域实际贯彻“三会四账”管理新模式,即:7天召开一次城管进社区工作会,15天召开一次施工单位协调会,30天召开一次门前三包工作会;建综合台账、城管进社区台账、施工单位台账、门前三包台账。对施工工地管理做到勤沟通、勤检查、勤管理。在施工现场管理中,城管分队协调华贸中心工程工地与区环卫四队每月出资2000元清扫西大望路,从源头上解决西大望路路面污染问题。

(杨秀玉)

【环境整治】 年内,开展城市清洁日活动16次,清运垃圾渣土60余吨,查处各类违法案件240余起,查处违规设置的广告牌匾40处,查非法摩的、三轮车180余辆,拆除各类违章建设5228平方米,罚款76500元。受理群众热线百余条,办结率100%。取缔无照经营200余起,规范施工地14家,规范门前三包单位1000余家。

(杨秀玉)

【社会治安综合治理】 年内,街道投入51万元,在红庙、红北社区设监控室,在33个点安装摄像探头,实现24小时监控。在华堂商场前建治安岗亭,民警、保安和交警联合值班、巡逻。向社区发放3万张警民联系卡。全年治安案件2430起,比上年减少410起。

(杨秀玉)

【消防安全】 年内,举办5期消防知识讲座,培训5000人次,增强居民防火安全意识。协调派出所在华堂商场组织3次大型防爆、消防、断电演习。检查地区309栋居民楼院21472万户居民煤炉、电器使用情况,确保地区无重大火灾事故。

(杨秀玉)

酒仙桥街道

【概况】 酒仙桥街道位于朝阳区东北部,东、东南、西、西北与将台乡相邻,南面与东风乡毗连,北面与南皋乡接壤,辖域5.3平方公里。有8个社区居委会,北片包括大山子社区、中北路社区、高家园社区,南片包括红霞路社区、酒仙桥南路社区、电子球场路社区、酒仙桥东路社区和怡思苑社区。有户籍人口23810户、70228人;年内新出生357人,死亡256人,自然增长率1.44‰;流动人口9200余人,其中:农村进京人口占75%,市县镇居民户口占20%,地区就读学生占5%。人口密度每平方公里14911人。驻地区单位436个,其中中央单位74个、市属单位235个、三资企业90个、区属单位37个。商业饮食网点213个,旅店服务业293个,个体工商户1417个;有中学4所、小学6所、幼儿园6所、职业教育学校1所、全民健身场所17处。有三级甲等医院1所、一级医院3所、门诊部4所,社区分别建保健站或医务室9个。有酒仙桥路、机场辅路、将台路、万红西街4条主干道,酒仙桥北路、彩虹路、酒仙桥中路、酒仙桥南路、方红路、酒仙桥东路6条次干道,电子城东区向外辐射道路有6条;酒仙桥街道自管保洁道路和街巷21条。辖域绿化面积75平方公里,绿化覆盖率37%,人均绿地25平方米,其中道路绿地0.65平方公里,社会单位绿地0.75平方公里,居住区绿地0.35平方公里。年内,工作机构经调整设17个(含派驻机构和按规定设置机构3个),其中街道工委6个、办事处11个、工作人员83人。
办事处地址:酒仙桥六街坊6号
电话:64362026
邮编:100016

(田昆榕)

【社区建设】　年初,街道建立社区建设办公室,投入资金50余万元,为酒仙桥南路、电子球场路等5个社区改扩建办公活动用房,增设办公、活动用品、用具;为8个社区各增配1台数码照相机和电脑;招聘20名工作人员充实社区居委会。

(田昆榕)

【防汛普查】　截至2月20日,历时70天,出动210人次,对辖域防汛工作进行全面普查。查清地区积滞水地带6处6500平方米,早期人防隐患工程2处825平方米,危病树107棵,危险房屋41790平方米,疏通雨水管线13800平方米。普查后重新建立和调整酒仙桥地区防汛抢险网络和责任制,建立档案,与55个产权单位签订防汛责任书。

(田昆榕)

【残疾人事业】　3月中旬,召开社会单位安置残疾人就业工作会,动员190个法人单位全部完成按比例安置残疾人就业,全年收缴保金192.3万余元。年内,安排8名残疾人参加保健按摩班、计算机培训班、手工艺培训班,5名智力残疾人取得烹饪专业培训班结业证书。3家企业录用4名残疾人就业,5个社区吸纳5名优秀残疾人进社区工作。街道为168户172名享受低保残疾人办理各项扶贫补助,34名残疾学生得到助学补助和升学奖励。

(田昆榕)

【为民服务室厅站挂牌】　4月下旬,为民服务办公室、为民服务大厅、居民事务代办站同时挂牌。为民服务办公室政务办公区设党群事务、劳动和社会保障、优抚社救、残疾人事务、城建城管、社会治安综合治理、计划生育、司法、法律事务、统计、财务报销等11个窗口,79项服务接待到街道办事的居民。居民通过社区服务指南、热线电话、酒仙桥社区公共信息网(96156网络)可得到为民服务大厅事务办公区咨询、家政、综合修理、用品配送、文体、其它生活类82项服务。8个社区居民业务代办站每天为居民代办事务40余件。为民服务体系运行以来,接待和办理政务服务13468件,接到服务热线700余条,帮助600多个用户解决困难。

(田昆榕)

【维权工作】　“5·15”国际家庭日,8个社区分别成立妇女儿童维权站和妇女维权服务队,完善并制定《街道妇女维权工作人员职责》、《妇女维权站工作职责》和《社区讲师团活动制度》,78名队员上门服务,扶助孤寡老人、下岗职工、残疾人等。年内,街道妇联接待来电、来访20起,经与司法所、残联等部门配合,问题都得到解决。

(田昆榕)

【扶贫济困拍卖会】　9月8日,地区扶贫济困拍卖会开锤。24件来自贫困家庭和社区居民捐献的作品参加竞拍。到会的有人大代表、政协委员、企业领导和街道处级领导,拍得钱款和捐款1.2万元,当场发放给20户贫困家庭。

(田昆榕)

【社区信息网络互传】　年内,各社区统一申请电子邮箱,社区服务中心网站信息采集工作通过电子邮件相互传递,电子邮箱地址发送给街道工委办、行政办、宣传部、社区办,由他们将街道及各社区信息进行编辑,审批后由网站人员发布到社区服务中心网上,8个社区工作信息全部通过因特网传递。

(田昆榕)

【再就业工程】　年内,办理失业登记手续928人次,档案转入1007人次,转出807人次,失业人员医药费报销手续617人次;对新增城镇失业人员进行基础职业指导100%;推荐参加职业技能培训840人次,推荐率71%;“4050”推荐就业率64%;辖域再就业率67%。

(田昆榕)

【劳动规范一条街挂牌】　年内,为树立劳动用工规范典型,营造良好社会舆论及劳动用工氛围,增强用工单位贯彻执行劳动保障政策自觉性,创造规范有序的劳动用工环境,街道办事处为格兰维森写字楼举行挂牌仪式,在全市首先创立“劳动规范一条街”挂牌制度,受到市、区劳动和社会保障局肯定和表扬。格兰维森写字楼内22家单位全部达到《中华人民共和国劳动法》及相关法规标准。

(田昆榕)

【创建花园式街道】　年内,辖域绿化面积由2000年1.62平方公里提高到1.75平方公里,绿化率由30%提高到33%,绿化覆盖率37%,人均绿地25平方米,其中道路绿地面积0.65平方公里,单位绿地面积0.75平方公里,居住区绿地面积0.35平方公里。辖域绿地面积2000平方米以上单位32个,其中21个被首都绿化委员会认定为花园式单位。

(田昆榕)

垡头街道

【概况】 垡头街道位于朝阳区东南侧,东临王四营乡,南与十八里店乡接壤,西北毗邻南磨房乡,辖域9.6平方公里,其中生活区1.21平方公里,厂区8.39平方公里。有6个社区居委会,户籍人口8075户、20460人,暂住人口6012人。年内,地区税收2.47亿元,财政收入1187.34万元,财政支出1189.37万元;有企事业单位194家,其中工业62家、建筑业5家、运输业2家、服务业66家、商业49家、行政单位10家。第二产业占34.5%,第三产业占65.5%,产业总体状况一般。有区属一级医院1所,幼儿园2所,大、中、小院校5所,1096平方米社区服务中心1个,120平方米社区图书馆实现网上查询,社区卫生站2个,社区托老所1个,6个社区居委会办公用房达300平方米,并实现科技创安。

办事处地址:金蝉北里20号

电话:67365477

邮编:100023

(张 钒)

【社区党建】 年初,街道工委制定2004年党建工作要点和《社区党建考核细则》,规范社区党委书记工作例会等制度,完善各项考核办法,规范社区党建档案材料管理。2月至5月,在置换自来水工程中,街道工委书记分4次在社区服务中心为千余名党员上党课,广大党员纷纷向社区党委递交决心书,积极参与到"爱民工程"中来,开展党员包邻居、党小组长包楼门、党支部包楼宇活动,置水工程顺利完工,地区党建工作找到突破口。10月,通过笔试、计算机考试和面试,公开招考2名社区党务工作者,充实社区党委人才力量。在创建学习型地区过程中,各社区广泛开展主题教育活动;街道工委书记为机关干部上一堂主题为"加强四观教育,实现科学发展"的党课;组织一次"夯实基础,树立形象"为主题的社区书记培训;组织一次参观。

(张 钒)

【普法宣传】 "3·15"消费者权益日当天,邀请消协工作人员与社区居民及商业单位代表举行主题为"上班诚信来经营,下班放心去消费"座谈,共同为地区消费环境改善出谋划策。4月,邀请人民大学副教授为机关和社区干部作行政许可法专场讲解。5月,邀请南磨房法庭法官主讲老年维权知识讲座。8月暑期,邀请朝阳法院刑二庭副庭长为青少年进行法制教育讲座。年内,街道司法所按照"不出楼门看案例、不出社区看条文、提高素质听讲座、法律疑惑有人解、邻里纠纷去调解"工作思路,在一区各楼门安装一套72块以案例为主的宣传教育图板,在一区主干道上制作18块包含与生活密切相关的常用法律图板,以社区市民学校为依托举办法制讲座,以社区老年活动站为基础每月一次开展法律服务咨询活动,调解室采用圆桌布置体现人民调解所提倡的平等协商、互相谅解的工作目标。举办家庭法律知识竞赛,激发居民学习法律知识的热情。创办"法制天地"宣传专栏,以刊物形式定期刊出新法公告、案例分析等不同栏目。

(张 钒)

【置水工程】 3月21日,垡头地区自备井置换工程破土动工。垡头小区是58年建成的生活小区,居民长期饮用自备井水。几届人大代表呼吁解决垡头小区居民喝自来水问题。2003年街道工委、办事处按照"把垡头地区逐步建设成为适宜居住的小区"工作思路,深入调查研究,决定在垡头小区内进行自备井置换自来水工作。2004年此工程被列为区政府为民办的50件实事之一。4月26日,完成工程第一时限,6栋居民楼和2个学校通水,438户3400人喝上自来水,占全地区通水人数12%。9月28日,102栋居民楼通水,7133户24496人受益,占地区通水人数87%。12栋高层楼进行二次提升改造工作,改造后即刻通水。地区医院、商店、配套设施等全线通水。此次置换自来水范围为1.12平方公里,涉及112栋居民楼、483户平房和168处商业及配套施设。置水工程铺设垡头街DN400管线、金蝉路DN300管线和金蝉南路DN300管线3条主管线2288米;小区内铺设DN200、DN150及DN100支管线11663米;更换上水管线9807延米;对上水管线进行喷涂防腐处理13431延米,工程管网施工总量37.19公里。安装IC卡表3块、普通水表89块,更换远传水表8650块。恢复路面25811.3平方米,为使小区内商业门店在此次工程中受益,协助报装底商96个产权单位报装配套用房168处。置水工程资金总额2460万元。置水工程全线通水后,解决垡头小区8650户居民及辖域内学校、商店、企事业单位4万余人吃水问题。

(张 钒)

【双拥工作】 3月,双拥办组织部分志愿者,分别为上述人员提供义务服务。5月中旬,双拥办组织4名目前仍热心社区建设的60岁以上革命伤残军人和武警七支队一中队4名来自贫困家庭、在部队表现突出的战士一同游览颐和园。双拥办将双拥工作拓展到非公经济领域,"八一"前夕,玉林烤鸭店和真优美商场代表地区70多家非公企业与部队签定"双拥共建伙伴关系协议"。年内,双拥办将双扶工程定为重点工作,垡头地区双扶工程定位在双扶双促进上,将双扶工程与双育工程相结合,由地方推荐自强有为的低保、老龄、残疾、失业等困难群众与部队战士结帮扶对子,由战士为其中生活不便人员提供义务服务;对部队中积极上进、表现突出的困难战士,由街道双拥办组织群众给以学习、生活上的帮助。

(张　瓴)

【居民代表大会】 11月25日至26日,在垡头街道社区服务中心,召开为期一天半的垡头地区居民代表大会,出席会议的居民代表118人是由社区居民代表大会民主推荐、选举产生的,各社区居委会主任和社区党委书记作为列席代表参加。各位代表充分行使权利,将对社区建设的建议与批评毫不保留地倾诉出来。大会收到批评建议91份,其中涉及党的建设2件、城市管理49件、公共卫生5件、社区服务12件、社会治安17件、共建文明6件。涉及上级部门解决的15件,需本级机构协调解决的72件,由社区解决的4件。针对这些议案,工委、办事处分门别类开会妥善处理。

(张　瓴)

【为民服务网络建设】 年内,街道投入资金90多万元,完成为民服务在线办理系统、信息上报系统、信访工作网上办理系统、即时信息传递(BQQ)系统以及互动式电子社区公网连接,使垡头街道信息化建设水平以及办公网络化进程得到大幅度提升。截至年底,办事处投入资金10余万元建设完成的为民服务在线办理系统接待、受理居民需求4198件,其中咨询1596件,办理2602件。百姓满意度95%以上。利用为民服务在线办理系统,社区信息上报更加快捷,“社区建设”“社区新闻”“办理通报”等在第一时间与地区居民见面,并报送96156为民服务网站。

(张　瓴)

【区域经济】 年内,辖域税源户234户,辖域收入247194456.5元,比上年增收21336724.87元。区级收入31174385.53元,比上年增收1371697.09元。收入上亿元单位1个,为北京炼焦化学厂;收入千万元以上亿元以下单位1个,为碳化公司;收入百万元以上千万元以下单位3个,为北京603厂、北京市滤清器厂、惠工实业总公司。

(张　瓴)

【防控禽流感】 年内,制定本地区高致病性禽流感预防预案,建立突发高致病性禽流感疫情应急反应机制,成立5队5组(学校社区工作队、社会单位工作队、外来人口工作和安全保卫工作队、部队优抚劳动工作队、法律宣传队;联络信息组、监督组、后勤保障组、宣传组、综合检查和疫情处理组),明确责任各负其责。及时完成禽类调查摸底进行汇总统计。6个社区共饲养各类家禽1798只,其中饲养鸽子的97户、1689只,许多饲养鸽子的人为信鸽协会会员。饲养鸡的37户、103只。饲养鸭鹅的各1户、共两只。没有屠宰、加工禽类单位和个人。在防控期间,坚持每日消毒,消毒面积20724平方米,参与6559人次,粪便消毒313公斤。街道和单位累计发放宣传材料7610份,出防控禽流感专刊13期,投入资金近2万元。上交鸽子195只,居民自行处理350只,处理鸡鸭鹅类103只。

(张　瓴)

【无障碍改造】 到年底,完成8座高层塔楼无障碍改造。其中,两个单位独立完成5座塔楼无障碍改造;3个单位出资12000元,由办事处组织施工,完成两座塔楼无障碍改造。实现90%高层塔楼无障碍改造。

(张　瓴)

和平街街道

【概况】 和平街街道位于朝阳区西北部,东与香河园街道及太阳宫地区相邻,南与东城区和平里街道毗连,西与安贞街道、东城区和平里街道接壤,北与小关街道隔北土城相望,辖域4.54平方公里。有7个社区居委会,户籍人口27000户、95000人,汉族居多,另有满、回、蒙古、朝鲜等26个少数民族。年内新出生322人,死亡337人,自然增长率-0.16‰。流动人口10858人,办理暂住证10728人,办证率98.8%。人口密度每平方公里20925人。驻地中央、市、区属单位435个,其中中央单位196个、市属单位155个、区属单位84个。商业服务业1013个,饮食网点53个,个体工商户1023户,中小学幼儿园10所,大学3所,社区学院1所,部级医院1所,社区卫生服务站4个,社区服务中心1个,街道为民服务办事大厅1个,社区事务代办站7个。有街巷、路26条,其中主要街、巷、路15条。城市铁路13号线2700米路段通过和平街地区,和平街北口为辖域主要路口,北为樱花东街、南为和平东街交叉路口,是和平街地区交通枢纽。街道设置工作机构16个,其中党群口工作部门6个、行政工作部门10个;机关工作人员编制83人,其中公务员80人、工勤人员3人。事业单位1个,工作人员编制16人。

办事处地址:小黄庄西苑10号楼

电话:84280465

邮编:100013

(麻慧溶)

【构建为民服务新体系】 3月10日,街道成立为民服务办公室,把机关24小时值班电话、信访接待、社区服务中心、96156热线服务归属为民服务办公室统一管理。8月18

日投资20万元建成街道办事处一站式为民服务办事大厅。5月18日和9月28日分别在和平家园、砖角楼两个社区建立标准统一、内容规范的“社区事务代办站”，将工商、税务、派出所工作内容引入代办站。投资8万多元创建为民服务网上办理系统，建立网上为民服务代办事项、办事程序、完成时限公开等群众监督系统。以交通信号灯形式，绿灯表示办理完毕，黄灯表示正在办理，红灯表示超过办理时限作为督办依据。为人大代表、政协委员、统战人士和其他居民发放便民服务卡1500张。社区事务代办站确定44项服务项目，其中证件类8项，审批类12项，咨询类24项。年内，为民服务办事大厅、社区事务代办站，共接待咨询来访1617人次，受理证件审批824件，问题反映、调研109件，咨询回复率、事务办结率均100%。

（麻慧溶）

【街道管理体制改革】　4月至5月，街道工委、办事处对机关科室适度调整。成立社区党建、监督保障、国防教育、公共卫生、劳动和社会保障、社会治安综合治理、城市建设管理、社区建设、为民服务九大工作委员会。委员会充分吸纳社区、社会单位、专业管理部门、行业代表参加，并以办事处统筹辖域发展、监督专业管理、组织公共服务、指导社区建设为主要职责，原16个科室精简为12个，作为委员会工作机构，实行科级干部竞聘、述职上岗，9名干部参加正、副科级竞聘。

（麻慧溶）

【交通安全法知识竞赛】　8月13日，街道举办《中华人民共和国道路交通安全法》知识竞赛，编制印发100道竞赛题，驻地单位、社区居委会各推选出3支代表队参加决赛。地区123个社会单位领导和车管干部、7个社区部分居民和学生168人参加此次活动。

（麻慧溶）

【预防艾滋病宣传】　9月10日，在和平西街地铁5号线建筑工地现场举办流动人口预防艾滋病大型宣传活动，中国性病艾滋病预防控制中心副主任刘中夫等领导参加此次活动。街道在地区建筑工地成立近百人的红丝带志愿者队伍，并发放聘书，为地区工地购买1000册《艾滋病知识读本》。流动人口代表向全市410万流动人口宣读发起预防艾滋病倡议书。年内，由北京服装学院红十字联合会、团委、工会和区疾病预防控制中心联合承办，在校园内举办预防艾滋病大型宣传活动，600名学生参与。北京大学医学院研究生林国南组织同龄人进行知识传递游戏，了解预防艾滋病知识和如何关怀艾滋病人方法。北京大学医学院教授钮文异举行预防艾滋病知识讲座。进行230份问卷调查，发放宣传材料3100份，张贴大型宣传画、横幅18条，摆放学生们自己动手绘制的宣传展板74块。

（麻慧溶）

【治理藏民无照经营】　10月至12月，街道城管分队对来京的四川省阿坝藏族自治州黑水县无照经营藏民进行清理。分队组织队员到北京西藏中学学习基本藏语对话，了解藏族风俗习惯，向藏民发放藏文版《禁止无照经营告知书》及《北京市外地来京务工经商管理条例》600份，对无照经营重点地段实行14个小时以上不间断监控，取缔23起。街道城管监察分队制作的关于藏民无照经营的宣传报道被北京电视台“北京七日”栏目播出。

（麻慧溶）

【社区党建】　年内，街道工委发挥党建在社区建设中的龙头作用，7个社区创出各具特色的社区品牌：和平家园社区打造出文化型社区品牌，胜古庄社区创出团结互助型社区品牌，樱花园社区打响绿色环保型社区品牌，小黄庄社区创出健康服务型社区品牌，十四区社区创出阳光再就业型社区品牌，和平东街社区创出健康、温馨、文明社区品牌，砖角楼社区创出协作、共建、和谐社区品牌。各社区党委以弱势党员为基本服务对象，开展一帮一、一助一活动，走访慰问老党员和弱势党员531人次。街道制定、完善《和平街街道社区党建工作协调指导委员会章程》，调整和充实街道、社区党建工作协调指导委员会，召开两次社区党建协调指导委员会工作会议，继续实行街道工委处级领导联系社区和到社区进行党课宣讲制度，实行办事处机关51名党员参加38个居民党支部活动制度，为5个社区党委配备5名党务专职工作者，在5个社区文体队伍中建立11个临时党支部，205名党员成为社区文体队伍骨干。

（麻慧溶）

【构建为民服务新体系】　3月10日，街道成立为民服务办公室，把机关24小时值班电话、信访接待、社区服务中心、96156热线服务归属为民服务办公室统一管理。8月18日投资20万元建成街道办事处一站式为民服务办事大厅。5月18日和9月28日分别在和平家园、砖角楼两个社区建立标准统一、内容规范的“社区事务代办站”，将工商、税务、派出所工作内容引入代办站。投资8万多元创建为民服务网上办理系统，建立网上为民服务代办事项、办事程序、完成时限公开等群众监督系统。以交通信号灯形式，绿灯表示办理完毕，黄灯表示正在办理，红灯表示超过办理时限作为督办依据。为人大代表、政协委员、统战人士和其他居民发放便民服务卡1500张。社区事务代办站确定44项服务项目,其中证件类8项、审批类12项、咨询类24项。年内,为民服务办事大厅、社区事务代办站,共接待咨询来访1617人次,受理证件审批824件,问题反映、调研109件,咨询回复率、事务办结率均100%。

(麻慧溶)

【全国经济普查工作】 年内,街道成立创卫工作领导小组,制定工作实施方案,召开社区单位动员会、培训会,进行动员部署,形成街道、社区、社会单位和居民参与三级工作网络。组织4次以爱国卫生运动为主题的宣传活动。以和平东街为主战场、7个社区为分战场进行宣传,张挂横幅576条,出板报740块,发放宣传材料1万份,发放各种宣传画3000张。对重点单位、区域、场所,特别是小餐馆、小发廊、小宾馆、小市场、小歌厅等重点进行检查,对污水井口、雨水井口、公共绿地等蚊蝇孳生地进行集中药物消杀。投资3万余元购置鼠盒、鼠药及防鼠设施,建560个鼠站,加强技术指导。创卫工作突出5个结合:拉网式检查与联合执法相结合,内环境达标监督与外环境综合治理相结合,严格执法与提供服务相结合,创卫检查与锻炼队伍相结合,提高知晓率与广泛参与率相结合。

(麻慧溶)

【创建花园式街道】 年内,街道提出创建花园式街道,并确立创建重点。首先投资210万元对樱花园小区东区进行彻底改造。工程5月开工,7月竣工。改造面积33594平方米,种植乔木143株、灌木7320株、月季2000株,扩大樱花园绿色精品社区规模。其次将煤炭科技苑小区作为小区绿化改造重点任务,实行多种类绿化,实行常绿与落叶、乔灌木与花卉以及地被植物等合理配植相结合,使四季皆有景观,突出绿色和花园主题。改造总面积8700平方米,其中草坪2200平方米,小区道路铺装1800多平方米,种植乔木类、灌木类、花卉类、藤类30余种。三是加强绿地养护管理,街道推进市场化运作,引进中介组织,与武进市湟里镇花木公司驻京办事处签订绿化养护协议,负责辖域100398平方米自管绿地日常养护管理工作。

(麻慧溶)

【老干部工作进社区】 年内,在7个社区开展创建老干部工作先进社区活动。依托社区服务中心,开展社区老干部文体活动;依托社区图书馆,开展社区老干部读书活动;依托社区志愿者队伍,开展与老干部一对一上门服务活动;依托社区医疗服务中心,开展为老干部上门医疗服务活动。和平家园社区成立以老年人为主体的文化娱乐活动队伍22支,参与活动人员200余人。7个社区设立家政服务点,提供清扫卫生、购买粮油、换液化气、求医问药等12项系列服务,建立老干部健康档案900多份。

(麻慧溶)

【小区道路改造】 年内,街道改造小黄庄路、和平家园东路、北京冶金设备厂南门路3条小区道路。小黄庄路重新铺装马路道牙和雨水管线,铺设柏油路面4060平方米,彻底解决此路积水严重问题。改造和平家园东路与周边小区建设、乐雅园绿化相呼应,重新改造原有破损塌陷的人行步道,增加路基强度,铺设柏油路面4900平方米,增设雨水管线,增设50余个停车位。对改造北京冶金设备厂南门路原有破损路面重新铺设柏油,增设雨水管线,加宽路面,全长120米。

(麻慧溶)

小关街道

【概况】 小关街道位于朝阳区西北部。东起育惠南路,南起土城公园绿化带,西至小关斜街,北至北四环东路,辖区2.53平方公里。有住宅楼210栋和1处百户平房区,5个社区居委会;户籍人口2.7万,共5.7万人。有各类社会单位1647家,其中,中央、市属单位76个,区属单位31个。有大中专院校和中小学共10所、新闻单位2家、国家级出版社4个、科研院所14个、商场9个、医院4个、社区服务中心1个、幼儿园5所。

办事处地址:小关东街甲2号

电话:64975980

邮编:100029

(苑尚省)

【建平安社区】 3月,街道工委研究制定《关于加强社区和社会治安综合治理的意见》和《2004年度社区社会治安综合治理目标考核办法》,5个社区居委会分别成立由社区居委会领导参加的社区综合治理委员会,社区民警和社区内主要社会单位领导为成员的社区治安组织机构,街道和社会单位共同出资9万多元,分别为市运四场宿舍区、北歌宿舍区安装楼宇对讲系统,投资近2万元对地区电视监控系统维修改造。

(苑尚省)

【警务进社区】 4月16日,在惠新北里社区举行社区警务工作站、流动人口管理站、出租房屋管理站揭牌仪式,至此,小关地区所有5个社区警务工作站全面启动。

(苑尚省)

【赴井冈山学习】 5月,街道工委组织社区党委书记、居委会党支部书记及部分社会单位党支部书记共

76人,分3批赴革命圣地井冈山参观学习,并向革命烈士墓敬献花圈。

(苑尚省)

【社区文化】 年内,由街道和企业投资近40万元建成的小关地区文化广场投入使用,以此为舞台,地区组织开展丰富多彩的文化活动,举办夏日文化广场、消夏电影晚会和"颂歌献给党"文艺汇演。全年举办5场专项演出,举办电影专场3次,中等规模舞会34场。

(苑尚省)

【劳动和社会保障】 年内,小关街道社保所为200多名社会化管理退休人员建数据库,举办就业政策咨询月、地区劳动职业技能大赛、社会用工单位职业招聘会等。全年举办各种形式招聘会、洽谈会6次,达成用工意向120多人,进行职业技能培训328人次。

(苑尚省)

【地区司法】 年内,街道司法所认真做好地区法制宣传和民事调解工作,调解案件241件,接待当事人121人次,解答法律咨询123件,代书法律文书21件,调解工作成功率100%;代理民事案件30起,非诉讼代理9起,担任法律顾问6家,提供法律咨询300余件。

(苑尚省)

【地区城管】 年内,小关城管分队受理群众热线3505件,办复345件;取缔非法行医和制假售假6起;规范施工工地20个;整治环境脏乱18处,清理暴露垃圾68吨;拆除违章临建300平方米;规范门前三包单位300家;清除没收小广告4.2万张;取缔无照经营260起;制作法律文书84卷。

(苑尚省)

三里屯街道

【概况】 三里屯街道位于朝阳区中西部。东靠东三环,南倚工人体育场南路和白家庄路,西临春秀路和工人体育场西路,北濒亮马河,辖域2.9平方公里,有社区居委会9个,人口52671人。辖域内有驻华使领馆68家和一大批涉外宾馆饭店,有北京工人体育场和三里屯酒吧街等。驻地中央单位34个、市属单位75个、区属单位47个。医疗机构有武警北京总队医院、三里屯医院和北京同仁长虹医院。大专院校有北京联合大学机械工程学院,有中学3所、小学3所、幼儿园2所。辖区内有10条纵向道路、12条横向道路,7条道路通行公共电汽车,12条公共电汽车线路驶经辖域。

办事处地址:幸福村1号

电话:64165276

邮编:100027

(王　激)

【社区文化节】 3月至10月,举办第三届三里屯社区文化节,以文化广场、四进社区讲师团、趣味竞技、百姓才艺、学习教育、宣传服务等六大板块多元文化活动为内容,举办大众科学健身潮、暑期快乐花季青春健康大课堂、职业技能大赛调酒比赛等活动百余场,吸纳广大居民参加,带动9个社区文体活动开展。

(王　激)

【城市管理】 4月,出台《三里屯街道城市管理巡视制度》和《三里屯地区社区环境工作委员会争优创先工作方案》,成立由街道处级领导包片、机关科级和社区干部参与的7个巡视组,对15种影响地区环境问题实施督查。年内,先后对幸福一村征而未建地区、兴华公寓、白家庄路、使馆区和雅秀服装市场周边开展环境整治。完成白家庄中路亮丽街建设,工体北路亮丽街修复,春秀路改造,幸福村小马路翻修,幸福三村1、3、5号楼院改造,幸福二村500米绿地建设,康堡大厦拆墙透绿,光彩小区和康堡小区单位庭院绿化,北三里社区团中央、华艺厂宿舍区楼院路面铺装,解决因南39楼后修路造成的积水问题,4个小区实现垃圾分类。

(王　激)

【南三里屯二期拆迁】 6月,南三里屯二期拆迁工作开始,涉及居民1021户,29栋楼、两个平房院,拆迁面积7万多平方米,占地面积8.6万平方米,项目开发单位为北京市通盈房地产开发公司,项目建成后为集办公楼、商业、写字楼、住宅、综合楼为一体具有欧洲风格的"首都花园"。到12月底,拆除居民楼8栋,923户签定拆迁补偿协议。

(王　激)

【北三里屯拆迁】 9月,北三里屯拆迁工作全面展开,涉及居民1318户,项目总面积6.58万平方米,以文化产业、电影院、艺术展厅、商业及酒店为主要内容,分南北两区,开发单位为北京市国峰置业有限公司。9月25日至12月27日奖励期期间,街道先后两次召开动员会,配合开发公司分18组入户评估,街道科级以上干部与区建委部分干部组成10个促迁小组包楼入户宣讲政策。到12月27日,签订拆迁补偿协议882份,完成67%工作量,拆迁工作平稳推进。

(王　激)

【党的建设】 6月底,街道组织召开庆祝建党83周年表彰大会,对幸福一村社区党委等3个社区党委、10个党支部、23名优秀党务工作者及100名优秀共产党员进行表彰和奖励。10月,选举产生8个社区党委共39名委员，顺利完成社区党委换届工作。年内，积极在非公经济组织、文体队伍中建立党支部，新建雅秀市场流动党员支部等5个基层组织。创办《社区党建指南》，加强各级党组织思想及工作交流。

（王　激）

【干部队伍建设】　年内，健全街道工委领导班子成员理论中心组学习制度，认真开展解放思想大讨论；加强干部教育管理，修订《工委办事处会议制度》、《关于严格工作津贴和绩效奖金发放问题的有关规定》、《关于加强值班管理规范值班补助标准的有关问题的通知》及《关于加强街道四支队伍建设的意见》等4项制度，举办科级干部、公务员和社区干部各种培训班近400人次。

（王　激）

【党风廉政建设】　年内，开展两个条例及机关先进集体、先进个人事迹学习，加大自律力度；修订《三里屯街道党风廉政建设任务分工责任书》，明确每个分管的党政处级领导、党政有关科室具体工作，做到任务、责任到人，严格执行党风廉政建设责任制；按照一岗双责原则，层层签订《党风廉政建设责任书》和《优化发展环境责任书》，在责任书中加入廉政教育和廉政谈话责任条款，明确考核与奖惩挂钩，强化责任追究。

（王　激）

【为民服务】　年内，成立街道为民服务办公室，新建街道为民服务大厅和社区文体活动中心，在9个社区建居民事务代办站，承接居民事务8279件，完成8135件。全地区有113户家庭老人享受互助服务，东三里社区基本实现居民基本生活需求不出社区。受理低保户申请34户，看望各类优抚、残困人员110人，在幸福二村、北三里社区建立“残疾人员温馨家园”。举办了0—3岁儿童早期教育知识讲座。启动三里屯酒吧街预防艾滋病干预项目。建立居民法律服务机制，根据居民要求聘请专业人员和律师为居民提供法律咨询服务。为780名就业转失业人免费职业指导，举办各型招聘会6场，联系用工单位202家，开发就业岗位5180个，推荐各类求职人员共计1457人次，成功就业354人次，签订空岗协议310份，完成扩面征缴新增任务400人次。

（王　激）

【社区建设】　年内，健全社区居民代表会、议事会等各项制度，规范工作标准；组织未持有社区专职工作者证书的34人参加培训；组织社区干部到望京、安贞、劲松、南磨房学习参观，开阔眼界，拓展思路；整合资源，解决白家庄西里社区和中三里社区300平方米社区办公用房。

（王　激）

【社会治安综合治理】　年内，在酒吧街增设治安岗亭2个，增加保安50名，北三、南三、东三、一村、二村5社区聘请专业保安36名，负责24小时看楼护院，在9个社区成立社区巡逻志愿者分会，吸纳1400名社区治安志愿者。调整健全地区综治委，北三里社区南楼西小区电视监控及楼宇对讲系统投入使用。联合工商、公安、酒吧街管委会等部门对酒吧街、音像店、各种娱乐场所进行118次联合整治，清理小偷、传销、“站街女”，对乞讨人员实施救助。加大信访排查力度，排查调处各类纠纷150件，防止群众性上访6件计988人，防止群体性械斗2件，防止刑事案件1件，解决群众来信来访4件。

（王　激）

建外街道

【概况】　建外街道位于朝阳区西部，东起西大望路与八里庄街道、高碑店地区接壤，南临通惠河与双井街道相望，西至东二环路与东城区建国门、朝阳门两街道交界，北至光华路与呼家楼、朝外两街道相邻，辖域4.4平方公里。辖域东部是CBD核心区。有6个社区居委会，常住人口18992户、53720人；年内新出生207人，死亡225人，自然增长率−0.38‰。流动人口13351人。驻地法人单位3125个，按产业结构分类，其中农业3个、工业86个、建筑业29个、交通运输邮电业17个、商业餐饮业831个、服务业2047个、公共管理和社会组织48个、房地产31个、金融业33个。有中国国际广告公司、中国化纤总公司、中国造纸协会等中央单位122个，市人大常委会办公厅、北京广播影视集团、市旅游局等市属单位173个，外资企业404个，个体工商户1401户。摩托罗拉、诺基亚、柯达、尼康、美国通用电器公司、LG公司、JVC日本电器等企业在辖域落户。有清华大学美术学院，日坛中学等中小学幼儿园11所，社区服务中心1个，社区卫生中心1个，社区卫生站3个。道路30条，其中市属重点大街7条。公交线路76条。有国贸中心、长富宫、国际大厦、国际俱乐部、友谊商店、赛特购物中心等星级饭店、宾馆、高档写字楼、大型商厦58座，现代城、建外SOHO等高档商住两用楼88栋。有联合国国际粮农组织、国际红十字会两个国际组织。有特色市场秀水街。有28家外国驻华使馆，两个外交公寓群，其中13栋别墅、19栋公寓楼，1080套房屋，680套由外国公民居住。街道党政机关工作机构18个，工作人员88人。

办事处地址:建国路88号现代城综合停车楼
电话:85890155
邮编:100022

(韩久芝)

【社区党建】 年初新增党支部10个。3月与呼家楼、团结湖、八里庄等街道开展社区党委书记联谊活动,增强社区党委之间沟通和交流。推进聚合力工程,建医疗、文体、娱乐、便民、治安巡逻等党员志愿者服务队46支。5月27日,建国里社区举行党员志愿者队伍启动仪式,开展“党群手拉手,户户心连心”活动,党员与弱势群体结对子,一帮一,一带一。5月27日至28日,对50名入党积极分子进行党的基本知识培训。发展新党员4名。7月,对流动党员进行摸查,79名流动党员个人信息被录入电脑。

(黑维娜 韩久芝)

【社会治安治理】 年初,与100家社会单位签定社会治安综合治理责任书。10月,光华里社区由社会单位集资成立报案巡逻队,24小时对社区进行不间断巡查。11月,建外SOHO成立业主治保会。建外大街管委会对重点大街进行监控和整治,出动执法力量2600人次、车辆320辆次,取缔无照游商、光盘贩子等1180人次,暂扣三轮车126辆次,收缴光盘24069张,盗版书刊1190本,劝阻和救助乞讨人员1112人次。落实社区防控网络,解决隐患37件。协调指导各社区在新建公寓和居民区开展科技创安工作。北郎社区10楼投资20余万元安装防盗门31个,受益群众1004户。街道和物业部门投资20余万元建成634所小区电子监控系统,配备专业保安,举行防暴演习,《北京青年报》、北京电视台等多家媒体报道。

(付婉清 王惠珍)

【为民服务大厅建设】 3月31日,街道投资26万元建成的为民服务大厅和投入10.5万元在6个社区建成的社区居民事务代办站正式对外办公。服务大厅面积151平方米,设总咨询室1个、服务窗口7个、工作窗位17个、服务项目69个,以为民服务为中枢,建立纵向到底、横向到边的服务网络,对上联系区有关职能部门,对内联系相关职能科室,对下联系社区行政事务协管办公室和居民事务代办站,方便企业、社区单位和居民办事。

(李修来 韩久芝)

【社区教育】 4月17日,举办发展社区教育,建设学习型社区宣传活动,11所中小学、6个社会单位及社区居民参加,出展板56块、社区教育宣传册2200份,近3000人受到教育。年内,邀请中央党校和礼仪学院教授在机关开展系列讲座,为机关干部创造外出学习机会216人次,组织64名居委会干部到区社区教育学院培训。光华里社区与日坛中学制定培训与社会实践互助3年规划,在光华里一小、二小建立社区居民活动基地。在日坛中学组织露天电影和文艺晚会,组织趣味运动会、乒乓球比赛、篮球比赛1000多人次参加,光华路一小操场成为社区居民文体活动场地,190人次参加光华路二小组织的电脑、英语培训班。与外交部幼儿园、光华路幼儿园联合建学前教育基地,开展大量居民喜闻乐见的活动。北郎家园社区与清华大学美术学院结成对子,对在艺术方面有特长居民开展培训。永安里社区与永安里小学共建图书室,免费对居民开放。社区教育志愿者达240人。

(韩久芝)

【劳动监察】 6月3日,召开建外地区规范企业劳动用工行为工作大会,150余家非公经济企业负责人参加,宣传劳动法及相关法律、法规。6月13日,在秀水市场前举行《中华人民共和国劳动法》和《工伤保险条例》大规模宣传活动,发放宣传材料1000多份,现场解答法律法规现场咨询150人次。各社区建立宣传分站,发放宣传材料,利用板报、横幅等多种宣传形式,营造宣传《中华人民共和国劳动法》和《工伤保险条例》声势和气氛。年内,加大对企业劳动用工检查力度,巡查220家,立案38件,结案38件。查处举报案件68件,结案66件,2件按法律程序交法院执行。落实“劳动用工规范一条街”工作。对百事和大厦内35家单位进行检查,对存在问题单位责令限期整改,对情节严重的进行处罚。对在施工地劳务公司发放工资情况进行检查,督促工地130多个劳务公司发放农民工工资,补发拖欠4565人工资419.7万元。督促企业同180名员工补签劳动合同,补办社保登记证27个,为254人次补缴社会保险费21.71万元。对11家违反劳动用工企业进行行政处罚,罚款2.2万元。督促劳动用工不规范企业退中介费、工服押金21人次9700元。社会保险扩面征缴6200人次。

(韩久芝)

【市领导调研】 7月6日,刘淇到建外街道调研社区党建工作。听取建外、八里庄街道工委关于社区党建工作汇报,刘淇肯定朝阳区街道系统在社区党建方面的新探索、新尝试,对社区党建工作提出3点要求:街道进一步做好社区居委会与小区物业公司、与居民业主委员会之间的协调工作;做好下岗党员再就业工作,使其带动更多群众走上再就业之路;小区内部党建工作带动城市管理工作取得一定成绩,在此基础上进一步开动脑筋,消除小区与小区之间城市管理空白点。

(韩久芝)

【工地夜校培训工程】 11月,启动施工工地夜校培训工程。在韩建集团市高级法院工地、中建一局建外SOHO工地、中铁建设集团万达广场西区3家工地先行试点。培训以依法维权基本知识、安全生产基本常识和文明市民基本准则为主要内容,采取请社区学院教师集中授课、观看《外地来京务工人员法规系列讲座》教学光盘和自学《进城务工教育读本》等方式,首期准备教材600册。截至12月底,对1850名外地务工人员参加培训。

(韩久芝)

【区域经济】 年内,随着CBD商圈开发建设,税源户达4298家,其中中央单位128家、市属单位174家、金融证券机构33家,三次产业比例为1∶3∶96。实现税收19.2亿元,形成区级财力5.2亿元,其中,增值税2038万元,营业税34341万元,城市维护税927万元,土地增值税1189万元,车船使用税1749万元,房产税10508万元,城市土地使用税203万元,印花税603万元。财政返还街道事业费822万元。

(刘 颖 王惠珍)

【整合资源解决群众八难】 年内,整合社会资源扩大单位停车位1055个,规范小区停车新增停车位185个,单位资源对外开放增加车位110个,停车难得以缓解;为解决买菜难,增设便民菜车12个,便民服务超市5个;落实早餐工程,引进高档西式餐饮18家,增加早餐商亭4个、流动早点车11个,增设早餐定点餐厅46个;方便群众就医,南郎家园社区增设60平方米医疗站,建国里社区开设40平方米医疗站,北郎社区光华染织厂内部门诊部向社会开放,成立地区医疗服务网络,朝阳中医医院为社区派医务人员3名,每周到各社区为居民提供医疗服务;加强再就业和社会保障工作,提高再就业率;通过保洁工作市场化,社区环境得到改善;投资近1000万元,新增绿地19008平方米;强化流动人口管理,建立流动人员管理档案,投资52万元,为外交部东郊幼儿园、634研究所小区、光辉里小区安装电子门禁和视频监控系统。

(韩久芝)

【环境建设】 年内,街道投资63万元整修盛世家园路、永安南里路、砖厂路,铺路面4250平方米、便道1650平方米,绿化550平方米。办事处和社会单位投资近千万元,新增绿化面积19008平方米,其中蓝堡国际公寓6000平方米、恋日家园1000平方米、航空一集团6000平方米、盛世家园路408平方米和台湾会馆200平方米。大望路小学立体绿化,台湾会馆、祁家园公寓拆墙透绿。组织义务植树18324株。在对老小区绿地精心养护同时,重点打造精品工程,航华和万豪绿地养护得到市、区园林局专家肯定。施工工地硬化或覆盖达100%,创建安静小区和绿色社区各1个。新实施垃圾分类小区、单位4个。投资2万余元更换各类井盖30余个。对建外大街和光华路7个工地进行亮丽围档。

(王 萍 王惠珍)

【再就业及社会保障】 年内,举办失业人员再就业招聘会7次,128家单位参会,提供2600余个岗位。2100余名失业人员参加招聘会,216人与企业达成用工意向。与350家社会单位签订空岗报告协议书,搜集空岗5502个。对新增失业人员100%进行职业指导。召开41场基础职业指导讲座,对863名失业人员进行职业指导。针对"4050"就业难开展10次专场职业指导,与16名就业困难人员签订再就业援助协议书,其中15人通过公益性就业得以安置。对456名失业人员进行免费技能培训。截至11月,925名存档人员实现再就业,再就业率64.57%。6个社区建劳动保障工作站,社会保障工作实现三级网络管理。在社保所业务指导下,各工作站建立健全各项规章制度、台账及其它基础工作。为自谋职业人员代收代缴社会保险费2350人次60.1万元。4人在社区通过弹性就业实现再就业,为他们申请保险补助并建立台账。办理就业证5418个,招聘备案6482个。

(韩久芝)

【创卫工作】 年内,配备17名专职人员从事创卫工作。召开4次地区大会广泛动员,制作户外大型宣传广告9块,悬挂横幅87条,发放宣传材料2万余份,张贴宣传画6000余张。对地区单位专兼职人员、社区干部进行业务培训和技术指导400余人次。免费为社会单位、五小企业和地区居民发放价值2.5万元除四害药品,为12家中小餐馆免费安装防鼠防蚊蝇设施。进行4次集中整治,6次大搞环境卫生活动,动员居民、社会单位2万余人次参加,投入资金20余万元,清除卫生死角56处,清运垃圾渣土246车,辖域内外部环境明显改善。接受国家爱委会专家组5次检查和抽查,全部合格。

(王 萍 王惠珍)

左家庄街道

【概况】 左家庄街道位于朝阳区西部。东起东三环北部,南濒亮马河,西与东城区接壤,北抵静安西街,与香河园、太阳宫、麦子店、三里屯等街乡毗邻。辖域4.17平方公里。常住人口83553人,流动人口6832人。有企业1831个,其中服务业1097个、批发零售业级餐饮业

574个、工业60个、公共管理和社会管理33个、建筑业31个、交通运输业17个、房地产开发业12个、农业3个。全年税收9.5亿元,财务收入2457万元,财政支出2784万元。区域主要道路85条,其中市属19条、区管29条、自管37条。水源八厂坐落在辖域内。有18处燃气锅炉房,2处燃油锅炉房,2处燃煤锅炉房。有1个封闭式垃圾楼、3个垃圾转运站。地区绿地107万平方米,集中绿地面积10万平方米,有春、夏、秋、冬4个街心花园,占地20000平方米。年内建新源里绿色生态小区。有幼儿园6所、小学6所、中学3所、职业教育1所、大中专院校5所,区委党校坐落在辖域。有医院1所、社区医疗站8个、红医站1个,分布于9个社区内。有全民体育健身场所22处、体育检测设施1处,9个社区均有室内健身场所。南半部以京源商场、三源里市场为中心,形成有邮局、银行、书店、药店、副食蔬菜等经营服务的商业中心。北部有静安市场。昆仑、华都、京城大厦、渔阳饭店等大型宾馆、写字楼坐落在亮马河畔,高档住宅区力鸿花园、国际友谊花园、凤凰城、国际村分别在辖域东北、西北角。

办事处地址:新源里西11楼侧

电话:64643210

邮编:100027

(王建萍)

【街道机制体制改革】 3月5日,街道社区机制体制改革正式启动。街道原社会保障服务大厅改建为一站式便民服务大厅兼为民服务办公室,与9个社区居民事务代办站形成服务居民窗口。原机关15个科室调整为六大工作部,包括综合服务部、党群工作部、城市建设管理部、民政事务管理部、社会治安和劳动保障部以及财务统计部,与服务大厅以前台受理后台服务形式,完成政府各项行政事务。根据社区干部反馈信息,了解居民实际需求,在制定举措时直接从居民迫切需要解决的停车、绿化、早点、买菜、保洁、看病、就业等问题入手。街道从原来86人编制中精选出35名优秀干部,建立社区综合协调管理委员会。管委会成员直接深入社区,指导社区,将原来社区居委会承担却该由政府部门去做的那部分事务接过来。社区居委会从行政事务中解脱出来。

(据《京华时报》)

【昆仑饭店拆墙透绿】 5月,昆仑饭店拆墙透绿工程完工,投资16万元,拆除栏杆130米,改造门前三包绿地1000平方米,清运渣土28立方米,栽植各种草木12000余株,新增草坪550平方米。

(王建萍)

【反邪教宣传日】 5月13日,街道工委、办事处举行声势浩大的反邪教宣传日活动。活动以"崇尚科学、关爱家庭、珍惜生命、反对邪教"为主题,设10个宣传点,出动宣传车2辆、群众文体队伍20支,发放宣传材料3000余张,展出展板52块,悬挂标语28条,有3400余群众现场参加活动。

(王建萍)

【联合执法检查】 6月28日,街道联合三里屯、团结湖、和平街3个街道,在劳动监察大队一组带领下,对曙光里4个建筑施工单位进行劳动监察。监察员们对建筑施工单位执行《中华人民共和国劳动法》、《北京市工资支付规定》、《北京市劳动合同规定》等劳动法律法规情况进行详细检查,未发现严重违反劳动法规行为。年内,左家庄地区建筑单位基本能按月支付工资并达到北京市最低工资标准。

(王建萍)

【建新源里生态小区】 6月底,街道投入210万元打造的新源里绿色生态小区竣工。全面改造新源街16座楼院,面积24000平方米,栽植各种植物28种2万余株,铺种草皮近1万平方米,绿地铺装4000平方米,建挡土墙1000延长米,修建亭台2个,设计文化长廊1处,增建停车位145个。

(王建萍)

【慰问子弟兵】 "八一"前夕,街道拿出1.5万元对辖域内某部、卫戍区干休所、左家庄消防中队、武警三支队五中队和武警九支队二大队等五支部队进行慰问。同时要求9个社区综合协调管理委员会开展"四个一"(走访一支部队,召开一次军民共建工作研讨会,举办一次军民联谊会,举行一次文化拥军、法律拥军和支援者服务拥军等拥军活动)活动推进双拥工作发展。

(王建萍)

【改造三源里集贸市场】 9月,街道投资200万元对三源里集贸市场进行升级改造。改造后老化电路全部更换,照明全部使用节能灯具,原塑料天花板改为防火型铝合金材质,市场内安装监控系统并配备5个摄像头,在市场7个部位配置消防器材,安装4个换气机和12个排风扇,购置8个5匹空调,安装广播系统和电子显示屏,为商户安装独立使用水表、电表和防盗门。市场经营面积达1560平方米,134个摊位经营蔬菜、水果、粮油、鱼肉、食品等生活必需品。

(王建萍)

【打工妹法律咨询社区行】 12月4日,街道司法所与《中国妇女报》、北京农家女文化发展中心——打工妹之家联合举办题为"关爱打工妹法律咨询社区行"活动。参加活动的有市人大代表吴青、市总工会女工部部长及中华女子学院、北京汇源律师事务所、中济律师事务所、左家庄法律服务所、区劳动局监察大队、地区城管队工作人员、大学生志愿者。活动中,参与单位为外来打工妹和其他务工人员进行法律、劳动政策、女性健康、城市管理等方面咨询,赠送女性药品、城管扑克、钥匙链千余份,发放宣传品近万份,出横幅10条,展板45块。

(王建萍)

【入监帮教】 12月14日,街道司法所、社会保障所对北京市未成年人管教所即将刑满释放服刑人员进行出监前就业指导。社保所工作人员就刑释人员档案管理、最低生活保障金申报、社会就业状况、就业途径及其注意事项进行详尽讲解,司法所同时讲解刑释人员有关管理政策。

(王建萍)

【再就业工程进社区】 年内,街道采取多项措施将就业服务深入到社区。办事处、社区有关人员逐一走访失业人员,了解他们的专业技能和就业需求,认真填写失业人员各项管理台账,帮助做好再就业求职登记。积极走访辖区单位,协调关系,寻求就业岗位。加强职业指导,积极宣传相关劳动政策。坚持每月组织一次招聘会,争取让失业人员早一天上岗。约300人通过招聘会在文秘、投递员、库管、业务员、校对等22个工种重新就业。

(王建萍)

呼家楼街道

【概况】 呼家楼街道位于朝阳区中心地带,地处商务中心区,东起金台路,西至东大桥路,南起光华路,北至工人体育场南路,辖域2.8平方公里。有10个社区居委会,总人口25494户、70957人,户籍人口21602户、64305人;新出生174人,死亡184人;暂住人口8460人。在册公司企业2850家,其中中央单位46家、市属单位80家、区属单位75家;世界500强企业6家;医院3所,社区卫生服务站6个,社区服务中心1个。辖域内三环路纵贯南北,朝阳路、朝阳北路横穿东西,驻有人民日报社、朝阳医院、京广中心、首都经贸大学等单位。

办事处地址:呼家楼北街甲6号
电话:65012264
邮编:100026

(高英梅)

【联馨园落成】 3月26日,呼家楼举行联馨园落成揭幕仪式,此整体公园建成使呼家楼北区绿化面积达25000平方米,绿化率53%。联馨园改造是在呼家楼社区公园和五彩园基础上,将1号楼前、5号楼前、21号楼间绿地连片改造形成一个社区整体公园。联馨园采取无障碍建设,分为两个园区:民乐园主要为居民提供休闲和娱乐场所,求石园是利用清出的渣土就地消化做成的微型景观,主要为居民观赏艺石和休闲,提高生活品位。园内种植南北方名花贵树,不但有银杏、白腊树、紫薇、玉兰、石榴、碧桃、雪松、华山松等,还有月季、三角梅等应时花卉。

(据《北京晚报》)

【环境整治】 年内,整治工地卫生11万平方米,整治工地周边单位17家。投放各类除害药品150公斤、器具140个,到位率100%。辖域施工工地全部达到环保工地标准,其中世纪财富中心工地被列为环保标杆工地。办事处筹资1.2万元,对呼家楼北街4号楼长27米下水道进行改造。通过召开协调会、听证会,办事处投资10万元、产权单位出资17万元、居民出资8万元,在呼家楼北街17号楼和向军北里11号楼安装楼宇对讲系统。办事处筹资15万元对人民日报社小区和嘉里中心写字楼进行垃圾分类,通过市、区验收。

(高英梅)

【绿化美化】 年内,街道完成21万平方米绿地养护工作,全年未发生病虫害;投资260万元实施人民日报社新区精品绿地工程,修整和改造绿化面积13000平方米;投资200万元,实施农丰里小区改造工程,修整和改造绿化面积10000平方米。

(高英梅)

【化石营整治】 年内,办事处联合区公安分局巡察一队、呼家楼城管监察分队、工商所、派出所、房管所,对化石营地区进行集中清理整治,拆除占用消防通道的私搭乱建房屋20处300平方米,遏制占路经营、无照经营、超范围经营等影响社会治安秩序的违法行为。

(高英梅)

【综合治理】 年内,组织志愿者巡逻队成员1500人巡逻,重要节假日期间未发生治安事件。对52处人员密集场所,4处经营、使用、存放易燃易爆化学危险品单位,校园周边120家店铺及220处重点部位进行专项治理,对218家单位进行安全生产大检查,对地区音像店进行扫黄打非大检查90次。

(高英梅)

【便民服务】 年内,办事处投资150万元建成的为民服务大厅对外办公,受理各类事项1839件,其中政务类475件、办结475件,事务类1364件、办结1358件;接待咨询1053件,其中政务类170件,事务类883件,全部回复。10个社区分别建事务代办站,受理各类事项

6799件,办结5675件。解决群众"八难"问题,由社区服务中心主办,安置便民菜车21处43辆;联合朝阳第二医院,在关东店北街建向军北里卫生站;建人民日报社社区300平方米健身园;建2个早餐亭,新增早餐达标店1个;设废旧资源回收围档8个;创办呼家楼北社区心理健康指导室。

(高英梅)

【社区建设】　年内,建社区干部学习交流机制,9名社区干部参加学习交流活动。建民主测评机制,每半年对社区干部及社区工作进行居民满意度测评。开展社区建设百题知识擂台赛,制定《呼家楼街道社区专职工作者学历教育管理办法》,鼓励社区干部利用业余时间接受各类再教育。社区干部20%本科及在读、30%大专及在读、50%参加岗位知识培训班。精简社区会议、健全社区居委会现场办公例会制、实行网上信息报送制,缓解社区干部工作负担和压力。

(高英梅)

【拆迁建设】　年内,有5处拆迁改造区域,包括首创朝阳房地产发展有限公司开发呼家楼综合商务区项目涉及1163户、东环3号楼涉及272户、CBD07—1涉及692户、向军北里双建花园涉及520户(已迁473户,未迁47户)、奥中兴业东大桥20号楼涉及60户(已迁36户,未迁24户)。5处拆迁改造区域内启动3处,分别为首创朝阳房地产发展有限公司开发项目、奥中兴业东大桥20号楼、东环3号楼。东环3号楼和CBD07—1两处完工。

(高英梅)

【再就业工程】　年内,开发就业岗位760个,签订空岗协议550个,挖掘空岗信息2200条,推荐失业人员550人次,201名失业人员不出社区实现就业,7名失业人员辖域外再就业。与重点企业进行岗位置换,安置特困人员上岗50名,新招聘16名就业困难失业人员充实到社区保安、劳动协管员队伍中,就业困难人员安置率90%。举办6次专场招聘会,达成用工意向542人,成功推荐123人实现再就业。开展6场政策宣传咨询活动,坚持每周一次基础职业指导培训,基础职业指导培训率100%。宣传特殊行业就业准入制,开展技能素质培训370人,8种特殊行业就业准入持证率90%。失业人员再就业率71%,与上年同比增长6%。

(高英梅)

【扶贫帮困】　年内,走访慰问优抚社救对象700户,投入资金10万元;办理医疗救助9户,发放救助金17869.69元;办理临时救助3户,发放救助金13500元。有200户享受最低生活保障,实有人数389人,新申请受理40户,复审198户377人,累计发放最低生活保障金及粮油帮困金964081.31元,累计发放1935户3696人。社区党员志愿者与困难群体结成扶贫帮困对子196对,社会单位与困难户签订帮困协议30份。开展"博爱在京城"募捐活动,捐款6000元、捐物600件;开展扶贫济困送温暖捐赠月活动,捐赠资金17684.70元、衣被588包17325件。

(高英梅)

【司法行政】　年内,组建社区义务授课小组,与中国政法大学研究生法律援助志愿者协会签订协议,成立法律援助志愿者队伍,开展法律进社区、进军营、进工地、进学校活动。建立40个法制宣传橱窗,举行法律义务咨询月、社区居民法制书画摄影巡回展、公民与法知识竞赛活动。为安置帮教及社区矫正对象开通"求职绿色通道",协助求职12人次,帮教率100%。

(高英梅)

【预防禽流感】　年内,制定《呼家楼街道重大动物疫病防控工作预案》,检查3个市场、100家饭店餐馆、20家集体及工地食堂,规范散养户鸽舍30处,拆除鸽舍8个,自行销毁处理鸽子353只,上交至朝龙天翔畜禽技术服务中心集中处理鸽子183只。

(高英梅)

劲松街道

【概况】　劲松街道位于朝阳区西南部。东以东四环南路为界与南磨房地区毗连,南以劲松七区和劲松六区南侧、劲松南路东段、农光南路及东南郊灌渠为界与潘家园街道、南磨房地区为邻,西临东二环南路北段、广渠门南滨河路与双井街道、崇文区龙潭街道接壤,北侧自西向东以劲松路、垂杨柳南街西段、垂杨柳南里南侧及广渠路为界与双井街道相接。辖域约5.2平方公里,东西最长为6.2公里,南北最宽1.6公里,呈长方形。辖域内有707个社会单位,10个社区;有居民23000户、61447人,另有流动人口9800人;人口密度13701人/平方公里。辖域内有建设较早的劲松小区、农光东里、磨房北里住宅区,有华腾园、富顿、乐澜宝邸、珠江帝景、风度柏林、百环家园等一批新建住宅小区和写字楼。有合资企业北京吉普汽车有限公司,有劲松一中等中学5所、劲松一小等小学4所、托幼园所6个、托老所1个、群众健身场14处、小区公园2处,医院、影剧院各1座,商业、服务业网点80余个。辖域绿化1376477平方米,绿化覆盖率33%,人均绿化面积22.4平方米。年内,投入1000余万元建成南磨房路精品街,完成51106平方米绿化改造工程，整修小区道路13756平方米，整合房产资源4000余平方米，使10个社区居委会集中办公用房达300平方米以上。

办事处地址：东三环南路华腾园甲6号
电话：87795566
邮编：100022
网址：http://jinsong.bjchy.gov.cn

（李大林）

【为民服务大厅办公】 5月18日，街道为民服务大厅建成并对外办公。大厅设法律服务、人口与计生、就业与优抚、财税服务、城市管理、生活需求、政务咨询、居民事务、中介信息、党群事务、民愿接待和社区平台等12个窗口。服务大厅设民愿接待室、人大政协委员接待室、职能部门负责人接待室、工作洽谈室、图书资料阅览室、残联工作室。71项群众需求事务办理沉入服务大厅，公开办事程序，直接对居民和社会单位服务。150多项社会性服务项目，通过发挥公益性中介组织和群众组织作用满足居民需求。街道将原有职能科室分类重组，30名工作人员在服务大厅窗口办公，10名工作人员下派到社区工作，指导社区服务工作和代办社区政务。

（张艳平）

【市领导调研】 7月2日上午，刘淇、杜德印、孙政才等市领导到劲松街道调研社区党建工作。刘淇一行来到劲松中社区视察社区居民事务代办站，参观党员义务接待室，了解社区党的基层组织建设情况。随后，市区领导来到劲松街道办事处视察一站式为民服务大厅，观看劲松街道工委开展亲民、便民、利民活动多媒体演示。刘淇对服务型街道建设工作给予充分肯定，对“民愿接待窗口”最为关注，并表示“今后要继续关注你们劲松的民愿接待工作”。他还对人大代表、政协委员、职能部门负责人到街道为民服务大厅接待群众，畅通民意反映渠道，密切党和政府与人民群众联系给予肯定。

（李伯明）

【南磨房路通过验收】 10月，精品街南磨房路完工并通过验收。南磨房路全长1392米，宽36米，便道铺装104000平方米，绿地调整18600平方米，建绿化喷灌设施，内设草坪灯，路两侧设路椅48个、果皮箱62个、广告灯箱30个，更换道牙砖2600延长米。共计投入560万元。

（郭 艳）

【胡锦涛视察劲松街道】 10月2日下午，中共中央总书记胡锦涛在中共中央办公厅主任王刚、市委书记刘淇、市长王岐山陪同下视察劲松中社区、劲松街道办事处。下午3点50分，胡锦涛来到劲松中社区，参观居民事务代办站、党员义务接待室、社区警务监控室和社区多功能室，慰问在工作岗位上的居委会干部、党员、民警、城管队员和社区保安人员。胡锦涛参加老年聊天会，对聊天会坚持18年、聊天189次非常高兴，他说：我也和大家聊聊天。新中国成立55年来，尤其改革开放以来取得巨大成绩，在座老同志做出很大贡献。我对老同志们提三点希望：一是希望老同志们继续关心支持党和政府工作；二是希望老同志们健康长寿；三是希望老同志们教育和关心下一代、孙子辈成长。4点26分，胡锦涛来到街道为民服务大厅，认真听取大厅工作和各个服务窗口情况汇报，与大厅工作人员亲切交谈，并向坚守在岗位上的工作人员及其家人致以节日问候。胡锦涛对街道办事处公共服务工作和服务大厅“一站式”、“窗口式”公共服务形式非常满意，特别对民愿接待窗口工作给予高度评价。胡锦涛与工作人员一一握手，并欣然与办事处工作人员合影留念。随后，胡锦涛在劲松街道办事处大会议室发表重要讲话，向全国基层干部表示慰问，向基层干部提出五点希望：第一，要切实树立和认真落实科学发展观，尊重客观规律，尊重群众的首创精神，带领群众推动经济发展和社会全面进步。第二，要切实维护基层群众的民主权利，推动基层各项民主制度贯彻落实，坚持依法办事，自觉接受群众监督，确保把人民赋予的权力真正用来为人民谋利益。第三，要切实推动基层文化建设，深入细致地开展思想政治工作，广泛开展群众性精神文明创建活动，不断满足群众日益增长的精神文化需求。第四，要切实做好协调关系、化解矛盾的工作，兼顾不同方面群众的利益，正确处理人民内部矛盾，关心群众的生产生活，努力维护社会稳定。第五，要切实提高自身的综合素质，认真学习贯彻邓小平理论和“三个代表”重要思想，提高自身的思想政治水平和实际工作能力，弘扬求真务实精神，堂堂正正做人，踏踏实实做事。

（李伯明）

【社区党员义务接待室】 年内，劲松街道10个社区党委全部建立党员义务接待室，组织社区党员义务开展“党员接待日”活动。每周六上午9点至11点，直管党员按照党小组顺序排班，每1人至2人为一班，义务接待来访的居民群众，认真作好记录，及时向党支部反映情况，使他们的问题尽快得到解决。

（曲道丽）

【社区服务】 年内，10个社区分别建不少于40平方米的“居民事务代办站”。社区居民事务代办站充分发挥亲民、便民、利民特点，全面实施“9916”便民服务工程，即政务9代办、事务9办理、居民需求16项生活服务。全年接待群众8500多人次,受理6000多件事务,为居民提供生活服务事项560多件。10社区引进有资质的中介机构,服务内容包括家政服务、维修服务、培训服务、再生资源回收四大类70多个服务项目。

(王静媛)

【解决居民八难】 年内,社区建设办公室对10个社区进行民意调查,做到摸清情况,建立台账,确定责任人,制定有效措施,使"八难"问题基本得到解决或缓解。一是买菜:劲松北社区、劲松东社区、劲松中社区规范并新增菜摊30个,实现统一服装、统一标识、明码标价,缓解部分群众买菜难问题;二是早点:街道与11家餐饮经营单位达成协议,提供卫生、多样化早餐服务,并在人员密集地区设置十余辆流动早餐车满足居民需求;三是医疗保健:各社区以老年日间照料室为基础,建立医疗保健和老年健康档案;四是小区绿化:通过加大资金投入和社会单位共驻共建,完成老小区绿化改造、新建小区拆墙透绿和庭院绿化工程;五是小区环境:规范管理社区专业保洁队,统一标识,做到专业保洁和志愿者义务保洁相结合,保洁率100%,每个社区设再生资源回收亭;六是社区治安:充分利用人防、物防、技防等手段,加强对主要大街、重点部位、过街天桥监控,建立覆盖全地区的监控网络,街道总监控室实施全天候、全方位24小时电子监控,确保一方平安;七是停车泊位:经过多方协调、挖潜、整合,新增近400个停车泊位,缓解部分小区停车难问题;八是搭建劳动就业平台:积极开展职业技能培训,就业率达74%。

(王静媛)

【小区建设】 年内,由区管委、区防汛办、街道投入50万元对劲松一区至八区破损严重的12000平方米小区道路进行整修。改造劲松一区、农光东里社区、榆光城3个旧小区环境,改造面积30100平方米。

(郭 艳)

【解决拖欠农民工工资问题】 年内,街道提出早宣传、早预防、早动手、早监察工作要求,通过劳动科、劳动保障监察员在工地开展劳动政策宣传,使及时发放农民工工资工作得到落实。珠江帝景工地成立农民工工资支付中心,为1154名农民工办理农行储蓄卡。全年受理、解决拖欠民工工资问题97件,为4230位民工追讨工资513万元。

(王燕伟)

【同"法轮功"等邪教组织斗争】 年内,街道深入开展"尊重科学、珍惜生命、关爱家庭、反对邪教"警示教育活动,组织4场大型反邪教警示教育宣传活动,举办科教电影周,规范教育、例会、走访、分析、督察、信息等6项制度,扩大充实8支社区骨干队伍,全面实施摸、守、盯、防、奖长效监控机制,对重点大街、重点部位和有限电视光接点、放大器、报警器实施24小时监控。街道工委与社区党委签订《关于对"法轮功"防范监控工作责任书》,对辖域内52名"法轮功"人员实施分类管理。8月17日和11月14日根据群众举报,街道配合公安部门分别抓获3名辖域外邪教"法轮功"滋事人员。

(孙 军 李伯明)

【保洁员当上火炬传递手】 年内,保洁员董学法被选为雅典奥运北京传递活动第81棒火炬手参加奥运火炬传递活动。董学法是劲松五区保洁员、治安巡逻员。白天保洁做到轻、快、勤。轻,就是动作轻,尽量不影响他人休息;快,就是动作快,尽量在一个地方减少停留;勤,就是手勤脚勤,不放过一处死角。夜晚巡逻尽职尽责,先后32次与不法分子搏斗,15次负伤。抓获抢包、盗窃、贩卖淫秽光盘等犯罪嫌疑人100余人,截获赃物500多件,其中自行车、三轮车、摩托车近百辆。先后被团中央、市委、市政府、朝阳区授予"全国优秀进城务工青年"、"首都见义勇为好市民"、"北京市优秀外来务工青年"、"北京市十佳外来青年"、"外地来京人员文明之星"等称号,7月成为中国共产党正式党员。

(王静媛)

团结湖街道

【概况】 团结湖街道位于朝阳区西部。东起水碓子东里、水碓子东路、朝阳体育馆西侧,南至呼家楼北街和二道沟北侧,西至东三环北路,北至农展馆南路。辖域约1.2平方公里,辖22条街巷,6个住宅社区,设6个社区居委会(含10个家委会)。总人口14778户、38474人。团结湖路纵贯南北,与东西方向农展馆南路、团结湖北路、姚家园路、团结湖中路、团结湖南路、朝阳北路、呼家楼北街依次相交,并与各楼区间道路相通。团结湖路两侧设有派出所、工商银行、邮局、书店、百货商场等商业服务设施。辖域内有中央企业25家、市属企业39家、区属企业78家、街道企业17家、无主管企业703家,全部从业人员16082人。驻有国家中医药管理局等4个部属单位,北京青年报社等4个市属单位,区计委等27个区属单位和区人大常委会、区政协等区级领导机关。有中专1所、中职1所、中学2所、小学2所、幼儿园2所、托老所1所、医院3所。有各类商业饮食业126家,从业人员2939人。

办事处地址:团结湖北头条9号楼

电话:65825455

邮编:100026

（李丹梅）

【朝阳北路垂直绿化】　6月25日，街道投资21万元，历时半月的朝阳北路垂直绿化工程完工。工程长800米，以52个城市市花为背景。安装灯箱52个，装护网434平方米，种植藤本月季650株。

（李丹梅）

【社区老人英语热】　10月，街道老年人社区英语班班长杨景秀参加北京市民外语游园会并代表北京市民用英语发表迎奥运演讲，博得副市长张茅及中外专业人士好评。杨景秀、夏凤芝等4位老人成为北京市志愿者协会及北京市民讲外语组委会任命的英语教育志愿者。

（李丹梅）

【双拥共建】　年内，走访慰问武警九支队六中队官兵，送去300余册图书等价值5000元的慰问品，并在团结湖公园举行"八一"建军节"军民一家亲"文艺演出，演出中机关干部为部队4名特困战士捐款2000元。在老战士复员之际，街道及地区汽车存放中心与部队本着资源共享、同时解决复员特困优秀士兵后顾之忧原则，在军营开展"情系老战士，送岗进军营"活动，企业同复员老战士签定劳动用工合同。为方便部队官兵洗衣服、活跃文化生活，街道投资2万余元，为部队送去5台大功率洗衣机、两台高端数码摄像机、照相机，向老战士赠送纪念品、双拥活动画册。

（李丹梅）

【残疾人工作】　年内，完成街道残联独立设置工作，配备1名残疾人副主席、2名残联专职工作者、1名残疾人协管员。街道残联按比例安排残疾人就业单位121家，收缴残保金479945.43元。地区单位安置残疾人就业4人，社区安置残疾人就业5人，扶持1名残疾人个体就业，发放扶持金2000元。完成各类残疾人职业技能培训指标8人，取证率25%、为一眼疾患者和一精神病人报销职业技能培训1600元。全年走访慰问残疾人192人次，发放慰问金7520元，为4名重度精残人员5次申请住院补助，为11名困难残疾人无偿配发轮椅、坐便器、助听器，为5名肢残人员配制假肢，为10名老年白内障患者实施复明手术。对一二条、三四条、南北里、水碓子4社区314.2平方米甬道、马路牙子进行坡化改造，铺盲道砖376.88平方米，78处路口进行坡化改造，投入资金近两万元。

（李丹梅）

【街道阳光工程】　年内，街道制定《关于工程施工建设程序的规定》，规范办事处各项工程运作行为。对由办事处或居委会出资由施工方进行的装修、维修、绿化、改造、基建等项目，按投入资金多少分为零散、小型、大中型三级管理。不同规模工程实行不同审批程序，其中大中型工程由街道办事处年初做出计划，由主管部门做出可行性分析测算和论证，提出具体实施议程，经主任办公会审查、工委会审批决定后以会议纪要为依据，由办事处主任在审批表上签字后方可组织施工和监督。上述规定进一步规范协议书签订权限、施工管理、工程验收、结算、质保、移交、文件存档、工程监督等相关程序、责任人和内容。

（李丹梅）

【社区文体活动】　年内，开展"五月的鲜花"歌咏比赛和"社区一家亲"夏日文化广场等系列活动，演出32场，6个社区演出300多个文艺节目，参演人员500多人，观众3000多人。在社区建合唱团、京剧队、模特队、腰鼓队、迪斯科健身队、秧歌队等文体队伍28支。举办第二届社区居民运动会，吸引300多名群众参与；在团结湖日月广场举行"庆国庆、迎奥运"健身舞表演赛，6个社区12支代表队200多人参加表演；投资3万余元兴建1处居家工程，解决该社区居民健身场所问题；组织24人秧歌队、24人健身球队参加迎奥运圣火火炬传递活动。

（李丹梅）

【社区教育】　年内，投资30多万元在水碓子建团结湖社区图书馆，解决居民点群众借书难问题；投入16万多元对街道中心幼儿园进行改造，建电视监视系统，购买电脑、数码照相机和其它教学用具，散居学龄前儿童受教育率98%以上；在中路北社区启动银色年华英语沙龙活动；老年教育活动从老年人需求和爱好出发，全年参加活动老人9000多人次，参与率70%以上；组织200名外来务工人员进行法制培训，加强法律、法规、规章、政策宣传教育工作，增强外来务工人员法律防范意识；各社区以社区教育基地和市民学校为依托，开展各类教育活动100多次，近万人参加。

（李丹梅）

【社会治安综合治理】　年内，清理校园周边无照摊商29家，清理检查出租房屋50余家。收缴淫秽光盘1000余张，处理"站街女"64人次，抓获卖淫嫖娼人员14人，处理吸毒人员31人。全年发生各类刑事案件153起，比上年减少6起。排查矛盾纠纷13次、106件。调解纠纷309件，成功298件。其中，防止群众性械斗1件60人，防止群众性上访3件200人。

（李丹梅）

【新闻报道】　年内，街道为所有科室和社区购置数码相机，要求各科室、社区、事业单位有专人负责宣传报道工作,将地区有一定写作和摄影能力的居民吸纳到通讯员队伍,不断加强通讯员队伍管理和教育,定期邀请媒体资深记者对通讯员进行新闻写作和摄影培训,经常组织摄影和新闻写作比赛。完成新闻报道274篇,其中国家级11篇,市级197篇,区级66篇。

(李丹梅)

【道路维护】 年内,投资51962元完成团结湖路、姚家园路路面维修。其中,团结湖路混凝土马路维修51.5平方米,升高或降低彩砖地面98平方米,新铺彩砖地面45.3平方米,砌垃圾桶底座9个,原砖及垫层拆除178.5平方米。姚家园路新铺彩砖地面162平方米,升高或降低彩砖地面141平方米,混凝土马路维修80平方米,原砖及垫层拆除257平方米,砌树池围芽1348.8米。投资51000元完成团结湖路栏杆油饰和维修。刷油漆2873.04平方米,除锈、打磨957.68平方米,刷防锈漆956.68平方米,更换新铁艺栏杆19.8米,矮栏杆换花84处,栏杆加方管47米,点焊柱头尖121个,栏杆损坏处加花点焊80处。投资36万元完成北四条路改造,拆除路面1568平方米,铺环保砖1568平方米,清运渣土267立方米。投资65万元完成团结湖南路便道铺装。升降九格砖885平方米,升降大方砖282平方米,建树池围牙1281米。投资45000元完成拓宽政协宿舍前便道工作。拆除绿地108平方米,拆除栏杆72米,拆除旧方砖109平方米,恢复环保地砖224平方米等。投资78064元完成居民区路面修复,砼路面损坏维修找补12042平方米,铺水泥九格砖277平方米;砧除砼层1204平方米。

(李丹梅)

【再就业】 年内,街道社保所与200余家社会单位签订空岗协议书,健全空岗报告制度,为失业人员搜集空岗信息2300余个,利用社会单位力量,举办各类形式招聘会,组织地区30余人次就业困难人员以劳务派遣实现就业。对符合就业援助条件的就业特困人员实行托底安置(社区保安39人,再生资源回收、早餐工程安置8人,劳动保障协助管理员安置16人)。同时建立"4050"就业困难人员台账,与200多名"4050"人员签订《再就业援助协议书》,帮助189名"4050"人员实现再就业,并办理招工备案手续,"4050"人员再就业率65%。

(李丹梅)

首都机场街道

【概况】 首都机场街道位于朝阳区东北部,四周与顺义区接壤,辖域12.23平方公里,分为工作区和生活区。工作区面积约10平方公里,生活区面积约2.3平方公里。生活区分设南路东里、南路西里、南平里、西平街4个社区,常住人口1.1万户、约3.3万人,其中,户籍6909户、22552人,人户分离约4000户、11000人左右,暂住人口4077人。驻地法人单位215家,其中中央单位47家、市属单位11家、区属单位8家、其它149家。法人单位年末人数18456人,从业人员17294人。辖域内,首都国际机场是国内最大民用机场,民航华北管理局负责华北地区空中航线行政、交通管理工作,中国国际航空集团主要航线遍布五大洲及国内各省主要地区,中航油股份有限公司承担着空港飞行油料保障工作,中德合资北京飞机维修工程有限公司是全国最大的飞机维修企业。生活区医疗、教育、服务设施齐全,二级甲等医院首都国际机场急救中心(首都机场医院)位于北平里,4座规模较大、设备较好的幼儿园,分布在生活区,均属民航企业自有;北京求实职业中学分校、首都机场中学、机场一小二小分布在生活区东西部位,京客隆商场位于生活区中心。机场高速路、机场辅路、京顺路连接城区。街道设置工作机构:街道工委5个、办事处10个,有公务员62名、事业人员26名。

办事处地址:首都机场宿舍区西平街2号
电话:64563946
邮编:100621

(张　津)

【消防工作】 年初签订《机场街道2004年度消防工作责任书》,全面检查9个居民小区内59个消防栓使用情况,检查30个上锁封闭小区大门,更换锈死锁具15把,修剪影响消防车通行树木106棵。

(张　津)

【地区道路改造】 3月10日至4月2日,街道投入139.5万元,对小天竺路进行改造,修复、改造雨水、污水等市政设施62套,更新广告灯箱17个,设置停车泊位18个,种植国槐20棵,铺装人行道546平方米,主路面铺油7725平方米。5月18日至6月13日,区防汛办投入40万元,对副食西街雨水管线及道路施工改造,更换雨水管线105米,更换雨水篦子21座,维修路缘1200米,修复路面3200平方米。6月27日至9月9日,街道投入263.1万元,社会各单位投入148万元,对西平街路改造,铺设电信、电力管道2000米,铺设电缆6000米,架设电杆103根,维修小区栏杆600平方米,修改雨(污)水等市政设施76套,新做电信、雨水井10座,种植国槐45棵,铺装人行道870平方米,主路面铺油8688平方米,安装路灯32盏、礼花灯3套。7

月7日至11月15日，区政府投入619.21万元，驻机场社会各单位投入167万元，对机场生活区机场南路、学校路、东平里路、南路东里路、副食东街、苹果园路、急救中心路、北京飞机维修工程有限公司中心路、副食西街及工作区机场西路、航安西路、配餐路等12条道路进行改造，铺设电信、电力管道496.9米，修改雨(污)水、电信井120座，更新路牙9098米，铺装人行道14011.2平方米，主路面铺油57896.1平方米。

(张 津)

【便民服务】 年内，解决地区保姆需求20余人次；引进京顺达智能停车有限公司，规范社区路边停车秩序，同时解决11个就业岗位；引进律师事务所，接待咨询60余人次，代理诉讼20余人次；引进正规维修、配送服务商25家，签订服务合同22份；利用中华医学会健康调查，开展健康教育、义诊和免费治疗20余次，同时建立健康之家，长期开展免费健康咨询及理疗工作，服务人数1000余人次。

(张 津)

【区域经济】 年内，企业总数284家：法人单位215个，多产业单位15个(除去法人本部)，单产业单位66个。总收入118.741亿元，按行业分类：工业21.012亿元、建筑业0.452亿元、交通运输9.297亿元、商业70.112亿元、服务业12.109亿元、行政事业5.492亿元、房地产业0.256亿元、金融业0.012亿元；按产业分类：国有经济85.072亿元、非公经济1.264亿元、合资经济32.405亿元。地区税收总额9.478亿元，其中区级收入2.23亿元，当年已经转出的民航企业仍在朝阳缴纳的部分税款总数超过4亿元(国航2.59亿元、机场股份公司1.43亿元)，占地区当年税收总额40%(以全国经济普查12月31日统计数据为准，不含直报单位)。

(张 津)

【社区建设】 年内，投入4万元改善社区办公条件。办公设备投入30万元(为4个社区配备电脑20台，建起40块社区宣传栏，700个楼宇宣传橱窗)。在南平里社区开展居民事务代办站试点工作，并向其它社区推广。社区内1万平方米体育场、200平方米室内体育馆、民航单位职工10000余平方米室内活动场地及设施、两个宾馆会议厅，无偿对社区居民开放，居民可免费借阅机场集团公司图书馆近10万册图书。

(张 津)

【争创全国卫生区】 年内，开展治理"八乱"(乱搭、乱建、乱堆、乱放、乱贴、乱画、乱写、乱摆摊)、整顿"五小"(小餐馆、小宾馆、小美发厅、小集贸市场、小洗浴场所)专项整治活动，重点整治8个居民小区垃圾渣土、堆物废料和卫生死角。主要道路清扫保洁100%，机械化清扫30%。完善防鼠设施1000余件，其中建防鼠站500余座，增设防鼠网、制作防鼠板10000余平方米。更新、增设防蚊蝇门帘、窗纱3000余平方米，防鼠和防蚊蝇设施完好率95%以上。

(张 津)

【优抚工作】 年内，投入资金11.25万元，办理最低生活保障34户、63人次。单位机关干部和居民捐款20余万元，募捐衣被3973件。安置残疾人就业5人，收缴残疾人就业保障金320.21余万元。办理老年人优待证218人次。成立4个社区老年人协会。

(张 津)

【安全生产月活动】 年内，检查社会单位487个，要求问题严重的26家限期整改，动员4个社区2000多户居民清理易燃杂物，签订《机场街道2004年度安全生产责任书》，建立社会单位基本情况数据库，推进安全稳定工作动态管理。

(张 津)

【追讨流动务工人员工资】 年内，检查32家单位2100名流动务工人员工资支付情况，为未及时支付工资的6人追讨2970元。

(张 津)

潘家园街道

【概况】 潘家园街道位于朝阳区西南部，辖域4.3平方公里，东与南磨房、十八里店两地区相接，南与丰台相邻，西与崇文区相望，北接劲松街道。整个地区划分为12个社区，常住人口约12万人。潘家园旧货市场、北京古玩城与首都图书馆、兆佳古典家具市场、姜杰钢琴城等共同构成朝阳区南部文化板块。河南、陕西、广西三大厦坐落其间，有中国医学科学院肿瘤研究所、肿瘤医院、北京工业大学研究生院、北京眼镜厂等中央、市、区不同隶属关系社会单位1200余家。街道设工作机构17个，有工作人员82人，其中公务员79人、公勤人员3人。

办事处地址：华威西里29楼

电话：67710517

邮编：100021

(王太成)

【城市管理】 2月，以全国两会召开为契机，结合社会单位门前三包管理长效机制，发动12个社区、400余家社会单位、15家物业公司、5家工地参与地区环境综合整治工作。监察分队出动人员1000余人次、车辆160车次，清理卫生死角50余处，清理垃圾渣土610吨，清洗灯杆

40余个,平整土地700平方米,铺方砖300平方米,建围墙80延长米,拆除劲松南路违法建设400平方米,油漆粉刷护栏600延长米,拆除违章户外广告牌匾20块,清除小广告60处,粉刷围墙1200延长米。年内,开展公示教育活动125次,发放宣传材料4000余份,拆除非法设立户外广告37块,查处非法小广告127起,收缴各类小广告40000余张,罚款135240元,查抄黑窝点7个,查处无照经营393起,取缔露天烧烤53起,清除垃圾渣土2150吨,拆除违法建设和私搭乱建1000平方米,52名新聘城管协管员在社区上岗。

(王太成)

【综合治理保平安】　3月,全国"两会"期间,地区3座大厦进驻7个代表团552名代表,公安、工商、城管、社区保安联动、昼夜值勤,5000名志愿者佩戴红袖标上岗巡逻,维护代表驻地及沿线交通、治安工作。年内,街道制定地区创建平安社区工作实施意见,实施社会治安综合治理目标管理百分考核办法,完善目标管理考核奖励机制,投入13万余元对在考核中成绩显著社区予以表彰奖励,投入22万元专项资金用于综治工作及对治保积极分子巡逻值班补贴,街道12个社区全部建警务工作站,配备微机。投入80万元完成歌艺等3小区电子监控系统和楼宇对讲系统安装,地区科技创安覆盖率50%。同"法轮功"邪教组织不懈斗争,投入监控防范3万余人次、警力1000余人次、车辆400余台次、资金50万余元,协同公安派出所抓获"法轮功"顽固分子3名,巩固帮教36人次,召开信息员座谈会6次。

(王太成)

【构建社区党建新格局】　年内,坚持街道理论中心组学习制度,建立和完善科级干部例会制度和机关干部政治理论学习制度,组织机关科级干部赴井冈山学习考察,接受革命传统教育,以交流经验、问卷答题等多种形式加强科级干部学习教育。完善社区党委书记例会制度。机关干部参加在职培训230人次,组织社区党委书记、居委会主任赴延安学习考察。新建44个居民区党支部,支部数增至90个。先后建立慈济健康体检中心、北京真诚中医医院和万年物业公司党支部,在华威西里和松榆西里社区文体队伍中建两个联合党支部。北京真诚中医医院党支部成立党员志愿者服务队,设立帮困医疗服务专项基金,为社区7名特困党员和特困群众提供医疗服务。建党83周年之际,举办社区党建五年成果回顾展等10项系列宣传教育活动。结合学习党的十六届四中全会精神,街道工委请中组部党建研究所专家进行辅导。街道党工委在机关干部、社区党员和居民群众中征集反映学习体会和社区新人新事新风尚歌谣80余篇编辑成册。组织青少年思想道德教育和实践活动98场次,5630人参加,在10个非公经济组织中建团支部。在4家非公经济组织中建工会,发展会员183名。

(王太成)

【创建全国卫生城区】　年内,制定《潘家园街道办事处创建国家卫生区综合整治工作方案》,实行处级领导包片、社区包块、责任科室包段、专人包点工作方法,以点带面,死盯死守,不留死角,全面铺开此项工作。街道投入53万元,机关干部、社区居民、社会单位职工等8万多人员参与。通过开展创建全国卫生城区活动,卫生质量明显提升,餐饮业卫生状况大幅度改善。

(王太成)

【城市建设】　年内,街道加大城市基础设施建设和绿化美化工作力度,以标准起点高、设计要求高、施工质量高、欣赏品位高、整体效果好为原则,投融资1530万元完成华威路南段、潘家园东路南段精品街改建,建工小区、农工商小区改造,松榆西里小区1000平方米道路和劲松南路加油站60延米道路修复工程;完成地面铺装17300平方米;完成建筑物外立面粉刷15000平方米。完成道路、小区等6项绿化工程,建园林小品5处,种植灌木28461株,绿篱、色块4310延米,各种花卉29211株(盆),早园竹160株,铺草坪9545平方米,绿化改造10200平方米。

(王太成)

【畅通居民诉求渠道】　年内,街道设人民调解办公室,调解纠纷205起,接待群众来访58次、311人次,处理各种信访件21件。同时,邀请人大代表到街道参加活动12次,参与活动选民5000多人次,召开居民座谈会26次,征求群众意见11项92件。

(王太成)

【安置就业】　年内,街道通过实施服务进社区、服务进家庭、服务进企业等措施,搜集空岗信息2809个,空岗信息推荐率90%,社区就业岗位推荐率100%。为679人次提供一对一就业指导,为1186人次提供就业机会,地区失业人员再就业率65%。城镇登记"4050"失业人员再就业率66%。对新增登记失业人员1073人进行基础职业指导和推荐培训。

(王太成)

【劳动监察】　年内,街道严格履行劳动监察职责,巡查单位213个,立案87起,罚款14600元(涉及11家单位),下发责令限期改正通知书43份,补签劳动合同104份,追回工资47896元、押金1468元、社会保险40856元(养老39008.4元、失业1580.7元、工伤267.25元),涉及人数6523人。

(王太成)

【民政工作】 年内,街道发挥接收捐赠工作站作用,把地区经常性捐助、集中性捐助、社会救助有机结合起来,接收捐赠衣物32502件、捐款30400.45元;为23户特殊困难家庭办理一次性临时救助,发放临时救助资金26000元;为950名残疾人提供并开展康复需求服务。元旦、春节期间走访低保对象320户,发放节日补助费140700元;慰问烈属、伤残军人等优抚对象57人,发放慰问金20400元;慰问贫困老人3人,发放慰问金及慰问品1500元;完成道路坡化43处,改建楼口坡道73个,7家单位达到区级无障碍改造标准。

(王太成)

【创建学习型街道】 年内,实现街道图书馆与大众读书会互动,开办老年大学书法、绘画、音乐欣赏和创作班。面向地区青少年开办瑜珈、跆拳道等培训班,举办周末群众舞会、金秋合唱节等文体活动。机关适龄公务员全部通过英语口语考试,主要大街安装上双语指路牌。新建两处科普长廊。举办各类知识讲座和宣传活动143场,参加人员31216人次。

(王太成)

【为民服务】 年内,成立为民服务办公室,投入200万元启用470平方米为民服务大厅,设立政务办公窗口,选派机关干部作为社会事务全程代办员,强化服务功能;在12个社区建居民事务代办站,街道投入1万元,统一制作服务内容、服务措施、服务网络、办公时间、办公地点等公示牌,明确各居民事务代办站责任人,确定值班人员制度及记录办事制度。各社区居民事务代办站承接居民需求3000余件,办结2875件。

(王太成)

【计划生育示范】 年内,在12个社区开展创建计划生育示范社区活动,设立人口与计划生育服务窗口,在对本地育龄群众服务同时,加强对流动人口管理与服务;与居民家庭、流动人口、用工社会单位签订《计划生育居民自治合同书》3000余份;9月,查验流动人口婚育证924个,办理临时婚育证780个,发出督办单780份,检查社会单位32个;10月,发放流动人口已婚妇女孕检通知500份,安排孕检400人次;开展"关注男性健康,提高生活质量"为主题的大型宣传服务活动,12个社区和社会单位100多名工作人员和医务工作者参加,展出展板100余块,悬挂横幅、标语、彩旗230余条,发放男性健康知识宣传册600余份,安全套300多盒,接待健康咨询、义诊1300余人;办理一胎生育服务证260余人次、独生子女证80余人次、一个孩子随父入户换证250余人次、第二个孩子随父入户换证40人次,慰问基层计生干部100余人次,发放计生工具9774盒、药品683盒、接待政策咨询3000余人次,完成2.3万名育龄妇女建卡、信息变更录入工作。

(王太成)

六里屯街道

【概况】 六里屯街道位于朝阳区东部,东起京包铁路,南至二道沟河,西与团结湖街道相邻,北到农展南路。辖域4.4平方公里。有9个社区居委会,常住人口36918户、103731人。辖域有农民日报社、联合大学商务学院、鲁迅文学院、维拓建筑设计院、纺织科学研究所、红领巾公园、甜水园图书批发市场、朝阳体育馆等87个中央、市、区属单位。有大中小学校20所。区法院、区检察院、区公安分局、区司法局、区广播局、区卫生局、区民政局、区绿化局在辖域内。有私营企业100多家。

办事处地址:甜水园北里17号楼
电话:65067940
邮编:100026

(陈 健)

【完善社区自治】 年内,建立社区工作者多层面考核、评议工作机制,完善各项制度,强化社区自治功能。社区财务由街道社区服务中心统管,在人、财、物方面给予一定自主权,培养社区"四自"能力。建立监督机制,成立相应组织机构,在社区层面成立由社区书记、主任、财务人员、居民代表、社会单位等组成的监督委员会,对社区财务收支情况进行监督检查。在办事处层面成立审计小组,由纪检监察科、财政科、社区办、社区服务中心等部门人员参加,对预算、审批程序进行审计,加大财、物监督、检查力度,使社区自治逐步走向规范。

(陈 健)

【劳动再就业】 年内,举办招聘洽谈会12次,与单位签订空岗协议书353个,办理再就业优惠证1462个,通过职业介绍、职业指导、劳动平台、招聘会、阳光就业网等形式,使失业人员实现就业1417个,再就业率67%。接收并办理120名新增退休人员各种手续,使地区457名退休人员信息录入计算机,并发放联系卡,组织部分退休人员健康疗养。

(陈 健)

【精神文明建设】 年内,重点培育秀水园社区学习型文明社区、静水园社区法制型文化社区及道家园社区科普型文化社区品牌,创建产生100户学习型家庭,出色完成代表朝阳区接受北京市社区教育专家组对社区教育工作评估检查任务。成功举办"迎国庆、颂祖国"科普文化节。静水园社区被评为市级青年文明社区,秀水园社区被评为朝阳区流动人口教育示范点,街道中心幼儿园如期晋升二级二类幼儿园,地区人口与计划生育工作实现创建示范街道目标。

(陈　健)

【民政优抚工作】 年内,严格按政策顺利进行地区低保人员分类工作,低保人员减少19人,取消409人粮油帮困,对民政对象危险房屋进行排查,确保安全度汛。落实"进千家门,排万人忧"工作,对39名优抚对象和25名地退人员进行工资调标,为14名地退人员进行体检,组织地区居民募捐188包、6436件,捐款4671元。

(陈　健)

【城市建设】 年内,投资近700万元,全面完成纺织小区、道家园小区、甜水园东里小区绿化改造工程,完成爱康医院屋顶绿化及糖尿病医院、道家园小区拆墙透绿工程,修建计划生育主题公园1座,改扩建团结湖中路及法院东侧路2条,新增绿化8000平方米,改造小区道路23500平方米,绿化面积21500平方米。拆除各类违法建设1540平方米,清理积存垃圾、渣土7000余吨,改造锅炉4台32吨。

(陈　健)

【为民服务】 年内,在街道办事处设立为民服务办公室,建立为民服务大厅,在社区设立社区居民事务代办站,推行全程事务代办,投资20万元建成一站式服务大厅。编印1万份《六里屯街道为民服务指南》,为居民出行、办事提供方便。修建停车场1个,增设社区卫生服务站、阳光早餐亭、便民蔬菜网点各1个,在秀水园社区和静水园社区成立残疾人温馨之家。9个社区基本实现居民日常基本生活需求不出社区目标。

(陈　健)

【社会治安综合治理】 年内,多部门联合先后进行30余次集中整治、40余次消防安全检查和流动人口检查。截至年底,地区实行科技创安7719户,科技创安覆盖率22.7%;58个居民小区中,实行科技创安小区17个,实行物业管理小区25个;重点繁华场所、大型农贸市场、重点大街科技创安覆盖率100%。电子监控系统覆盖辖域面积50%。地区有民警55名、社区保安队员80名、协管员24名,在每个社区建立9支社区志愿者服务队,地区1066人治保力量佩戴红袖标,开展治安巡逻防控。

(陈　健)

【社区党建】 年内,由街道工委牵头,辖域内党组织负责人共同参加,组建社区党建工作联席会,按照不同时期工作重点定期研究、交流党建工作。社区党委与辖域单位党组织以协议形式,结成共建对子,最大限度地整合社区资源,实现社区共建。以聚合力工程为载体,广泛开展为社区居民办好事、实事活动。通过"党员服务社区居民情况公示"、"党员名片"形式,使广大党员在社区建设实践中亮牌子、明身份,主动接受居民监督。通过与社区单位党组织、社区内大中专院校团组织联系,组建社区党员志愿者服务队、青年志愿者突击队,在社区治安、环境卫生、扶贫帮困、社区文化等领域开展广泛的志愿者活动。积极组建新建企业党组织,对未建立党组织的企业,采取选派联络员方式,消除党组织工作空白。充分利用社区资源,办好街道、社区两级党校及市民文明学校,建立党员活动室,对党员及居民进行分类教育,提高社区居民综合素质。

(陈　健)

【城管工作】 年内,六里屯城管监察分队查处各类违法案件800余起,实施行政处罚28万余元,拆除违法建设1540平方米。集中清理地区积存垃圾、渣土7000余吨。分队在区城管监察大队下属27个城区分队千分制考核中名列第二名。

(陈　健)

【成立义务婚介组织】 2月23日,社区义务婚介组织—"鹊桥屋"在静水园社区成立,该婚介组织采取会员制管理方式,为社区及附近单身朋友免费牵线搭桥。

(陈　健)

【主题公园绿屿清风建成】 9月29日,投资100万元、占地3056平方米的人口与计划生育主题公园—"绿屿清风"在六里屯地区建成。

(陈　健)

麦子店街道

【概况】 麦子店街道位于北京CBD延伸区燕莎商圈,东起东四环,南临朝阳公园南路,西至东三环,北接机场高速,辖域6.8平方公里,常住人口35103人,下辖5个社区,社会单位2106家。辖域内,第三使馆区、燕莎商圈、朝阳公园、全国农业展览馆,分别具有国际政治、商务、娱乐休闲、会展经济4个区域特点。全年完成属地税收11亿元,比上年增加2亿元;完成区级税收3.59亿元,比2003年增加0.8亿元;完成清理异地纳税区级税收1286万元。

办事处地址:朝阳公园西里南区6号楼
电话:58260701
邮编:100026

(白广冀)

【枣营北里开社区书场】 4月25日,在枣营北里社区服务中心,由刘兰芳领衔的社区百姓书场开张。开张第一天,除刘兰芳的评书,居民们还听到中国戏曲学院、北京军区话剧团演员表演的快板、京韵大鼓、京剧名段、相声等节目。

(曲 直)

【中华妇女网上行推进活动启动】 5月21日,全国妇联主席顾秀莲,副主席、书记处第一书记黄晴宜和科技部、信息产业部有关领导出席在枣营北里举行的“中华妇女网上行推进活动”启动仪式。来自上海、辽宁、山东等10省市妇联代表及朝阳区各界妇女群众150多人参加活动。仪式结束后,顾秀莲等领导参观社区幼儿园、警务工作站及社区服务中心妇女电脑培训班、图书阅览室。

(白广冀)

【创建无违法建设街道】 年内,拆除违建14处7830平方米、占压市政管线9处1180平方米、逾期临建22处6944.9平方米,同时对拆除地进行绿化美化,投入875万元。

(白广冀)

【落实区政府折子工程】 年内,分别对农展北路、麦子店西路绿化进行改造,补种树木。投资77万元对三针外贸宿舍区、枣营北里小区全面升级改造,完成三针外贸宿舍区创建花园式单位任务。亮马名居通过验收。投资721万元完成平房灌渠一期改造工程。

(白广冀)

【城管工作】 年内,完善长效、运营、巡查三位一体城管模式,在“三会三账”狠下功夫,做到每次会议有记录、有签到、有反馈。向22个工地下发《建设工程施工现场告知书》,向临街51个中小餐馆发放《关于整治非法消夏露天经营场所告知书》,通过督促、检查,确保辖域夏季晚间良好的环境秩序。对327个“门前三包”单位全部年审或更换“门前三包”责任书。在查处散发小广告“防城管”日记、假冒SK-Ⅱ过程中,多家媒体进行报道。通过市、区电视台“七日七频道”、“朝阳新闻”等栏目介绍多功能洒水车清理小广告和治理扬尘新办法。

(白广冀)

【整合资源推进社区文化建设】 年内,成立由文怀沙、刘兰芳、朱明瑛、曲兰等组成的文化委员会顾问团,成立地区文化体育委员会,下设体育、文艺、书法、健康卫生4个协会5个分会,组织参加各项活动8次,各社区开展各种文体活动20余次,策划“迎奥运步行走出健康千人健康步行”活动。枣南社区被文化部授予“全国基层文化先进社区”称号。

(白广冀)

【创造良好治安环境】 年内,与驻地单位、工地、社区居委会签定社会治安综合治理责任书及消防安全责任书,对霞光里30号院实行全封闭管理,投资36万元在农业部北区安装电子监控系统实施全方位监控。印发4万多册家庭消防安全常识手册及4万多份《致全体市民的公开信》,开展消防安全月活动,进行消防演练,普及消防知识。与周边社会单位共同投资50万元治理无线局一条街道,拆除私搭乱建,取缔无照经营,安装标志标牌和3个电子探头,城管分队加强对这一地区巡逻。

(白广冀)

香河园街道

【概况】 香河园街道位于朝阳区东北部,东起客四路北端—静安西街—左家庄西街—北京造纸一厂与左家庄街道相邻,南自北京造纸一厂—城市轻轨与东城区交界,西以城市轻轨与和平街街道相望,北自三环路太阳宫桥—西坝河桥—客四路北端与太阳宫乡接壤。南北最长2.5公里,东西宽1.44公里,辖域约2.5平方公里。有9个社区居委会,人口总数51003人。户籍人口12983户、33338人,其中男16950人、女16388人;人户分离(有人无户)6094户,15565人,外来人口8491人,居民中有汉、蒙、回、藏、满、壮、布依、土家、白等16个民族,其中汉族占96.6%,人口密度为每平方公里23094人。辖区内统建住宅面积88.87万平方米,196栋居民楼,其中高层建筑占77.5%。公共建筑面积10.86万平方米。主要建筑有国际展览中心、静安中心、皇家大饭店、重庆饭店、远方饭店、金岛花园、金泰大厦等。有成人教育学校2所、中学(含职高)3所、小学5所、幼儿园和托儿所各6所,医院2所,文化馆、青少年之家、社区服务中心各1个。辖域中心建有2900多平方米文化娱乐中心。辖域内有企事业单位1200余家,其中中国国际展览公司、煤炭部总医院等中央部属33家,北京热力集团公司、北京首创集团等市属37家。有各类商业、饮食业350余家,社区服务网点119个,金融网点11个。家乐福国展超市、朝阳商业大楼、燕丰商场在辖域内。2004年地区实现总收入45.5亿元,上缴国税2.68亿元,上缴地税0.72亿元。
办事处地址:西坝河南里26号楼

电话:64677044
邮编:100028

(薛有信　鞠菲菲)

【社区党建】 1月,完善领导班子理论中心组学习制度、民主生活会等制度、健全《机关干部目标管理考核办法》、《社区党委目标管理考核办法》、《社区党委组织生活的六项制度》,开展领导干部每年至少要精读一本书、撰写一篇论文、指导一个社区、讲授一次党课、主持一个调研课题、联系一名知名人士、帮助一个特困家庭活动。2月18日,街道工委党校开学典礼,培训党员和入党积极分子。3月底,理论中心组成员和社区党委书记赴井冈山考察学习。5月至7月进行"创造新优势,奥运促发展","立足本职谈创新,科学发展铸辉煌"思想大讨论。在实践"三个代表"重要思想和纪念建党83周年活动中,把"爱我社区党旗红"作为教育主题,80%机关党员、居民党员通过参加"党徽在岗位闪光"、"服务社区,发挥余热"、"八个一"(举办一次党课教育活动、举行一次党员宣誓活动、开展一次对特困党员送温暖活动、开展一次党员志愿者义务奉献日活动、召开一次书记联谊会活动、组织观看一场爱国主义教育影片、各社区党委分别组织一次庆七一活动、组织一次老党员趣味健身)活动,开展"党员结对子"。与孤寡老人、伤残人员、侨眷人士、下岗困难户等结对117对,解决实际困难1608人次。925名党员志愿者参与包宣传教育、包绿地养护、包治安巡逻、包特殊户帮助、包文体活动21024人次。创办《香侨之声》,侨联委员通过刊物谏言献策30余条。10月12日至11月1日,通过报名、考试、面试、演讲、答辩、考核,在9个社区公开招聘24名社区党务工作者。配强社区党委书记,配齐专职党务工作者。在环保志愿者队伍、新经济组织中建立党支部5个。在12支文体活动队伍建党支部1个,党小组9个。举办基层党支部书记培训班两期,60学时。通过整合政治资源,成立社区智囊团、五老议事组、老年人协会、党员志愿者队伍、在职党员联络站,积极为人大代表、政协委员和各界名人进社区参政议政创造条件。柳南社区党委专门印制提案单、提案办理单,智囊团老同志将居民群众反映的问题及要求通过提案单提交到社区党委,督促社区在承诺时间内解决,给出答复。

(薛有信　鞠菲菲)

【志愿者服务】 3月5日,街道团工委与北京联合大学信息学院团委签署"让我们与您牵手"志愿者服务协议,针对社区空巢老人生理和心理需要,提供在校青年志愿者。两组12名志愿者参加第一期服务。5月12日,举办"真情互动,关爱社区空巢老人结对仪式",46名老年代表参加,4名70岁以上空巢老人代表与服务者结对,赠送"关爱联系卡"40余张。

(薛有信　鞠菲菲)

【创建生态型社区】 3月19日,在对自然环境、人文环境进行深入调查研究基础上,对创建生态型社区可行性进行分析论证,在北京城市发展研究学院有关专家帮助指导下,积极争取国经兆维认证咨询中心智力支持,确立创建生态型社区目标。通过宣传向社区居民灌输生态型社区理念,取得居民理解和支持。6月4日,国家环保总局副局长祝光耀率生态建设考察团,考察坝桥金色广场、西坝河西里社区、坝河沿线和柳芳南里芳馨园等绿色生态工程,对香河园生态型社区创建工作给予充分肯定。8月4日,内审工作开始,创建认证工作启动。通过内部培训考试,16名机关干部获取内审员资格证书。编写管理手册2万余字,程序文件121个10余万字。11月5日至12月25日通过外审获得ISO9001国际质量体系、环境管理体系、健康安全管理体系认证。

(薛有信　鞠菲菲)

【社区卫生服务】 3月20日,投资5万元,扩建柳南社区卫生服务站150平方米,顺利通过卫生局验收,成为定点医保单位。5月至10月,举办两次大型义诊及"提倡科学生活,远离疾病,走进健康"大型科技周系列活动,指导社区卫生服务中心(站)开展"三个一"(建立一份居民个人或家庭健康档案,发放一张健康服务卡,提供一条服务热线)活动。免费建立65岁以上老年人健康档案350份、空巢老人健康档案15份,实行优先就诊、优先出诊、优先建立家庭病床服务。举办社区健康教育讲座4次,发放健康教育宣传材料及保健知识手册3000余份,受益居民300余人。

(薛有信　鞠菲菲)

【社区文化】 5月至10月,举办以"绿色奥运会,生态香河园"为主题的社区文化艺术节,成立各类文艺、体育队伍31支,开展文化、艺术、教育、体育、科普、健康系列活动280场。内容有讲座、咨询、参观、展览、义诊、体育健身、发放资料、知识竞赛、文艺表演等十余个门类,3万余人参与。

(薛有信　鞠菲菲)

【国展周边环境重点整治】 6月至10月,对国际展览中心周边存在的治安案件频发、城市管理秩序混乱、交通拥堵违章等进行治理。成立整治领导小组,城管队员、派出所民警、社区保安、社会协管员等骨干力量组成综合整治执法办公室,对国展、家乐福门前和三环路沿线过街桥实行24小时值守监控,加大巡逻密度。在国际汽车展期间，集中优势兵力，取缔无照游商，打击散发和张贴小广告等行为。出动警力850余人次，查处黑车、纠正违章4300余起，查处治安案件357起，拆除影响交通的3个商亭和1个报摊，协调周边单位开辟临时机动车停车场3处，解决停车泊位2500个，有效地保证国际车展进行。

（薛有信　鞠菲菲）

【街道机构改革】 9月13日，街道由17个科室合并成14个科室。原组织部、宣传部合并为组宣科，原劳动、民政、残联三部门合署为劳动民政科，原社区文教办公室调整为文教科，原财政科、经济科合署为财政统计科，原工会、妇联、共青团合署为群团办公室。增设社区建设办公室。保留工委办、纪工委、行政办、计生办、城建科、司法所、综合治理办公室、城管监察大队。人员编制73人。其中行政编制52人、工勤编制3人、城管监察大队编制15人、司法所编制3人。

（薛有信　鞠菲菲）

【创建数字化学习型社区】 11月2日，区文明办、香河园街道与清华大学继续教育学院签署任务书，确定以香河园社区为共同创建数字化学习型社区示范工程试点单位。副区长关三多、清华大学继续教育学院副院长康飞宇和香河园街道领导等参加签约仪式。数字化学习型社区，通过数字技术将管理、服务与每个住户相联结，使社区管理者、教育培训提供者与社区住户之间适时进行各种形式信息交互。

（薛有信　鞠菲菲）

【温家宝视察左家庄供热厂】 11月7日，国务院总理温家宝在刘淇、王岐山陪同下，到左家庄供热厂了解冬季供暖和群众生活情况。

（薛有信　鞠菲菲）

【社区服务】 年内，投资20万元，改建“一站式”为民服务大厅，成立为民服务办公室、为民服务大厅、社区服务中心、社区事务代办站四位一体全方位服务体系，服务内容有11类48项。新增柳南社区停车泊位120个，设立西里等5家社区便民维修点，兴建光熙门北里社区260平方米中型菜市场，投资85万元改扩建柳北等300平方米社区办公用房。

（薛有信　鞠菲菲）

【社区环境建设】 年内，按照创建生态型社区和花园式小区标准，街道投入资金400余万元，对小区绿地、道路、公用设施等全面改造。柳芳南里社区铺设沥青路面8000平方米，拓宽路面1000平方米，增加停车位120处，种植各种花木5万余株，小区绿化面积2万多平方米。改造西坝河南路和平里首闸至柳芳北街桥500米地段示范街绿地面积5000平方米，种各种花卉30000株、草坪2100平方米。投资2万余元，在9个社区配备脚踏式垃圾桶613个，完成西坝河中里垃圾楼改造工程。

（薛有信　鞠菲菲）

【社会治安综合治理】 年内，召开地区矛盾排查调处会10次，印发调解协议书8份，调解各类纠纷276起，防止矛盾激化10起，办理群众来信来访来电56件。9个社区居委会在基层安全创建活动中全部达标。柳芳南里社区和光熙门北里北社区被区综治委评为“平安社区”。全地区七类可防性案件与上年相比下降11%。

（薛有信　鞠菲菲）

【消防安全】 年内，根据香河园街道高层建筑多、社区网点多、地下空间多、居住人口密集等特点，举办消防重点单位安保专职干部、社区居委会治保干部、地下空间产权单位和承租人以及居民义务消防员400余人参加的消防培训班，签订消防安全责任书300余份，开展消防演练12次；结合机关安全教育，组织办事处机关、社区、重点单位干部100余人，在左家庄消防队参观学习和演练；9个社区开展消防安全大型展板巡回展览，发放公安部和北京市消防安全文件2000余份、《让家庭远离火灾》宣传手册5000余本，对96栋高层住宅楼消防设施进行清查并责成物业部门全部补齐，完成所有住宅楼电力增容改造。

（薛有信　鞠菲菲）

【地下空间安全整顿】 年内，对辖域内地下空间安全整顿，经过调查摸底，理顺关系，明确责任，达到底数清、现有场所用途清、安全隐患问题清、安全管理标准和责任制度清。实行管理员每天检查，承租人或产权单位每周检查，社区每月至少检查一次，相关部门不定期监督抽查，并建立社区管理档案。

（薛有信　鞠菲菲）

【城市管理】 年内，清理各种废弃物、软包装、垃圾渣土等178吨，清理卫生死角26处，规范施工工地2处，查处无照经营1250起、违章占道172起、户外广告11起，规范“门前三包”1200起，收缴小广告320万张，清除各类地贴、招贴、喷涂小广告2万余处，拆除违章建筑50平方米。

（薛有信　鞠菲菲）

【法制宣传教育】 年内，制定街道深入开展社区法制宣传教育活动实施意见及考核评比细则，开展“法律进社区”、“树科学理念、建生态社区、迎绿色奥运”为主题的普法宣传、“3·15”消费者权益保护法宣传和纪念劳动法颁布十周年法律知识竞赛等活动。落实街道工委理论中心组、机关干部法律知识学习制度。组织学习行政许可法、民事诉讼法、行政复议法、合同法和宪法修正案等。举办暑期青少年普法系列讲座。邀请法官、少年庭庭长、派出所干警,结合大量实际案例宣讲未成年人保护法、预防青少年犯罪法等法律知识,受教育青少年2000余人次。对外来务工经商人员和居民,在办理暂住证、就业证、婚育证时,有针对性地开展法律知识宣教工作。开展劳动政策咨询760余人次。各社区参加法制讲座5814人次,观看光盘2433人次,收听录音广播495人次,更换宣传橱窗392期次、楼道文化918处次。

（薛有信　鞠菲菲）

【信访工作】　年内,建立每周二人大代表接待日,坚持每周三领导干部接待日制度。成立街道信访接待室,设专职信访接待员,在9个社区建信访接待站。制定社区信访工作“三会一代理”(矛盾排查调处会、重大决策听证会、政务评议会;居委会有义务代表群众向各级政府或有关单位反映群众意愿和要求,落实信访事项,做上访人的代言人)制度。办理群众来信来访来电58件。对群众关心的热点、难点、重点及矛盾纠纷做到早发现、早介入、早调解、早解决,预防、排查、措施、责任四到位,实现小事不出社区,大事不出街道,群众集体访零指标。

（薛有信　鞠菲菲）

【劳动和社会保障】　年内,接待失业人员1568人次,接收档案509份,转出档案603份,存放失业人员档案1407份,办理求职证468个,再就业优惠证297个,自谋手续153人。497人接受基础职业指导,277人免费接受技能培训。发放失业金203万元1835人次,报销医药费17万元403人次;举办就业招聘会6次,开发再就业岗位850个,推荐安置失业人员518人,登记失业人员再就业率80.56%;办理退休人员医保手续83名,发放退休养老金45万元437人次,报销医药费76万元373人次,入户调查和生存认证70岁以上社会化管理退休人员37名,对443名退休人员全部进行基本情况调查走访和领取养老金资格认证。

（薛有信　鞠菲菲）

【优抚工作】　年内,办理低保100户、198人,发放各种民政事业费75.9万元,其中低保保障金483668.67元。为3名低保户老人发放年500元慈善医疗卡。至年底,街道累计特困人员扶助金70408.6元。对39处中高层居民楼进行无障碍改造,修建楼门坡道38个、修盲道左侧3500米右侧2800米。收缴残保金53.5万元,发放残疾人生活困难补助12000元,506名残疾人免费体检。利用每月1日升国旗时间,在机关开展“捐出一日工资,奉献一片爱心”扶贫济困活动。

（薛有信　鞠菲菲）

亚运村街道

【概况】　亚运村街道位于朝阳区西北部,东起北苑路,南到元大都城垣遗址公园南马路,西至京昌高速公路,北部西段至安翔路、北四环路,北部东段至安慧北里北马路,辖域5.13平方公里。有10个社区,户籍人口28943户、81745人,流动人口3405户、11845人。据2004年经济普查数据显示,驻区单位2347家,其中中央单位110家、市属单位146家、区属单位60家、其它2031家。工业75家,建筑业29家,交通运输业14家,批发零售餐饮业747家,服务业1423家,房地产16家,公共管理及社会团体43家。有产业单位428个、个体经营户2210户。国家奥林匹克体育中心、中关村健翔科技园区在辖域内,有大中小学9所、幼儿园5所。街道设工作机构16个,其中街道工委6个、办事处10个,下属事业单位4个。有公务员80人、工勤人员2人、事业干部93人。年内,3889家税源户完成收入74760.89万元,形成区级收入21625万元。税源户数、辖域收入及区级收入同比分别增长40.3%、13.32%和22.5%,服务业、商业、金融业及餐饮业等第三产业形成的区级收入占总收入95%。

办事处地址:安苑北里21号楼

电话:64960468

邮编:100029

（裴小波）

【北中轴路建成万米景观绿地】　5月8日,北中轴路万米景观绿地完工。该项工程由区园林局和亚运村街道共同设计、施工修建,位于熊猫环岛西北角,长约350米,宽约30米,新增绿地8000平方米,绿地总面积15000平方米。有乔灌木18435株,黄杨、小檗、金叶女贞55组,色块、宿根花卉、时令花卉48950株,攀援植物3600株,冷季型草15416平方米,植物品种近50种。安置山石小品22组,改造铺装步道3000平方米。清除渣土1600立方米,进种植土4000立方米。设计时,充分发挥植物造景在环境改善方面的生态效应,姿态苍劲的油松等基调树种统一全局,点缀观赏价值较高的白皮松、雪松、垂柳、合欢,通过借景、障景手法,分别利用植物花色、叶色在不同区域渲染四季效果,构成草地、花丛、树丛组团式园林景观。同时考虑到西靠中华民族园,把现代设计手法同民族特色相融合,依托仡佬族、水族、仫佬族木质建筑特点,采用古朴的石器堆积成民族象形文字。

（裴小波）

【创建安苑里体育型品牌社区】 6月18日，在安苑里社区举行奥林匹克体育型品牌社区启动仪式。安苑里社区面积1.8平方公里，人口近万人，有77个社会单位。国家奥林匹克体育中心、2008年奥运会曲棍球馆和网球馆坐落于此，社区体育设施较为完善。社区依据《奥林匹克宪章》，结合社区实际，确定品牌社区宗旨、社区建设方针和社区风尚，明确以德健身、以心健身、以动健身、以食健身、以志健身、以学健身等六大项社区行为准则和11类指标体系。

（裴小波）

【向老党员颁发党员珍藏卡】 “七一”前夕，安慧里南社区党委向4位党龄超过50年的老党员颁发党员珍藏卡。该卡制作精美，卡正面写有姓名、年龄和入党时间，背面有入党誓词。

（裴小波）

【高层住宅楼无障碍设施改造】 7月，由区残联和街道共同投资3万元，对安慧里社区一区18、19、22楼和二区14、16楼5栋楼高层住宅楼进行无障碍设施建设改造。

（裴小波）

【创建安全社区】 10月26日，街道启动安全社区创建工作，按照统一规划、拓宽领域、整合资源、特色带动、全面推进工作思路，邀请中国职业安全健康协会安全领域专家指导创建工作。街道成立安全社区促进及工作委员会，下设社区诊断及统计评估组、道路安全组、消防安全组、社会稳定组、家居安全健康组、学生儿童安全组、职业安全与健康组、体育运动安全组、环境与公共卫生改善组。各工作小组依据世界卫生组织确定标准，对社区进行全面调研，为创建安全社区实施方案提供数据资料。工作委员会编印发放创建安全社区宣传画册10000本，制作反映地区发展变化和创建安全社区的宣传光盘；在文体活动中心配合安全社区创建作11块宣传展；配合安全社区创建投资4万余元，建安全社区图书角。让广大居民了解安全社区概念和创建意义，参与到安全社区创建中来。

（裴小波）

【为民服务大厅对外办公】 10月，街道投资100余万元建成的为民服务大厅对外办公，大厅面积126平方米，设置10个窗口，8个窗口工作人员相对固定，每周二为处级领导信访接待日。大厅提供的服务涉及办理相关政务、受理社会事务和提供公共服务。大厅内安装液晶显示屏、万年历、资料索取架、触摸屏，宣传服务理念、服务项目、服务内容和服务程序，并编制服务手册。

（裴小波）

【科技创安工作】 年内，建电视监控网络报警系统。全地区设142个各类摄像机探头，覆盖90%以上居民小区、主要干道、大型场馆及所有地下通道，形成集社会治安、交通管制、城市管理和防火于一体的防控体系。北辰信诚物业公司投资340.47万元，在居住区32栋高层居民楼楼门和电梯内、小区停车场及小区主要路口安装电视监控系统，高层楼加建门卫值班室。安慧北里小区北侧栅栏因地势内高外低，犯罪分子翻越便利，是案件多发原因之一。街道和物业共同投资7万余元，调整加固小区北侧栅栏。街道出资完善值班室，楼管会向每户收取5元/月费用，聘请人员24小时值班。

（裴小波）

【再就业和失业人员管理】 年内，举办6次失业人员专场招聘会，186人办理求职登记，推荐429人次，105人成功就业，409人参加基础职业指导，对15人进行一对一指导，推荐188人参加免费培训，5次下社区为170人面对面上职业指导课，为409人办理失业登记手续，为514人办理档案转出手续。

（裴小波）

【流动人口管理】 年内，实行对流动人口情况定期分析制度，从性别、从事职业、暂住、聚居、派出所登记办证5个方面每月进行定量分析，并根据新登记办证情况调整社区民警和协管员工作指标。每季度对全区流动人口出租房屋总人数、犯罪率、打击破案率进行一次综合分析，为管理提供依据。对没有及时办理暂住证的流动人口开具办理暂住证通知单，对少部分流动人口办证自觉性差、收到通知单后仍不办理暂住证的，派出所民警依照有关法律进行处罚。全地区有出租房屋2589户，累计登记办证12128个。

（裴小波）

【外来务工子女早期教育】 年内，作为对外来务工子女义务进行早期教育的示范基地，亚运村第二幼儿园早期教育研究中心为外来务工子女举办家长讲座8次，捐赠图书870余册，捐赠玩具百余件，组织外出踏青2次，参加园内运动会2次，参加园内半日开放6次，组织幼儿利用废旧材料制作玩具30余件，有30余名10个月至6岁的小朋友参加各种游戏十余次。

（裴小波）

安贞街道

【概况】 安贞街道位于朝阳区西北部，东与和平街街道相邻，南与东城区和平里街道接壤，西与海淀区花园路街道、西城区德胜街道相交，北与亚运村街道相望，辖域约3.6平方公里。有6个社区,24951户、65721人,汉族居多,另外有回、满、蒙、朝、苗、藏、维、土家等23个少数民族。有高等院校2所,中学3所,小学4所,幼儿园8所。有中央单位109个、市属单位134个、区属单位70个、街道单位11个、无主管单位1455个。有一级道路安定门外大街、安定路、昌平高速路、北三环中路,二级道路鼓楼外大街、外馆斜街、黄寺大街、健安东路、安贞路、安华路,三级道路裕民路。2004年辖域税收56493万元,其中区级收入11279万元。

办事处地址:安华西里一区12号楼

电话:64260018

邮编:100011

(陈　雯)

【社区服务体系】　5月,街道热线电话纳入北京市社区公共服务热线系统,实现街道热线电话、社区公共服务信息网、北京市社区公共服务热线系统三网合一。通过网络为社区居民提供政务咨询、社会事务咨询服务以及家政、综合修理等服务。安贞街道社区服务热线呼叫系统全年接居民服务需求2603个,其中家政服务类492个、综合修理类276个、其它177个、政府政务咨询类及其它事务咨询占1658个。

(陈　雯)

【启动四皮书工程】　6月底,街道四皮书工程完成初稿。这项工程是街道为切实解决居民生活中存在的问题,保证居民生活、办事便利而启动的。其中,白皮书解决居民的八难问题,红皮书是针对安全生产、突发事故处理的安全预案,蓝皮书汇编街道各种规章制度,绿皮书是涵盖政府办事指南、地区服务行业、公共设施等信息的便民服务手册。

(陈　雯)

【电子地理信息系统开发】　7月2日,安贞街道四楼会议室举行“数字安贞”项目交接仪式。该项目由街道办事处与总参二部技术局联合开发,耗时一年。是借助国内外GIS领域先进技术,以现代管理理念为基础,构建而成的一套集计算技术、数据库技术、仿真技术、二三维GIS技术于一体的智能城市信息管理系统。该系统将安贞地区影像数据、矢量数据、街区规划图等入库,同时集成各职能部门信息资源,具有管理、查询、测量、统计等多项功能,可在地区发展规划、社区建设、信息查询、人员管理等工作中广泛应用,并能够动态生成、编辑和更新。

(陈　雯)

【社区文化工作】　年内,在6个社区显要位置建宣传栏230多个;在公园、广场、楼间空地建22个全民健身工程,总面积7000平方米。整合地区教育资源,与北京求实职业学校联合,建安贞地区社区教育中心基地;与安贞医院、安华医院、广济中医院联合,定期为社区居民举办健康知识讲座;与健康教育研究所联合,每月一次对地区3处科普长廊内容更新;与中国木偶剧院联合,举办“国防教育小课堂”文艺汇演。社区与中小学、幼儿园签订共建协议,设施和人力资源双向服务,社区与学校共同搭建社区教育平台,实现学校、单位、社区互动,推动学习型社区建设。

(陈　雯)

【幼儿园工作】　年内,街道投入200余万元对两所幼儿园全面装修,购置大批教具,提升幼儿园办园条件。对街道幼儿园进行改制,将街道第一幼儿园(无级无类园)作为街道中心幼儿园附属园,纳入一级二类园行列;以附属园为基点,建立以招收0—3岁幼儿为主、具有高质量办学水平的早期教育基地;与蒙台梭利研究中心联合开办蒙台梭利幼教班。

(陈　雯)

【扫黄打非】　年内,街道与派出所联合对文化市场集中整治,联合执法70余次,出动400余人次,其中大规模整治6次。“五一”前大整治,以街头游商和书店、音像店为重点开展大规模整治行动,缴获盗版光盘、图书上千份。10月上旬,街道城管分队在对安贞华联商厦周边环境整治过程中,查处非法光盘5000多张。11月至12月4次大规模打击盗版光盘集中行动中,查抄盗版商贩30余处,查获盗版光盘2000余张。

(陈　雯)

【环境整治】　年内,办事处集中开展18次环境综合整治工作,清理楼道768个、阳台130个、房顶25处、卫生死角20处、白色污染40公斤、小广告2300张、绿地22600平方米、破旧自行车379辆,清运垃圾渣土4460吨,规范“门前三包”156起,取缔无照商贩768人。

(陈　雯)

【小区和道路改造】　年内,投资210万元对健安东路进行改造,该路长约1000米,宽约8米。此项工程铺装便道9600平方米,其中人行道7800平方米,盲道1800延长米,安装树池口箅子308套。对安贞西里小区环路进行改造,铺装便道9500平方米,新修休闲场地800平方米,新增绿化面积450平方米。安贞西里二区25—27号楼精品小区铺装人行道和破损路面,解决积水和消防通道不畅问题,修建存车棚113平方米,进行绿化美化建设。铺装便道740平方米,改造水井12个,铺设雨水管道24延长米。全年修补地区破损道路面积7300多平方米。其中安贞里、安华里小区内修补坑洼路15处约100平方米,安贞西里种子公司北门前到东侧出口铺柏油路约1200平方米，安华西里亿方物业锅炉房改造修补路面（安华西里一区）约3600平方米，鼓楼外大街3号楼前修铺路面约300平方米，安华里垃圾楼前约1200平方米，外馆西街华戎招待所锅炉房改造修补破损路面约900平方米。

（陈 雯）

【为民服务】 年内，扩建安贞西里四区奶站院内原一菜站，并安置6名刑满释放人员，使周边散摊得到治理。重新启动安华里卫生站、安贞西里卫生站，缓解居民看病难。在安华西里、安贞西里启动金三元早餐亭，使居民吃早点难得到缓解。安贞华联商厦建成800泊位地下停车场，缓解地区居民停车难问题。

（陈 雯）

【再就业工程】 年内，新增失业人员档案552份，再就业率指标完成68%，失业人员办理再就业优惠证523人。召开5场招聘洽谈会，挖掘空岗信息909个，签订岗位用工协议173份。在就业政策进社区普及宣传月活动期间，举办就业政策专场咨询会，给居民讲一堂就业政策普及课，一场招聘会，接待政策咨询120余人次，提供30余个用工岗位需求，现场接待40余名失业人员求职，其中12人与用工单位达成初步就业意向。

（陈 雯）

【安全生产】 年内，落实安全生产责任制，树立一个典型工地为龙头，带动其它工地加强施工现场管理，主要从施工工地安全、控制降尘、拖欠农民工工资、卫生等方面重点开展工作，严格落实夜间施工审批制度，坚持月有检查周有抽查，要求各工地按照年初制定的安全生产方案自查。办事处城建科全年对8个工地按照市、区建委要求督促检查312人次，同各工地签订安全生产责任书，向工地发放市、区有关文件及各种通知、要求、宣传材料300多份，发放限期整改通知单10份，解决劳务纠纷3件。

（陈 雯）

望京街道

【概况】 望京街道位于朝阳区东北部，东起机场高速路，北邻北小河，西靠轻轨线，南至四环路。周边与来广营、太阳宫、将台、酒仙桥等街乡相邻，辖域10.36平方公里。常住人口47373户、113216人；流动人口8755户、21558人。年内出生95人，死亡168人。有社会单位1672个、中央所属41个、市属63个、大专院校6所、中小学15所、幼儿园9所、医院2所、社区卫生服务站2个。有广顺南北大街、阜通东西大街、花家地街、湖光中街等26条道路，京客隆、华润2个大型超市，20个蔬菜供应站，13个早餐亭。国际知名企业沃尔玛年内开工建设大超市，西门子公司、国际竹藤网络中心均落户于望京地区。街道内设科室15个（党工委5个、行政10个），下属事业单位2个，机关公务员100人，事业人员12人。

办事处地址：南湖东园225号楼

电话：64703102

邮编：100102

（郑玉梅）

【为民服务办公室】 4月9日，为民服务办公室成立，主要承接指导各项事务答复，协助有关职能部门办理相关事项。年内接收咨询电话600余次。承接办理劳动相关证明、失物招领、投诉各种事项222件，办结率93%。

（郑玉梅）

【南湖西园成立业主委员会】 年内，星海明珠、蓝色家园，南湖西园3社区成立业主委员会，在办事处具体指导，居委会、派出所、业主代表共同监督下，投票选举业主代表，通过《业主大会议事规则》、《业主大会公约》、《物业管理规定》。业主委员会履行以下职责：召集业主大会会议，报告物业管理实施情况；代表业主与业主大会选聘的物业管理企业签订物业服务合同；及时了解业主、物业使用人意见和建议，监督和协调物业管理企业履行物业服务合同；监督业主公约实施；业主大会赋予的其它职责。

（郑玉梅）

【社区干部英语培训】 8月6日，开办社区干部英语培训班，聘请第二外国语学院学生和义务英语教员进行为期两个月培训，240余人次参加培训。

（郑玉梅）

【文化艺术体育周】 9月19日，在望京体育广场举办为期一周的第二届望京国际文化艺术体育周活动。活动展示国际望京论坛、少年电脑技能比赛、科技图展等12个主题。居民5000余人次参加观摩。

（郑玉梅）

【创建安全社区】 10月26日，在望京体育广场举行创建安全社区启动仪式。作为区试点单位之一，望京街道为创建安全社区投资190多万元，以社区服务中心为基地，筹办安全健康促进中心。年内，在区相关部门指导下，编制安全社区建设计划、专项安全促进制度和实施方案。邀请有关专家开展危险辨识与风险评价等知识讲座。编制多种类安全检查表，制定安全隐患整改计划与工作措施，编印社区安全健康促进教育培训材料20万册。分4批对不同层次居民进行安全教育培训。选择幼儿园、餐饮点、学校、工地、市场、医院为试点单位，扎实推进创建安全社区工作。

(郑玉梅)

【心手相连爱心社】 10月28日，在社区服务中心举行望京街道心手相连爱心社成立仪式，向第一批互助帮扶11对发放联系卡，向30户残困人员发放爱心救助卡。爱心社在筹备期间得到社会各界人士赞助，接收捐赠各种衣、物8143件，爱心社救助对象为地区残困弱势群体，一处于低保边缘线，二享受低保、具有劳动能力、能为地区义务劳动，每月以参加公益活动时间计算从爱心社获取相应救助。爱心社开展喝牛奶送健康公益活动，为152户送牛奶到家。

(郑玉梅)

【7000居民结起爱心网络】 12月3日，望京花园西区4岁男孩逗逗被确诊患有神经母细胞的帖子出现在小区论坛，到他12月9日最后离开人世，仅仅7天时间里有6000多名居民先后在网上留言，关注逗逗健康。小区社区宣传栏12月6日贴出公告后，又有1000多名热心邻居为他募捐1万多元。7000多位邻居以自己的方式织起爱的天罗地网，希望将这个小男孩留在人间。直到12月10日，邻居们通过网络和社区公告栏得知逗逗去世消息才停止募捐。记者再次登录望京花园网上社区时，《网友面临人生悲剧，请伸出援助之手》浏览量达6128条，而新的《致小宝贝儿》、《节哀》、《天堂里有逗逗……》等帖子浏览量过千。孩子母亲在网上说："这是一个充满阳光的花园。"

(据《北京晚报》)

【望京形成韩国生态圈】 截至年内，不过两三年时间，大批韩国人开始蜂拥进入望京地区，主要集中在西园三区和西园四区。最初主要是因为望京地区房地产项目品质高、环境好，能够吸引韩国人入住。交通便利、距离机场较近以及韩国驻华使馆和很多韩国公司都开设在北京东部地区，也是韩国人选择望京的一大原因。随着韩国人到来，一系列专门为韩国人服务的配套设施迅速兴建起来，甚至有韩文报纸以及专门为他们服务的邮递员。沿阜通大街大西洋新城走到望京西园三区，处处感受到扑面而来的"韩流"：挂着韩文招牌的韩式料理店、咖啡厅、烧烤城、美容院，超市中大量的韩国食品，房屋租赁店里操着地道韩语的朝鲜族服务员，还有专门卖韩国大酱、年糕等食品的小铺，为韩国孩子开办的幼儿园……望京新城医院是韩国人开的，来看病的中国人和韩国人各占一半。

(据《北京晚报》)

【社区党建】 年内，社区有离退休党员1787名，17个社区建党委，社区党支部67个，非公经济组织党支部10个。组建望京地区党建工作协调指导委员会及6个共驻共建委员会，形成以街道工委为枢纽的党建工作网络。加强重点工作、典型人物和先进事迹宣传力度，报纸、电视、网上刊登稿件950篇。北京国际技术交流中心出资10万元参与社区建设，中央美术学院专家帮助规划设计望京西路，夯实党的领导及党建协调组织相互推进作用。

(郑玉梅)

【社区居委会建设】 年内，对爽秋路、望京西园三区、望花路东里3个社区办公房进行协调，接收社区办公用房1100平方米，7个社区居委会办公房达到300平方米，投资100万元进行房屋及设施装修。通过笔试、面试新招聘9名社区志愿者，志愿者达41人。帮助社区居委会制定适合社区的管理办法、完善社区建设八大目标管理体系及考核办法和工作计划。开展专项技能学习，启动素质教育培训工程。完成17个社区信息系统软件升级改版，配备数码相机、DVD刻录机、传真机。

(郑玉梅)

【残联社救】 年内，成立街道残疾人联合理事会，10个社区成立残疾人协会，收缴残疾人就业保障金72万元。由42名残疾人组建成的望京地区残疾人艺术团，举行迎奥运展风采综合文艺汇演。组织地区残疾青少年参加区青少年残疾人运动会，取得4个第一。启动爱心助残工程，对6名白内障患者实施免费复明手术，为1名重度肢体残疾人装备假肢。深入地区118名精神残疾人家中了解用药情况，为16名生活困难患者办理免费用药申请及审批手续。对10户特殊困难残疾人家庭走访慰问，为3名重度患者入院治疗办理部分治疗费减免。为36名残疾人办理残疾证，为21名生活困难残疾人办理困难补助。完成6栋高层居民楼门前坡化和6个公厕、2处街心公园无障碍改造，安装54个无障碍改造标识牌。

(郑玉梅)

【社区环境建设】 年内，创建无违法建设环境卫生街道，建立党政一把手工作责任制，实行主管领导包片，科级干部包点，科员、社区干部负责各辐射单位，每周二联合执法，做到层层负责、加大监督、整治力度。制订爱国卫生、门前三包、绿化美化及安全生产星级化目标管理办法。开展宣传教育，发动机关和社区干部4万余人次参加宣传、整治活动，发放宣传材料1万份，清理堆物堆料29吨，拆除各类违法建设59838平方米。投资156.5万元完成42000余平方米5项重点改造绿化任务，对主要大街沿线4500米进行围栏绿化，改善地区环境脏、乱、差现象。

(郑玉梅)

城乡结合地区

大屯地区(乡)

【概况】 大屯地区位于朝阳区西北部,东邻来广营地区,南靠亚运村街道、小关街道,西北接奥运村地区,辖域12.5平方公里。有11个社区居委会、4个社区筹备组。常住人口96023人,其中户籍人口34163人、流动人口65442人。人口密度每平方公里12918人。全地区有法人单位2557个,其中,工业124个,建筑业36个,交通运输邮电业12个,批发零售及餐饮业892个,服务业1424个,公共管理业39个,房地产业18个,金融业10个,农业2个(服务型),个体工商户2251户。大学2所,中学3所,小学8所,幼儿园10所,医疗机构14家,物业公司51个。有道路36条,其中市级主要道路12条,纵向道路有北辰东路、安立路、北苑路、小营路、关庄路等;横向道路有辛店路、大屯路、慧忠北路、慧忠路等,全地区绿化面积483万平方米,覆盖率46%。内设机构19个,其中,地区工委5个,办事处11个,城管分队、社会保障事务所、文体中心各1个;有干部102人,其中公务员77人、事业编工人3人、事业干部25人。
办事处地址:安慧北里雅园1号
电话:64917665
邮编:100101
网址:http://zwgk.bjchy.gov.cn

(杨　堃)

【拆迁工作稳步推进】 年内,配合奥林匹克国家网球中心、国家曲棍球场建设管理委员会和华奥兴达房地产开发公司,完成网球中心、曲棍球场所在地曹八里地区居民拆迁宣传动员及稳定工作。抽调处级领导和机关干部深入现场,进行政策法规宣传、答疑解惑工作。先后组织召开拆迁动员会、党员会、干部会、居民代表对话会、机关干部座谈会等7次会议,现场接待群众约2000人次。居住该地区的办事处干部全部带头搬迁。确保拆迁工作顺利开展,确保无一起集体访目标实现。配合华汇亚辰投资有限公司进行大屯村、黄草湾村拆迁工作,大屯村拆迁339户,黄草湾村拆迁7户。

(杨　堃)

【环境建设】 年内,投资70万元,加大对老旧小区环境整治工作力度,完成育慧西里绿化美化工作,改造面积7000平方米。指导物业公司对3个小区绿化美化,绿化面积5万平方米。创建1个市级花园小区、3个市级节水型社区、1个区级节水型单位、2个市级垃圾分类小区。拆除违法建设13050平方米。取缔无证市场、废品收购站点18处。控制工地扬尘污染,完成区政府控制大气污染下达的各项任务,改造8台锅炉。

(杨　堃)

【改善社区办公条件】 年内,加强社区配套用房收缴工作力度,收缴办公服务用房3081平方米,改善社区居委会办公条件。完善地区文化服务中心功能,拓展社区服务、文体活动、居民政务事务代办工作内容。

(杨　堃)

【再就业社会保障】 年内,在全地区建劳动保障服务平台,形成社保所、社区居委会两级劳动保障网络。建立每月再就业招聘会制度,为826人次推荐工作,成功353人。加大劳动监察执法力度、依法规范用人单位劳动用工管理。日常巡查单位505家,处理举报、巡查案103件,行政处罚10件;为1516名劳动者追发工资167万元,其中为1313名农民工追缴工资141万元;补办社会保险登记证8个,补缴社会保险48人,14万元;补签劳动合同215人。全年社会保险扩面征缴,累计新增参统单位29个,年缴费3940人次。

(杨　堃)

【开展解八难工作】 年内,协调物业公司整合社会资源,在部分道路、小区及商业网点密集区划定600个汽车停车位,加大对小区停车管理力度;针对早点、买菜、保洁、看病等困难,新建地区医院和2个社区卫生服务站,新增设2处健身设施,指导社区积极引进服务商进行便民服务;投资15万元为11个社区活动室增添设备、设施、文体用品、图书等。

(杨　堃)

【帮扶弱势群体】 年内,走访慰问民政对象21次968人,送慰问金104300元;发放义务兵优待金27万元;为12名地退工人及7名孤老购买防暑降温用品及衣物;为民政对象调整工资2次;走访占地超转病残人员406次,为孤老、病残人员发放医药费175710元;为2个低保困难家庭和2个公安干警、部队一人办理临时救助金25000元;为69户低保家庭126人发放低保金和粮油帮困补贴415391.84元;为20名困难老年人发放4000元节日慰问款,走访35户困难老人、老党员、老干部、重病患者送慰问金7000元;

启动康复需求线索调查和康复需求评定工作,对地区肢体、智力、视力、精神等方面残疾人员1973人进行康复需求评定。

(杨　堃)

【无障碍设施改造】　年内,完成无障碍设施改造9处,其中3处被评为市级无障碍示范窗口单位,5处被列为创建"全国无障碍设施建设示范城"验收抽检、迎检单位。

(杨　堃)

【精神文明建设】　年内,投资20万元,开展以帮扶济困为内容的双扶试点工程,实现驻地区部队、5个社区、2所学校、1个机关科室双拥共建。开展学习型机关、学习型社区、学习型军营创建活动;积极开展社区文体活动,建立舞蹈、书画、乒乓球、时装表演、交谊舞、合唱6支文体队伍,在秧歌、京剧等17种团队发挥92名志愿者作用;以人文奥运为主题,组织开展奥运火炬接力、"心系奥运会,科普进万家"大型文化广场、居民破除陋习、迎奥运知识竞赛、体育时尚月、社区一家亲、科学健身迎奥运等活动;结合"科普之夏",组织各类科普活动61项,全年科普活动161项,参与人员5万多人次;参加"好书大家读"系列活动,即读一本好书、写一篇体会、开一次演讲会、捐一本书籍和出一期专刊;以大学生暑期实践进社区为契机,结合社会普遍关注的热点、焦点问题,开展我做小小文明乘车员、我做环保小卫士等十大主题的未成年人道德素质教育活动。评选出地区五好文明家庭105个,学习型家庭27个,文明、平安、先进文化、爱心4个特色品牌社区。

(杨　堃)

【科技创安】　年内,投资240余万元实施科技创安工程,在重点地区路段和繁华复杂场所安装45个视频监控探头,增强科技防控能力;建立地区技防人防物防网络,实施群防群治群管;加大对流动人口和出租房屋管理力度,在工地、社区建15个流动人口管理服务站。地区刑事案件发案比上年减少46起,下降8.2%。

(杨　堃)

【公共安全管理】　年内,按照属地管理、行业监督、法人负责原则,进一步加强消防、生产、公共卫生和防汛等方面安全管理工作,建立长效机制。聘请专业技术人员,组织有关科室,对全地区重点行业进行培训、指导、监督、检查,建立工作台账,配备消防器材,落实安全生产责任制,建立以水电站为主的应急队伍,举办冬防技能培训表演观摩现场会等活动,通过宣传教育、挂黄牌、下达限期整改通知书等措施。对40多个重点场所和行业进行重点检查,对出租房屋、施工工地、地下空间、市场、餐饮、娱乐等进行不定期抽查。全年检查1560家、对153个单位下发限期整改通知书,对3个单位下发责令停工整治通知书,对3个违法单位进行处罚。

(杨　堃)

【信访调处】　年内,针对地区存在的开发商、物业公司和业主之间矛盾,城市建设中拆迁所引发纠纷,施工扰民、民扰与拖欠民工工资等问题,切实加强信访排查调处工作力度,变上访为下访、走访、约访,制定地区处理突发事件应急方案,建立地区工委、办事处领导接访制度和区人大代表接待日制度,控制集体访9起。全年解答法律咨询320人次,调解民事纠纷600余起,成功率98%;接待信访64批次,接待人数4700人次。

(杨　堃)

太阳宫地区(乡)

【概况】　太阳宫地区(乡)位于朝阳区西部偏北,东接机场高速路和京顺路,南临东北三环路,西临规划京密高速公路,北临东北四环路。辖域5.9平方公里,常住人口21138人,流动人口29389人。辖域内有中央、市、区属单位128个,下辖3个村委会、14个社区居委会。乡属集体经济有太阳宫乡农工商总公司、北京莱太花卉有限责任公司、新纪开发有限责任公司、北京新纪物业管理有限责任公司、太阳宫乡建筑公司、太阳宫乡综合服务中心。有小学3所、幼儿园1所,乡卫生院1所,敬老院1所。年内,全乡经济总收入8.2亿元,实现利润1.4亿元,集体资产总额13.8亿元,集体经济上缴税金4528万元。人均劳动所得2.23万元。

地址:西坝河甲1号

电话:64211850

邮编:100028

(秦少芳)

【村级党支部换届选举】　3月5日,召开村党支部换届选举工作动员会,对各阶段工作进行部署,此次换届选举工作分为前期准备、集中宣传、组织实施和总结提高4个阶段。3个村新一届党支部成员共13人,其中书记3名、副书记2名、大专以上学历9名。

(秦少芳)

【卫生保健】　4月14日,市区卫生局领导在太阳宫医院和办事处有关部门陪同下,对地区外来儿童计划免疫工作进行指导检查,普查1180人次,补种30人次、建卡331人、建证163人。5月20日,区疾控中心慢性病健康教育所与地区办事处共同举办慢性病防治健康知识讲座,中华预防医学会副主任医师李素娥应邀为150余名群众讲解慢性病知识。9月26日，太阳宫地区两年一届的地区性全民健身运动会举行，25个单位600余名运动员分别参加14个项目角逐。10月30日，地区在凤凰岭自然风景区举办登山比赛，40个参赛队120余人参加活动。年内，完成3个村级卫生室向社区卫生服务站转制工作，深入推进区办区管大病统筹、乡办村管合作医疗工作，87%农村人口纳入新型农村合作医疗管理体系，为83人次累计报销大病医疗款55万余元。

（秦少芳）

【新区建设】　截至年末，太阳宫乡绿化隔离带建设累计投资42.38亿元，开复工总面积91.58万平方米，竣工面积64万平方米，陆续建成新纪家园、太阳星城、万方景轩、金隅半岛、国际村、太阳中心广场等组团项目。完成太阳宫中路、太阳宫北街E区路段、太阳宫大街东段等城市主、干道及地下市政管线铺设工作。完成118.9公顷大环境绿化工作。太阳宫新区规划总占地面积298.18公顷，其中居住用地72.15公顷，分成A、B、C、D、E、F、G七个区。整个居住区面向城市绿化隔离带。

（秦少芳）

【城市管理】　年内，落实环境综合治理等各项城市管理长效机制，集中开展6次大规模环境整治活动，拆除违法建设17561平方米，制止违法建房8处，集中清除垃圾400余吨，通过市创卫工作领导小组检查验收；建立健全大环境绿化、道路绿化、四旁绿地养护工作长效机制，完成太阳宫公园各类植被补植工作，地区新增绿化面积1.3万平方米。围绕解决“八难”问题，加大对修路、治污、环卫、交管、拆违等方面投入。修缮17080平方米辖域内道路。完成工商所门前路沥青路面铺设、育惠南路破损路面修补工作。

（秦少芳）

【安全生产管理】　年内，落实《太阳宫地区应对突发事件、重大事故应急预案》、社会治安综合治理和安全生产工作长效管理机制，按照党委统揽全局抓部署、主管牵头抓落实、班子成员包片抓指导、部门联动抓检查，属地管理抓落实防范安全稳定工作要求，发挥乡综治小分队、护村联防队和治保分子队伍作用，对辖域实施24小时联合互动巡逻监控。完善社区防范体系，投资建成太阳宫北村电视监控平台。对百姓反映存在严重隐患问题进行查办。加强地区流动人口服务与管理工作，20名新招聘协管员经过系统培训后上岗。全地区有流动人口服务管理协管员50人，流动人口服务管理站7个。

（秦少芳）

【劳动及社会保障】　年内，完成854名农村劳动力就业转移引导性培训和420名农村劳动力就业技能培训工作。发挥劳务派遣组织和社区劳动保障作用，为465名农村富余劳动力解决就业安置问题，320名登记失业人员提档就业。为534名农转工自谋职业人员补缴社会保险金421万元。按时足额发放企业离退休人员基本养老金，为农民工追缴工资达3万余元。再就业明星、再就业先进个人进行表彰。

（秦少芳）

【民主法制建设】　年内，建立起人大监督、纪委行政效能监察、政府落实公示、群众建言献策、社会舆论评价五位一体行政效能考核评价体系。办复市政协委员提案和区人大代表建议3件、乡人大代表建议15件。深入开展人民调解、法律咨询工作，义务为全地区群众提供法律援助。努力做好两劳安置帮教工作，积极探索社区矫正工作新思路，建立社区矫正信息员制度。完成地区7名矫正对象接收工作，同时与矫正对象和监护人签订监护协议书。年末，地区举办“弘扬宪法精神，增强法律意识”为主题的演讲比赛。

（秦少芳）

南磨房地区（乡）

【概况】　南磨房地区（乡）位于朝阳区南部，东与高碑店乡、王四营乡、垡头街道相邻，南与十八里店乡交界，西临东三环与双井、劲松、潘家园街道相接，北至通惠河，辖域10.23平方公里。常住人口6.9万，流动人口3.1万，其中农业人口1954人。辖域内有中央、市、区属单位134家，有两个村委会，7个社区。乡属集体经济有建筑公司、运输公司、商业公司、工业公司、开发公司、亮都投资公司六大专业公司。有小学、幼儿园各1所，卫生院1所，敬老院1所。截至年底，全乡完成经济总收入38.6亿元，利润总额2.34亿元，国内生产总值（GDP）5.06亿元，集体企业上缴国家各项税金9160万元。辖域税收完成3.59亿元，人均劳动所得2.24万元。全乡一、二、三产比例1∶36∶63。2905户、9185名农民喜迁楼房新居。

办事处地址：西大望路甲29号
电话：67322223
邮编：100022
网址：http://nanmofang.bjchy.gov.cn

（刘素娥）

【城市管理】　年初，建立以乡、派出所、村居委会、户主为体系的微机管理服务网络，确立在最短时间内解决与群众生活密切相关的问题。年内，拆除违章建设45012平方米，查处各类违章案件893起、市容环境卫生案件29起,清除垃圾500余吨,清理整修排水沟渠5条,消除卫生死角10个,清理渣土7298吨。通过市创卫工作领导小组和国家环保专家组检查验收,完成32公顷绿化和京沈路南侧厚俸桥东百米绿化带及西石门路、沙板庄路、弘燕路绿化美化升级改造,北京工业大学250米拆墙透绿,投资400万元完成马家湾垃圾处理场建设。

(刘素娥)

【双拥工作】 1月13日,乡主要领导、相关科室负责人慰问辖域内53户军人家属,感谢军人家属为国防建设和地区发展做出贡献。1月14日,地区双拥办主任带领机关科室负责人到驻警二中队将节日慰问品送到官兵手中。4月9日,地区学习型军营首届电脑知识技能竞赛在驻警二中队举行,社区工作者与武警战士同台竞技,竞赛把创建学习型军营引向深入。年内,向部队输送新兵15人,其中男12人、女3人,分别去往6个部队。

(刘素娥)

【市领导视察】 3月27日上午,王岐山、刘敬民、牛有成到南磨房乡调研农村城市化工作进程,乡党委书记汇报四方新区建设情况。王岐山一行还到紫南家园和世纪东方城参观。5月28日,北京军区司令员李来柱、北京卫戍区副参谋长沈鲁朝等在区武装部领导陪同下,视察南磨房地区民兵预备役工作。

(刘素娥)

【民主法制建设】 4月15日至17日,开动宣传车到楼梓庄、邱庄、厚俸等村宣传地区腾退搬迁政策、相关法规,发放《致村民的一封信》,对违章建设录像拍照,遏制违章房屋建设。5月27日,召开由派出所、司法所、矫正民警、社区负责人参加的社区矫正经验交流会,就对矫正对象实行人性化管理、加强监督检查、改进矫正工作方式方法、确定矫正其犯罪心理人格使矫正对象顺利回归社会等问题进行充分讨论。12月4日,7个社区开展普法宣传日活动,相关科室和基层单位参加宣传,有关领导一起参加活动。年内,办理市、区人大代表建议11件、政协委员提案6件、民主党派提案1件,办复率、满意率100%。

(刘素娥)

【村委会换届选举】 6月1日至7月25日,楼梓庄、大郊亭两个村依法产生第六届村委会。两个村共登记选民2224人,参加投票选举的2223人,其中楼梓庄村1328人、大郊亭村895人,两个村投票率均在99.89%以上。两个村委会新一届成员共12人:主任2名,副主任4名,委员6名。其中党员10名,大专以上学历3名。

(刘素娥)

【优化办事程序】 8月,地区“一站式”政府服务大厅正式启动,服务性工作全部移至大厅“一站式”办理。同时公布办事程序,试行“一口受理、一卡通转、告知承诺、限时办理、责任追究”办事制度。

(刘素娥)

【拆迁工作】 11月2日,地区联合区法制办、公证处、派出所、拆迁公司对北京玻璃集团个别不配合搬迁的职工宿舍强拆。6日,乡党委在世纪城房地产开发公司会议室召开化工集团职工宿舍腾退搬迁动员会,对化工集团职工宿舍腾退搬迁工作进行动员和部署。年内腾退176户。

(刘素娥)

【劳动及社会保障】 年内,招聘39名协管员,其中劳动协管员13人,城管协管员26人,聘请武警部队教官进行为期7天的岗前训练,考试合格后派往各社区开展工作;为72名转工留用干部补缴养老保险;对200名农村富余劳动力先是聘请武警教官进行为期3个月的军训并进行汇报表演,后通过一个月业务培训使他们掌握物业管理,园林技术,社区服务等技能。

(刘素娥)

【解决热点难点问题】 年内,投资近700万元,解决社区停车、绿化、早点、买菜、保洁、治安、看病、就业等八难问题,各社区组织近1000余人,成立30个社区居民服务组,建立便民服务网点;成立社区建设委员会,专人负责社区建设,投资800万元解决社区用房;在社区成立安全防范、消防、防汛、社会综合治理等管理体系;建立“一站式”服务大厅;平乐园小区投入近1000万元解决遗留十年没解决的小区绿化美化及基础设施建设问题;组建949人的治安巡逻志愿者队伍,各居民区全部实行封闭规范管理。

(刘素娥)

将台地区(乡)

【概况】 将台地区(乡)位于朝阳区中部偏北,东邻东坝地区,南靠东风地区、麦子店街道,西接太阳宫地区、望京街道,北界崔各庄地区。辖域11.45平方公里,有2个村委会、1个管委会、1个社区、13个居委会。人口总数5万人,其中常住人口和流动人口各占一半。农业人口3063人,农村劳动力1794人。2004年,将台乡完成经济总收入15.08亿元,同比增长18%;实现利润总额12819万元,同比增长10%;上缴税金3125万元,同比增长8%;全乡人均劳动所得17125元,同比增长8%。第一第二第三产业收入比重为1:27:72。

办事处地址:酒仙桥甲1号
电话:64371688
邮编:100016

(刘 颖)

【千住公司技改项目通过验收】 1月7日,区经委、区环卫局、区水利局、区财政局联合对北京电子材料有限千住公司无铅焊膏、无铅焊料技改项目进行验收。该项目总投资889万元,其中从日本进口设备775万元,改扩建厂房520平方米,投产后实现年销售收入5180万元,符合国际电子产品市场无铅化技术要求。

(刘 颖)

【将府家园顺利入住】 4月8日,将府家园(上东三角州)开盘销售。将府家园是将台乡绿化隔离地区建设重点工程,一期建筑面积21.3万平方米,1717套住宅。全年签订购房合同871套,销售收入4.7亿元,截至12月31日,为463户业主办理入住手续。

(刘 颖)

【科技站与林场合并调整】 5月10日,将台乡科技站与将台林场正式合并调整。科技站原有集体资产、财务账目、农林科技服务业务以及所有职工全部并入将台林场统一管理,7名农民工安置在林场工作,原将台科技站营业执照注销。

(刘 颖)

【千亩湖一期工程竣工】 5月,坝河千亩湖一期工程竣工。工程分为两段:首段驼房营桥至京包线,河道设计衬砌复式河道,共计530米;下游段京包线以东至亮马河入口,全长3000米。河道设计土坡和分段渣石护坡。河北岸修建滨河路,全长4公里,工程用时半年。

(刘 颖)

【驼房营村转居转工】 6月,完成驼房营村转居转工工作。转居1579人,转工893人,其中选择到实宝来公司的518人、自谋职业375人。办理超转308人,认定残疾12人。实宝来公司安置的518人中,79人选择内退,144人选择待岗。乡村集体组织安置130人(已退休1人),参加培训待上岗164人。

(刘 颖)

【百万园公司揭牌】 7月28日,北京百万园园林绿化有限公司举行揭牌仪式,区绿化局领导和董事会全体成员参加揭牌仪式。百万园公司注册资金100万元,董事会成员包括将台乡农工商总公司、北京电子城有限责任公司和团结湖公园,由将台乡控股。24名将台乡职工在企业安置就业。

(刘 颖)

【国防教育】 5月28日,在区“幼儿国防教育小课堂”检查验收评比中被评为幼儿国防教育先进单位,舞蹈《打虎上山》在汇报演出中荣获三等奖,地区武装部被评为优秀组织奖。8月,开展爱中华、奔小康、强国防知识竞赛活动,18个单位参赛,收到答卷530份、征文9份。9月18日和10月23日,在将府文化广场举办“勿忘国耻,强我国防”、“加强国防教育,增强全民国防观念”、“国防连着你我他,安宁维系千万家”为主题的《国防教育法》大型宣传活动。在将台童乐幼儿园开展“幼儿国防教育小课堂”活动,建立国防教育园地和国防教育角,开展小制作、讲革命传统故事、学唱革命歌曲等活动。

(刘 颖)

【亚洲第一悬挂式过山车通车】 9月29日,北京实宝来游乐设备公司研发制造的新产品亚洲第一悬挂式过山车在石景山游乐园落成通车。项目由实宝来公司投资1400万元进行自主研发生产,产品滑轨全场800米,一次可乘坐20名游客,国产化程度80%以上,成为国内首创滑轨长度亚洲最长的翻滚过山车项目。

(刘 颖)

【禽流感防控】 年初,地区办事处采取措施防控禽流感疫情,居民自行扑杀鸡、鸭、鹅、鸽、雁、孔雀等6374只,乡政府支付补偿款76075元。8月区政府补偿乡政府款99241元(包括区畜牧中心集中宰杀鸡补偿)。

(刘 颖)

【干部全员培训】 年内,地区工委出台《关于进一步加强学习的工作意见》,坚持扩大理论中心组学习和干部全员培训,分别请中央党校、市委党校、区委党校高级教师、法律专家,为地区机关、基层干部1400余人次举办《行政许可法》、《婚姻法》、《北京市建设征地补偿安置办法》、《关于本市建设征地农转工自谋职业人员社会保险有关问题的处理办法》、《安全生产内容、安全生产管理条例》、《如何提高基层干部的能力和素质》、《学习型组织与学习文化》等专题讲座7场。

(刘 颖)

【信访工作】 年内,地区工委和办事处从五个方面做好信访工作:成立信访工作领导小组,明确分工;建立和完善领导责任制、目标管理考核办法、排查预报制度等8项制度规范工作机构和流程;提出接访、约访、下访、书访4种形式;请非现职老党员、老干部和老同志分别担任舆情信息员、民调员、政策宣传员、党风廉政监督员;成立民意协调组,上传下达,避免由于沟通不及时而产生的问题和矛盾。通过以上措施,实现区委、区政府提出的"坚决控制集体上访,实现9月、10月两个月群众到市级以上越级访零指标"要求。

(刘　颖)

【进千家门排万人忧】　年内,民政科开展进千家门排万人忧活动,结合日常性工作将访贫问苦变为常规工作,变年终送温暖为温暖终年送;结合地区年初制定的《为80岁以上高龄民政对象服务实施方案》,实行经常电话联系制度和每周见面联系制度,关注高龄、空巢、孤寡老人;结合社区志愿者和奉献爱心超市等活动开展,扩大活动影响范围。同时,制作民政对象管理结构图,细化分工,责任到人。

(刘　颖)

【芳园里启动奉献爱心超市】　年内,芳园里社区启动奉献爱心超市。超市设立家政服务、联系保姆、陪护老人、婴幼保护、家电维修、家教服务、婚介服务、婚庆服务、法律咨询、维权互助、捐赠服务、悄悄话信箱、一帮一结对子等16个服务项目,先后接收电脑、VCD、毛毯、台灯、衣物等捐赠物品。截至12月底,为40余人次提供陪护老人、家电维修、法律咨询等项目服务,89人次得到价值7000余元帮扶救助。

(刘　颖)

【电子城投资服务中心入驻企业135家】　年内,以佳丽饭店为依托的电子城投资服务中心入驻企业235家,其中,实际入驻135家,虚拟注册100家,为佳丽饭店直接增加经济收入365万元,促进将台乡与电子城区域经济协调发展。

(刘　颖)

【环境整治力度】　年内,由城管分队牵头,针对环境问题开展多次专项整治,整治露天烧烤20次,取缔非法烧烤地点52处;整治小广告11次,取缔小广告窝点2处,没收非法散发小广告3万张;整治无照经营44次,查处660起,罚款27341.5元。

(刘　颖)

【大病医疗统筹】　年内,地区参加新型农村合作医疗总人数7555人,其中农民参保4508人,占农业人口87%,共筹资金612415元,其中乡政府资助347545元(村集体扶持资金由乡政府承担)。136位参保人员享受区大病医疗保障,报销费用83万余元。

(刘　颖)

高碑店地区(乡)

【概况】　高碑店地区(乡)位于朝阳区中部,东临中国传媒大学,南接王四营,西邻北京CBD,北靠平房乡。辖域15.08平方公里,有5个行政村、22个居委会,人口17.5万人(其中居民约7.9万人、农民2408人、流动人口约5.1万余人、人户分离约4.3万余人)。乡域内通惠河和京承、京通铁路横纵东西,京秦、京包贯穿南北。公路有京通快速路、四环路、五环路、朝阳路、广渠路、朝阳北路及其它支路。地铁有四惠总站和八通线、复八线。有高碑店污水处理厂、华能电厂、八王坟地铁车辆段等市政设施。有华润饭店、紫檀博物馆、高尔夫球场、兴隆公园、四惠公园等娱乐休闲服务场所。有甘露园、通惠家园、康家园、兴隆家园、蓝T公寓等一批住宅小区,有17中、民航总医院等。本乡在打造通惠河产业集群基础上,重点发展民俗文化产业、传媒文化产业、时尚文化产业,同时发展现代服务业和现代制造业,2004年实现总收入35.1亿元,增长29%;完成利润1.85亿元,增长11%;上缴税金1.29亿元,增长10%;人均所得1.7万元,增长13%。

办事处地址:高碑店北路甲1号

电话:85778503

邮编:100025

(谢　庸)

【北花园村村民与名家座谈谋发展】　3月18日,高碑店乡人文环境与基层文化建设座谈,在北花园村召开。卢荻、郭永文、毛佩琦、孙国维、金盾、胡小伟、金明等知名人士与村民座谈,就该村今后经济发展、人文环境、文明礼仪、文化建设、建设和谐村庄进行交流,提出建议和意见。会后进行书画交流。

(谢　庸)

【高碑店村殡葬制度改革】　3月29日,高碑店村党总支、村委会制定殡葬管理制度规定:凡坟墓建在耕地、林地、休闲娱乐场所附近和河堤坝、水源保护区、铁路、公路主干线两侧不许留坟头。现有墓碑要深埋,不能出地面;凡今后本村村民去世,骨灰原安葬在本村的,按村委会指定地点埋葬。4月2日,村党总支在铁路夹心东侧举行以树代墓活动,此次活动受到区委宣传部、区民政局及乡各级领导重视,并得到各界新闻媒体关注。村委会免费向大家提供松树苗400余棵,每棵代表一个坟墓,松树上挂着已故亲人姓名,将墓碑深埋,不露出地面,不留坟头。

(谢　庸)

【安全生产月宣传】　3月,开展安全生产月宣传活动,全乡3100余人参加,发放宣传材料2万余份。乡综合治理办公室组织干部深入各单位,检查1043家企业,查出各类安全隐患77处,整改率98%,检查出租房屋户1529户,收缴销毁自制铁皮炉256个。

(谢　庸)

【综合治理】 4月14日，组织综治办、城管队、工商所、四惠公交派出所、高碑店派出所及保安队，对四惠公交总站游商聚集地及非法制作窝点、八王坟930车站及周边无照经营非法图书批发窝点进行清理取缔，缴获盗版书刊百余种数千册。6月3日，高碑店派出所、乡综治办、城管队、工商所、保安队在高碑店、半壁店、八里庄等村联防队协助下，对高碑店村所有发廊联合执法检查。在执法检查中，发现有的发廊根本就没有理发设备，部分发廊有淫秽光盘和避孕工具，检查组对无照经营的30余家发廊物品给予没收和取缔，查抄无照经营店物品15余车(130卡车)。6月30日，高碑店城管分队与高碑店工商所、区技监局、高碑店派出所、社区保安、村联防队共77人，突击查抄制作假洗涤灵窝点，取缔假窝点3个，查抄制假原材料0.5吨、塑料桶5000个。

（谢　庸）

【高碑店村人吃上文化饭】 截至5月，高碑店村有300家商户进驻民俗文化古典家具园。家具园占地5.33公顷，可容纳近400家商户，每一座房屋都是传统北方民居建筑风格，设有拍卖场。高碑店村大力发展文化产业，打造古典家具民俗文化村，组织近7公顷土地租给商户拓宽店面、扩建土地，光土地租赁一年就带来1200万元收入。138家古典家具商齐聚高碑店村，形成1400米古典家具一条街，总占地面积近10万平方米。这条古典家具街拥有100多个海外固定客户，从散装单件家具，到集装箱运，流入几十个国家，销售收入1.2亿元。古典家具街一半房屋是村民住宅，60户村民把自家院子直接租给外来商户，每年租金最高的有7万元。高碑店村投入400万元，组织500多名待安置村民，成立绿化队、垃圾清运队、保洁队、治安队等八大专业队，给古典家具文化村当“物业”。

（据《北京日报》）

【市委领导调研】 5月17日，刘淇到高碑店乡华都聚氨脂有限公司调研新经济组织党建工作。

（谢　庸）

【民兵比武夺魁】 6月9日，高碑店乡组织125名民兵，代表朝阳区参加北京市18个区县民兵正规化工作比武，荣获第一名。7月5日，这125名民兵代表北京市参加总参谋部组织的全国29个省市民兵正规化工作比武。

（谢　庸）

【向无忧工程捐款】 6月20日，高碑店乡为残疾人养老的“无忧工程”捐赠仪式现场会在华润饭店举行。中国残疾人联合会副理事长刘雪冬、中国残疾人福利基金会秘书长邢建绪等有关方面负责人及朝阳区42个街乡等单位领导莅临捐赠仪式现场会。高碑店乡党委、政府、村委会负责人和本乡残疾人及亲属共500多人参加捐赠仪式。高碑店乡5个村委会和属地单位率先以实际行动向“无忧工程”捐款27.5万元，建立首个乡级公共账户。

（谢　庸）

【村委会换届选举】 7月25日，高碑店乡各村委会换届选举。4个行政村2235户4021人参加选举，其中农民2271人，未参加居委会换届选举的农转居自谋人员1750人。选举一次成功，选民参选率100%。选出村委会成员22名，其中主任4名、副主任5名、委员13名。产生村民小组87个，推选村民代表168名。新当选的村民委员会成员得票率平均99.8%，党员比例高，文化程度高，平均年龄低。

（谢　庸）

【整治青年沟】 6至7月，高井村党总支、村委会整治白家楼青年沟，将全长735米的青年沟清淤、加封，地面绿化加装护栏，安装座椅、健身设施等，投资350万元。

（谢　庸）

【高井路北拆迁动员顺利】 8月25日，召开高井路北拆迁工作现场办公会。到31日，所有拆迁户签字完毕，由于政策向群众讲的细，思想工作做得透，没有出现一例集体上访。

（谢　庸）

【失业人员培训】 8月，高碑店乡为加强失业人员就业能力，开设家庭服务员、物业管理、电梯司机、电梯维修、库管、保健按摩、美容美发、园林绿化、社区保洁、电工、计算机、园林绿化、焊工14个专业培训，439人取得职业资格证书，其中农村劳动力258人。

（谢　庸）

【与总书记座谈】 10月2日，胡锦涛与北京市优秀基层干部座谈，高碑店村党总支书记支芬参加座谈会。

（谢　庸）

十八里店地区(乡)

【概况】 十八里店地区(乡)位于朝阳区南部，东与通州区交界，南与大兴区相连，西与丰台区紧邻，北与潘家园街道、南磨房乡、崇文区接壤。辖域25.4平方公里，辖村委会8个、居委会5个。有15080户32527人，其中农业人口20618人。有外来人口103154人。毗邻京沈高速路，二、三、四、五环路和京津塘高速路穿越辖域，公路总长54.7公里。通信装机总量17100部。生活用燃气普及率95%。乡域经济以家居建材、仓储物流、汽配装饰、餐饮为主要特色，有十里河家居建材一条街、吕家营古典家具市场、餐饮文化一条街以及大洋路商业街为支撑的商业经济，大洋福运为中心的仓储物流经济，对外经济贸易大学为主体的文化产业经济，千亩生态林为依托的绿色经济。驻乡企业2121个，其中乡属124个。第三产业总规模110万平方米，年内收入365024万元，占经济总收入85.7%，安排就业占劳动力总数65.6%。2004年全乡经济总收入425926万元，比上年增长43.5%，人均劳动所得16192元，比上年增长28.1%，财政收入6592万元，税金12794万元。有高校1所、中学2所、小学7所、幼儿园6所、卫生院2所、福利院2个。基本养老保险参保人数3899人，基本医疗保险参保人数19160人，其中农村合作医疗参保人数18557人，参保率92.7%。有文化站1个、图书室1个(藏书1万册)、社区体育设施12处。

办事处地址：十八里店村18号

电话：67473296

邮编：100023

网址：http://sbld.bjchy.gov.cn

(赵万林)

【取缔制假贩假窝点】 1月5日，乡政府联合十八里店派出所、华威工商所、城管九分队等24名执法人员，取缔制作假酒、假酒瓶、假商标等场所4处，没收酒瓶120袋1.4万余瓶、假商标4000余张、假名酒19箱，暂扣封盖机1台、电吹风机1台。

(赵万林)

【党总支及支部换届】 3月10日至28日，乡村级党总支8个、乡属23个企事业单位及居委会党支部换届选举。村级党总支上届书记8人连选连任，换届后村级党总支委员42人，平均年龄41岁，大专以上学历28人，妇女8人。

(赵万林)

【东方汇美家具广场落成】 3月28日，由十里河集团公司投资1.9亿元的东方汇美家具广场在大洋路商业街建成，建筑面积6万平方米，经营摊位340多家，安置百余名村民就业。

(赵万林)

【村委会选举】 5月31日至8月11日，第六届村民委员会换届选举，选出村委会主任8人，其中党员8人，连任3人；副主任10人，其中党员9人，连任7人；委员22人，其中党员17人，连任14人。

(赵万林)

【市委领导调研】 7月10日，刘淇到弘善寺居委会调研社区党建工作，询问弘善寺居委会党组织建设、党员队伍状况、经费管理、居民生活、办公条件和外来人口管理等情况，指出：乡政府要加大居委会经费投入，满足基层工作需要，在社区党建和居民服务上不断创新。

(赵万林)

【土地确权】 9月开始，按照全乡统筹、村级运作、确权确利、确保收益原则开展土地确权工作，确定应确权土地人口20644人，应确权农用土地560.67公顷，实际参与土地确权人口16192人，面积537.76公顷，人均土地0.03公顷，收益244.13元，同农户签订《土地收益协议书》，年底将土地收益权证发放到村民手中。

(赵万林)

【威斯特公司志愿服务活动】 10月11日，威斯特中国公司开展的未成年人教育项目小学生英语口语普及志愿服务系列活动启动，该活动由威斯特中国公司从公司志愿者中选出英语口语优秀人才作为培训人员，对十八里店中心小学推荐的20名学生进行英语口语培训。

(赵万林)

【赴江西永丰考察】 10月15日，乡领导和8个村党总支书记走访江西省吉安市永丰县、泰和县，并与永丰县签订友好县乡协议书，双方表示按照协议要求加强交流与合作，实现资源共享，优势互补，共谋发展。10月19日，向永丰县沙溪镇和泰和县南溪乡各捐赠20万元，援建两所北京大洋希望小学。

(赵万林)

【学礼仪讲礼仪用礼仪活动启动】 10月30日，以普及文明礼仪知识、提高礼仪意识、养成礼仪习惯为主要内容的宣传教育活动正式启动，共制作22块文明礼仪知识宣传展板，悬挂横幅100余条，向群众分发《文明礼仪宣传报》两万份，向10名区、乡人大代表颁发文明礼仪监督员聘书和文明礼仪读本。参加活动干部群众5000余人。

(赵万林)

【大洋路商业街升级改造】 年内，乡政府投资千万元对大洋路商业街周边道路、通讯照明、广告牌匾、绿化美化、卫生设施进行升级改造，新增营业面积14.7万平方米。大洋路商业街横亘于三环路、四环路之间，全长3.5公里，营业面积47万平方米，商户4000余家，年商品流通额48亿元，交易量增幅25%，日客流量近7万人。

(赵万林)

【政务公开】 年内，投资400万元搭建网上办公平台，设立政务公开网页、乡长信箱、在线咨询、投诉办理等服务栏目，实现乡村两级网上办公；乡机关大厅设置政务公开栏，印制便民服务手册2000份,为办事群众提供方便;公示乡机关各职能部门工作职责、领导小组名单、机构设置、本年度为群众办实事内容及全乡各项经济指标。

(赵万林)

【为民办实事】 年内,投资1570万元办理八件实事:完成长1060米、宽16米小武基路段拓宽工程;投资150万元,4月15日完成大洋沟河道封函治理;投入400万元在大洋路商业街建设6座公厕、150个垃圾箱;完成大洋坊环岛至五环路2200米路段路灯安装;投资200万元购买20辆免费服务车7月1日上路运营,线路延伸到全乡8个行政村;加快吕营、周庄农民小区建设,安置农民上楼778户2728人;投入350万元扩建乡文化中心、增建成人教室、图书室,开设各类技能培训班8个,举办培训20余次,培训1780名未就业人员;制定并实施《十八里店乡临时救助办法》,投入100万元扶助弱势群体及生活困难家庭。

(赵万林)

小红门地区(乡)

【概况】 小红门地区(乡)位于朝阳区南部,东靠京津塘高速公路,南临北京经济技术开发区,西与丰台区、大兴区接壤,北距南三环约1公里。南四环路由东向西横穿乡域中部,成寿寺路由北向南纵贯全乡。有4个行政村、3个居委会,辖域12.41平方公里。人口11532户、23877人。小红门乡以乡镇企业为主多种经济形式并存,以城外诚家居文化广场为龙头的商业发展板块,以成寿寺路为依托的商、饮、服、住为特色的综合服务板块,以东部为主导的绿色板块构成全乡经济发展格局。乡域规划总面积1241公顷,其中绿化用地647公顷(北区127公顷,南区520公顷),居住及公建用地面积166.57公顷(北区约81.63公顷,南区约84.94公顷,不含代征城市道路),乡镇企业用地89.63公顷(北区34.63公顷,南区55公顷),城市道路用地125.33公顷,城市单位用地117.87公顷,市政用地30.7公顷,铁路、河流及其它用地面积63.9公顷。年内经济总收入227362万元,人均劳动所得9363元,实交税金5742万元。

办事处地址:龙爪树南里

电话:87694927

邮编:100176

(孙伟卓)

【肖村举办计生宣传灯会】 2月3日,肖村举办“计生灯谜传国策,人口文化闹元宵”宣传花灯会,将《中华人民共和国人口计划生育法》和新《计划生育条例》融入春联和灯谜中,当地村民和外来人口百余人参与活动。

(孙伟卓)

【打工子弟学校开青春期教育课】 3月28日,打工子弟学校明圆学校举办“科学认识青春与性,有效防范意外伤害”主题青春期教育课,讲课以访谈、看录像、发放宣传品等形式进行,该校小学部五、六年级和初中部100余名女生走进课堂接受教育。

(孙伟卓)

【村级换届选举】 7月25日,小红门乡村民委员会换届选举正式投票。4个行政村共设23个投票站和51个流动票箱,龙爪树、肖村和小红门3村依照法定程序全额选出村委会主任、副主任及委员,牌坊村由于部分候选人得票未超过半数,造成副主任1人、委员2人空缺。7月27日牌坊村依法另行选举,乡党委书记、乡长全程督导,顺利推选出副主任1人、委员2人。

(孙伟卓)

【亲情帮教】 9月,地区办事处、诚外城家居文化广场、朝龙五金机电市场同清河分局清园监狱开展亲情帮教活动,市司法局、市监狱管理局、区司法局领导出席。地区办事处、清河分局清园监狱同诚外城家居文化广场和北京朝龙五金机电市场分别签订《做好服刑人员教育改造和刑满释放后帮教工作的协议书》。

(孙伟卓)

【土地确权】 9月30日,小红门乡土地确权工作完成,全乡应参加确权人数9750人,应确权土地349.09公顷,签协议率99.1%。

(孙伟卓)

【补缴社会保险】 截至11月2日,小红门乡农转工自谋职业人员补缴社会保险工作顺利完成。全乡615人补缴保险费,代收保险费4179334.83元。

(孙伟卓)

【城外诚图书馆揭牌】 11月25日,由城外诚家居文化广场出资20余万元兴建的城外诚图书馆揭牌成立。这家图书馆是由企业投资与政府共建的群众性文化场所,建筑面积300余平方米,有历史、传记、文学、哲学、法律等各类图书近万册,常年免费对地区群众开放。

(孙伟卓)

【富余劳动力培训】 截至11月底,小红门乡完成农村富余劳动力技能培训353人,其中等级培训191人、非等级培训162人,转移引导性培训663人,岗前和岗位培训198人。参加培训的1200余人次。

(孙伟卓)

【志愿服务新举措】 年内,小红门乡志愿者服务队完善包户制度,对包户人员提出“六包”要求:一包思想动态,定期走访,征求老人意见,及时了解老人思想动态,积极做好政策宣传、解释、说服等工作;二包法律援助,与司法所携手,积极宣传法律法规,作好老人维权工作;三包康复工作,对有康复需求老人,与乡康复站联系,责成专人负责,帮助老人定期进行康复锻炼;四包就医问题,各村医务室为空巢老人建病历,包户人员及时为医务室反馈信息,为空巢老人送医送药,定期体检,必要时开设家庭病床;五包解决困难,从老人身边小事做起,解决实际困难;六包精神需要,充分利用老年活动站,将空巢老人组织起来,开展丰富多彩的文体活动,满足空巢老人精神需求。同时要求包户人员对帮扶对象情况建立档案,对帮扶对象做到生活水平清楚,住房情况清楚,家庭状况清楚,健康程度清楚,服务需求清楚。

(孙伟卓)

王四营地区(乡)

【概况】 王四营乡位于北京市区东南部,东靠豆各庄乡,南接十八里店乡,西邻南磨房乡,北与高碑店乡接壤。辖域约17.84平方公里,辖6个行政村、17个自然村。常住人口16255人,其中农民9058人、非农7197人,流动人口3万人,2004年7月正式挂牌为地区办事处。西有四环路,东有五环路,北有京通快速路,南有京津塘高速路。京沈高速路和五环路横穿辖域。辖域内以驾驶培训、汽车检测、汽车配件、汽车修理、汽车商贸系列服务为特色的产业链初步形成;以明代修建的十方诸佛宝塔为中心的古塔公园、通胜农业高科技园区、东方鸿铭CBD体育休闲俱乐部为代表的绿色产业项目形成规模。

办事处地址:王四营村甲1号
电话:67363954
邮编:100023

(林 成)

【团结友谊植树活动】 3月20日,国家民委副主任杨健强、原韩国驻华大使权炳铉等与中韩青年一起共同植下云杉、毛白杨200多株。此次活动是中韩青年建造团结友谊未来林的第三届,权炳铉作为韩国优秀青年代表团团长带领韩国70余名优秀青年代表与中方80名来自北京大学、清华大学、民族大学、戏曲学院的学生来到王四营乡共植团结友谊林。3月27日,市政协民族宗教界委员和市民委、市民族联谊会、民族文化交流中心、雍和宫管理处等单位少数民族人士200余人来到王四营乡东方鸿华CBD体育休闲公园举行题为“建设新北京、迎接新奥运、共植民族团结林”植树活动。此项活动已经连续举办5年,共植树1000余棵。宣武区牛街街道部分群众和朝阳区民族职业高中部分师生参加植树活动。全国人大常委会副委员长傅铁山、副市长孙安民、市政协副主席王长连、市政协秘书长李建华、副区长孙世超以及市人大、市政协、市委统战部、市民委、区人大、区政协的有关领导与各族群众一起参加植树活动。

(林 成)

【双扶工程启动】 5月28日,本乡双拥工作双扶工程启动仪式在垡头消防中队举行。仪式上,乡党委、乡政府向驻地部队捐赠扶助金及复印机、电脑等物品,部队领导向乡政府敬献锦旗;乡政府还向4名特困战士每人发放500元助困金,12名部队扶贫助困志愿者向地区6名残疾困难人员送上警地帮扶联系暖心卡。仪式结束后,大家一同观看武警官兵队列和集体擒敌拳表演、消防中队官兵越障、灭火演练以及少年军校学员精彩队列表演,并参观军营。

(林 成)

【村委会换届选举】 7月25日,第六届村民委员会换届选举正式投票,全乡6个行政村设27个投票站,分别以召开村民小组会议形式投票选举新一届村委会成员。全乡共有选民10334人,参加投票选民9823人。5个行政村选举一次成功,道口村由于1名委员未过半数,当即组织另行选举。全乡有30人当选为村委会成员,其中党员23人,平均年龄42岁。

(林 成)

【村级党支部换届】 年内,村级党支部换届选举,全乡6个村新一届党支部委员全部高票当选。共选出新一届党总支(支部)委员32名,平均年龄42.5岁,较上届支委平均年龄下降1.6岁,文化程度较上届有较大幅度提高。

(林 成)

【土地确权】 年内,各行政村分别召开集体经济组织村民代表大会,通过《王四营乡土地确权工作实施方案》和各村《土地确权实施细则》,并形成会议决议。全乡参加土地确权人口8933人,人均确权土地0.048公顷,每年人均确权收益508.20元。

(林 成)

【劳动技能培训】 年内,按照区农委《2004年朝阳区农村劳动力教育培训任务书》要求,乡社保所开展农村劳动力职业技能培训课程。截至10月底,圆满完成800人全年培训指标。

(林 成)

【新建市场开业】 年内,天宝家具

批发市场、双龙购物中心、爱斯达犬业交易市场分别于3月28日、9月26日、10月16日开业。

（林 成）

东风地区(乡)

【概况】 东风地区(乡)位于朝阳区中部,东与平房乡、东坝乡接壤,南与八里庄、六里屯两街道相邻,西与六里屯、麦子店两街道相接,北界将台乡和酒仙桥街道。辖域7.38平方公里,下辖4个行政村、11个居委会。常住人口22793人,居民22582人,农民211人,流动人口41611人。有建设用地125.72公顷,产业用地30.37公顷,生态绿化用地217.92公顷。年内,全乡完成经济总收入81532.8万元,比上年同期增长33.8%;利润总额5516.8万元,比上年同期增长21.3%;辖域税金1767.6万元,比上年同期增长74.9%;增加值13825.3万元,比上年同期增长12.3%;人均资产净额4.66万元,比上年同期增长12.6%;人均劳动所得14868.9元,比上年同期增长10%。全乡企事业单位542家,其中第三产业企业487家,完成营业收入88789.3万元,占全部收入81%;上缴税金总额6163.3万元,占全部税金91%。有幼儿园6所、小学3所、中小学合校2所、医院1家、村级医务室4家,全民健身场所14处、全民体质检测设施1处(石佛营医院体能康复室)。

办事处地址:北豆各庄甲1号

电话:85810712

邮编:100025

（陈 国 曾 勇）

【流动人口管理】 年初,按照属地管理和同宣传、同教育、同服务、同管理原则,探索出对流动人口管理组织建设网络化、制度措施规范化、督导检查制度化、宣传教育经常化、服务内容系列化,对出租房屋实行旅店式管理,对用工单位实行备案式管理,对建筑工地实行封闭式管理,对自购房实行寄宿式管理,对各类市场实行互助式管理,对地下空间实行登记式管理。4月,朝阳区召开流动人口服务管理现场观摩会,推广东风乡流动人口和出租房屋工作做法。

（曾 勇）

【清产核资】 3月25日,完成集体经营性资产和集体资源性资产清产核资工作。清查20个单位,绘制平面图162张。核实辖域土地总面积为750.09公顷(国有土地312.53公顷,集体土地437.56公顷);林木98.07公顷,各种树木91905棵(其中绿化隔离地区片林85291棵,四旁树木6614棵),观赏乔木24370棵(包括月季、女贞、丁香、紫薇等)。对20处占地48.93公顷有争议的土地逐块核实。从清查情况看,年内集体资产总额10.2亿元,比上年同期4.1亿元翻一番多;所有者权益1.6亿元,比上年同期1.4亿元增加0.2亿元。

（曾 勇）

【市政建设】 4月至10月,投资280万元,先后完成场辛路、驼房营路(北段一期工程)道路修建工程,整修路面13608平方米,铺设道牙立缘石255延长米,更换步道砖240平方米,更新铸铁雨水口10座。先后完成石佛营东里小区道路整修、紫萝园小区门前绿地和姚家园路绿化美化工程。在紫萝园小区大门西侧拆违空地上修建占地1350平方米小型绿化广场,铺设草坪1000平方米,中心红色彩砖铺砌约200平方米。

（曾 勇）

【万米绿化广场一期工程】 6月20日,姚家园路北侧万米绿化广场一期工程竣工,绿化3.8万平方米,投资约440万元,种植苗木36种67798株,铺设草坪32000平方米,铺设管线6952延长米,安装节水型微喷头605个。园林设计充分融入服务社区居民意识,实现景观与人文完美结合,荣获首都绿化美化优秀设计二等奖。

（曾 勇）

【流动人口电影专场】 11月22日至24日连续3天分别在豆各庄村、辛庄村、将台洼村举办流动人口电影专场放映活动,播放乡制作的预防煤气中毒知识宣传片《心愿与祝福》,该片对冬季取暖安全常识作详细介绍,对如何正确安装烟囱、风斗和防止煤气中毒进行具体演示和讲解,吸引1000余人观看。

（曾 勇）

【平安社区(村)创建】 年内,形成以基层党组织为核心,公安队伍为骨干,护村队、社区治安员为基础的综治框架,构筑平安社区(村)创建长效机制;投资近100万元,在东风派出所建立监控室,在全地区重要位置安装22个电子监控器全天监控;突出重点人群管理,坚持重点地区整治,特别是对地下空间和学校周边进行重点整治;加大朝阳公园桥"黑车"市场打击力度,在治安乱点安装治安岗亭,形成打、防、控相结合的治安管理体系,发案率同比下降12.6%。

（曾 勇）

【大环境绿化】 年内,完成绿化任务9.04公顷,绿化地点主要分布在将台洼村、东风派出所门前和乡政府门前万米绿化广场。绿化工程拆除企业5户,拆除建筑面积1.4万平方米,清运渣土4.8万立方米,更换好土5万立方米,种植毛白杨、金丝垂柳、白蜡和各种花灌木36种,

73394 株。

(曾　勇)

【劳动力培训】　年内,制定农村劳动力培训就业工作计划,细化培训内容。先后举办3期为期5天的社区保洁员培训班,为421人免费提供职业指导、礼仪礼节、保洁知识等方面业务培训,为考核合格人员颁发北京市职业技能培训结业证书,对1100人免费进行引导性培训,对新增失业人员进行职业基础指导和政策法规教育,城镇登记失业人员就业率71%。

(曾　勇)

【城市建设】　年内,全乡开复工总面积110600平方米。辖域有建设单位10家,施工单位14家,施工人员5482人。公园大道、观湖国际等项目相继开工。

(曾　勇)

【转居转工】　年内,完成辛庄、将台洼、豆各庄3个行政村农民转居转工及超转人员手续办理工作,转居3744人,转工2002人,超转499人。截至年底,全乡尚有农民211人。

(曾　勇)

【规范工资待遇】　年底,对700余名原乡级企业职工工资标准进行改革,明确各项工资及福利补助标准,为转居、转工人员办理养老保险、失业保险、医疗保险、工伤保险和住房公积金,并一次性进入社会保障体系,使企业职工及转居转工人员老有所养、病有所医。调整后工资标准主要包括基本工资,由基础工资、岗位工资和工龄工资构成;福利及补助,由洗理费、交通补助和农龄补助构成。

(曾　勇)

东坝地区(乡)

【概况】　东坝地区(乡)位于朝阳区东部,东邻金盏地区,南与平房、常营两地区接壤,西接将台地区,北临崔各庄地区。辖域24.6平方公里,有农用地1044.52公顷,其中耕地371.65公顷、园地123.8公顷、林地295.09公顷、其它用地253.98公顷。全乡9个行政村、7个居委会。常住人口12443户26275人,农业人口5915户13007人,非农业人口6528户13268人。全乡集体企业59个,其中农业3个、工业32个、建筑13个、商饮服务11个。私营企业72个,其中工业39个、建筑7个、商饮服务26个。辖域内有集体办幼儿园5所、公立小学6所、中学1所、职业教育学校3所、乡卫生院1所。9个村有医务室。年内,农村经济总收入10.9亿元,比上年增长15.1%。其中集体经济收入4.3亿元,非公经济收入6.6亿元;实现利润总额1.4亿元,比上年增长13.3%。其中集体经济利润0.5亿元,非公经济利润0.9亿元。财政收入2569万元,财政支出2634万元,辖域税收1.16亿元。第一产业收入3360万元,比上年下降32%,第二产业收入51953万元,比上年增长1.5%,第三产业收入47943万元,比上年增长45%。建筑行业收入2.5亿元,占第二产业50%。

办事处地址:东坝
电话:65491768
邮编:100018

(刘炳祥)

【新型合作医疗】　1月1日,新型合作医疗正式启动,参保率90%。参加大病统筹和基本医疗统筹人数11688人,全年筹集参保费210.3万元。乡政府出资58.4万元,村集体出资93.5万元,个人出资58.4万元,基本医疗全乡报销222042人次137.4万元。

(刘炳祥)

【防治禽流感】　2月6日,根据市、区有关会议精神,对全乡除鸽子以外所有散养禽类强制收购,并积极做好宣传工作,严格做到摸排式检查,不留死角,此举得到养殖户理解和支持,全乡收购上交家禽443只,消灭各类家禽1011只。

(刘炳祥)

【村级换届选举】　4月10日,村级党总支(支部)换届选举工作顺利进行,各村分别选举产生新一届党总支(支部)班子。换届后全乡9个行政村党总支(支部)共有总支(支部)委员43人,其中35岁以下9人,平均年龄41.8岁,比换届前下降2岁,学历比换届前明显提高,其中本科以上6人。8月,第六届村委会换届选举工作完成,符合条件选民11361人,参加正式投票的10166人。除东风村因缺一名委员二次选举外,其余8个村在7月25日前一次选举成功,9个村委会主任均以高票当选。

(刘炳祥)

【外来人口管理】　5月,东坝乡成立外来流动人口管理办公室,6月建12个基层站,配备乡村两级流动人口管理专职人员145人,企业兼职负责人386人,两次组织专兼职协管干部培训,培训人员600多人次。在外来流动人口管理中实行分类管理,对重点户实施重点管理、重点监控,同时对违法犯罪活动实行举报奖励制度。年内开展两次大型宣传活动,收到举报7起,发放奖金2400元。

(刘炳祥　李少农)

【再就业工作】　4月22日始,举办园林绿化、物业管理、计算机操作、保洁技能等培训班，培训412人，引导性培训593人。年内，乡村两级提供就业岗位1916个，推荐就业1236人次，735人实现再就业。

（刘炳祥）

【土地确权】 8至9月，历时40天，全乡土地确权926.87公顷，应确权户数5509户，应确权人口12533人，全乡人均土地确权收益544元。通过土地确权摸清了各村人口、土地底数，调整了承包合同。

（刘炳祥）

【绿化隔离带建设】 年内，完成42公顷绿化隔离带建设，高标准完成七棵树腾退用地和五环路百米绿化带绿化任务，植树11万株。新村B区绿化、进乡路口绿化、绿地养护管护工作按期保质完成任务。

（刘炳祥）

平房地区（乡）

【概况】 平房地区（乡）位于朝阳区中部，南靠朝阳路，临高碑店乡；西接京包铁路，临八里庄街道、东风乡；东侧、北侧分别与三间房乡和东坝乡接壤，辖域15.18平方公里。辖域内有东西向朝阳路、朝阳北路、姚家园路和南北向青年路、平房西路、五环路、定福庄路。有5个行政村、9个居委会，户籍人口20971人，非农业人口12786人，农业人口8095人，常住流动人口约6万人，区域内有中央、市、区属和社会单位830余家。有中学3所、小学3所、敬老院1个、医院2个、体育中心1个、村内公园3个。年内，全乡农村经济总收入172568万元，比上年同期增加29580万元；利润总额13234万元，比上年同期增加2664万元；实交税金6060万元，比上年同期增加2078万元；人均劳动所得11441元，比上年同期增加1640元。完成绿化面积643.3公顷。青年路、富华家园、星河湾、姚家园等住宅小区初具规模。

办事处地址：平房西口
传真：85575592
邮编：100025
电子邮件：pingfangxiang@263.net

（杨春青）

【农民艺术节】 1月20日，乡第十四届农民艺术节在石各庄村文化广场开幕。9支民间花会表演队向近千名群众奉献高跷、舞龙、中幡、小车会等精彩表演。

（杨春青）

【纪念“五四”活动】 为纪念“五四”运动85周年，从4月份开始，乡团委在全乡开展“五个一”系列活动，包括一次团校培训、一次青年体育比赛、一次评优活动、一次征文活动、一次参观学习。

（杨春青）

【党员教育】 为纪念中国共产党成立83周年，乡机关和各基层党组织开展多种形式纪念、教育活动。各党总支、支部召开党员大会，并分别组织党员、积极分子到西柏坡、井冈山等革命圣地参观学习，缅怀革命先烈，重温入党誓词，坚定革命信念。

（杨春青）

【土地确权】 8月15日开始土地确权工作。9月22日至9月27日，各村经济合作社与农户签订《农用地确权确利协议书》。10月12日至15日，将《农用地确权确利证书》发放到农户手中。全乡应确权农用地255.34公顷，确权确利255.34公顷，完成率100%，确权确利3622户、8082人。人均年增收500元。

（杨春青）

【东方基业国际汽车城开业】 9月29日，东方基业汽车城举行开业庆典。该汽车城位于平房西口，由平房乡与恒远嘉业房地产开发有限公司合作开发，一期项目占地19.59公顷，投资近8亿元，集中19个知名厂家四位一体品牌专卖店、63000平方米全玻璃幕墙汽车销售交易大厅、汽车维修中心等。

（杨春青）

【干部培训】 10月22日至24日举办青年干部培训班，42人参加。青干班共产党员占83%，大专以上文化程度的占90%。培训采取理论学习、拓展训练、观看影片《邓小平》、讨论座谈等方式进行。

（杨春青）

【星河湾党支部成立】 12月7日，由广东宏宇集团开发建设的星河湾小区成立中共星河湾支部。星河湾党支部是平房地区第一个在民营经济企业组建的共产党支部。

（杨春青）

来广营地区（乡）

【概况】 来广营乡位于朝阳区北部，南北长约8公里，东西宽约5公里。东邻崔各庄乡，东北侧为孙河乡，南接望京新城，西邻亚运村街道、奥运村地区、北苑小区，北部与天通苑为邻，辖域25.88平方公里。北五环路贯穿全乡东西，城铁13号线和京承高速公路纵贯全乡南北。安立路、安苑路、来广营路、新京顺路等连接来广营和城市中心区以及首都机场。有7个行政村。有19个居委会，其中有6个社区居委会。全乡有常住人口3.6万人，其中农业人口8277人、劳动力4938人、流动人口5.6万人。乡域内有650多个中央、市、区属单位；全乡经济主要依靠第二、第三产业发展，以朝来农艺园开发生产的绿色高附加值农产品为拳头产品的高效农业和观光农业,为发展绿色产业打下良好基础。年内,加快高科技产业、家具建材业、汽车专卖、绿色产业、规模企业发展、朝来绿色家园综合服务、商务金融产业7个板块建设步伐,一产、二产、三产收入比重调整到2:28:70。全年经济总收入30.7亿元,同比增长19.6%;利润总额1.92亿元,同比增长15.8%;乡域税金1.5亿元,同比增长66.3%。乡级财政收入7060万元,同比增长28.1%,完成预算103.8%。完成经济总收入16.7亿元,同比增长123.6%;利润总额3362.8万元,同比增长74.2%;税金4097.6万元,同比增长350.9%。

办事处地址:来广营

电话:84911133

邮编:100012

(钱素君　桂秀燕)

【优抚助残】　3月,增设残联科室,进一步完善残联工作职责、工作任务和组织机构。两节期间对辖域内困、残户发放4万元慰问金及慰问品。全年发放社会救济金25.2万元,确保低保户补助金按时足额发放,发放地退人员、无军籍职工工资194.4万元、抚恤金16.4万元,报销药费93万元;募捐57504元、衣被26304件;安置残疾人就业3人,收缴残疾人就业保障金21万元。

(何新燕)

【搬迁腾退稳步推进】　11月14日,按照分期分批、有序推进原则,完成第五期搬迁腾退安置任务,来广营村225个院落、463户、976名村民喜迁新居,先后完成91套期房安置,5400余名乡民入住朝来绿色家园。

(何恩华)

【党建工作】　年内,设计、印制党员手册和党员基本情况卡,以支部为单位对党员基本情况、党员参加学习情况、党员联系户情况、民主评议等10个方面进行全面备案登记,为党员分类管理奠定基础。积极开展一月一学、一年一评党员学、议、评活动,全乡近700名党员参与党员忆党史、老党员眼中的新农村、主题党课、党员实践日等活动。深化党员联系户作用,积极探索无职业党员和离退休党员发挥作用途径,采取试点先行办法,在来广营村组建老党员顾问团,清河营村组建党员村情民意反馈组,北湖渠村成立党员文艺宣传队,为推行党员设岗定责一人一岗管理模式进行有益探索。

(左秋玲)

【信访排查调处】　年内,制定和完善乡党政领导干部和村级、专业公司领导干部接待日制度,认真做好群众来信来访解释和答复工作,做到事事有结果、件件有回音,把矛盾解决在萌芽时期。全年接待来访62批845人次,其中集体访30批792人次,接区信访办转信件88件、区纪委转信6件,给区信访办及农委、纪委回执答复12件,回复区检察院1件,信件附上如何解决或解释答复材料。实现本地区越级集体访零指标。

(王立文)

【创建优美环境】　年内,对五环路、北苑路、新北路、城铁13号线两侧环境进行综合整治;解决了乡、村内白色污染和垃圾暴露问题;取缔乡内废品收购站(点),拆除违法建筑40万平方米;对设施陈旧、管理落后的市场进行全面整改与升级;投资9000多万元,重点对朝来农艺园、馨叶高尔夫俱乐部、朝来绿色家园等高标准绿化美化;全乡绿化面积660.07公顷。

(白玉霞)

【清产核资】　年内,经清查资源性资产,全乡土地总面积2588.13公顷,其中,国有土地968.87公顷,集体土地1619.27公顷。各种树木1331302棵,其中,生态林木770814棵,绿化隔离带林木及其它零星树木560488棵。全乡经营性和非经营性集体资产总额17.9亿元,集体净资产8.3亿元。其中,村级集体资产总额5.6亿元,净资产4亿元;乡级集体资产总额12.3亿元,净资产4.3亿元。有账无物(盘亏)资产3668.7万元,有物无账(盘盈)资产29276.7万元。

(郝　旗)

【土地确权】　年内完成土地确权工作。涉及来广营、新生、北湖渠3个村,确权土地469.64公顷,人员4487人,土地收益492万元,其中45.7%用于收益分配,30%用于积累,24.3%用于新型农村合作医疗、社会养老保险、退休生活补助、农民自谋职业补贴、新村农民上楼物业费和水电气费用补贴。

(郝　旗)

【路网建设】　年内,投资335万多元完成乡政府北路、新北路北湖段修建任务,两条路全长2660米。从此解决村民出门难、上班高峰道路拥堵难问题。

(李　东)

【就业培训】　年内,全乡投入培训经费11万余元,兑现个人培训奖励13.25万元,安置农村劳动力就业与再就业1100人,挖掘空岗627个,签订空岗协议书82个。

(王玉荣)

金盏地区(乡)

【概况】　金盏地区(乡)位于朝阳区东部,地处温榆河畔,北部、东部以温榆河为界与顺义区、通州区接壤,南接常营乡,西邻东坝乡、崔各庄乡,北接孙河乡。5月,根据区划调整部署,金盏乡与楼梓庄乡合并为金盏地区,设金盏地区办事处和金盏乡政府。辖域50.1平方公里,有13个行政村,总人口44600人,其中常住人口24300人、流动人口20300人。金盏地区分别与东苇路、机场高速路、京顺路、朝阳北路、朝阳路相连,东苇路贯穿乡域,北距首都机场3公里,南距京通高速路6公里。温榆河、小北河、小坝河流经乡域。全乡绿化覆盖率26.4%。大力培育高新技术现代制造业、生态旅游、体育健身、文化教育产业和农游合一服务业,乡域内大型骨干企业有田华第二和第十一建筑工程分公司、昆仑电线厂、慧远电线有限公司、玉雪阿魏菇食用菌基地、益利化工厂、华阳市政建筑公司、志港公司和集培训、娱乐、休闲、服务于一体的蟹岛度假村、郁金香花园、绿岛白帆俱乐部、金港汽车公园,以及中澳国际学校、FID服装文化设计学院等。有中学4所、小学4所、幼儿园2所、乡医院2所、敬老院1所。年内,实现经济总收入29.2亿元,比上年增长25.4%;实现利润总额2.48亿元,比上年增长14.5%;实现税金7885万元,比上年增长13.4%;人均劳动所得10944.1元,比上年增长9.8%。

办事处地址:金盏
电话:84333130
邮编:100018

(孟永生)

【黄金周接待游客12万人】 “五一”、“十一”旅游黄金周期间举办郁金香文化节、牧羊犬大赛、蝴蝶展、菊花展、采摘节等活动,接待游客12万余人,收入近1000万元。

(孟永生 冯 巍)

【教育补贴奖励】 7月,执行金盏乡幼教、普教、成教补贴奖励办法:凡本地区农民户口0—6岁儿童,在本地区幼儿园入托,每人每月享受乡政府补贴20元(直接拨付到幼儿园);凡户口在本地区参加全国统一高考应届学生,考入大学本科的享受乡政府一次性奖励1000元,考入一类本科的享受乡政府一次性奖励5000元,市级状元享受乡政府一次性奖励50000元,各村根据实际情况适当给予奖励。在本地区办事处、各村委会、事业单位、直属单位、乡村企业工作的干部、职工(户口在本地的农民、居民,并长期居住的),参加北京市成人统一考试成绩合格,并被录取的各类中专、大专班等学员,学习毕业后,凭本人户口本、毕业证及学费凭证,到乡政府报销学费15%(每人只报销1次)。

(孟永生 陈士茹)

【残疾人工作】 7月,残联从民政科分离实行职责单列,9月24日,成立地区残疾人康复指导站。金盏乡被列入朝阳区康复评定试点单位,参评人数931人,有康复需求的861人,其中为34名白内障患者进行复明手术。对残疾人无障碍设施进行改造,全乡范围内基本实现残疾人无障碍通行。11月25日,在13个村组建残疾人协会,69名协会成员中残疾人占一半。

(孟永生 刘红梅)

【救助站义工服务基地成立】 7月30日上午,救助管理站义工服务基地揭牌仪式举行,民政部中国社会工作协会、中国青少年发展基金会、区文明办、区民政局、区团委、区残联、北京广播学院等单位领导出席活动仪式,并为15名北京广播学院学生义工颁发救助义工证书。

(孟永生 商桂华)

【金秋文化体育节】 8月中旬至11月中旬,金盏地区举办金秋文化体育节系列活动,巡回放映爱国主义影片14场,篮球比赛22场,组织家庭才艺比赛、文艺汇演、迎国庆合唱比赛、乒乓球比赛、老年健身路径比赛、书法绘画摄影作品比赛展览,观众4万余人次。

(孟永生 商桂华)

【传媒大学实践基地落户金盏】 11月25日,地区办事处与中国传媒大学联合举行揭牌仪式,中国传媒大学公共理论课教学实践基地落户金盏。

(孟永生 冯 巍)

【土地确权】 下半年,采取确权确利方式,完成1794.75公顷农用地确权工作,其中耕地751.5公顷,绿化用地982.61公顷,其它农用地60.64公顷。全乡确权人数17837人,确权户数6945户,人均确权面积0.1公顷,人均确权收益350元现金和182.5公斤小麦,总用资金1180.86万元。

(孟永生 冯 巍)

【安置就业】 年内,按照“产业、岗位、培训、就业”四位一体工作方针,进行计算机、家政服务、养老护理、社区保洁员等引导性培训1374人次,实现转移就业500余人。

(孟永生 冯 巍)

【绿化工作】 年内,新建绿化隔离带92.87万平方米,其中景观生态林52.39万平方米、一般生态林15.95万平方米、经济林24.53万平方米。绿化用地收益补偿面积1000万平方米。

(孟永生 贾华一)

【环境整治】 年内,全乡新修、改造、拓宽道路113条,总长33472米,硬化面积179716平方米。铺设管涵18212延长米,安装路灯800盏,投资30余万元在金盏大街安装电视监控系统。建983路公交线始发站,新增306路公交线路延长线。建设健身园3个,修建老年活动站1个,小学生候车室1个。增添和更新环卫车辆20部,基本实现清扫、保洁配套化。建设垃圾池等设施68个,新建公厕15座。阻击禽流感,依法处置活禽56828只,清理取缔泔水养猪7645头。依法取缔废品回收站点1处,拆除违章建筑2500平方米,取缔无照行医6家,取缔非法制作黑心棉、死猪肉加工窝点各1处,拆除私设灯箱、广告牌匾30块。顺利通过ISO14001环境管理体系年度认证复审。

(孟永生　冯　巍)

奥运村地区(乡)

【概况】　奥运村地区(乡)位于朝阳区西北部,东至北苑路与来广营地区比邻,南接四环路与亚运村地区和大屯地区接壤,西衔八达岭高速公路与海淀区相隔,北到清河与海淀、昌平区相望。4月29日,市政府批准成立奥运村地区办事处。6月29日上午挂牌成立,原大屯地区北辰东路以西,大屯路以南,安翔北路、慧忠路以北部分区域和亚运村街道北辰东路以西,成府路以南,北辰西路以东,北四环中路以北部分划归奥运村地区管辖。辖域面积由原洼里乡15.7平方公里增加到18.8平方公里,户籍人口由2.3万人增加到5.5万人,村委会、社区居委会由11个增加到15个,基层党组织47个、党员1538人。集体企业有旭日房地产开发有限公司、世纪龙祥房地产开发有限公司、区三建六公司。辖域社会单位上千家。地区绿化627公顷,植树90余万株。大屯路、科荟路、五环路、清河东路横贯东西,北苑路、安立路、中轴路、林萃路、八达岭高速路纵穿南北。辖域内有北辰绿色家园、万科星园、傲城、风林绿洲、倚林家园、澳林春天、闻涛苑、翠堤春晓等十多个住宅小区,有361、306、东方和舰船4所医院,有中专2所、中学1所、小学4所。云集感光所、地理所、生物所、遥感所、天文台、农机院、七院、奶牛所、稀土所、环科院等多家科研院所。

办事处地址:原洼里乡政府
电话:84912224
邮编:100012

(王世厚　郭宝玉)

【预防禽流感】　1月29日,地区召开会议,采取6项措施预防禽流感:层层签订责任书,地区与各村(居)委会、物业小区签订防治重大动物疫病责任书,同各村(居)委会、物业小区和养殖户签订信鸽、普鸽、观赏鸟养殖责任书,将责任落实到人;密切关注地区内候鸟栖息地,特别是奥运森林公园消毒和监控;做好地区禽类运输、屠宰、养殖和疫区返京4类高危人群登记;抽调畜牧兽医站工作人员指导养殖户对养殖场所消毒;加大科学防治宣传力度,做到家喻户晓,消除群众恐慌心理;设立举报电话。全地区投入4.6万余元,出动机动车3000余辆次,发放宣传材料20000余份,宰杀鸡鸭鹅44只、鸽子1752只,补偿18645元。全地区5961只鸽子、46只观赏鸟、46只鸡鸭鹅无一被感染。

(刘丽亚)

【龙腾友谊林捐资植树活动】　4月13日,由商务部、中国外商投资协会、中国开发区协会共同发起的龙腾友谊林捐资植树活动在奥林匹克公园举行。森林公园管委会接受中国国际贸易中心、安立(中国)日用品有限公司、戴姆勒－克莱斯勒(中国)投资有限公司、摩托罗拉(中国)电子有限公司等34个外商投资企业308万元捐款,商务部副部长马秀红为龙腾友谊林纪念碑揭幕。200余名外资企业代表及商务部工作人员在龙腾友谊林内栽植白皮松、油松、元宝枫等20余种树木约1700株。

(王少亭)

【传递圣火】　6月9日下午2时许,雅典奥运会火炬传递通过奥运村地段,全国劳动模范许振超高举火炬接力棒,受到沿途群众热烈欢迎。火炬接力手在主场馆工地休息15分后,奥运冠军邓亚萍手持火炬再次进入奥运村地段。在2.3公里路沿途两侧,千余面彩旗、200多五颜六色气球柱、飞艇、彩虹门,30条横幅、34个大气球烘托气氛,1.5万名中小学生、驻地部队官兵、居民夹道欢迎。原洼里乡北沟泥河村生产队老队长、老党员、73岁的那忠与邓亚萍点燃火炬后同彭丽媛、田雄、梁艳等火炬手在本地区负责地段顺利传递圣火。

(陈文霞)

【革命传统教育】　“七一”前夕,地区机关及村(居)委会以及直属企业纷纷组织党员到井冈山、西柏坡、狼牙山等革命教育基地进行红色之旅,参观学习,接受革命传统教育。

(石宝金)

【文明礼仪宣传活动】　11月2日,奥运村地区在科学园社区内举行文明礼仪大型宣传活动。奥运村地区办事处邀请北京礼仪学院院长李柠教授就如何作文明北京人作精彩演讲。活动将600余册《文明礼仪读本》赠送给前来参加活动的居民。

(郭宝玉)

【海峡两岸青年林揭碑】　7月16日上午,全国台联2004年台胞青年夏令营“海峡两岸青年林”植树、揭碑仪式在奥林匹克森林公园举行,1200多名来自台湾、海外和在祖国大陆求学的台湾青年参加活动。参加者在“青年林”为银杏树培土、浇水，并在“相约2008”横幅上签名留念。全国政协副主席张克辉同3名台胞青年一起为“海峡两岸青年林”揭碑。在北京奥运嘉宾证书抽奖仪式中，楼云、刘璇、郑海霞、董炯、莫慧兰当场抽出100名幸运台胞青年，他们将在2008年到北京观摩奥运会。

（鲁薇薇）

【经济普查知识竞赛】 11月12日，在解放军总装备部礼堂举办奥运村地区全国经济普查及统计知识竞赛。全地区15个普查区的指导员、普查员和地区所在企事业单位1000多人参加，6个代表队参赛。竞赛间隙表演相声、快板、三句半、书法等自编自演宣传普查的文艺节目。农机院高级工程师、书法奇人孟淑清表演“经济普查顺顺利利，经济普查利国利民”反正写法，表明第一次全国经济普查反正成功的意思。

（岳美丽）

【城管拆违出重拳】 年内，地区城管分队先后对洼里村、关西庄村、仰山村、清河东路路边、裕瑞轩小区、龙欣苑小区违法建设进行拆除，特别对仰山地区4次大规模拆违。11月19日，依法对林萃西里南侧院内七院退休职工方某使用384.5平方米违法建设予以强拆。城管分队全年拆除违法建设面积13480余平方米。

（杨　利）

三间房地区（乡）

【概况】 三间房地区（乡）位于朝阳区东部，东与管庄地区毗连，南与豆各庄地区相接，西与高碑店地区接壤，北与平房地区交界。辖域8.75平方公里。5月，区划调整后，接收和接管原管庄街道所属部分社区、中央市属单位、原办事处工作人员以及部分资产。辖域增加5.65平方公里，人口增加5.4万人。原管庄街道办事处37人调入乡机关。新划入三间房南里、定南里、定北里、定西南里、定西北里、双柳巷、双桥铁路、双桥路8个社区。划入主要社会单位40个，其中中央级单位7个、市属单位23个、其它单位10个；大学2所，科研院所2所。新增税源户283个，税源增长1.2亿元，税收百万元以上企业11个，区级税收过百万元企业4个，500万元以上大企业2个。到年底，全地区有12个行政村，13个社区居委会。常住人口7万余人。辖域内有20万平方米高标准农民新村住宅、17万平方米“美然动力街区”商品房、梆子井大学生公寓和珠江绿洲家园，南部有66.67公顷“中华本草园”，北部有33.33公顷“康健艺术主题公园”。三间房乡大力调整产业结构，以房地产开发为龙头，带动建筑业、建材业、物业和三产服务业发展；积极探索发展医疗保健、医药教学、休闲观光绿色产业，在杜仲林内套种各种中草药材。乡属重点企业有京通天泰房地产开发公司、京通天泰建筑公司、三间房水泥构件厂、北京振中汽车配件公司、朝阳化工设备厂、北京市起重机械第二分厂。中国传媒大学、北京第二外国语学院、北京水利水电学校、天坛生物研究所等大中专院校和科研院所在辖域内。朝阳路、京通快速路横贯东西，京秦、京承两条铁路从境内通过，双桥火车站坐落在境内。

办事处地址：三间房

电话：65420015

邮编：100024

E－MAIL：sanjianfang0127@163.com

（于淑杰）

【舍己为公再创业】 年初，三西村村民陈兆才6年前自筹资金建成的养猪场猪存栏由2头发展到120头。周边国家爆发畜禽疫病后，为彻底切断传染源，陈兆才下决心放弃养猪，忍痛降低价格于2月18日前将存栏猪全部卖出，为确保全乡疫病防治工作进行，他本人损失4万多元。猪场没了，生活来源断了。乡防控办从百姓利益出发，帮助解决实际问题，乡农服中心负责提供花卉信息和技术指导，村委会全力帮助，引导陈兆才将猪舍改建为温室大棚，种植各种鲜花，开始二次创业。

（于淑杰）

【村党支部换届选举】 3月5日至22日，全乡展开村级党支部换届选举工作。除梆子井村由于拆迁原因不参加此次选举外，11个村级党支部进行选举。11个村参加选举党员277名，选举到会率96.5%；参加投信任票的村民3836名，参与率99.8%，共推荐党员48名。有42名党员参加自荐。经支部大会民主选举，当选支部委员37名，当选支委党内选举得票率最高为100%，最低为55.17%；获群众信任率最高为99.14%，最低为40.24%。11个村党支部书记得票第一的有10名，群众信任率第一的有8名。新一届党支部委员平均年龄42岁，大专以上文化程度的占43%。

（于淑杰）

【村委会换届选举】 4月12日，作为全区村委会换届选举试点单位，全乡开始村委会换届选举工作。6月11日前全部推选产生村民代表、村民小组长。全乡10个村一次投票选举成功，三间房西村一名委员因一票之差未能达到半数以上，另行进行选举。11名村主任中有10名连任，党支部书记兼主任的3名，副书记兼主任的7名，社长兼主任的1名。11个村选出村委会成员39人，其中党员32人。11个村参加投票选民5043人，参选率

99.1%,三东村、定东村、定西村、北双桥村、金家村参选率100%。

(于淑杰)

【土地确权】　年内完成土地确权工作。参加土地确权的有11个村(梆子井村因土地全部被征占,不在确权范围),土地137.2公顷。扣除绿带3%—5%产业用地和沟、渠、路占地,可确权土地122.71公顷。农业人口1665户3387人。此次土地确权1778户(乡镇企业职工每人单独计算为一户),3107人。签订确权协议书5334份(确权农户一式三份),填制确权证书1778份(确权农户每户1份),确权对象签证率100%。

(于淑杰)

【"12·4"法制宣传活动】　12月4日,为庆祝宪法颁布50周年,地区工委开展法制宣传日活动,机关在五建公司门前设中心宣传站,12个村、9个社区、3个居委会以及企事业单位设宣传站点25个,以广播、播放光盘、橱窗、展板等多种形式进行宣传。福怡苑小区拉出秧歌队烘托气氛,双桥路社区现场播放《道路交通法规》宣传光盘,全地区出宣传展板800余块,出动宣传工作人员400余人,接待群众5000余人次。

(于淑杰)

【防治艾滋病宣传】　12月4日,地区办事处集中开展"关注妇女,抗击艾滋"主题宣传活动,采取设宣传咨询站、放映预防艾滋病光盘、发放宣传材料等形式进行宣传。各社区、村委会通过展板、广播、板报、发放宣传材料等形式宣传预防艾滋病知识,使百姓了解艾滋病传播途径,消除恐慌心理,正确对待和关爱艾滋病人。

(于淑杰)

【两桥两路开通艺水芳园开盘】　12月28日上午,三间房地区举行两桥两路(茶家东路桥、北双桥村路桥,北花园街、茶家东路)开通暨艺水芳园开盘剪彩仪式。

(于淑杰)

【未成年人迎新年文艺汇演】　12月28日,三间房地区在中国传媒大学礼堂举行"沐浴阳光,健康成长"未成年人迎新年文艺汇演。地区中小学、幼儿园的孩子们表演舞蹈、合唱、诗朗诵、民乐等节目。

(于淑杰)

【疏理解决热点难点问题】　区划调整后,地区工委、办事处对新划入本地区的8个社区走访调研,挖掘、疏理和解决一批与群众密切关注的热点、难点问题。投资30多万元解决三间房南里供销社宿舍区32户居民吃水难问题;封闭管理三西里小区,修建大门、值班室,配备保安;修复双桥铁路社区18号楼道路,解决居民出行困难;改善定东街小区环境,增加停车泊位;清理定北里社区平房区堆积垃圾,修建公厕;拆除双柳社区外围违章建筑,美化小区周边环境;改善各居委会办公条件,配备电脑、传真机、数码相机、空调、桌椅等办公用具。

(于淑杰)

【四送引导农村劳动力就业】　年内,地区开展"四送"活动引导农村劳动力就业。一是送指导。制定全乡劳动力培训就业规划,建立农村就业目标考核责任制,加强对各村协调、指导和检查工作;二是送培训。利用市区职业技能培训方面资源优势,推动实施农民再就业培训工程,为当地企业提供对口劳动力,使他们不出家门就能学到知识和技能。三是送岗位信息。不定期组织就业岗位现场招聘会,方便劳动力求职择业。四是送政策。按照劳动者自主择业、市场调节就业、政府指导促进就业方针,制定《三间房乡劳动力就业安置工作意见》和《三间房乡农村劳动力培训方案》,建立农村就业工作激励机9.3平方公里制,鼓励企业优先招用当地农村劳动力,鼓励农村富余劳动力自谋职业、自主创业或以灵活方式就业。

(于淑杰)

常营地区(回族乡)

【概况】　常营地区(回族乡)位于朝阳区东部。东邻通州区邓家窑村,南邻管庄乡,西与平房乡黄渠村接壤,北与金盏乡和东坝乡为界。辖域9.3平方公里,有常营、五里桥、草房、东十里堡4个自然村,其中常营村为回民村。下设10个村委会和两个居委会。总人口11422人,其中回族6855人。常营历史悠久,明初回族副将军常遇春北攻元大都曾在乡域内屯兵扎营,成村后名常营,为回族聚居地。常营清真寺修建于明正德年间,是朝阳区重点文物保护单位。常营乡明确以建设现代化城区为发展定位,确定以第三产业为基础,以现代服务业为支柱,以项目为龙头的总体发展思路,最终形成"两轴(一方面指两大坐标轴系东苇路和朝阳北路,一方面指经济平衡发展基本思维模式经济效益和生态效益)三区(依托两轴形成大型居住区、现代服务业窗口区和绿色产业区)"经济发展格局。大型居住区总体建筑面积450万平方米,在建项目有万象新天、鑫兆佳园、万方家园、汇鸿家园及常营乡新村(一期、二期)。现代服务业窗口区在建项目有北京世界服装研发生产中心、北京国际商务使馆花园和商业配套综合服务区。绿色产业区在建项目有常赢绿洲假日运动中心。乡域内北京民族学校占地面积20651平方米,在校学生1116

人。乡卫生院即常营回民医院占地3650平方米,年内转为常营地区社区卫生服务中心。2004年,常营乡开始全面实施“1+7”工程。“1”指用科学发展观指导今后工作,“7”指囊括全局工作的党建聚合力工程、居民素质教育工程、劳动力再就业培训工程、优化环境促发展工程、安居乐业保稳定工程、农村城市化改革创新工程和民族团结创建工程。年内辖域税收4374万元,比去年增加2674万元。全乡经济总收入33683.5万元,利润总额3413.7万元,上缴国家税金1006.7万元,人均劳动所得5290.5元。乡党委、乡政府共设15个科室,行政编制53人,工勤3人。

办事处地址:常营

电话:65481589

邮编:100024

(马媛月)

【领导调研】 3月27日上午,王岐山到常营回族乡调研,视察旧村现状和新村建设情况,并观看常营地区总体规划沙盘。6月14日下午,全国政协常委、中国伊斯兰教协会会长陈广元等一行30多人视察常营清真寺,常营乡乡长汇报清真寺历史及二期改造情况。

(马媛月)

【农民运动会】 5月,举行乡第二届农民运动会,有长跑、橡筋操、象棋、拔河、健身路径、田径趣味等6大项50小项比赛,地区各单位1100多名运动员参加竞技。另设橡筋操、广播操、腰鼓和军体拳等4个表演项目,约1200人参与表演。

(马媛月)

【金秋艺术节】 8月20日至10月15日,乡第二届金秋艺术节举办少儿才艺、卡拉OK、戏曲及开闭幕式5场文艺晚会,节目近百个。放映电影4场,穿插举办摄影、书画、书法、手工艺品和剪纸比赛及展览,参展作品108件,观众3万人。

(马媛月)

【穆斯林服务中心投入使用】 8月,一处专为穆斯林群众提供办理丧事服务的场所常营穆斯林服务中心建成投入使用。该中心位于常营民族家园西南侧,毗邻常营清真寺、北京民族学校及北京紫竹药业有限公司,占地5460平方米,包括仪式大厅、处置室及配套库房、餐厅、休息室等,总投资650万元。

(马媛月)

【启动居民素质教育工程】 9月19日,常营地区居民素质教育工程启动,主要内容:通过市民文明学校提高居民道德素质,倡导健康有益生活方式;开展丰富多彩的文体活动,提高居民文化素质;开展系列文明争创活动;利用主题教育日掀起素质教育高潮;以民族学校为主阵地,开展青少年素质教育;充分利用宣传媒介,大力倡导居民素质教育。

(马媛月)

【印尼前总统参观清真寺】 12月19日下午,由前总统瓦希德率领的印尼宗教代表团在陈广元阿訇陪同下到常营清真寺参观,并与中国部分宗教界人士座谈。市区有关部门及常营乡领导陪同参观。

(马媛月)

【旧村改造新村建设】 年内,常营乡旧村改造、新村建设完成90%。其中新村一期(常营民族家园)建设全部完成,并基本完成常营1至8村整体拆迁上楼任务,拆迁上楼4441户、8812人,完成全乡应拆迁上楼人数79%。新村二期(东三村居民小区)主体工程基本完成,年底加紧市政工程建设。

(马媛月)

【基础设施建设】 年内,乡域内双桥东路、幺家店路(东苇路以东)等4条全长3600米道路建成通车;完成制药三厂东路道路铺装和水、电、气等设施建设;完成民族家园6.05万平方米绿化美化,同时对小常沟、清真寺及辖域主干路两侧实施绿化;投入资金10万元,在民族家园环路重点路段和路口增设减速坎11处;投资6万多元,在民族家园、草房村和清真寺附近建治安岗亭3座;修建占地1.8万平方米东三村居民小区停车场;新建安全饮用水井3眼。

(马媛月)

【劳动力就业培训】 截至年底,举办技能和转移引导性培训9期,培训1145人;为4123名农村劳动力建个人档案,在基层设劳动保障工作站试点,实现三级网络管理;成立常赢新荣劳务派遣服务中心和公共职业介绍机构,挖掘岗位231个,参加面试劳动力147人,就业87人;设立“4050”人员职业指导室,22人实现再就业。

(马媛月)

【社会保障】 年内,76户150人享受城乡最低生活保障;发放各类补助69.5万元;为16位贫困白内障患者联系实施免费复明手术,安置残疾人就业28人,为残疾人修建无障碍住房43套,其中新村一期(常营民族家园)30套全部完工,23户残疾人家庭入住;12个村居委会成立老年人维权工作站,完成1536位60岁以上老人基本情况登记,对有帮扶需求的空巢老人实行日常帮扶;6067人参加新型农村合作医疗大病统筹,其中农业人口参保5638人,占全乡农业人口77.07%;为438名建设征地农转工自谋职业人员补缴社会保险,参保率78%,其中100人办理社会化退休。

(马媛月)

【文化教育】 年内,出资94.78万元用于北京民族学校建设,并完成该校内外绿化美化工程;向考入大学的50名应届高中毕业生发放奖金共10万元;占地3007平方米的常营民族家园内的幼儿园于9月10日正式启用,引进北方之星幼教集团落户常营。

(马媛月)

【关爱育龄妇女和独生子女家庭】 年内,出资近20万元为育龄妇女体检4219人次,医治300余名患病妇女;向37位独生子女父母发放一次性奖励费共3.7万元;"六一"期间出资20余万元慰问全乡1300余户独生子女家庭。

(马媛月)

豆各庄地区(乡)

【概况】 豆各庄地区(乡)位于朝阳区东南部,东临黑庄户地区,南临通州区台湖镇,西与高碑店地区、王四营地区、十八里店地区接壤,北接管庄地区,辖域14.16平方公里,常住人口23000余人。下辖12个行政村、3个社区、两个居委会。通惠灌渠纵穿全乡,京沈高速公路横贯中部,萧太后河流经孙家坡村、水牛坊村和马家湾村。2004年,全地区经济总收入102102.2万元,比上年增长2%;实现利润总额7154.8万元,比上年增长2.2%;税收4748.3万元,比上年增长2.2%;人均劳动所得9883元,比上年增长15.4%。辖域内有市第二监狱、市第二看守所、区属企事业单位近20家,有中学1所、全日制小学3所、区级一级甲等医院1所、幼儿园两所,老年公寓、公安派出所、商店、银行、集贸市场一应俱全。

办事处地址:豆各庄村

电话:67380024

邮编:100023

(柳宝文　郝　晋)

【党支部换届选举】 3月2日起,豆各庄地区开展村级党支部换届选举工作。全乡12个行政村289名党员、5231名群众参加选举,党员参与率88.4%,群众参与率90.2%。当选的支部委员44名,获群众信任率77%以上,党员支持率85%以上。新一届党支部成员大专以上文化程度的占45.5%,平均年龄42岁,女性支委由上届3人增加到6人。

(柳宝文　郝　晋)

【经济普查】 8月7日,各经济普查单位在地区办事处门前一条街上采取板报、标语、广播、秧歌、发放材料等形式宣传经济普查知识,有300余人参加这次宣传活动,发放材料200多份。到8月29日,全乡基本完成清查工作,摸清经济发展基本情况。全乡法人单位354个,社会生产总值115719.9万元。年底全乡从业人员9205人,年平均从业人员9385人。产业结构为一产27个,二产165个,三产141个。实收资本总额72944.2万元,其中国家资本19135万元,集体资本4318万元,法人资本14657万元,个人资本27006.5万元,港澳台资本4302万元,外商资本3525.7万元。

(柳宝文　郝　晋)

【村委会选举】 8月,11个村选出11名村民委员会主任,22名村委会委员。新一届村委会中,党支部成员16人,党支部书记兼主任3人,党支部书记兼村委会委员2人。参选选民6044人,参与率93.4%。村委会产生后,各村选举产生村民代表、村民小组长及村务公开监督小组、民主理财小组。

(柳宝文　郝　晋)

【土地确权】 9月30日,全地区11个参加确权的村(孙家坡除外)履行民主程序,确定确权土地面积、确权对象和收益,全地区完成确权土地433.27公顷,确定确权对象4373人,确权户数1893户,人均确权土地收益分配510.2元。

(柳宝文　郝　晋)

【农村体育时尚活动启动】 9月26日,豆各庄地区举办橡筋操比赛暨农村体育时尚活动启动仪式。12支代表队在绿丰家园进行友情竞逐,负责驻守第二监狱和第二看守所的武警战士们做精彩表演。

(柳宝文　郝　晋)

【腾退安置】 11月10日至24日,对南何家村、东马各庄村范围内434户1600人实施搬迁上楼。此次腾退安置工作,地区工委、办事处确定以"亲情搬迁"作为整个腾退安置工作指导思想和思路,在各部门团结协作和村民大力支持配合下,腾退安置第一阶段工作顺利完成,两个村366个被腾退户签订腾退安置补偿协议,协议签订率83%。

(柳宝文　郝　晋)

【全年10件实事落实】 截至12月,地区工委、办事处年初确立为百姓办的10件实事全部完成。这10件实事是:完成2个村搬迁上楼工作;修建改建孙家坡北路、西马各庄路、石槽南路;打饮水井2眼,建无害化厕所2个;萧太后河综合治理;成立乡再就业培训学校,创建50个就业岗位;完善农村社会保障制度;全乡农村合作医疗工作完成60%以上;完成西马各庄北公路西侧,京沈路西马桥环岛空地内绿化美化任务;完成对保洁公司清运能力资金投入;垃圾山消纳综合治理。

(柳宝文　郝　晋)

黑庄户地区(乡)

【概况】 黑庄户地区(乡)位于朝阳区东南郊,东与通州区台湖镇工业园区接壤,南与光机电产业基地相邻,西靠垡头边缘集团与豆各庄乡相邻,北靠定福庄集团与管庄乡相邻,辖域24.5平方公里(包括辖域内双桥农场0.6平方公里),其中耕地1092.6公顷、企业用地191.7公顷、居住用地219.1公顷、绿地285.7公顷、道路等其它用地660.9公顷。乡下辖11个自然村、16个村民委员会、4个居民委员会。行政辖区内(含双桥农场)人口40526人,乡内人口15526人,其中农业人口8282人。黑庄户乡有200多年宫廷金鱼养殖史,近年观赏鱼产业迅速发展。乡域内有怡景城、康城、温泉花园、双旭花园、东旭新村等7个大型居住区,以及东升药业、602所、蓝岛培训中心等大中小企业429家,有4所小学、1所中学、两所医院。辖域内东西有化工路延长路(小鲁店北路)、双石路、京沈高速路、万通路,南北有双桥中路、双桥西路、双桥东路、郎辛庄北路、通马公路。6月18日,中共黑庄户地区工委、黑庄户地区办事处挂牌成立。年内,全乡完成经济总收入95751.9万元,比上年同期增长15%;利润总额8739.9万元,同比增长12.4%;税金总额2632.9万元,同比增长12.4%;人均所得9797.2元,同比增长9.1%。

办事处地址:黑庄户乡政府大街甲1号

电话:85383651

邮编:100024

(李国荣)

【预防禽流感】 1月,乡成立预防禽流感工作指挥部,严格执行属地管理原则,对散养禽类积极实施扑杀或统一收购,落实较为合理的补偿措施,做好散养户工作。到3月7日,乡域内已没有鸡鸭鹅等高敏感禽类。同时,启动预警防范机制,对乡域周边几条主要道路进行封堵,部署专人全天24小时检查。

(李国荣)

【护村保洁】 3月底,乡专门举办保洁员、保安员培训班,进行为期5天的专业技能培训,颁发北京市职业技能培训结业证,先培训,后上岗,乡级保洁队和16个村级保洁队、护村队相继投入使用。76名保洁员主要负责乡域内主要道路清扫保洁和各村垃圾房清运,16个村级护村队全年制止盗窃行为9起,解决和协助派出所处理群众纠纷33起,发现并协助处理交通事故3起,参加乡社会治安综合治理联合大检查11次。

(李国荣)

【土地确权】 8至10月,全面开展土地确权工作。聘请法律顾问协助处理解决工作中遇到的法律问题,实行党委委员包片和机关干部包村做法,组织5次乡村干部大型培训、一次研讨会,切实加强村乡两级协调领导。工作方法上从难处着想,利用一个月左右时间反复核算土地、人员、收益3笔账,切实摸清底数。在程序上两委会、党员会、村民代表会、村民大会四级联审,三榜定案,做到民主、透明、高效。在矛盾化解上,包村干部、信访小组、党委成员、党政正职4道防线协防排查化解矛盾,提高确权成功率。全乡确权土地892.73公顷,享有土地确权收益农民8048人,人均确权土地0.11公顷,确权土地总收益889万元,每公顷收益44.27元,留取30%社保基金267万元、村民福利待遇232万元(人均288元),直接用于土地确权分配收益389万元,人均确权收益484元。

(李国荣)

【村委会换届选举】 年内,作为朝阳区第六届村委会选举工作试点乡,全乡采取干部包村、党员包户做法,逐一分析下属16个村现状、存在问题、矛盾所在,排查出重点问题,确定5个重点村,逐一落实工作方案。在新当选的16个村民委员会48名成员中,中共党员34名,占总数70.8%;两委交叉任职29名,占60.4%;党支部书记任村委会主任的9名,占56.3%。

(李国荣)

【环境整治】 年内,组织安全生产活动月、安全生产宣传高潮日和《道路交通安全法》知识竞赛等活动,多次对辖域内企事业单位、农贸市场及外来人口聚集地进行社会治安综合治理大检查,对重点消防单位、化学危险品存放地和施工工地外来人员居住地等多家单位进行夜查和抽查,特别对无上级主管单位进行重点排查,查出各类安全隐患481处,取缔违法废品收购站11处,拆除违法建设房屋510间7644平方米。消除垃圾脏乱点101处,清除垃圾2540吨、白色垃圾370公斤,规范门前三包187家。

(李国荣)

【合作医疗】 年内,经过村乡两级共同努力,新型农村合作医疗制度在全乡全面推行。基本医疗报销4307人,报销金额34.36万元,其中为郎各庄村一名群众一次报销手术费3.7万元。郎各庄村投资8万余元改造村卫生室,增加B超等医疗设施,设立消毒室、更衣室、输液室等,保证村民就近放心就医。

(李国荣)

【基础设施建设】 年内,万通路(一期62656平方米、二期35200平方米,全长5964米)顺利竣工,打通朝阳与通州交通要道;大鲁店村级路35400平方米、鲁店南路35000

平方米、万子营村主路31200平方米改建完成;投资近600余万元,完成双桥东路、康城到观赏鱼中心等主要路段15公里路政设施建设,安装金属高杆路灯375根、红绿灯5处、警示灯5处。

(李国荣)

【劳动就业】 年内,乡社保所提供和推荐242个就业岗位,村级提供和推荐230个岗位。组织富余劳动力参加转移引导培训212人、职业技能非等级培训152人、等级培训66人,开展基础职业指导356人。

(李国荣)

管庄地区(乡)

【概况】 管庄地区(乡)位于朝阳区东部,东邻通州区城关镇,南靠豆各庄乡、黑庄户乡,西接三间房乡,北界常营乡。辖域10.2平方公里。有4个社区、3个居委会,12个村委会。常住22528户、61640人,其中居民56214人、农业人口5426人。回族2321人,主要居住在管庄、杨闸、西会3村。现有农业土地90.67公顷,其中粮田54.67公顷、菜地36公顷,有机井49眼。规划市政道路63条,其中快速路2条,城市主干道4条,城市次干道6条,城市支路33条,小区级道路18条。朝阳路、京通快速路、地铁八通线、京秦铁路、通惠河呈东西向贯穿全地区。沿朝阳路设建材市场一条街,有东方家园建材超市、东方建材城、管庄刨花板市场、杨闸环岛建材市场等大型建材市场6个,有专门陶瓷、铁艺装饰材料市场。东苇路、建材机械厂路沿线建设商业一条街,有京客隆等大型超市入住。拥有以燕京制药厂、燕京饮片厂等企业为主的医药经济。燕京制药厂获得北京市“重合同、守信誉”单位称号,通过竞标等方式参与市场竞争,取得太极集团曲美减肥药、天士力集团柴胡滴丸和三九药业纳诺卡等新特药在北京地区的销售总代理权。博特科技有限公司生产的高低压开关和彩洋牌浴室小空调打入国内市场,通过ISO9001(国际质量体系)认证;惠河建材市场客户销售额达12亿元。有法人单位718个,其中,农业1个,工业企业101个,商、饮业230个,建筑业19个,交通运输业7个,服务业319个,公共管理单位42个。独立经营的企业分支机构52家。个体经营户2805家。有北京科技大学和北京工业大学东校区,有中学3所,小学6所,幼儿园6所,乡卫生院1所,职工医院、室11处,社区卫生站3个。年内,地区完成集体经济总收入136587万元,同比增长41%;实现利润总额11566万元,同比增长32.3%;完成税收1418万元,同比增长95.1%;人均劳动所得13068元,同比增长21.9%。

地址:管庄乡1号

电话:65790560

邮编:100024

(杨志英)

【村党支部和村委会换届选举】 3月3日至23日,在乡党委统一领导下,完成12个自然村党支部换届选举。4月至7月,完成12个村村委会换届选举。新一届党务、村务班子成员在政治素质、年龄及知识结构等方面均得到不同程度优化。

(杨志英)

【东方家园落户】 6月12日,东方家园集团公司具有4.5万平方米营业面积的东方家园管庄(北京)装饰建材有限公司开业,该店落成起到提高地区建材商业街档次作用。

(杨志英)

【集体经济组织清产核资】 上半年,聘请会计师事务所和资产评估公司对农村集体资产进行审计和评估,为下一步深化改革提供可靠依据。

(杨志英)

【村属集体企业改制】 上半年,本着审慎、高效、积极、稳妥原则,推进集体企业改革,管庄村永胜印刷厂等8家村属集体企业全面完成改制。

(杨志英)

【乡域道路改造】 年底,投入2165万元建设重兴寺东路、司辛庄南街两条规划道路。道路总长2.3公里。

(杨志英)

【建设景观绿化公园】 年内,地区投资600万元、面积16公顷的景观绿化公园建成,受益群众达5万人。

(杨志英)

【土地确权】 年内,对104.79公顷农田土地确权,为加强集体资产管理、加快集体企业转制奠定基础。

(杨志英)

孙河地区(乡)

【概况】 孙河地区(乡)位于朝阳区东北部温榆河畔,属北京第二道绿化隔离带和温榆河绿色生态走廊规划控制地区。东距首都国际机场3公里,南距东直门交通枢纽12公里,西部与昌平区隔河相望,北部与顺义天竺空港工业区相临。机场高速、京承高速、机场辅路、京顺路、顺白路、顺黄路、来广营北路等横贯其中。5月,原孙河乡、黄港乡合并成立孙河地区。区划调整后孙河地区辖域35.2平方公里,下辖14个行政村,总人口49486人,非农业人口7261人、农业人口11793人、流动人口30432人。年内,全乡经济总收入95231万元,同比增长20%;完成利润总额10083.5万元,人均所得9286元。全乡种植小麦1223.67公顷,总产量41.9万元;种植玉米4549.64公顷,总产量179万公斤;种植各类蔬菜3576.27公顷;养牛430头,牛奶产量1049.3吨;羊存栏4564只;生猪存栏10209头;鸡存栏20628只,其中肉鸡33989只,产蛋3吨。

办事处地址:顺白路6号

电话:84595380

邮编:100105

(贾民贤 刘秀邦)

【北京人驱车买风筝】 随着春天来临,孙河风筝市场到了销售旺季,上千只色彩斑斓、形态各异的风筝点缀在京顺路两侧,格外引人注目。风筝市场大约有四五十个摊位,摊主主要来自河南、河北、山东和东北等地,销售的风筝基本都是山东潍坊小工厂里制作的。买风筝的人中,大多数是开车来的风筝爱好者和批发风筝的,北京城里销售的风筝大多数都来自这里。据介绍,风筝以不同制作材料和做工精细程度划分为不同等级,只作简单的宣纸风筝一套不过5元钱,而彩布制作的蝴蝶、蜻蜓风筝需25元一个,如果是制作精美的长龙或蜈蚣风筝则往往需要花费200元左右才能购得。

(据《北京晚报》)

【村委会换届选举】 7月25日至26日,全乡14个村13515名选民代表参加投票,选举产生村委会委员58名,其中村委会主任14名、副主任2名、委员42名。

(贾民贤 刘秀邦)

【产业结构调整】 年内,建成方圆平安特菜出口基地;依托温榆河绿化,完成77.3公顷绿化工程,建成173.3公顷郎枣园;投资2000万元,完成西甸生态园基础设施建设。特菜、园林、采摘、餐饮、旅游休闲及观光功能日益凸现,第一、二、三产业比例为7.3∶38.8∶53.9。

(贾民贤 刘秀邦)

【双拥共建】 年内,对38名优抚对象进行慰问,为34名优抚对象减免和报销费用13万元;投资8万元开展拥军爱民和军民共建活动。

(贾民贤 刘秀邦)

【土地确权】 区划调整后,全乡完成14个村土地确权工作,确权总面积21677.53公顷,确权总人数11112人,年度土地总收益6278014.5元,按政策规定提取30%社会保障及公益事业经费,可供分配总收益4275245.6元,年平均每公顷收益197.51元,年人均收益381.82元。

(贾民贤 刘秀邦)

【招商引资】 年内,天津一汽销售公司、万方源房地产公司落户孙河,并签订租赁合同及意向书。

(贾民贤 刘秀邦)

【农村税费改革】 年内,按照减轻、规范、稳定原则,全乡进行农村税费改革试点,累计核减计税土地266.7公顷,直接或间接减轻农民负担30万元。

(贾民贤 刘秀邦)

【进行环境整治】 年内,投入资金365万元,对沙子营村东南(京承路西侧)、沙子营村北废弃河道、沈家坟村西(国光山)等3处垃圾点清理整治;投入176.1万元,清理300米长下辛堡东大沟;制定《孙河地区环境卫生管理暂行办法》,规范废品回收管理秩序,依法取缔无照经营废品回收市场。

(贾民贤 刘秀邦)

【乡域道路修建】 年内,投资389万元,修建孙河市场北路、雷清路、孙河西路、下辛堡路,总面积20456平方米。

(贾民贤 刘秀邦)

【就业培训】 年内,为解决全乡6656名农民富余劳动力就业问题,成立地区就业培训中心;举办培训班11期,培训人员1230名;组织6次不同规模就业招聘会,1055名无业人员实现就业;为1393人办理求职证。

(贾民贤 刘秀邦)

崔各庄地区(乡)

【概况】 崔各庄地区(乡)位于朝阳区东北部,东与金盏乡接壤,南邻将台乡,西靠来广营乡,北接孙河乡。辖域30.9平方公里,有15个行政村,3个居委会,常住人口11328户21413人,农业人口10969人,流动人口12万人。年内,全乡经济总收入8.1亿元,同比增长15.6%;利润9232.7万元,同比增长27%;辖域税收3084.7万元,同比增长13.5%;人均劳动所得9540.3元,同比增长8.2%。有六合农业发展有限公司、大环生态农业发展有限公司、昊阳八部建筑工程公司、华兴善废旧物资回收公司、六合天地置业有限公司等5个乡办企业。有中学2所、小学5所,文化休闲广场18个,敬老院2所。机场高速、京承高速、机场辅路、京顺路、五环路、来广营北路、京包铁路穿辖域而过,顺白路、来广营东路、南皋路、北皋路等区域连接路横贯其中。

办事处地址:南皋路

电话:64379211

邮编:100015

(花淑平)

【村委会选举】 8月9日,乡第六

届村委会换届选举工作结束。全乡登记选民11921人,参加投票选民11526人,参选率96.7%,选出新一届村委会主任15名,副主任9名,委员33名。选出的村委会成员中,党员32人,35岁以下9人,大专以上文化程度9人,党支部书记兼任村委会主任3人,原村委会主任继任8人。

(花淑平)

【土地确权】 8月至10月,全乡有13个村参加土地确权,确权土地795.5公顷,应确权数4442户,签订协议户数4380户,达98.6%;应确权人数9053人,签订协议人数8905人,达98.4%;发放确权证书4327户8797人,确权资金267.56万元,实际发放资金259.88万元,人均确利295.6元。

(花淑平)

【基础设施和环境整治】 年内,全乡投资400余万元,完成三干路、奶东东路和六合北路26920平方米修建;撤销占路市场2个,规范市场9个,取缔无照废品回收站5家;查处违法建设30处,拆除违法建筑3550平方米;启动善各庄村、奶西村垃圾中转站,并对清洁车辆进行规范化管理;完成31.8公顷绿化任务;落实大气污染防治工作,完成16台锅炉改造。

(花淑平)

【劳动就业和社会保障】 年内,提供就业培训1266人,培训后就业率69.8%;新型农村大病医疗统筹工作全面铺开,为129人次报销药费76.4万元,基本医疗入保率82.9%;为困难群众99户165人办理城乡最低生活保障,为5户因病因灾致贫群众办理临时救助;基本解决历史遗留的426名农转居自谋职业人员社会保险问题。

(花淑平)

【扶贫济困送温暖】 年内,为江西、内蒙古及北京市贫困群众捐赠资金17308元,棉衣、被褥、衣服等20808件。

(花淑平)

人 物

领导干部

中共朝阳区第九届委员会书记简介

李士祥 男，汉族，1958年9月出生，北京通州人，1982年3月加入中国共产党，1978年8月参加工作，在职研究生文化程度（北京理工大学经济管理专业），工学硕士，经济师。历任：北京市通县草场中学教师、团队负责人，通县县委组织部干部、副部长，通县城关镇党委书记、县委常委，昌平县委副书记、代县长、县长，朝阳区委副书记、代区长、区长、区委书记。

中共朝阳区第九届委员会副书记简介

陈 刚 男，汉族，1965年4月出生，江苏高邮人，1986年12月加入中国共产党，1990年7月参加工作，研究生文化程度（北京大学无机化学专业），理学博士，教授级高级工程师。历任：北京玻璃研究所晶体室工程师、副主任、副所长，北京一轻集团有限责任公司副总经理，北京玻璃研究院副院长，北京市委外经贸工委委员、副主任，中国贸促会北京市分会党组书记、主任，朝阳区委副书记、代区长。

朱家麒 男，汉族，1948年4月出生，浙江海宁人，1980年12月加入中国共产党，1964年10月参加工作，大专文化程度（北京市朝阳区职工大学中文专业），经济师。历任：北京市朝阳区粮食局朝外大街粮管所干事、经理，粮食局干部、副科长、副局长、党委副书记、局长、党委书记，朝阳区区长助理、中粮实业总公司经理，朝阳区副区长，朝阳区委常委、常务副区长，朝阳区委副书记、区政法委书记、区直机关工委书记。

王力军 女，汉族，1952年1月出生，吉林长春人，1973年10月加入中国共产党，1968年11月参加工作，大学文化程度（中央党校经济管理专业），高级政工师。历任：长春电影制片厂工人、革委会副主任，共青团海淀区委干部，区委组织部干部、副部长兼人事局副局长、常务副部长，北京市委组织部青干处处长、干教处处长、助理巡视员，朝阳区委常委、组织部部长、副书记、区纪委书记。

韩子荣 女，汉族，1964年3月出生，北京朝阳人，1986年4月加入中国共产党，1986年7月参加工作，大学文化程度（北京师范学院历史专业），历史学学士，中学一级教师。历任：北京市17中学教师，朝阳区教育局团委副书记、书记，朝阳区委书记助理，朝阳区委常委、共青团朝阳区委书记、朝外

街道工委书记,区委办主任、区直机关工委书记,区委副书记。

张　洋　男,汉族,1958年7月出生,辽宁辽中人,1984年12月加入中国共产党,1976年12月参加工作,研究生文化程度(北京市委党校金融学专业),高级政工师。历任:北京市朝阳区修理公司团委书记、共青团朝阳区委干部、副书记、书记,朝阳区委组织部副部长,西藏自治区拉萨市委副书记(挂职),朝阳区委常委、宣传部部长。

中共朝阳区第九届委员会常委简介

辛燕琴　女,汉族,1954年12月出生,山西原平人,1973年9月加入中国共产党,1971年11月参加工作,大学文化程度(中央党校经济管理专业),高级政工师。历任:北京市60中学团委书记、党支部副书记,宣武区教育局党委常委、团委书记,宣武区委教育部干部,共青团宣武区委副书记、书记,宣武区委组织部副部长兼人事局副局长,宣武区委教育工委书记,朝阳区委常委、组织部部长。

戴继楼　男,汉族,1948年8月出生,安徽马鞍山人,1969年2月加入中国共产党,1968年2月参加工作,大专文化程度(北京市朝阳区职工大学工业企业管理专业),经济师。历任:朝阳区政府机关行政科副科长、科长,朝阳区计划经济委员会基建科科长、副主任、常务副主任,朝阳区计划委员会主任,朝阳区政府副区长,朝阳区委常委、常务副区长。

肖兴国　男,汉族,1955年7月出生,山东东平人,1974年1月加入中国共产党,1969年12月参加工作,研究生文化程度(北京市委党校经济管理专业)。历任:中国人民解放军51033部队战士,北京市公安局丰台分局南苑派出所民警,北京市公安局丰台分局秘书室干部、副主任、主任,北京市公安局丰台分局副局长,怀柔县公安局党委书记、局长,怀柔县委政法委副书记,朝阳区委常委、北京市公安局朝阳分局党委书记、局长。

刘英男　男,汉族,1954年12月出生,辽宁沈阳人,1975年8月加入中国共产党,1972年12月参加工作,大学文化程度(中央党校经济管理专业)。历任:解放军63军炮兵八连战士,三营营部书记、七连副政治指导员,炮兵团政治处组织股干事、股长,63军高炮旅组织科科长,63军纪委办副团职干事,63军高炮旅政治部主任、副政委、教导大队政委,北京市通县县委常委、人民武装部政委,通州区委常委、人民武装部政委,朝阳区委常委、人民武装部政委。

沈乃宏　男,汉族,1949年3月出生,江苏南京人,1984年10月加入中国共产党,1968年12月参加工作,大学文化程度(中国人民大学一分校法律专业),法学学士。历任:北京汽车制造厂工人,朝阳区政府办公室干部、副科长、科长,朝阳区司法局副局长、党组副书记,朝阳区人大常委会办公室主任,朝阳区人大常委会副主任。

刘希泉　男,汉族,1956年4月出生,北京朝阳人,1978年10月加入中国共产党,1973年10月参加工作,大学文化程度(北京市委党校行政管理专业),高级经济师。历任:朝阳区东坝乡生产办公室干部,朝阳区东坝乡蔬菜公司经理,朝阳区东坝乡农工商总公司副经理兼东坝乡驹子房村党支部书记,朝阳区东坝乡党委副书记、农工商总公司经理,朝阳区金盏乡党委书记、农工商总公司经理,朝阳区委农工委书记、农委主任。

王少峰　男,汉族,1970年11月出生,山东日照人,1990年7月加入中国共产党,1993年7月参加工作,在职研究生文化程度(北京大学法律史专业),法学硕士,大学讲师。历任:北京大学学生工作部干部,北京大学昌平园区团工委书记,北京大学文化活动中心副主任、勤工助学中心办公室副主任,北

京大学团委副书记，共青团朝阳区委副书记、书记，朝外街道工委副书记、办事处主任，朝阳区委办公室主任。

北京市朝阳区第十三届人大常委会主任简介

朱家麒 （见第315页）

北京市朝阳区第十三届人大常委会副主任简介

任　强　男，汉族，1946年10月出生，河北文安人，1966年3月加入中国共产党，1963年9月参加工作，大专文化程度（北京师范大学政治理论专业），政工师。历任：海淀区房管局团总支副书记，海淀区四季青公社整团小组负责人，海淀区城建局政工组干部，朝阳区政府街道组干部，朝阳区左家庄街道办事处副主任兼新源里地区管委会主任，朝阳区呼家楼街道办事处副主任，朝阳区委酒仙桥街道工委副书记兼办事处主任，朝阳区委朝外街道工委书记，朝阳区委街工委书记、街办主任，朝阳区人大常委会副主任。

阎学锋　男，汉族，1953年6月出生，河北冀州人，1973年9月加入中国共产党，1971年12月参加工作，大专文化程度（北京市朝阳区职工大学党政干部基础理论专业），经济师。历任：朝阳区大山子中学校办工厂厂长，朝阳区教育局人事科干部，朝阳区街工部干事，朝阳区联社纪委副书记，朝阳区校办企业总公司经理，北京市烟草专卖局朝阳分局副局长，朝阳区委左家庄街道工委副书记、办事处主任，朝阳区经委党组书记、主任。

于五一　男，汉族，1951年5月出生，北京东城人，1982年12月加入中国共产党，1968年7月参加工作，大学文化程度（北京市委党校行政管理专业），中专讲师。历任：黑龙江省生产建设兵团二师八团战士，北京市双桥中学教师，朝阳师范学校教师、副校长、党总支副书记、党总支书记，朝阳区教育局党委副书记，朝阳区委和平街街道工委副书记、办事处主任，朝阳区人大常委会党组成员、办公室主任。

孔德琴　女，汉族，1950年10月出生，河北遵化人，1972年9月加入中国共产党，1968年7月参加工作，大学文化程度（北京市委党校行政管理专业）。历任：黑龙江生产建设兵团班长、排长、保卫股干事，黑龙江省饶河县人民法院红卫人民法庭副庭长，北京市石景山区南大荒苗圃保卫科干部，朝阳区人民检察院书记员、助理检察员、批捕科副科长、检察员、副处级检察员、调研室主任，朝阳区委政法委副书记，朝阳区司法局党组书记、局长。

谢正观　男，汉族，1953年2月出生，福建南安人，1998年9月加入台盟，1989年9月参加工作，研究生文化程度（北京大学城市与环境系城市规划与城市地理专业），理学博士，教授。历任：台湾《影响》杂志社编辑，美国洛杉矶长风影视文化公司经理，中国城市规划设计研究院高级规划师，中国社科院工业经济研究所副研究员，中科院研究生院地球科学学院副教授、教授、博士生导师，北京优健语言中心校长、台盟北京市委副主委。

北京市朝阳区人民政府区长简介

陈　刚 （见第315页）

北京市朝阳区人民政府副区长简介

戴继楼 （见第316页）

孙世超　男，汉族，1960年9月出生，河南灵宝人，1985年6月加入中国共产党，1977年9月参加工作，大学文化程度（北京师范大学一分校古典文学专业），文学学士，中学高级教师。历任：北京市和平街二中教师，北京市中医学院附中教师、教务主任、校长助理、副校长、校长兼党总支书记，北京市第八十中学校长兼党总支书记，朝阳区政府副区长。

宋连娣　女,汉族,1956年10月出生,北京朝阳人,1976年4月加入中国共产党,1980年1月参加工作,研究生文化程度(北京市委党校行政管理专业)。历任:朝阳区十八里店乡老君堂大队团干事、党支部副书记、妇代会主任、团总支书记,朝阳区十八里店乡妇联主任、党办副主任、组织科科长,朝阳区南磨房地区纪工委(乡纪委)书记、工委(乡党委)副书记、书记兼乡人大主席,朝阳区政府副区长。

李　国　男,汉族,1954年10月出生,山东淄博人,1972年3月加入中国共产党,1969年12月参加工作,大专文化程度(北京广播电视大学文秘专业)。历任:广州军区司令部战勤连战士、副班长、班长、排长、气象勤务站书记员、气象处卫星站技术员,朝阳区三里屯街道办事处科员、行政办公室副主任、主任,朝阳区三里屯街道办事处副主任、工委副书记、办事处主任,朝阳区建委主任,朝阳区政府副区长。

关三多　男,汉族,1947年9月出生,山东高密人,1999年6月加入民革,1967年10月参加工作,大专文化程度(北京师范学院函授部教育专业)。历任:朝阳区酒仙桥二小教师,朝阳区酒仙桥三小副教导主任,朝阳区教育局小教科视导员、副科长、科长、副局长,朝阳区政协副主席,朝阳区政府副区长。

佟克克　男,汉族,1955年6月出生,河北沧州人,1976年10月加入中国共产党,1971年1月参加工作,大学文化程度(北京邮电学院分院无线电技术专业),工学学士,高级工程师。历任:武汉军区通讯总站62分队战士、班长,北京医学院基础部电镜室技术员,北京联大电子工程学院团委书记、学生部副部长,北京联大电子工程学院院党委委员、党委办公室副主任、主任,北京华讯交通通信公司工程部经理,交通部兴兴交通通信工程技术公司副总经理,北京兴迪(中外合资)电子技术有限公司董事、总经理,朝阳区望京新兴产业区工委副书记兼开发办主任、综合开发公司经理、中关村电子城建设有限公司经理,朝阳区政府副区长。

束　为　男,汉族,1967年12月出生,浙江长兴人,1986年10月加入中国共产党,1990年8月参加工作,在职研究生文化程度(清华大学模式识别与智能系统专业),工学博士,副教授。历任:清华大学自动化系教师,清华大学团委副书记、书记,清华大学党委学生部副部长兼学生工作处副处长、学生直属党总支书记,清华大学党委学生部部长兼学生工作处处长、武装部长,朝阳区政府副区长兼北京商务中心区管委会主任。

北京市朝阳区人民法院院长简介

王明达　男,汉族,1957年10月出生,辽宁盖州人,1979年7月加入中国共产党,1975年8月参加工作,研究生文化程度(北京大学法律专业),法学硕士。历任:二炮驻青海部队战士,市委政法委业务处主任科员、法制处副处长、处长,北京市高级人民法院党组成员、副院长,北京市朝阳区人民法院党组书记、院长。

北京市朝阳区
人民检察院检察长简介

王一俊　男,汉族,1956年6月出生,天津武清人,1978年6月加入中国共产党,1974年12月参加工作,研究生文化程度(北京市委党校经济管理专业)。历任:空军高炮19师56团汽车连战士,北京市丰台区人民检察院法警、助检员,批捕科副科长、经济科科长,丰台区委政法委副书记,丰台区人民检察院党组副书记、副检察长,大兴县人民检察院党组书记、检察长,朝阳区人民检察院党组书记、检察长。

政协北京市朝阳区第十届委员会主席简介

李 明 男，汉族，1946年11月出生，河北定兴人，1974年9月加入中国共产党，1968年5月参加工作，大学文化程度（北京经济学院政治经济学专业），经济学学士。历任：北京橡胶一厂政治部干部，北京市化学工业局干部，北京市委研究室干部、综合处助理调研员、政治处处长，北京市委研究室副主任，朝阳区政府副区长，朝阳区政协主席。

政协北京市朝阳区第十届委员会副主席简介

张和平 男，汉族，1952年10月出生，河北枣强人，1986年5月加入中国共产党，1969年9月参加工作，大学文化程度（北京大学地质地理系经济地理专业），高级工程师。历任：黑龙江建设兵团战士，朝阳区规划办公室科员、副科长，朝阳区城市规划管理局副局长，朝阳区建管委副主任，朝阳区城市规划管理局副局长，朝阳区城市规划管理局党组书记、局长，朝阳区市政管理委员会党组书记、主任。

谢 郁 女，汉族，1942年1月出生，江苏武进人，1996年12月加入民革，1961年8月参加工作，研究生文化程度（中央党校马克思主义哲学专业），副主任医师。历任：北京市通县张家湾卫生院医师，新疆军区生产建设兵团农六师医院妇产科医士、医生，新疆昌吉州第二人民医院医师，北京市朝阳区垂杨柳医院妇产科医师、主治医师、副主任、副主任医师，朝阳区卫生局副局长，朝阳区政府副区长，民革市委副主委、市政协常委、朝阳区政协副主席。

刘乃晨 男，汉族，1953年8月出生，广东潮阳人，1976年4月加入中国共产党，1969年9月参加工作，大专文化程度（朝阳区职工大学党政干部基础理论专业），经济师。历任：黑龙江生产建设兵团三师二十团工人，黑龙江省宝清县852农场工人，北京汽车配件公司工人，朝阳区建外街道办事处干部、工商企业公司劳资科科长，朝阳区建外街道纪工委书记兼工商企业公司总支副书记、劳服公司经理，建外街道工委副书记，朝阳区委街道工作部副部长兼街办副主任，朝阳区委街工委副书记兼街办副主任、主任。

高春锦 女，汉族，1945年3月出生，山东青岛人，1982年12月加入中国农工民主党，1969年7月参加工作，大学文化程度（北京第二医学院医疗专业），教授。历任：北京朝阳医院内科住院医师、高压氧科主治医师、副主任医师，北京朝阳医院高压氧科主任医师、首都医科大学教授、朝阳区政协副主席。

马万昌 男，回族，1948年2月出生，北京市人，1994年7月加入中国共产党，1986年5月加入民盟，1969年1月参加工作，大学文化程度（北京师范学院中文系中文专业），文学学士，副研究员。历任：北京市门头沟区平方中学教师，北京师范大学分校中文系教师，北京联大职业技术师范学院教务处副处长、处长，北京联大职业技术师范学院职教研究所所长、北京联合大学北京学研究所常务副所长，朝阳区政协副主席。

杨文良 男，汉族，1966年4月出生，吉林磐石人，无党派人士，1988年7月参加工作，在职研究生文化程度（清华大学工商管理专业），工商管理硕士，高级工程师。历任：国营第七九七厂设计所设计员、副所长，国营第七九七厂电容传声器分厂厂长、传声器分厂厂长、副总工程师，国营第七九七厂副厂长，北京第七九七厂音响股份有限公司总经理兼北京七星华创电子股份有限公司副总经理。

政协北京市朝阳区第十届委员会秘书长简介

王苏华 女,汉族,1954年12月出生,河北大名人,1983年5月加入中国共产党,1974年4月参加工作,研究生文化程度(中央党校马克思主义哲学专业)。历任:朝阳区文明办、爱卫办干部、副科长、科长,朝阳区文明办副主任兼爱卫办副主任,朝阳区委酒仙桥街道工委副书记兼办事处主任,酒仙桥街道工委书记,朝阳区政协办公室主任。

中国共产党北京市朝阳区第九届委员会

书　　记　李士祥

副 书 记　陈　刚　朱家麒　王力军(女)　韩子荣(女)　张　洋

常　　委　李士祥　陈　刚　朱家麒　王力军(女)　韩子荣(女)　张　洋　辛燕琴(女)　戴继楼　肖兴国　刘英男　沈乃宏　刘希泉　王少峰

委　　员　(按姓名笔画为序)

王　琳(女)　王一俊　王力军(女)　王少峰　王玉英(女)　王明达　吉广平　曲　君　吕和平　朱家麒　刘军胜　刘希泉　刘英男　李　明　李士祥　李建海　肖兴国　吴金龙　吴家荣　辛燕琴(女)　沈乃宏　张　洋　陈　刚　陈　捷(女)　郑　煌　韩子荣(女)　戴继楼

候补委员　王瑞林　吴凤岐　赵全保　杨　霆　卫停战

中共朝阳区委工作机构负责人

区委办公室主任　刘希泉

组织部部长　辛燕琴(女)

宣传部部长　王少峰

统一战线工作部部长　沈乃宏

常务副部长　王建荣(女)

党史办公室主任　李慧芳(女)

精神文明建设委员会办公室主任　宋凤泽(12月免)

黄晓伟(女)(12月任)

台湾工作办公室(区政府台湾事务办公室)

主任　王建荣(女)(兼)

政法委员会书记　朱家麒(兼)

常务副书记　曲　军

社会治安综合治理委员会办公室主任　刘印槐

防范和处理邪教问题领导小组办公室(区政府防范和处理邪教问题办公室)主任　霍国庆

区委区政府研究室主任　邵建云(女)(6月免)

直属机关工作委员会书记　韩子荣(女)(2月免)

张　洋(2月兼任)

常务副书记　李永敏(12月免)

范少飞(12月任)

教育工作委员会书记　吴金龙

企业工作委员会(6月撤销)书记　孙俊利(女)(2月免)

老干部局局长　杨秀燕(女)

党校校长　王力军(女)(兼)

党委书记、常务副校长　蒋自伟

保密委员会办公室(区国家保密局)主任　朱宝琪(女)

非公经济工委书记　高世城

朝阳区政府、人民团体党政分设工作机构党委(组)书记

国有资产管理委员会党委书记　杨　治(6月任)

安全生产监督管理局党组书记　陈云铭(12月任)

国土资源和房屋管理局党委书记　王祖锷

文化委员会党委书记　张　前

卫生局党委书记　郭德宏

体育局党委书记　陈大中(3月任)

规划局党组书记　赵　莉(女)

街道工作委员会书记　吴家荣

农村工作委员会书记　吕和平

绿化局党委书记　方　明(12月免)

赵全保(12月任)

水利局党委书记　吕和平(3月免)　闻惠友(3月任)

中国共产党北京市朝阳区纪律检查委员会

书　记　张　洋

副书记　陈家康　陈　琳(女)　徐江波

常　委　张　洋　陈家康　陈　琳(女)
徐江波　魏立波　赵新跃
盛国敏(女)　范小明(女)　耿　新

朝阳区第十三届人民代表大会常务委员会

主　任　朱家麒
副主任　任　强　阎学锋　于五一　孔德琴(女)
谢正观
委　员　(按姓名笔画为序)
于　敏(女)　王希桥　吕　岚(女)
阎金山　阎维明　李　洁(女)
李彦田　杨轩荣　杨津华
辛荣军　张玉琨　张克成
陈甸清(女)　昌延力　侯湘君(女)
费　珉(女)　绛　云(女)　聂启明
贾润深　徐　伟　高世城
崔源声　滑明达

朝阳区人大工作机构负责人

办公室主任　张克成
内务司法工作委员会主任　王希桥
财政经济工作委员会主任　贾润深
城建环保工作委员会主任　杨津华
教科文卫工作委员会主任　阎金山
代表联络室主任　辛荣军

朝阳区人民政府

区　　长　陈　刚
常务副区长　戴继楼
副　区　长　孙世超　宋连娣(女)　李　国
关三多　佟克克　束　为
姚庆筱(科技副职)

朝阳区人民政府工作机构负责人

办公室主任　王　春
发展和改革委员会主任　陈　捷(女)(8月免)
张春秀(女)(8月任)
国有资产管理委员会主任　王亚贵(6月任)
安全生产监督管理局局长　关　伟(6月任)
商务局局长　郭宗喜(6月任)
教育委员会主任　谢　莹(女)
教育督导室主任　诸　平(女)
科学技术委员会主任　吉广平
监察局局长　陈家康(12月免)　张树安(12月任)
民政局局长　尹秀峰(2月免)　张凤祥(2月任)
司法局局长　孔德琴(女)(2月免)
荣　容(女)(2月任)
财政局局长　尚　焰
人事局局长　郑　煌
机构编制委员会办公室主任　郑　煌(兼)
劳动和社会保障局局长　吕明杰
规划局局长　安建民
建设委员会主任　李建海
市政管理委员会主任　张和平(1月免)
尹秀峰(2月任)
国土资源和房屋管理局局长　刘来祥
街道工作办公室主任　王智玲(女)
文化委员会主任　李龙吟
卫生局局长　殷　菁(女)
人口和计划生育委员会主任　刘富强(女)
审计局局长　张春秀(女)(8月免)　邹立嵩(8月任)
环境保护局局长　张永华
统计局局长　刘　野
水利局局长　李树东(2月任)
农业委员会主任　刘希泉(2月免)
赵增华(女)(2月任)
旅游局局长　刘北阳(3月免)　杨伟萍(女)(3月任)
体育局局长　田巨清
绿化局局长　赵全保
民族宗教办公室主任　王均堂
侨务办公室主任　王建荣(女)(兼)
外事办公室主任　宿静美(女)
信访办公室主任　李君奇(2月免)　王海军(2月任)
人民防空办公室主任　鄂曼叶(女)
法制办公室主任　王希桥(2月免)　刘　勇(2月任)
信息化工作办公室主任　梅诗曙
北京商务中心区管理委员会主任　束　为(兼)
北京商务中心区管理委员会常务副主任
洪继元(6月任)
投资促进局局长　吴学文(6月任)
城市管理监察大队队长　王文军
北京市工商行政管理局朝阳分局局长　方世成
国家税务局局长　张志伟
地方税务局局长　陈合庄
质量技术监督管理局局长　杨希迁

北京市药品监督管理局朝阳分局局长　孙景康(10月免)
阎学会(10月任)
烟草专卖局局长　王爱国
档案局局长　申玺朝
地方志办公室主任　王　贵(3月免)　赵万顺(3月任)
老龄工作办公室主任　陈　颖

中国人民政治协商会议
北京市朝阳区第十届委员会

主　　席　李　明
副 主 席　张和平　谢　郁(女)　刘乃晨
高春锦(女)　马万昌(回族)　杨文良
秘 书 长　王苏华(女)
常务委员:(按姓名笔画为序)
于　英(女)　王永庆　王吉安　王均堂
王建荣(女)　毛大庆　方　炎　石凤云(女)
龙裕文　叶　青　史　彬　史麟昭
司爱华(女)　刘　福　安阿玥(回族)
张汉东　张秀云(女)　张国利　张笔从
张淑明(女)　严儒铨　杜　虹(女)　李利民
何子阳　何志强　沈根发　陈丽娟(女)
连玉明　茅玉麟(女)　林安杰　罗钊明
郑　宇　郝彦楷　胡克勤　胡建三
高向宇　郭宗喜　黄关葆　曹厚昌
崔新未　彭宗祥　傅志峰　谢　莹(女)
蔡克瑾(女)　潘　迎(女)

朝阳区政协专门委员会负责人

提案委员会主任　沈根发
学习文史委员会主任　连玉明
经济科技委员会主任　崔新未
城市建设与管理委员会主任　高向宇
教育委员会主任　林安杰
文卫体委员会主任　严儒铨
社会和法制委员会主任　石凤云(女)
民族和宗教委员会主任　王均堂
港澳台侨委员会主任　潘　迎(女)

朝阳区政协工作机构负责人

办公室主任　王苏华(兼)
城建处处长　霍　利(女)
文教处处长　陈战锋
经济处处长　张淑明(女)
联络处处长　赵万顺(3月免)

朝阳区政法、军事机构负责人

人民检察院检察长　王一俊
人民法院院长　王明达
人民武装部部长　李彦田
政委　刘英男(兼)
北京市公安局朝阳分局局长　肖兴国
政委　王　忠
北京市国家安全局朝阳分局局长　姚一群
朝阳交通支队队长　张　诚
政委　李晓彬

朝阳区各民主党派负责人

民革朝阳区委主委　关三多
民盟朝阳区委主委　马万昌
民建朝阳区委主委　王永庆
民进朝阳区委主委　林安杰
农工党朝阳区委主委　高春锦(女)
致公党朝阳区委主委　高向宇
九三学社朝阳区委主委　方　炎
台盟朝阳区工委主委　潘　迎(女)

朝阳区各人民团体负责人

工会主席　王玉英(女)
共青团朝阳区委书记　刘军胜(8月免)
吕　岚(女)(12月任)
妇女联合会主席　王　琳(女)
科学技术协会主席　杨轩荣(3月免)
李春霞(女)(3月任)
残疾人联合会理事长　孙育力(女)
归国华侨联合会主席　于　敏(女)
工商业联合会会长　高世城
红十字会会　长　关三多(兼)
副会长　刘　良(12月免)
宋凤泽(12月任)
文学艺术界联合会主　席　李光羲
秘书长　李龙吟(12月兼任)

朝阳区街道工委、办事处负责人

八里庄街道
　工委书记　陈大中(3月免)　刘北阳(3月任)
　办事处主任　阎　宾
左家庄街道
　工委书记　赵永山
　办事处主任　桑小为(3月免)　宋国华(3月任)
和平街街道
　工委书记　史素珍(女)
　办事处主任　付义军
双井街道
　工委书记　张凤祥(2月免)　尹国明(2月任)
　办事处主任　良　彪
酒仙桥街道
　工委书记　王苏华(女)(2月免)　张　岩(3月任)
　办事处主任　张　岩(3月免)　王　军(3月任)
呼家楼街道
　工委书记　周建生(2月免)　张永红(2月任)
　办事处主任　张永红(2月免)　胡建三(2月任)
朝外街道
　工委书记　武清林
　办事处主任　郑金录
劲松街道
　工委书记　李金山
　办事处主任　王建军
安贞街道
　工委书记　苑文新(2月免)　张丽鸣(女)(2月任)
　办事处主任　张丽鸣(女)(2月免)
　　孙明明(2月任)
三里屯街道
　工委书记　李振启
　办事处主任　刘　勇(2月免)
　　李振玲(女)(2月任)
建外街道
　工委书记　张家逊
　办事处主任　苏　民
团结湖街道
　工委书记　阎洪生
　办事处主任　董跃美(女)
潘家园街道
　工委书记　王小毛
　办事处主任　黄晓伟(女)(12月免)
　　李　洁(女)(12月任)
香河园街道
　工委书记　王瑞林(2月免)　徐家亮(3月任)
　办事处主任　李春霞(女)(3月免)
　　尹建立(3月任)
六里屯街道
　工委书记　杨德勤
　办事处主任　徐家亮(3月免)　王素荣(3月任)
亚运村街道
　工委书记　王智玲(女)(2月免)　苑文新(2月任)
　办事处主任　杨树旗
小关街道
　工委书记　阎立民
　办事处主任　陈　琳(女)(2月免)
　　黄　亮(女)(2月任)
垡头街道
　工委书记　黄　敏(女)
　办事处主任　高智勇
麦子店街道
　工委书记　杨　治(2月免)　王　毅(2月任)
　办事处主任　王　毅(2月免)　李中水(2月任)
机场街道
　工委书记　范少飞(12月免)　方　明(12月任)
　办事处主任　常树旗(3月免)　李　洋(3月任)
望京街道
　工委书记　朱春霞(女)
　办事处主任　皮定均
管庄街道(5月撤销,并入三间房、管庄地区)
　工委书记　尹国明(2月免)
　办事处主任　李连科(5月免)

朝阳区地区(乡)工委(党委)、办事处(乡)负责人

南磨房地区(乡)
　工委(党委)书记　张德亮
　办事处主任(乡长)　张　奎(3月任)
高碑店地区(乡)
　工委(党委)书记　张富生
　办事处主任(乡长)　王金水(9月免)
　　刘军胜(9月任)
将台地区(乡)
　工委(党委)书记　王亚贵(2月免)
　　刘新平(2月任)
　办事处主任(乡长)　左景全
大屯地区(乡)
　工委(党委)书记　王文远
　办事处主任(乡长)　张永新

太阳宫地区(乡)
工委(党委)书记 董万立
办事处主任(乡长) 张永贵
十八里店地区(乡)
工委(党委)书记 杨 霆
办事处主任(乡长) 王福丽(女)
小红门地区(乡)
工委(党委)书记 兰学军
办事处主任(乡长) 王洪刚(3月免)
路 军(3月任)
王四营地区(乡)
工委(党委)书记 乔竹兰(女)
办事处主任(乡长) 李世喆
平房地区(乡)
工委(党委)书记 周 坤
办事处主任(乡长) 刘长永
东坝地区(乡)
工委(党委)书记 赵增华(女)(5月免)
孙振东(5月任)
办事处主任(乡长) 王德义(8月免)
安永存(8月任)
金盏地区(乡)
工委(党委)书记 王静诚(5月免)
王宝军(5月任)
办事处主任(乡长) 刘伯明(5月免)
王静诚(5月任)
来广营地区(乡)
工委(党委)书记 赵万友
办事处主任(乡长) 陈晓东
奥运村地区(乡)
工委(党委)书记 吴凤岐
办事处主任(乡长) 樊文祯
东风地区(乡)
工委(党委)书记 张德明
办事处主任(乡长) 张仲凯
孙河地区(乡)
工委(党委)书记 纪海义
办事处主任(乡长) 何志立(5月免)
刘大宏(5月任)
崔各庄地区(乡)
工委(党委)书记 张树宝
办事处主任(乡长) 凌玉才
三间房地区(乡)
工委(党委)书记 张树安(12月免)
牟燕东(12月任)
办事处主任(乡长) 葛 强
常营地区(乡)
工委(党委)书记 吕 贵
办事处主任(乡长) 崔文荣(女)
豆各庄地区(乡)
工委(党委)书记 闻惠友(3月免)
李云飞(3月任)
办事处主任(乡长) 张士华
黑庄户地区(乡)
工委(党委)书记 荣学强
办事处主任(乡长) 张建顺
管庄地区(乡)
工委(党委)书记 杨 永
办事处主任(乡长) 晏 昭
楼梓庄乡(5月撤销)
党委书记 王宝军(5月免)
乡长 王德成(5月免)
黄港乡(5月撤销)
党委书记 李云飞(3月免)
乡长 刘大宏(5月免)
南皋乡(5月撤销)
党委书记 冯庆国(3月免)
乡长 杨俊清(5月免)

区属其他处级单位负责人

北京奥林匹克森林公园管理委员会
主任 戴继楼(兼)
常务副主任 吴凤岐(兼)
社区学院院长 孙世超(兼)
党委书记 杨绍磊
常务副院长 孙桂华
招商投资服务中心(6月撤销)主任 孙明明(2月免)
广播电视新闻中心党委书记 洪建基
主任 奚传斌
温榆河开发建设管理办公室主任 冷雪峰
农村企业发展局局长 王 健
农村合作经济管理站站长 李永才(3月免)
冯庆国(3月任)
农业综合技术服务中心党委书记 赵希永
农业机械服务中心主任 张新国
畜牧兽医技术服务中心党委书记 凌 佩
主任 夏玉茂
水产养殖服务中心党委书记 许永增
主任 解 凯
农业综合执法大队党委书记 张思忠
队长 韩珍义

望京高新技术产业区管委会党委书记 荣 容(女)
望京新兴产业区综合开发公司党委书记 杨德勤
经理 汪 洋
朝阳公园开发经营公司党委书记 刘怡玲(女)
经理 田锦和
城市建设综合开发公司党委书记、经理 刘银山
京客隆商业集团股份有限公司党委书 记 陈 捷(女)
董事长 卫停战
经 理 李建文
昆泰房地产开发集团党总支书记 杜文玲(女)
经理 何志强
宝嘉恒基础设施投资公司党支部书记 丛微微(女)
经理 张 维
京广中心有限公司党委书记 孙俊利(女)
京广中心商务管理分公司经理 阎 助(女)
机关后勤服务中心党委书记 霍金华(女)
主任 张颖诚
环境卫生服务中心党委书记 黄庆林
主任 梁振元
建筑工程公司党委书记、经理 马印秋
第二建筑工程公司党委书记、经理 苏启俊
工业局党委书记、局长 杨士山
物资管理局党委书记、局长 王国啟
蓝岛大厦党委书记 王东海
经理 黄 豪
副食品总公司党委书记、经理 顾汉林
粮食局党委书记 李长生
局长 史中苏
国朝国有资产运营有限公司党支部书记 李国胜
经理 刘兴周
社区经济管理办公室党委书记、主任 刘 福
潘家园国际民间文化发展中心党委书记、主任 崔新未
垃圾无害处理中心党委书记 郭团会
主任 芦金贵

北京市朝阳区第十三届人民代表大会代表名单(共412名)

朝外地区(15名)

王 苹(女) 李玉生 黄 豪 武清林
李 洋 李瑞林 忻顺康 青 戈
韩子荣(女) 张小梅(女) 张春英(女) 崔源声
倪 瀛 赵世刚 陈俊生

建外地区(15名)

王记生 文 涛 田学全 冯文英(女)
刘桂兰(女) 许家驹 李志群 李 青(女)
汪 宏 沈乃宏 张家逊 袁 勇
徐 越 戚智勇 滑明达

左家庄地区(14名)

刘文瑜(女) 赵永山 田文义 李 明
王力军(女) 安亚利(女) 张 彤 阎维明
李建军 朴长福 杨泰峰 赵世拾
王兆奎 石小林

八里庄地区(17名)

辛荣军 陈大中 李文恒 刘东风
李 洁(女) 王丽茹(女) 房 超 张秀芳(女)
杜 昊 何其斌 苏志强 顾 军
韩振民 刘兴亚 罗 晓
冯桂英(女) 苏晓飚

管庄地区(16名)

费 珉(女) 邢建海 吕明治 赵延军
彭艳娟(女) 张 文(女) 丁俊杰 王 越(女)
刘安鲁(女) 尹国明 佘元冠 曲志刚
阎金山 刘保奎 侯金龙 张必清

六里屯地区(14名)

辛燕琴(女) 杨德勤 韩富秋(女) 王宝珊(女)
肖 汶 王建平 申宝珍(女) 李兆军
李清林 丁 辉(女) 沈晓平 于 涛
刘 斌 岳安荣(女)

三里屯地区(11名)

李士祥 李振启 吕 岚(女) 仇 如(女)
高玉德 付晓钢(女) 刘来祥 王慧荣(女)
雷 红(女) 殷新京 曹 力(女)

呼家楼地区(16名)

王 静(女) 楼国权 王 辰 陈 刚
郃武淳 李建同 张云翔 曹 立
绛 云(女) 张永红 殷金凤(女) 宋 娟(女)
殷安凡(女) 王金波 王琳娜(女) 倪晓旭

团结湖地区(9名)

郭 坦 李宏双 童云翔 阎洪生
王少峰 富俊玲(女) 贾润深
刘学敏(女) 韩希文

麦子店地区(9名)

王 毅 刘维维 赵志远 沈 洁(女)
尤志山 罗玉芝(女) 田锦和 刘兰芳(女)
罗炳文

酒仙桥地区(17名)

刘仁洲 范文强 侯小坤 王立志
葛向荣(女) 王丽华(女) 江玉昆 高世城
阎铁昌 赵炳弟 张 岩 李春山
闪全忠 朱家麒 徐学珍(女) 蔡 柱
曹东英

香河园地区(7名)
王立华　王明达　王明晓　王瑞林
孙秀勤(女)　李光荣　解　华
潘家园地区(15名)
杨庭椿　周纯武　胡　波　王小毛
张庆增　王彦宏(女)　李爱国　张建平(女)
冯秀荣(女)　李兰馨(女)　张　洋　阎学锋
吴景刚　张治齐　张　萍(女)
亚运村地区(12名)
何淑云(女)　段洪涛　于　光(女)　柳耀中
王静文(女)　杨　文　王智玲(女)　侯湘君(女)
田二垒　何深思(女)　张　也(女)　王官福
和平街地区(19名)
张明德　任新钢　石向阳　耿素玲(女)
马学娅(女)　刘兴洲　焦学岩　万秀芳(女)
彭飞翔　曹国章　王福元　任　强
孙桂华(女)　纪　斌　耿学友　于五一
史素珍(女)　范春莉(女)　马文珠(女)
双井地区(14名)
张有辉　马童立　刘希泉　张凤祥
张培华(女)　孙孚凌　赵海燕(女)　戚龙光
刘文泰　耿锦星　于　啸　张　泰
王颖慧(女)　魏文江
小关地区(10名)
王一俊　阎立民　赵　陇　程　红(女)
李太祥　邓群伟(女)　熊　伟(女)　王　洁(女)
杨津华　王先进
垡头地区(6名)
李永成　马更生　孔德琴(女)　黄　敏(女)
薛桂明(女)　林　强
劲松地区(15名)
刘宝柱　崇淑英(女)　温淑萍(女)　刘　芳(女)
谢正观　阎　刚　张长江　张　诚
孙德明　李金山　李文利　于宝贵
刘亚琨(女)　王　旭　陈甸清(女)
安贞地区(10名)
苑文新　陈万里　张丽丹(女)　王希桥
廉小松(女)　徐　竑(女)　王同良　昌延力
马　婕(女)　张　诚
首都机场地区(6名)
范少飞　段始黎　张学仁　王家栋
乔军生　王晓华(女)
望京地区(15名)
王文革(女)　王兰慧(女)　朱春霞(女)　孙景波
汪　洋　张　硕　杨京彦　杨瑞洪(女)
张克成　范立云(女)　荣　容(女)　倪　平
原素钢(女)　梁绿琦(女)　温建民
洼里地区(6名)
吴凤岐　刘长生　王春林　沈英娃(女)
刘艳江　吴　昊
大屯地区(14名)
徐春生　张　烈　李长春　赵怀才
格　勤　高友琴(女)　梁　正(女)　王　练(女)
于　敏(女)　肖兴国　孙永华　姜招峰
汪林朋　王文远
太阳宫地区(6名)
刘英男　马福刚　董万立　刘　影(女)
王志成　李振华
将台地区(5名)
王亚贵　孟宪清(女)　魏全武　杨玉芳(女)
董　辉
高碑店地区(10名)
张文梅(女)　张　同　胡静怡(女)　高殿军
支　芬(女)　李　维　郭雪松　张富生
吉广平　杨轩荣
南磨房地区(10名)
安训生　徐　伟　张德亮　宋红玲(女)
隋玉香(女)　夏祖凤　袁素娥(女)　吕常钦
张　泽　李晓阳
来广营地区(6名)
卢桂萍(女)　赵万友　赵宝玉　陈福田
张　萍(女)　张宝勤
金盏地区(3名)
王静成　王　健　司彦萍(女)
东坝地区(6名)
王　安　刘　康　赵增华(女)　孙振东
马　颖(女)　穆松林
楼梓庄地区(4名)
王井泉　王宝军　高连萍(女)　芦金贵
平房地区(4名)
存世录　程永中　周　坤　王金福
王四营地区(4名)
乔竹兰(女)　张亚军(女)　王　飞　高树林
十八里店地区(7名)
乔建锋　聂启明　胡　伟　戴继楼
万爱梅　杨　霆　王　丽(女)
小红门地区(5名)
兰学军　陶德友　王会成　刘宝华
徐玉林
东风地区(5名)
张德明　刘学培　尹跃进　丁小云(女)
孙静怡(女)

南皋地区(2名)
冯庆国　张耕畦
崔各庄地区(2名)
王海军　王　刚
黄港地区(3名)
李云飞　冷雪峰　周振华(女)
孙河地区(3名)
刘新平　马宝山　冯忠惠(女)
三间房地区(3名)
张树安　白苏玲(女)　赵海娜(女)
常营地区(3名)
吕　贵　杨秀清(女)　张玉琨
豆各庄地区(3名)
闻惠友　李德义　宋建国
黑庄户地区(4名)
荣学强　刘俊生　付长虹(女)　何　冰
管庄(农村)地区(4名)
马全萍(女)　曹学文　杨　永　赵　艳(女)
武警、解放军(8名)
将赛英　周丛林　吉　旭　李彦田
顾知明　巩树林　张建功　谢均球

中国人民政治协商会议北京市朝阳区第十届委员会委员名单

中共北京市朝阳区委员会(15名)
马　龙　王苏华(女)　王建荣(女)　刘乃晨
刘印槐　孙俊利(女)　牟燕东　张和平
李　明　李中水　邵丹峰　赵　玲(女)
郭卫红(女,满族)　程玉香(女)　蒋自伟
民革北京市朝阳区委员会(9名)
王　健　王以新(女)　王吉安　任　磊
阎少峰　张嘉民　邹　锋　姚国峰
高　菲(女)
民盟北京市朝阳区委员会(13名)
马万昌(回族)　王姮隽(女)　王耀玲(女)
付爱珍(女)　刘淑梅(女)　朱今天　何子阳
余希娟(女)　张丽丹(女)　李　刚　陈　妍(女)
周道珍(女)　曾原纪
民建北京市朝阳区委员会(12名)
马凌云(女,满族)　王永庆　叶　青
刘素京(女)　张　健　张永平　李吉安
谷广朝　周长琰　赵广才　徐艳梅(女)
黄　鹰
民进北京市朝阳区委员会(9名)
王　岗　刘　娜(女)　孙书宽(女,满族)
张　艾(女)　李　蕾(女)　杜　虹(女)　杨爱军(回)
林安杰　赵志强
农工北京市朝阳区委员会(7名)
史　彬　白淑珍(女)　任文林
吕立秋(女,满族)　高春锦(女)　韩建平
鲁建玲(女)
致公北京市朝阳区委员会(7名)
孙嘉毅　陈丽娟(女)　陈建波　周用和
徐恩禄(满族)　高向宇　滕　琨
九三北京市朝阳区委员会(11名)
方　炎　卢清国　孙玉琴(女)　张明森
肖瑞玲(女)　肖詹蓉(女)　苏　晶(女)　周成虎
封　岩(女)　黄小林(女)　傅志峰
台盟北京市委朝阳区工作委员会(3名)
黄　中　蔡　勉(女)　潘　迎(女)
无党派民主人士(7名)
王建华　车　晴　邓　华(土家族)
田新民　杨文良　连玉明　周京华
共青团北京市朝阳区委员会(3名)
李琳琳(女)　郑　宇　董　玲(女)
北京市朝阳区工会(5名)
江建敏(女)　李秉成　胡国庆　胡建三
赵全明
北京市朝阳区妇女联合会(4名)
王　剑(女)　张秀云(女)　苑永萍(女)　高丹丹(女)
北京市朝阳区青年联合会(3名)
毛大庆　吕学武　郑宏范
北京市朝阳区工商业联合会(10名)
叶　明(满族)　左金铸　朱福云(女)
宋元福　张　进　张国利　杨学义
肖文玖　胡克勤　崔文成
北京市朝阳区科学技术协会(10名)
刘明辉　孙维娜(女)　朱爱华(女)　吴国顺
张凯松　李瀚宇(女,满族)　林美珍(女)
茅玉麟(女)　金明秀(回族)　高秋潮
北京市朝阳区归侨侨眷联合会(9名)
史晓燕(女)　刘　燕(女)　吴福锦　张　新
岳必成　林春光　唐大斌　贾粤力(女)
蔡克瑾(女)
文学艺术界(10名)
冉　丽(女)　朱明瑛(女,满族)　纪清远
严儒铨　张守涛　李龙吟(回族)
李庆国　沈根发　奚传斌　谢世荣
科学技术界(12名)
王怀新　厉小静(女)　刘克文　吴乐斌

张永华　张宏福　李　强　李利民
赵宝生　袁　岳　韩克达　彭宗祥

经济界(34 名)

万文英(女)　于　平(满族)
马雪静(女,回族)　王月光　王宝奎
王茂海　王鸿翥　丛薇薇(女)　叶茂西
边延敏(女)　刘鸿嶽　刘　明　吕　洪(女)
孙　延(女)　何志强　吴　际(女)　宋战平
张　坤　张　勇　张世杰　张荣明
张熙明(女)　陈长缨　岳长海　罗钊明
赵广亮　赵　莉(女)　赵志敏(女)　郭文华
郭宗喜　高　扬　黄　勇　敦小红(女)
谭　英(女)

城郊(农业)界(8 名)

马青山　王晓红(女)　张永贵　张笔从
李振良　陈晓东　晏　昭　董明慧(女)

高等教育界(7 名)

许文忠　何自云(土家族)　张久兴
张友诚　李小牧　赵　玫(女)　曹厚昌

基础教育界(15 名)

万伟莉(女)　马今中(回族)　龙裕文
刘存惠　许金桢　李辛光　芦艳苹(女)
苏国华(女)　邵京霞(女)　陈纪生　孟万友
金毓岚(满族)　祖雪媛(女)　徐立芬(女)
谢　莹(女)

体育界(5 名)

田巨清　张汉东　原增锁　班国良
盛志国

医药卫生界(10 名)

乌日娜(女,蒙古族)　王继英　司爱华(女)
何兴图　张　彬　张　斌　肖云良
陈　立(女)　顾艳东　梁毅宁

社会福利与社会保障界(3 名)

尹秀峰　石凤云(女)　陈静娴(女)

少数民族界(13 名)

马丽颖(女,回族)　马志和(回族)
王秋(女,维吾尔族)　白家麟(满族)
向志利(女,蒙古族)　安阿玥(回族)
李士杰(回族)　杜文玲(女,回族)
陈凤林(蒙古族)　巫国强(苗族)
韩　潮(女,回族)　满　艳(女,回族)
薛宝祥(回族)

宗教界(8 名)

丁清光(回族)　张万春(回族)
张忠云(女)　李海平(女)　杨连旺(回族)
郝彦楷　鲍敬坡　缪文军

台胞台属界(10 名)

马　靖　马晓阳　史麟昭　杨　军
杨　海　李岫君(女)　李正勋　郑　直(女)
郝　雍　曾　丹(女)

特别邀请人士(34 名)

于　英(女)　方　明　王天任　王均堂
王远捷　冯　雷　刘　勇　刘　福
孙育力(女)　孙明明　朱京高　宋凤泽
宋瑞湘　宋泓明　张志伟　张幸民
张淑明(女)　张颖诚　李晓彬　陈合庄
陈战锋　周　凡　尚　焰(满族)
贺贝奇　姚一群　赵万顺　殷　菁(女)
宿静美(女)　崔新未　黄关葆　谢　郁(女)
韩文飞　霍　利(女)　魏炳林

全国(含系统)先进单位、先进个人

先进集体

全国民族团结进步模范区

朝阳区

全国绿化模范区

朝阳区

全国科技进步示范市(区、县)

朝阳区

全国三八红旗集体

朝阳公园开发公司

全国再就业先进单位

朝阳区国税局

全国公安系统青年文明号

朝阳区南磨房派出所

全国“亿万农民健身活动”先进乡镇

朝阳区高碑店乡

全国优秀人民法庭

朝阳区双桥法庭

中国十佳人民法庭

朝阳区双桥法庭

全国优秀“青少年维权岗”

朝阳少年法庭

全国法院思想宣传工作先进单位

朝阳法院

全国农业综合执法先进单位

朝阳区农业综合执法大队

全国青年中心建设试点工作先进市、县(区)

朝阳团区委

全国公安机关出入境管理部门先进集体

朝阳区出入出境管理处

全国人口计生系统作风建设先进集体

朝阳区人口计生委

全国城调系统基本情况调查先进集体

朝阳区统计局

全国农村统计调查系统先进集体

朝阳区统计局

全国科技管理系统先进集体

朝阳区科委

全国工商行政管理系统先进工商所

工商局朝阳分局华威工商所

全国保护母亲河生态监护站

朝阳区青年志愿者协会“朝阳区保护母亲河生态监护站”

先进个人

全国劳动模范、先进工作者

刘　飞　赵海平

全国优秀女法官

钟蔚莉

全国优秀教师

王　苹　魏淑娟　江建敏

全国优秀教育工作者

杨丽欣

全国优秀共青团干部

关　鑫

全国优秀乡镇企业局长

王　健

全国法院网络宣传优秀通讯员

李　思

全国社会治安综合治理先进个人

刘印槐

全国工程质量监督系统先进工程质量监督工作者

彭连成

中国侨联工作先进个人

于　敏

全国公安机关出入境管理部门先进个人

滕立强

全国公安监管系统深挖犯罪能手

于文海

全国工商行政管理系统先进个人

尤伯康

北京市(含系统)先进集体、先进个人

先进集体

北京市先进基层党组织

朝阳区六里屯街道十里堡北里社区

北京市五四红旗团委

朝阳团区委

北京市妇女儿童工作先进单位

朝阳区委组织部

朝阳区教委

北京市教育工作先进区县

朝阳区教委

北京市计划生育红旗单位

朝阳区三里屯街道办事处

朝阳区南磨房乡地区办事处

北京市妇联系统基层妇女组织先进集体

朝阳区南磨房地区办事处

朝阳区亚运村街道

北京市五四红旗团支部

朝阳区机关后勤服务中心

北京市再就业先进单位

朝阳区国税局

朝阳区八里庄街道社保所

北京市党委系统先进集体

朝阳区委办公室

北京市先进社区居委会

朝阳区团结湖水碓子社区

朝阳区呼家楼北社区

朝阳区核桃园社区

北京市模范职工之家

朝阳区亚运村街道

北京市妇联先进集体

朝阳区三里屯街道办事处

朝阳区定西南里社区

北京市公安局集体二等功

朝阳区“9·07”专案组

朝阳区治安支队行支打击组

北京市爱国卫生先进单位

朝阳区亚运村街道

朝阳区奥运村地区办事处

朝阳区六里屯街道

朝阳区麦子店街道办事处

朝阳区朝外街道办事处

朝阳区劲松街道办事处

朝阳区首都机场街道办事处

朝阳区环境保护局

朝阳区东方宫霄大厦有限公司

朝阳区安贞商业大厦

首都精神文明标兵

朝阳区审计局

首都精神文明单位

朝阳区教委

朝阳区科协

首都文明街道

朝阳区六里屯街道

北京市人口和计划生育工作先进集体

朝阳区和平街办事处

朝阳区奥运村地区办事处

朝阳区呼家楼街道办事处

朝阳区将台地区办事处

朝阳区左家庄街道办事处

朝阳区东坝乡人民政府

朝阳区酒仙桥街道办事处

朝阳区太阳宫地区办事处

朝阳区垡头街道办事处

朝阳区十八里店乡人民政府

朝阳区潘家园街道办事处

朝阳区三间房乡人民政府

朝阳区小关街道办事处

朝阳区金盏乡人民政府

朝阳区机场街道办事处

朝阳区东风乡人民政府

朝阳区安贞街道办事处

朝阳区孙河乡人民政府

朝阳区六里屯街道办事处

朝阳区小红门乡人民政府

朝阳区香河园街道办事处

朝阳区各庄乡何各庄村民委员会

朝阳区八里庄街道办事处

朝阳区高碑店乡人民政府

朝阳区朝外街道办事处

朝阳区高碑店乡高井村民委员会

朝阳区双井街道办事处

朝阳区王四营乡官庄大队委员会

朝阳区劲松街道办事处

朝阳区平房乡人民政府

朝阳区望京街道办事处

朝阳区劲松医院

朝阳区团结湖街道三四条居委会

朝阳区劳动和社会保障局

朝阳区公安局朝阳分局

先进个人

北京市优秀共产党员

张家逊　支　芬　杨　霆　于　璐　刘　飞

聂启明　王文军

北京市先进工作者

张立仁　黄思连　钟蔚莉

北京市优秀组工干部

辛燕琴

北京市优秀团员

孙守瑛　王　帅

北京市优秀团干部

刘军胜　关　鑫　温　博　王　珏

北京市优秀教师

薛晓光　沈　莉

首都防治高致病性禽流感先进个人

韩珍义　周　坤　金华章　张树宝　吴启成

首都劳动奖章

薛美英

首都杰出人才提名奖

马芯兰

创业青年首都贡献奖

李海波　余劲松　宁文忠

首都十佳社区民警

孙宝东

首都杰出青年民警

于　璐　张利强　杨　杰　于　滨　苏志强

尹立新　杨德成　赵海平

北京市公安局个人二等功

周国强　隗甫杰　许　鹏　吴国庆　李　斌
战　斌　尹立新　赵海平　方金毅　孙宝东

北京市妇女儿童工作先进个人

石凤云　单继红　李　红

北京市妇联系统基层妇女组织先进个人

孔美霞　蒋立荣　董春平

北京市党政系统先进个人

蔺　红　谢　宏

第十八届北京市“五四奖章”

钟蔚莉

北京市统一战线先进个人

关三多　叶　青　潘　迎　钱宏伟　连玉明

北京市人口和计划生育先进工作者

韩子荣　关三多　谢　郁　殷　宁　王　忠
李英华　蔡红梅　李俊明　赵永山　王蕴杰
邸　刚　高访明　张俐萍　张仲凯　蒋　萍
邢志新　王雪春　黄　亮　荣学强　张　忠
杨　永　崔红英　孙明明　权英淑　王文俊
齐连会　张永新　李振启　王文芝　郑金路
尹国明　良　彪　胡建三　王　辉　张谊宣
朱春霞　龙彩凤　鞠正义　陈立芸　董跃美
阎　宾　张克斌　李建强　左景全　贾小培
王建军　王小毛　李凤玲　刘灵霞　张桂锦
邓国凤　初冬梅　康玉章　金笑云　范方萍
徐如香　陈　艳　方春玲　赵　明　董明慧
李　萍　崔贵然　闻富荣　韩逸伶　徐树津
吕明杰　于　涛　何李玲　苏　民　徐家亮
杨德勤　黄小林　殷　菁　鲁　桦　王津平
孙　帅　史素珍　胡文英　岳卫红　胡杰华
程秋志　张德亮　张　奎

朝阳区
先进集体、先进个人

先进集体

人民满意的公务员集体

建外街道办事处
和平街街道办事处
亚运村街道办事处
呼家楼街道办事处
香河园街道办事处
南磨房乡人民政府
将台乡人民政府
金盏乡人民政府
小红门乡人民政府
三间房乡人民政府
区街道工作办公室
区农业委员会
区人口和计划生育委员会
区司法局
区城市管理监察大队

重视人才先进单位名单

朝外街道
南磨房乡
平房乡
望京高新技术产业区
区教委
北京市垂杨柳医院
区人民法院
香江国际发展有限公司
北京叶氏企业集团有限公司

行政执法先进单位

区建委
区农委
区计生委区财政局
区统计局
区劳动保障局
区环保局
区卫生局
区城管监察大队
区国税局
区地税局
市规划委朝阳分局
工商朝阳分局
公安朝阳分局
药品监督朝阳分局
朝阳交通支队

社会治安综合治理先进单位

呼家楼街道
香河园街道
朝外街道
团结湖街道
左家庄街道

机场街道
亚运村街道
和平街街道
建外街道
酒仙桥街道
潘家园街道
望京街道
管庄街道
大屯乡
将台乡
高碑店乡
南皋乡
太阳宫乡
十八里店乡
东风乡
三间房乡
管庄乡
洼里乡
金盏乡
楼梓庄乡
崔各庄乡
南磨房乡
区直机关工委
区委街工委
区委农工委
区委610办公室
区妇联
团区委
区经委
区建委
区文化委
区市政管委
区教委
区商委
区信访办
区人防办
区民宗办
区财政局
区国土房管局
区司法局
区民政局
区统计局
区卫生局
区劳动保障局
朝阳公安分局
朝阳安全分局
朝阳工商分局
朝阳交通支队
朝阳规划分局
区检察院
区城管监察大队
区法院
朝阳保安分公司
区广电中心
蓝岛大厦
东都工贸公司
朝阳公安分局消防处
望京高新技术产业区管委会

同“法轮功”邪教组织斗争先进集体

建外街道工委
呼家楼街道工委
八里庄街道工委
管庄街道工委
三里屯街道工委
双井街道工委
垡头街道工委
左家庄街道工委
和平街街道工委
首都机场街道工委
亚运村街道工委
麦子店街道工委
望京街道工委
朝外街道防范和处理邪教问题办公室
团结湖街道防范和处理邪教问题办公室
小关街道防范和处理邪教问题办公室
酒仙桥街道防范和处理邪教问题办公室
潘家园街道防范和处理邪教问题办公室
安贞街道防范和处理邪教问题办公室
六里屯街道防范和处理邪教问题办公室
香河园街道防范和处理邪教问题办公室
管庄街道八里桥社区党委
劲松街道农光里社区党委
劲松街道磨房北里社区党委
垡头街道二区社区党委
亚运村街道安苑里社区党委
麦子店街道社区治安队
和平街街道小黄庄社区党委
酒仙桥街道高家园社区党委
潘家园街道松榆里社区党委
安贞街道安华西里社区党委
呼家楼街道呼北社区党委
八里庄街道八里庄东里社区党委

小红门乡党委
南磨房乡党委
平房乡党委
王四营乡党委
将台乡党委
太阳宫乡党委
大屯乡党委
东坝乡党委
管庄乡党委
楼梓庄乡党委
东风乡党委
三间房乡党委
常营回族乡党委
南皋乡党委
黄港乡党委
十八里店乡防范和处理邪教问题办公室
来广营乡防范和处理邪教问题办公室
金盏乡西村党支部
洼里乡关西庄村党支部
崔各庄乡奶西村党支部
黑庄户乡么铺村党支部
孙河乡康营村党支部
十八里店乡老君堂村党总支
南磨房乡双龙南里社区党委
高碑店乡八里庄社区党总支
大屯乡慧忠北里第二社区党总支
朝阳公安分局
区法院刑事审判一庭
区检察院公诉一处
朝阳安全分局办公室
朝阳公安分局酒仙桥派出所
朝阳公安分局南湖派出所
朝阳公安分局朝外大街派出所
朝阳公安分局平房派出所
朝阳公安分局南皋派出所
朝阳公安分局看守所
朝阳公安分局亚运村户籍派出所
朝阳公安分局安贞派出所
朝阳公安分局小关派出所
朝阳公安分局三里屯派出所
朝阳公安分局南磨房派出所
朝阳公安分局六里屯派出所
朝阳公安分局三间房派出所
朝阳公安分局八里庄派出所
朝阳公安分局小红门派出所
朝阳公安分局麦子店派出所
朝阳公安分局国保支队五队
区司法局法律援助工作指导科
区委组织部
区直机关工委
区委街工委
区委农工委
区委政法委
区委办公室
区科协
区政府办公室
区文明办
区财政局
区城管监察大队
区机关后勤服务中心
区法制教育培训中心
区环卫中心
京高新技术产业区防范和处理邪教问题办公室
区教委防范和处理邪教问题办公室广电中心
区文委电视音像管理科
区双桥医院

先进个人

优秀共产党员

刘　勇　王惠芸　崔　水　杨素芬　刘　东
王飞雪　吴本霞　刘有新　王颖慧　王书平
尹长安　侯向东　王玉瑾　伍守珊　罗　斌
黄　莉　刘艳玲　杨庭椿　张宝兴　张霭云
罗文敏　支　芬　王明亮　肖志刚　王建民
崔　良　陈淑兰　李华奎　吕玉秀　米艳龙
张宝利　李冠男　王启华　张永生　李　冰
金　元　梁顺利　张燕春　刘　飞　任卫东
王　苹　郑朝东　宋友山　陈立华　聂长齐
郑胜利　周永旺　季文胜　高　飞　董泽斌
张　洁　于　璐　钟蔚莉　刘燕辉　杨积钢
张　健　李瑞杰　李晓燕　金　童　于　涛
聂启明　宋叔意　王德新

人民满意的公务员

苏玉成　王中才　尹惠平　郭春岭　张敬娥
祁淑琴　马　武　薛美英　关宏伟　安国平
崔文荣　樊文祯　王福丽　陈晓东　张建顺
孙连玉　金文志　阎俊松　肖志刚　王均堂
张永华　李树东　张淑明　刘　野　赵全保
尹秀峰　谢　莹　田巨清　刘伯韬　石凤云
关　伟　华裕国　朱　晟　苗　洪　高　岩

突出贡献人才

马芯兰　聂启明

专业技术、管理拔尖人才

王怀新　赵瑞海　张世杰　任文林　秦泗河
张新庆　李瑞杰　徐　伟　何志强　卫停战
刘银山　姚　岚　苏向明　桂富荣　童嘉森
丁益祥　张德庆　赵　欣　刘振元　黄青石

学术技术带头人

姚卫东　彭　香　刘　飞　高　萍　刘存惠
王　苹　周　岗　苏均塘　王乃壮　江建敏
宋友山　许美琳　曹　力　王　凤　谭宗远
陈秋菊　薛松维　平保辉　夏文斌　赵建利
阎福胜　许海玲　赵　炳　李淑敏

优秀青年知识分子

张　政　曹永革　金运敏　薛　兵　赵　斌
陈　玻　王　东　王泽民　陈巴黎　杨　珂
许文生　石　磊　田思腾　胡永刚　穆春梅
刘　刚　崔晓利　高欣萍　王　臻　李小丽
郑　锴　毛　力　钟蔚莉　侯　军　刘　军
梅　维　付恒生　彭　俊　韦　平　谢先亮
许彦贞　李春燕　王　云　任炜东　赵文娟
陈金荣　吴　莹　王　欣　郑朝东　白雪峰
李文会　李丽红　刘文娥　孙卫华　徐燕玲
李巨德　张　洁　涂桂庆　缐永正　阎桂花
李红华　冯　全　王　彤　徐宪敏

行政执法先进工作者

王志忠　刘　勇　韩小军　李哲磊　梁巨生
林　成　陈　巍　毕于军　孙秀玲　刘学龙
左天竹　于春涛　王学伟　王鸿博　王学宇
蔡荣茂　管立杰　商建涛

行政执法优秀工作者

林建海　刘　伟　孙德龙　司洪涛　王信增
宋凤亭　刘冬梅　郑雪珊　王　雷　李永生
赵秀红　武　鸿　袁　霖　孟繁侠　贾洪武
阎春燕　崔　明　李红艳　赵　斌　陈冬梅
杨宝华　陈小哲　刘红战

同“法轮功”邪教组织斗争先进个人

刘乃晨　李兰松　王述龙　张永红　李建设
殷金凤　杨　治　刘铁榜　付可宾　马文华
范少飞　陈观凤　马国耀　管会彬　孙玉良
良　彪　付云生　李淑敏　霍文礼　张子魁
刘秋云　刘宝珍　穆承娴　张英琴　宋奎英
黄丽华　李金山　侯新生　孙彦梅　王振生
任金玲　桑小为　徐伯英　郑乃萍　苑文新
程文玉　蔺　军　田秀峰　叶　鹏　陈大中
阎　宾　秦学仁　崔　水　朱　雯　薛有信
曹　国　丁兰欣　王琳琳　孟誓松　赵慧珍
尹国明　田守春　李玉国　杨慧杰　王建国
李振启　张世贞　朱英杰　王智玲　成新生
李双胜　马锁岭　杨德勤　郑珍平　张富王
庆　东　张　斌　李淑环　刘长青　郭成双
国　培　张秀兰　张学英　杨　霆　孙金国
焦玉玲　潘凤联　樊文祯　张宏明　王　辉
刘　骐　王海军　赵　兴　阎京鹏　赵振刚
赵宏伟　耿绍成　鲍爱京　张淑云　李　贵
李春燕　霍建国　郭运动　周　坤　么文龙
徐立涛　何万清　郑　勇　李　合　袁素娥
张凤来　苑尚省　杨春生　郝继忠　张亚茹
张春玲　靳秋生　郭　君　陈　恒　李云飞
贾民贤　王文远　赵宁江　孙文线　黄玉芬
刘和平　郝云峰　高建忠　王庆虎　绳　俊
佟桂芳　翟　莉　孙玉玲　王世纯　马恩旺
兰学军　马同玉　袁国立　杨凤玲　李金虎
张建德　张惠芹　王鹏飞　刘永生　吕　志
刘　伟　颜庭建　刘　铭　胡杰华　田　峡
唐涌涛　胡春达　张冬青　袁永朝　马　瑛
逯艳光　曹　宏　赵玉江　李晓彬　谢冬生
李　宏　杜　娟　张秀成　张继明　谢静琪
马　君　冯永林　潘　越　张　征　余振海
滕立强　焦永刚　刘宝瑞　孙学堂　王　妍
姜庆伦　刘新生　张连喜　卜　军　倪　晖
王晓丽　贾剑飞　杨　顺　李全成　孙　鹏
张英男　梁　玖　王　岩　孙　磊　刘汉卿
付文忠　李　辉　张利强　王文杰　刘　伟
佟北胜　韩颖光　孙润田　代克勇　陈永旺
孙国权　张　君　孙文华　张立军　冯顺发
王树学　邵　亚　张振海　郝崔征　杨志锋
李　飞　李亚男　张　革　韩　焘　白久生
王绍飞　丁怀林　张学宝　李遵国　王志刚
潘爱国　辛本岩　李　畅　张宝海　冯永国
牛明谦　张林忠　周凤启　汪　志　刘佳斌
杜　忠　王建军　陈宝军　刘国辉　金　辉
苏志强　于海军　梁红生　高焕学　张　硕
石爱军　贾久良　龚连江　王小军　张增义
谷　伟　高　峰　李玉宏　白　山　杨卫东
李凤春　宋占春　任洪海　孙凤忠　王建平
李永明　陈军胜　郑　勇　金建国　赵凯声
于荣彬　周　知　刘　军　杨永利　霍　勇
郗韶璋　王海波　蔺　红　吕　玫　黎贤林
李　玲　曹京伟　宋凤泽　喻　军　李　军
张　新　蔡　军　郑　宇　杨淑芬　杨轩荣
杨　翠　张玉海　王文胜　马海鹰　吴　颖

许智勇 荣 容 佟海霞 冯亦娜 周肆萍
窦五一 王彦文 蔡永盛 杨文荣 王淑琴
郑 瑛 李栓兰 梅桂英 邵丹峰 李小山
肖燕南 虞南燕 张天清 孙 帅 赵庆山
周 莉 皇甫建平 朱晓博 关锦春
庞晓光

逝世人物

马海水 北京市朝阳区政协原副主席、离休干部。男，汉族，中共党员，山西省壶关县人。1916年2月出生；1942年12月参加革命工作，同年加入中国共产党。历任中共山西省壶关县石坡村民兵指导员、村党支部书记，壶关县分委会组织委员、副书记、书记，壶关联合社社务科科长、社长，黎城县县长，中共平山华北局党校三部支部书记，原北京市十三区区长、十区区长、东郊区区长、中共东郊区委员会副书记，中共北京市朝阳区和平公社党委书记，北京市延庆县城关公社四清工作队党支部书记，北京市朝阳区农业局党委副书记、副局长，北京市朝阳区畜牧水产局党委副书记、副局长、顾问，北京市朝阳区政协副主席。2004年5月17日14时27分因病在北京逝世，享年88岁。

董时中 中共朝阳区委原书记、区人大常委会原主任、离休干部。男，汉族，中共党员，山西省沁源县人。1927年3月出生；1945年8月参加革命工作，1946年3月加入中国共产党。历任山西省霍县农会工作队队员、组长，县委秘书、干事，霍县三区区委宣传执委、干事，解放军长江支队二大队五中队队员，福建闽侯地委秘书、民运干事，组织部干事，龙岩地委组织部秘书，县委常委、组织部长兼纪委书记、青委书记，华东局组织部干部处干事，中组部政治干部处巡视员、党政干部处巡视员（其间下派任湖北省孝感朋兴公社党委副书记），四川省委组织部党政干部处副处长、处长，北京染织工业公司党的领导小组副组长，中共朝阳区委副书记兼区政协主席、区委书记兼区人民武装部第一政委、区人大常委会主任。曾当选为中共北京市第五次、第六次代表大会代表，1991年5月离休。2004年9月1日13时30分因病在北京逝世，享年77岁。

张蕙芬 女，1923年5月出生，山东人，汉族，高中文化程度；1941年参加工作，青岛尚德小学任教，1949年2月北京东郊区第一中心小学任教，1958年调朝阳区下三条中心小学工作，任副校长。1986年退休。1960年被授予“全国文教卫生系统先进工作者”称号。曾当选为北京市第一、二届人民代表，北京市第三、四、五、六届政协委员。张蕙芬像辛勤园丁，精心培育每一棵幼苗。她在明确教学目的、掌握教材后认真备课，投入课文情境中，带着情感走上语文授课讲台，引导学生共同汲取知识营养。为讲授描写藏族同胞生活的课文，她前往西藏驻京办事处，被拦在门外，她流着泪讲明来意，使一位路过的藏族老人给她讲解，她鞠躬向老人表示致谢，她用自己了解到的知识给学生们上了生动的一课。张蕙芬想尽办法引导学生深入体会课文中的生动描绘和思想情感，打开学生思维和想象的窗口。她注重提高学生的表达能力，参与语文教改工作，担当编写北京市语文教材与教学参考资料重担，为祖国教育事业不断奋斗。2004年10月24日18时03分因病逝世，享年81岁。

袁子石 北京市朝阳区人大常委会原副主任、离休干部。男，汉族，中共党员，河北省枣强县人。1924年11月出生；1945年8月参加革命工作，1945年3月加入中国共产党。历任河北省枣南县委警卫员，山东恩县二区区委会宣传委员，七区区委会组织委员，七区区工所秘书、代区长、副区长，接收北京旧国税局接收员，北京税务第七分局秘书，税务第六分局秘书，东郊区税务分局秘书、副局长，朝阳区财税局局长，朝阳区财税局领导小组副组长，朝阳区财金局党委常委、副主任，朝阳区八里庄街道党委副书记，朝阳区财税局党委书记、局长，朝阳区革委会副主任，朝阳区政府副区长，朝阳区人大常委会副主任、党组成员。1957年被选为北京市党代表大会代表，1957年后多次被选为朝阳区人大代表。2004年11月30日7时30分因病在北京逝世，享年80岁。

统计资料

地区生产总值

表 1

单位:千元

项　　目	增加值	构成(%)
总　　计	80510913	100.0
第一产业	213550	0.3
种植业	99649	0.1
林业	23304	0
牧业	28712	0
渔业	50363	0.1
农林牧渔服务业	11522	0
第二产业	19011114	23.6
工业	14907713	18.5
建筑业	4103401	5.1
第三产业	61286249	76.1
交通运输、仓储和邮政业	7187695	8.9
其中:邮政业	329123	0.4
信息传输、计算机服务和软件业	3864760	4.8
其中:电信	1958202	2.4
批发和零售业	9094973	11.3
住宿和餐饮业	3135454	3.9
其中:餐饮业	498171	0.6
金融业	10087783	12.5
其中:保险业	240604	0.3
房地产业	7638887	9.5
其中:房地产开发经营	3458658	4.3
城镇居民自有住房	662400	0.8
农村居民自有住房	833004	1.0
租赁与商务服务业	6627915	8.2
科学研究、技术服务业和地质勘察业	3690588	4.6
水利、环境和公共设施管理业	739940	0.9
居民服务和其他服务业	989529	1.2
教育	3069304	3.8
卫生、社会保障和社会福利业	1649766	2.0
文化、体育和娱乐业	1782446	2.2
公共管理和社会组织	1727209	2.1
国际组织	0	0

地方财政收支

表 2

单位:万元

项　　目	决 算 数	项　　目	决 算 数
财政收入	684895	科技三项费用及科学支出	6258
一般预算收入	682206	1. 科技三项费用	2191
一、共享收入	574363	2. 科学支出	4067
1. 增值税	80456	农业、林业、水利和气象支出	15292
2. 营业税	326964	1. 农业支出	12591
3. 企业所得税	126161	2. 林业支出	142
4. 城市维护建设税	23025	3. 水利和气象支出	2559
5. 城镇土地使用税	3520	工业交通等部门的事业费	
6. 土地增值税	2491	文体广播事业费	7410
7. 教育费附加收入	11746	教育支出	79981
二、固定收入	96242	医疗卫生支出	25284
1. 房产税	75658	其他部门的事业费	13521
2. 印花税	14291	抚救、离退休及社保支出	95393
3. 车船使用税	5215	1. 抚恤和社会福利救济费	25663
4. 农业税		2. 行政事业单位离退休支出	44138
5. 耕地占用税	1078	3. 社会保障补助支出	25592
三、非税收入	11601	行政及公检法司支出	91218
1. 行政性收费收入	4219	1. 行政管理费	50560
2. 罚没收入	3574	2. 公检法司支出	40658
3. 土地和海域使用权有偿使用收入	2185	城市维护费	49051
4. 专项收入	897	政策性补贴支出	2668
其中:排污费收入	54	专项支出	14237
城市水资源费收入	843	其中:教育费附加支出	13751
5. 其他收入	726	其他支出	44208
基金预算收入	2689	总预备费	
1. 地方财政税费附加收入	1	基金预算支出	10599
2. 工业交通部门基金收入	1758	工业交通部门基金支出	1120
3. 其他部门基金收入	930	文教部门基金支出	717
财政支出	470750	农业部门基金支出	750
一般预算支出	460151	其他部门基金支出	957
基本建设支出	14317	地方财政税费附加支出	7055
企业挖潜改造支出	1313		

数据来源:北京市朝阳区财政局

户数及人口数

表3　　　　　　　　　　　　　　　　　　　　　　　　　　　单位:人

地区别	总户数（户）	总人口			在总人口中		出生数	死亡数
		合计	男	女	非农业人口	农业人口		
全　区	635229	1668740	844571	824169	1513255	155485	9869	7594
街道	377776	1083374	554561	528813	1082769	605	5072	4920
建　外	14301	44696	23092	21604	44696	0	184	225
朝　外	14343	45713	24341	21372	45713	0	205	241
呼家楼	21642	64511	32270	32241	64511	0	226	343
三里屯	14750	43614	21140	22474	43614	0	214	227
左家庄	24523	65547	33227	32320	65547	0	278	323
香河园	12805	32870	16733	16137	32870	0	145	162
亚运村	15720	45845	24232	21613	45845	0	276	180
小　关	12337	40772	20566	20206	40772	0	162	131
酒仙桥	23964	70595	36997	33598	70595	0	360	297
麦子店	8005	20447	10589	9858	20444	3	97	111
团结湖	14329	38265	19365	18900	38265	0	179	192
六里屯	21278	54677	27766	26911	54675	2	230	298
劲　松	22948	61060	31213	29847	61018	42	300	310
潘家园	28093	72426	36675	35751	72422	4	355	315
垡　头	6842	18552	10104	8448	18022	530	73	91
双　井	21239	63861	32633	31228	63837	24	265	300
机　场	6872	22392	12207	10185	22392	0	133	60
望　京	19964	49824	25657	24167	49824	0	365	182
和平街	24033	90681	47161	43520	90681	0	351	358
八里庄	24638	73099	36579	36520	73099	0	317	309
安　贞	18147	47566	23924	23642	47566	0	207	223
望京开发区	7003	16361	8090	8271	16361	0	150	42
乡	257453	585366	290010	295356	430486	154880	4797	2674
南磨房	17665	43562	22813	20749	41539	2023	221	194
高碑店	17791	37177	18703	18474	34655	2522	289	168
将　台	10373	22505	11125	11380	19443	3062	157	110
太阳宫	11790	26442	13509	12933	23707	2735	191	77
大　屯	16449	42899	20326	22573	42899	0	360	137
东　风	10404	21910	10835	11075	21662	248	141	96
小红门	11522	23860	11284	12576	7827	16033	219	119
十八里店	15080	32527	15376	17151	11795	20732	388	173
王四营	8514	16294	7841	8453	7763	8531	159	95
平　房	10385	20996	10111	10885	12893	8103	240	102
奥运村	16955	41224	20931	20293	41195	29	256	129
来广营	11841	23177	11464	11713	15529	7648	262	82
金　盏	11238	24471	12037	12434	6474	17997	243	178
东　坝	12443	26296	13342	12954	13282	13014	279	129
崔各庄	11330	21506	10487	11019	10450	11056	165	131
孙　河	9678	19167	9312	9855	7374	11793	193	182
常　营	5519	12164	5840	6324	4754	7410	176	27
三间房	18750	58874	28289	30585	55522	3352	247	168
管　庄	17572	44724	23699	21025	38966	5758	378	196
豆各庄	4526	9196	4580	4616	4549	4647	83	56
黑庄户	7628	16395	8106	8289	8208	8187	150	125

数据来源:北京市公安局朝阳分局

固定资产投资完成情况

表 4

项目	单位个数（个）	本年计划投资（万元）	本年完成投资（万元）	基础设施投资（万元）	本年新增固定资产（万元）	本年施工房屋面积（平方米）	本年新开工面积（平方米）	住宅（平方米）	本年竣工房屋面积（平方米）	住宅（平方米）
总计	153	861196	690785	231684	269965	3232044	1061416	686683	614446	224253
按注册类型划分										
国有	83	392964	415340	124498	169706	2171150	620604	588287	390904	184792
集体	1	1173	1173	0	1173	0	0	0	0	0
股份合作	0	0	0	0	0	0	0	0	0	0
国有联营	0	0	0	0	0	0	0	0	0	0
集体联营	0	0	0	0	0	0	0	0	0	0
国有与集体联营	0	0	0	0	0	0	0	0	0	0
其他联营	0	0	0	0	0	0	0	0	0	0
国有独资公司	4	9878	11005	333	29926	64118	0	0	64118	0
其他有限责任公司	24	372985	182135	90958	33409	495672	126647	58935	114203	0
股份有限公司	17	39728	35580	15635	20164	81840	4023	0	5600	0
私营独资	0	0	0	0	0	0	0	0	0	0
私营合作	0	0	0	0	0	0	0	0	0	0
私营有限责任公司	0	0	0	0	0	0	0	0	0	0
私营股份有限公司	0	0	0	0	0	0	0	0	0	0
其他内资	0	0	0	0	0	0	0	0	0	0
与港澳台商合资	2	810	1068	260	808	0	0	0	0	0
与港澳台商合作	0	0	0	0	0	0	0	0	0	0
港澳台商独资	0	0	0	0	0	0	0	0	0	0
港澳台商投资股份有限公司	2	1626	1626	0	9066	54011	0	39461	39461	39461
中外合资经营	10	28498	29787	0	4982	263603	249027	0	160	0
中外合作经营	3	1303	1303	0	0	0	0	0	0	0
外商独资	0	0	0	0	0	0	0	0	0	0
外商投资股份有限公司	0	0	0	0	0	0	0	0	0	0
按报表种类划分										
基本建设	99	693868	519185	182164	205400	2474246	633720	686683	607479	224253
大中型	0	0	0	0	0	0	0	0	0	0
更新改造	46	153924	158659	49520	62661	656148	366581	0	6967	0
更改限上项目	22	120780	126958	33296	37492	616351	362558	0	160	0
国有经济其它投资	0	0	0	0	0	0	0	0	0	0
城镇集体经济单位	1	1173	1173	0	1173	0	0	0	0	0
城镇私营经济单位	7	12231	11768	0	731	101650	61115	0	0	0
城镇个体经济单位	0	0	0	0	0	0	0	0	0	0
按隶属关系划分										
中央单位	48	185324	176400	20381	95597	1151677	317795	413438	240006	135897
# 基本建设	42	172934	163948	19792	93692	1087703	268237	413438	240006	135897
更新改造	5	11217	11279	589	732	63974	49558	0	0	0
市属单位	81	266616	261206	15968	108190	1757809	682506	273245	261321	88356
# 基本建设	41	157027	147122	333	79557	1165635	365483	273245	254354	88356
更新改造	40	109589	114084	15635	28633	592174	317023	0	6967	0
区属及无主管单位	24	409256	253179	195335	66178	322558	61115	0	113119	0
# 基本建设	16	363907	208115	162039	32151	220908	0	0	113119	0
更新改造	1	33118	33296	33296	33296	0	0	0	0	0

房地产开发完成情况

表 5

	单位个数(个)	本年完成投资(万元)	商品房建设投资(万元)	基础设施投资(万元)	土地开发投资(万元)	其中:住宅(万元)	本年施工房屋面积(平方米)	住宅(平方米)	本年竣工房屋面积(平方米)	住宅(平方米)	本年新增固定资产(万元)	本年商品房实际销售面积(平方米)	本年商品房实际销售额(万元)	商品房空置面积(平方米)	住宅空置面积	一年以上	三环以外
总　计	249	2411411	1188282	61307	19293	937598	18115004	12219399	4621079	3592008	1035879	2866554	1805930	1471558	935528	590408	1173301
按注册类型划分																	
国有	17	344407	125453	40722	3461	75967	2548898	1593473	1210431	880292	248764	910503	407316	213950	130774	42243	170169
集体	3	68246	27412	0	0	20285	953949	822251	17152	17152	2855	0	0	3823	0	0	3823
股份合作	1	0	0	0	0	0	0	0	0	0	0	0	0	0	0	0	0
国有联营	1	29643	5292	150	0	6265	43829	30851	12978	0	2287	3872	1807	4734	4734	2240	4734
集体联营	0	0	0	0	0	0	0	0	0	0	0	0	0	0	0	0	0
国有与集体联营	0	0	0	0	0	0	0	0	0	0	0	0	0	0	0	0	0
其他联营	0	0	0	0	0	0	0	0	0	0	0	0	0	0	0	0	0
国有独资公司	0	0	0	0	0	0	0	0	0	0	0	0	0	0	0	0	0
其他有限责任公司	86	839418	450218	20417	12886	380686	7506392	5494344	1799230	1505857	344596	740033	409128	370039	305642	93769	281761
股份有限公司	6	40057	11091	0	0	29229	136789	106434	36841	36571	23195	57645	48385	32757	16397	32757	32461
私营独资	0	0	0	0	0	0	0	0	0	0	0	0	0	0	0	0	0
私营合作	0	0	0	0	0	0	0	0	0	0	0	0	0	0	0	0	0
私营有限责任公司	29	117357	70225	0	460	49236	768446	539463	145655	123471	41604	123691	58617	24038	8210	17158	4338
私营股份有限公司	0	0	0	0	0	0	0	0	0	0	0	0	0	0	0	0	0
其他内资	0	0	0	0	0	0	0	0	0	0	0	0	0	0	0	0	0
与港澳台商合资	20	201238	74663	0	2138	73448	889136	738151	58187	52448	15992	87194	63227	205353	130321	117536	154841
与港澳台商合作	42	347857	210514	0	318	89943	2112501	1072616	219284	204112	54758	199693	128967	291909	100302	168597	255998
港澳台商独资	4	9281	9185	0	0	9225	89359	63016	0	0	0	0	0	4392	0	0	0
港澳台商投资股份有限公司	1	33185	17728	0	0	11167	456103	315508	359003	258362	52298	185980	109066	78349	78349	1179	78349
中外合资经营	12	172112	75411	0	0	101532	972910	483759	371908	155071	160209	242395	377780	49298	18202	16814	2648
中外合作经营	25	208610	111090	18	30	90615	1636692	959533	390410	358672	89321	315548	201637	192916	142597	98115	184179
外商独资	1	0	0	0	0	0	0	0	0	0	0	0	0	0	0	0	0
外商投资股份公司	0	0	0	0	0	0	0	0	0	0	0	0	0	0	0	0	0
按隶属关系划分																	
中央	9	127359	48984	0	0	29134	633559	311558	77370	77370	11796	80054	51734	14226	12304	2765	0
市属	44	570517	273513	9177	3789	204435	4631292	2961354	1910226	1428633	342828	1301591	625269	420002	269935	155779	341659
区及区以下	195	1713535	865785	52130	15504	704029	12850153	8946487	2633483	2086005	681255	1484909	1128927	1037330	653289	431864	831642
按资质等级划分																	
一级	7	409434	166009	1916	6620	153999	2693787	2028758	959871	729425	161247	553752	332112	138886	108491	35371	138886
二级	11	293419	125046	452	0	90397	2614366	1887125	1126267	850607	210137	865053	383072	175626	96923	31534	131845
三级	6	11996	5861	0	20	6443	76120	59157	76120	59157	17153	68955	33166	45115	39927	16922	32896
四级	1	0	0	0	0	0	0	0	0	0	0	0	0	0	0	0	0
暂定	219	1696562	891366	58939	12653	686759	12730731	8244359	2458821	1952819	647342	1378794	1057580	1111931	690187	506581	869674
其他	0	0	0	0	0	0	0	0	0	0	0	0	0	0	0	0	0

社会消费品零售额

表 6

单位:千元

项目	2004	2003	2004 年比 2003 年增减%
总计	36925410	29866230	23.6
按注册类型分			
内资	22957502	18824567	22.0
国有企业	6669757	7897727	-15.5
集体企业	946571	1233090	-23.2
股份合作企业	187343	834676	-77.6
国有联营企业	24661	23648	4.3
集体联营企业	66512	76724	-13.3
国有与集体联营企业	156629	77207	102.9
其他联营企业	0	3104	-100.0
国有独资公司	5	0	—
其他有限责任公司	4979765	3451930	44.3
股份有限公司	3687176	832550	342.9
私营独资企业	73549	39462	86.4
私营合伙企业	20003	8421	137.5
私营有限责任公司	6069761	4327030	40.3
私营股份有限公司	75770	14924	407.7
其他内资	0	4074	-100.0
港澳台	3249301	2095011	55.1
与港澳台商合资经营企业	2110805	1932221	9.2
与港澳台商合作经营企业	17695	42163	-58.0
港澳台商独资企业	79945	120627	-33.7
港澳台商投资股份有限公司	1040856	0	
外资	4179857	2913602	43.5
中外合资经营企业	3887978	2663132	46.0
中外合作经营企业	117321	96255	21.9
外商独资企业	174558	154215	13.2
按隶属关系分			
中央	6221000	3002570	107.2
市属	6128570	5956520	2.9
区及区以下	24575840	20907140	17.5
其中:市场	4192030	3716850	12.8
个体	2346720	2316200	1.3
按用途分			
吃的商品	10867400	9824390	10.6
穿的商品	5907130	4862010	21.5
用的商品	14788540	13344210	10.8
烧的商品	5362340	1835620	192.1

注:按注册类型划分不含市场及个体。

集贸市场情况

表7

项　　目	单位	2004 年	2003 年	2004 年比 2003 年增减%
年末集贸市场个数	个	243	253	-4.0%
年末摊位数	个	45477	48870	-6.9%
全年成交额	万元	328385	297304	10.5%
主要商品成交量:				
1. 粮食类	吨	70998	63381	12.0%
2. 油脂油料类	吨	15701	17784	-11.7%
3. 肉食禽蛋类	吨	105321	114521	-8.0%
4. 水产品类	吨	27947	29708	-5.9%
5. 蔬菜类	吨	435477	437867	-0.5%
6. 干鲜果类	吨	128225	112011	14.5%
主要商品成交额:				
1. 粮食类	万元	18448	13371	38.0%
2. 油脂油料类	万元	16871	14575	15.8%
3. 肉食禽蛋类	万元	109054	105297	3.6%
4. 水产品类	万元	28139	24653	14.1%
5. 蔬菜类	万元	71668	69078	3.7%
6. 干鲜果类	万元	39137	29550	32.4%

注:工商系统年报的制作周期为上年的 12 月至当年的 11 月;全年成交额和主要商品成交量特指消费品市场的发生额。

数据来源:北京市工商行政管理局朝阳分局

城乡个体工商业基本情况

表8

项　　目	户数(户)	城镇	从业人员(人)	城镇	注册资金(万元)	城镇	总产值(万元)	城镇	销售总额或营业收入(万元)	城镇
合　　计	70403	46456	72628	51751	105717	69521	27094	12452	250335	168825
一、农林牧渔业	94	16	94	16	141	24	664		783	
二、采矿业	2		2		3					
三、制造业	2092	437	4022	437	3138	656	25847	12452		
四、建筑业	37	13	73	13	56	18	583			
五、交通运输、仓储和邮政业	1222	179	1310	179	1833	269			29736	9033
六、信息传输、计算机服务和软件业	2379	2120	2379	2120	3679	3015			557	502
七、批发和零售业	49002	32655	49122	37927	73503	48983			178188	127692
八、住宿和餐饮业	3140	2093	3160	2093	4710	3140			23019	17295
九、租赁和商业服务	11	9	11	9	17	14			211	180
十、居民服务和其他服务业	7161	5756	7161	5756	10742	8634			9202	6172
十一、卫生、社会保障和社会福利服务业	154	121	154	121	231	182			240	190
十二、文化、体育和娱乐业	3753	2299	3773	2299	5630	3449			4006	3500
十三、其他行业	1356	758	1367	781	2034	1137			4393	4261

注:工商系统年报的制作周期为上年的 12 月至当年的 11 月

数据来源:北京市工商行政管理局朝阳分局

对外经济基本情况

表 9

项　　目	单位	2004 年	2003 年	2004 年比 2003 年增减%
新批三资企业	个	537	342	57.0
累计批准三资企业	个	2660	2123	25.3
历年累计开业三资企业	个	1410	1370	2.9
利用外资协议签订项目数	个	537	342	57.0
合同外资金额	亿美元	24.2	4.6	426.1
实际利用外资额	亿美元	13.2	9.6	37.5
营业收入	亿元	1396.4	1040.4	34.2
其中:直接出口销售收入	亿元	17.6	12	46.7
交货总额	亿元	23.8	17.3	37.6
区外贸公司出口交货额	亿元	6.2	5.3	17.0

外商投资企业新设立情况

表 10

项　　目	项目数(个)	
	2004 年	2003 年
按登记注册类型分		
合资经营	109	88
合作经营	16	15
独资经营	433	231
其他		1
按三次产业分		
第一产业	1	3
第二产业	65	65
第三产业	492	267
按行业分		
农、林、牧、渔业	1	3
制造业	59	64
建筑业	8	1
信息传输、计算机服务和软件业	67	7
批发和零售业	7	23
住宿和餐饮业	29	3
房地产业	19	19
租赁和商务服务业	248	23
其他行业	120	192

数据来源:北京市朝阳区商务局

银行各月人民币存款情况

表 11

单位:万元

月 份	各项存款	企业存款			储蓄存款	农业存款	其它存款
			活期	定期			
2003 年末	30283749	17865642	9616614	8249028	9974641	772347	1671119
1 月	29935054	17462720	6862853	10599867	10293967	682838	1495529
2 月	30665079	17912088	9466658	8445430	10511325	677360	1564306
3 月	32242021	19336829	10372224	8964605	10601708	700096	1603388
4 月	31718399	18779958	9470248	9309710	10633875	716591	1587975
5 月	32097781	19145084	10018670	9126414	10585636	730435	1636626
6 月	32706249	19533975	10792220	8741755	10751181	722029	1699064
7 月	32684403	19474431	10424174	9050257	10830117	673834	1706021
8 月	33776230	20561515	10481200	10080315	10882851	665819	1666045
9 月	35559156	22146762	11525961	10620801	11014952	681008	1716434
10 月	34628413	21038820	10761236	10277584	11146278	762265	1681050
11 月	35125293	21078785	10705156	10373629	11482137	794106	1770265
12 月	37178881	22663559	12135965	10527594	11845322	838236	1831764

银行各月人民币贷款情况

表 12

单位:万元

月 份	各项贷款					其中:乡镇企业贷款
		短期贷款	中期流动资金贷款	中长期贷款	其他贷款	
2003 年末	16972646	9222171	1222801	5721684	805990	197823
1 月	17298202	9133497	1265476	5822841	1076388	197451
2 月	17564160	9314864	1286574	5943440	1019282	198113
3 月	17873022	9441398	1297142	6074387	1060095	212463
4 月	18080938	9411022	1272615	6240503	1156798	222484
5 月	18341144	9550999	1225149	6362191	1202805	227114
6 月	17852459	9110267	1232616	6419661	1089915	236070
7 月	17526695	8817531	1217108	6485739	1006317	237834
8 月	17797609	9135451	1025262	6621863	1015033	244909
9 月	19014560	9248584	1091806	7700872	973298	247387
10 月	18909346	9166426	1136837	7761006	845077	246236
11 月	19072681	9258564	1161776	7851058	801283	254863
12 月	19375839	9319016	1264861	8123428	668534	253494

主要统计指标解释

一、地区生产总值 是指以货币形式表现的一个国家(或地区)所有常住单位在一定时期内生产活动的最终成果。常住单位是指在中国大陆的经济领土范围内拥有一定的活动场所(厂房或住宅),从事一定规模的经济活动,并持续经营一年以上的单位(包括住户),不包括中华人民共和国特别行政区香港、澳门以及中国领土台湾省内的单位。

第一产业是指农、林、牧、渔业。

第二产业是指采矿业,制造业,电力、燃气及水的生产和供应业,建筑业。

第三产业是指除第一、二产业以外的其他行业。第三产业包括:交通运输、仓储和邮政业,信息传输、计算机服务和软件业,批发和零售业,住宿和餐饮业,金融业,房地产业,租赁和商务服务业,科学研究、技术服务和地质勘查业,水利、环境和公共设施管理业,居民服务和其他服务业,教育,卫生、社会保障和社会福利业,文化、体育和娱乐业,公共管理和社会组织,国际组织。

二、一般预算财政收入 通过一定的形式和程序,由各级财政部门组织并纳入预算管理的各项收入,也就是会计制度改革以前所称的"预算收入"。

三、基金预算收入 是按规定收取,转入或通过当年财政安排,由财政管理并具有指定用途的政府性基金预算收入等。

四、一般预算财政支出 是各级财政部门对集中的一般预算收入有计划地分配和使用而安排的支出。

五、基金预算支出 是各级财政部门用基金预算收入安排的支出。

六、本年计划投资 是指经有权机关、单位批准或同意安排的当年计划投资额。

七、本年完成投资 是指从本年1月1日起至报告期(月、季、半年)末止累计完成的投资。

八、本年新增固定资产 是指报告期内交付使用的固定资产价值。包括本年内建成投入生产或交付使用的工程投资和达到固定资产标准的设备、工具、器具的投资及有关应摊入的费用。属于增加固定资产价值的其他建设费用,应随同交付使用的工程一并计入新增固定资产。

九、本年施工房屋面积 是指基本建设项目、更新改造(或其他单位)报告期内所有施工的项目面积,包括本年新开工的项目和以前年度开工在本年继续施工的项目。

十、本年新开工面积 是指基本建设项目、更新改造(或其他单位)本年内所有新开工项目施工面积。

十一、本年竣工房屋面积 是指基本建设项目、更新改造(或其他单位)报告期内所有竣工的项目面积,包括本年新开工的项目和以前年度开工在本年继续施工的项目。

十二、计划总投资 是指房地产开发企业(单位)在建的房屋建设工程或正在开发的土地开发工程,按照总体设计规定的内容全部建成计划(或按设计概算或预算)需要的总投资。

十三、本年完成投资 是指从本年1月1日起至本年最后一天止完成的全部用于房屋建设工程和土地开发工程的投资额。

十四、商品房建设投资额 是指房地产开发企业(单位)开发建设的供出售、出租用的商品住宅、厂房、仓库、饭店、度假村、写字楼、办公楼等房屋工程及其配套的服务设施所完成的投资额(含拆迁、回迁还建用房)。

十五、土地开发投资额 是指房地产开发单位进行的土地开发工程所完成的投资额,如进行场地平整、道路、给水、排水、供电、供热、通讯等工程所完成的投资额。未进行开发工程、只进行单纯的土地交易活动不作为土地开发投资统计。

十六、本年新增固定资产 是指在报告期已经完成建造和开发过程并交付使用的房屋和土地开发面积的价值。

十七、房屋施工面积 是指报告期内施工的全部房屋建筑面积。包括本期新开工的面积和上年开工跨入本期继续施工房屋面积,以及上期已停建在本期恢复施工的房屋面积。本期竣工和本期施工后又停建、缓建的房屋面积仍包括在施工面积中,多层建筑应填各层建筑面积之和。

十八、房屋竣工面积 是指报告期内房屋建筑按照设计要求已全部完工,达到住人和使用条件,经验收鉴定合格(或达到竣工验收标准),可正式移交使用的各栋房屋建筑面积的总和。

十九、实际销售面积 是指报告期已竣工的房屋面积中已正式交付给购房者或已签订正式销售合同的商品房屋面积。不包括已签订预售合同正在建设的商品房屋面积。但包括报告期或报告期以前签订了预售合同,在报告期又竣工的商品房屋面积。

二十、销售给个人 是指实际销售给国内私人的商品房屋面积。不包括外销中销售给个人的部分。

二十一、空置面积 是指报告期末已竣工的可供销售或出租的商品房屋建筑面积中,尚未销售或出租的商品房屋建筑面积,包括以前年度竣工和本期竣工的房屋面积,但不包括报告期已竣工的拆迁还建,统建代建,公共配套建筑、房地产公司自用及周转房等不可销售或出租的房屋面积。

二十二、社会消费品零售总额 指国民经济各行业直接售给城乡居民和社会集团的消费品总额。它是反映各行业通过多种商品流通渠道向居民和社会集团供应的生活消费品总量,是研究国内零售市场变动情况、反映经济景气程度的重要指标。

二十三、市场成交额 指从事消费品交易的商品市场的全部商品成交金额。

二十四、实际利用外资额 为批准的合同外资金额的实际执行数,指外国投资者根据合同(章程)的规定实际缴付的出资额与批准的企业投资总额内以企业名义从境外借入的资金之和。以下情况不列入外资统计:1)企业在投资总额之外的境外借款;2)企业在境内外资银行的借款。

二十五、存款 企业、机关、团体或居民根据可以收回的原则,把货币资金存入银行或其他信用机构保管并取得一定利息的一种信用活动形式。根据存款对象的不同可划分为企业存款、财政存款、机关团体存款、城镇储蓄存款、农村存款等科目。它是银行信贷资金的主要来源。

二十六、贷款 银行或其他信用机构根据必须归还的原则,按一定利率,为企业、个人等提供资金的一种信用活动形式。我国银行贷款分为流动资金贷款、固定资产贷款、城乡个体工商户贷款以及农业贷款等科目。

二十七 地区生产总值、固定资产投资及房地产业、批发零售贸易业的资料使用了年度初步统计数据。

二十八 统计资料若无年份说明,均为2004年当年数据。

二十九 各表分组数相加与总计数略有差额,因四舍五入之故。

附 录

中共北京市朝阳区委主要文件目录

中共北京市朝阳区委文件

朝发〔2004〕1 号 《关于印发朝阳区第九次党代会工作报告和区纪律检查委员会工作报告的通知》
朝发〔2004〕2 号 《关于转发市委、市政府〈关于在全市开展安全月活动的决定〉的通知》
朝发〔2004〕3 号 《关于成立朝阳区行政区划调整领导小组的通知》
朝发〔2004〕4 号 《关于成立朝阳区党政机构改革领导小组的通知》
朝发〔2004〕5 号 《关于加强领导班子思想政治建设的意见(试行)》
朝发〔2004〕6 号 《关于表彰 2003 年度朝阳区社会治安综合治理先进单位的决定》
朝发〔2004〕7 号 《关于表彰 2003 年度朝阳区同“法轮功”邪教组织斗争先进集体和先进个人的决定》
朝发〔2004〕8 号 《关于印发〈朝阳区党政领导班子成员逐级听取党风廉政建设情况汇报的制度〉的通知》
朝发〔2004〕9 号 《关于成立区委党史工作领导小组的通知》
朝发〔2004〕10 号 《关于机构设置的通知》
朝发〔2004〕11 号 《关于进一步加强和改进公安工作的意见》
朝发〔2004〕12 号 《关于设立朝阳区“突出贡献人才奖”和“突出贡献人才提名奖”的决定》
朝发〔2004〕13 号 《关于印发〈北京市朝阳区依法治区工作目标纲要(2004—2008)〉的通知》
朝发〔2004〕14 号 《关于控制越级集体访的实施意见》
朝发〔2004〕15 号 《关于进一步加强和改进未成年人思想道德建设的实施意见》
朝发〔2004〕16 号 《关于转发市委〈关于学习贯彻党的十六届四中全会精神的通知〉的通知》
朝发〔2004〕17 号 《关于做好 2004 年军队转业干部安置工作的通知》
朝发〔2004〕18 号 《关于区国资委党委职责及其监管企业、事业单位党的隶属关系的通知》
朝发〔2004〕19 号 《关于进一步深化党政干部制度改革加强干部队伍建设的意见》
朝发〔2004〕20 号 《关于强化党组织服务功能深化“聚合力工程”的意见》
朝发〔2004〕21 号 《关于推进基层文化建设的实施意见》
朝发〔2004〕22 号 《关于维护基层安全稳定的实施意见》

中共北京市朝阳区委办公室文件

朝办发〔2004〕1 号 《关于区委书记、副书记、区委常委工作分工的通知》
朝办发〔2004〕2 号 《关于成立朝阳区防治重大动物疫病指挥部的通知》
朝办发〔2004〕3 号 《关于印发〈朝阳区全国“两会”安全保卫及综合整治工作方案〉的通知》
朝办发〔2004〕4 号 《关于下达 2004 年度信息任务指标的通知》
朝办发〔2004〕5 号 《关于 2004 年随军家属安置指标的通知》
朝办发〔2004〕6 号 《关于评选 2003 年度区委系统信息工作优秀单位、优秀信息工作领导者和优秀信息工作者的通知》

朝办发〔2004〕7 号 《关于 2004 年为老干部解决几个实际问题的通知》

朝办发〔2004〕8 号 《关于印发 2004 年区委理论中心组学习计划的通知》

朝办发〔2004〕9 号 《关于印发 2004 年度朝阳区区、处两级领导干部调研课题计划的通知》

朝办发〔2004〕10 号 《关于认真做好北京市朝阳区第六届村民委员会选举工作的通知》

朝办发〔2004〕11 号 《关于印发朝阳区 2004 年安全稳定工作任务分解表的通知》

朝办发〔2004〕12 号 《关于印发〈朝阳区关于调整部分街乡行政区划的实施方案〉的通知》

朝办发〔2004〕13 号 《关于印发〈2004 年朝阳区党风廉政建设和反腐败工作主要任挥部的通知》

朝办发〔2004〕3 号 《关于印发〈朝阳区全国“两会”安全保卫及综合整治工作方案〉的通知》

朝办发〔2004〕4 号 《关于下达 2004 年度信息任务指标的通知》

朝办发〔2004〕5 号 《关于 2004 年随军家属安置指标的通知》

朝办发〔2004〕6 号 《关于评选 2003 年度区委系统信息工作优秀单位、优秀信息工作领导者和优秀信息工作者的通知》

朝办发〔2004〕7 号 《关于 2004 年为老干部解决几个实际问题的通知》

朝办发〔2004〕8 号 《关于印发 2004 年区委理论中心组学习计划的通知》

朝办发〔2004〕9 号 《关于印发 2004 年度朝阳区区、处两级领导干部调研课题计划的通知》

朝办发〔2004〕10 号 《关于认真做好北京市朝阳区第六届村民委员会选举工作的通知》

朝办发〔2004〕11 号 《关于印发朝阳区 2004 年安全稳定工作任务分解表的通知》

朝办发〔2004〕12 号 《关于印发〈朝阳区关于调整部分街乡行政区划的实施方案〉的通知》

朝办发〔2004〕13 号 《关于印发〈2004 年朝阳区党风廉政建设和反腐败工作主要任区人民政府研究室职能配置内设机构和人员编制规定的通知》

朝办发〔2004〕23 号 《关于印发北京市朝阳区发展和改革委员会职能配置、内设机构和人员编制规定的通知》

朝办发〔2004〕24 号 《关于印发北京市朝阳区人民政府国有资产监督管理委员会职能配置、内设机构和人员编制规定的通知》

朝办发〔2004〕25 号 《关于印发北京市朝阳区人口和计划生育委员会职能配置、内设机构和人员编制规定的通知》

朝办发〔2004〕26 号 《关于印发北京市朝阳区财政局职能配置内设机构和人员编制规定的通知》

朝办发〔2004〕27 号 《关于印发北京市朝阳区安全生产监督管理局职能配置、内设机构和人员编制规定的通知》

朝办发〔2004〕28 号 《关于印发北京市朝阳区商务局职能配置、内设机构和人员编制规定的通知》

朝办发〔2004〕29 号 《关于印发〈朝阳区庆祝建国 55 周年工作方案〉的通知》

朝办发〔2004〕30 号 《关于转发市委办公厅、市政府办公厅〈关于清理整顿本市机关津贴补贴奖金规范国家公务员收入的通知〉的通知》

朝办发〔2004〕31 号 《关于做好处级领导干部休假工作的通知》

朝办发〔2004〕32 号 《关于印发进一步深化政务公开工作意见的通知》

朝办发〔2004〕33 号 《关于调整朝阳区双拥工作委员会及双拥工作办公室成员的通知》

朝办发〔2004〕34 号 《关于印发〈朝阳区街道系统关于开展创建“安全社区”活动的工作计划〉的通知》

朝办发〔2004〕35 号 《关于成立朝阳区进一步加强和改进未成年人思想道德建设协调委员会的通知》

朝办发〔2004〕36 号 《关于转发区国资委党委〈关于区属国有企业、事业单位负责人任用工作程序的规定〉的通知》

朝办发〔2004〕37 号 《关于做好 2005 年度“两报两刊”发行工作的通知》

朝办发〔2004〕38 号 《关于严格控制年终评比表彰活动的通知》

朝办发〔2004〕39 号 《关于调整朝阳区地方志编纂委员会成员的通知》

朝办发〔2004〕40 号 《关于转发朝阳公安分局〈关于在派出所开展述职述廉工作的实施意见〉的通知》

北京市朝阳区人民政府主要文件目录

北京市朝阳区人民政府文件

朝政发〔2004〕1号　关于印发《政府工作报告》的通知
朝政发〔2004〕2号　关于做好2003年冬季退役士兵安置工作的通知
朝政发〔2004〕3号　关于印发《朝阳区建设工程政府采购管理暂行办法》的通知
朝政发〔2004〕4号　关于开展第一次全国经济普查的通知
朝政发〔2004〕5号　关于印发《北京市朝阳区人口与计划生育管理规定》的通知
朝政发〔2004〕6号　关于印发《朝阳区落实市政府第十阶段控制大气污染措施的工作方案》的通知
朝政发〔2004〕7号　关于表彰2003年度行政执法先进单位和先进工作者的通报
朝政发〔2004〕8号　关于印发《北京市朝阳区目标管理双百考核实施方案》的通知
朝政发〔2004〕9号　关于调整朝阳区环境噪声功能区划的通告
朝政发〔2004〕10号　关于区政府机构设置的通知
朝政发〔2004〕11号　关于印发《朝阳区行政事业单位结存资金管理办法》的通知
朝政发〔2004〕12号　关于印发奥运场工程建设监督方案的通知
朝政发〔2004〕13号　关于促进中关村科技园区健翔科技园发展的意见
朝政发〔2004〕14号　转发北京市人民政府贯彻落实国务院关于进一步加强安全生产工作决定的若干意见的通知
朝政发〔2004〕15号　关于推进农村集体经济产权制度改革的意见
朝政发〔2004〕16号　关于做好农村土地确权和流转工作的意见
朝政发〔2004〕17号　关于在农村城市化进程中建立农村社会保障体系的意见
朝政发〔2004〕18号　关于印发朝阳区鼓励引进优秀人才暂行办法的通知
朝政发〔2004〕19号　关于进一步开展引进国内外智力工作的若干意见
朝政发〔2004〕20号　关于进一步做好全程办事代理制工作的意见
朝政发〔2004〕21号　关于进一步强化审计监督工作的意见
朝政发〔2004〕22号　关于印发《北京市朝阳区科技发展进步奖励办法》的通知
朝政发〔2004〕23号　关于印发《北京市朝阳区人民政府工作规则》的通知
朝政发〔2004〕24号　2004年冬季征兵命令
朝政发〔2004〕25号　关于印发区政府各工作部门和各街乡安全工作职责的通知
朝政发〔2004〕26号　关于撤销朝阳区市场管理委员会的通知
朝政发〔2004〕27号　关于区国资委监管范围及监管方式的通知
朝政发〔2004〕28号　关于实施朝阳区新型农村合作医疗管理办法的补充规定的通知
朝政发〔2004〕29号　关于加大城乡社会救助力度的意见

北京市朝阳区人民政府办公室文件

朝政办发〔2004〕1号　关于印发区政府领导同志工作分工（调整）的通知
朝政办发〔2004〕2号　关于实行国家公务员重点交通违章行为抄告制度的通知
朝政办发〔2004〕3号　关于对全区养殖活禽进行处理的通知
朝政办发〔2004〕4号　关于印发2004年区政府折子工程的通知
朝政办发〔2004〕5号　关于调整朝阳区残疾人工作协调委员会成员的通知
朝政办发〔2004〕6号　关于成立朝阳区落实机关事业单位职工住房补贴工作领导小组的通知
朝政办发〔2004〕7号　关于调整朝阳区绿化委员会成员的通知
朝政办发〔2004〕8号　关于成立和平一、二、三村土地一级开发工程拆迁工程工作领导小组的通知
朝政办发〔2004〕9号　关于调整朝阳区安全生产委员会成员的通知
朝政办发〔2004〕10号　关于印发朝阳区2004年在直接关系群众生活方面拟办重要实事的通知
朝政办发〔2004〕11号　关于成立国家网球中心国家曲棍球场拆迁工作领导小组的通知
朝政办发〔2004〕12号　关于调整朝阳区语言文字工

作委员会成员的通知

朝政办发〔2004〕13 号 关于调整朝阳区爱国卫生运动委员会组成人员的通知

朝政办发〔2004〕14 号 关于成立朝阳区创建全国生态示范区领导小组的通知

朝政办发〔2004〕15 号 关于成立垂杨柳医院异地改建工作领导小组的通知

朝政办发〔2004〕16 号 关于印发《朝阳区促进北京 CBD 金融业发展若干措施的实施细则(试行)》的通知

朝政办发〔2004〕17 号 关于成立奥运森林公园平衡资金用地合作开发建设领导小组的通知

朝政办发〔2004〕18 号 关于优化区域发展环境加强政府信息网上公开工作的通知

朝政办发〔2004〕19 号 关于成立朝阳区水环境治理工程使用北京环境二期项目世行贷款余款工作小组的通知

朝政办发〔2004〕20 号 关于表彰 2003 年度信息工作四优的通报

朝政办发〔2004〕21 号 关于做好《中华人民共和国行政许可法》贯彻实施准备工作的通知

朝政办发〔2004〕22 号 关于成立朝阳区防治非典型肺炎指挥部的通知

朝政办发〔2004〕23 号 关于调整朝阳区信息化领导小组成员的通知

朝政办发〔2004〕24 号 转发北京市人民政府办公厅关于国务办公厅深入开展土地市场治理整顿严格土地管理文件的通知

朝政办发〔2004〕25 号 转发北京市人民政府办公厅关于国务院办公厅妥善解决当前农村土地承包纠纷紧急文件的通知

朝政办发〔2004〕26 号 转发北京市人民政府办公厅关于国务院办公厅清理固定资产投资项目文件的通知

朝政办发〔2004〕27 号 关于印发朝阳区固定资产投资项目清理工作实施方案的通知

朝政办发〔2004〕28 号 关于成立朝阳区清理固定资产投资项目、土地市场治理整顿和妥善解决当前农村土地承包纠纷工作领导小组的通知

朝政办发〔2004〕29 号 转发区民政局关于朝阳区城乡低保管理和认定工作责任追究制度的通知

朝政办发〔2004〕30 号 转发区卫生局关于推行朝阳区乡村医疗机构管理一体化工作意见的通知

朝政办发〔2004〕31 号 关于成立朝阳区食品安全领导小组的通知

朝政办发〔2004〕32 号 关于成立朝阳区治理公路超载超限工作领导小组的通知

朝政办发〔2004〕33 号 关于印发朝阳区再生资源回收体系建设管理意见的通知

朝政办发〔2004〕34 号 关于成立中关村科技园区健翔科技园管委会的通知

朝政办发〔2004〕35 号 关于印发朝阳区食品安全专项整治工作方案的通知

朝政办发〔2004〕36 号 关于做好电力迎峰度夏工作的通知

朝政办发〔2004〕37 号 关于印发奥运场馆工程建设监督方案的实施细则的通知

朝政办发〔2004〕38 号 转发市政府办公厅关于促进连锁经营发展实施意见的通知

朝政办发〔2004〕39 号 印发朝阳区 2004—2005 年教育科技卫生文化体育发展折子工程的通知

朝政办发〔2004〕40 号 转发区监察局关于区党政机关与所办企业和管理的直属企业营利性事业单位脱钩工作方案的通知

朝政办发〔2004〕41 号 关于成立区农村体制改革领导小组的通知

朝政办发〔2004〕42 号 转发区国资委关于朝阳区区属单位市外投资调查工作方案的通知

朝政办发〔2004〕43 号 关于印发朝阳区政务公开工作办法的通知

朝政办发〔2004〕44 号 关于成立区换发第二代居民身份证领导小组的通知

朝政办发〔2004〕45 号 转发区卫生局关于朝阳区创建全国社区卫生服务示范区工作方案的通知

朝政办发〔2004〕46 号 转发区农村体制改革领导小组办公室关于农村集体土地内绿地补贴办法和基本农田农业生产项目补助办法的通知

朝政办发〔2004〕47 号 转发区教育督导室关于在全区开展 2004 年素质教育自我评价工作意见的通知

朝政办发〔2004〕48 号 关于做好 2004 年冬季扫雪铲冰工作的通知

朝政办发〔2004〕49 号 关于调整奥运森林公园劳动力安置工作领导小组成员的通知

朝政办发〔2004〕50 号 关于印发朝阳区校园安全专项整治工作方案的通知

朝政办发〔2004〕51 号 关于成立区防治艾滋病工作委员会的通知

朝政办发〔2004〕52 号 关于成立朝阳区和平一二三村土地一级开发工程拆迁指挥部的通知

朝政办发〔2004〕53 号 关于成立中央电视台新台址建设朝阳区协调指挥部的通知

朝政办发〔2004〕54 号 关于印发《朝阳区解决来京务

工就业农民子女接受义务教育的工作方案》的通知
朝政办发〔2004〕55 号　转发区市政管委关于奥运场馆周边环境建设工作方案的通知
朝政办发〔2004〕56 号　转发区司法局等部门关于进一步落实司法行政专项编制及加强管理使用工作意见的通知
朝政办发〔2004〕57 号　关于调整朝阳区电力设施保护协调小组成员的通知
朝政办发〔2004〕58 号　关于成立朝阳区科技兴区工作领导小组的通知
朝政办发〔2004〕59 号　关于转发朝阳区农村特困人员医疗救助办法的通知
朝政办发〔2004〕60 号　转发区民政局关于征地超转人员生活和医疗补助若干问题实施意见的通知

驻区单位

驻区部分中央单位名录

中华人民共和国外交部	朝外南大街 2 号	65961100
中华人民共和国司法部	朝阳门南大街 10 号	65205601
中华人民共和国农业部	农展南里 11 号	64191757
国家中医药管理局	白家庄东里 13 号楼	65930685
中国民主建国会中央委员会	吉祥里 208 号	65523252
中国民主促进会中央委员会	霄云路霄云里 7 号楼	64604951
中国民用航空华北管理局	航安路	64592251
中华人民共和国北京入境检验检疫局	甜水园街 6 号楼	58619900
中华人民共和国北京海关	光华路甲 10 号	65396777
中国航空集团公司	国航大厦	84488888
中国石油天然气股份有限公司华北销售分公司	北辰东路 8 号	84978043
中国国际航空股份有限公司	天竺空港工业区 A 区天柱路 28 号蓝天大厦	64597535
一汽丰田汽车销售有限公司	光华路 1 号嘉里中心南楼 3－4 层	85296688
中国石油化工股份有限公司北京石油分公司	静安里 12 号楼 506	64678255
中航油股份有限公司	航安路	64567834
中国船舶燃料有限责任公司	安贞西里五区 2－3 楼 A1305 仟村商务大楼	64411718
中国昊华化工(集团)总公司	安慧里四区 16 号楼 1212 室	84885345
北京东方石油化工有限公司	大郊亭 4 号	67712255
中国烟草总公司北京市公司	北三环东路樱花西街 10 号	64435127
中国纺织物资集团总公司	安苑路 15 号	64961177
北京地杰通信设备有限公司	将台路 5 号	64354746
中建一局建设发展公司	望花路西里 17 号	64726644
中国化工建设总公司	安贞西里三区 15 号	64429966
路桥集团第一公路工程局	建东苑社区公路一局院内	65761831
中国石油天然气股份有限公司北京销售分公司	慧忠路 5 号远大中心 C 座 9 层	84892990
安通建设有限公司	惠新西街 21 号	64943322
中国航空技术进出口总公司	北辰东路 18 号凯迪克酒店 9 层	84970320
中国工程与农业机械进出口总公司	19 号华普国际大厦 11－12 层	65802288
中国国旅贸易有限责任公司	北辰东路 8 号 2088A 国际会议中心	84973322

华能北京热电有限公司	观音堂	87737196
中国轻工业进出口总公司	劲松九区910号	67766688
中外运－敦豪国际航空快件有限公司	新源街45号	64665566
中车汽修(集团)总公司	北三环东路19号蓝星大厦12层	64426626
蓝星石化有限责任公司	北三环东路19号蓝星大厦	64453026
中国建筑第一工程局第五建筑公司	定福庄北里1号	65749930
北京卷烟厂	西里42号	65762922
中国航空器材进出口总公司	永安里中街25号	65683924
中信国安信息产业股份有限公司	关东店北街1号5层	6508228
北京飞机维修工程有限公司	首都机场563信箱	64561122
中国石化工程建设公司	安慧北里安园21号楼	84876131
北京首信股份有限公司	将台路5号	64338899
中国石化物资装备公司	惠新东街甲6号2号楼	64999402
华糖洋华堂商业有限公司	十里堡甲3号院	65561345
中国国际石油化工联合有限责任公司	惠新东街甲6号	64990305
中信金属公司	新源南路6号京城大厦	84863023
赛特集团有限公司	建国门外大街22号	65122288
北京电力建设公司	定福庄西里1号	51962116
鞍刚北京供销公司	北苑路180号5号楼1601	64975517
中国石化财务有限责任公司	惠新东街甲6号	64999045
中国工艺品进出口总公司	吉祥里103号中国工艺大厦	65521133
中国纸张纸浆进出口公司	劲松九区910号四层	67766688
珠海振戎公司	慧忠里222楼	64982330
中国海外工程总公司	京信大厦16层	64661604
中电国华电力股份有限公司	力源里3号	65589276
蓝星石油有限公司	北三环东路19号蓝星大厦	64453026
路桥集团第一公路工程局第五工程公司	周井大院1号	61594300
中国图书进出口(集团)总公司	工体东路16号	65063058
中国石化国际事业有限公司	大屯里社区安立路66号安立花园C座7－11	64906354
中国化纤总公司	建国路99号中服大厦23层、22层	65816699

驻区部分市属单位名录

北京市旅游局	建外大街28号旅游大厦1304室	65150201
北京市人民政府口岸办公室	工作区货运北区	64564008
北京市药品监督管理局	霄云路霄云里7号	84518830
北京市质量技术监督局	育慧南路3号	84611177
北京吉普汽车有限公司	广渠路36号	67712233
北京市汽车修理公司	东直门外左家庄路2号	64604579
北京东方冠捷电子有限公司	酒仙桥路10号	64326699
北京松下彩色显像管有限公司	酒仙桥北路9号	64363355
北京北辰实业股份有限公司	北辰东路8号辰运大厦	64991284
北京外企人力资源服务有限公司	朝阳门南大街14号	85618888
北京住总集团有限责任公司	东三环中路25号	65061426
北京燕莎友谊商城有限公司	亮马桥路52号	64651188

北京炼焦化学厂	化工路东路口	67364088
北京金隅嘉业房地产开发公司	宋庄路3号	67642899
北京汽车投资有限公司	工体北路6号凯富大厦716	85235159
北京服装进出口股份有限公司	安华里5区1号	64269784
北京市热力集团有限责任公司	西坝河南路2	84551872
北京化二股份有限公司	大郊亭	67783884
北京对外经贸控股有限责任公司	小黄庄北街2号A6层	84282800
北京城建一建设工程有限公司	安定路35号	64428888
中国电气进出口联营公司	关东店南街8号	65866924
北京西门子通信网络有限公司	酒仙桥路14号	64346228
北京城建五建设工程有限公司	安苑东里三区10号	64895711
北京城建三建设发展有限公司	青年沟5号13区1号	84255588
北京碳化公司	东南郊双家坟焦化厂内	67369872
北京中石化首创石油投资经营有限公司	静安里12号楼202室	64678255
中远房地产开发有限公司	东三环北路3号幸福大厦A座	84516611
北京市朝阳烟草公司	方家村198	67790352
北京青年报传媒发展股份有限公司	白家庄东里23号	65902631
北京ABB电气传动系统有限公司	酒仙桥10号恒通广厦	84566688
首都医科大学附属北京安贞医院	安贞里	64452431
北京中油京胜石油销售有限公司	欧陆经典11号楼809－816	84852600
北京市勤和汽车销售公司	建国路95号	65817268
北京旺市百利商业有限公司	朝外大街12号	65993301
北京万东医疗设备股份有限公司	建外大街朗家园6号	65682238
北京双鹤药业股份有限公司	利泽东二路1号	64742227
北京松下电子部品有限公司	利泽中园一区一号	64392345
中国和平国际旅游有限责任公司	光华路7号汉威大厦A506室	65611617
北京城建七建设工程有限公司	祁家豁子2号	62011844
北京青年报现代物流有限公司	朝阳北路225	65098882
北京城建亚泰工程公司	东土城路9号	64225995
北京天海工业有限公司	道口村委会白鹿司村南	67383444
北京兆维科技股份有限公司	酒仙桥路14号	84563746
北京吉乐电子集团有限公司	酒仙桥南路5号	64364477
北京燕莎中心有限公司	亮马桥路50号	64653388
北京贵友大厦有限公司	建外大街甲5号	65629105
北京三元石油有限公司	亮马桥路9号	64312107
中国康辉旅行社有限责任公司	农展南里5号11层	65301775
北京博瑞祥云汽车销售中心	花虎沟2号	62958511
北京城建亚泰建设工程有限公司职工持股会	东土城路9号	64215588
北京城建新图工程有限责任公司	安苑东里3区10号	64895329
北京首都高速公路发展有限公司	机场高速天竺收费站	64563399
北京费森尤斯卡比医药有限公司	建外大街24号东海中心2105室	65687358
北京星海乐器有限责任公司	黄木场6号	87783032

驻区其他单位名录

诺基亚(中国)投资有限公司	工体北路甲2号盈科中心诺基亚大厦	65392828
索尼(中国)有限公司	朝外大街18号丰联广场B座11层	65880972
松下电器(中国)有限公司	光华路甲8号和乔大厦C座6层、7层及802A室	65831888
乐金电子(中国)有限公司	酒仙桥北路5号	64311188
三星(中国)投资有限公司	建国路118号招商局大厦22层	65668100
西门子(中国)有限公司	望京中环南路7号	64721888
索尼爱立信移动通信产品(中国)有限公司	望京科技创业园A座第3、4层	58656927
施耐德电气(中国)投资有限公司	东三环北路8号亮马河大厦1座17层	65906907
北京国华物流有限公司	力源里3号	65589283
国际商业机器中国有限公司	工体北路甲2号盈科中心IBM大厦25层	65391188
智威汤逊——中乔广告有限公司	光华路甲8号和乔大厦A座428	65815050
ABB(中国)有限公司	酒仙桥路10号恒通广厦	84566688
马士基(中国)航运有限公司	建外大街1号国贸中心2座30F	65058866
中信国安集团公司	关东店北街1号国安大厦4层	65007700
北京朝阳指南针税务师事务所有限公司	建国路88号现代城D座2611室	85801153
卡特彼勒(中国)投资有限公司	朝外大街16号中国人寿大厦1701室	85253636
国美电器有限公司	霄云路26号鹏润大厦B座18层	84585566
中国惠普有限公司	建国路112号惠普大厦8-18层	65643577
北京丰联广场商业有限公司	丰联广场大厦29层	65881997
北京京奥港物资配套有限责任公司	北四环鼎成路9号	84899050
中国新华航空有限责任公司	府前一街16号	67740118
北京红石建外房地产开发有限公司	建国门外大街4号	58788189
中信国安有限公司	关东店北街1号国安大厦10层	65007700
北京恒远经贸有限责任公司	裕民路12号元辰鑫E1座614 616 618室	82253007
北京国美电器有限公司	霄云路26号鹏润大厦B18层	84585566
北京首汽股份有限公司	枣营路甲3号	65011122
北京汽车制造厂有限公司	方家村	87743332
北京华油天然气有限责任公司	慧忠里甲118号	84975645
北京恒通华泰汽车销售有限公司	安定门外安苑里1号	64978666
北京全国棉花交易市场电子商务有限责任公司	丽都商业大厦内	88086749
爱立信(中国)有限公司	光华路7号汉威大厦9层	65615566
北京市京新龙医药销售有限公司	高碑店村1336号	85778863
东陶机器(中国)有限公司	光华路1号嘉里中心南楼2727室	85298600
北京明炬达科技发展有限公司	裕民路12号国际会展中心B座12AF027室	82025050
中贸联万客隆商业有限公司	酒仙桥路12号	64361600
中国华闻投资控股有限公司	慧忠里A区220楼	64979652
中国远大集团有限责任公司	慧忠路5号远大中心B座25层	84891818
佳能(中国)有限公司	光华路1号嘉里中心南楼1022	85296488
金光林浆纸业贸易(北京)有限公司	建国路118号招商局大厦25层8单元	65666688
北京中复电讯设备有限责任公司	工体东路18号	65916591
北京冠卓经贸有限责任公司	潘家园南里12号1201室	87702366
北京德奥达汽车销售有限公司	十字口甲1号	84563338
北京申银汽车销售有限公司	亚运村汽车市场9区	86441094

奥林巴斯(中国)投资有限公司	光华路1号嘉里中心北楼28层08室	65613355
北京华胜天成科技股份有限公司	安定路39号长新大厦401	64448399
北京利乐包包装有限公司	广渠路29号	67739355
北京市华普超市	朝外大街19号	68179898
中经得美国际快运代理有限公司	霄云路26B座1508	51660890
北京合生北方房地产开发有限公司	西大望路23号	87777061
京东方现代(北京)显示技术有限公司	酒仙桥路10号	64316698

学　　校

高等院校

北京工业大学	九龙山平乐园100号	67392239
中央美术学院	酒仙桥路万红西街2号	64380462
清华大学美术学院培训中心	东三环中路36号	65815565
中国音乐学院	安翔路1号	64874884
北京化工大学	北三环15号	64434820
中国金融学院	惠新里东10号	64495106
北京广播学院	定福庄东街1号	65779319
第二外国语学院	定福南里1号	65778005
北京中医药大学	北三环东路11号	64213841
北京针灸骨伤学院	望京中环南号6号	64377035
首都经济贸易大学	朝外金台路2号	65976360
北京服装学院	樱花路甲2号	64288271
北京青年政治学院	望京中环南路4号	64722074
对外经济贸易大学	惠新东街10号	64492001
北京联合大学	北四环东路97号	64900098
北京联合大学师范学院	安定门外外馆斜街5号	64213054
北京联合大学机电学院	白家庄西里12号	65004885
北京联合大学自动化院	北四环东路97号	64900710
北京联合大学管理学院	北四环东路97号	64900512
北京联合大学商务学院	延静东里甲3号	65940718
北京联合大学旅游学院	北四环东路99号	64900159
北京联合大学信息工程学院	北四环东路97号	64900316

中　　学

陈经纶中学	朝外大街38号	65094792
一一九中学	建外永安西里10号	65685498
十七中学	高碑店西洼甲1号	85767201

三里屯一中	北三里屯幸福村路41号	64166435
服装学院附中	柳芳南里20号楼	64652463
	静安里甲30号	64673052
新源里中学(东址)	新源街31号	64652102
新源里中学(西址)	新源西里中街8号	64673757
垂杨柳中学	松榆里20号楼	67319045
工大附中	垂杨柳中街1号	67781018
劲松四中	华威西里48楼	67781970
和平街一中	和平街八区十六楼	64216403
中医学院附中	和平街15区	64215242
化院附中	惠新里38号	64936658
呼家楼中学	呼家楼西里南2号	65071942
八十中学	望京科技园利泽中园	64783592
日坛中学	光华西里4号	65072260
东方德才学校	水碓子北里9号楼	85961302
九十四中学	花家地北里18、19号	64734823
青年政治学院附中	大山子王爷坟	64371282
建院附中	管庄东里	65727778
信工附中	南沙滩6号	64879364
水碓子中学	团结湖中路8号	85989367
同仁中学	甘露园南里一区10号	85772185
北京轻工职业技术学院附属鸿阳中学	太阳宫芍药居甲1号	86935862
教科院实验中学	望京西园四区28号	64702845
首师大附望京中学	望京花园133号	64745843
朝阳外语学校	慧忠里232号	64974327
创新园中学	华严北里68号	82844649
体育场路中学	工体南路1号	65525113
虎城中学	磨房北里230号	67312472
劲松一中(东校)	农光里100号	67731693
劲松三中	劲松四区406楼	67755417
樱花园实验学校	樱花园小区16号楼	64439334
五路居一中	安贞西里一区13楼	64420124
安苑北里中学	安苑北里7号楼	64911725
安慧北里中学	安慧北里安园5号	64952374
白家庄中学	白家庄西里7号	65301992
团结湖三中	水碓东路14号	85989412
中旅附中	八里庄西里8号	65565472
八里庄三中	八里庄西里8号	85836982
东方培新学校	朝外慈云里甲1号	65024926
酒仙桥一中	酒仙桥南路甲7号	64372045
酒仙桥二中	酒仙桥十街坊3号	64372452
高家园中学	高家园小区	64313577
机场中学	燕翔西里19号	64576844
定福庄中学	大黄庄	65761528
育人学校	八里庄北里114号	85833007
垡头中学	垡头西里三区2号	67362949

枣营中学	枣营南里1号	65025417
花家地西里中学	望京花家地西里小区115号	64727530
孙河中学	孙河镇292号	84592310
草场地中学	草场地中学	64332863
崔各庄中学	崔各庄乡马南路	84701376
奶子房中学	崔各庄乡奶子房西村	84911296
民族学校	常营乡民族家园12号	65481748
十八里店中学	十八里店乡周庄大队甲1号	67472284
七十一中学	小红门路5号	67622310
楼梓庄中学	金盏乡楼梓庄村	84311025
十六中学	东坝红松园甲3号	84312061
双桥中学	双桥中路	65895502
金盏中学	金盏大街1号	84334919
北苑中学	安外北苑中学	84922680
豆各庄中学	豆各庄乡豆各庄中学	67369693
九十七中学	平房西街130号	85755706
黑庄户中学	黑庄户乡	85383656
建国里中学	建外三道街24号	65673243
望京实验学校	望京西园5区313楼	64727464
大望路中学	西大望路下甸甲1号	67781103
朝阳工读学校	广渠门外广和里八巷2号	67783813
金融商贸职业技术学校	团结湖北三条10号楼	85972408
劲松职高	劲松八区811号楼	67710322
新源里职高	三源里街14楼	64676749
民族文化艺术职业学校(分校)	西坝河东里1号	64678754
东方职业学校	甘露园南里60号	85772265
电气工程学校	将台路4号	64363094
求实职业学校	望京北路20号	64391618
私立正则中学	楼梓庄乡东高路正则中学	84318444
私立新亚中学	十八里店886号	67473875
私立世贤中学	南新园14号楼世贤中学	87312961
私立世青中学	亮马桥路40号	64616054
北京实验女子中学	劲松3区	87710866
北京忠德学校	东苇路9号鑫兆家园	51397594
北京亚奥学校	安定门外北苑仰山路1号	84928247
北京北方中学	建国门外砖场胡同甲33号	65660752
北京拔萃双语学校	拔萃路1号	65747826
北京市实验外语学校	新源街41号	64674915
铁十六局子弟学校	东坝乡铁十六局	51883289
医疗器械学校高中部	安定门外北苑6号院	84924965
西藏中学	四环东路高原街1号	84637738

小　　学

芳草地小学	日坛北路1号	85611740

白家庄小学	三里屯南路40号	65074746
朝阳实验小学	实验小学	64154832
朝师附小	和平街11区17楼	64212623
花家地实验小学	花家地实验小学18号楼	64737775
安华学校	安华西里二区12号楼	64265837
三里屯小学	三里屯东街4号	64131481
新源里小学	新源里12号	64668990
新源里四小	三源里北小街5号	84513077
新源西里小学	新源西里中街17号	64666610
左家庄一小	左家庄后街4号	84510056
左家庄二小	左家庄前街2号	64662588
西坝河小学	西坝河村63号	64207560
西坝河三小	西坝河东里19号	64675043
曙光里小学	静安庄曙光里40号	64684864
安华里一小	安华西里三区3号	64245661
安贞里一小	安贞里二区17号	64429328
安贞里二小	安贞西里二区28号	64430189
南沙滩小学	南沙滩33号	64871575
安慧里中心小学	安慧里四区12号	64916177
安苑北里小学	安苑北里6号	64910139
华严里小学	华严北里21号	82844498
安慧北里小学	安慧北里安园9号	64944659
安慧北里二小	安慧北里秀园18号	64980193
慧忠里小学	慧忠里小区414号	64911946
科学园小学	科学园南里703号	64864225
和平街中心小学	和平街12区	64205867
惠新里小学	惠新里东街甲243号	64918315
小关北里小学	小关北里中街205号	64919759
关庄小学	安外关店村	64977849
芍药居小学	芍药居北里212号	64625825
慧忠北里二小	惠忠北里409号	64864375
八里庄一小	红领巾公园东五巷19号	85820778
八里庄三小	八里庄西里10号	65561085
十里堡一小	十里堡7号	85770145
十里堡二小	十里堡北里20号	85819650
大望路小学	西大望路5号	65818823
甘露园小学	甘露园南里1区18号	85786909
康乐园小学	康家园小区	85762453
枣营小学	枣营北里12号	65857069
辛庄小学	东风乡辛庄村	85816724
石佛营小学	石佛营东里125号	85812984
将台洼小学	东风乡将台村	84301042
康静里小学	东风乡康静里小区	65756550
酒仙桥中心小学	酒仙桥路乙28号	64373914
酒仙桥二小	酒仙桥红霞路9号	64333893
大山子小学(一分部)	酒仙桥王爷坟1分部	64357394

大山子小学(二分部)	酒仙桥路甲1号2分部	64373717
机场一小	机场宿舍区燕翔西里21号	64565830
机场二小	机场宿舍区燕翔东里11号	64581381
将台路小学	将台路小学	64371770
高家园小学	高家园小区112号	64384863
望花路小学	望花园小学	64724468
花家地二小	花家地西里113号	64737106
南湖东园小学	南湖东园109号	64711788
南湖中园小学	南湖中园239号	64700631
双桥中心小学	双桥路4号	85789264
田华小学	南磨房乡紫南家园	87352920
东坝中心小学	东坝娘娘庙街72号	84319870
西坝小学	东坝西坝村	84320568
单店小学	东坝乡单店小学	65759899
东小井小学	东坝乡东小井村	84320632
东坝三小	东坝西门村84号	84311549
驹子房小学	东坝驹子房村	65490379
铁十六局子弟小学	东坝乡铁十六局	51883824
金盏小学	金盏乡金盏东村	84333519
长店小学	金盏乡长店村	84335300
于家围小学	豆各庄乡石槽	85367186
京铁四小	双桥路东柳西里	51839220
楼梓庄小学	楼梓庄村	84314008
黄胄艺术实验小学	西坝河	64654119
望京南湖东园小学	南湖东园109楼	64711788
来广营中心小学	来广营乡来广营村	84912502
北湖渠小学	来广营乡北湖渠小学	64952380
北苑小学	北苑村	84926470
清河营小学	来广营乡清河营村	84911671
勇士营小学	勇士营小学	84913374
紫绶园小学	北苑家园紫绶园11号楼	84960847
垂杨柳中心小学	垂杨柳中里14楼北侧	87780674
垂杨柳四小	垂杨柳四小	87780635
劲松一小	劲松一区124楼	67738517
劲松二小	劲松417楼	67715658
劲松三小	广渠门外东架松24号	67739784
劲松四小	垂杨柳南街14号	67784480
和平实验小学	劲松7区713甲楼	87771641
沙板庄小学	农光里1号	67318180
水南庄小学	百子湾路水南庄	67723074
垡头小学	曙光里8号	67381923
垡头二小	垡头三区9号	67362695
南磨房中心小学	松榆东里3号楼	67317539
松榆里小学	松榆里14号 松榆里15号	67323212
武圣庙小学	松榆西里3号楼/40号楼	67317890
平乐园小学	平乐园小区103号	67316680

下三条中心小学	朝外杨家胡同3号	65526185
南中街民族小学	朝外雅宝里1号	85612293
日坛小学	日坛北路17号	85631267
永安里小学	永安里中街甲4号	65683293
王四营中心小学	王四营乡观音景园201楼	51351008
白鹿司小学	王四营乡白鹿司村	87393182
官庄小学	王四营乡官庄村	67372863
孛罗营小学	王四营乡孛罗营194号	87393180
豆各庄小学	豆各庄乡豆各庄村南	87392886
于家围小学	豆各庄乡石槽村西	85367186
水牛房小学	豆各庄乡水牛房村	67373890
小红门中心小学	小红门乡小红门村130号	87605582
牌坊小学	小红门乡牌坊中街5号	87601575
龙爪树小学	小红门乡龙爪树村834号	67606195
肖村小学	小红门乡肖村后街15号	67696948
瑞祥民族小学	管庄乡瑞祥里小区	85709067
双桥三小	双桥中路小寺村西	65766171
马泉营小学	崔各庄乡马泉营村	64357124
上辛堡小学	孙河乡上辛堡村	64389641
苇沟小学	孙河乡前苇沟村	84320279
奶子房小学	崔各庄乡奶子房西村	64385324
北甸小学	孙河乡北甸村	84591640
孙河中心小学	孙河乡孙河村	84592523
康营民族小学	孙河乡康营村	64379112
大望京小学	崔各庄乡大望京村	64372674
北皋中心小学	崔各庄乡北皋村	64371370
崔各庄小学	崔各庄乡崔各庄村	64354193
楼梓庄中心小学	楼梓庄中心小学	84316551
北马各庄小学	北马各庄小学	65419803
管庄中心小学	管庄东里55号	65721917
定福庄一小	三间房西村	65475693
定福庄第二小学	定福庄南里2号	65762468
定福庄第四小学	定福庄北街	65771804
八里桥小学	八里桥北	85700363
京通小学	京通苑39号楼	65709829
高碑店中心小学	高碑店村	85756229
大黄庄小学	大黄庄村	65761108
半壁店小学	半壁店村	87743386
北花园小学	北花园村	65740211
关西庄小学	洼里乡关西店	62916031
仰山小学	洼里乡仰山村	84933825
黑庄户中心小学	黑庄户村	85380882
双桥第二小学	双桥中路	85395525
定辛庄小学	定辛庄村	85370377
万子营民族小学	万子营村	85386660
十八里店小学	十八里店乡十八里店村885号	67472748

十里河小学	十里河	67312204
老君堂小学	十八里店乡老君堂村	67383445
祁庄小学	十八里店乡吕家营村	87692550
小武基小学	小武基村46号	67372083
西直河小学	十八里店乡西直河村	6738384
新升小学	十八里店乡周庄	67318053
张家店小学	十八里店乡横街子村19号	84303493
呼家楼中心小学	呼家楼西里七巷12号	65081811
姚家园小学	平房乡姚家园村	85576556
黄杉木店小学	黄杉木店村一巷2号	85764257
团结湖小学	团结湖北10号楼	65825118
团结湖二小	团结湖中路南2条1号	85989121
光华路一小	光华东里19号	65060139
光华路二小	光华西里5号楼	65070632
呼家楼一小	呼家楼西里甲5号	65069842
呼家楼三小	呼家楼新街大院呼家楼三小	65003769
针织路小学	金台西路2号	65033577

幼儿园

三里屯幼儿园	吉庆里3号楼	65074306
团结湖一幼	团结湖九头条11号楼	65824200
团结湖一幼(福怡苑)	定福庄北街福怡苑小区6号楼	65406822
水碓子北里幼儿园	水碓北里10号楼	85982395
枣营幼儿园	枣营北里26号楼	65940251
新源里二幼	三源里北小街7号	64619209
光华路幼儿园	光华东里19号楼	65851805
劲松一幼(甜心园)	劲松一区126楼	67797762
劲松一幼(彤心园)	华威西里43楼	67796466
劲松一幼(建心园)	劲松七区711楼	67746630
垡头幼儿园	垡头2区12号	67380657
京通幼儿园	京通新城38楼	65707487
西坝河一幼	西坝河东里71号楼	64700193
和平街幼儿园	和平街八区6号楼	64224096
和平街幼儿园(胜古庄)	胜古北路南里3号楼	64427218
安贞里幼儿园	安贞西里一区18楼	64411019
安华里幼儿园	安华里二区12号楼	64277571
安华里二幼	安华西里一区23号楼	64206068
安华里二幼(分校)	安贞西里四区19号楼	64439861
安华里二幼(清友实验)	北苑家园清友园	84965287
秀园幼儿园	安慧北里秀园19楼	64913602
培华幼儿园	红庙北里9号楼	65934130
群星幼儿园	西坝河西里12号	64223248
花家地幼儿园	花家地小区11号楼	64735062
西坝河第三幼儿园	西坝河中里20号	64678598

惠新里幼儿园	惠新里230楼	64913465
新源里幼儿园	新源里12号 新源西里中街17号	64676175
松榆里幼儿园	松榆里21号楼	67339917
新源里二幼	三源里北小街7号	64619209
望京新城幼儿园	望京西园409号	64705478

教委直属单位

社区学院	和平里南口砖角楼北里5号	64213152
北京教育学院朝阳分院	金台路甜水园	65088899
教研中心	柳芳南里14号楼	64631140
教科所	团结湖中路23号	85981173
教育信息网络中心	水碓子北里14号	85979246
国资管理中心	西坝河东里103号	64654693
招生考试中心	团结湖南路1号	85988626
教学设备中心	酒仙桥路37号	64327903
青少年活动中心	红庙延静西里19号楼	65060549
保健所	团结湖路23号	64429304
香河园少年之家	西坝河南里1号楼	64669301
老干部管理服务中心	裕民东路甲1号	62048811
	水碓子东路5号楼	85989474
教育人才交流分中心	关东店北街23楼	65014134
社会力量办学管理所	关东店北街23号	65017723

医院卫生院

卫生部中日友好医院	和平里樱花东路	64221122
中国医学科学院肿瘤医院肿瘤研究所	潘家园南里17号	67781331
中国中医研究院望京医院	望京中环南路6号	64721267
首都医科大学附属北京朝阳医院	白家庄路8号	85231000
首都医科大学附属北京安贞医院	安定门外安贞里	64412431
首都儿科研究所附属儿童医院	雅宝路2号	85628362
垂杨柳医院	垂杨柳南街2号	67718822
朝阳区第二医院	金台路13号内2号	85993431
朝阳区中医医院	工体南路6号	65534914
朝阳区妇幼保健院	华威六区	65952594
朝阳区第三医院	延静西里11号楼	65005221
煤炭工业部总医院	西坝河南里29号	64667755
北京酒仙桥医院	酒仙桥一街坊6号	64362631
民航总医院	高井甲1号	85762244

中国航空工业中心医院	安外北苑3号院	84931118
北京首都国际机场医院	首都机场南路东里17号楼	64566811
北京冶金医院	安定门外小关街51号	64913931
老年病医院	华严北里小关西街甲2号	62027018
红十字会急诊抢救中心	德外清河东路急救中心	62922345
中国藏学研究中心北京藏医院	安外小关北里	64933181
中国人民解放军306医院	安翔北里9号	66356729
中国人民解放军北京军区总医院分院	麦子店	65386631
中国人民武装警察北京武警医院	北三里屯	64161188
垂杨柳医院	垂杨柳南街2号	67711960
管庄医院	三间房	65762388
双桥医院	双桥东路	85390910
东坝医院	东坝乡东风大队二条	84313067
安华医院	安华西里二区11楼	64234017
和平医院	东直门外京顺路北皋北	64372525
新源里医院	顺源街1号	64672412
左家庄医院	左家庄前街3号	64671452
亚运村医院	安慧里1区17楼	64916748
慧忠医院	慧忠里小区301楼	64951752
三里屯医院	北三里屯	64155582
团结湖医院	团结湖北三条七号楼	85977775
化工路医院	垡头金蝉北里19号楼	67383282
高碑店医院	高碑店陶家湾	85757762
劲松医院	劲松五区501楼	67782554
双龙医院	双龙南里101楼	87310945
石佛营医院	石佛营西里29楼	85813671
常营回民医院	常营乡政府西	65755960
南磨房医院	西大望路29号	67326640
太阳宫医院	光熙门北里34号楼	64216660
安苑中医医院	安慧北里逸园甲10号楼	64947301
三间房医院	双桥中路火车站南	85362412
将台医院	酒仙桥路49号	64330039
望京新城医院	望京西园四区412栋	64750525
朝阳糖尿病医院	甜水园东里甲一号	65079996
慧新医院	慧忠里小区301楼	64951752
洼里乡卫生院	洼里乡	84916578
管庄乡卫生院	管庄村	65766890
世纪村门诊部	育慧北路8号世纪村二区9号楼	84593348
急救站	潘家园华威里25号	87789854
妇幼保健院	潘家园华威里25号	87789952
疾病预防控制中心	潘家园华威里25号	87789475
卫生局卫生监督所	潘家园华威里25号	87789655
医疗器械修理所	甜水园东里41楼北	65022585
人才服务中心卫生专业人才分中心	农光南路5号楼1楼1单元	67307136
医院管理中心	甜水园东里甲1号	65850778
来广营乡卫生院	来广营乡来广营村	84912452

楼梓庄乡卫生院	楼梓庄乡中心街104号	84313901
王四营乡卫生院	王四营乡王四营村	67379393
小红门乡卫生院	小红门中街1号	87606741
十八里店乡卫生院	十八里店乡周庄六队	67473715
孙河乡卫生院	孙河乡西甸中街	84593347
豆各庄乡卫生院	豆各庄乡	67384620
黑庄户乡卫生院	黑庄户	85386211
黄港乡卫生院	来广营北路	84912328
平房乡卫生院	平房南街	8574840
金盏乡卫生院	金盏大街2号	84333650

公 证 处

北京市朝阳区公证处	六里屯西里5号	65023752

律师事务所

北京市高朋天达律师事务所	东三环北路8号亮马河大厦2座19层	65906639
北京市明诚律师事务所	朝外大街20号联合大厦605室	65885805
北京市明诚律师事务所	朝外大街20号联合大厦605室	65885805
北京市嘉润律师事务所	建外大街22号赛特大厦601室	65142061
北京市隆安律师事务所	建外大街21号北京国际俱乐部238室	65325588
北京市广言律师事务所	团结湖北五条8号	85968745
北京市盈科律师事务所	东三环中路乙16号世桥国贸2号楼103-105	87761162
北京市天驰律师事务所	北四环中路汇欣大厦A座14层	84991188
北京市金平律师事务所	亮马桥路32号高斓大厦202-205室	64606504
北京市众一律师事务所	麦子店街37号盛福大厦1050室	85276155
北京市康达律师事务所	工人体育馆内南小楼	65085840
北京市潮阳律师事务所	六里屯西里5号	85972612
北京市金杜律师事务所	东三环中路39号建外SOHO A座31层	58785588
北京市中伦金通律师事务所	建国路118号招商局中心01楼12层	65681188
北京市海问律师事务所	东三环北路2号南银大厦1711	64106566
北京市李文律师事务所	霄云路38号盛世大厦408	84538877
北京市天地和律师事务所	东三环北路5号发展大厦2020室	65908228
北京市华正律师事务所	外馆东街23号院5号楼2-301	64265309
北京市中创律师事务所	朝外大街吉庆里小区蓝筹名座A座二区16层	65528815

北京市天睿律师事务所	呼家楼京广中心商务411室	65974147
北京市海拓律师事务所	农展馆南里12号通广大厦3层	65389491

法律服务所

大屯地区法律服务所	大屯安慧北里雅园1号	64974871
双井街道法律服务所	广渠门外广和路3号楼	67717656
潘家园街道法律服务所	潘家园华威西里34楼101室	67780566
将台乡法律服务所	将台乡酒仙桥	64318232
劲松街道法律服务所	劲松一区115楼317号	87795566
八里庄街道法律服务所	八里庄街道办事处	65060391
小关街道法律服务所	小关东里甲2号	64923853
孙河乡法律服务所	孙河乡人民政府	84591769
三间房地区法律服务所	三间房西村三间房地区办事处	65768610
朝外街道法律服务所	朝外芳草地社区服务中心内	65094724
酒仙桥街道法律服务所	酒仙桥街道办事处207室	64371605
亚运村街道法律服务所	安苑北里19号楼105号	64986568
左家庄街道法律服务所	东直门新源里左家庄办事处	64673210

公安分局派出所

北京市公安局朝阳分局	道家园1号	85953400
朝外大街派出所	三丰里甲11号	65022407
建外派出所	光华里甲1号	65912227
三里屯派出所	三里屯南41楼	64166786
呼家楼派出所	呼家楼西里七巷甲13号	65021574
工人体育场派出所	北京工人体育场西门内北侧	65022662
安贞派出所	安贞西里三区7楼	64419129
香河园派出所	西坝河南里26号	64676081
和平街派出所	和平街樱花东街3楼	64422553
新源里派出所	新源里17号	64674086
小关派出所	小关东街5号	64917134
太阳宫派出所	西坝河8楼	64212857
麦子店派出所	枣营北里甲1楼	65063295
团结湖派出所	团结湖路19楼	85989405
六里屯派出所	十里堡南里8号	85817657

双井派出所	垂杨柳中街2号	67716244
劲松派出所	劲松101楼	67782448
潘家园派出所	华威西里29楼	67785877
亚运村户籍派出所	安苑北里甲8号	64912192
大屯派出所	安慧北里雅园1楼	64941557
洼里派出所	洼里乡洼里村	84913739
来广营派出所	来广营乡来广营村	84912670
亚运村治安派出所	安定路1号	64910162
花家地派出所	花家地北里8号楼	84716377
将台派出所	酒仙桥村甲1号	64362030
首都机场派出所	首都机场燕翔东里12号	64595207
孙河派出所	来广营东路甲7号	64372719
东湖派出所	望京花园130楼	64713294
南皋派出所	南皋乡老乡政府	84566383
黄港派出所	黄港乡沈家坟村东侧	84917631
崔各庄派出所	崔各庄乡政府对面	64323567
八里庄派出所	八里庄东里北巷2号	65561089
高碑店派出所	高碑店乡高碑店村252号	85754153
南湖派出所	南湖中园238楼	64704664
平房派出所	平房乡平房村甲88号	85758138
东风派出所	东风乡辛庄村甲28号	85849101
酒仙桥派出所	酒仙桥路30号	64371415
东坝派出所	东坝乡东坝大街64号	84311926
金盏派出所	金盏乡金盏大街	84312151
楼梓庄派出所	楼梓庄乡曹各庄	84312825
南磨房派出所	平乐园小区105楼	67312979
王四营派出所	王四营乡王四营村3号	67364358
垡头派出所	垡头北里12楼	67381152
十八里店派出所	十八里店乡十八里店村20号	67474105
小红门派出所	小红门路2号	67612144
管庄派出所	管庄东里21楼	65761489
豆各庄派出所	豆各庄乡豆各庄村518号	67364816
黑庄户派出所	黑庄户政府大街1号	85382586
杨闸派出所	管庄乡双会桥北侧5号	65761888
常营派出所	常营乡	65761258
三间房派出所	建国路6号	65752126
日坛派出所	建外大街日坛公园东门	85612123
东直门外派出所	东直门外大街14号	64169720

工商所

六里屯工商所	甜水园北里 1 号楼	65069242
团结湖工商所	呼家楼北街乙四楼	65006552
双井工商所	松榆东里 2 号楼东侧	67320542
酒仙桥工商所	西十里居 69 号	64329430
左家庄工商所	太阳宫芍药居甲 6 号	64207507
亚运村工商所	安惠北里雅园 1 号楼	64915551
高碑店工商所	康家园 25 号	85777231
建外工商所	光华里 15 楼北侧	65001627
双桥工商所	管庄乡杨闸村环岛东	85708563
华威工商所	双龙南里 212 楼	87312145
小关工商所	惠新东街 2 号	84644537
望京工商所	望京西苑 103 楼	64728614

税务所

北京市朝阳区国家税务局	左家庄东里甲 3 号	64653418
第一税务所	左家庄东里甲 3 号	84516036
第二税务所	驼房营南里	64375466
第三税务所	朝阳路 1 号	65765701
第四税务所	潘家园华威北里甲 26 号	67764877
第五税务所	左家庄东里甲 3 号	84516045
第六税务所	光熙门北里 20 号楼 2 层	64204923
第七税务所	京广中心配楼 2 层	65978549
税务稽查一所	安外小关东街 24 号	64935320
税务稽查二所	将台路芳园里 20 号楼	64380683
税务稽查三所	八里庄南里 8 号楼	85828573
税务稽查四所	潘家园华威北里甲 26 号	67706512

全国重点文物保护单位

北京东岳庙	朝外大街141号	65510151
北京西黄寺	安定门外黄寺大街	62018966

北京市级文物保护单位

元大都土城遗址公园	中轴线北土城环岛西南	64222821
日坛公园	朝阳门外日坛北路6号	65021743
十方诸佛宝塔	王四营乡马房寺村外东北角	
八里桥	东部通惠河东段(与通州区交界)	
北顶娘娘庙	德胜门外土城东北	
四九一电台	双桥	

健身体育场馆

北京工体钰泰保龄球网球中心有限公司	工体西路6号	65522688
国贸溜冰场	建国门外大街1号国贸商城B2层	65055776
北京市京城射箭运动俱乐部东方巨龙射箭馆	工人体育场北门西厅	65936183
北京青鸟健身有限公司	工体北路2号兆龙饭店西楼	65972299
北京东方天星华普休闲健身俱乐部有限公司	黄港乡雷桥村东方天星华普休闲健身俱乐部有限公司	84916193
北京进步健身中心有限公司	东三环南路2号	65670266
北京市朝阳网球俱乐部有限公司	农展馆南路甲1号朝阳网球俱乐部	65089200
北京馨叶高尔夫俱乐部有限公司	安外北湖北京馨叶高尔夫俱乐部有限公司	64918888
中日青年交流中心银橄榄体育世界	亮马桥路40号	64683311
北京康城高尔夫球俱乐部	双桥东路康城高尔夫俱乐部	85788694
北京郡王府体育中心	朝阳公园南路19号	65940434
北京强鹰健身有限公司	安慧北里逸园20号楼E－52强鹰健身房	64891858
北京市朝阳体育馆	六里屯西口朝阳体育馆	85975547
北京京体健身中心有限公司	南新园1号	87316973

北京美松高尔夫俱乐部有限公司	高碑店乡兴隆西街10号	85753959
北京四惠花园卡丁车赛车俱乐部有限公司	高碑店乡熏皮厂19号	85804796
北京望京新城健身俱乐部有限公司	望京西园402号楼	64701050
北京市华腾健身有限公司	东三环南路54号	87735761
朝阳公园开发经营公司网球中心	农展南路1号	65016481
北京健乐菲力斯第一健身俱乐部有限公司	朝外大街16号中国人寿大厦商城B1/B3层	85251818
北京望京中韩体育中心有限公司	望京西园D5区	64753673
北京调良马术运动有限责任公司	孙河乡马泉营村北	64384947
北京东方全红体育健身中心有限责任公司	来广营西路26号	84918111
北京邦泰达科技有限公司北苑高尔夫俱乐部	来广营乡红军营村北	84918058
国家奥林匹克体育中心	安定路1号	64912233
北京市蟹岛绿色生态度假村有限责任公司	金盏乡蟹岛路1号	84313050
北京竞时天地体育发展有限公司	望京利泽中园八十中学南门内	64783614
北京飞翔体育俱乐部	花家地东路3号	64721188
北京新利体育服务中心	定福庄南里6号	65758408
北京威德健身有限公司(葆莱健身俱乐部)	霄云里3号	84545500
北京兴隆体育发展有限责任公司	高碑店兴隆公园内	85777256
北京金港展览展示有限公司(金港汽车公园)	金盏乡金港大道1号	86694651
北京博美健身中心	三间房东路5号	65741827
北京望京源林高尔夫运动培训有限公司	南湖渠落田洼东北郊苗圃	64791951
北京高润体育俱乐部有限公司	来广营乡新北路1号	84917910
北京金色童年文化体育有限责任公司	静安里30号	84541528
北京朝阳高尔夫俱乐部	团结湖小区上四路	65001149
北京悠季瑜伽健身中心	日坛公园北路6号院内	85616597
北京来鹏高尔夫俱乐部有限公司	来广营乡来广营村东	85806718
北京体之杰健身俱乐部	南新园1号	85774070
北京新恒基物业管理有限公司健身俱乐部	麦子店西路3号	84580688
北京三环健身有限公司	建国门外大街4号建外soho2号楼	58690666
北京东方飞鸟体育发展有限公司	姚家园路10号	85983737
朝阳区体育健身休闲公园	姚家园路77号	85574257

公　园

日坛公园	朝外日坛北路	85622612
团结湖公园	团结湖南里15号	85962151
红领巾公园	后八里庄5号	85810901
元大都公园	安外小关街53号	64222820
四得公园	将台乡赵酒路口	64384057
朝阳公园	农展南路1号	65077997
中华民族园	民族园路1号	62063616
丽都公园	首都机场将台路	64328570

朝来农艺园	来广营乡新生村	84913178
郁金香花园	金盏西大街路北	84335180
兴隆公园	兴隆庄甲 8 号	85759918
太阳宫公园	太阳宫乡西坝河路甲 1 号	84496800
北焦公园	化工路东口	67383866
个园	王四营乡	67361945
镇海公园	小红门乡牌坊村	87602010
康心体育公园	楼梓庄乡政府东	84317701
黄渠公园	平房乡黄渠村	65745569
姚家园公园	姚家园村	85756191
窑洼湖公园	南磨房南楼梓庄村	67315008
北花公园	高碑店乡花园闸通惠河南侧	65475896
南湖公园	望京	64727461
牌坊体育公园	小红门乡牌坊村	87602010
立水桥公园	来广营乡	
朝来都市森林公园	来广营乡新生村	84903608
清洋湖公园	洼里乡羊坊村西	84910999
蟹岛绿色休闲公园	蟹岛路 1 号	84335108
望京公园		
奥林匹克公园	洼里乡	

街道社区
居委会、地区村(居)委会

朝外街道

吉祥里社区居委会	吉祥里西区南门	65514388
吉庆里社区居委会	工体西里 4 号楼存车处	65522442
雅宝里社区居委会	雅宝里 4 号楼南侧	65094266
芳草地社区居委会	芳草地西街 11 辆桉 3 门 2 号	85623974
天福园社区居委会	神路街电话局东侧平房	85611495
体东社区居委会	工体东路 1 号	65522998
三丰里社区居委会	三丰里 24 号楼西侧平房	85633284

建外街道

建国里社区居委会	建国里三道街 1 号楼后平房	65683900
永安里社区居委会	灵通观 10 号楼南侧平房	65661488
南郎家园社区居委会	南郎家园小区	65687937
北郎家园社区居委会	西大望路 3 号院 2 号楼 5 单元 S215	85997807
光华里社区居委会	光华里甲 12 楼东侧平房	65069904

秀水社区居委会	建外东大桥路 57 楼前平房	65853591

左家庄街道

新源里社区居委会	新源街 21 楼侧	84552609
新源西里社区居委会	新源西里中街甲 5 号楼	84551479
三源里社区居委会	三源里夏园活动中心	84518079
左家庄东里社区居委会	左家庄东里 14 号楼	84515169
左家庄南里社区居委会	左家庄西街 10 号楼 7 – 102	64656209
静安里社区居委会	静安里甲 6 号楼	84518140
曙光里社区居委会	曙光 39 号楼后二层小楼	84515170
左家庄北里社区居委会	左家庄北里 38 号楼平房	84543008
顺源里社区居委会	顺源里 04 楼前平房	84515171

八里庄街道

红庙北里社区居委会	红庙北里 40 号楼	65011745
延静里社区居委会	延静西里 17 号楼东侧平房	65941040
红庙社区居委会	慈云寺 5 号楼南侧	65046519
八里庄东里社区居委会	八里庄东里 12 号楼北侧简易平房	65569064
八里庄西里社区居委会	八里庄西里 506 号楼北侧	65574650
十里堡社区居委会	十里堡 9 号楼与 10 号楼之间	65577555
甘露园社区居委会	甘露园南里新 18 号楼北侧	85781756
远洋天地社区居委会	八里庄西里 59 号楼开闭战二楼	85866626
城市华庭社区居委会	十里堡甲 3 号院 2 号公寓 201 室	65561247

六里屯街道

秀水园社区居委会	水碓子北里 4 号楼前西平房	85988576
碧水园社区居委会	甜水园北里 6 号楼 7 单元 104 号	65033285
静水园社区居委会	甜水园东里纺织小区存车处	65007498
道家园社区居委会	道家园 7 号楼 9 单元 102 号	65920781
八里庄南里社区居委会	八里庄南里 24 号楼北侧平房	85831049
八里庄北里社区委员会	八里庄北里 301 号楼 103 号	85830500
晨光社区居委会	晨光家园 212 号楼东 107 号	85827767
十里堡北里社区居委会	十里堡北里 29 号楼北侧平房	85832145

三里屯街道

幸福一村社区居委会	太平庄南里 3 号楼北侧平房	64154831
幸福二村社区居委会	幸福二村 2 号楼北侧平房	64166399
幸福三村社区居委会	幸福三村四巷	64169698
北三里社区居委会	北三里屯南 37 楼二单元一号	64170114
南三里社区居委会	南三里屯新一楼 101 室	65086849

东三里社区居委会	东三里屯中13楼北侧平房	64176151
中三里社区居委会	东三里屯中3楼前平房	66787027
中纺里社区居委会	中纺里39楼105室	65044457
白家庄西里社区居委会	三里屯南路4号楼	65912776

呼家楼街道

小庄社区居委会	342总站北侧平房	85991491
新街社区居委会	新街大院15号楼106号	65025529
关东店社区居委会	向军南里3号楼109号	65023450
关北街社区居委会	向军北里8号楼北侧平房	65861972
东大桥社区居委会	东大桥东里12号楼	65922005
金台里社区居委会	金台北街甲1号	85994144
核桃园社区居委会	农丰里7号楼7门101号	65947306
呼家楼北社区居委会	呼家楼北里平房甲1号	65950122
呼家楼南社区居委会	呼家楼西里5号楼后平房	65924251
人民日报社社区居委会	金台西路2号院北门	65369861

团结湖街道

一二条社区居委会	团结湖北头条4-1-101	65824358
三四条社区居委会	团结湖北三条17号楼北侧平房	85971899
中路北社区居委会	团结湖街道中路北一条8号楼	85982265
中路南社区居委会	团结湖中路南三条2号楼南侧平房	85989270
水碓子社区居委会	团结湖水碓子24号楼	85986788
南北里社区居委会	团结湖路21-1-101	85989524

麦子店街道

枣营北里社区居委会	枣营北里社区居委会	65035934
枣营南里社区居委会	枣营南里21号楼前平房	65075094
朝阳公园社区居委会	朝阳公园西里北区2号楼3门101室	65383782
农展南里社区居委会	农展南里社区居委会(3号楼)	85952831
霞光里社区居委会	霞光里社区30号院内	64601945

酒仙桥街道

高家园社区居委会	酒仙桥高家园小区118号	64384786
大山子社区居委会	酒仙桥大山子北里18楼后平房	64384609
球场路社区居委会	酒仙桥三街坊2楼旁平房	64384657
红霞路社区居委会	酒仙桥十一街坊3号院	64384778
中北路社区居委会	酒仙桥万红路西街12号院	64384788

东路社区居委会	酒仙桥驼房营南里兆维小区综合楼 2 层楼	64380061
南路社区居委会	酒仙桥十街坊 17 楼下平房	64384773
怡思苑社区居委会	酒仙桥南十里居 15 号院 8 号楼	84509756

香河园街道

柳芳南里社区居委会	柳芳南里 6 号楼旁	64662898
柳芳北里社区居委会	柳芳北里甲 15 号	64662698
西坝河南里社区居委会	西坝河南里 5 号楼 108 室	64651709
西坝河中里社区居委会	西坝河中里 2 号楼前平房	64676023
西坝河西里社区居委会	西坝河西里 4 号楼	64296921
光熙门北里北社区居委会	光熙门北里甲 6 号楼	64297646
光熙门北里南社区居委会	光熙门北里 10 号楼 101 室	64200497
西坝河东里东区社区居委会	西坝河东里 33 号楼 1 单元 101	64669497
西坝河东里西区社区居委会	西坝河东里 107 号楼 3 门 102	64677197

潘家园街道

潘家园社区居委会	潘家园 27# –2 –204 号	87701306
潘家园南里社区居委会	潘家园南里 22# –2 –1 号	67751836
潘家园东里社区居委会	潘家园东里 12# –1 层 10 号	67705015
华威西里社区居委会	华威西里 42#乙	87771754
华威北里社区居委会	华威北里甲 32#	67733310
松榆西里社区居委会	松榆西里 61#楼西侧	67321248
松榆里社区居委会	松榆里 26# –104 号	67322086
松榆东里社区居委会	松榆东里 15# –0 –014 号	67324387
武圣农光社区居委会	松榆北路 7 号院 9 楼 2 层	67321348
武圣东里社区居委会	武圣庙 6 号院	67321802
磨房南里社区居委会	武圣庙 6 号院	67353638
华威里社区居委会	华威南路 1 号楼 102	87663180

亚运村街道

安慧里社区居委会	安慧里一区甲 7 号楼	64980228
安慧里南社区居委会	安慧里三区 13 号楼	64932951
北辰东路社区居委会	安慧北里 1 号楼 104 室	64986781
安苑里社区居委会	安苑北里 9 号楼 107 室	64810748
祁家豁子社区居委会	华严里祁家豁子路	82026957
京民社区居委会	华严北里 2 号院	82028035
华严北里社区居委会	华严北里 45 号楼加建	82841857
华严北里西社区居委会	华严北里 27 号楼 1 层	82846023
丝竹园社区居委会	丝竹园社区 7 号楼 11 门 2 楼	64863772

安翔里社区居委会	安翔里1号	64886323

和平街街道

和平家园社区居委会	和平街11区甲12号	64274683
计量院联合居民组	和平街11区30号楼东侧平房	64292987
砖角楼社区居委会	和平街砖角楼北里5号楼院内平房	64219740
十四区社区居委会	和平街14区14楼前平房	64290569
信息院联合居民组	和平街十四区15号楼	64226836
和平东街社区居委会	和平街15区3号楼101号	64296326
城建三联合居民组	和平街13区1号院	64206437
煤科院联合居民组	和平街13区29楼西侧	84262876
化工研究院联合居民组	和平街13区22号楼前平房	64281255
化工部联合居民组	和平街12区19号楼前平房	64212804
樱花园社区居委会	樱花园30号楼3单元101号	64443929
中日友好医院联合居民组	樱花园11号楼1单元101号	64430022
化工大学联合居民组	和平街胜古东里1号院	64435755
中医药大学联合居民组	北三环东路中医药大学院内	64286265
胜古庄社区居委会	和平街胜古庄南里前平房	64441057
环球联合居民组	和平街胜古北里2号楼后平房	64316711
核仪器联合居民组	和平街胜古北里6、7号楼院内平房	64387077
光电联合居民组	和平街胜古南里2号楼北平房	84042305
林业局联合居民组	和平街胜古南里33号楼院内平房	64427674

双井街道

广和里社区居委会	广和南里2条白子	87772879
垂杨柳西里社区居委会	垂杨柳西里6号楼下平房	67764486
垂杨柳东里社区居委会	垂杨柳北里14楼西单元1层	67781829
双花园社区居委会	双花园西里甲6楼西侧	67398192
九龙社区居委会	庆丰闸后街39号	67748948
广外南社区居委会	广外大街22楼后平房	87774048
大望社区居委会	百子湾路后现代城1号楼D单元204	87732860

小关街道

惠新苑社区居委会	惠新西街9院1号1门	64810094
惠新北里社区居委会	惠新北里8号院	64935173
高原街社区居委会	高原街4号院	84626490
小关社区居委会	小关北里204楼院内平房	64914908
惠新里社区居委会	惠新里32号楼东侧平房	64810091

垡头街道

垡头街道一区社区居委会	垡头一区 6 号楼 1 门前	67382011
垡头街道二区社区居委会	垡头二区 18 号楼 1 号	67365471
垡头街道三区社区居委会	垡头三区 14 号楼 8 门 1 号	67375893
垡头街道北里社区居委会	垡头北里 17 号楼西侧	67383534
垡头街道东里社区居委会	垡头东里东院东侧	67365570
垡头街道西里社区居委会	垡头西里 24 号楼北侧	67383926

劲松街道

劲松北社区居委会	劲松一区 132 楼	67759027
劲松东社区居委会	劲松三区 321 楼 1 层	67758807
劲松中社区居委会	劲松五区 507 楼	67757904
劲松西社区居委会	劲松八区甲 813 楼 1 层	67700806
农光里社区居委会	农光里 142 楼西侧	67354935
农光里中社区居委会	农光里二区 212 楼 1 层	67354936
农光东里社区居委会	农光东里托老所 1 层	67356577
磨房北里社区居委会	磨北二区 216 楼北侧 2 楼	67313633
八棵杨社区居委会	华腾园乙 7 裙楼四层	67735144
大郊亭社区居委会	珠江帝景 9 号楼	87773466

安贞街道

安贞里社区居委会	安贞里二区 19 号楼北侧小 2 楼	64427731
安贞西里社区居委会	安贞西里三区 5 号楼 2 门 101	64420118
安华里社区居委会	安华里一区 7 号楼南侧平房	64246378
安华西里社区居委会	安华西里一区 21 号楼南侧	64245877
裕民路社区居委会	裕民路 1 号院西小二楼	82027289
黄寺社区居委会	黄寺大街 28 号院内	62355252

首都机场街道

南路西里社区居委会	首都机场宿舍区苹果园 11 号楼	64571565
南路东里社区居委会	首都机场宿舍区东平里 2 号楼 101 号	64571579
西平街社区居委会	首都机场宿舍区西平街 1 号楼 101 号	64571567
南平里社区居委会	首都机场宿舍区南平里 18 号楼 101 号	64571574

望京街道

望京街道社区居委会	南湖东园 225 号楼	64703102

望京西园四区社区居委会	望京西园403楼107室	64728177
南湖东园社区居委会	南湖东园210－1－101	64706921
南湖中园社区居委会	南湖中园215－1－101	64706923
南湖西里社区居委会	南湖渠西里院内	64709018
望花路东里社区居委会	金星路16楼后院平房	64782766
望花路西里社区居委会	花路西里9－2－101	84715085
花家地社区居委会	花家地9号楼	84712151
花家地北里社区居委会	花家地北里5－12－101	64730512
花家地南里社区居委会	花家地南里2－1－1	64733093
花家地西里社区居委会	花家地西里109号楼	64716251
方舟苑社区居委会	方舟苑2－103	64780673
望京西园三区社区居委会	望京西园三区328号楼107室	64716249
南湖西园社区居委会	南湖西园101－4－101	64704359
花家地西里三区社区居委会	南湖渠二巷电影院旁	64719483
大西洋社区居委会(筹备)	广顺北大街33号	64720193
圣星社区居委会(筹备)	南湖南路9号圣馨大地B座负1层	64747841
爽秋路社区居委会(筹备)	广顺北大街19号嘉润花园C座负1层	64773107
宝星园社区居委会	望京东园1区101底下1层	86523368
夏都盈座社区居委会	广顺北大街31号2号C单元B座	84714157

大屯地区

慧忠里第一社区居委会	慧里402楼8单元地下1层	64944067
慧忠里第二社区居委会	慧忠里119号楼6门101号	64984710
慧忠北里第一社区居委会	慧忠北里411楼104号	64869360
慧忠北里第二社区居委会	慧忠北里122楼2门101号	64864019
安慧北里秀雅社区居委会	安慧北里秀园16号楼101号	64950058
安慧北里安逸社区居委会	安慧北里逸园18号楼110号	64951098
育慧西里社区居委会	育慧西里3号9门101号	67979709
育慧里社区居委会	育慧里二区7号楼3门101号	84634583
世纪村社区居委会	世纪村西区8号楼107号	84633844
安慧东里社区居委会	安慧东里2号院落配套楼	64916327
欧陆经典社区筹备组	北苑路172号欧陆经典社区10号楼	84853921
嘉铭园社区筹备组	北苑路86号嘉铭园社区A区5号楼	85859840
大屯里社区筹备组	大屯里106楼307号	84806303
新新家园社区筹务组	亚运村村辛店路1号新新家园物业	51737488
紫玉山庄社区筹备组	紫玉山庄028号2楼	64939002

奥运村地区

南沙滩一社区居委会	德胜门外南沙滩3－4号楼之间	64853891
南沙滩二社区居委会	大屯路南沙滩41－42号楼之间平房	64878170
科学园社区居委会	大屯路科学园南里三区	64889908
总装社区居委会	安翔北里10号院	66355671

农机院社区居委会	德胜门外北沙滩 1 号	64882799
七院社区居委会	德胜门外双泉堡甲 1 号	64872211
双泉社区居委会	洼里乡花虎沟 2 号	62925020
环科院社区居委会	洼里乡大羊坊 8 号院	84913968
大羊坊社区居委会	安定门外北苑路大羊坊 4 号院	84933856
理化所社区居委会	大屯路甲 3 号	64888019
仰山羊坊社区居委会	洼里乡仰山村	84925613
洼里村村委会	洼里乡洼里村	
洼边村村委会	洼里乡北沟泥河村	
龙王堂村村委会	洼里乡龙王堂村	
关西庄村村委会	德胜门外花虎沟村	

来广营地区

来广营村村委会	84904455	北湖渠村村委会	64898583
红军营村村委会	84921483	东湖渠村村委会	64720003
清河营村村委会	84914703	新生村村委会	84916004
立水桥村村委会	84811692		

太阳宫地区

太阳宫村村委会	64235740	牛王庙村村委会	64380588
十字口村村委会	64625662		

将台地区

芳园里社区居委会	64365928	安家楼第二社区居委会	64372695
芳园南里西区社区居委会	64332235	安家楼第三社区居委会	64353942
酒仙桥社区居委会	64373952	安家楼第四社区居委会	64371296
丽都社区居委会	64370249	驼房营社区居委会	64362124
十二所社区居委会	64361731	东八间社区居委会	84313604
七九八社区居委会	64332726	驼房营村村委会	64332876
南窑地社区居委会	64372892	东八间房村村委会	84313604
铁科院东郊分院社区居委会	64372892	安家楼管委会	64376801
安家楼社区居委会	64362667		

金盏地区

沙窝村村委员会	84317838	雷庄村村委员会	84340177
金盏东村村委员会	84343674	长店村村委员会	84339370
金盏西村村委员会	84333579	楼梓庄村村委员会	84317960
皮村村委员会	84331517	黎各庄村村委员会	84317601

东窑村村委员会	84316859	马各庄村委员会	65418506
曹各庄村村委员会	84317813	国营北京市朝阳农场家属委员会	84331049
小店村村委员会	84333706	金盏地区楼梓庄社区居委会	84333132
北马房村委员会	84311013		

东坝地区

七棵树村村委会	84311758	驹子房村村委会	65491303
单店村村委会	65497107	三岔河村村委会	84313874
西北门村村委会	84313563	焦庄村村委会	65792263
后街村村委会	84327363	东晓井村村委会	65418451
东风村村委会	84318341		

平房地区

平房村委员会	85573106	黄杉木店村委员会	85762303
姚家园村委员会	85577136	姚家园社区居委会	85764015
石各庄村委员会	65769907	平房社区居委会	85573772
黄渠村委员会	65754873		

高碑店地区

高碑店村村委员会	87740525	半壁店村村委员会	87741021
高井村村委员会	85765868	北花园村村委员会	65475898
八里庄村村委员会	65586730		

南磨房地区

双龙社区居委会	双龙南里 117 楼北侧	87326993
南新园社区居委会	南新园小区 26 楼 2 层	87322076
平乐园社区居委会	平乐园小区 218 楼西侧院内	87379890
紫南社区居委会	紫南家园 207 楼	87353976
百子湾社区居委会	东石门村路 6 号	87716591
垡头西社区居委会	邱庄村委会院内	67372098
东郊社区居委会	水南庄 168 号	87705760
大郊亭村村委会	南磨房敬老院东院	67346570
楼梓庄村村委会	紫南家园 217 楼	87351374

王四营地区

管庄村村委会	67366137	观音堂村村委会	87743314

孛罗营村村委会	87393295	道口村村委会	87390769
南花园村村委会	67362423	王四营村村委会	67381411

十八里店地区

弘善寺社区居委会	左安门外左安东路 259 号	67683114
白墙子社区居委会	十八里店乡十里河村白墙子居委会	67671547
前祁庄社区居委会	十八里店乡吕家营村前祁庄居委会	87699836
后祁庄社区居委会	十八里店乡吕家营村后祁庄居委会	87691516
六道口社区居委会	十八里店乡吕家营村六道口居委会	87696579
十里河村村委会	十八里店乡十里河村委会	67348869
吕家营村村委会	十八里店乡吕家营村委会	87691746
周家庄村村委会	十八里店乡周家庄村委会	67351958
十八里店村村委会	十八里店乡十八里店村委会	67471738
老君堂村村委会	十八里店乡老君堂村委会	87307508
小武基村村委会	十八里店乡小武基村委会	67471948
横街子村村委会	十八里店乡横街子村委会	87301239
西直河村村委会	十八里店乡西直河村委会	67388057

小红门地区

小红门村村委会	87602942	龙爪树村村委会	87695071
肖村村委会	67678343	牌坊村村委会	87606296

东风地区

六里屯村村委会		65862164
辛庄村村委会		85846037
豆各庄村村委会		85811977
将台洼村村委会		
石佛营西里第一社区居委会	石佛营西里 9 号楼 3 单元 101 室	85814852
石佛营西里第二社区居委会	石佛营西里 30 号楼 1 门 102 室	85814849
石佛营东里社区居委会	石佛营东里 113 号楼 101 室	85818642
八里庄北里第一社区居委会	八里庄北里 125 楼居委会	85835729
八里庄北里第二社区居委会	八里庄北里 116 楼 912	85814853
东风小区社区居委会	南十里居 13 号楼后侧居委会	64366261
东商社区居委会	石佛营东里 105 号院内 3 号楼居委会	85846204
三印社区居委会	八里庄北里 107 号楼下	85839634
豆各庄社区居委会		85814846
辛庄社区居委会		85814847
将台洼社区居委会		84312621

黑庄户地区

大鲁店一村村委会	85381789	双树南村村委会	85373302
大鲁店二村村委会	85384638	双树北村村委会	85371154
大鲁店三村村委会	85383595	定辛庄东村村委会	85372648
小鲁店村村委会	85386256	定辛庄西村村委会	85370139
郎各庄村村委会	85384603	苏坟村村委会	85372952
郎辛庄村村委会	85380876	么铺村村委会	85370570
黑庄户村村委会	85385991	黑庄户村村委会	85384802
四合庄村村委会	85382081	五号井村村委会	85391807
万子营东村村委会	85385147	六号井村村委会	85391801
万子营西村村委会	85385830		
双桥南里社区居委会		双桥中路六号井小区	85395281

三间房地区

三间房东村村委会	65755100	褡裢坡村村委会	65756279
三间房西村村民委会	65797128	白家楼村村委会	65750297
定福庄东村村委会	65738008	北双桥村村委会	65761784
定福庄西村村委会	65726175	新房村村委会	65758174
东柳村村委会	65763506	梆子井村村委会	65751898
西柳村村委会	65751907	金家村村委会	85361388

常营地区

常营第一村村委会	65710704	常营第七村村委会	65762563
常营第二村村委会	65770006	常营第一社区居委会	65482251
常营第三村村委会	65719085	十里堡村村委会	65755691
常营第四村村委会	65482097	五里桥村村委会	65755813
常营第五村村委会	65482250	草房村村委会	65772524
常营第六村村委会	65715986	荟康苑社区居委会	65728145

豆各庄地区

南何家村村委会	85308298	孟家屯村村委会	67365172
于家围北村村委会	85367127	黄厂村村委会	67364672
于家围南村村委会	85369197	孙家坡村村委会	67385414
石槽村村委会	85363416	水牛坊村村委会	67373802
东马各庄村村委会	85307401	马家湾村村委会	67372892
西马各庄村村委会	85307187	第二监狱社区居委会	87392146
豆各庄村村委会	67372530	化工八厂社区居委会	87391960

管庄地区

八里桥社区居委会	85701262	管庄村村委会	65761536
管庄东里社区居委会	51167315	东会村村委会	65457441
管庄西里社区居委会	65740261	西会村村委会	85709630
建东苑社区居委会	65752017	咸宁村村委会	85365773
管庄西里社区居委会	65716088	塔营村村委会	65739028
京通苑社区居委会	65709460	郭家场村村委会	85390172
双会花园社区居委会	65649668	重兴寺村村委会	60533600
八里桥村村委会	85708767	司辛庄村村委会	65739289
杨闸村村委会	85708652	小寺村村委会	95753627
果家店村村委会	85708929		

崔各庄地区

崔各庄村村委会	64387673	奶东村村委会	64366547
何各庄村村委会	64381679	东辛店村村委会	64331273
费家村村委会	64330157	黑桥村村委会	64331668
南皋村村委会	64368319	望京村村委会	64364894
草场地村村委会	64371230	马泉营村村委会	64362005
北皋村村委会	64371106	善各庄村村委会	84560306
索家村村委会	64389778	马南里社区居委会	84704447
奶西村村委会	84709812		

孙河地区

孙河村村委会	84592764	上辛堡村村委会	64386995
前苇沟村村委会	84329653	下辛堡村村委会	64384940
后苇沟村村委会	84564543	黄港村村委会	64348581
康营村村委会	64332678	雷桥村村委会	84911232
北甸东村村委会	84594385	沙子营村村委会	84912178
北甸西村村委会	84590227	李县坟村村委会	84910132
西甸村村委会	85595500	沈家坟村村委会	84912989

感谢以下提供图片人员对本刊工作的支持

于　瀛	于雪峰	马　冉	马　勤	马　瑞	马小勇
王　宁	王　军	王　琼	王凤林	王秀萍	王晓玉
王家启	王淼晶	牛　荣	叶　萍	史大明	田远新
田俊福	卢晓霜	朱　东	刘　东	刘　征	刘　悦
刘巳正	刘太平	刘立华	刘伟凡	孙　萌	孙　捷
孙守瑛	孙铁男	孙晓芳	孙海峰	苏会利	杜剑英
宋　磊	吴顺林	杨　兵	杨秀玉	周　洁	周　磊
易湘林	金　桃	金光辉	肖进秋	李　昂	李　洋
李　玲	李广彪	李永庆	李宝华	李连增	李易坤
李国荣	李京信	李学军	李明哲	李晓军	张　伟
张　涛	张　媚	张志信	张佳珅	张秀荣	张宗路
张金鑫	张劲松	张延檩	张柳青	张恒斌	张斌源
张毅川	岳锡秀	陈　平	陈　宁	陈　迎	陈秀娟
陈剑敏	陈增义	陈德生	范　欣	赵　光	赵　伟
赵　明	赵志强	赵续武	赵瑞博	侯　丽	徐　昚
徐海波	高　辉	耿为华	晏凤琴	夏林华	夏振生
唐建奇	唐爱华	郭世华	郭运动	陶　均	商　珍
黄　敏	黄桂苑	黄煜盈	梁程超	景　山	崔向荣
阎　梅	董　菲	董兆梅	韩　冰	韩海军	蒋朝阳
鲁薇薇	甄淑玲	蔡　宇	裴晓波	薛　倩	

朝阳开发

北京市朝阳城市建设综合开发公司

总经理 刘银山

北京昆泰房地产开发集团

区领导视察昆泰国际中心

北京昆泰房地产开发集团（简称昆泰集团）是隶属于朝阳区人民政府的国有企业，成立于1992年8月，全民所有制，原名北京市朝外商业中心综合开发公司，1996年9月更名，注册资金1亿元人民币，经营范围：房地产开发，商业、饮食服务业经营管理、拆迁服务。集团主要负责开发建设朝外市级商业中心，现已建成昆泰大厦、昆泰商城、昆泰国际中心、中国人寿大厦、泛利大厦、联合大厦和丰联广场，总建筑面积76万平方米。集团现有10余个下属公司和参股公司，负责三里屯雅秀服装市场、昆泰科技商厦、北京昆泰大酒店、静安庄综合市场等项目的管理，资产总额超过50亿元人民币。

范郁　撰文
朱晓晖　摄影

昆泰大厦项目

昆泰集团2004年工作会

三里屯雅秀服装市场项目

昆泰国际中心项目

静安市场项目

朝阳区安全生产监督管理局

北京市市长刘淇（右一）到朝阳区视察工作，听取朝阳区区委书记李士祥（右二）关于安全工作的汇报，并作重要指示。

朝阳区安全生产监督管理局局长关伟（左二）检查西草园工地安全生产工作。

朝阳区安全生产监督管理局组建于2004年7月，作为北京市城、近郊区人口最多，区域最大的行政区，区政府一贯高度重视安全生产工作，每次常务会议必研究安全工作，集体观看《镜头对准死角》内参片，集中曝光处理安全隐患。不仅制定了《全区突发公共事件总体应急预案》，而且要求各行业、系统、各职能部门及街乡也分别制定了相应的安全生产应急预案。作为区政府负责安全生产综合监管的职能部门，区安全监管局一直认真贯彻落实党中央、国务院和市区两级政府关于安全生产工作的重要指示和精神，坚持以“三个代表”重要思想为指导，以人民生命安全高于一切为出发点，以安全发展观统领全局，以宣贯《安全生产法》为主线，以狠抓整治为基础，以依法行政为手段，以宣传教育为方法，以遏制重、特大事故和减少一般事故为目标，相继制定出台了《政府各工作部门及各街乡安全工作职责》、《安全生产一票否决制度》、《安全工作新闻发布制度》、《关于在查办渎职案件中加强协调配合建立案件移送制度的意见》，并且狠抓基础工作，在全区各街乡实行安全生产三级监管体系，通过开展“安全社区”创建，实现打造“平安朝阳”，初步实现了政府统一领导、部门依法监管、企业全面负责、群众参与监督、全社会广泛支持的安全生产工作格局。04年“六非”事故发生率和死亡人数分别比03年下降了7.7%和2.4%，全部控制在市安委会下达的指标内。

春节前，我区在位于商业中心的蓝岛大厦门前开展烟花爆竹禁放宣传咨询活动。

加强基础工作，组织全区各街乡安全检查员进行安全检查工作培训。

加大宣传力度，召开全区宣传贯彻《北京市安全生产条例》工作会。

开展安全月万人签名活动

企业向我局赠送锦旗

朝阳区科协

围绕区委、区政府中心工作，科协发挥科普工作重要社会力量的作用，整合社会资源，动员科技工作者围绕我区三大功能区、节约型、安全型社区建设和奥运工程开展了丰富多彩的科普工作，为我区经济建设和社会发展、为提高公众的科学文化素养、促进和谐社会建设做出了积极的贡献。结合全年科普之春、北京科技周、科普之夏、全国科普日、学术交流月、青少年科技创新大赛等大型科普活动的开展，科协注重了对科普工作科学化、资源化、高效化、示范化的研究，初步实现了科普工作针对性、百姓参与率、科普工作能力的提高，实现了科普活动从数量型向质量型、孤立分散型向连续系统型的转变，取得了一定的工作成绩。

——组织开展了社区科普大课堂系列讲座活动，150余名科技工作者围绕节约、安全、奥运、科学健身、科学膳食、医疗保健等内容，在街乡社区开展了248次科普宣传讲座。

——在北京科技周、科普之夏期间组织开展了造纸技能展示会、百万家庭数字技能培训、有氧健身教与练、科普进家庭创建安全社区、节约环保活动室启动、科普讲座在社区研讨活动、城市生态建设科普报告；承办了北京市第七届科普之夏启动仪式、同一个世界同一个梦想--关爱残疾人员科普游园会、健康关怀进科学院、公务员科普日、科普进军营、归侨高级人才科普工作研讨会、中科院专家建言献策研讨会等区级重点活动。全区各街乡申报组织了各种科普宣传活动1786项次，受益群众达70万人次。

——组织了9个街道办事处的社区居民、武警战士、中小学生1800余人，参加了全国科普日活动。

——“金桥工程”中，我区完成了“农村远程信息服务系统建设及应用推广”等9个项目的立项，完成了其中8个项目的奖励申报工作。这些项目的转化与推广，将为我区带来经济效益8291.37万元。学术交流月活动中，我区共组织区属学协会开展了学术交流活动26次，形成论文21篇，其中9篇论文和“把握乡镇企业调整定位，扩大再就业渠道，建立专业化服务队伍”等家建议，上报给了市、区有关部门，进一步开通了科技工作者为政府决策建言献策的有效渠道。

——在北京市优秀青年工程师评比中，我区水产学会、电缆学会的两名青年科技工作者获得优秀青年工程师称号。

——组队参加了第25届北京青少年科技创新大赛，获得一等奖2项，2等奖9项。在全国的机器人技能大赛上，获得了全国一、二等奖的优异成绩。组织参加了北京百万家庭数字生活技能大赛，取得了网上冲浪、手机短信收发2个单项冠军；家庭代表队获得了数字家庭生活冠军，网上科普知识答题竞赛冠军和团体总分第一名的优异成绩。

——命名了中国科学院生物物理研究所等7个科普教育基地，使我区的科普教育基地总数达到了20个。

——成立了朝阳区科普志愿者总队、科普活动志愿者分队、街道科普志愿者服务队，注册科普志愿者达到1200余名。

——以潘家园街道办事处为试点，建立了12个社区科普小组工作室。

——被中国科协确认为全国科普示范城区创建单位。

——获得了北京精神文明单位称号、北京科技周优秀组织奖、全国科普日优秀组织奖等荣誉。

朝阳区香河园街道办事处社区节水模范介绍经验

北京市科协副主席王力军在朝阳区科学健身学与练启动仪式上讲话

朝阳区六里屯街道办事处举办关爱残疾人系列活动“同一个世界，同一个梦想”科普生态周

朝阳区卫生局

党委书记 郭德宏

局长 殷菁

朝阳区卫生局，在区委区政府的正确领导下，在市卫生局的直接指导下，局党委带领全体干部职工以“三个代表”重要思想和科学发展观为指导，按照区委“抓班子、带队伍、谋发展，想问题、抓落实、找规律、重基层、打基础、强基石”的要求，不断加强卫生系统党的建设，全面推进卫生事业的改革与发展，朝阳区公共卫生体系建设得到明显加强，卫生防病、社区卫生服务、农村卫生等多项工作走在全市前列，朝阳区卫生事业实现了跨越式发展，为建设和谐社会作出了积极的贡献。2003年度荣获“全国卫生系统抗击非典先进集体、北京市爱国卫生先进单位、北京市人口与计划生育先进单位、北京市三八红旗集体”等各项集体荣誉37项，局机关先后有68人次受各类表彰；2004年度、2005年1-10月份先后荣获“北京市思想政治工作优秀单位、首都公共卫生文明单位、北京市精神康复先进集体、朝阳区模范职工之家”等各项集体荣誉36项，局机关50余人次受到各类表彰。

联合国秘书长安南到朝阳区视察艾滋病防治工作

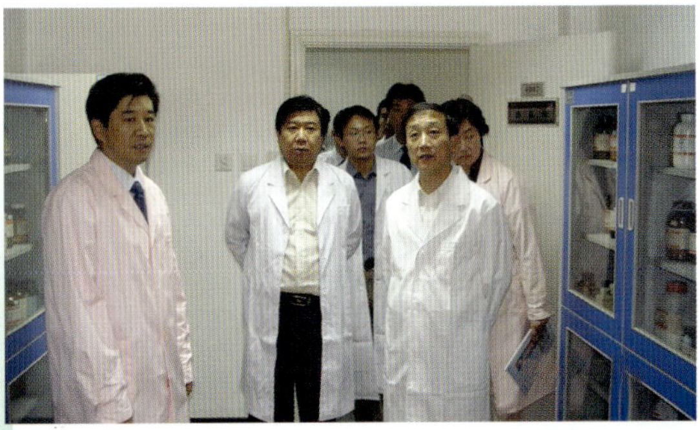

副市长牛有成到区疾病预防控制中心视察

朝阳区环境卫生服务中心

北京市朝阳区环境卫生服务中心以思想政治工作的优势，推动业务建设和人员素质的提高，以弘扬行业精神，打造环卫品牌为载体，为朝阳区的经济建设和人民生活提供了优美、整洁的外部环境。

中心主任 梁振元

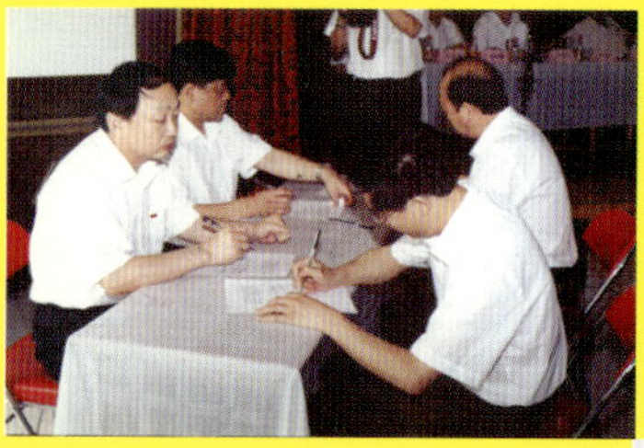

◀ 党委书记黄庆林（左一）、主任梁振元（左二）与基层党政领导签订岗位协议书，不断推进干部人事制度的深化。

◀ 全区主要干路的融雪任务，此为我中心四场的融雪车。

◀ 专业作业、规范管理使全中心的环卫设施和工作条件不断得到提高。

▲ 酒仙桥、北小河的两座粪便排放站的处理车间。

◀ 主干路的喷雾降尘、道路冲刷为净化朝阳的大气环境发挥了不可替代的作用。

◀ 按照国家建设部的标准建设的公侧，在全区458座公厕中已有192座达到二类以上标准。

全国行业系统及市、区级荣誉奖

到2007年朝阳的环境卫生事业将达到：垃圾分类收集减量密闭化；干路清扫保洁降尘机械化；粪便抽运处理无害化；基础设施建设标准化；作业服务管理规范化。同时，基础设施和科技水平有明显提高；规范化服务水平有明显提高；经济效益和经营城市水平有明显提高；职工工作条件改善和整体工资收入水平有明显提高；人员素质和队伍建设水平有明显提高；环卫事业将基本实现现代化。

垃圾压缩设备

环卫中心党委树立科学的发展观，面向首都、立足朝阳，强化经营城市理念，积极引入现代化企业的运营管理模式，建立较高水平的事业单位企业化管理的机制，努力探索城市环卫作业多元化投资机制和事业单位企业化管理的新思路，在改革中求发展，在发展中求生存。

临危授命组建的清运“非典”垃圾小分队，为朝阳区的抗“非典”工作帮出贡献。

4000多名职工，500多部各种环卫专业作业车辆担负着全区214条、2006万平方米的道路清扫保洁，其中机械化清扫道路的比率占到了66%，已超出国家卫生区规定的机扫率标准。日出车20台次，用于360.8万平方米的道路冲刷和降尘，全区128座密闭式清洁站，压缩式、集装式垃圾车333部，负责全区生活垃圾的源头处理，实施了垃圾密闭化、减量化、资源化、产业化的综合利用，完成日产生活垃圾2900吨，全年105万吨的清运任务。59部抽车将日产800吨，全年30万吨的粪便排放到酒仙桥、北小河两个粪便处理厂进行100%的无害化处理，按照《城市公厕规划和设计标准》及《城市公共厕所卫生标准》的要求，现管理的458座公厕，已有304座达到二类以上，超出国家卫生区公厕10%的标准。

朝阳区劳动和社会保障局

党委书记、局长 吕明杰

朝阳区劳动监察大队被评为2004年度北京市模范集体

朝阳区劳动和社会保障局成立于1972年8月，是区委、区政府综合管理全区劳动就业、社会保险和劳动关系工作的职能部门。工作涉及千家万户的切身利益，关系到改革、发展、稳定的大局，是政府为人民服务的一个重要窗口，也是构建和谐社会的基础之一。

几年来，区劳动和社会保障局坚持坚持科学发展观，统筹城乡劳动保障工作，以各项工作争创一流水平为工作准则，建立了“产业、岗位、培训、就业”四位一体的城乡就业工作体系，城镇社会保险基金征缴工作连年创历史新高，率先在全市乃至全国实现了农村社会养老保险与城镇社会保险制度对接工作，依托区、街建立了两级劳动监察网络、劳动关系三方协调机制，为朝阳区“三化四区”的发展，发挥了劳动保障的积极作用。

学习理论与典型引路相结合，立足本职实践党员先进性。

提高劳动者技能素质，转变劳动者择业观念

奥运村

奥运村地区工委书记吴凤岐在地区工作会上讲话

2004年4月29日，市政府批准成立了奥运村地区办事处。6月29日上午,奥运村地区办事处挂牌成立,正式更名为奥运村地区办事处，原大屯地区办事处管辖的北辰东路以西，大屯路以南，安翔北路、慧忠路以北部分区域，及亚运村街道办事处管辖的北辰东路以西，成府路以南，北辰西路以东，北四环中路以北部分划归奥运村地区管辖。辖区面积18.8平方公里，户籍人口5.5万人。现有的四个社区和7个居委会。

2001年4月1日江泽民等党和国家领导人到奥运森林公园植树

奥运村地区办事处主任胡良在地区治安工作会上为地区派出所授旗

本地区是北京市第一批绿化隔离地区试点乡之一，经过10多年的努力，目前已实现绿化627公顷，植树90余万株，期间曾三次接待了党和国家领导人绿化活动。

奥运建设先后于2002年、2003年拆迁农居民4193户，企业329家，建筑面积122.8万平方米，土地已全部征为国有。奥运村地区将建成场馆区和公园区，环境、交通将大大改善，区域城市化、现代化、国际化进程空前加快。

龙祥嘉园奥运村地区自建的2003年入住的农民新村又名翠堤春晓

奥运村地区庆祝党建八十周年及党建知识竞赛

奥运森林公园一景

朝阳区朝外街道办事处

中央政治局常委贾庆林在雅宝路健身园与社区群众亲切交谈

区委书记李士祥到朝外视察工作

街道领导班子筹划朝外的未来

改革开放不断向纵深发展的历史新时期，在区委区政府的正确领导下，朝外街道历届领导班子始终以“三个代表”重要思想为指导，以“为官一任、造福百姓”为己任，以优化辖区环境、建设学习型街道、促进事业发展为目标，坚持以人为本，树立科学的发展观，团结带领辖区广大党员、干部、群众，发扬“团结拼搏、真抓实干、内改外拓、超前争先”的朝外精神，创造性的开展工作。使街道党的建设不断增强；城市管理规范有序；为民服务日益完善；社区文化丰富多彩；区域经济稳步发展；精神文明建设硕果累累。

朝外街道的广大党员、干部和群众将满怀信心、振奋精神，加强人文奥运建设，努力提升从政水平，为朝外更加美好灿烂的明天，为朝阳区“三化四区”目标的早日实现做出不懈的努力。

解决八难，为少数民族群众义诊

创建和谐社区，走进民族大家庭文艺演出

朝外地区实现安全电子监控

街道为民服务大厅

黑庄户乡

办事处挂牌仪式

党委会

黑庄户乡位于朝阳区东南部，是北京市总体规划边缘地区，辖区面积25平方公里，户籍总人口15510人。共有16个行政村，6个居民小区。其中两个民族村，由回、汉、满三个民族组成。有大小企业300余家。中学一所、小学4所、幼儿园2所。医院、银行及其它服务设施完备。

乡东面紧靠通黄公路，西距五环路一公里，距将要接通的广渠路1.5公里，距京通快速路三公里，京沈高速路贯穿其中。另有大咸路、双桥中路、双桥东路、政府路、鲁店北路等。乡域内有821、397、382、731等公交线路。乡域内电力管线、煤气、天然气管道、通信光缆等基础市政设施为可持续建设和发展提供了必要条件。

乡内有自备铁路一条，为仓储业的物流集散提供了极为便利的条件。

精品农业产业带建设是朝阳区“三带两园”重点建设项目，更是我乡特色和龙头产业。我乡素有“金鱼之乡”的美誉。多种花色品种的观赏金鱼已行销东北三省和河北、内蒙、浙江、江苏、上海、新疆、青海、宁夏、天津等20多个省市及法国、德国、日本、美国、瑞士等10多个国家。华北地区最大的观赏鱼交易大厅已投入使用。

憩园文化广场

冬枣园

黑庄户乡观赏鱼养殖中心

文化教育活动中心

黑庄户乡观赏鱼养殖中心

我乡是朝阳区农业大乡，土地面积广阔，极具发展潜力。随着城市化进程的不断加快，我乡制定了促进经济发展的相关优惠政策。已有银信、万科等集团公司与我乡合作。几年来，我乡以观赏鱼产业为主导，加大农业结构调整力度，全乡经济持续稳定的发展。

目前，全乡人民正在乡党委、乡政府的领导下，团结进取、务本求实、抢抓机遇。以朝阳区“三化四区”为目标，全力推进黑庄户乡农村城市化发展进程。

黑庄户乡人民热忱欢迎各界有志、有识之士前来洽谈、考察、开发，共谋发展大业。

邮政编码：100024
通信地址：北京市朝阳区黑庄户工商大街一号
联系电话：85383677　85383651
传真电话：85381999

东 风 乡

书记 张德明

乡长 张仲凯

朝阳区东风乡位于市区东郊（东四环路东侧），亮马河以南，西与六里屯街道、朝阳公园相接，东与平房乡、东坝乡接壤，南与八里庄、六里屯街道相邻。紧邻朝阳公园和东四环路，靠近北京CBD商务区，属于典型的城乡结合部，是北京市总体规划的绿化隔离带地区和规划重点地区之一。辖域面积7.38平方公里，下辖4个行政村、11个居委会。常住人口22793人，居民人口22582人，流动人口41611人。汉族居多，另有满、回、蒙古族等少数民族。

小区内的幸福生活

人民政府

市委书记刘淇视察东风乡

优秀生态示范村

东风乡体育运动会

为民工免费放电影

将台洼小学为民工子弟提供良好教育环境

朝阳区十八里店乡

书记　杨霆

十八里店乡位于北京东南郊的城乡结合部，三环路、四环路和京津塘高速公路穿越乡域，境内大洋路连接京城，康化路与通州区、大兴区接壤。乡域面积25.26 平方公里，辖八个行政村，3万余口人。

十八里店乡原是北京市五大副食品基地之一，有雄厚的物质基础和辉煌的历史。在社会主义市场经济体制下，十八里店乡坚持解放思想，实事求是的思想路线，抢抓机遇，求实创新；贯彻“调整、挖潜、发展、提高”的八字方针，确定“强一优二兴三”的经济发展格局，实施“环境改造、劳动就业、培养教育、经济发展”四项工程任务，促进了全乡两个文明建设的协调发展。随着农村城市化进程的加快，不断加大产业结构调整力度，致力于发展名、特、优产品和绿色产业。乡镇企业重组转制，盘活存量，蓬勃发展，全乡现有工、商、运、建、服企业131家。尤其是以大洋路为依托，以建材业为龙头的第三产业已显示出盎然生机，现大洋路商业街的商业面积达22万平

方米，已具建材、家装、家俱为一体，集汽配、餐饮及综合购物于一身。2000年，全乡经济总收入15.18 亿元，利润总额1.8 亿元，劳均收入15000元，集体资产总值为16.9 亿元。

十八里店乡物质文明建设和精神文明建设取得显著成绩。“培养教育”工程使幼教、普教、成教、职教迅速发展；全乡村村有卫生所，乡有卫生院，福寿公寓使老人颐享晚年；全乡街道整洁，环境优雅，群众性文化体育活动丰富多彩，到处展现出百业兴旺，民殷乡富的时代风貌。

十八里店乡具有良好的交通、能源、通讯等基础设施，具有优越的地理位置和投资环境。在跨入新世纪的今天，我们要在朝阳区委、区政府的领导下，发挥优势，乘势而上，建设更加美好的未来。

豆 各 庄

区长陈刚到绿丰家园调研

区人大主任朱家骐参观张义祠堂

加快产业结构调整
推进农村城市化进程

豆各庄地区坚持以经济建设为中心，逐步形成了以商品物流为主体的经济发展格局，经济呈现跨越式的发展，“十五末”，全乡年经济总收入实现11.7亿元，利润总额完成8230万元，税收达5460万元，人均劳动所得10700元。经济的繁荣带动了全乡各项事业的蓬勃发展，农民腾退安置上楼阶段工作的顺利完成、文明乡的争创，以及保持共产党员先进性教育活动的开展都将进一步提升本地区人民的综合素质和文明程度。

夏日文化广场开幕式

办事处领导为喜迁新居的农民发钥匙

街道办事处挂牌仪式

干净整洁的社区环境

豆各庄村秧歌队

乡政府

人文奥运启动文化站广场揭幕

地区工委政府强化科学发展观意识，站在战略高度，制定豆各庄地区的长远发展规划，提出了以实施“四、四、五”工程为重点的发展思路。“四、四、五”工程的主要内容是：规划四个功能区、打造四条产业链，完善五项社会保障体系。

四个功能区是：“绿色文化区”、“都市农业区”、“宜居区”、“物流区”：

四条产业链：“绿色文化产业链”、“精品菜生产销售产业链”、“现代物流产业链”、“房地产、商业及服务业产业链”

五项社会保障体系是：劳动力培训体系、建立劳动力就业服务体系、就业渠道拓宽体系、农民养老保障体系、完善农村医疗保障体系。

随着城市化进程的日益加快，豆各庄地区的经济结构步入了大规划、大调整时期，以物流仓储、房地产、国际商品采购、绿色种植以及绿色餐饮娱乐服务业为主的第三产业已逐渐成为本地区发展的主导产业，良好的人文环境及基础设施环境，促进了本地区的经济与社会健康和谐的向前发展。

整治后的萧太后河

于家围北村种植的香花槐

豆各庄地区绿化隔离带

整洁的乡间道路

将台乡

环境优美的将府家园（上东三角洲）

将台以绿化隔离地区建设为契机，全力改善地区环境，收到了可喜的效果。

阳光上东房地产

景色怡人的坝河

群众文体活动丰富多彩

将台乡位于朝阳区东北部，横跨东四环、五环路，地处朝阳区丽都、燕莎商圈和电子城科技园区中，辖区面积11.45平方公里，实际人口64639人，其中流动人口42313人。

2004年以来，新一届党委、政府结合将台实际，提出了决战04－05，实现提速跨越式发展的目标，全乡上下按照“一三四五四”的总体思路，认真落实科学发展观，团结一致，开拓创新，扎实苦干，将台经济和社会发展呈现出崭新的局面。一是地区经济快速发展，2005年前三季度，经济总收入完成13.5亿元，同比增长26%；实现利润总额1.16亿元，同比增长25%；上缴税金总额4744万元，同比增长110%；区域税收4.7亿元，同比增长77%。二是在区委、区政府的坚强领导下，在区人大的高度关注和有力督导和各职能部门的帮助支持下，历时13年之久的“京润”历史遗留问题的解决取得突破性进展，大环绿色产业城项目规划和审批手续的办理工作进展顺利，困扰将台乡发展的两个突出难点问题初步得以解决。三是将府家园一期21万平米建设顺利完工并实现销售，打破了制约将台经济发展的瓶颈，IT产业园、坝河经济产业带建设将成为将台经济发展新的增长点，两年来，我们自筹资金5亿元，共拆迁1262户，12.65万平方米，在没有新贷款的情况下偿还债务近4亿元，将台经济发展步入了良性轨道。四是创新社会稳定工作思路，构建了稳定安全信访大格局。解决了区域内的非正常上访问题和个别户的缠访问题，地区社会呈现出和谐稳定局面。五是大力推进了城市化进程，完成了绿化隔离地区建设以来1579人的大规模转居转工，并对劳动力进行了妥善安置。六是人民群众生活质量明显改善，完善了新型农村合作医疗和社会保障制度，乡村所属企事业退休人员退休费和农村老人生活补贴平均提高43%，群众的生活水平和生活质量得到较大幅度提高。将台的发展已经站在了新的、更高的起点上，面临着新的、更大的发展机遇。展望未来，我们充满信心，将台的发展愿景和明天将会更加美好！

2004年，将台地区新一届工委提出了“一三四五四”总体工作思路和决战“04－05”的工作目标，加快推进地区提速跨越式发展。

劲松街道

劲松街道位于北京市东南部，朝阳区西南部，东三环南路横贯辖区。辖区范围东到东四环南路，西至东南护城河，南与潘家园街道相邻，北与双井街道相交，面积5.3平方公里。1981年成立街道办事处，办事处位于东三环南路54号华腾园甲6号。截止到2005年，辖区有社区居民委员会10个，居民28848户，总人口近12万人，其中流动人口2万余人，人口密度23760人/平方公里。

2004年10月2日，胡锦涛总书记视察劲松街道与民愿窗口工作人员亲切交谈。

目前地区以住宅区为主，有部分超市、中小学校等住宅配套设施，是北京CBD南部辐射区，2000年—2005年相继建成了华腾园、珠江帝景等新型居住社区及公寓。

2004年，街道从转变职能入手，以解决停车、买菜等八个群众关心的热点问题为切入点，强化服务意识，创新服务模式，构建服务体系，推进街道综合体制改革，努力实现政府职能到位、市场作用入位、社区功能归位，全力打造服务型街道。同年5月18日，街道800平米为民服务大厅投入使用，70余项服务职能全部沉入大厅，机关公务员走出科室，进入大厅为群众零距离服务。

2004年10月2日，胡锦涛总书记视察劲松街道中社区与参加老年聊天会的老同志亲切交谈.

2004年9月14日，劲松街道工委书记李金山代表朝阳区在北京市第五次城市管理工作会上，做典型发言。

2004年10月2日，中共中央总书记胡锦涛，在中办主任王刚、北京市委书记刘淇、市长王岐山和朝阳区委书记李士祥、区长陈刚等领导陪同下来到劲松中社区和劲松街道为民服务大厅视察工作。总书记对劲松街道以人为本、为民服务的做法给予肯定，并在街道四层会议室接见北京市基层干部代表时发表了重要讲话。

劲松街道隆重纪念抗战胜利60周年

总书记视察劲松街道后，中央各部委和全国各省市的38位部级领导先后到劲松街道现场调研。

2004年7月2日，中央政治局委员、北京市委书记刘淇同志到劲松街道调研为民服务和社区党建工作。

劲松一小学生参加社会公益活动

为民服务大厅

酒仙桥街道

酒仙桥街道位于朝阳区的东北部，总面积5.3平方公里，总人口8.5万余人，现有9个社区，2908名党员。辖区内有大中型企业100余家，是北京市、朝阳区国际研发机构、高新技术企业的聚集地和高新技术转化基地，也是区重点建设的三大功能区之一——电子城功能区。

酒仙桥街道为切实加强党的执政能力建设和党的先进性建设，努力构建和谐社会。自2002年5月以来，开展了以“小红帽”为标识，以共产党员为主体、群众广泛参与的志愿者责任岗活动，逐步完善了设岗、定责、认岗、公示、评星、激励六步“小红帽”志愿者活动操作法，对党员身份、责任岗进行公示，开展评选星级“小红帽”志愿者活动，把“小红帽”志愿者责任岗活动不断向企业、警营、学校等领域延伸，实行双认岗，推动了“共驻共建”、实现了“合作双赢”。同时在社区创建了“红色沙龙”、“温情港湾”、“老焦剪纸屋”等特色教育阵地。实践证明，“小红帽”责任岗活动搭建了服务群众、凝聚民心的平台，促进了社区自治,优化了地区发展环境，提升了精神文明建设水平，推进了地区经济社会和谐发展。2005年分别被民政部中国社会工作者协会授予“全国首届和谐社区建设示范街道”、“中国社区志愿服务示范街道”称号。

酒仙桥小红帽党员志愿者服务

酒仙桥党员小红帽

三间房乡

书记 牟燕东

乡长 葛强

三间房地区办事处位于朝阳区东部，通惠河畔，与管庄乡、豆各庄乡、平房乡、高碑店乡接壤，属首都总体规划定福庄边缘集团核心区。

辖区面积8.3平方公里，辖区内12个行政村，13个社区。常住人口7.2万人。其中，农业人口3000多人，非农业人口6.9万人，约有1.8万流动人口在本地区常住，具有典型的城乡结合部特点。

绿化隔离带建设给三间房地区带来了历史性发展机遇。三年间建成两个主题公园，绿化覆盖率达47.7%。南区中华本草园，园内千亩杜仲林及林木间套种的中草药材，既绿化环境，又具药用价值。该园两度荣获北京市绿化优质工程奖。农业部、北京市委市政府主要领导对于公园规划设计及建设成绩予以高度评价。被国家农业部授予全国农业科普示范基地称号，被确定为北京市中草药种植示范基地。已经成为北京市、朝阳区的绿色品牌。北区康健艺术主题公园内的五百亩园林，姹紫嫣红，已经成为本地区生态休闲的绿色网吧。不仅营造了花海绿林的优美环境，而且成为本地区绿色经济的基础。

处级领导牵手贫困残疾人家庭

本地区倡导全民学习、终身学习理念，积极整合辖区教育资源，努力创建学习型地区。积极借助本辖区北京广播学院、第二外国语学院、卫生部党校、水利水电学校、天坛生物制品研究所、北京住总集团第五建筑公司等多家著名大专院校、科研单位和中央、市属单位深厚的文化底蕴和科技人才，构建多层次、开放式、社会化的终身教育体系，营造人人讲学习、爱学习的良好氛围，提高人民群众的现代科技认知水平，跟上时代发展步伐。

三间房2005年被评为首都文明乡，辖区内现有2个首都文明社区、3个首都文明村。三间房南里社区刘景山同志被评为全国社区志愿者先进个人、首都精神文明先进个人、首都社区志愿者之星、首都五好文明家庭。白森、牛光军两位城管队员舍己救人，被授予北京市和朝阳区见义勇为先进个人；三间房南里路菲老人被评为朝阳区十佳老人；精神文明之花开遍全乡，公共道德品位不断提高。

群众踊跃在“除陋习树新风，从我做起讲文明”主题横幅上签字

成立社区党建协调委员会，实施聚合力工程

盛世雄风一展风采

中华草本园

三里屯街

陈刚区长到白西社区调研

区街工委书记吴家荣到幸福一村社区调研

三里屯街道扶贫济困医疗帮扶体系启动仪式

三里屯街道在区委、区政府的正确领导下，坚持落实全面、协调、可持续的科学发展观，围绕“三化四区”目标和时尚文化街区建设，以“深化改革、规范管理、创新机制、提高效率、打造品牌”为宗旨，全面落实街道四项工作职能，街道整体工作再上新水平。街道不断加强老旧小区环境改造，整修破损道路，加大城市环境整治力度，为实现人文奥运创造了良好氛围；街道注重强化社区建设。社区办公和服务用房得到不断改善，群众关心的“八难”问题在街道得到有效落实，坚持“贴近百姓，服务生活”，在全地区开展的社区文化节活动，带动了地区文体活动的开展，丰富了居民的文化生活；街道以创建“安全社区”为契机，建立安全稳定工作体系，完善群防群治网络，有效地维护了地区的安全稳定；街道以先进性教育活动契机，抓班子，带队伍，创新党建工作机制，为街道各项工作的开展提供了保障作用。

东三里居民区改造前

东三里居民区改造后

三里

道办事处

纪念建党84周年庆祝活动

三里屯酒吧街联合党支部成立

北京电视台《京城健康潮》栏目
采访三里屯街道工委书记李振启

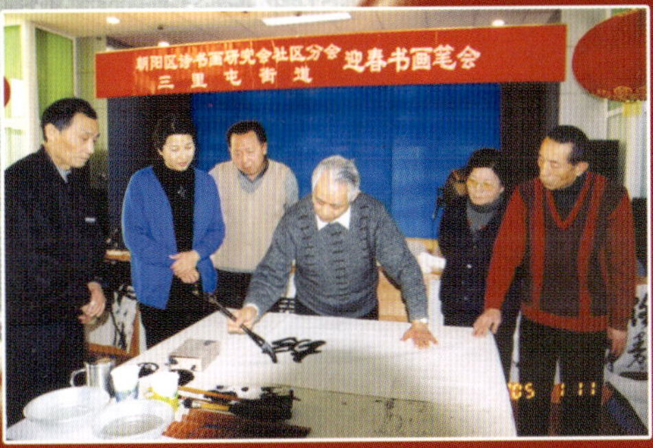

三里屯街道迎春书画笔会

第四届三里屯社区文化节开幕式

幸福一村社区300平米以上办公用房

三里屯街道为民服务大厅

街道办事处领导慰问驻区部队

双井街

近年来，朝阳区双井街道办事处围绕区委、区政府的中心工作，在落实科学发展观和构建和谐社会等方面，不断创新取得了一定成绩。2002年办事处社区被国家体育总局评为《全国城市体育先进社区》；2003年垂东社区太级球健身操队被全国妇联、国家体育总局命名为《巾帼文明健身队》；2004年街道获得了北京市计生委颁发的《北京市人口与计划生育先进单位》，办事处被市有关部门评为《北京市消防安全工作先进单位》、《市优抚对象廉租住房工作先进单位》、《北京市群众体育先进单位》、《市献血工作先进集体》，双井街道社会保障事务所被北京市劳动和社会保障局命名为《市“三优”文明窗口》，近年来共有10几项市级先进集体，30余项区级先进集体。

地区工作大会

开展建设学习型工地经验交流会

社区志愿者队伍授旗仪式

道办事处

位于双井路口的富力广场图景

双井街道工委班子成员

2002年度北京市劳动和社会保障宣传

先进集体

北京市劳动和社会保障局
二〇〇三年二月

双井街道劳动和社会保障所荣获
市级“先进集体”奖牌

社区群众健身队

地区群众文艺团体开展消夏文艺活动

朝阳区孙河

李士祥到孙河太空菜基地调研

陈刚区长到孙河调研

孙河地区位于朝阳区东北部温榆河畔，属北京市第二道绿化隔离带和温榆河绿色生态走廊规划控制地区。北部与顺义天竺空港工业区相临,西部与昌平区隔河相望，东距首都国际机场3公里，南距东直门交通枢纽12公里。机场高速、京承高速、机场辅路、京顺路、顺白路、顺黄路、来广营北路横贯其中，形成了四通八达的立体交通网络。

2004年5月,根据北京市民政局批准，原孙河乡、黄港乡合并，成立孙河地区工委、孙河地区办事处。区域总面积35.2平方公里，下辖14个行政村，总人口49486人，非农业人口7261人,农业人口11793人，流动人口30432人。

服务大厅

为老党员送温暖

地区文化节启动仪式

家政英语培训

医疗服务站

郎　枣

乡人民政府

举办廉政文化书画展

区划调整后，先后完成1160亩绿化工程和2600亩郎枣园建设。投资2000万元，完成西甸生态园基础设施建设；完成回迁小区一期12000平方米的工程建设。累计投入资金365万元，对周边垃圾点清理整治。投资176.1万元，对下辛堡东大沟进行了整治。投资389万元，修建总面积为20456平方米的孙河市场北路、雷清路等四条道路；成立就业培训中心，举办培训班18期，培训无业人员2230名，使2055名无业人员得到安置。成立9个卫生服务站和一个卫生服务中心，采取看病“直通车”报销方法，有效避免农民因病致贫、因病返贫问题发生。全地区经济总收入95231万元，同比增长20%，完成利润总额10083.5万元,人均所得9286元。

孙河培训中心

未成年人思想道德建设

举办篮球比赛

青年干部拓展训练

新村建设

缤纷四季园林公司特色农业

荷美尔

工委书记 苑文新

办事处主任 杨树旗

亚运村街道位于北京市朝阳区西北部，地处奥运会主要场馆的核心区域。辖区面积5.13平方公里，有10个社区，12个居住小区，居住家庭2.6万户，常住人口近7.8万人，有2400多家社会单位。

亚运村街道自1989年12月成立以来，在北京市朝阳区委、区政府的领导下,依托得天独厚的区位优势和发展资源,以环境优美、秩序良好、生活方便、人际关系和谐为目标,不断优化人文环境、人居环境、市容环境和发展环境。经过15年的建设，地区面貌发生了翻天覆地的变化，成为集文化、教育、娱乐、体育、商贸、旅游、居住等多种功能于一体的综合性区域。随着2008年奥运会的日益临近，亚运村地区迎来了新的发展机遇，街道工委、办事处把坚持以人为本、立足社区、创出特色，建设“群众满意工程”为出发点，把人文奥运进社区、创建安全社区和构建和谐社区工作紧密结合，提升城市管理和服务水平，极大地促进了地区经济发展、环境改善、文化繁荣、社会安定、政治稳定、人民生活和自身素质的不断提高。

北中轴路上的亚运村街道社区居民喜迎火炬

祁家豁子社区举行激情广场大家唱活动

第二幼儿园和安慧里社区联合开展外来务工子女早教进社区活动

亚运村推出全市首家奥林匹克体育型品牌社区——安苑里社区

亚运村街道

区委书记李士祥等领导到亚运村安翔里社区调研街道解决“八难”问题

我国著名安全教育专家吴宗之教授指导街道安全社区创建工作

人文奥运进社区启动仪式

志愿者在街头为居民服务

亚运村爱心家园开业

中华民族园

香河园街道

香河园街道办事处所辖区域东起西坝河东里东侧、静安西街、左家庄西街与左家庄街道办事处相邻，西至望和铁路线与和平街街道办事处隔铁路相望，南至北京造纸一厂北侧与东城区东直门街道办事处辖域交界，北抵坝河——北三环东路与太阳宫乡接壤，南北最长2.5公里，东西最宽1.44公里，辖域面积2.5平方公里。境域内有西坝河南里、西坝河中里、西坝河东里、西坝河西里、柳芳南里、柳芳北里、光熙门北里7个自然住宅小区，48条街巷，设9个社区居委会，有19700户、59100人。居民中有汉、蒙、藏、满、壮、布依、土家、白族等16个民族。

区委书记李士祥到柳芳南里社区就党建工作进行调研

地区青年志愿者为地区居民上英语课

社区老年模特队在表演

街道引入国际三标认证体系，用国际标准推动生态型社区建设

街道获得的

国际质量管理体系标准认证证书
国际职业健康安全认证证书
国际环境管理体系的认证证书

同心园

街道工委书记徐家亮同志慰问地区贫困居民

北京市首家安静居住小区命名揭牌仪式

领导班子合影

香河园街道办事处成立以来，经过历届领导班子的共同努力，在街道社区党的建设，党员干部队伍建设等方面都取得了突出成绩。1999年街道工委被评为朝阳区街道系统“六好工委”，并连续4年被评为“干部教育先进集体”。街道办事处在城市环境综合整治和精神文明精神建设方面，始终坚持以人为本的原则，从建立文明市民学校、提高居民文明素质入手，教育和发动居民群众积极参与社区建设与管理；从不断满足社区居民的不同需求出发，积极拓展社区服务领域，坚持为居民群众办好事、办实事。十几年来，街道办事处用于改造社区环境、开展社区服务、创建文明示范管理地区等方面的投资已突破4000万元。绿化面积由原来的33万平方米增加到79.69万平方米，铺装面积10万平方米，基本实现了黄土不露天，使整个地区的绿化美化水平大幅度提高，7个自然住宅小区分别被评为“全国文明住宅区”、“首都文明居民区”和“区级文明居民区”。全民健身风景园、小足球场、老年活动室、社区服务中心、职业介绍所、小区街心公园等一些文化娱乐和社区服务设施相继建成并不断加以完善，街道机关连续10年被评为“首都文明单位”，到2001年连续6年被评为“首都文明单位标兵”，连续8年被评为“首都花园式街道”，1996年被区委、区政府评为首家“精神文明示范管理地区”，1999年、2001年被首都文明委命名为“首都文明社区”，2001年被中央文明委、民政部推荐为全国创建“文明社区示范点”。2003年获得了抗击非典市级先进基层党组织、市级610工作先进集体和区级人民满意公务员集体等荣誉称号。2004年街道获得北京市人口与计划生育工作先进集体、首都精神文明建设宣传栏工作先进集体。

团结湖街道办事处

团结湖街道辖区面积约1.2平方公里，总人口有14338户，38423人，境内有农展南路、团结湖路、姚家园路、朝阳北路、东三环北路五条大街纵横交贯。驻有国家中医药管理局、北京青年报社、区人大、区政协、区计委等机关单位。有中小学校、幼儿园、托老所、医院、公园等，区域资源丰富，交通十分便利。几年来街道工委、办事处整合资源，紧抓机遇，求真务实，开拓创新，按照区委区政府的工作部署，结合本街道工作实际，以服务居民为重点，从解决群众的实际困难入手，取得了可喜的成绩。先后荣获了北京市和朝阳区防止矛盾激化工作一等奖、朝阳区街道系统环境建设优秀奖、朝阳区绿化美化先进单位、朝阳区法制宣传和安置帮教工作先进集体等荣誉。

办事处主任董跃美关注辖区弱势群体

双拥共建取得优异成绩

每年对社区党建的先进人物进行表彰

每年举办丰富多彩的文体艺术节

在旧小区绿化改造同时重点解决停车难的问题

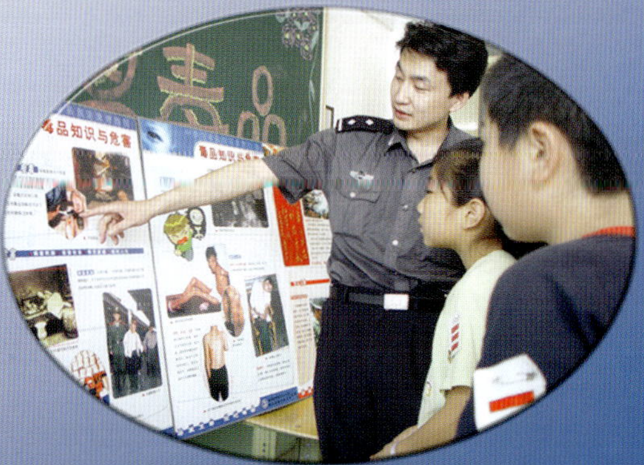

法制教育进社区

北京城建五建设工程有限公司

董事长、党委书记 李大祥

总经理 廖安国

北京城建五建设工程有限公司（简称北京城建五公司）成立于1983年7月，现已发展成为拥有员工2000多人、能承接各类建筑安装工程、装饰工程和市政工程且具有高度社会信誉的大型综合性建筑施工总承包企业。

目前公司已拥有“房屋建筑工程施工总承包壹级”等7项一级资质和“建筑装修专项工程设计乙级”资质，并通过了ISO9002质量管理体系、ISO14001环境管理体系及OHSAS18000职业安全卫生管理体系认证。公司曾先后荣获“全国施工企业优秀管理奖”、“全国质量管理先进企业”、“全国优秀质量品牌文化奖”等称号，连续14年被北京市评为“重合同，守信誉”企业，跻身于国内500家最大建筑施工企业和国内500家最佳经济效益企业行列。22年来，公司累计竣工面积超过800万平方米，工程质量合格率始终保持在100%，相继创出国优、部优、市优和长城杯工程90项，中华世纪坛等工程曾4度捧回建筑业的最高荣誉——“鲁班奖”。现公司正承担国家体育馆、国家大剧院、首都机场T3A航站楼等一批奥运和国家重点工程建设任务。

地 址：北京市朝阳区安苑东里三区10号
邮 编：100029
电 话：（010）64895852
传 真：（010）64914397

北京市人大办公楼（荣获“鲁班奖”、“全国用户满意工程”）

首都机场新航站楼（荣获“鲁班奖”）

北京市朝阳区建筑工程公司

北京市朝阳区建筑工程公司成立于1974年，具有房屋建筑工程施工总承包贰级、装饰工程贰级、市政工程叁级资质。经营范围包括房地产开发、房屋建筑、机械施工、装修装饰、市政工程、物业管理。公司各类专业技术人员160人，其中高级职称6人，国家一级建造师1人，一级项目经理7人。拥有大中型机械设备135台/件。公司管理科学规范，已获得ISO9002、ISO14001和GB/T28001国家认证，并连续两年被公示为“北京市守信企业”。公司遵循“预防为主、工程优质、服务满意、奉献社会”的质量方针，多年来屡创国家、市、区优质工程和文明安全工地，望京花园西区A、B组团工程创“鲁班奖”。2004年，公司制定新的发展战略，走“开发—建筑—物业管理”一体化的经营之路，新开发项目平谷迎宾花园建筑面积15万平方米。

总经理 马印秋

“鲁班奖”工程——望京花园西区A、B组团局部

白领家园小区外景

装修工程——区老干部活动中心外景

平谷迎宾花园国际公寓鸟瞰

北京方晟房地产开发有限责任公司

北京方晟房地产开发有限责任公司成立于2002年11月27日，他是随着京棉地区危旧房改造项目的立项工作应运而生，是北京纺织控股公司和北京京棉纺织集团有限责任公司共同出资成立的项目公司，注册资金4000万元，企业资质目前为暂定，担负着朝阳区最大的危旧房改造工程的开发建设任务。此项目是市、区两级政府高度重视、运用19号文进行危改的民心工程。规划面积48.23万平方米，建筑面积196万平方米，拆迁拆除面积60万平方米。

市、区及方晟公司领导正在研究沙盘

目前各项工作进展顺利，拆迁工作一期一步已完成，一期二步正在进行中，二期拆迁工作已于2005年9月28日正式启动。新建在建工程15万平方米，其中5万多平方米的两座塔楼已竣工，并于2005年8月23日开始回迁入住。

市、区及方晟公司领导在封顶仪式上挥锹为大楼封顶添上最后一锹土

北京天鸿房地产开发有限责任公司

北京天鸿房地产开发有限责任公司是一家从事房屋及土地开发建设、经营销售商品房业务多年的大型房地产企业，公司成立于1996年，系北京天鸿集团公司的子公司，并于1998年改制为拥有独立法人资格的股份制企业。

公司开发建设的重点项目东润枫景位于朝阳区南十里居燕莎CBD商圈，建筑面积39万平方米，总投资额14亿元，该项目1#–13#住宅楼曾荣获12项市级竣工或结构长城杯奖、优质结构工程奖项，并屡次荣获“京城十大明星楼盘”、“经典户型设计奖”、“十大明星创新楼盘”等殊荣。

燕沙后楼外檐

1.万象叠拼别墅　2.万象住宅台阶
3.万象墅样板　4.万象绿化

另一重点项目万象新天大型居住区位于朝阳区常营乡管庄与朝阳北路交界处，建筑面积83万平方米，总投资额30亿元，曾获“最具投资潜力楼盘”、“地产年度代表作奖”、“北京楼市贡献奖”等奖项。

北京天鸿房地产开发有限责任公司从事房地产开发经营业务9年，积累了丰富的市场经验，先后开发的东花市、南磨房、东润枫景、万象新天等京城大型知名楼盘，在社会上均拥有良好信誉，业务过程中建立完善了项目工程质量保证体系，在商品房住宅销售中实行《住宅质量保证书》和《住宅使用说明书》制度。

北京市朝阳田华建筑集团公司

总经理 刘振元

北京市朝阳田华建筑集团公司是国家一级资质建筑企业，全国最大经营规模500强建筑企业之一，年产值20亿元，年开复工面积突破300万平米。顺利通过了ISO9001国际质量管理体系认证、ISO9001国际质量管理体系认证以及OHSAS18000职业健康安全管理体系认证。

田华建筑集团公司下设24家分公司，现在员工19000余人。拥有一支业务齐全、工种配套、经验丰富、技术先进、机械设备齐全、服务质量上乘的施工队伍，能承担各类型的工业与民用建设项目的建筑施工及城市道路、桥梁、市政管理、燃气、热力管道、仿古建筑和古建筑修缮工程的施工。

参加和完成了北京市、区重点工程项目和建设，以优质、高速的施工完成了回龙观文化居住区、紫南家园、常营新村等多项住宅工程，收到了社会各界的广泛称赞。在长期的建筑施工生产中，足迹遍及全市乃至全国。坚持“大兴调查研究之风，一切从实际出发”的企业作风，和“独、新、快”的企业精神并始终遵循“优质、高效、求实、奉献”的质量方针。

多年来创造出一套切实可行，行之有效的企业文化理念，本着“文化引路创精品，十年创优不间断”的指导思想，近几年来，连续创出200余项优质工程和市级安全文明工地，受到了有关领导的高度赞赏。率先将科技创新的清水模板新工艺应用于高层住宅工程，荣获了北京市首届结构长城杯奖第一名，凭借慧新苑小区精湛的施工技艺和优秀的施工质量一举摘取了“鲁班奖”的桂冠。企业文化理论也得到社会各界高度赞扬，获得了“首钢杯”企业文化创新实践奖。

田华建筑集团公司在走质量效益型企业发展的道路上，先后荣锋了“全面质量管理银屋奖”“全面质量管理金屋奖”“全国优秀施工企业”，北京市质优单位和行业代表称号，并连续十三年被评为“精神文明建设先进单位”，在社会上创出了良好的信誉和美誉。

怡美家园
（获北京市群体优质工程奖）

回龙观文化居住区A06组
（获北京市群体优质工程）

慧新苑小区工程
（荣获“鲁班奖”）

北京首都创业集团有限公司

CAPITAL GROUP

北京首都创业集团有限公司（简称首创集团）重组成立于 1995 年 12 月，是立足北京、面向全国以“城市建设、运营、服务商”定位的大型国有企业。目前，下辖市政基础设施、房地产、金融、工业科技、商业贸易和旅游酒店六个产业经营集团。在基础设施、公用事业和房地产领域已形成了相当的产业规模和良好的知名度，其中水务和房地产业已跻身国内同行业领先地位。集团拥有各类全资、控股和参股企业 142 家，其中国内、境外控股上市公司 5 家，境外持股上市公司 2 家，国内上市证券基金 2 家，香港上市基金 1 家。截止 2004 年底，首创集团总资产为 452 亿元，净资产为 110 亿元，资产构成中市政基础设施、房地产和金融服务三大主业占 90% 以上。

首创集团按照“深化改革，坚持创新，积极进取，稳健经营”的方针，坚持“以投资银行业务为先导，以核心产业为基础，两个轮子相互促进，共同发展”的企业战略，确立了“五·三·二”的资源配置战略（即 50% 的资金投资在基础设施，30% 的资金投资于房地产，20% 的资金用于兼并收购等金融投资），围绕“城市建设、运营、服务商”的产业定位，全力抢占市场稀缺资源，做大做强核心主业，取得了重大突破。通过国际私募，开创了制度创新的新局面；通过优化结构，确立了水务产业的龙头地位；通过确立国际化运营目标，保持了房地产业良好的经营业绩；通过占领资源高地，在道路交通领域获得了良好的投资机会；通过强化创新经营理念，成功地进入了城市燃气和加油站项目领域，并且保证了金融产业的稳中求进。2004 年首创集团实现销售收入 56.7 亿元；实现利润 7.8 亿元，比上年增长 4.0%；实现税后利润 5.9 亿元比上年增长 12.9%。

经过十年的发展和不懈的努力，首创集团已经塑造了一个知名度、信誉度和影响力广泛、良好的品牌，以及这一品牌下首创人“永不言败、勇往直前”的精神，“激情和忠诚”已经成为首创企业文化的重要组成部分。以良好的企业品牌、企业文化和科学的决策与管理体系为基础，首创集团前进的步伐会越来越踏实、稳健，逐步向中国最具影响力的“城市建设、运营、服务商”的目标迈进。

热力集团

北京市热力集团有限责任公司是市政府投资组建的国有独资公司，对授权范围内的国有资产依法进行经营、管理和监督，并相应承担保值增值的责任。

热力集团是一个拥有多个分公司、子公司的大型企业集团，是首都重要基础设施行业。截止到2005年底，集团公司职工总人数4603人，固定资产值为102亿元人民币。

公司主营蒸汽、热水的生产购销，热力设备制造，热力工程设计、施工，供热设备材料供应，热力站、管网运行与维护，供热技术开发、咨询等。

集团公司自2000年6月成立以来，平均每年新增供热面积800多万平方米，承担着5座热电厂和5个供热厂的热能输送，供热面积近9700万平方米，共有热力站1689座，供热管网主干线长度达到640公里，现已成为全国最大的供热企业。

温家宝总理视察热力厂，董事长刘淀生进行介绍

双榆树供热厂

调度中心

热力交换站

长安复线热力工程

丽都饭店/丽都广场

丽都饭店有限公司是1984年由中国中旅(集团)公司与长江实业(集团)有限公司所属全资子公司–香港益和有限公司共同投资、合作经营的四星级酒店及出租写字楼和公寓的丽都广场，由国际知名的酒店管理集团负责经营管理。它是中国实现对外开放政策后，北京最早成立的涉外酒店之一,经营酒店、公寓、写字楼、俱乐部、国际学校出租等配套服务设施，在国内外拥有很高的知名度，享有“城中之城”美誉。

丽都饭店率先引进了国际先进管理经验，大力推出了酒店豪华客房及服务式公寓，满足了国内外长驻客人的需求；丽都商业楼是北京市最早建成的现代化写字楼之一，许多大型跨国公司曾经入住丽都公寓及商业楼，如：IBM、西门子、法国地球物理公司、英国石油公司、德国汉高公司、雀巢公司、巴斯夫公司、斯伦贝谢等公司。

丽都饭店及丽都广场为国内外宾客提供了多元化的、高水平的服务，取得了良好的经济效益和社会效益，在同行业中一直处于领先地位，成为北京市纳税大户。曾多次被评为“北京市先进文明单位”“全国旅游先进单位”“首都旅游紫禁杯先进企业”“北京市经济百强”“外商投资企业先进单位”“北京市国际经贸合作奖”等；并多次被国际假日集团总部授予“最佳客人服务奖”、“优秀饭店奖”。

丽都饭店有限公司为北京经济建设和社会进步作出了重大贡献，多年来积极参与公益事业，投资兴建了酒仙桥地区最大的公园，带动了酒仙桥地区乃至机场地区的经济发展，有“丽都商圈”之称。

首都医科大学附属 北京安贞医院

北京安贞医院成立于1984年4月，是一所学科齐全，具有专业特色，以治疗心肺血管疾病为重点的三级甲等综合性医院。设有临床、医技、科研科室47个，病床 1062张。全院职工2000余人，其中各类专业技术人员1675人。心脏外科、心脏内科、小儿心脏科、血管科、胸外科、呼吸内科、抢救中心是该院的重点特色科室。院内设有高档的特需病房。3.4万平方米的心外大楼设有300张心胸血管外科病床，20间手术室及40余张监护病床，为心胸血管病人创造了更好的医疗环境。安贞医院拥有先进的医疗设备，为各项医疗工作创造了良好的检查、诊断、治疗条件。有国际最新型的核磁共振、64排CT、高档螺旋CT、ECT、双向数字减影心血管造影系统、单向数字减影心血管诊断系统、惠普彩色超声心动图仪、同位素伽玛扫描仪、心脏多功能监护仪、20套新型血液透析机等。

院长 张兆光

安贞医院借助其突出的专业特色优势，年完成各类心脏手术近4000例，并成功的完成了心脏移植、肺移植、心肺联合移植、肝移植、肾移植，成为我国唯一一家能够完成心、肺、肝、肾人体四大器官移植的医院。

卫生部王陇德副部长视察抢救中心

安贞医院现有中美冠心病诊疗培训中心、北京市儿童心血管病中心、安贞医院老年心血管病（干部保健）诊疗中心、安贞医院口腔诊疗中心、雅敦内镜培训交流中心、飞利浦彩色超声培训中心、安贞医院–GE超声诊断培训中心、检验中心、健康体检中心、社区医疗中心，为全国提供了医疗、教学、科研、预防全方位、高水平的服务。

安贞医院紧紧抓住发展中的机遇，团结奋斗，努力朝着一流队伍、一流管理、一流服务的目标迈进。

联系电话：64412431

咨询电话：64456063（工作时间）

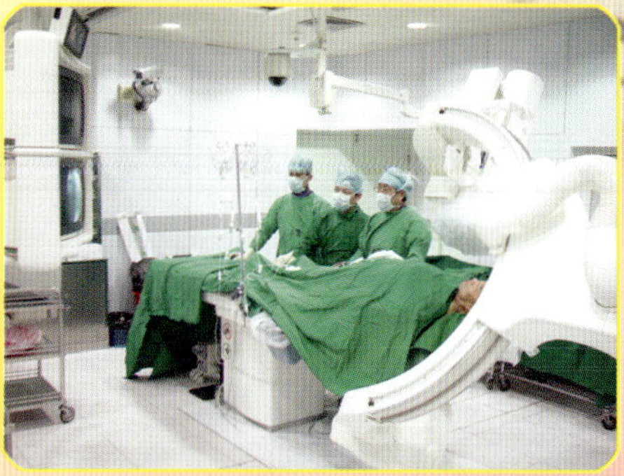

心脏介入治疗

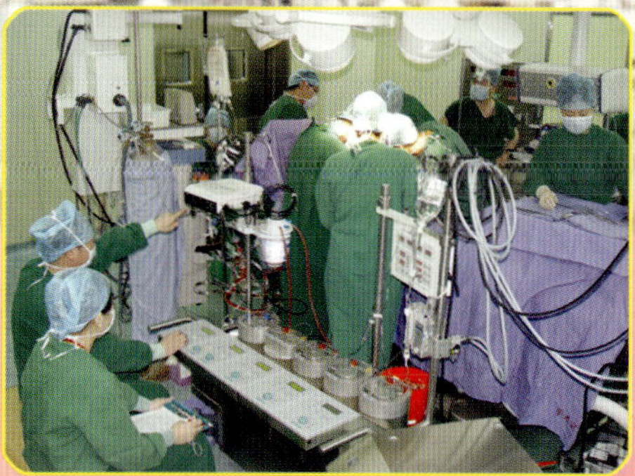

心脏手术进行中

北京市垂杨柳医院

垂杨柳医院门诊楼

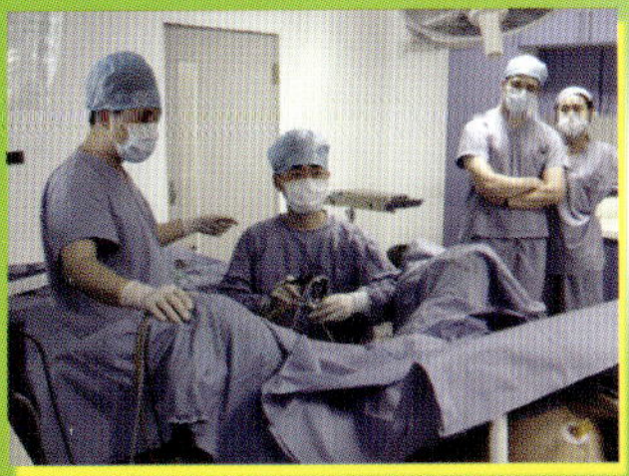

经尿道输尿管镜取石术

经皮经肝胆道镜取石术

北京市垂杨柳医院(北京微创医院)始建于1973年，是北京市东南部地区唯一集医疗、教学、科研、预防为一体的综合性医院。医院现有床位400余张，年门急诊量达60万人次。1996年被评为二级甲等综合医院，同年成为河北医科大学教学医院。2003年与同济大学签订合作协议，共同组建大学附属医院性质的同济大学北京微创医院。目前，医院是以心血管疾病中心、呼吸疾病中心、泌尿疾病中心、妇女疾病中心等17个临床专业中心和3个医学技术中心组合而成的新型微创医院结构体系。医院拥有层流净化手术室、ICU、CCU、导管室、微创手术中心等专业设施。微创技术中的内镜外科技术、腔镜外科技术、介入超声技术、介入放射技术、微创化外科技术在医院均有开展。医院的心血管疾病中心、神经疾病中心、骨与关节疾病中心、头颈疾病中心、泌尿疾病中心、消化疾病中心的多项医疗技术已达国内领先水平。

目前，医院正探索一条以病人为中心的微创化创新之路。

地址：北京市朝阳区垂杨柳南街2号

邮编：100021

电话：67718822（总机）

网址：www.cylh.com

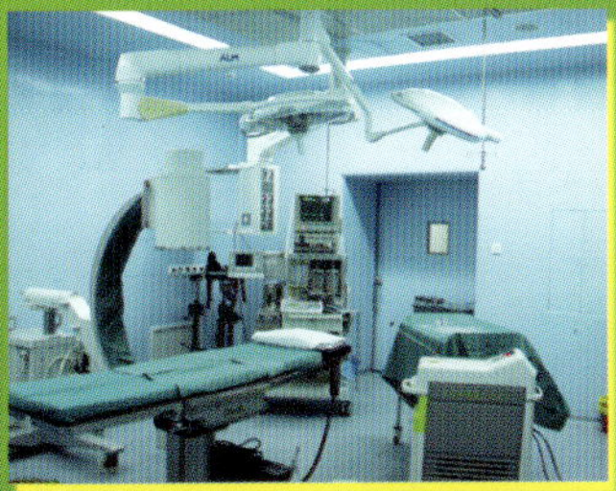

骨科手术室中行经皮激光椎间盘减压手术设备

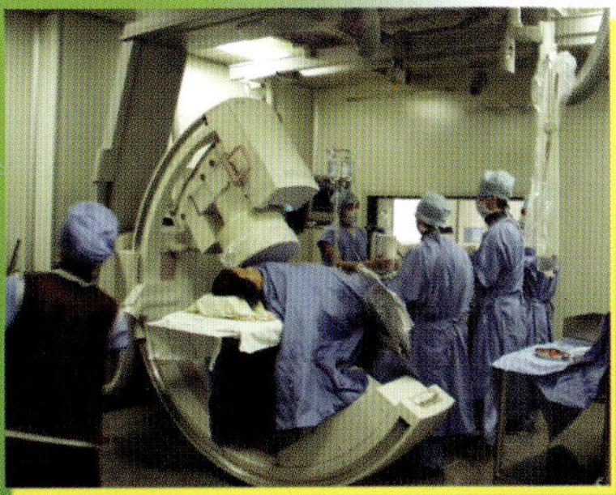

冠状动脉造影术中

華信醫院

HUA XIN HOSPITAL

清華大學第一附屬医院

北京华信医院，同时也称清华大学第一附属医院，地处北京电子城区，是集医疗、教学、科研和预防保健为一体的综合性三级医院。是清华大学领导下的国家一类事业法人单位。院长为国内外著名心血管内科专家陈明哲教授。

医院前身为国家信息产业部直属的医院，创办于1959年2月，先后称为电子总医院、401医院、北京酒仙桥医院。2003年4月划归国家教育部并交由清华大学管理。

根据清华大学创建世界一流大学和高水平医学生命科学的战略部署下，我院确立了创建国内一流、国际知名医院的奋斗目标，按照“突出专科、综合发展”思路和医疗、教学、科研、预防保健并重的方针，积极延聘和引进了一批国际国内知名的医学专家和优秀中青年骨干人才，在逐步实现定位和功能转变、全面提高医疗服务质量的基础上，借鉴国内外先进经验先后新建了高水平的心脏中心、泌尿医学中心、消化医学中心和肿瘤医学中心，目前不但在诊治复杂、危重、疑难的心血管疾病、泌尿肾脏疾病、消化系统疾病、呼吸系统疾病、恶性肿瘤、新生儿疾病及眼科疾病等方面形成了专科特色，而且正逐步形成以外科学为龙头的综合医学学科布局和临床教学、科研的体系，日益受到国内外医学界的广泛关注。

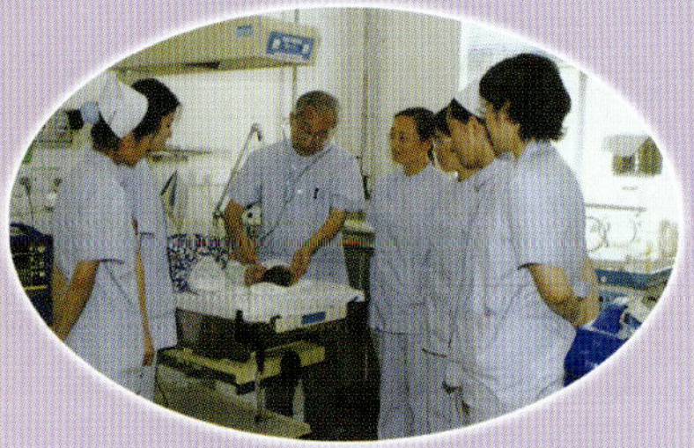

著名新生儿专家、卫生部新生儿窒息复苏培训项目专家委员会委员虞人杰教授在新生儿监护病房指导工作

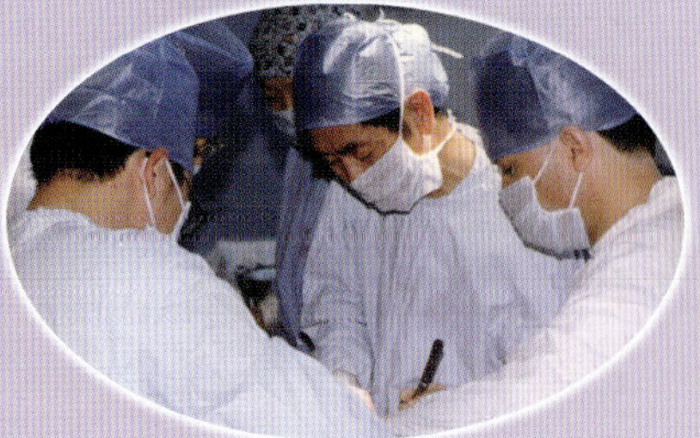

肿瘤医学中心邵永孚教授在手术中

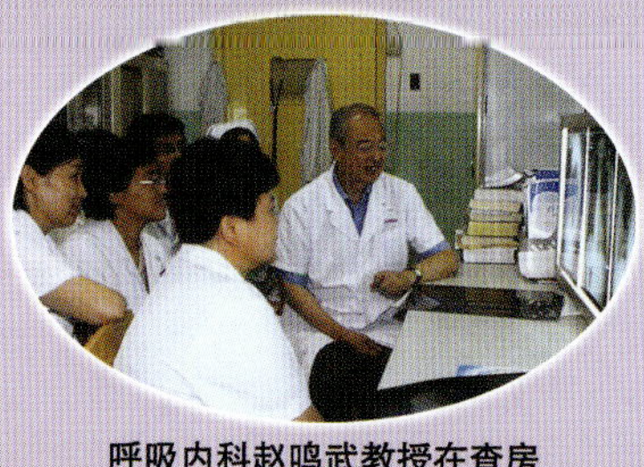

呼吸内科赵鸣武教授在查房

新 病 房 楼

陈明哲 院长

第一附属医院常务副院长、心脏中心主任吴清玉教授

清华大学校长、中国科学院院士顾秉林教授（右2）在听取消化医学中心主任张宗明教授（右1）汇报工作

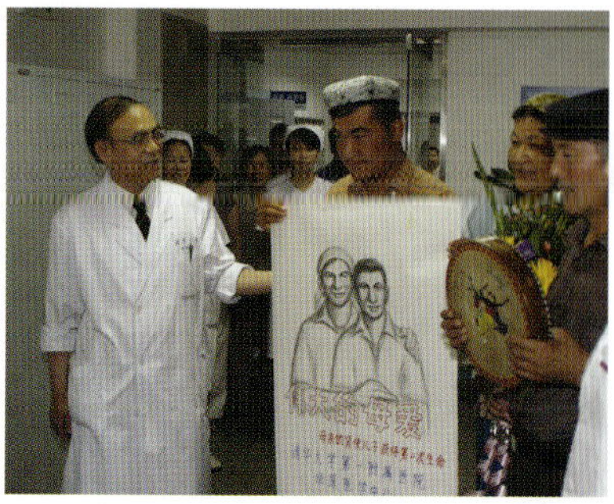

一例亲属肾移植手术成功的新疆患者出院时向管德林教授和泌尿医学中心的医护人员表示感谢

东方明珠——

朝阳区实验小学

朝阳区实验小学是一所具有着近50年历史而不断焕发青春的现代化实验校，是北京市环境优美示范校。学校以“教育教学质量高、学生课业负担轻”而享誉全国。

马芯兰校长是特级教师、全国特等劳动模范、国务院任命的“有杰出贡献的教育专家”。她敬业求实，著书十余册，推进了全国数学教育的科学研究，被评为“首都杰出人才”。在多次国际交流中，秉承马芯兰教学法的中国学生，其敏捷与睿智使国际上多位教育专家为之惊叹。“马芯兰教学法”已载入中国教育史。

学校已成为全国数学教改的基地，先后被确认为数学、美术骨干教师培训基地，首都师范大学教育研究基地，创新教育实验学校。学校独立承担了教育部“十五”课题《校园网络环境下学生合作学习方式的研究》，并参加市级、区级多项科研课题的研究与实践，《小学生创造性学习教学法》、《观察、阅读与小学生作文》、《马芯兰数学实验的研究》等专著屡屡问世，教师撰写的论文大量获奖并发表。

学校创设出宽松融洽的育人环境，建立起尊重信任的师生关系，丰富多采的课内外生活，促进每一个学生德智体全面发展。全体教职员工“心系学生、服务社会”的精神赢得了社会各界的交口称赞。

2003年至今集体获奖情况：

编号	获奖名称
1	北京市教育科研先进单位
2	2005年全国小公民道德建设活动集体一等奖
3	播种未来电脑神童授权教育基地
4	创新教育实验学校
5	北京市中小学信息化工作先进学校
6	北京市基础教育科学研究先进小学
7	北京市文明礼仪示范校
8	校园环境先进单位
9	北京市卫生红旗单位
10	北京市健康促进工作先进校
11	先进基层党组织
12	教育科研先进单位
13	朝阳区教育系统教育创新先进单位
14	安全保卫工作先进集体
15	朝阳区教育大会先进集体奖
16	朝阳区教育系统教育创新先进单位
17	朝阳区小学教学管理先进校
18	朝阳区文明礼仪示范校
19	朝阳区校园环境先进单位
20	朝阳区校园环境、校风建设示范校
21	朝阳区师德建设先进单位
22	朝阳区教育科研管理先进单位
23	朝阳区精神文明先进校
24	朝阳区中小学课外文体活动示范校
25	朝阳区教育大会先进集体奖

自主 和谐 幸福

花家地实验小学

校长 魏俐

花家地实验小学创建于1994年9月1日，座落于环境幽雅的望京花家地封闭小区内，是北京市花园式示范校，朝阳区首批示范校，占地面积8815平方米，配置高标准的运动场。初创阶段以公办民助的形式办学，以配合社区学生的教育需求，后于1997年9月1日转为直属朝阳区教委的一所公立学校，深受社会各界的赞誉、家长的认可和学生的喜爱。我校现共有正式教职工65人，领导班子共6人。年轻化、高学历是我校教师的主要特点：35岁以下教师50人，占77%；本科学历38人，占58.5%；具备大专以上学历的占100%。小学高级教师37人，占57.7%。其中区级认定的校级骨干教师11名，2003年被区教委评审的骨干教师2人，优秀青年教师5人。学生人数936人，共6个年级25个教学班。我校是集寄宿、走读于一体的学校。教学设施精良，专用教室有计算机教室、语音教室、音乐教室、形体教室、自然教室、美术教室等。教学设备齐全、先进的多媒体网络教室，还有教学、娱乐于一体的多功能厅，为我校教学改革提供了充分的物质条件和保障。

我校信息化建设处于朝阳区小学领先地位，有高效便捷的双向闭路电视系统和数字化校园网络系统，目前已经实现学科教学的“数字化”整合。我校已经建成34个多媒体教室，包括200台计算机，35台投影机，11套视屏展台，并发展使用信息技术为主的新型教学模式和管理模式。2002年建成由独立的HPG3服务器支持的学校网站，已经成为教育教学及管理的重要工具。学校图书馆藏书近5万册，采用先进的图书管理软件管理。

我校坚持以人为本的管理思想，“尊重”、“发展”、“成功”是我们一贯秉持的理念，“美丽学校快乐家园”让学校更加富有人文气息。高效的管理带来丰厚的社会回馈，自建校以来，屡次获得市、区，乃至国家级荣誉。

我校在强大的软硬件环境支撑下，正在调整办学目标，朝着市级示范校或更高的目标迈进。目前，我校生源充足，全校学生三分之一来自花家地小区，三分之二来自全市或外省市。我们启动了名校工程，总结办学特色与办学成果；我们大力开展“三礼”(礼仪、礼节、礼貌)教育，提高教师、家长、学生素质，促进学习化个人、学习化学校、学习化家庭的建设；我们充分发挥教育改革实验优势，积极推进双语教改实验，形成我校双语特色。这些举措将全方位提升我校教育教学质量，为早日跨进市级示范校打下坚实基础。

3 北京工業大學

校领导班子

北京工业大学创建于1960年，是一所以工科为主，理、工、经、管、文、法相结合的多科性市属重点大学。1996年成为国家“211工程”重点建设大学；2003年在教育部本科教学评估中被评为优秀。在“立足北京、融入北京、辐射全国、面向世界”办学定位思想指导下，北京工业大学现正成为北京市高素质、高层次人才的培养基地及科技创新与研究开发基地。

在教育部本科教学评估中被评为优秀

学校现有专任教师1200余人，其中院士8人，双聘院士12人，博士生导师155人，具有正高职称教师251人，具有副高职称教师500人；设有38个本科专业，14个工程硕士授权培养领域，52个硕士点，6个一级学科博士点，25个二级学科博士点，9个博士后科研流动站；拥有2个国家级重点学科，8个北京市重点学科，11个北京市重点建设学科；1个国家级技术中心，2个教育部重点实验室，1个教育部工程研究中心，11个北京市高新技术实验室和重点实验室；拥有全日制在校学生16000余人，其中本科生12000余人，博士、硕士研究生近4000人，其中2名研究生的毕业论文被评为全国百篇优秀博士论文，各类外国留学生400余人。学校高度重视基础性和高新技术研究，承担着一大批包括国家自然科学基金、“973计划”、“863计划”、攀登计划、科技攻关项目。近年来，学校共完成科研成果1000多项，2004年获得专利授权50项，名列全国高校第24位，获国家级科技奖项3项，在全国高校名列第12位；到校科研经费超过2.6亿元，科研成果数量和到校科研经费位居北京高校前列。

科学楼

北京工业大学体育馆
（2008年奥运羽毛球暨艺术体操比赛馆）

逸夫图书馆

北京联合大学

北京联合大学始建于1978年，是教育部批准建立的北京市属综合性普通高等学校。她诞生于我国改革开放之初，是以首都30多所重点大学分校为基础创建的。她以本科教育为起点，始终坚持“学以致用，服务首都”的主导原则，确立了“发展应用性教育，培养应用性人才，建设应用型大学”的办学宗旨，为北京市的社会经济发展培养了大量的一线应用性人才，建校27年来，共为国家培养出近10万名本专科毕业生。北京联合大学是北京市改革开放以来发展最快、规模最大的市属高校之一。目前，学校共有全日制在校生29000多人，其中本科生约19000人，高职高专生近10000人，是北京市属高校中学科门类最齐全、专业设置数量最多的学校，2005年招收全日制学生8700多人，是在京高校中招生人数最多的学校。学校已经成为首都培养应用性人才的摇篮，学校毕业生近年来的就业率一直都在90%以上。

北京市委常委、教工委书记朱善璐同志来我校视察

校领导班子集体合影（从左到右依次为：副校长冯虹、副校长高林、副校长张铃、校长张妙弟、书记席文启、副书记孙权、副书记高东、副校长韩宪洲、纪委书记黄海洋、）

朝气蓬勃的联大学生

校军乐团参加北京市艺术展演活动

学校投资三千万建设了覆盖所有学院的现代化的校园网，图为国内第一流的校园网中心控制大厅。

实验楼与图书馆

2003 年我校学生获第八届“挑战杯”全国二等奖

朝阳区农村劳动力教育培训服务中心

朝阳区农村管理干部培训中心

朝阳区星火职业技能培训学校

朝阳区农村劳动力教育培训服务中心（朝阳区农村管理干部培训中心），地处朝阳区东坝，隶属朝阳区农委。中心主要负责制订农村管理干部和专业人才及农村劳动力的培训计划，并组织实施；负责农村绿色证书的业务培训工作；负责开展就业岗位调查、就业信息发布和农村劳动力基本情况及就业形势分析工作；负责农村劳动力培训档案管理和培训就业网络的开发维护工作。

在朝阳区农委的正确指导和大力帮助下，中心规模不断扩大，拥有完善的教学设施，专业的师资队伍，良好的学习环境。目前拥有12个培训工种资质，在转移引导性培训和绿化工、汽车修理工、计算机操作员等培训方面拥有专业人才。截至目前为止共为朝阳区培训了农村劳动力15968人次，其中：技能培训3606人次，引导性培训12362人次。由于培训成绩突出，社会反响良好，2004年荣获区委、区政府颁发的“二〇〇四年度朝阳区农村劳动力培训就业先进单位”以及朝阳区劳动和社会保障局颁发的“朝阳区社会力量举办职业技能培训机构二〇〇四年度先进单位”荣誉称号，被国家科技部星火办批准为第一批国家星火计划农民科技培训星火学校，2005年被市农委认定为“北京市农村富余劳动力转移培训示范基地”。

服务中心团结奋进的领导班子（左起：副主任董托祥、书记张红薇、主任康雪茹、副主任丁延树）

星火学校

先进单位

示范基地

市农村劳动力联席会领导视察培训示范基地（汽车维修工实习室）

服务中心本着“立足朝阳，为农村教育和社会发展服务”为宗旨，以创“师资力量雄厚、培训门类齐全、造就各类人才的学习基地”的学习型品牌为目标，全力开展农村劳动力转岗培训工作。为了让农村劳动力在引导性培训中确实能转变观念，开拓思路，我中心坚持两大原则，即坚持讲课不讲空话、大话、套话，让事实说话；坚持讲课联系实际，贴近生活，贴近实际，从而确立服务中心引导性培训品牌。在技能培训方面，创建了“培训—跟踪调查—就业推介”一条龙服务模式，让培训和就业真正实现有机结合，切实体现对农民朋友的人文关怀。

服务中心与乡领导就培训工作进行座谈

计 算 机 培 训

北京市求实职业学校

校长　林安杰

北京市求实职业学校是国家级重点中等职业学校，北京市职业教育先进单位，首都文明单位标兵，北京市文明礼仪示范学校，北京市中等职业学校文秘专业研修中心。下属培训学校被评为朝阳区民办培训机构先进单位。01级文秘专业王晓荟同学被评为首届“全国十佳中学生”。

学校占地近70，000平方米，分三址办学。望京校区设有文秘专业（行政事物秘书，商务英语秘书，商务日语秘书），安贞校区设有电脑美术设计（美术设计、动漫设计）和计算机网络技术（计算机网络技术、网络多媒体技术）专业，首都机场校区设有民航类专业，包括民航运输客运、民航运输货运和航空服务专业(航空安检、空中乘务、航空服务)。其中，文秘专业为北京市骨干特色专业。

学校拥有优美的校园环境、先进的教学设备和高素质的师资队伍。电子阅览室、秘书实习室、网络工场、信息工场、画室、摄影工作室、声像语音室、多媒体计算机房、标准跑道操场、体育馆、花园等供全校教师和学生学习和实践。采用校园网络化管理。学校设有食堂和宿舍。能容纳700名学生住宿。

▲十届全国人大常委王佐书（右二）和中华职教社总干事来校指导

▲企业部门经理为网络专业实习学生做培训

▲学校礼仪队

▲首届全国十佳中学生01文秘专业学生王晓荟

▲原素钢书记向日本客人赠送礼物

▲模拟空乘训练（左二为教育部德育司副司长王继平）

实行“校长治校，专家治教”，在校务会的领导下，专业主任负责专业的建设和发展。所有专业都成立了行业或企业专家委员会，校企合作建立实习、实训场地，开发专业课程，真正实现以就业为导向，与市场接轨。

学校是最早与国外教育机构建立友好交流的学校之一。已有百余名学生在日本大学学习；近百名学生和20多名教师在英国、日本、美国、新加坡等国家学习或实习。引进英国布莱克本（BLACKBURN）学院的广告设计专业课程，开办国际广告设计班；引进加拿大戴尔特-泰尔弗（DELTER-TELFORT）学院的涉外商务管理课程，开办涉外商务文秘班。学生可获得国际认可的高等职业资格证书。多次接待英国、美国、德国、越南、比利时及非洲国家的教师学生访问团。

学校坚持“育人为本”的教育理念，重文化素质，精专业技能，宽就业领域，已为社会输送近5000名合格毕业生，主要在国家企事业单位、外企公司、商社、广告公司、旅行社、新闻媒体等单位从事文秘、公关、导游、广告美工策划、信息处理、网络管理、民航客运、货运、安检、空中乘务等工作。毕业生整体素质高，深受用人单位的好评。

在“开放式、国际化、经营型、机制活”的办学思想指导下，学校进行了管理体制改革，实行专业主任负责制和后勤管理社会化，学历与非学历教育并重。与市场接轨、与国际接轨，求实职业学校将在为首都经济建设服务中创造自己更加辉煌的品牌！

李士祥书记（左）视察求实职业学校

李士祥书记与首届全国十佳中学生王晓荟亲切交谈

文秘专业礼仪课

网络专业实习室

与比利时学生课堂交流

电脑美术专业学生学习民间美术

未来的空中小姐

望京校校门

地　　址：北京市朝阳区望京北路20号　邮编：100102
联系方式：64741552　64391623（传真）　64391618转8009
网　　址：www.qsces.org
邮　　箱：lajqs@vip.sina.com

北京市朝阳区职工大学

北京市朝阳区职工大学成立于1976年。系国民教育系列的地区性成人高校，在中央教育部备案。 1996年7月，经论证，市教委批准：同意朝阳区“以区属职工大学为基础组建社区大学”。1999年9月，“朝阳社区学院”挂牌。

校长 孙桂华

六年来，学校坚持将终身教育理念融入办学实践，确立了“立足社区，服务社区”的办学宗旨，致力于建设高等教育基地、社区教育培训基地和社区教育理论研究基地，向着以高职高专教育为主、以社区性、综合性、职业性为特点的新型成人高等院校迈进。

学校目前设有五个教学区，占地178亩；设有14个大专层次专业和6个大本层次专业，学历教育在校生近四千人，非学历教育年均培训万余人次。

领导关怀

领导关怀

教学模式改革研讨05年1月

与新加坡特许科技学院
联合办学签字仪式

庆七一 大会

社区居民学习计算机03年4月

教师节 香山

主教学楼